M000170037

German
Pocket Dictionary

German – English
Englisch – Deutsch

Berlitz Publishing
New York · Munich · Singapore

Edited by the Langenscheidt editorial staff

Book in cover photo: © Punchstock/Medioimages

Project management: Dr. Heike Pleisteiner

Lexicographical work: Howard Atkinson, Martin Fellermayer, Stuart Fortey, Dr. Helen Galloway, Dr. Heike Pleisteiner, Robin Sawers, Veronika Schnorr, Karin Weindl

This dictionary uses the new German spelling system based on the current official guidelines and DUDEN recommendations.

This dictionary has been created using dictionary databases owned by HarperCollins Publishers Ltd.

Berlitz Trademark Reg. U.S. Patent Office and other countries.
Marca Registrada.
Used under license from
Berlitz Investment Corporation.

Printed in Germany
ISBN 978-178-004-501-6

18010 (97947)

Contents

Using the dictionary

How do I find what I'm looking for in the dictionary?

1. Alphabetical Order

All the headwords in the dictionary are listed in alphabetical order. For the purposes of alphabetical order, no distinction is made between the German letters ä, ö and ü and the letters a, o and u. The same goes for the letter ß, which is used in all the German-speaking countries apart from Switzerland. This is treated as if it were **ss**:

> **Traum** $\underline{M}$ ⟨-(e)s, Träume⟩ dream
> **träumen** $\underline{VT, VI}$ dream (von of, about) **traumhaft** $\underline{ADJ}$ dream-like; fig wonderful

> **floss** imperf → fließen
> **Floß** $\underline{NT}$ ⟨-es, Flöße⟩ raft
> **Flosse** $\underline{F}$ ⟨-, -n⟩ fin; (of swimmer) flipper

Some feminine forms appear as part of the same entry as their masculine equivalents:

> **Bäcker(in)** $\underline{M(F)}$ ⟨-s, -⟩ baker
> **Bäckerei** $\underline{F}$ bakery; (selling bread) baker's (shop)

Letters in brackets are not taken into account for the purposes of alphabetical order:

Fremde(r) $\overline{\text{MF}}$ stranger; (*from another country*) foreigner **Fremdenführer(in)** $\overline{\text{M(F)}}$ (*tourist*) guide **Fremdenverkehr** $\overline{\text{M}}$ tourism **Fremdenverkehrsamt** $\overline{\text{NT}}$ tourist information office **Fremdsprache** $\overline{\text{F}}$ foreign language

Some British headwords are treated together with their American equivalents:

labor (*US*), **labour** $\boxed{1}$ $\overline{\text{N}}$ Arbeit *f*; MED Wehen *pl*; **be in ~** Wehen haben $\boxed{2}$ $\overline{\text{ADJ}}$ POL Labour-; **Labour Party** Labour Party *f* **laboratory** $\overline{\text{N}}$ Labor *nt*

English phrasal verbs don't strictly obey the rules of alphabetical order. They are always listed directly after the entry for the base verb on which they are constructed:

lay $\boxed{1}$ *pt* → lie $\boxed{2}$ $\overline{\text{VT}}$ legen; (*table*) decken; *vulg* poppen, bumsen; (*egg*) legen $\boxed{3}$ $\overline{\text{ADJ}}$ Laien- **lay down** $\overline{\text{VT}}$ hinlegen **lay on** $\overline{\text{VT}}$ (*provide*) anbieten; (*organize*) veranstalten, bereitstellen **layabout** $\overline{\text{N}}$ Faulenzer(in) *m(f)*

6

2. Spelling

The German spellings in the dictionary conform to the most recent DUDEN guidelines.

If a word which is normally hyphenated is split over two lines, the hyphen is repeated at the beginning of the next line:

check-
-in

DVD-
-Brenner

3. Grammatical Information

Verbs

| <u>VAUX</u> | auxiliary verb (verb used for forming compound tenses) | **werden** ⟨wurde, geworden⟩ **1** <u>vi</u> get, become; **alt/müde/reich ~** get old/tired/rich; **was willst du ~?** what do you want to be? **2** <u>VAUX</u> (*future*) will; (*definitely*) be going to; (*passive*) be; **er wird uns (schon) fahren** he'll drive us; **ich werde kommen** I'll come; **er wird uns abholen** he's going to pick us up; **wir ~ dafür bezahlt** we're paid for it; **er wird gerade diskutiert** he's being discussed |
| <u>vi</u> | intransitive verb (used without a direct object) | **chatten** <u>vi</u> IT chat |

$\underline{VT}$	transitive verb (used with a direct object)	**upcycle** $\underline{VT}$ beim Recycling veredeln
$\underline{VR}$	reflexive verb	**commit** **1** $\underline{VT}$ (*crime*) begehen **2** $\underline{VR}$ ~ **oneself** (*undertake*) sich verpflichten (*to* zu)
$\underline{IMPERS}$	impersonal verb (verb which can only be used with 'es')	**hageln** $\underline{VI\ IMPERS}$ hail
⟨aß, gegessen⟩	irregular verb forms	**essen** ⟨aß, gegessen⟩ $\underline{VT,\ VI}$ eat; **zu Mittag/Abend ~** have lunch/dinner; **was gibt's zu ~?** what's for lunch/dinner?; **~ gehen** eat out
		pret aß, *past part* gegessen = simple past (*preterite*): aß and past participle: gegessen
irr	compound verb containing irregular base verb	**anfangen** *irr* $\underline{VT,\ VI}$ begin, start; **damit kann ich nichts ~** that's no use to me

Further information can be found in the **German irregular verbs** section in the appendices.

Nouns

$\overline{\text{N}}$	English noun	sat nav $\overline{\text{N}}$ (Br) fam Navi nt
$\overline{\text{M}}$, m	masculine noun	Hase $\overline{\text{M}}$ ⟨-n, -n⟩ hare
		Brexit $\overline{\text{N}}$ Brexit m
$\overline{\text{F}}$, f	feminine noun	Innenstadt $\overline{\text{F}}$ town centre; city centre
		strawberry $\overline{\text{N}}$ Erdbeere f
$\overline{\text{NT}}$, nt	neuter noun	Liebesschloss $\overline{\text{NT}}$ love lock
		boat $\overline{\text{N}}$ Boot nt; (ship) Schiff nt
m(f)	masculine noun which forms feminine equivalent by adding a suffix	cardholder $\overline{\text{N}}$ Karteninhaber(in) m(f)
		= der Karteninhaber, die Karteninhaberin
mf	adjectival noun	single parent $\overline{\text{N}}$ Alleinerziehende(r) mf
		= der Alleinerziehende, die Alleinerziehende, ein Alleinerziehender, eine Alleinerziehende
$\overline{\text{NPL}}$, pl $\overline{\text{PL}}$, pl	plural noun	travel documents $\overline{\text{NPL}}$ Reiseunterlagen pl
		Globuli $\overline{\text{PL}}$ MED globuli pl

Declension:

⟨in an- gular brackets⟩	genitive and plural forms of non- compound nouns	**Falafel** $\overline{\mathsf{E}}$ ⟨-, -n⟩ GASTR falafel = der Falafel, die Falafeln Many German noun endings form the genitive and plural according to a regular pattern. Information on genitive and plural forms is therefore not given for head- words with these regular endings. A list of these regular endings is provided on page 599.
	information on irregular verb forms	**blasen** ⟨blies, geblasen⟩ $\overline{\mathsf{VI}}$ blow pret = preterite, simple past: blies, past part = past participle: gebla- sen

4. Explanatory Material, Subject Areas and Prepositions

Assistance in choosing the correct translation is provided in a variety of additional ways:

(italicised information in brackets)	words or phrases of virtually identical meaning, subject or object of the given word, short context	**abandon** $\overline{vt}$ (*desert*) verlassen; (*give up*) aufgeben **break down** $\overline{vi}$ (*car*) eine Panne haben; (*machine*) versagen; (*person*) zusammenbrechen **abfärben** $\overline{vi}$ (*in the wash*) run; *fig* rub off
SUBJECT AREA	subject areas are mostly abbreviated and appear in small capitals:	**app** $\overline{N}$ IT, TEL App *f*
prepositions	The correct preposition to use with a particular verb or noun is indicated. The correct case is also given for German prepositions which can take different cases:	**revolve** $\overline{vi}$ sich drehen (*around* um) **Mangel** $\overline{M}$ ⟨-s, Mängel⟩ lack; (*scarcity*) shortage (*an* + *dat* of); (*imperfection*) defect, fault

5. Lexicographical Symbols

~	The tilde or swung dash (~) is used in place of the headword within an entry:	**text** **1** N̄ Text *m*; *(of document)* Wortlaut *m*; *(sent by mobile phone)* SMS *f*; **send sb a ~** jdm eine SMS schicken **2** V̄T *(message)* simsen, SMSen; **~ sb** jdm simsen, jdm eine SMS schicken; **I'll ~ it to you** ich schicke es dir per SMS = send somebody a text = text somebody = I'll text it to you
1, **2**, **3**	Arabic numerals are used to differentiate between different parts of speech or to divide translations into different senses:	**tweet** **1** N̄ *(of bird)* Piepsen *nt*; *(on Twitter®)* Tweet *m* or *nt* **2** V̄I *(of bird)* piepsen; *(on Twitter®)* twittern **3** V̄T *(on Twitter®)* twittern **Druck** **1** M̄ ⟨-(e)s, Drücke⟩ PHYS pressure; *fig (strain)* stress; **jdn unter ~ setzen** put sb under pressure **2** M̄ ⟨-(e)s, -e⟩ TYPO printing; *(product, typeface)* print
;	Semicolons differentiate minor differences in meaning and are used before phrases:	**supporter** N̄ Anhänger(in) *m(f)*; SPORT Fan *m* **absolutely** ADV absolut; *(true, stupid)* vollkommen; **~!** genau!; **you're ~ right** du hast/Sie haben völlig recht

12

Commas are used to separate interchangeable translations which are identical in meaning:

Rollkoffer $\overline{\text{M}}$ trolley case (*Br*), roller (*US*)

→ An arrow symbol means 'see/cf.', and has a number of functions. It can either be used to cross-refer to another headword which contains relevant or further information, or to a different spelling:

homeopathic $\overline{\text{ADJ}}$ (*US*) → homoeopathic

June $\overline{\text{N}}$ Juni *m*; → September

Notes on the pronunciation of German words

The rules governing the pronunciation of German words tend to be more straightforward than their English equivalents – and there are fewer exceptions. This means that if you apply these rules consistently you can feel confident of being correct in the vast majority of cases. In order to help you understand the basic rules, we have divided our guidelines into the following sections: consonants, vowels and stress. We have also concentrated on those German vowels and consonants which are pronounced differently to their English equivalents and on those which do not exist in English at all.

Consonants

Silent consonants

The only consonant in German which can be silent is **h**, but this depends on its position in a word. It is pronounced when it appears at the beginning of a word (as in **H**eld – *hero*) or between two vowels (as in the name **Joh**annes), but it is silent when it comes between a vowel and a consonant (as in **Feh**ler – *mistake*) and when it comes at the end of a word (as in fro**h** – *happy*).

When **h** is used in combination with other consonants (such as in **sch** and **ch**), different rules apply (see under **combinations of consonants**).

Single and double consonants

Most German single and double consonants are pronounced in the same way as their English equivalents. The rules and examples below only deal with cases in which they are pronounced differently or, in the case of ß, do not exist in English at all.

consonant	rule	example
b	often pronounced **p** (as in the English poet) at the end of a word, sometimes at the end of a syllable	hal**b**, **A**bstieg
c	pronounced **ts** (as in the English bit**s**);	**C**D
	pronounced **k** (as in the English kite) in words of foreign derivation (i.e. most cases)	**C**annabis, **C**ola
d	often pronounced **t** (as in the English taxi) at the end of a word, sometimes at the end of a syllable	Lan**d**, un**d** so weiter
g	often pronounced **k** (as in the English kite) at the end of a word, sometimes at the end of a syllable; pronounced **ch** (as in the Scottish loch) if the word ends in –ig	Zu**g**, Flugzeu**g** lusti**g**
h	see **silent consonants** (above)	
j	usually pronounced **y** (as in the English young)	**J**oghurt
q	pronounced **kv** in combination with the vowel u	**Q**uiz
r	rolled at the back of the mouth (similar to the Scottish r sound)	**r**und
s	pronounced **z** (as in the English zebra) when it comes between two vowels or at the beginning of a word	le**s**en, **S**onne

ß	pronounced s (as in the English six); never occurs at the beginning of a word	**Fußball**
t	pronounced ts (as in the English bits) when followed by the letters –ion	**Intuition**
v	mostly pronounced f (as in the English fork); pronounced v (as in the English vote) in words of Greek or Latin derivation	**verstehen** **Veto**
w	pronounced v (as in the English vote)	**wo, Wunder**
z	pronounced ts (as in the English bits)	**Zunge**

Double consonants within a syllable always make the preceding vowel short (**Krabbe, paddeln, kommen, gewinnen, muss, fett**).

Combinations of consonants

In German, certain combinations of consonants (if they are pronounced as part of the same syllable) produce a sound which is not found in English. The most difficult sound for English native speakers is the following:

ch This combination produces a guttural sound which can best be described by comparing it to the sound made at the beginning of the word 'human' in the English phrase 'a human being'. However, the sound can also be pronounced in two slightly different ways, depending on the vowel sound which precedes it: in a word such as **lachen** (to laugh), it is produced at the back of the throat (as in the Scottish **loch**), whereas in **ich** (I) it is produced more towards the front of the mouth and sounds a little more like the English **sh** (as in fish).

The following consonant combinations also produce sounds which differ from their English equivalents:

chs	pronounced **ks** (as in the English kicks) at the end of a word, sometimes at the end of a syllable	**Lachs, wachsen**
ng	always pronounced as in the English singer, never as in finger	**Hunger**
sch	always pronounced sh (as in the English shoe)	**Frosch, Schiff, verschwinden**
sp	at the beginning of a word or syllable, pronounced **shp** (as in the English cash prize)	**Sport, verspätet**
st	at the beginning of a word or syllable, pronounced **sht** (as in the English fish tank)	**Stein, verstehen**
th	always pronounced t (as in the English taxi)	**Thunfisch**
tsch	pronounced ch (as in the English chicken)	**Quatsch**
tz	pronounced ts (as in the English bits)	**Katze**

Vowels

Long and short vowel sounds

German vowel sounds can be long or short. Certain sounds (such as those produced by the letters **ä**, **ö** and **ü**) have no direct equivalent in English – in these cases we have given an approximation of the sound.

letter(s)	vowel sound produced	example
a	short (close to the English fun)	Hammer
a, ah, aa	long (close to the English marmalade)	Vater, Bahn, Aal
ä	short (close to the English set)	ändern
ä, äh	long (close to the English bear)	Käfig, ähnlich
e	short (as in the English wet)	endlich
e, ee, eh	long (close to the English gay, but with no concluding y sound)	edel, Fee, Fehler
i	short (as in the English inch)	in, Kinn
i, ie	long (as in the English feel)	Kino, tief
o	short (as in the English hop)	kommen
o, oo, oh	long (close to the English fold)	los, Moos, Kohl
oh	long (close to the English more)	Ohr
ö	short (close to the English flirt, but shorter)	können
ö	long (close to the English flirt)	Löwe
u	short (as in the English full)	Mutter, unter
u, uh	long (as in the English pool)	tun, Kuh
ü	short*	dünn
ü, üh	long*	über, fühlen

* There is really no English equivalent to these sounds. The word **dünn** can best be produced by pronouncing the English word **din** with pursed lips. The longer sound in the word **über** is similar to the French **une**.

Diphthongs

A diphthong is in effect the combination of two vowel sounds. There are relatively few of these in German.

ei, ai	as in the English my	**fein, Haifisch**
au	as in the English now	**August**
eu, äu	as in the English toy	**neun, äußerst**

Stress

Most German words are stressed on the first syllable. The only major exception to this rule concerns words beginning with prefixes such as be-, ent-, er-, ge-, ver- and zer-, which are usually stressed on the subsequent syllable (**beantworten, Enttäuschung, vermuten**). Additionally, some words of foreign (especially Latin) derivation are stressed on the final syllable: (**Café, Elefant, Soldat, Station**).

Abbreviations

a.	also	FIN	finance
abbr	abbreviation	GASTR	gastronomy, cooking
acc	accusative	*gen*	genitive
acr	acronym	*hist*	historically
<u>ADJ</u>	adjective	HIST	history
<u>ADV</u>	adverb	*imperf*	past tense (*Imperfekt*)
AGR	agriculture	<u>IMPERS</u>	impersonal
ANAT	anatomy	*in cpds*	in compounds
<u>ART</u>	article	*indef*	indefinite
ART	fine arts	<u>INTERJ</u>	interjection
ASTR	astronomy, astrology	*inv*	invariable
AUTO	automobiles, traffic	*irr*	irregular
AVIAT	aviation	IT	IT, computing
BIO	biology	*jdm*	jemandem – (to) somebody
BOT	botany		
Br	British	*jdn*	jemanden – somebody
CHEM	chemistry		
COMM	commerce	*jds*	jemandes – somebody's, of somebody
<u>CONJ</u>	conjunction		
contr	contraction		
dat	dative	*jmd*	jemand – somebody, someone
ELEC	electricity		
esp	especially	LAW	law
etw	etwas – something	LING	linguistics
<u>F</u>, *f*	feminine	<u>M</u>, *m*	masculine
fam	familiar, informal	MATH	mathematics
fig	figurative	MED	medicine
FILM	film, cinema	METEO	meteorology

MIL	military	RADIO	radio
MUS	music	RAIL	railways
$\overline{N}$	noun	REL	religion
NAUT	nautical	*sb*	somebody
nom	nominative	*Scot*	Scottish
$\overline{NPL}$	plural noun	$\overline{SG}$, *sg*	singular
$\overline{NSING}$	singular noun	SPORT	sports
$\overline{NT}$, *nt*	neuter	*sth*	something
$\overline{NUM}$	numeral	TECH	technology
or	or	TEL	telecommunications
pej	pejorative	THEAT	theater/theatre
PHOT	photography	TV	television
PHYS	physics	TYPO	typography, printing
$\overline{PL}$, *pl*	plural	US	North American
POL	politics	$\overline{VAUX}$	auxiliary verb
pp	past participle	$\overline{VI}$	intransitive verb
$\overline{PREF}$, *pref*	prefix	$\overline{VR}$	reflexive verb
$\overline{PREP}$, *prep*	preposition	$\overline{VT}$	transitive verb
$\overline{PRON}$, *pron*	pronoun	*vulg*	vulgar
pt	past tense	ZOOL	zoology
®	registered trademark	~	swung dash, tilde, replaces headword
		→	please refer to

German — English

A

A *abbr* → Autobahn ≈ M (*Br*), ≈ I (*US*)

à PREP + *acc* at … each; **4 Tickets à 8 Euro** 4 tickets at 8 euros each

Aal M ⟨-(e)s, -e⟩ eel

ab **1** PREP + *dat* from; **von jetzt ~** from now on; **Berlin ≈ 16:30 Uhr** departs Berlin 16.30; **~ Seite 17** from page 17; **~ 18** from the age of 18 **2** ADV off; **links ~** to the left; **~ und zu** (*or* **an**) now and then (*or* again); **der Knopf ist ~** the button has come off

AB *abbr* = **Anrufbeantworter** TEL answering machine, answerphone; **jdm auf den ~ sprechen** leave sb a message on their answering machine

abbauen VT (*tent*) take down; (*in number, value*) reduce

abbeißen *irr* VT bite off

abbestellen VT cancel

abbiegen *irr* VI turn off; (*road*) bend; **nach links/rechts ~** turn left/right

Abbildung F illustration

abblasen *irr* VT *fig* call off

abblenden VT, VI AUTO (**die Scheinwerfer**) ~ dip (*Br*) (*or* dim (*US*)) one's headlights **Abblendlicht** NT dipped (*Br*) (*or* dimmed (*US*)) headlights *pl*

abbrechen *irr* VT break off; (*building*) pull down; (*end*) stop; (*computer program*) abort

abbremsen VI brake, slow down

abbringen *irr* VT **jdn von einer Idee ~** talk sb out of an idea; **jdn vom Thema ~** get sb away from the subject; **davon lasse ich mich nicht ~** nothing will make me change my mind about it

abbuchen VT debit (*von* to)

abdanken VI resign

Abdeckstift M concealer (stick)

abdrehen **1** VT (*gas, water*) turn off; (*light*) switch off **2** VI (*ship, plane*) change course

Abend M ⟨-s, -e⟩ evening; **am ~** in the evening; **zu ~ essen** have dinner; **heute/morgen/gestern ~** this/tomorrow/ yesterday evening; **guten ~!** good evening **Abendbrot** NT supper **Abendessen** NT dinner **Abendkasse** F box office **Abendkleid** $\overline{\text{NT}}$ evening dress (or gown) **Abendmahl** $\overline{\text{NT}}$ das ~ (Holy) Communion **abends** $\overline{\text{ADV}}$ in the evening; **montags** ~ on Monday evenings

Abenteuer $\overline{\text{NT}}$ ⟨-s, -⟩ adventure **Abenteuerurlaub** $\overline{\text{M}}$ adventure holiday

aber $\overline{\text{CONJ}}$ but; (nevertheless) however; **oder** ~ alternatively; ~ **ja!** (but) of course; **das ist** ~ **nett von Ihnen** that's really nice of you

abergläubisch $\overline{\text{ADJ}}$ superstitious

abfahren irr $\overline{\text{VI}}$ leave (or depart) (nach for); (skier) ski down **Abfahrt** $\overline{\text{F}}$ departure; (from motorway) exit; (in skiing) descent; (piste) run **Abfahrtslauf** $\overline{\text{M}}$ (in skiing) downhill **Abfahrtszeit** $\overline{\text{F}}$ departure time

Abfall $\overline{\text{M}}$ waste; (household) rubbish (Brit), garbage (US) **Abfalleimer** $\overline{\text{M}}$ rubbish bin (Brit), garbage can (US)

abfällig $\overline{\text{ADJ}}$ disparaging; ~ **von jdm sprechen** make disparaging remarks about sb

abfärben $\overline{\text{VI}}$ (in the wash) run; fig rub off

abfertigen $\overline{\text{VT}}$ (parcel) prepare for dispatch; (at the border) clear **Abfertigungsschalter** $\overline{\text{M}}$ (at airport) check-in desk

abfinden irr $\boxed{1}$ $\overline{\text{VT}}$ pay off $\boxed{2}$

$\overline{\text{VR}}$ **sich mit etw** ~ come to terms with sth **Abfindung** $\overline{\text{F}}$ (money) compensation; (for employee) redundancy payment

abfliegen irr $\overline{\text{VI}}$ (plane) take off; (passenger also) fly off **Abflug** $\overline{\text{M}}$ departure; (becoming airborne) takeoff **Abflughalle** $\overline{\text{F}}$ departure lounge **Abflugzeit** $\overline{\text{F}}$ departure time

Abfluss $\overline{\text{M}}$ drain; (for washbasin) plughole (Brit) **Abflussrohr** $\overline{\text{NT}}$ waste pipe; (outside) drainpipe

abfragen $\overline{\text{VT}}$ test; IT call up

abführen $\boxed{1}$ $\overline{\text{M}}$ MED have a laxative effect $\boxed{2}$ $\overline{\text{VT}}$ (tax, charges) pay; **jdn** ~ **lassen** take sb into custody **Abführmittel** $\overline{\text{NT}}$ laxative

Abgabe $\overline{\text{F}}$ handing in; (of ball) pass; (charge) tax; (of statement) making **abgabenfrei** $\overline{\text{ADJ}}$ tax-free **abgabenpflichtig** $\overline{\text{ADJ}}$ liable to tax

Abgase $\overline{\text{PL}}$ AUTO exhaust fumes pl **Abgas(sonder)-untersuchung** $\overline{\text{F}}$ exhaust emission test

abgeben irr $\boxed{1}$ $\overline{\text{VT}}$ (luggage, key) leave (bei with); (homework etc) hand in; (heat) give off; (statement, judgment) make $\boxed{2}$ $\overline{\text{VR}}$ **sich mit jdm** ~ associate with sb; **sich mit etw** ~ bother with sth

abgebildet $\overline{\text{ADJ}}$ **wie oben** ~ as shown above

abgehen irr $\overline{\text{VI}}$ (letters) go; (button etc) come off; (amount) be taken off; (road) branch off; **von der Schule ~** leave school; **sie geht mir ab** I really miss her; **was geht denn hier ab?** fam what's going on here?

abgelaufen ADJ (passport) expired; (time, period) up; **die Milch ist ~** the milk is past its sell-by date

abgelegen ADJ remote

abgemacht INTERJ OK, it's a deal, that's settled, then

abgeneigt ADJ **einer Sache** dat **~ sein** be averse to sth; **ich wäre nicht ~, das zu tun** I wouldn't mind doing it

Abgeordnete(r) MF Member of Parliament

abgepackt ADJ prepacked

abgesehen ADJ **es auf jdn/etw ~ haben** be after sb/sth; **~ von** apart from

abgespannt ADJ (person) exhausted, worn out

abgestanden ADJ stale; (beer) flat

abgestorben ADJ (plant) dead; (fingers) numb

abgestumpft ADJ (person) insensitive

abgetragen ADJ (clothes) worn

abgewöhnen VT **jdm etw ~** cure sb of sth; **sich etw ~** give sth up

abhaken VT tick off; **das (Thema) ist schon abgehakt** that's been dealt with

abhalten irr VT (meeting) hold; **jdn von etw ~** keep sb away from sth; (prevent) keep sb from sth

abhanden ADJ **~ kommen** get lost

Abhang M slope

abhängen 1 VT (picture) take down; (trailer) uncouple; (pursuer) shake off **2** irr vi **von jdm/etw ~** depend on sb/sth; **das hängt davon ab, ob ... es** depends (on) whether ... **abhängig** ADJ dependent (von on)

abhauen irr **1** VT (branch, arm etc) cut off **2** vi fam clear off; **hau ab!** get lost!, beat it!

abheben irr **1** VT (money) withdraw; (receiver, playing card) pick up **2** vi (plane) take off; (rocket) lift off; (in card game) cut

abholen VT collect; (at station etc) meet; (with car) pick up **Abholmarkt** M cash and carry

abhorchen VT MED listen to

abhören VT (vocabulary) test; (phone call) tap; (tape etc) listen to

Abitur NT ⟨-s, -e⟩ German school-leaving examination, ≈ A-levels (Brit), ≈ High School Diploma (US)

abkaufen VT **jdm etw ~** buy sth from sb; **das kauf ich dir nicht ab!** fam I don't believe you

abklingen irr vi (pain) ease;

(effect) wear off

abkommen *irr* $\overline{vi}$ get away; **von der Straße ~** leave the road; **von einem Plan ~** give up a plan; **vom Thema ~** stray from the point

Abkommen $\overline{NT}$ ⟨-s, -⟩ agreement

abkoppeln $\overline{vt}$ *(trailer)* unhitch

abkratzen 1 $\overline{vt}$ scrape off **2** $\overline{vi}$ *fam (die)* kick the bucket, croak

abkühlen $\overline{vi, vr, vt}$ cool down

abkürzen $\overline{vt}$ *(word)* abbreviate; **den Weg ~** take a short cut **Abkürzung** $\overline{F}$ *(of word)* abbreviation; *(path)* short cut

abladen $\overline{vt}$ unload

Ablage $\overline{F}$ *(for documents)* tray; *(for whole office)* filing system

Ablauf $\overline{M}$ drain; *(of events)* course; *(of deadline)* expiry **ablaufen** *irr* $\overline{vi}$ *(liquid)* drain away; *(events)* happen; *(dead-line, passport)* expire

ablegen 1 $\overline{vt}$ put down; *(clothes)* take off; *(habit)* get out of; *(exam)* take, sit; *(documents)* file away **2** $\overline{vi}$ *(ship)* cast off

ablehnen 1 $\overline{vt}$ reject; *(invitation)* decline; *(be against)* disapprove of; *(applicant)* turn down **2** $\overline{vi}$ decline

ablenken $\overline{vt}$ distract; **jdn von der Arbeit ~** distract sb from their work; **vom Thema ~** change the subject **Ablenkung** $\overline{F}$ distraction

ablesen $\overline{vt}$ *(text, speech)* read; **das Gas/den Strom ~** read the gas/electricity meter

abliefern $\overline{vt}$ deliver

abmachen $\overline{vt}$ take off; *(date, price etc)* agree **Abmachung** $\overline{F}$ agreement

abmelden 1 $\overline{vt}$ *(newspaper)* cancel; *(car)* take off the road **2** $\overline{vr}$ give notice of one's departure; *(from hotel)* check out; *(member)* cancel one's membership

abmessen *irr* $\overline{vt}$ measure

abnehmen *irr* **1** $\overline{vt}$ take off, remove; *(receiver)* pick up; *(driving licence)* take away; *(money)* get *(jdm out of sb)*; *(purchase, fam: believe)* buy *(jdm from sb)* **2** $\overline{vi}$ decrease; *(slim)* lose weight; TEL pick up the phone; **fünf Kilo ~** lose five kilos

Abneigung $\overline{F}$ dislike *(gegen of)*; *(stronger)* aversion *(gegen to)*

abnutzen $\overline{vt, vr}$ wear out

Abonnement $\overline{NT}$ ⟨-s, -s⟩ subscription **Abonnent(in)** $\overline{M(F)}$ subscriber **abonnieren** $\overline{vt}$ subscribe to

abraten *irr* $\overline{vi}$ **jdm von etw ~** advise sb against sth

abräumen $\overline{vt}$ **den Tisch ~** clear the table; **das Geschirr ~** clear away the dishes; *(prize etc)* walk off with

Abrechnung $\overline{F}$ settlement; *(invoice)* bill

abregen $\overline{vr}$ *fam* calm (or cool)

down; **reg dich ab!** take it easy
Abreise F̲ departure **abreisen** V̲i̲ leave (*nach* for) **Abreisetag** M̲ day of departure
abreißen *irr* **1** V̲t̲ (*house*) pull down; (*sheet of paper*) tear off; **den Kontakt nicht ~ lassen** stay in touch **2** V̲i̲ (*button etc*) come off
abrunden V̲t̲ **eine Zahl nach oben/unten ~** round a number up/down
abrupt A̲D̲J̲ abrupt
ABS N̲t̲ *abbr* → Antiblockiersystem A̲U̲T̲O̲ ABS
Abs. *abbr* → Absender from
absagen **1** V̲t̲ cancel, call off; (*invitation*) turn down **2** V̲i̲ decline; **ich muss leider ~** I'm afraid I can't come
Absatz M̲ C̲O̲M̲M̲ sales *pl*; (*in text*) paragraph; (*of shoe*) heel
abschaffen V̲t̲ abolish, do away with
abschalten V̲t̲, V̲i̲ *fig* switch off
abschätzen V̲t̲ estimate; (*situation*) assess
abscheulich A̲D̲J̲ disgusting
abschicken V̲t̲ send off
abschieben *irr* V̲t̲ (*asylum seeker etc*) deport
Abschied M̲ <-(e)s, -e> parting; **~ nehmen** say good-bye (*von jdm* to sb) **Abschiedsfeier** F̲ farewell party
Abschlagszahlung F̲ interim payment
Abschleppdienst M̲ A̲U̲T̲O̲

breakdown service **abschleppen** V̲t̲ tow **Abschleppseil** N̲t̲ towrope **Abschleppwagen** M̲ breakdown truck (*Br*), tow truck (*US*)
abschließen *irr* V̲t̲ (*door*) lock; (*bring to an end*) conclude, finish; (*agreement, deal*) conclude **Abschluss** M̲ close, conclusion; (*of agreement, deal*) conclusion
abschminken **1** V̲R̲ take one's make-up off **2** V̲t̲ *fam* **sich** *dat* **etw ~** get sth out of one's mind
abschnallen V̲R̲ undo one's seatbelt
abschneiden *irr* **1** V̲t̲ cut off **2** V̲i̲ **gut/schlecht ~** do well/badly
Abschnitt M̲ (*of book, text*) section; (*of cheque, ticket*) stub
abschrauben V̲t̲ unscrew
abschrecken V̲t̲ deter, put off
abschreiben *irr* V̲t̲ copy (*bei, von* from, off); (*give up on*) write off; C̲O̲M̲M̲ deduct
abschüssig A̲D̲J̲ steep
abschwächen V̲t̲ lessen; (*statement, criticism*) tone down
abschwellen *irr* V̲i̲ (*inflammation*) go down; (*noise*) die down
absehbar A̲D̲J̲ foreseeable; **in ~er Zeit** in the foreseeable future **absehen** *irr* **1** V̲t̲ (*end, consequences*) foresee **2** V̲i̲ **von etw ~** refrain from sth
abseits **1** A̲D̲V̲ out of the way;

SPORT offside **2** PREP + *gen* away from **Abseits** NT SPORT offside **Abseitsfalle** F SPORT offside trap

absenden *irr* VT send off; (*letter etc*) post **Absender(in)** M(F) ⟨-s, -⟩ sender

absetzen 1 VT (*glass, spectacles etc*) put down; (*passenger*) drop (off); COMM sell; FIN deduct; (*cancel*) drop **2** VR (*leave*) clear off; (*mud etc*) be deposited

Absicht F intention; **mit ~ on purpose absichtlich** ADJ intentional, deliberate

absolut ADJ absolute

abspecken VI *fam* lose weight

abspeichern VT IT save

absperren VT block (or close) off; (*door*) lock **Absperrung** F blocking (or closing) off; (*obstacle*) barricade

abspielen 1 VT (*CD etc*) play **2** VR happen

abspringen *irr* VI jump down/off; (*participant*) drop out (*von* of)

abspülen VT rinse; (*dishes*) wash (up)

Abstand M distance; (*time gap*) interval; **~ halten** keep one's distance

abstauben VT, VI dust; *fam* (*steal*) pinch

Abstecher M ⟨-s, -⟩ detour

absteigen *irr* VI (*from bicycle etc*) get off, dismount; (*at hotel*) stay (*in + dat* at)

abstellen VT (*bag, tray etc*) put down; (*car*) park; (*light, machine etc*) turn (or switch) off; (*bad practice etc*) stop **Abstellraum** M store room

Abstieg M ⟨-(e)s, -e⟩ (*from mountain*) descent; SPORT relegation

abstimmen 1 VI vote **2** VT (*aims, dates*) fit in (*auf + acc* with); **Dinge aufeinander ~** coordinate things **3** VR come to an agreement (*or arrangement*)

abstoßend ADJ repulsive

abstrakt ADJ abstract

abstreiten *irr* VT deny

Abstrich M MED smear; **~e machen** cut back (*an + dat* on); (*expect less*) lower one's sights

Absturz M fall; AVIAT, IT crash

abstürzen VI fall; AVIAT, IT crash

absurd ADJ absurd

Abszess M ⟨-es, -e⟩ abscess

abtauen VT, VI thaw; (*fridge*) defrost

Abtei F ⟨-, -en⟩ abbey

Abteil NT ⟨-(e)s, -e⟩ compartment

Abteilung F (*in firm, department store*) department; (*in hospital*) section

abtreiben 1 VT (*child*) abort **2** VI be driven off course; MED carry out an abortion; (*pregnant woman*) have an abortion **Abtreibung** F abortion

abtrocknen V̄T dry

abwarten 1 V̄T wait for; **das bleibt abzuwarten** that remains to be seen 2 V̄i wait

abwärts ADV down

Abwasch M̄ <-(e)s> washing-up **abwaschen** irr V̄T (dirt) wash off; (dishes) wash (up)

Abwasser N̄T <-s, Abwässer> sewage

abwechseln 1 V̄i alternate; **sich mit jdm ~** take turns with sb **abwechselnd** ADV alternately **Abwechslung** F̄ change; **zur ~** for a change

abweisen irr V̄T turn away; (application) turn down **abweisend** ADJ unfriendly

abwesend ADJ absent **Abwesenheit** F̄ absence

abwiegen irr V̄T weigh (out)

abwimmeln V̄T fam **jdn ~** get rid of sb, give sb the elbow

abwischen V̄T (face, table etc) wipe; (dirt) wipe off

abzählen V̄T count; (money) count out

Abzeichen N̄T badge

abzeichnen 1 V̄T draw, copy; (document) initial 2 V̄R stand out; fig (be imminent) loom

abziehen irr 1 V̄T take off; (bed) strip; (key) take out; (number, amount) take away, subtract 2 V̄i go away

Abzug M̄ (print) print; (opening) vent; (of troops) withdrawal; (of amount) deduction; **nach ~ der Kosten** charges deducted **abzüglich** PREP + gen minus; **~ 20% Rabatt** less 20% discount

abzweigen 1 V̄i branch off 2 V̄T set aside **Abzweigung** F̄ junction

Accessoires P̄L accessories pl

ach INTERJ oh; **~ so!** oh, I see; **~ was!** (surprised) really?; (annoyed) don't talk nonsense

Achse F̄ <-, -n> axis; AUTO axle

Achsel F̄ <-, -n> shoulder; armpit

acht NUM eight; **heute in ~ Tagen** in a week('s time), a week from today

Acht F̄ <-> **sich in ~ nehmen** be careful (vor + dat of), watch out (vor + dat for); **etw außer ~ lassen** disregard sth

achte(r, s) ADJ eighth; → **dritte Achtel** N̄T <-s, -> (fraction) eighth; (liquid measure) eighth of a litre; (glass of wine) ≈ small glass

achten 1 V̄T respect 2 V̄i pay attention (auf + acc to)

Achterbahn F̄ big dipper, roller coaster

achtgeben V̄i take care (auf + acc of)

achthundert NUM eight hundred **achtmal** ADV eight times

Achtung 1 F̄ attention; (esteem) respect 2 INTERJ look out

achtzehn NUM eighteen

achtzehnte(r, s) ADJ eighteenth; → **dritte** NUM eighty; **in den ~er Jahren** in the eighties **achtzigste(r, s)** ADJ eightieth

Acker M ⟨-s, Äcker⟩ field

Action F ⟨-, -s⟩ fam action **Actionfilm** M action film **Actionkamera** F activity camera

Adapter M ⟨-s, -⟩ adapter

addieren VT add (up)

Adel M ⟨-s⟩ nobility **adelig** ADJ noble

Ader F ⟨-, -n⟩ vein

Adjektiv NT adjective

Adler M ⟨-s, -⟩ eagle

adoptieren VT adopt **Adoption** F adoption **Adoptiveltern** PL adoptive parents pl **Adoptivkind** NT adopted child

Adrenalin NT ⟨-s⟩ adrenalin

Adressenhänger M luggage label, baggage label **Adressbuch** NT directory; (personal) address book **Adresse** F ⟨-, -n⟩ address **adressieren** VT address (an + acc to)

Advent M ⟨-s, -⟩ Advent **Adventskranz** M Advent wreath

Adverb NT adverb

Aerobic NT ⟨-s⟩ aerobics sg

Affäre F ⟨-, -n⟩ affair

Affe M ⟨-n, -n⟩ monkey

Afghanistan NT ⟨-s⟩ Afghanistan

Afrika NT ⟨-s⟩ Africa **Afrikaner(in)** MF ⟨-s, -⟩ African **afrikanisch** ADJ African

After M ⟨-s, -⟩ anus

Aftershave NT ⟨-(s), -s⟩ aftershave

AG F ⟨-, -s⟩ abbr → **Aktiengesellschaft** plc (Brit), corp. (US)

Agent(in) MF agent **Agentur** F agency

aggressiv ADJ aggressive

Ägypten NT ⟨-s⟩ Egypt

ah INTERJ ah, ooh

äh INTERJ er, um; (disgusted) ugh

aha INTERJ I see, aha

ähneln 1 VI + dat be like, resemble 2 VR be alike (or similar)

ahnen VT suspect; **du ahnst es nicht!** would you believe it?

ähnlich ADJ similar (dat to); **jdm ~ sehen** look like sb **Ähnlichkeit** F similarity

Ahnung F idea; (vague) suspicion; **keine ~!** no idea **ahnungslos** ADJ unsuspecting

Ahorn M ⟨-s, -e⟩ maple

Aids NT ⟨-⟩ Aids **aidskrank** ADJ suffering from Aids **Aidstest** M Aids test

Airbag M ⟨-s, -s⟩ AUTO airbag

Akademie F ⟨-, -n⟩ academy **Akademiker(in)** MF ⟨-s, -⟩ (university) graduate

akklimatisieren VR acclimatize oneself

Akkordeon NT ⟨-s, -s⟩ accordion

Akku M ‹-s, -s› (storage) battery

Akkusativ M accusative (case)

Akne F ‹-, -› acne

Akrobat(in) M(F) ‹-en, -en› acrobat

Akt M ‹-(e)s, -e› act; ART nude

Akte F ‹-, -n› file; **etw zu den ~n legen** a. fig file sth away **Aktenkoffer** M briefcase

Aktie F ‹-, -n› share **Aktiengesellschaft** F public limited company (Br), corporation (US)

Aktion F campaign; (military, police) operation

Aktionär(in) M(F) ‹-s, -e› shareholder

aktiv ADJ active **aktivieren** VT activate

Aktivitätsarmband NT activity tracker

Aktivurlaub M activity holiday (Br), activity vacation (US)

aktualisieren VT update **aktuell** ADJ (subject) topical; (modern) up-to-date; (problem) current; **nicht mehr ~** no longer relevant

Akupunktur F acupuncture

Akustik F acoustics sg **akustisch** ADJ acoustic

akut ADJ acute

AKW NT ‹-s, -s› abbr → Atomkraftwerk nuclear power station

Akzent M ‹-(e)s, -e› accent; (emphasis) stress; **mit starkem**

schottischen ~ with a strong Scottish accent

akzeptieren VT accept

Alarm M ‹-(e)s, -e› alarm **Alarmanlage** F alarm system **alarmieren** VT alarm; **die Polizei ~** call the police

Albanien NT ‹-s› Albania

Albatros M ‹-ses, -se› albatross

albern ADJ silly

Albtraum M nightmare

Album NT ‹-s, Alben› album

Algen PL algae pl, seaweed sg **Algensalat** M GASTR seaweed salad

Algerien NT ‹-s› Algeria

Alibi NT ‹-s, -s› alibi

Alimente PL maintenance sg

Alkohol M ‹-s, -e› alcohol **alkoholfrei** ADJ non-alcoholic; **~es Getränk** soft drink **Alkoholiker(in)** M(F) ‹-s, -› alcoholic **alkoholisch** ADJ alcoholic **Alkoholtest** M breathalyser test (Br), alcohol test (US)

All NT ‹-s› universe

Allah M ‹-s› Allah

alle(r, s) **1** PRON all; **~ Passagiere** all passengers; **wir ~** all of us; **~ beide** both of us/you/them; **~ vier Jahre** every four years; **~ 100 Meter** every 100 metres; → **alles 2** ADV fam finished

Allee F ‹-, -n› avenue

allein ADJ, ADV alone; (unaided) on one's own, by oneself; **nicht ~** not only **alleinerziehend**

ADJ ~e Mutter single mother
Alleinerziehende(r) MFE single mother/father/parent **alleinstehend** ADJ single, unmarried

allerbeste(r, s) ADJ very best
allerdings ADV admittedly; (*definitely*) certainly, sure (*US*)
allererste(r, s) ADJ very first; **zu allererst** first of all

Allergie F allergy **Allergiker(in)** MFE ⟨-s, -⟩ allergy sufferer **allergisch** ADJ allergic (*gegen* to)

allerhand ADJ inv fam all sorts of; **das ist doch ~!** (*reproaching*) that's the limit

Allerheiligen NT ⟨-⟩ All Saints' Day

allerhöchste(r, s) ADJ very highest **allerhöchstens** ADV at the very most **allerlei** ADJ inv all sorts of **allerletzte(r, s)** ADJ very last **allerwenigste(r, s)** ADJ very least

alles PRON everything; ~ **Gute!** all the best!; ~ **in allem** all in all; → **alle**

Alleskleber M ⟨-s, -⟩ all-purpose glue

allgemein ADJ general; **im Allgemeinen** in general

Allgemeinarzt M, **Allgemeinärztin** F GP (*Br*), family practitioner (*US*)

Alligator M ⟨-s, -en⟩ alligator

alljährlich ADJ annual

allmählich 1 ADJ gradual 2

ADV gradually

Allradantrieb M all-wheel drive

Alltag M everyday life **alltäglich** ADJ everyday; (*average*) ordinary; (*life, walk etc*) daily

allzu ADV all too

Allzweckreiniger M ⟨-s, -⟩ multi-purpose cleaner

Alpen PL die ~ the Alps pl

Alphabet NT ⟨-(e)s, -e⟩ alphabet **alphabetisch** ADJ alphabetical

Alptraum M = Abtraum

als CONJ (*comparison*) than; (*time*) when; **das Zimmer ist größer ~ das andere** this room is bigger than the other; **das Essen war billiger ~ ich erwartet hatte** the meal was cheaper than I expected (it to be); ~ **Kind** as a child; **nichts ~** (*Ärger*) nothing but (trouble); **anders ~** different from; **erst ~** only when; ~ **ob** as if

also 1 CONJ so, therefore 2 ADV, INTERJ so; ~ **gut** (*or* **schön**) okay then

alt ADJ old; **wie ~ sind Sie?** how old are you?; **28 Jahre ~** 28 years old; **vier Jahre älter** four years older

Altar M ⟨-(e)s, Altäre⟩ altar

Alter NT ⟨-s, -⟩ age; (*last period of life*) old age; **im ~ von** at the age of; **er ist in meinem ~** he's my age

alternativ ADJ alternative; (*concerned for the environment*) ecologically minded; (*farming*) organic **Alternative** F̲ alternative

Altersheim N̲T̲ old people's home

Altglas N̲T̲ used glass **Altglascontainer** M̲ bottle bank **altmodisch** A̲D̲J̲ old-fashioned **Altpapier** N̲T̲ waste paper **Altstadt** F̲ old town

Alt-Taste F̲ Alt key

Alufolie F̲ tin (*or* kitchen) foil **Aluminium** N̲T̲ ⟨-s⟩ aluminium (*Brit*), aluminum (*US*)

Alzheimerkrankheit F̲ Alzheimer's (disease)

am *contr* = **an dem**; ~ **2. Januar** on January 2(nd); ~ **Morgen** in the morning; ~ **Strand** on the beach; ~ **Bahnhof** at the station; **was gefällt Ihnen ~ besten?** what do you like best?; ~ **besten bleiben wir hier** it would be best if we stayed here

Amateur(in) M̲(̲F̲)̲ amateur

ambulant A̲D̲J̲ outpatient; **kann ich ~ behandelt werden?** can I have it done as an outpatient? **Ambulanz** F̲ ambulance; (*in hospital*) outpatients' department

Ameise F̲ ⟨-, -n⟩ ant

amen I̲N̲T̲E̲R̲J̲ amen

Amerika N̲T̲ ⟨-s⟩ America **Amerikaner(in)** M̲(̲F̲)̲ ⟨-s, -⟩ American **amerikanisch** A̲D̲J̲ American

Ampel F̲ ⟨-, -n⟩ traffic lights *pl*

Amsel F̲ ⟨-, -n⟩ blackbird

Amt N̲T̲ ⟨-(e)s, Ämter⟩ (*governmental agency*) office, department; (*position*) post **amtlich** A̲D̲J̲ official **Amtszeichen** N̲T̲ T̲E̲L̲ dialling tone (*Brit*), dial tone (*US*)

amüsant A̲D̲J̲ amusing **amüsieren** 1 V̲T̲ amuse 2 V̲R̲ enjoy oneself, have a good time

an 1 P̲R̲E̲P̲ + *dat* = **der Wand** on the wall; ~ **der Themse** on the Thames; **alles ist ~ seinem Platz** everything is in its place; ~ **einem kalten Tag** on a cold day; ~ **Ostern** at Easter 2 P̲R̲E̲P̲ + *acc* = **die Tür klopfen** knock at the door; **ans Meer fahren** go to the seaside; ~ **die 40 Grad** nearly 40 degrees 3 A̲D̲V̲ **von … ~** from … on; **das Licht/Radio ist ~** the light/radio is on

anal A̲D̲J̲ anal

analog A̲D̲J̲ analogous; I̲T̲ analog

Analyse F̲ ⟨-, -n⟩ analysis **analysieren** V̲T̲ analyse

Ananas F̲ ⟨-, - *or* -se⟩ pineapple

anbaggern V̲T̲ *fam* chat up (*Brit*), come on to (*US*)

Anbau M̲ A̲G̲R̲ cultivation; (*building*) extension **anbauen** V̲T̲ A̲G̲R̲ cultivate; (*garage etc*) build on

anbehalten *irr* V̲T̲ keep on

anbei A̲D̲V̲ enclosed; ~ **sende ich …** please find enclosed …

anbeten <u>VT</u> worship

anbieten irr **1** <u>VT</u> offer **2** <u>VR</u> volunteer

anbinden irr <u>VT</u> tie up

Anblick <u>M</u> sight

anbraten irr <u>VT</u> brown

anbrechen irr **1** <u>VT</u> start; (reserves, savings) break into; (bottle, packet) open **2** <u>VI</u> start; (day) break; (night) fall

anbrennen <u>VT, VI</u> burn; **das Fleisch schmeckt angebrannt** the meat tastes burnt

anbringen irr <u>VT</u> (along with one) bring; (fasten) fix, attach

Andacht <u>F</u> ⟨-, -en⟩ devotion; (church service) prayers pl

andauern <u>VI</u> continue, go on **andauernd** <u>ADJ</u> continual

Andenken <u>NT</u> ⟨-s, -⟩ memory; (object) souvenir

andere(r, s) <u>ADJ</u> other; (not the same) different; (following) next; **am ~n Tag** the next day; **von etw/jmd ~m sprechen** talk about sth/sb else; **unter ~m** among other things **andererseits** <u>ADV</u> on the other hand

ändern **1** <u>VT</u> alter, change **2** <u>VR</u> change

andernfalls <u>ADV</u> otherwise

anders <u>ADV</u> differently (als from); **jemand/irgendwo ~** someone/somewhere else; **sie ist ~ als ihre Schwester** she's not like her sister; **es geht nicht ~** there's no other way **anders(he)rum** <u>ADV</u> the other way round **anderswo** <u>ADV</u> somewhere else

anderthalb <u>NUM</u> one and a half

Änderung <u>F</u> change, alteration

andeuten <u>VT</u> indicate; (indirectly) hint at

Andorra <u>NT</u> ⟨-s⟩ Andorra

Andrang <u>M</u> **es herrschte großer ~** there was a huge crowd

androhen <u>VT</u> **jdm etw ~** threaten sb with sth

aneinander <u>ADV</u> at/on/to one another (or each other); **~ denken** think of each other; **sich ~ gewöhnen** get used to each other **aneinandergeraten** <u>VI</u> clash **aneinanderlegen** <u>VT</u> put together

anerkennen irr <u>VT</u> (country, certificate etc) recognize; (efforts etc) appreciate **Anerkennung** <u>F</u> recognition; (of efforts etc) appreciation

anfahren irr **1** <u>VT</u> (pedestrian) run into; (place, port) stop (or call) at; (goods) deliver; **jdn ~** fig (verbally) jump on sb **2** <u>VI</u> start; (in car) drive off

Anfall <u>M</u> MED attack **anfällig** <u>ADJ</u> delicate; (machine) temperamental; **~ für** prone to

Anfang <u>M</u> ⟨-(e)s, Anfänge⟩ beginning, start; **zu/am ~** to start with; **~ Mai** at the beginning of May; **sie ist ~ 20** she's in her early twenties **anfangen** irr <u>VT, VI</u> begin, start; **damit kann ich nichts ~** that's no

use to me **Anfänger(in)** M/F
⟨-s, -⟩ beginner **anfangs** ADV
at first **Anfangsbuchstabe**
M first (or initial) letter
anfassen ▯ VT touch ▯ VI
kannst du mal mit ~? can
you give me a hand?
Anflug M AVIAT approach;
(small amount) trace
anfordern VT demand **An-**
forderung F request (von
for); (on sb or sth) demand
Anfrage F inquiry
anfreunden VR **sich mit jdm**
~ make (or become) friends
with sb
anfühlen VR feel; **es fühlt sich**
gut an it feels good
Anführungszeichen PL quotation marks pl
Angabe F TECH specification;
fam (swanking) showing off; (in
tennis) serve; **~n** pl (information)
particulars pl; **die ~n waren**
falsch the information was
wrong **angeben** irr ▯ VT
(name, reason) give; (temperature, time etc) indicate; (course,
pace) set ▯ VI fam boast;
SPORT serve **Angeber(in)**
M/F ⟨-s, -⟩ fam show-off **an-**
geblich ADJ alleged
angeboren ADJ inborn
Angebot NT offer; COMM supply (an - of of); **~ und Nach-**
frage supply and demand
angebracht ADJ appropriate
angebunden ADJ **kurz ~** curt
angeheitert ADJ tipsy

angehen irr ▯ VT concern;
das geht dich nichts an that's
none of your business; **ein Pro-**
blem ~ tackle a problem; **was**
ihn angeht as far as he's concerned, as for him ▯ VI (fire)
catch; fam (start) begin **ange-**
hend ADJ prospective
Angehörige(r) M/F relative
Angeklagte(r) M/F accused,
defendant
Angel F ⟨-, -n⟩ fishing rod; (of
door) hinge
Angelegenheit F affair, matter
Angelhaken M fish hook **an-**
geln ▯ VT catch ▯ VI fish
Angeln NT ⟨-s⟩ angling, fishing **Angelrute** F ⟨-, -n⟩ fishing rod
angemessen ADJ appropriate, suitable
angenehm ADJ pleasant; **~!**
pleased to meet you
angenommen ▯ ADJ as-
sumed ▯ CONJ **~, es regnet,**
was machen wir dann? suppose it rains, what do we do
then?
angesehen ADJ respected
angesichts PREP + gen in view
of, considering
Angestellte(r) M/F employee
angetan ADJ **von jdm/etw ~**
sein to be impressed by (or taken
with) sb/sth
angewiesen ADJ **auf jdn/etw**
~ sein to be dependent on sb/sth
angewöhnen VT **sich etw ~**

get used to doing sth **Angewohnheit** F̲ habit

Angina F̲ ⟨-, Anginen⟩ tonsillitis

Angler(in) M̲F̲ ⟨-s, -⟩ angler

Angora N̲T̲ ⟨-s⟩ angora

angreifen irr V̲T̲ attack; *(with hand)* touch; *(harm)* damage **Angriff** M̲ attack; **etw in ~ nehmen** get started on sth

Angst F̲ ⟨-, Ängste⟩ fear; **~ haben** be afraid *(or* scared*) (vor + dat* of*)*; **jdm ~ machen** scare sb **ängstigen** 1 V̲T̲ frighten 2 V̲R̲ worry *(um, wegen + dat* about*)* **ängstlich** A̲D̲J̲ nervous; *(anxious)* worried

anhaben irr V̲T̲ *(clothes)* have on, wear; *(light)* have on

anhalten irr V̲I̲ stop; *(carry on)* continue **anhaltend** A̲D̲J̲ continuous **Anhalter(in)** M̲F̲ ⟨-s, -⟩ hitch-hiker; **per ~ fahren** hitch-hike

anhand P̲R̲E̲P̲ + *gen* with; **~ von** by means of

Anhang M̲ ⟨-(e)s, Anhänge⟩ *(in book)* appendix; I̲T̲ attachment

anhängen V̲T̲ hang up; R̲A̲I̲L̲ *(carriages)* couple; *(something extra)* add (on); **jdm etw ~** *fam (blame)* pin sth on sb **Anhänger** M̲ ⟨-s, -⟩ A̲U̲T̲O̲ trailer; *(on suitcase)* tag; *(jewellery)* pendant **Anhänger(in)** M̲F̲ ⟨-s, -⟩ supporter **Anhängerkupplung** F̲ towbar **anhänglich** A̲D̲J̲ affectionate;

pej clinging

Anhieb M̲ **auf ~** straight away; **das kann ich nicht auf ~ sagen** I can't say offhand

anhimmeln V̲T̲ worship, idolize

anhören 1 V̲T̲ listen to 2 V̲R̲ sound; **das hört sich gut an** that sounds good

Animateur(in) M̲F̲ host/hostess

Anis M̲ ⟨-es, -e⟩ aniseed

Anker M̲ ⟨-s, -⟩ anchor **ankern** V̲I̲, V̲T̲ anchor **Ankerplatz** M̲ anchorage

anklicken V̲T̲ I̲T̲ click on

anklopfen V̲I̲ knock *(an + acc* on*)*

ankommen irr V̲I̲ arrive; **bei jdm gut ~** go down well with sb; **es kommt darauf an** it depends *(ob* on whether*)*; **darauf kommt es nicht an** that doesn't matter

ankotzen V̲T̲ vulg **es kotzt mich an** it makes me sick

ankreuzen V̲T̲ mark with a cross

ankündigen V̲T̲ announce

Ankunft F̲ ⟨-, Ankünfte⟩ arrival **Ankunftszeit** F̲ arrival time

Anlage F̲ *(tendency)* disposition; *(aptitude)* talent; *(park)* gardens *pl*, grounds *pl*; *(in letter etc)* enclosure; *(for CDs etc)* stereo *(system)*; T̲E̲C̲H̲ plant; F̲I̲N̲ investment

Anlass M̲ ⟨-es, Anlässe⟩

cause (zu for); (event) occasion; **aus diesem ~** for this reason

anlassen irr VT (engine) start; (light, garment) leave on **Anlasser** M ‹-s, -› AUTO starter

anlässlich PREP + gen on the occasion of

Anlauf M run-up **anlaufen** irr VI begin; (film) open; (window) mist up; (metal) tarnish

anlegen 1 VT put (an + acc against/on); (jewellery) put on; (garden) lay out; (money) invest; (gun) aim (auf + acc at); **es auf etw** acc **~ be** out for sth 2 VI (ship) berth, dock 3 VR **sich mit jdm ~** fam pick a quarrel with sb **Anlegestelle** F moorings pl

anlehnen 1 VT lean (an + acc against); (door) leave ajar 2 VR lean (an + acc against)

Anleitung F instructions pl

Anliegen NT ‹-s, -› matter; (question) request

Anlieger(in) M(F) ‹-s, -› resident; **~ frei** residents only

anlügen irr VT lie to

anmachen VT (fasten) attach; (light, TV etc) switch on; (salad) dress; fam (excite) turn on; fam (talk to) chat up (Br), come on to (US); fam (attack verbally) have a go at

Anmeldeformular NT application form; (for registering with the authorities) registration form **anmelden** 1 VT (visit etc) announce 2 VR (with doc-

tor etc) make an appointment; (with the authorities, for course etc) register **Anmeldeschluss** M deadline for applications, registration deadline **Anmeldung** F registration; (request) application

annähen VT **einen Knopf (an den Mantel) ~** sew a button on (one's coat)

annähernd ADV roughly; **nicht ~** nowhere near

Annahme F ‹-, -n› acceptance; (supposition) assumption

annehmbar ADJ acceptable **annehmen** irr VT accept; (name) take; (child) adopt; (take as true) suppose, assume

Annonce F ‹-, -n› advertisement

annullieren VT cancel

anöden VT fam bore stiff (or silly)

anonym ADJ anonymous

Anorak M ‹-s, -s› anorak

anpacken VT (problem, task) tackle; **mit ~** lend a hand

anpassen 1 VT fig adapt (dat to) 2 VR adapt (an + acc to)

anpfeifen irr VT **das Spiel ~** start the game **Anpfiff** M SPORT (starting) whistle; (start) kick-off; fam (reprimand) roasting

anprobieren VT try on

Anrede F form of address

anreden VT address

anregen VT stimulate **Anregung** F stimulation; (idea)

suggestion

Anreise F journey **anreisen** VI arrive **Anreisetag** M day of arrival

Anreiz M incentive

anrichten VT (food) prepare; (damage) cause

Anruf M call **Anrufbeantworter** M ⟨-s, -⟩ answering machine, answerphone **anrufen** irr VT TEL call, phone, ring (Br)

ans contr = **an das**

Ansage F announcement; (on answerphone) recorded message **ansagen** VT announce; **angesagt sein** VT be recommended; (fashionable) be the in thing

anschaffen VT buy

anschauen VT look at

Anschein M appearance; (on sth) dem (or allem) ~ nach ... it looks as if ...; den ~ erwecken, hart zu arbeiten give the impression of working hard **anscheinend** 1 ADJ apparent 2 ADV apparently

anschieben irr VT könnten Sie mich mal ~? AUTO could you give me a push?

Anschlag M notice; (on sb or sth) attack **anschlagen** irr 1 VT (poster) put up; (damage) chip 2 VI (medicine etc) take effect; mit etw an etw acc ~ bang sth against sth

anschließen irr 1 VT ELEC, TECH connect (an + acc to); (into socket) plug in 2 VI, VR (sich)

an etw acc ~ (building etc) adjoin sth; (happen after) follow sth 3 VR join (jdm/einer Gruppe sb/a group) **anschließend** 1 ADJ adjacent; (happening afterwards) subsequent 2 ADV afterwards; ~ an + acc following **Anschluss** M ELEC, RAIL connection; (of water, gas etc) supply; im ~ an + acc following; kein ~ unter dieser Nummer TEL the number you have dialled has not been recognized **Anschlussflug** M connecting flight

anschnallen 1 VT (skis) put on 2 VR fasten one's seat belt

Anschrift F address

anschwellen irr VI swell (up)

ansehen irr VT look at; (while sth happens) watch; jdn/etw als etw ~ look on sb/sth as sth; das sieht man ihm an he looks it

an sein irr VI → **an**

ansetzen 1 VT (date) fix; (food) prepare 2 VI start, begin; zu etw ~ prepare to do sth

Ansicht F view, opinion; (act of seeing) sight; meiner ~ nach in my opinion; zur ~ on approval **Ansichtskarte** F postcard

ansonsten ADV otherwise

anspielen VI auf etw acc ~ allude to sth **Anspielung** F allusion (auf + acc to)

ansprechen irr 1 VT speak to; (interest) appeal to 2 VI

auf etw _acc_ ~ (_patient_) respond to sth **ansprechend** ADJ attractive **Ansprechpartner(in)** M(F) contact

anspringen _irr_ VI AUTO start

Anspruch M claim; (_entitlement_) right (_auf_ + _acc_ to); **etw in** ~ **nehmen** take advantage of sth; ~ **auf etw haben** be entitled to sth **anspruchslos** ADJ undemanding; (_life, accommodation etc_) modest **anspruchsvoll** ADJ demanding

Anstalt F ‹-, -en› institution

Anstand M decency **anständig** ADJ decent; _fig fam_ proper; (_large_) considerable

anstarren VT stare at

anstatt PREP + _gen_ instead of

anstecken 1 VT pin on; MED infect; **jdn mit einer Erkältung** ~ pass one's cold on to sb 2 VR **ich habe mich bei ihm angesteckt** I caught it from him 3 VI _fig_ be infectious **ansteckend** ADJ infectious **Ansteckungsgefahr** F danger of infection

anstehen _irr_ VI queue (_Brit_), stand in line (_US_); (_task etc_) be on the agenda

anstelle PREP + _gen_ instead of **anstellen** 1 VT (_radio, heating etc_) turn on; (_employ_) employ; (_undertake_) do; **was hast du wieder angestellt?** what have you been up to now? 2 VR queue (_Brit_), stand in line (_US_); _fam_ **stell dich nicht so an!** stop

making such a fuss

Anstoß M impetus; SPORT kick-off **anstoßen** _irr_ 1 VT push; (_with foot_) kick 2 VI knock, bump; (_chink glasses_) drink (a toast) (_auf_ + _acc_ to) **anstößig** ADJ offensive; (_clothes etc_) indecent

anstrengen 1 VT strain 2 VR make an effort **anstrengend** ADJ tiring

Antarktis F Antarctic

Anteil M share (_an_ + _dat_ in); ~ **nehmen** _an_ + _dat_ sympathize with; take an interest in

Antenne F ‹-, -n› aerial

Antibabypille F **die** ~ the pill

Antibiotikum NT ‹-s, Antibiotika› MED antibiotic

Antiblockiersystem NT AUTO antilock braking system

antik ADJ antique

Antilope F ‹-, -n› antelope

Antiquariat NT second-hand bookshop

Antiquitäten PL antiques _pl_ **Antiquitätenhändler(in)** M(F) antique dealer

Antrag M ‹-(e)s, Anträge› proposal; POL motion; (_document_) application form; **einen** ~ **stellen auf** + _acc_ make an application for

antreffen _irr_ VT find

antreiben _irr_ VT TECH drive; (_onto shore_) wash up; **jdn zur Arbeit** ~ make sb work

antreten _irr_ VT **eine Reise** ~ set off on a journey

Antrieb M̲ TECH drive; *(motivation)* impetus

antun *irr* V̲T̲ **jdm etwas ~** do sth to sb; **sich auf etwas ~** *(commit suicide)* kill oneself

Antwort F̲ ⟨-, -en⟩ answer, reply; **um ~ wird gebeten** RSVP *(répondez s'il vous plaît)*; **antworten** V̲ answer, reply; **jdm ~** answer sb; **auf etw acc ~** answer sth

anvertrauen V̲T̲ **jdm etw ~** entrust sb with sth

Anwalt M̲ ⟨-s, Anwälte⟩, **Anwältin** F̲ lawyer

anweisen V̲T̲ instruct; *(flat, job etc)* allocate *(jdm etw sth to sb)* **Anweisung** F̲ instruction; *(for making payment)* money order

anwenden *irr* V̲T̲ use; *(law, rule)* apply **Anwender(in)** M̲(F̲) ⟨-s, -⟩ user **Anwendung** F̲ use; IT application

anwesend A̲D̲J̲ present **Anwesenheit** F̲ presence

anwidern V̲T̲ disgust

Anwohner(in) M̲(F̲) ⟨-s, -⟩ resident

Anzahl F̲ number *(an + dat* of*)* **anzahlen** V̲T̲ pay a deposit on; **100 Euro ~** pay 100 euros as a deposit **Anzahlung** F̲ deposit

Anzeichen N̲T̲ sign; MED symptom

Anzeige F̲ ⟨-, -n⟩ *(in newspaper)* advertisement; *(electronic)* display; *(made to the police)* report **anzeigen** V̲T̲ *(temperature, time)* indicate, show; *(electronically)* display; *(make known)* announce; **jdn/einen Autodiebstahl bei der Polizei ~** report sb/a stolen car to the police

anziehen *irr* **1** V̲T̲ attract; *(clothes)* put on; *(screw, rope)* tighten **2** V̲R̲ get dressed **anziehend** A̲D̲J̲ attractive

Anzug M̲ suit

anzüglich A̲D̲J̲ suggestive

anzünden V̲T̲ light; *(house etc)* set fire to

Aperitif M̲ ⟨-s, -s *(or* -e)⟩ aperitif

Apfel M̲ ⟨-s, Äpfel⟩ apple **Apfelbaum** M̲ apple tree **Apfelkuchen** M̲ apple cake **Apfelmus** N̲T̲ apple purée **Apfelsaft** M̲ apple juice **Apfelschorle** F̲ *drink made from apple juice and sparkling mineral water* **Apfelsine** F̲ orange **Apfelwein** M̲ cider

Apostroph M̲ ⟨-s, -e⟩ apostrophe

Apotheke F̲ ⟨-, -n⟩ chemist's (shop) *(Br)*, pharmacy *(US)* **apothekenpflichtig** A̲D̲J̲ only available at the chemist's (or pharmacy) **Apotheker(in)** M̲(F̲) ⟨-s, -⟩ chemist *(Br)*, pharmacist *(US)*

App F̲ ⟨-, -s⟩ TEL app

Apparat M̲ ⟨-(e)s, -e⟩ *(piece of)* apparatus; TEL telephone; RADIO, TV set; **am ~!** TEL speaking; **am ~ bleiben** TEL hold the line

Appartement NT ‹-s, -s› studio flat (Br) (or apartment (US))

Appetit M ‹-(e)s, -e› appetite; **guten ~!** bon appétit

appetitlich ADJ appetizing

Applaus M ‹-es, -e› applause

Aprikose F ‹-, -n› apricot

April M ‹-(s), -e› April; → Juni **~, ~!** April fool! **Aprilscherz** M ‹-es, -e› April fool's joke

apropos ADV by the way; **~ Urlaub ...** while we're on the subject of holidays ...

Aquajogging NT aqua jogging **Aquaplaning** NT ‹-(s)› aquaplaning

Aquarell NT ‹-s, -e› watercolour

Aquarium NT ‹-s, Aquarien› aquarium

Äquator M ‹-s› equator

Araber(in) M(F) ‹-s, -› Arab **arabisch** ADJ Arab; (numeral, language) Arabic; (Sea, Desert) Arabian

Arbeit F ‹-, -en› work; (post) job; (product) piece of work **arbeiten** VI work **Arbeiter(in)** M(F) ‹-s, -› worker; (unskilled) labourer **Arbeitgeber(in)** M(F) ‹-s, -› employer **Arbeitnehmer(in)** M(F) ‹-s, -› employee **Arbeitsagentur** F job agency (Br), unemployment agency (US) **Arbeitsamt** NT job centre (Br), employment office (US) **Arbeitserlaubnis**

F work permit **Arbeitsgruppe** F team **arbeitslos** ADJ unemployed **Arbeitslose(r)** MF unemployed person; **die ~n** pl the unemployed pl **Arbeitslosengeld** NT (income-related) unemployment benefit, job-seeker's allowance (Br) **Arbeitslosenhilfe** F (non-income related) unemployment benefit **Arbeitslosigkeit** F unemployment **Arbeitsplatz** M job; (place) workplace **Arbeitsspeicher** M IT main memory **Arbeitszeit** F working hours pl **Arbeitszimmer** NT study

Archäologe M ‹-n, -n›, **Archäologin** F archaeologist **Architekt(in)** M(F) ‹-en, -en› architect **Architektur** F architecture

Archiv NT ‹-s, -e› archives pl

arg ❶ ADJ bad; (unpleasant, intense) awful ❷ ADV (very) terribly

Argentinien NT ‹-s› Argentina

Ärger M ‹-s› annoyance; (stronger) anger; (difficulties) trouble **ärgerlich** ADJ angry; (irritating) annoying **ärgern** ❶ VT annoy ❷ VR get annoyed

Argument NT ‹-s, -e› argument

Arktis F ‹-› Arctic

arm ADJ poor

Arm M ‹-(e)s, -e› arm; (of river)

branch

Armaturenbrett NT instrument panel; AUTO dashboard

Armaturenbrettkamera F dashboard camera

Armband NT bracelet **Armbanduhr** F (wrist)watch

Armee F ⟨-, -n⟩ army

Ärmel M ⟨-s, -⟩ sleeve **Ärmelkanal** M (English) Channel

Armut F ⟨-⟩ poverty

Aroma NT ⟨-s, Aromen⟩ aroma

arrogant ADJ arrogant

Arsch M ⟨-es, Ärsche⟩ vulg arse (Br), ass (US) **Arschbombe** F (into water) dive-bomb **Arschloch** NT vulg (person) arsehole (Br), asshole (US)

Art F ⟨-, -en⟩ (manner) way; (type) kind, sort; (of animal) species; **nach ~ des Hauses** à la maison; **auf diese ~** (auf Weise) in this way; **das ist nicht seine ~** that's not like him **Artenschutz** M protection of endangered species

Arterie F ⟨-, -n⟩ artery

artig ADJ good, well-behaved

Artikel M ⟨-s, -⟩ (product) article, item; (in newspaper) article

Artischocke F ⟨-, -n⟩ artichoke

Artist(in) M(F) ⟨-en, -en⟩ (circus) performer

Arznei F medicine **Arzt** M ⟨-es, Ärzte⟩ doctor **Ärzthelfer(in)** M(F) doctor's assistant

Ärztin F (female) doctor

ärztlich ADJ medical; **sich ~ behandeln lassen** undergo medical treatment

Asche F ⟨-, -n⟩ ashes pl; (from cigarette) ash **Aschenbecher** M ashtray **Aschermittwoch** M Ash Wednesday

Asiat(in) M(F) ⟨-en, -en⟩ Asian **asiatisch** ADJ Asian **Asien** NT ⟨-s⟩ Asia

Aspekt M ⟨-(e)s, -e⟩ aspect

Asphalt M ⟨-(e)s, -e⟩ asphalt

Aspirin® NT ⟨-s, -e⟩ aspirin

aß imperf → **essen**

Ass NT ⟨-es, -e⟩ (in card game, tennis) ace

Assistent(in) M(F) assistant

Ast M ⟨-(e)s, Äste⟩ branch

Asthma NT ⟨-s⟩ asthma

Astrologie F astrology **Astronaut(in)** M(F) ⟨-en, -en⟩ astronaut **Astronomie** F astronomy

ASU F ⟨-, -s⟩ abbr = **Abgassonderuntersuchung** exhaust emission test

Asyl NT ⟨-s, -e⟩ asylum; (place) home; (for the homeless) shelter **Asylant(in)** M(F) pej, **Asylbewerber(in)** M(F) asylum seeker

Atelier NT ⟨-s, -s⟩ studio

Atem M ⟨-s⟩ breath **atemberaubend** ADJ breathtaking **Atembeschwerden** PL breathing difficulties pl **atemlos** ADJ breathless **Atempau-**

se F̲ breather

Athen N̲T̲ Athens

Äthiopien N̲T̲ <-s> Ethiopia

Athlet(in) M̲/F̲ <-en, -en> athlete

Atlantik M̲ <-s> Atlantic (Ocean)

Atlas M̲ <- or Atlasses, Atlanten> atlas

atmen V̲T̲,V̲I̲ breathe **Atmung** F̲ breathing

Atom N̲T̲ <-s, -e> atom **Atombombe** F̲ atom bomb **Atomkraftwerk** N̲T̲ nuclear power station **Atommüll** M̲ nuclear waste **Atomwaffen** P̲L̲ nuclear weapons pl

Attachment N̲T̲ <-s, -s> I̲T̲ attachment

Attentat N̲T̲ <-(e)s, -e> assassination (auf + acc of); (unsuccessful) assassination attempt

Attest N̲T̲ <-(e)s, -e> certificate

attraktiv A̲D̲J̲ attractive

Attrappe F̲ <-, -n> dummy

ätzend A̲D̲J̲ fam revolting; (bad) lousy

au I̲N̲T̲E̲R̲J̲ ouch!; ~ **ja!** yeah

Aubergine F̲ <-, -n> aubergine, eggplant (US)

auch C̲O̲N̲J̲ also, too; even; (actually) really; **oder** ~ or; **ich** ~ so do I; **ich** ~ **nicht** me neither; **wer/was** ~ **immer** whoever/whatever; **ich gehe jetzt - ich** ~ I'm going now - so am I; **das weiß ich** ~ **nicht** I don't know either

Audioguide M̲ <-s, -s> audio guide

audiovisuell A̲D̲J̲ audiovisual

auf 1 P̲R̲E̲P̲ + acc or dat on; ~ **der Reise/dem Tisch** on the way/the table; ~ **der Post/der Party** at the post office/the party; **etw** ~ **den Tisch stellen** put sth on the table; ~ **Deutsch** in German **2** P̲R̲E̲P̲ + acc (mountain, tree etc) up; (direction) to; (following) after; ~ **eine Party gehen** go to a party; **bis** ~ **ihn** except for him; ~ **einmal** suddenly; (simultaneously, in one go) at once **3** A̲D̲V̲ open; ~ **sein** (door etc) be open; (person) be up; ~ **und ab** up and down; ~**!** come on!; ~ **dass** so that

aufatmen V̲I̲ breathe a sigh of relief

aufbauen V̲T̲ (erect) put up; (develop) build up; (form) construct; (establish) found, base (auf + acc on); **sich eine Existenz** ~ make a life for oneself

aufbewahren V̲T̲ keep, store

aufbleiben irr V̲I̲ (door, shop etc) stay open; (person) stay up

aufbrechen irr **1** V̲T̲ break open **2** V̲I̲ burst open; (go) leave; (on journey) set off

aufdrängen 1 V̲T̲ **jdm etw** ~ force sth on sb **2** V̲R̲ intrude (jdm on sb) **aufdringlich** A̲D̲J̲ pushy

aufeinander A̲D̲V̲ on top of each other; ~ **achten** look after each other; ~ **vertrauen** trust each other **aufeinanderfol-**

gen _VI_ follow one another
aufeinanderprallen _VI_ crash into one another
Aufenthalt _M_ stay; _(of train)_ stop **Aufenthaltsgenehmigung** _F_ residence permit **Aufenthaltsraum** _M_ lounge
aufessen _irr_ _VT_ eat up
auffahren _irr_ _VI_ _(car)_ run (or crash) _(auf + acc into)_; _(näher)_ drive up **Auffahrt** _F_ _(of building)_ drive; _(on motorway)_ slip road _(Brit)_, ramp _(US)_ **Auffahrunfall** _M_ rear-end collision; _(several vehicles)_ pile-up
auffallen _irr_ _VI_ stand out; **jdm ~** strike sb; **das fällt gar nicht auf** nobody will notice **auffallend** _ADJ_ striking **auffällig** _ADJ_ conspicuous; _(clothes, colour)_ striking
auffangen _irr_ _VT_ _(ball)_ catch; _(blow)_ cushion
auffassen _VT_ understand **Auffassung** _F_ view; opinion; _(interpretation)_ concept; _(comprehension)_ grasp
auffordern _VT_ _(order)_ call upon; _(request)_ ask
auffrischen _VT_ _(knowledge)_ brush up
aufführen _1_ _VT_ THEAT perform; _(in table, index)_ list; _(example)_ give _2_ _VR_ behave **Aufführung** _F_ THEAT performance
Aufgabe _F_ job, task; _(schoolwork)_ exercise; homework

Aufgang _M_ _(steps)_ staircase
aufgeben _irr_ _1_ _VT_ _(job, smoking, plan etc)_ give up; _(parcel)_ post; _(luggage)_ check in; _(order)_ place; _(advertisement)_ insert; _(puzzle, problem)_ set _2_ _VI_ give up
aufgehen _irr_ _VI_ _(sun, dough)_ rise; _(door, flower)_ open; _(become clear)_ dawn _(jdm on sb)_
aufgelegt _ADJ_ **gut/schlecht ~** in a good/bad mood
aufgeregt _ADJ_ excited
aufgeschlossen _ADJ_ open (-minded)
aufgeschmissen _ADJ_ fam in a fix
aufgrund, auf Grund _PREP_ + gen on the basis of; _(reason)_ because of
aufhaben _irr_ _1_ _VT_ _(hat etc)_ have on; **viel ~** have a lot of homework to do _2_ _VI_ _(shop)_ be open
aufhalten _irr_ _1_ _VT_ _(person)_ detain; _(development)_ stop; _(door, hand)_ hold open; _(eyes)_ keep open _2_ _VR_ _(reside)_ live; _(temporarily)_ stay
aufhängen _irr_ _VT_ hang up
aufheben _irr_ _VT_ _(from ground etc)_ pick up; _(not throw away)_ keep
aufholen _1_ _VT_ _(time)_ make up _2_ _VI_ catch up
aufhören _VI_ stop; **~, etw zu tun** stop doing sth
aufklären _VT_ _(mystery etc)_ clear up; **jdn ~** enlighten sb;

(*about sex*) tell sb the facts of life

Aufkleber $\overline{M}$ ⟨-s, -⟩ sticker

aufkommen *irr* $\overline{VI}$ (*wind*) come up; (*doubt, feeling*) arise; (*fashion etc*) appear on the scene; **für den Schaden ~** pay for the damage

Aufladegerät $\overline{NT}$ charger **aufladen** *irr* $\overline{VT}$ load; (*mobile phone etc*) charge; (*prepaid card etc*) top up

Auflage $\overline{F}$ edition; (*of newspaper*) circulation; (*imposed on sb*) condition

auflassen $\overline{VT}$ (*hat, glasses*) keep on; (*door*) leave open

Auflauf $\overline{M}$ crowd; (*dish*) bake

auflegen ▌ $\overline{VT}$ (*CD, make-up etc*) put on; (*receiver*) put down ▐ $\overline{VI}$ TEL hang up

auflösen ▌ $\overline{VT}$ (*in liquid*) dissolve ▐ $\overline{VR}$ (*in liquid*) dissolve; **der Stau hat sich aufgelöst** traffic is back to normal **Auflösung** $\overline{F}$ (*of puzzle*) solution; (*of screen*) resolution

aufmachen ▌ $\overline{VT}$ open; (*garment*) undo ▐ $\overline{VR}$ set out (*nach* for)

aufmerksam $\overline{ADJ}$ attentive; **jdn auf etw** *acc* **~ machen** draw sb's attention to sth **Aufmerksamkeit** $\overline{F}$ attention; (*concentration*) attentiveness; (*present*) small token

aufmuntern $\overline{VT}$ encourage; (*make happier*) cheer up

Aufnahme $\overline{F}$ ⟨-, -n⟩ PHOT

photo(graph); (*in film*) shot; (*to club, hospital etc*) admission; (*start*) beginning; (*on tape etc*) recording **Aufnahmeprüfung** $\overline{F}$ entrance exam **aufnehmen** *irr* $\overline{VT}$ (*to hospital, club etc*) admit; (*music*) record; (*begin*) take up; (*in list*) include; (*understand*) take in; **mit jdm Kontakt ~** get in touch with sb

aufpassen $\overline{VI}$ pay attention; (*be careful*) take care; **auf jdn/ etw ~** keep an eye on sb/sth

Aufprall $\overline{M}$ ⟨-s, -e⟩ impact **aufprallen** $\overline{VI}$ **auf etw** *acc* **~** hit sth, crash into sth

Aufpreis $\overline{M}$ extra charge

aufpumpen $\overline{VT}$ pump up

Aufputschmittel $\overline{NT}$ stimulant

aufräumen $\overline{VT, VI}$ clear away; (*room*) tidy up

aufrecht $\overline{ADJ}$ upright

aufregen ▌ $\overline{VT}$ excite; (*irritate*) annoy ▐ $\overline{VR}$ get worked up **aufregend** $\overline{ADJ}$ exciting **Aufregung** $\overline{F}$ excitement

aufreißen *irr* $\overline{VT}$ (*paper bag etc*) tear open; (*door*) fling open; (*person*) *fam* pick up

Aufruf $\overline{M}$ AVIAT, IT call; (*public request*) appeal **aufrufen** *irr* $\overline{VT}$ (*request*) call upon (*zu* for); (*names*) call out; AVIAT call; IT call up

aufrunden $\overline{VT}$ (*amount*) round up

aufs *contr* = **auf das**

Aufsatz $\overline{M}$ essay

aufschieben irr VT postpone; (*delay doing*) put off; (*door*) slide open

Aufschlag M (*on price*) extra charge; (*in tennis*) service **aufschlagen** irr **1** VT (*book, eyes*) open; (*knee etc*) cut open; (*tent*) pitch, put up; (*camp*) set up **2** VI (*in tennis*) serve; **auf etw** *acc* ~ hit sth

aufschließen irr **1** VT unlock, open up **2** VI (*people in a row*) close up

aufschneiden irr **1** VT cut open; (*bread, meat etc*) slice **2** VI boast, show off

Aufschnitt M (*slices pl of*) cold meat; (*cheese*) (assorted) sliced cheeses pl

aufschreiben irr VT write down

Aufschrift F inscription; (*piece of paper*) label

Aufsehen NT <-s> stir; **großes ~ erregen** cause a sensation **Aufseher(in)** M(F) <-s, -> guard; (*in firm*) supervisor; (*in museum*) attendant; (*in park*) keeper

auf sein irr VI → **auf**

aufsetzen 1 VT put on; (*document*) draw up **2** VI (*plane*) touch down

Aufsicht F supervision; (*in exam*) invigilation; **die ~ haben** be in charge

aufsperren VT (*mouth*) open wide; (*door, flat*) unlock

aufspringen irr VI jump (auf

+ *acc* onto); (*stand up quickly*) jump up; (*door, suitcase*) spring open

aufstehen irr VI get up; (*door*) be open

aufstellen VT put up; (*in a row*) line up; (*candidate*) put up; (*list, schedule*) draw up; (*record*) set up

Aufstieg M <-(e)s, -e> (*up mountain*) ascent; (*progress*) rise; (*in career, sport*) promotion

Aufstrich M spread

auftanken VT, VI (*car*) tank up; (*plane*) refuel

auftauchen VI turn up; (*from water etc*) surface; (*question, problem*) come up

auftauen 1 VT (*food*) defrost **2** VI thaw; *fig* (*person*) unbend

Auftrag M <-(e)s, Aufträge> COMM order; (*allocated work*) job; (*orders*) instructions pl; (*mission*) task; **im ~ von** on behalf of **auftragen** irr VT (*ointment etc*) apply; (*meal*) serve

auftreten irr VI appear; (*problem*) come up; (*act*) behave

Auftritt M (*of actor*) entrance; *fig* (*argument*) scene

aufwachen VI wake up

aufwachsen irr VI grow up

Aufwand M <-(e)s> expenditure; (*costs also*) expense; (*exertion*) effort **aufwändig** ADJ costly; **das ist zu ~** that's too much trouble

aufwärmen VT, VR warm up

aufwärts ADV upwards; **mit**

etw geht es ~ things are looking up for sth
aufwecken $\overline{VT}$ wake up
aufwendig $\overline{ADJ}$ → aufwändig
aufwischen $\overline{VT}$ wipe up; (floor) wipe
aufzählen $\overline{VT}$ list
aufzeichnen $\overline{VT}$ sketch; (write) jot down; (on tape etc) record
Aufzeichnung $\overline{F}$ (written) note; (on tape etc) recording; (on film) record
aufziehen irr $\boxed{1}$ $\overline{VT}$ (drawer, curtains etc) pull open; (watch) wind (up); fam (make fun of) tease; (children) bring up; (animals) rear $\boxed{2}$ $\overline{VI}$ (storm) come up
Aufzug $\overline{M}$ lift (Br), elevator (US); (clothes) get-up; THEAT act
Auge $\overline{NT}$ ⟨-s, -n⟩ eye; jdm etw aufs ~ drücken fam force sth on sb; ins ~ gehen fam go wrong; unter vier ~n in private; etw im ~ behalten keep sth in mind **Augenarzt** $\overline{M}$, **Augenärztin** $\overline{F}$ eye specialist, eye doctor (US) **Augenblick** $\overline{M}$ moment; im ~ at the moment **Augenbraue** $\overline{F}$ ⟨-, -n⟩ eyebrow **Augenfarbe** $\overline{F}$ eye colour; seine ~ the colour of his eyes **Augenlid** $\overline{NT}$ eyelid **Augentropfen** $\overline{PL}$ eyedrops pr **Augenzeuge** $\overline{M}$, **Augenzeugin** $\overline{F}$ eyewitness
August $\overline{M}$ ⟨-(e)s or -, -e⟩ August; → Juni

Auktion $\overline{F}$ auction
aus $\boxed{1}$ $\underline{PREP}$ + dat (from inside) out of; (source) from; (material) (made) of; ~ Berlin kommen come from Berlin; ~ Versehen by mistake; ~ Angst out of fear $\boxed{2}$ $\underline{ADV}$ out; (ended) finished, over; ein/~ TECH on/off; ~ sein fam SPORT be out; (finished) be over; auf etw acc ~ sein be after sth; von mir ~ as far as I'm concerned; von mir ~! I don't care; zwischen uns ist es ~ we're finished **Aus** $\overline{NT}$ ⟨-⟩ SPORT touch; fig end
ausatmen $\overline{VI}$ breathe out
ausbauen $\overline{VT}$ (house, road) extend; (engine etc) remove
ausbessern $\overline{VT}$ repair; (clothes) mend
ausbilden $\overline{VT}$ educate; (apprentice etc) train; (skills) develop **Ausbildung** $\overline{F}$ education; (of apprentice etc) training; (of skills) development
Ausblick $\overline{M}$ view; fig outlook
ausbrechen irr $\overline{VI}$ break out; in Tränen ~ burst into tears; in Gelächter ~ burst out laughing
ausbreiten $\boxed{1}$ $\overline{VT}$ spread (out); (arms) stretch out $\boxed{2}$ $\overline{VR}$ spread
Ausbruch $\overline{M}$ (of war, epidemic etc) outbreak; (of volcano) eruption; (of feelings) outburst; (from prison) escape
ausbuhen $\overline{VT}$ boo
Ausdauer $\overline{F}$ perseverance;

SPORT stamina

ausdenken irr VT **sich** dat **etw ~** come up with sth

Ausdruck ■ M ⟨Ausdrücke pl⟩ expression ■ M ⟨Ausdrucke pl⟩ (from computer) print-out **ausdrucken** VT IT print (out)

ausdrücken ■ VT (facts, feelings etc) express; (cigarette) put out; (lemon etc) squeeze ■ VR express oneself **ausdrücklich** ■ ADJ express ■ ADV expressly

auseinander ADV apart; **~ schreiben** write as separate words **auseinandergehen** irr VI (people) separate; (opinions) differ; (object) fall apart **auseinanderhalten** irr VT tell apart **auseinandersetzen** ■ VT explain ■ VR look (mit at); (disagree) argue (mit with) **Auseinandersetzung** F (row) argument; (discussion) debate

Ausfahrt F (of train etc) departure; (from motorway, garage etc) exit

ausfallen irr VI (hair) fall out; (concert, class etc) be cancelled; (machine) break down; (electricity) be cut off; (well, badly etc) turn out; **groß/klein ~** (clothes, shoes) be too big/too small

ausfindig machen VT discover

ausflippen VI fam freak out

Ausflug M excursion, outing

Ausflugsziel NT destination

Ausfluss M MED discharge

ausfragen VT question

Ausfuhr F ⟨-, -en⟩ export

ausführen VT (order, task, plan) carry out; (person) take out; COMM export; (theory etc) explain

ausführlich ■ ADJ detailed ■ ADV in detail

ausfüllen VT fill up; (questionnaire etc) fill in (or out)

Ausgabe F (money) expenditure; IT output; (of book) edition; (of magazine) issue

Ausgang M way out, exit; (at airport) gate; (conclusion) end; (outcome) result; **„kein ~"** 'no exit'

ausgeben irr ■ VT (money) spend; (share out) distribute; **jdm etw ~** (treat sb) buy sb sth ■ VR **sich für etw/jdn ~** pass oneself off as sth/sb

ausgebucht ADJ fully booked

ausgefallen ADJ unusual

ausgehen irr VI (in the evening etc) go out; (petrol, coffee etc) run out; (hair) fall out; (fire, light etc) go out; (well, badly etc) turn out; **davon ~, dass** assume that; **ihm ging das Geld aus** he ran out of money

ausgelassen ADJ exuberant

ausgenommen CONJ, PREP + gen or dat except

ausgerechnet ADV **~ du** you of all people; **~ heute** today of all days

ausgeschildert ADJ signposted

ausgeschlafen ADJ **bist du ~?** have you had enough sleep?

ausgeschlossen ADJ impossible, out of the question

ausgesprochen 1 ADJ out-and-out; *(strong)* marked 2 ADV extremely; **~ gut** really good

ausgezeichnet ADJ excellent

ausgiebig ADJ *(use)* thorough; *(meal)* substantial

ausgießen irr VT *(drink)* pour out; *(jug, glass etc)* empty

ausgleichen irr 1 VT even out 2 VI SPORT equalize

Ausguss M sink; *(waste pipe)* outlet

aushalten irr 1 VT bear, stand; **nicht auszuhalten sein** be unbearable 2 VI hold out

aushändigen VT **jdm etw ~** hand sth over to sb

Aushang M notice

Aushilfe F temporary help; *(in office)* temp

auskennen irr VR know a lot *(bei, mit about)*; *(in a place)* know one's way around

auskommen irr VI **gut/ schlecht mit jdm ~** get on well/badly with sb; **mit etw ~** get by with sth

Auskunft F ⟨-, Auskünfte⟩ information; *(particulars)* details pl; *(counter)* information desk; TEL *(directory)* enquiries sg *(Br)*, information *(US)*

auslachen VT laugh at

ausladen irr VT *(luggage etc)* unload; **jdn ~** *(guest)* tell sb not to come

Auslage F window display; **~n** pl *(costs)* expenses

Ausland NT foreign countries pl; **im/ins ~** abroad **Ausländer(in)** M(F) ⟨-s, -⟩ foreigner

ausländerfeindlich ADJ hostile to foreigners, xenophobic **ausländisch** ADJ foreign **Auslandsgespräch** NT international call **Auslandskrankenschein** M health insurance certificate for foreign countries; ≈ E111 *(Br)* **Auslandsschutzbrief** M international *(motor)* insurance cover *(documents pl)*

auslassen irr 1 VT leave out; *(word etc also)* omit; *(do without)* skip; *(anger)* vent *(an + dat on)* 2 VR **sich über etw** acc **~** speak one's mind about sth

auslaufen irr VI *(liquid)* run out; *(tank etc)* leak; *(ship)* leave port; *(contract)* expire

ausleihen irr VT *(to sb)* lend; **sich** dat **etw ~** borrow sth

ausloggen VI **t** log out *(or* off)

auslösen VT *(explosion, alarm)* set off; *(bring about)* cause **Auslöser** M ⟨-s, -⟩ PHOT shutter release

ausmachen VT *(light, radio)* turn off; *(fire)* put out; *(date, price)* fix; *(arrange)* agree; *(proportion, amount etc)* represent;

(be significant) matter; **macht es Ihnen etwas aus, wenn …?** would you mind if …?; **das macht mir nichts aus** I don't mind

Ausmaß $\overline{\text{NT}}$ extent
Ausnahme $\overline{\text{F}}$ ⟨-, -n⟩ exception **ausnahmsweise** $\overline{\text{ADV}}$ as an exception, just this once
ausnutzen $\overline{\text{VT}}$ *(time, opportunity, influence)* use; *(person, sb's good nature)* take advantage of
auspacken $\overline{\text{VT}}$ unpack
ausprobieren $\overline{\text{VT}}$ try (out)
Auspuff $\overline{\text{M}}$ ⟨-(e)s, -e⟩ TECH exhaust **Auspuffrohr** $\overline{\text{NT}}$ exhaust (pipe) **Auspufftopf** $\overline{\text{M}}$ AUTO silencer *(Br)*, muffler *(US)*
ausrauben $\overline{\text{VT}}$ rob
ausräumen $\overline{\text{VT}}$ clear away; *(cupboard, room)* empty; *(misgivings)* put aside
ausrechnen $\overline{\text{VT}}$ calculate, work out
Ausrede $\overline{\text{F}}$ excuse
ausreden **1** $\overline{\text{VI}}$ finish speaking **2** $\overline{\text{VT}}$ **jdm etw ~** talk sb out of sth
ausreichend $\overline{\text{ADJ}}$ sufficient, satisfactory; *(mark in school)* = D
Ausreise $\overline{\text{F}}$ departure; **bei der ~** on leaving the country **Ausreiseerlaubnis** $\overline{\text{F}}$ exit visa
ausreisen $\overline{\text{VI}}$ leave the country
ausreißen *irr* **1** $\overline{\text{VT}}$ tear out **2** $\overline{\text{VI}}$ come off; *fam (abscond)* run away

ausrenken $\overline{\text{VT}}$ **sich** *dat* **den Arm ~** dislocate one's arm
ausrichten $\overline{\text{VT}}$ *(message)* deliver; *(regards)* pass on; **ich konnte bei ihr nichts ~** I couldn't get anywhere with her; **jdm etw ~** tell sb sth
ausrufen *irr* $\overline{\text{VT}}$ *(over loudspeaker)* announce; **jdn ~ lassen** page sb **Ausrufezeichen** $\overline{\text{NT}}$ exclamation mark
ausruhen $\overline{\text{VI, VR}}$ rest
Ausrüstung $\overline{\text{F}}$ equipment
ausrutschen $\overline{\text{VI}}$ slip
Aussage $\overline{\text{F}}$ statement; *(in court)* testimony; **die ~ verweigern** refuse to give a statement; *(in court)* refuse to testify
ausschalten $\overline{\text{VT}}$ switch off; *fig* eliminate
Ausschau $\overline{\text{F}}$ **~ halten** look out *(nach* for*)*
ausscheiden *irr* **1** $\overline{\text{VT}}$ MED give off, secrete **2** $\overline{\text{VI}}$ leave *(aus etw* sth*)*; SPORT be eliminated
ausschlafen *irr* **1** $\overline{\text{VI, VR}}$ have a lie-in **2** $\overline{\text{VT}}$ sleep off
Ausschlag $\overline{\text{M}}$ MED rash; **den ~ geben** *fig* tip the balance **ausschlagen** *irr* **1** $\overline{\text{VT}}$ *(tooth)* knock out; *(invitation)* turn down **2** $\overline{\text{VI}}$ *(horse)* kick out **ausschlaggebend** $\overline{\text{ADJ}}$ decisive
ausschließen *irr* $\overline{\text{VT}}$ lock out; *fig* exclude **ausschließlich** **1** $\overline{\text{ADV}}$ exclusively **2** $\overline{\text{PREP}}$ + *gen* excluding

Ausschnitt M̲ (part) section; (of dress) neckline; (from newspaper) cutting

Ausschreitungen PL̲ riots pl

ausschütten V̲T̲ (liquid) pour out; (container) empty

aussehen irr V̲i̲ look; **krank ~** look ill; **gut ~** (person) be good-looking; (thing) be looking good; **es sieht nach Regen aus** it looks like rain; **es sieht schlecht aus** things look bad

aus sein irr V̲i̲ → **aus**

außen A̲D̲V̲ outside; **nach ~** outwards; **von ~** from (the) outside **Außenbordmotor** M̲ outboard motor **Außenminister(in)** M̲(F̲) foreign minister, Foreign Secretary (Br) **Außenseite** F̲ outside **Außenseiter(in)** M̲(F̲) outsider **Außenspiegel** M̲ wing mirror (Br), side mirror (US)

außer ❶ P̲R̲E̲P̲ + dat except (for); **nichts ~** nothing but; **~ Betrieb** out of order; **~ sich sein** be beside oneself (vor with); **~ Atem** out of breath ❷ C̲O̲N̲J̲ except; **~ wenn** unless; **~ dass** except **außerdem** C̲O̲N̲J̲ besides

äußere(r, s) A̲D̲J̲ outer, external

außergewöhnlich ❶ A̲D̲J̲ unusual ❷ A̲D̲V̲ exceptionally; **~ kalt** exceptionally cold **außerhalb** P̲R̲E̲P̲ + gen outside

äußerlich A̲D̲J̲ external

äußern ❶ V̲T̲ express; (display)

show ❷ V̲R̲ give one's opinion; (be visible) show itself

außerordentlich A̲D̲J̲ extraordinary **außerplanmäßig** A̲D̲J̲ unscheduled

äußerst A̲D̲V̲ extremely **äußerste(r, s)** A̲D̲J̲ utmost; (in distance) farthest; (date) last possible

Äußerung F̲ remark

aussetzen ❶ V̲T̲ (child, animal) abandon; (reward) offer; **ich habe nichts daran auszusetzen** I have no objection to it ❷ V̲i̲ stop; (take a break) drop out; (in game) miss a turn

Aussicht F̲ view; (chance) prospect **aussichtslos** A̲D̲J̲ hopeless **Aussichtsplattform** F̲ observation platform **Aussichtsturm** M̲ observation tower

Aussiedler(in) M̲(F̲) ⟨-s, -⟩ émigré (person of German descent from Eastern Europe)

ausspannen ❶ V̲i̲ relax ❷ V̲T̲ **er hat ihm die Freundin ausgespannt** fam he's nicked his girlfriend

aussperren ❶ V̲T̲ lock out ❷ V̲R̲ lock oneself out

Aussprache F̲ (of words) pronunciation; (talk) (frank) discussion **aussprechen** irr ❶ V̲T̲ pronounce; (thoughts etc) express ❷ V̲R̲ talk (über + acc about) ❸ V̲i̲ finish speaking

Ausstattung F̲ (in hospital, office etc) equipment; (in flat etc)

furnishings pl; (in car) fittings pl

ausstehen irr **1** V̄T endure; **ich kann ihn nicht ~** I can't stand him **2** V̄I (debt etc) be outstanding

aussteigen irr V̄I get out (aus of); **aus dem Bus/Zug ~** get off the bus/train **Aussteiger(in)** M(F) dropout

ausstellen V̄T display; (at trade fair, in museum etc) exhibit; fam (radio, heating etc) switch off; (cheque etc) make out; (passport etc) issue **Ausstellung** F̄ exhibition

aussterben irr V̄I die out

ausstrahlen V̄T radiate; (programme) broadcast **Ausstrahlung** F̄ RADIO, TV broadcast; fig (of person) charisma

ausstrecken **1** V̄R stretch out **2** V̄T (hand) reach out (nach for)

aussuchen V̄T choose

Austausch M̄ exchange **austauschen** V̄T exchange (gegen for)

austeilen V̄T distribute; hand out

Auster F̄ ⟨-, -n⟩ oyster **Austernpilz** M̄ oyster mushroom

austragen irr V̄T (mail) deliver; (competition) hold

Australien N̄T ⟨-s⟩ Australia **Australier(in)** M(F) ⟨-s, -⟩ Australian **australisch** ADJ Australian

austrinken irr **1** V̄T (glass) drain; (wine, coffee etc) drink up

2 V̄I finish one's drink

ausüben V̄T (profession, sport) practise; (influence) exert

Ausverkauf M̄ sale **ausverkauft** ADJ (tickets, item) sold out

Auswahl F̄ selection, choice (an + dat of) **auswählen** V̄T select, choose

auswandern V̄I emigrate

auswärtig ADJ not local; (relating to other countries) foreign **auswärts** ADV out of town; SPORT **~ spielen** play away **Auswärtsspiel** N̄T away match

auswechseln V̄T replace; SPORT substitute

Ausweg M̄ way out

ausweichen irr V̄I get out of the way; **jdm/einer Sache ~** move aside for sb/sth; fig avoid sb/sth

Ausweis M̄ ⟨-es, -e⟩ (for individual) identity card, ID; (for library etc) card **ausweisen 1** V̄T expel **2** V̄R prove one's identity **Ausweiskontrolle** F̄ ID check **Ausweispapiere** PL identification documents pl

auswendig ADV by heart

auszahlen 1 V̄T (money) pay (out); (person) pay off **2** V̄R be worth it

auszeichnen 1 V̄T (special person) honour; COMM price **2** V̄R distinguish oneself

ausziehen irr **1** V̄T (clothes) take off **2** V̄R undress **3** V̄I

(from flat) move out
Auszubildende(r) MF̲ trainee
authentisch A̲D̲J̲ authentic, genuine
Auto N̲T̲ ‹-s, -s› car; **~ fahren** drive **Autoatlas** M̲ road atlas **Autobahn** F̲ motorway *(Br)*, freeway *(US)* **Autobahnauffahrt** F̲ motorway access road *(Br)*, on-ramp *(US)* **Autobahnausfahrt** F̲ motorway exit *(Br)*, off-ramp *(US)* **Autobahngebühr** F̲ toll **Autobahnkreuz** N̲T̲ motorway interchange **Autobombe** F̲ car bomb **Autodach** N̲T̲ car roof **Autofähre** F̲ car ferry **Autofahrer(in)** MF̲ driver, motorist **Autofahrt** F̲ drive
Autogramm N̲T̲ ‹-s, -e› autograph
Automarke F̲ make of car
Automat M̲ ‹-en, -en› vending machine
Automatik F̲ ‹-, -en› A̲U̲T̲O̲ automatic transmission **Automatikschaltung** F̲ automatic gear change *(Br)* (or shift *(US)*) **Automatikwagen** M̲ automatic
automatisch 1 A̲D̲J̲ automatic 2 A̲D̲V̲ automatically
Automechaniker(in) MF̲ car mechanic **Autonummer** F̲ registration *(Br)* (or license *(US)*) number **Autoradio** N̲T̲ car radio **Autoreisezug** M̲ Motorail train *(Br)*, auto train *(US)* **Autorennen** N̲T̲ motor

racing; *(single event)* motor race
Autoschlüssel M̲ car key
Autotelefon N̲T̲ car phone
Autounfall M̲ car accident
Autoverleih M̲, **Autovermietung** F̲ car hire *(Br)* (or rental *(US)*); *(firm)* car hire *(Br)* (or rental *(US)*) company **Autowaschanlage** F̲ car wash **Autowerkstatt** F̲ car repair shop, garage **Autozubehör** N̲T̲ car accessories *pl*
Avocado F̲ ‹-, -s› avocado
Axt F̲ ‹-, Äxte› axe
Azubi M̲ ‹-s, -s› F̲ ‹-, -s› *acr* → Auszubildende; trainee

B

B *abbr* → Bundesstraße
Baby N̲T̲ ‹-s, -s› baby **Babybett** N̲T̲ cot *(Br)*, crib *(US)* **Babyfläschchen** N̲T̲ baby's bottle **Babynahrung** F̲ baby food **Babypause** F̲ *(of mother)* maternity leave; *(of father)* paternity leave **Babysitter(in)** MF̲ babysitter **Babysitz** M̲ child seat **Babywickelraum** M̲ baby-changing room
Bach M̲ ‹-(e)s, Bäche› stream
Bachelor M̲ ‹-s, -› *(university degree)* Bachelor's (degree)
Backblech N̲T̲ baking tray *(Br)*,

cookie sheet (US)

Backbord N̄T̄ port (side)

Backe F̄ ⟨-, -n⟩ cheek

backen ⟨backte, gebacken⟩ V̄T̄, V̄Ī bake

Backenzahn M̄ molar

Bäcker(in) M̄F̄ ⟨-s, -⟩ baker **Bäckerei** F̄ bakery; (*selling bread*) baker's (shop)

Backofen M̄ oven **Backpulver** N̄T̄ baking powder

Backspace-Taste F̄ IT backspace key

Backstein M̄ brick

Backwaren P̄L̄ bread, cakes and pastries *pl*

Bad N̄T̄ ⟨-(e)s, Bäder⟩ bath; (*in sea etc*) swim; (*resort*) spa; **ein ~ nehmen** have (*or* take) a bath **Badeanzug** M̄ swimsuit, swimming costume (Br) **Badehose** F̄ swimming trunks *pl* **Badekappe** F̄ swimming cap **Bademantel** M̄ bathrobe **Bademeister(in)** M̄F̄ pool attendant **Bademütze** F̄ swimming cap

baden ▮ V̄Ī have a bath; (*in sea etc*) swim, bathe (Br) ▯ V̄T̄ bath (Br), bathe (US)

Baden-Württemberg N̄T̄ ⟨-s⟩ Baden-Württemberg

Badeort M̄ spa **Badesachen** P̄L̄ swimming things *pl* **Badeschaum** M̄ bubble bath, bath foam **Badeschuhe** P̄L̄ flip-flops® *pl* (Br), thongs *pl* (US); (*closed*) pool shoes *pl* **Badetuch** N̄T̄ bath towel **Badewanne** F̄ bath (tub) **Badezeug** N̄T̄ swimming gear **Badezimmer** N̄T̄ bathroom

Badminton N̄T̄ badminton

baff A̱ḎJ̱ **~ sein** *fam* be flabbergasted (*or* gobsmacked)

Bagger M̄ ⟨-s, -⟩ excavator **Baggersee** M̄ artificial lake in quarry etc, used for bathing

Bahamas P̄L̄ **die ~** the Bahamas *pl*

Bahn F̄ ⟨-, -en⟩ railway (Br), railroad (US); (*racetrack*) track; (*for single runner*) lane; A̱S̱ṮṞ orbit; **Deutsche ~®** Germany's main railway operator **bahnbrechend** A̱ḎJ̱ groundbreaking **BahnCard®** F̄ ⟨-, -s⟩ rail card (*allowing 50% or 25% reduction on tickets*) **Bahnfahrt** F̄ railway (Br) *or* railroad (US) journey **Bahnhof** M̄ station; **am** (*or* **auf dem**) **~** at the station **Bahnlinie** F̄ railway (Br) (*or* railroad (US)) line **Bahnpolizei** F̄ railway (Br) *or* railroad (US) police **Bahnsteig** M̄ ⟨-(e)s, -e⟩ platform **Bahnstrecke** F̄ railway (Br) *or* railroad (US) line **Bahnübergang** M̄ level crossing (Br), grade crossing (US)

Bakterien P̄L̄ bacteria *pl*, germs *pl*

bald A̱ḎV̱ soon; almost; **bis ~!** see you soon (*or* later) **baldig** A̱ḎJ̱ quick, speedy

Balkan M̄ ⟨-s⟩ **der ~** the Balkans *pl*

Balken M ⟨-s, -⟩ beam

Balkon M ⟨-s, -s *or* -e⟩ balcony

Ball M ⟨-(e)s, Bälle⟩ ball; *(event)* dance, ball

Ballett NT ⟨-s,⟩ ballet

Ballon M ⟨-s, -s⟩ balloon

Ballspiel NT ball game

Ballungsgebiet NT conurbation

Balsamico M ⟨-s, -s⟩ balsamic vinegar

Baltikum NT ⟨-s⟩ **das ~** the Baltic States *pl*

Bambus M ⟨-ses, -se⟩ bamboo **Bambussprossen** PL bamboo shoots *pl*

banal ADJ banal; *(question, remark)* trite

Banane F ⟨-, -n⟩ banana

band *imperf* → **binden**

Band **1** M ⟨-(e)s, Bände⟩ *(book)* volume **2** NT ⟨-(e)s, Bänder⟩ *(of fabric)* ribbon, tape; *(in factory)* production line; *(for recording)* tape; ANAT ligament; **etw auf ~ aufnehmen** tape sth **3** F ⟨-, -s⟩ *(musicians)* band

Bandage F ⟨-, -n⟩ bandage **bandagieren** VT bandage

Bande F ⟨-, -n⟩ gang

Bänderriss M MED torn ligament **Bänderzerrung** F pulled ligament

Bandscheibe F ANAT disc **Bandscheibenvorfall** M MED slipped disc **Bandwurm** M tapeworm

Bank **1** F ⟨-, Bänke⟩ bench **2** F ⟨-, -en⟩ FIN bank

Bankautomat M cash dispenser **Bankkarte** F bank card **Bankkonto** NT bank account **Bankleitzahl** F bank sort code **Banknote** F banknote **Bankverbindung** F banking *(or account)* details *pl*

bar ADJ **=es Geld** cash; **etw (in) ~ bezahlen** pay sth (in) cash

Bar F ⟨-, -s⟩ bar

Bär M ⟨-en, -en⟩ bear

barfuß ADJ barefoot

barg *imperf* → **bergen**

Bargeld NT cash **bargeldlos** ADJ non-cash

Barkeeper M ⟨-s, -⟩, **Barmann** M barman, bartender *(US)*

barock ADJ baroque

Barometer NT ⟨-s, -⟩ barometer

Barriere F ⟨-, -n⟩ barrier **barrierefrei** ADJ barrier-free, (fully) accessible

barsch ADJ brusque

Barsch M ⟨-(e)s, -e⟩ perch

Bart M ⟨-(e)s, Bärte⟩ beard **bärtig** ADJ bearded

Barzahlung F cash payment

Basar M ⟨-s, -e⟩ bazaar

Baseball M baseball **Baseballmütze** F baseball cap

Basel NT ⟨-s⟩ Basle

Basilikum NT ⟨-s⟩ basil

Basis F ⟨-, Basen⟩ basis

Baskenland NT Basque region

Basketball M basketball

Bass M ⟨-es, Bässe⟩ bass
basta INTERJ **und damit ~!** and that's that
basteln 1 VT make 2 VI make things, do handicrafts
bat imperf → **bitten**
Batterie F battery **batteriebetrieben** ADJ battery-powered
Bau 1 M ⟨-(e)s⟩ (constructing) building, construction; (organization) structure; (place) building site 2 M ⟨Baue pl⟩ (of an animal) burrow 3 M ⟨Bauten pl⟩ (edifice) building **Bauarbeiten** PL construction work sg; (on road) roadworks pl (Br), roadwork (US) **Bauarbeiter(in)** M(F) construction worker
Bauch M ⟨-(e)s, Bäuche⟩ stomach **Bauchnabel** M navel **Bauchredner(in)** M(F) ventriloquist **Bauchschmerzen** PL stomach-ache sg **Bauchspeicheldrüse** F pancreas **Bauchtanz** M belly dance; (activity) belly dancing **Bauchweh** NT ⟨-s⟩ stomach-ache
bauen VT, VI build; TECH construct
Bauer M ⟨-n or -s, -n⟩ farmer; (in chess) pawn **Bäuerin** F farmer; farmer's wife **Bauernhof** M farm
baufällig ADJ dilapidated **Baujahr** ADJ year of construction; **der Wagen ist ~ 2017** the car is a 2017 model, the car was made in 2017
Baum M ⟨-(e)s, Bäume⟩ tree
Baumarkt M DIY centre **Baumwolle** F cotton
Bauplatz M building site **Baustein** M (for building) stone; (toy) brick; fig element; **elektronischer ~** chip **Baustelle** F building site; (on road) roadworks pl (Br), roadwork (US) **Bauunternehmer(in)** M(F) building contractor **Bauwerk** NT building
Bayern NT ⟨-s⟩ Bavaria
beabsichtigen VT intend
beachten VT pay attention to; (rule etc) observe; **nicht ~** ignore **beachtlich** ADJ considerable
Beachvolleyball NT beach volleyball
Beamer M ⟨-s, -⟩ digital (or LCD) projector
Beamte(r) M ⟨-n, -n⟩, **Beamtin** F official; (employed by the state) civil servant
beanspruchen VT claim; (time, space) take up; **jdn ~** keep sb busy
beanstanden VT complain about **Beanstandung** F complaint
beantragen VT apply for
beantworten VT answer
bearbeiten VT work; (material, data) process; CHEM treat; (case etc) deal with; (book etc) revise; fam (try to influence) work on

Bearbeitungsgebühr F handling (or service) charge

beaufsichtigen VT supervise; (in exam) invigilate

beauftragen VT instruct; **jdn mit etw ~** give sb the job of doing sth

Becher M ‹-s, -› mug; (without handle) tumbler; (for yoghurt) pot; (made of cardboard) tub

Becken NT ‹-s, -› basin; (for washing) sink; (for swimming) pool; MUS cymbal; ANAT pelvis

bedanken VR say thank you; **sich bei jdm für etw ~** thank sb for sth

Bedarf M ‹-(e)s› need (an + dat for); COMM demand (an + dat for); **je nach ~** according to demand; **bei ~** if necessary

Bedarfshaltestelle F request stop, flag stop (US)

bedauerlich ADJ regrettable **bedauern** VT regret; (person) feel sorry for **bedauernswert** ADJ regrettable; (person) unfortunate

bedeckt ADJ covered; (sky) overcast

bedenken irr VT consider (thought); (reservation) doubt; (moral matters) scruples pl **bedenklich** ADJ dubious; (condition, situation) serious

bedeuten VT mean; **jdm nichts/viel ~** mean nothing/a lot to sb **bedeutend** ADJ important; (large) considerable **Bedeutung** F meaning; importance

bedienen 1 VT serve; (machine) operate 2 VR (when eating) help oneself **Bedienung** F service; (person) waiter/waitress; shop assistant; (supplement) service (charge) **Bedienungsanleitung** F operating instructions pl **Bedienungshandbuch** NT instruction manual **Bedingung** F condition; **unter der ~, dass** on condition that; **unter diesen ~en** under these circumstances

bedrohen VT threaten **Bedürfnis** NT need **beeilen** VR hurry **beeindrucken** VT impress **beeinflussen** VT influence **beeinträchtigen** VT affect **beenden** VT end; (complete) finish

beerdigen VT bury **Beerdigung** F burial; (ceremony) funeral

Beere F ‹-, -n› berry; (for wine) grape

Beet NT ‹-(e)s, -e› bed **befahl** imperf → **befehlen** **befahrbar** ADJ passable; NAUT navigable **befahren** 1 irr VT (road) use; (mountain pass) drive over; (river etc) navigate 2 ADJ **stark/wenig ~** busy/quiet

Befehl M ‹-(e)s, -e› order; IT

command **befehlen** ⟨befahl, befohlen⟩ **1** VT order; **jdm ~, etw zu tun** order sb to do sth **2** VI give orders

befestigen VT fix; (with string, rope) attach; (with glue) stick

befeuchten VT moisten

befinden irr VR be

befohlen pp → **befehlen**

befolgen VT (advice etc) follow

befördern VT transport; (at work) promote **Beförderung** F transport; (at work) promotion **Beförderungsbedingungen** PL conditions pl of carriage

Befragung F questioning; (survey) opinion poll

befreundet ADJ friendly; **~ sein** be friends (mit jdm with sb)

befriedigen VT satisfy **befriedigend** ADJ satisfactory; (mark for schoolwork) ≈ C **Befriedigung** F satisfaction

befristet ADJ limited (auf + acc to)

Befund M ⟨-(e)s, -e⟩ findings pl; MED diagnosis

befürchten VT fear

befürworten VT support

begabt ADJ gifted, talented **Begabung** F talent, gift

begann imperf → **beginnen**

begegnen VI meet (jdm sb), meet with (einer Sache dat sth)

begehen irr VT (offence) commit; (anniversary etc) celebrate

begehrt ADJ sought-after; (bachelor) eligible

begeistern **1** VT fill with enthusiasm; (stimulate) inspire **2** VR **sich für etw ~** be/get enthusiastic about sth **begeistert** ADJ enthusiastic

Beginn M ⟨-(e)s⟩ beginning; **zu ~** at the beginning **beginnen** ⟨begann, begonnen⟩ VT, VI start, begin

beglaubigen VT certify **Beglaubigung** F certification

begleiten VT accompany **Begleiter(in)** M(F) companion **Begleitung** F company; MUS accompaniment

beglückwünschen VT congratulate (zu on)

begonnen pp → **beginnen**

begraben irr VT bury **Begräbnis** NT burial; (ceremony) funeral

begreifen irr VT understand **Begriff** M ⟨-(e)s, -e⟩ concept; (mental impression) idea; **im ~ sein, etw zu tun** be on the point of doing sth; **schwer von ~ sein** be slow on the uptake

begründen VT justify **Begründung** F explanation; (vindication) justification

begrüßen VT greet; (guest) welcome **Begrüßung** F greeting; (reception) welcome

behaart ADJ hairy

behalten irr VT keep; (keep in head) remember; **etw für sich ~** keep sth to oneself

Behälter M ⟨-s, -⟩ container

behandeln $\overline{\text{VT}}$ treat **Behandlung** $\overline{\text{F}}$ treatment

behaupten **1** $\overline{\text{VT}}$ claim, maintain **2** $\overline{\text{VR}}$ assert oneself **Behauptung** $\overline{\text{F}}$ claim

beheizen $\overline{\text{VT}}$ heat

behelfen irr $\overline{\text{VR}}$ sich mit/ohne etw ~ make do with/without sth

beherbergen $\overline{\text{VT}}$ accommodate

beherrschen **1** $\overline{\text{VT}}$ (situation, feelings) control; (instrument) master **2** $\overline{\text{VR}}$ control oneself **Beherrschung** $\overline{\text{F}}$ control (über + acc of); die ~ verlieren lose one's self-control

behilflich $\overline{\text{ADJ}}$ helpful; jdm ~ sein help sb (bei die)

behindern $\overline{\text{VT}}$ hinder; (traffic, view) obstruct **Behinderte(r)** $\overline{\text{MF}}$ disabled person **behindertengerecht** $\overline{\text{ADJ}}$ suitable for disabled people

Behörde $\overline{\text{F}}$ ⟨-, -n⟩ authority; die ~n pl the authorities pl

bei $\overline{\text{PREP}}$ + dat (place) near, by; (stay) at; (time) at, on; (in the course of) during; (circumstance) in; ~m Friseur at the hairdresser's; ~ uns zu Hause at our place; in our country; ~ Nacht at night; ~ Tag by day; ~ Nebel in fog; ~ Regen findet die Veranstaltung im Saal statt if it rains the event will take place in the hall; etw ~ sich haben have sth on one; ~m Fahren while driving

beibehalten irr $\overline{\text{VT}}$ keep

beibringen irr $\overline{\text{VT}}$ jdm etw ~ (tell) break sth to sb; (instruct) teach sb sth

beide(s) $\overline{\text{PRON}}$ both; meine ~n Brüder my two brothers, both my brothers; wir ~ both (or the two) of us; keiner von ~n neither of them; alle ~ both (of them); ~s ist sehr schön both are very nice; 30 ~ (in tennis) 30 all

beieinander $\overline{\text{ADV}}$ together

Beifahrer(in) $\overline{\text{M/F}}$ passenger **Beifahrerairbag** $\overline{\text{M}}$ passenger airbag **Beifahrersitz** $\overline{\text{M}}$ passenger seat

Beifall $\overline{\text{M}}$ ⟨-(e)s⟩ applause

beige $\overline{\text{ADJ}}$ inv beige

Beigeschmack $\overline{\text{M}}$ aftertaste

Beil $\overline{\text{NT}}$ ⟨-(e)s, -e⟩ axe

Beilage $\overline{\text{F}}$ GASTR side dish; vegetables pl; (of newspaper) supplement **Beilagensalat** $\overline{\text{M}}$ side salad

beiläufig **1** $\overline{\text{ADJ}}$ casual **2** $\overline{\text{ADV}}$ casually

Beileid $\overline{\text{NT}}$ condolences pl; (mein) herzliches ~ please accept my sincere condolences

Bein contr = bei dem

Bein $\overline{\text{NT}}$ ⟨-(e)s, -e⟩ leg

beinah(e) $\overline{\text{ADV}}$ almost, nearly

beinhalten $\overline{\text{VT}}$ contain

Beipackzettel $\overline{\text{M}}$ instruction leaflet

beisammen $\overline{\text{ADV}}$ together **Beisammensein** $\overline{\text{NT}}$ ⟨-s⟩ get-together

beiseite ADV aside **beiseite-legen** VT **etw ~** (save) put sth by
Beispiel NT ⟨-(e)s, -e⟩ example; **sich** dat **an jdm/etw ein ~ nehmen** take sb/sth as an example; **zum ~** for example
beißen ⟨biss, gebissen⟩ 1 VT bite 2 VI bite; (smoke, acid) sting 3 VR (colours) clash
Beitrag M ⟨-(e)s, Beiträge⟩ contribution; (for membership) subscription; (for insurance) premium **beitragen** irr VT, VI contribute (zu to)
bekannt ADJ well-known; (recognizable) familiar; **mit jdm ~ sein** know sb; **~ geben** announce; **jdn mit jdm ~ machen** introduce sb to sb **Bekannte(r)** MF friend; (less close) acquaintance **bekanntlich** ADV as everyone knows **Bekanntschaft** F acquaintance
bekiffen VR fam get stoned
beklagen VR complain
Bekleidung F clothing
bekommen irr 1 VT get; (letter, present etc) receive; (child) have; (train, cold) catch, get; **wie viel ~ Sie dafür?** how much is that? 2 VI **jdm ~** (food) agree with sb; **wir ~ schon** we're being served
beladen irr VT load
Belag M ⟨-(e)s, Beläge⟩ coating; (on teeth) plaque; (on tongue) fur

belasten VT load; (body) strain; (environment) pollute; fig (with worries etc) burden; COMM (account) debit; LAW incriminate
belästigen VT bother; (stronger) pester; (sexually) harass **Belästigung** F annoyance; **sexuelle ~** sexual harassment
belebt ADJ (street etc) busy
Beleg M ⟨-(e)s, -e⟩ COMM receipt; (written evidence) proof **belegen** VT (bread) spread; (seat) reserve; (course) register for; (claim, expenditure etc) prove
belegt ADJ TEL engaged (Br), busy (US); (hotel) full; (tongue) coated; **~es Brötchen** sandwich; **der Platz ist ~** this seat is taken **Belegtzeichen** NT TEL engaged tone (Br), busy tone (US)
beleidigen VT insult; (hurt feelings of) offend **Beleidigung** F insult; LAW slander; (written) libel
beleuchten VT light; (light up) illuminate; fig examine **Beleuchtung** F lighting; (lighting up) illumination
Belgien NT ⟨-s⟩ Belgium **Belgier(in)** M(F) ⟨-s, -⟩ Belgian **belgisch** ADJ Belgian
belichten VT expose **Belichtung** F exposure **Belichtungsmesser** M ⟨-s, -⟩ light meter
Belieben NT **(ganz) nach ~** (just) as you wish

beliebig 1 ADJ jedes ~e Muster any pattern; jeder ~e anyone 2 ADV ~ lange as long as you like; ~ viel as many (or much) as you like

beliebt ADJ popular

beliefern VT supply

bellen VI bark

Belohnung F reward

Belüftung F ventilation

belügen VT lie to

bemerkbar ADJ noticeable; **sich ~ machen** (person) attract attention; (thing) become noticeable **bemerken** VT notice; (say) remark **bemerkenswert** ADJ remarkable **Bemerkung** F remark

bemitleiden VT pity

bemühen VR try (hard), make an effort **Bemühung** F effort

bemuttern VT mother

benachbart ADJ neighbouring

benachrichtigen VT inform **Benachrichtigung** F notification

benachteiligen VT (put at a) disadvantage; (racially etc) discriminate against

benehmen irr VR behave **Benehmen** NT <-s> behaviour

beneiden VT envy; **jdn um etw ~** envy sb sth

benommen ADJ dazed

benötigen VT need

benutzen VT use **Benutzer(in)** M(F) <-s, -> user be-

nutzerfreundlich ADJ user-friendly **Benutzerhandbuch** NT user's guide **Benutzerkennung** F user ID **Benutzerkonto** NT IT user account **Benutzername** M IT user name **Benutzeroberfläche** F IT user/system interface **Benutzerprofil** NT IT user profile **Benutzung** F use **Benutzungsgebühr** F (hire) charge

Benzin NT <-s, -e> AUTO petrol (Br), gas (US) **Benzinkanister** M petrol (Br) (or gas (US)) can **Benzinpumpe** F petrol (Br) (or gas (US)) pump **Benzintank** M petrol (Br) (or gas (US)) tank **Benzinuhr** F fuel gauge

beobachten VT observe **Beobachtung** F observation

bequem ADJ comfortable; (excuse) convenient; (idle) lazy; **machen Sie es sich ~** make yourself at home **Bequemlichkeit** F comfort; laziness

beraten irr 1 VT advise; (plan etc) discuss 2 VT consult **Beratung** F advice; (at doctor's etc) consultation

berauben VT rob

berechnen VT calculate; COMM charge **berechnend** ADJ (person) calculating

berechtigt VT entitle (zu to); fig justify **berechtigt** ADJ justified; **zu etw ~ sein** be entitled to sth

Bereich M ⟨-(e)s, -e⟩ area; (*sphere*) field

bereisen VT travel through

bereit ADJ ready; **zu etw ~ sein** be ready for sth; **sich ~ erklären, etw zu tun** agree to do sth

bereiten VT prepare; (*grief*) cause; (*pleasure*) give

bereitlegen VT lay out

bereitmachen VR get ready

bereits ADV already

Bereitschaft F readiness; **~ haben** (*doctor*) be on call

bereuen VT regret

Berg M ⟨-(e)s, -e⟩ mountain; (*smaller*) hill; **in die ~e fahren** go to the mountains **bergab** ADV downhill **bergauf** ADV uphill **Bergbahn** F mountain railway (Brit) (or railroad (US))

bergen ⟨barg, geborgen⟩ VT (*person*) rescue

Bergführer(in) M(F) mountain guide **Berghütte** F mountain hut **bergig** ADJ mountainous **Bergschuh** M climbing boot **Bergsteigen** NT ⟨-s⟩ mountaineering **Bergsteiger(in)** M(F) ⟨-s, -⟩ mountaineer **Bergtour** F mountain hike

Bergung F rescue; (*of body, vehicle*) recovery

Bergwacht F ⟨-, -en⟩ mountain rescue service **Bergwerk** NT mine

Bericht M ⟨-(e)s, -e⟩ report **berichten** VT, VI report

berichtigen VT correct

Bermudadreieck NT Bermu-

da triangle **Bermudainseln** PL Bermuda sg **Bermudashorts** PL Bermuda shorts pl

Bernstein M amber

berüchtigt ADJ notorious, infamous

berücksichtigen VT take into account; (*application, applicant*) consider

Beruf M ⟨-(e)s, -e⟩ occupation; (*requiring academic training*) profession; (*skilled, self-employed*) trade; **was sind Sie von ~?** what do you do (for a living)? **beruflich** ADJ professional

Berufsausbildung F vocational training **Berufsschule** F vocational college **berufstätig** ADJ employed **Berufsverkehr** M commuter traffic

beruhigen ▯ VT calm ▮ VR (*person, situation*) calm down **beruhigend** ADJ reassuring **Beruhigungsmittel** NT sedative

berühmt ADJ famous

berühren ▯ VT touch; (*emotionally*) move; (*be important for*) affect; (*subject*) mention, touch on ▮ VR touch

besaufen irr VR fam get plastered

beschädigen VT damage

beschäftigen ▯ VT occupy; (*worker*) employ ▮ VR **sich mit etw ~** occupy oneself with sth; (*problem etc*) deal with sth

beschäftigt ADJ busy, occu-

pied **Beschäftigung** F
(work) employment; (activity)
occupation; (with problem etc)
preoccupation (with with)
Bescheid M ‹-(e)s, -e› information; **~ wissen** be informed
(or know) (über + acc about); **ich
weiß ~** I know; **jdm ~ geben** (or
sagen) let sb know
bescheiden ADJ modest
bescheinigen VT certify; (confirm) acknowledge **Bescheinigung** F certificate; (for
money) receipt
bescheißen irr VT vulg cheat
(um out of)
beschimpfen VT swear at
Beschiss M ‹-es› **das ist ~**
vulg that's a rip-off **beschissen** ADJ vulg shitty
beschlagnahmen VT confiscate
Beschleunigung F acceleration **Beschleunigungsspur**
F acceleration lane
beschließen irr VT decide on;
(conclude) end **Beschluss** M
decision
beschränken 1 VT limit, restrict (auf + acc to) 2 VR restrict oneself (auf + acc to) **Beschränkung** F limitation, restriction
beschreiben irr VT describe;
(paper) write on **Beschreibung** F description
beschuldigen VT accuse (gen
of) **Beschuldigung** F accusation

beschummeln VT, VI fam
cheat (um out of)
beschützen VT protect (vor
+ dat from)
Beschwerde F ‹-, -n› complaint; **~n** pl (illness) trouble
sg **beschweren** 1 VT weight
down; fig burden 2 VR complain
beschwipst ADJ tipsy
beseitigen VT remove; (problem) get rid of; (rubbish) dispose
of
Besen M ‹-s, -› broom
besetzen VT (house, country)
occupy; (seat) take; (post) fill;
(role) cast **besetzt** ADJ full;
TEL engaged (Brit), busy (US);
(seat) taken; (toilet) engaged
Besetztzeichen NT engaged
tone (Brit), busy tone (US)
besichtigen VT (museum) visit; (sights) have a look at; (town)
tour
besiegen VT defeat
Besitz M ‹-es› possession;
(objects) property **besitzen** irr
VT own; (quality) have **Besit-
zer(in)** M(F) ‹-s, -› owner
besoffen ADJ fam plastered
besondere(r, s) ADJ special;
(specific, more than usual) particular; (strange) peculiar;
nichts Besonderes nothing
special **Besonderheit** F special feature; (unusual characteristic) peculiarity **besonders**
ADV especially, particularly; (individually) separately

besorgen VT (obtain) get (jdm for sb); (buy also) purchase; (task etc) deal with

besprechen irr VT discuss **Besprechung** F discussion; (conference) meeting **Besprechungsraum** M consultation room

besser ADJ better; **es geht ihm ~** he feels better; **~ gesagt** or rather; **~ werden** improve **bessern** 1 VT improve 2 VR improve; (person) mend one's ways **Besserung** F improvement; **gute ~!** get well soon

beständig ADJ constant; (weather) settled

Bestandteil M component

bestätigen VT confirm; (receipt, letter) acknowledge **Bestätigung** F confirmation; (of letter) acknowledgement

beste(r, s) 1 ADJ best; **das ~ wäre, wir ...** it would be best if we ... 2 ADV **sie singt am ~n** she sings best; **so ist es am ~n** it's best that way; **am ~n gehst du gleich** you'd better go at once

bestechen irr VT bribe **Bestechung** F bribery

Besteck NT ⟨-(e)s, -e⟩ cutlery

bestehen irr 1 VI be, exist; (continue) last; **~ auf** +dat insist on; **~ aus** consist of 2 VT (test, exam) pass; (fight) win

bestehlen irr VT rob

bestellen VT order; (reserve)

book; (regards, message) pass on (jdm to sb); (person) send for **Bestellnummer** F order number **Bestellung** F COMM order; (action) ordering

bestens ADV very well

bestimmen VT determine; (rules) lay down; (day, place) fix; (person to a post) appoint; (intend) mean (für for) **bestimmt** 1 ADJ definite; (left unspecified) certain; (resolute) firm 2 ADV definitely; (know) for sure **Bestimmung** F (rule) regulation; (intended use) purpose

Best.-Nr. abbr → Bestellnummer order number

bestrafen VT punish

bestrahlen VT illuminate; MED treat with radiotherapy **Bestrahlung** F ⟨-, -en⟩ MED radiation treatment, radiotherapy

bestreiten irr VT (assertion etc) deny

Bestseller M ⟨-s, -⟩ bestseller

bestürzt ADJ dismayed

Besuch M ⟨-(e)s, -e⟩ visit; (person) visitor; **~ haben** have visitors/a visitor **besuchen** VT visit; (school, cinema etc) go to **Besucher(in)** M(F) ⟨-s, -⟩ visitor **Besuchszeit** F visiting hours pl

betäuben VT MED anaesthetize **Betäubung** F anaesthetic; **örtliche ~** local anaesthetic **Betäubungsmittel** NT anaesthetic

Bete F̲ ⟨-, -n⟩ **Rote ~** beetroot

beteiligen 1 V̲R̲ **sich an etw** dat ~ take part in sth, participate in sth 2 V̲T̲ **jdn an etw** dat ~ involve sb in sth **Beteiligung** F̲ participation; (portion) share; (number of people present) attendance

beten v̲i̲ pray

Beton M̲ ⟨-s, -s⟩ concrete

betonen V̲T̲ stress; (give prominence to) emphasize **Betonung** F̲ stress; fig emphasis

Betr. abbr = **Betreff** re

Betracht M̲ **in ~ ziehen** take into consideration; **in ~ kommen** be a possibility; **nicht in ~ kommen** be out of the question **betrachten** V̲T̲ look at; **~ als** regard as **beträchtlich** A̲D̲J̲ considerable

Betrag M̲ ⟨-(e)s, Beträge⟩ amount, sum **betragen** irr 1 V̲T̲ amount (or come) to 2 V̲R̲ behave

betreffen irr V̲T̲ concern; (regulation etc) affect; **was mich betrifft** as for me **betreffend** A̲D̲J̲ relevant, in question

betreten irr V̲T̲ enter; (stage etc) step onto; „Betreten verboten" 'keep off/out'

betreuen V̲T̲ look after; (party of tourists, department) be in charge of **Betreuer(in)** M̲F̲ ⟨-s, -⟩ (of invalid, old person) carer; (of child) child minder; (of party of tourists) groupleader

Betrieb M̲ ⟨-(e)s, -e⟩ (company) firm; (buildings etc) plant; (of machine, factory) operation; (in shops etc) bustle; **außer ~ sein** be out of order; **in ~ sein** be in operation **betriebsbereit** A̲D̲J̲ operational **Betriebsrat** M̲ works council **Betriebssystem** N̲T̲ IT operating system

betrinken irr V̲R̲ get drunk

betroffen A̲D̲J̲ (upset) shaken; **von etw ~ werden/sein** be affected by sth

betrog imperf → **betrügen betrogen** pp → **betrügen**

Betrug M̲ ⟨-(e)s⟩ deception; LAW fraud **betrügen** ⟨betrog, betrogen⟩ V̲T̲ deceive; LAW defraud; (partner) cheat on **Betrüger(in)** M̲F̲ ⟨-s, -⟩ cheat

betrunken A̲D̲J̲ drunk

Bett N̲T̲ ⟨-(e)s, -en⟩ bed; **ins** (or **zu**) **~ gehen** go to bed; **das ~ machen** make the bed **Bettbezug** M̲ duvet cover **Bettdecke** F̲ blanket

betteln v̲i̲ beg

Bettlaken N̲T̲ sheet

Bettler(in) M̲F̲ ⟨-s, -⟩ beggar **Bettsofa** N̲T̲ sofa bed **Betttuch** N̲T̲ sheet **Bettwäsche** F̲ bed linen **Bettzeug** N̲T̲ bedding

beugen 1 V̲T̲ bend 2 V̲R̲ bend; (yield) submit (dat to)

Beule F̲ ⟨-, -n⟩ bump; (in car etc) dent

beunruhigen VT, VR worry

beurteilen VT judge

Beute F ⟨-⟩ (of thief) booty, loot; (of animal) prey

Beutel M ⟨-s, -⟩ bag

Bevölkerung F population

bevollmächtigt ADJ authorized (zu etw to do sth)

bevor CONJ before **bevorstehen** irr (difficulties) lie ahead; (danger) be imminent; **jdm ~** (surprise etc) be in store for sb **bevorstehend** ADJ forthcoming **bevorzugen** VT prefer

bewachen VT guard **bewacht** ADJ **~er Parkplatz** supervised car park (Brit), guarded parking lot (US)

bewegen VT, VR move; **jdm dazu ~, etw zu tun** get sb to do sth; **es bewegt sich etwas** fig things are beginning to happen **Bewegung** F movement; PHYS motion; (inner) emotion; (bodily) exercise **Bewegungsmelder** M ⟨-s, -⟩ sensor (which reacts to movement)

Beweis M ⟨-es, -e⟩ proof; (material, facts) evidence **beweisen** irr VT prove; (demonstrate) show

bewerben irr VR apply (um for) **Bewerbung** F application **Bewerbungsunterlagen** PL application documents pl

Bewertung F ⟨-, -en⟩ Internet review

bewilligen VT allow; (money) grant

bewirken VT cause, bring about

bewohnen VT live in **Bewohner(in)** M(F) ⟨-s, -⟩ inhabitant; (of house) resident

bewölkt ADJ cloudy, overcast **Bewölkung** F clouds pl

bewundern VT admire **bewundernswert** ADJ admirable

bewusst 1 ADJ conscious; (intentional) deliberate; **sich dat einer Sache** gen **~ sein** be aware of sth 2 ADV consciously; (intentionally) deliberately **bewusstlos** ADJ unconscious **Bewusstlosigkeit** F unconsciousness **Bewusstsein** NT ⟨-s⟩ consciousness; **bei ~** conscious

bezahlen VT pay; (goods, service) pay for; (newspaper) take; **sich bezahlt machen** be worth it **Bezahlung** F payment

bezeichnen VT (with sign etc) mark; (give name to) call; (categorize) describe **Bezeichnung** F name; (expression) term

beziehen irr 1 VT (bed) change; (house, position) move into; (get) receive; (newspaper) take; **einen Standpunkt ~** fig take up a position 2 VR refer (auf + acc to) **Beziehung** F (between two things) connection; (between lovers) relationship; **~en haben** (*influential*) have connections (*or* contacts); **in dieser ~** in this respect **beziehungsweise** ADV or; (*more precisely*) or rather

Bezirk M ⟨-(e)s, -e⟩ district

Bezug M ⟨-(e)s, Bezüge⟩ (*for cushion etc*) cover; (*for pillow*) pillowcase; **in ~ auf** + *acc* with regard to **bezüglich** PREP + *gen* concerning

bezweifeln VT doubt

BH M ⟨-s, -s⟩ bra

Bhf. *abbr* → **Bahnhof** station

Biathlon M ⟨-s, -s⟩ biathlon

Bibel F ⟨-, -n⟩ Bible

Biber M ⟨-s, -⟩ beaver

Bibliothek F ⟨-, -en⟩ library

biegen ⟨bog, gebogen⟩ **1** VT, VR bend **2** VI turn (*in* + *acc* into) **Biegung** F bend

Biene F ⟨-, -n⟩ bee

Bier NT ⟨-(e)s, -e⟩ beer; **helles ~** ≈ lager (*Br*), beer (*US*); **dunkles ~** ≈ brown ale (*Br*), dark beer (*US*); **zwei ~, bitte!** two beers, please **Biergarten** M beer garden **Bierzelt** NT beer tent

bieten ⟨bot, geboten⟩ **1** VT offer; (*at auction*) bid; **sich** *dat* **etw ~ lassen** put up with sth **2** VR (*opportunity*) present itself (*dat* to)

Bikini M ⟨-s, -s⟩ bikini **Bikinioberteil** NT bikini top **Bikiniunterteil** NT bikini bottoms *pl*

Bild NT ⟨-(e)s, -er⟩ picture; (*in one's mind*) image; PHOT photo

bilden **1** VT form; (*intellectually*) educate; (*rule, basis etc*) constitute **2** VR form; (*learn*) educate oneself

Bilderbuch NT picture book

Bildhauer(in) M(F) ⟨-s, -⟩ sculptor

Bildschirm M screen **Bildschirmschoner** M ⟨-s, -⟩ screensaver

Bildung F formation; (*knowledge, manners*) education **Bildungsurlaub** M educational holiday; (*of employee*) study leave

Billard NT billiards *sg*

billig ADJ cheap; (*just*) fair **Billigflieger** M budget airline **Billigflug** M cheap flight

Binde F ⟨-, -n⟩ bandage; (*worn on arm*) band; (*for woman's period*) sanitary towel (*Br*), sanitary napkin (*US*) **Bindehautentzündung** F conjunctivitis

binden ⟨band, gebunden⟩ VT tie; (*book*) bind; (*sauce*) thicken

Bindestrich M hyphen

Bindfaden M string

Bindung F bond, tie; (*on ski*) binding

Bio- IN CPDS bio- **Biokost** F health food **Bioladen** M health food shop (*or store*) **Biologie** F biology **biologisch** ADJ biological; (*cultivation*) organic **biometrisch** ADJ biometric **Biomüll** M organic

waste **Bioprodukt** NT organic product **Biosprit** M biofuel
bipolar ADJ MED bipolar; **~e Störung** bipolar disorder
Birke F ⟨-, -n⟩ birch
Birne F ⟨-, -n⟩ pear; ELEC (light) bulb
bis 1 PREP + acc (space) to, as far as; (time) till, until; (at the latest) by; **Sie haben ~ Dienstag Zeit** you have till (or till) Tuesday; **~ Dienstag muss es fertig sein** it must be ready by Tuesday; **~ hierher** this far; **~ in die Nacht** into the night; **~ auf Weiteres** until further notice; **~ bald/gleich!** see you later/soon; **~ auf etw** acc including sth; (excluding) except sth; **~ zu up to; von ...**
~ ... from ... to ... 2 CONJ (numbers) to; (time) until, till
Bischof M ⟨-s, Bischöfe⟩ bishop
bisher ADV up to now, so far
Biskuit NT ⟨-(e)s, -s or -e⟩ sponge
biss imperf → beißen
Biss M ⟨-es, -e⟩ bite
bisschen 1 ADJ **ein ~** a bit of; **ein ~ Salz/Liebe** a bit of salt/love; **ich habe kein ~ Hunger** I'm not a bit hungry 2 ADV **ein ~** a bit; **kein ~** not at all
bissig ADJ (dog) vicious; (remark) cutting
Bit NT ⟨-s, -s⟩ IT bit
bitte INTERJ please; (wie) **~?** (I beg your) pardon?; **~ (schön)!**

(replying to thanks) you're welcome, that's alright; **hier, ~** here you are **Bitte** F ⟨-, -n⟩ request **bitten** ⟨bat, gebeten⟩ VT, VI ask (um) for)
bitter ADJ bitter
Blähungen PL MED wind sg
blamieren 1 VR make a fool of oneself 2 VT **jdn ~** make sb look a fool
Blase F ⟨-, -n⟩ bubble; MED blister; ANAT bladder
blasen ⟨blies, geblasen⟩ VI blow; **jdm einen ~** vulg give sb a blow job
Blasenentzündung F cystitis
blass ADJ pale
Blatt NT ⟨-(e)s, Blätter⟩ leaf; (of paper) sheet **blättern** VI IT scroll; **in etw** dat **~** leaf through sth **Blätterteig** M puff pastry **Blattsalat** M green salad **Blattspinat** M spinach
blau ADJ blue; fam (drunk) plastered; GASTR boiled; **~es Auge** black eye; **~er Fleck** bruise **Blaubeere** F bilberry, blueberry **Blaulicht** NT flashing blue light **blaumachen** VI skip work; (pupil) skip school **Blauschimmelkäse** M blue cheese
Blazer M ⟨-s, -⟩ blazer
Blech NT ⟨-(e)s, -e⟩ sheet metal; (for oven) baking tray (Br), cookie sheet (US) **Blechschaden** M AUTO damage to the

bodywork

Blei NT ⟨-(e)s, -e⟩ lead

bleiben ⟨blieb, geblieben⟩ VI stay; **lass das ~!** stop it; **das bleibt unter uns** that's (just) between ourselves; **mir bleibt keine andere Wahl** I have no other choice

bleich ADJ pale **bleichen** VT bleach

bleifrei ADJ (petrol) unleaded **bleihaltig** ADJ (petrol) leaded

Bleistift M pencil

Blende F ⟨-, -n⟩ PHOT aperture

Blick M ⟨-(e)s, -e⟩ look; (brief) glance; (from a place) view; **auf den ersten ~** at first sight; **einen ~ auf etw** acc **werfen** have a look at sth **blicken** VI look; **sich ~ lassen** show up

blieb imperf → bleiben

blies imperf → blasen

blind ADJ blind; (glass etc) dull **Blinddarm** M appendix **Blinddarmentzündung** F appendicitis **Blinde(r)** MF blind person/man/woman; **die ~n** pl the blind pl **Blindenhund** M guide dog **Blindenschrift** F braille

blinken VI (star, lights) twinkle; (brightly, intensely) flash; AUTO indicate **Blinker** M ⟨-s, -⟩ AUTO indicator (Br), turn signal (US)

blinzeln VI blink

Blitz M ⟨-es, -e⟩ (flash of) lightning; PHOT flash **blitzen**

VI PHOT use a/the flash; **es blitzte und donnerte** there was thunder and lightning **Blitzlicht** NT flash

Block M ⟨-(e)s, Blöcke⟩ block; (of paper) pad **Blockflöte** F recorder **Blockhaus** NT log cabin **blockieren** **1** VT block **2** VI jam; (wheels) lock **Blockschrift** F block letters pl

blöd ADJ stupid **blödeln** VI fam fool around

Blog NT ⟨-s, -s⟩ IT blog **Blogbeitrag** M blog post

blond ADJ blond; (woman) blonde

bloß **1** ADJ (without covering) bare; (nothing more than) mere **2** ADV only; **geh mir ~ aus dem Weg** just get out of my way

blühen VI bloom; fig flourish

Blume F ⟨-, -n⟩ flower; (of wine) bouquet **Blumenkohl** M cauliflower **Blumenladen** M flower shop **Blumenstrauß** M bunch of flowers **Blumentopf** M flowerpot **Blumenvase** F vase

Bluse F ⟨-, -n⟩ blouse

Blut NT ⟨-(e)s⟩ blood **Blutbild** NT blood count **Blutdruck** M blood pressure

Blüte F ⟨-, -n⟩ (part of plant) flower, bloom; (on tree) blossom; fig prime

bluten VI bleed

Bluter M ⟨-s, -⟩ MED haemophiliac **Bluterguss** M haematoma; (*on skin*) bruise **Blutgruppe** F̲ blood group **blutig** ADJ bloody **Blutkonserve** F̲ unit of stored blood **Blutorange** F̲ blood orange **Blutprobe** F̲ blood sample **Blutspende** F̲ blood donation **Bluttransfusion** F̲ blood transfusion **Blutung** F̲ bleeding **Blutvergiftung** F̲ blood poisoning **Blutwurst** F̲ black pudding (*Br*), blood sausage (*US*) **Blutzucker** M̲ blood sugar **Blutzuckermessgerät** NT̲ blood sugar meter

BLZ abbr → **Bankleitzahl**

Bob M̲ ⟨-s, -s⟩ bob(sleigh)

Bock M̲ ⟨-(e)s, Böcke⟩ (*deer*) buck; (*sheep*) ram; (*stand*) trestle; SPORT vaulting horse; **ich hab keinen ~ (drauf)** *fam* I don't feel like it

Boden M̲ ⟨-s, Böden⟩ ground; (*of room*) floor; (*of sea, barrel*) bottom; (*loft*) attic **Bodenpersonal** NT̲ ground staff **Bodenschätze** PL̲ mineral resources *pl*

Bodensee M̲ **der ~** Lake Constance

Body M̲ ⟨-s, -s⟩ body **Bodybuilding** NT̲ ⟨-s⟩ bodybuilding

bog *imperf* → **biegen**

Bogen M̲ ⟨-s, -⟩ curve; (*in architecture*) arch; (*weapon, for violin etc*) bow; (*of paper*) sheet

Bohne F̲ ⟨-, -n⟩ bean; **grüne**

~n *pl* green (*or* French (*Br*)) beans *pl*; **weiße ~n** *pl* haricot beans *pl* **Bohnenkaffee** M̲ real coffee **Bohnensprosse** F̲ bean sprout

bohren VT̲ drill **Bohrer** M̲ ⟨-s, -⟩ drill

Boiler M̲ ⟨-s, -⟩ water heater

Boje F̲ ⟨-, -n⟩ buoy

Bolivien NT̲ ⟨-s⟩ Bolivia

Bombe F̲ ⟨-, -n⟩ bomb

Bon M̲ ⟨-s, -s⟩ receipt; (*exchangeable for goods etc*) voucher, coupon

Bonbon NT̲ ⟨-s, -s⟩ sweet (*Br*), candy (*US*)

Bonus M̲ ⟨- *or* -ses, -se *or* Boni⟩ bonus; (*in sport, school*) bonus points *pl*; (*in insurance*) no-claims bonus

Boot NT̲ ⟨-(e)s, -e⟩ boat **Bootsverleih** M̲ boat hire (*Br*) *or* rental (*US*)

Bord NT̲ ⟨-(e)s, -e⟩ **an ~ (eines Schiffes)** on board (a ship); **an ~ gehen** (*ship*) go on board; (*plane*) board; **von ~ gehen** disembark **Bordcomputer** M̲ dashboard computer

Bordell NT̲ ⟨-s, -e⟩ brothel

Bordkarte F̲ boarding card

Bordstein M̲ kerb (*Br*), curb (*US*)

borgen VT̲ borrow; **jdm etw ~** lend sb sth; **sich** *dat* **etw ~** borrow sth

Börse F̲ ⟨-, -n⟩ stock exchange; (*for coins*) purse

bös ADJ → **böse bösartig**

ADJ malicious; MED malignant

Böschung F̲ slope; *(along river)* embankment

böse ADJ bad; *(stronger)* evil; *(wound)* nasty; *(annoyed)* angry; **bist du mir ~?** are you angry with me?

boshaft ADJ malicious

Bosnien NT̲ ⟨-s⟩ Bosnia **Bosnien-Herzegowina** NT̲ ⟨-s⟩ Bosnia-Herzegovina

böswillig ADJ malicious

bot imperf → **bieten**

botanisch ADJ **~er Garten** botanical gardens pl

Botschaft F̲ message; POL embassy **Botschafter(in)** M̲(F̲) ambassador

Botsuana NT̲ ⟨-s⟩ Botswana

Bouillon F̲ ⟨-, -s⟩ stock

Bouldern NT̲ ⟨-s⟩ SPORT bouldering

Boutique F̲ ⟨-, -n⟩ boutique

Bowle F̲ ⟨-, -n⟩ punch

Box F̲ ⟨-, -en⟩ *(container, for horse)* box; *(of stereo system)* speaker; *(in motor racing)* pit

boxen V̲I̲ und V̲T̲ box **Boxer** M̲ ⟨-s, -⟩ *(dog, sportsman)* boxer **Boxershorts** P̲L̲ boxer shorts pl **Boxkampf** M̲ boxing match

Boykott M̲ ⟨-s, -e⟩ boycott

brach imperf → **brechen**

brachte imperf → **bringen**

Brainstorming NT̲ ⟨-s⟩ brainstorming

Branchenverzeichnis NT̲ yellow pages pl

Brand M̲ ⟨-(e)s, Brände⟩ fire

Brandenburg NT̲ ⟨-s⟩ Brandenburg

Brandsalbe F̲ ointment for burns

Brandung F̲ surf

Brandwunde F̲ burn

brannte imperf → **brennen**

Brasilien NT̲ ⟨-s⟩ Brazil

braten ⟨briet, gebraten⟩ V̲T̲ roast; grill; fry **Braten** M̲ ⟨-s, -⟩ roast; *(uncooked)* joint **Bratensoße** F̲ gravy **Brathähnchen** NT̲ roast chicken **Bratkartoffeln** P̲L̲ fried potatoes pl **Bratpfanne** F̲ frying pan **Bratspieß** M̲ spit **Bratwurst** F̲ fried sausage; grilled sausage

Brauch M̲ ⟨-s, Bräuche⟩ custom

brauchen V̲T̲ need *(für, zu* for); *(patience, care etc)* require; *(time)* take; *(make use of)* use; **wie lange wird er ~?** how long will it take him?; **du brauchst es nur zu sagen** you only need to say; **das braucht (seine) Zeit** it takes time; **ihr braucht es nicht zu tun** you don't have (or need) to do it; **sie hätte nicht zu kommen ~** she needn't have come

brauen V̲T̲ brew **Brauerei** F̲ brewery

braun ADJ brown; *(from sun)* tanned **Bräune** F̲ ⟨-, -n⟩ brownness; *(from sun)* tan **Bräunungsstudio** NT̲ tanning studio

Brause F̲ ⟨-, -n⟩ *(apparatus)* shower; *(drink)* fizzy drink *(Br)*, soda *(US)*

Braut F̲ ⟨-, Bräute⟩ bride **Bräutigam** M̲ ⟨-s, -e⟩ bridegroom

brav ADJ *(child)* good, well-behaved

bravo INTERJ well done

brechen ⟨brach, gebrochen⟩ **1** V̲T̲ break; *(vomit)* bring up; **sich** *dat* **den Arm** ~ break one's arm **2** V̲I̲ break; *(when unwell)* vomit, be sick **Brechreiz** M̲ nausea

Brei M̲ ⟨-(e)s, -e⟩ mush, pulp; *(oats)* porridge; *(for children)* pap

breit ADJ wide; *(shoulders)* broad; **zwei Meter** ~ two metres wide **Breite** F̲ ⟨-, -n⟩ breadth; *(in measurements)* width; GEO latitude; **der** ~ **nach** widthways **Breitengrad** M̲ (degree of) latitude

Bremen N̲T̲ ⟨-s⟩ Bremen

Bremsbelag M̲ brake lining **Bremse** F̲ ⟨-, -n⟩ brake; ZOOL horsefly **bremsen** **1** V̲I̲ brake **2** V̲T̲ *(car)* brake; *fig* slow down **Bremsflüssigkeit** F̲ brake fluid **Bremslicht** N̲T̲ brake light **Bremspedal** N̲T̲ brake pedal **Bremsspur** F̲ tyre marks *pl* **Bremsweg** M̲ braking distance

brennen ⟨brannte, gebrannt⟩ V̲I̲ burn; *(house, forest)* be on fire; **es brennt!** fire!; **mir**

~ **die Augen** my eyes are smarting; **das Licht** ~ **lassen** leave the light on **Brennholz** N̲T̲ firewood **Brennnessel** F̲ stinging nettle **Brennspiritus** M̲ methylated spirits *pl* **Brennstab** M̲ fuel rod **Brennstoff** M̲ fuel

Brett N̲T̲ ⟨-(e)s, -er⟩ board; *(longer)* plank; *(for books etc)* shelf; *(for game)* board; **Schwarzes** ~ notice board, bulletin board *(US)*; ~**er** *pl* skis *pl* **Brettspiel** N̲T̲ board game

Brexit M̲ ⟨-⟩ Brexit; **die Mehrheit hat für den** ~ **gestimmt** the majority voted for Brexit

Brezel F̲ ⟨-, -n⟩ pretzel

Brie M̲ ⟨-(s), -s⟩ *(cheese)* brie

Brief M̲ ⟨-(e)s, -e⟩ letter **Briefbombe** F̲ letter bomb **Brieffreund(in)** M̲F̲ penfriend, pen pal **Briefkasten** M̲ letterbox *(Br)*, mailbox *(US)* **Briefmarke** F̲ stamp **Briefpapier** N̲T̲ writing paper **Brieftasche** F̲ wallet **Briefträger(in)** M̲F̲ postman/-woman **Briefumschlag** M̲ envelope **Briefwaage** F̲ letter scales *pl*

briet *imperf* → **braten**

Brille F̲ ⟨-, -n⟩ glasses *pl*; *(protective)* goggles *pl* **Brillenetui** N̲T̲ glasses case

bringen ⟨brachte, gebracht⟩ V̲T̲ bring; *(somewhere else)* take; *(go and come back with)* get, fetch; THEAT, FILM show;

RADIO, TV broadcast; **~ Sie mir bitte noch ein Bier** could you bring me another beer, please?; **jdn nach Hause ~** take sb home; **jdn dazu ~, etw zu tun** make sb do sth; **jdn auf eine Idee ~** give sb an idea

Brise F ⟨-, -n⟩ breeze

Brite M ⟨-n, -n⟩, **Britin** F British person, Briton; **er ist ~** he is British; **die ~n** the British **britisch** ADJ British

Brocken M ⟨-s, -⟩ bit; (*larger*) lump, chunk

Brokkoli M broccoli

Brombeere F blackberry

Bronchitis F ⟨-⟩ bronchitis

Bronze F ⟨-, -n⟩ bronze

Brosche F ⟨-, -n⟩ brooch

Brot NT ⟨-(e)s, -e⟩ bread; loaf **Brotaufstrich** M spread **Brötchen** NT roll **Brotzeit** F break; (*food*) snack; **~ machen** have a snack

Browser M ⟨-s, -⟩ IT browser

Bruch M ⟨-(e)s, Brüche⟩ (*action*) breaking; (*crack etc; with party, tradition etc*) break; MED rupture, hernia; (*of bone*) fracture; MATH fraction **brüchig** ADJ brittle

Brücke F ⟨-, -n⟩ bridge

Bruder M ⟨-s, Brüder⟩ brother

Brühe F ⟨-, -n⟩ (*clear*) soup; (*basis for soup*) stock; *pej* (*drink*) muck **Brühwürfel** M stock cube

brüllen VI roar; (*bull*) bellow;

(*in agony*) scream (with pain)

brummen 1 VI (*bear, person*) growl; (*mumble*) mutter; (*insect*) buzz; (*engine, radio*) drone 2 VT growl

brünett ADJ brunette

Brunnen M ⟨-s, -⟩ fountain; (*deep*) well; (*natural*) spring

Brust F ⟨-, Brüste⟩ breast; (*of man*) chest **Brustbeutel** M neck pouch (*or* wallet) **Brustschwimmen** NT ⟨-s⟩ breaststroke **Brustwarze** F nipple

brutal ADJ brutal

brutto ADV gross

BSE NT ⟨-⟩ *abbr* = **bovine spongiforme Enzephalopathie** BSE

Bube M ⟨-n, -n⟩ boy, lad; (*playing card*) jack

Buch NT ⟨-(e)s, Bücher⟩ book

Buche F ⟨-, -n⟩ beech (tree)

buchen VT book; (*amount*) enter

Bücherei F library

Buchfink M chaffinch

Buchhalter(in) M(F) accountant

Buchhandlung F bookshop

Büchse F ⟨-, -n⟩ tin (*Br*), can

Buchstabe M ⟨-ns, -n⟩ letter **buchstabieren** VT spell

Bucht F ⟨-, -en⟩ bay

Buchung F booking; COMM entry

Buchweizen M buckwheat **Buchweizenmehl** NT buckwheat flour

Buckel M ⟨-s, -⟩ hump

bücken VR bend down

Buddhismus M ⟨-⟩ Buddhism

Bude F ⟨-, -en⟩ (at market) stall; fam (flat) pad, place

Büfett NT ⟨-s, -s⟩ sideboard; **kaltes ~** cold buffet

Büffel M ⟨-s, -⟩ buffalo

Bügel M ⟨-s, -⟩ (for clothes) hanger; (on saddle) stirrup; (of glasses) sidepiece; (of ski-lift) T-bar **Bügel-BH** M underwired bra **Bügelbrett** NT ironing board **Bügeleisen** NT ⟨-s, -⟩ iron **Bügelfalte** F crease **bügelfrei** ADJ non-iron **bügeln** VT, VI iron

buh INTERJ boo

Bühne F ⟨-, -n⟩ stage **Bühnenbild** NT set

Bulgare M ⟨-n, -n⟩, **Bulgarin** F ⟨-, -nen⟩ Bulgarian **Bulgarien** NT ⟨-s⟩ Bulgaria **bulgarisch** ADJ Bulgarian

Bulimie F ⟨-⟩ bulimia

Bulle M ⟨-n, -n⟩ bull; fam (policeman) cop

Bummel M ⟨-s, -⟩ stroll **bummeln** VI stroll; (do things slowly) dawdle; (be idle) loaf around **Bummelzug** M slow train

bums INTERJ bang

bumsen VI vulg screw

Bund [1] M ⟨-(e)s, Bünde⟩ (of trousers, skirt) waistband; (between friends) bond; (organization) association; POL confederation; **der ~** fam (German military) the army [2] NT ⟨-(e)s,

-e⟩ bunch; (of straw etc) bundle

Bundes- IN CPDS Federal; (referring to Germany also) German **Bundeskanzler(in)** M(F) Chancellor **Bundesland** NT state, Land **Bundesliga** F **erste/zweite ~** First/Second Division **Bundespräsident(in)** M(F) President **Bundesrat** M Upper House (of the German Parliament); (in Switzerland) Council of Ministers **Bundesregierung** F Federal Government **Bundesrepublik** F Federal Republic; **~ Deutschland** Federal Republic of Germany **Bundesstraße** F ≈ A road (Brit), ≈ state highway (US) **Bundestag** M Lower House (of the German Parliament) **Bundeswehr** F (German) armed forces pl

Bündnis NT alliance

Bungalow M ⟨-s, -s⟩ bungalow

Bungeejumping NT ⟨-s⟩ bungee jumping

bunt [1] ADJ colourful; (programme etc) varied; **~e Farben** bright colours [2] ADV (paint) in bright colours **Buntstift** M crayon, coloured pencil

Burg F ⟨-, -en⟩ castle

Burger M ⟨-s, -⟩ GASTR burger

Bürger(in) M(F) ⟨-s, -⟩ citizen **bürgerlich** ADJ (rights, marriage etc) civil; (in social hierarchy) middle-class; pej bour-

geois Bürgermeister(in)
M(F) mayor **Bürgersteig** M
⟨-(e)s, -e⟩ pavement (Br), sidewalk (US)

Burkini M ⟨-s, -s⟩ burkini
Burn-out M ⟨-s, -s⟩ MED
burnout; **einen ~ haben** burn
out

Büro NT ⟨-s, -s⟩ office **Büroklammer** F paper clip
Bürokratie F bureaucracy
Bursche M ⟨-n, -n⟩ lad; (man)
guy

Bürste F ⟨-, -n⟩ brush **bürsten** VT brush

Bus M ⟨-ses, -se⟩ bus; (long-
-distance) coach (Br), bus **Busbahnhof** M bus station
Busch M ⟨-(e)s, Büsche⟩
bush; shrub

Busen M ⟨-s, -⟩ breasts pl,
bosom

Busfahrer(in) M(F) bus driver
Bushaltestelle F bus stop
Businessclass F ⟨-⟩ business
class

Busreise F coach tour (Br),
bus tour

Bußgeld NT fine
Büstenhalter M ⟨-s, -⟩ bra
Busverbindung F bus con-
nection

Butter F ⟨-⟩ butter **Butter-
brot** NT slice of bread and butter **Buttermilch** F butter-
milk **Butternusskürbis** M
butternut squash

Button M ⟨-s, -s⟩ badge (Br),
button (US)

b. w. abbr = **bitte wenden** pto
Bypass M ⟨-es, -pässe⟩ MED
bypass

Byte NT ⟨-s, -s⟩ byte
bzw. ADV abbr → **beziehungsweise**

C

ca. ADV abbr → **circa** approx
Cabrio NT ⟨-s, -s⟩ convertible
Café NT ⟨-s, -s⟩ café
Cafeteria F ⟨-, -s⟩ cafeteria
Call-Center NT ⟨-s, -⟩ call
centre

campen VI camp **Camping**
NT ⟨-s⟩ camping **Camping-
bus** M camper **Camping-
platz** M campsite, camping
ground (US)

Cappuccino M ⟨-s, -⟩ cappuccino

Carsharing NT ⟨-s⟩ car sharing

Carving NT ⟨-s⟩ (in skiing)
carving **Carvingski** M carving ski

Castingshow F casting show
CD F ⟨-, -s⟩ abbr → Compact
Disc CD **CD-Brenner** M ⟨-s,
-⟩ CD burner, CD writer **CD-
-Player** M ⟨-s, -⟩ CD player
CD-ROM F ⟨-, -s⟩ abbr =
**Compact Disc Read Only Me-
mory** CD-ROM **CD-ROM-**

Laufwerk NT CD-ROM drive, **CD-Spieler** m CD player

Cello NT ⟨-s, -s or Celli⟩ cello

Cellulite F ⟨-⟩ cellulite

Celsius NT celsius; **20 Grad ~** 20 degrees Celsius, 68 degrees Fahrenheit

Cent M ⟨-, -s⟩ (of dollar and euro) cent

Chamäleon NT ⟨-s, -s⟩ chameleon

Champagner® M ⟨-s, -⟩ champagne

Champignon M ⟨-s, -s⟩ mushroom

Champions League F ⟨-, -s⟩ Champions League

Chance F ⟨-, -n⟩ chance; **die ~n stehen gut** the prospects are good

Chaos NT ⟨-⟩ chaos **Chaot(in)** MF ⟨-en, -en⟩ fam disorganized person, scatterbrain **chaotisch** ADJ chaotic

Charakter M ⟨-s, -e⟩ character **charakteristisch** ADJ characteristic (für of)

Charisma NT ⟨-s, Charismen or Charismata⟩ charisma

charmant ADJ charming

Charterflug M charter flight **chartern** VT charter

Chat M ⟨-s, -s⟩ IT chat **Chatroom** M ⟨-s, -s⟩ IT chatroom **chatten** VI IT chat

checken VT check; fam (understand) get

Check-in M ⟨-s, -s⟩ check-in

Check-in-Automat M automatic check-in machine **Check-in-Schalter** M check-in desk

Checkliste F check list

Chef(in) MF ⟨-s, -s⟩ boss **Chefarzt** M, **Chefärztin** F senior consultant (Br), medical director (US)

Chemie F ⟨-⟩ chemistry **chemisch** ADJ chemical; **~e Reinigung** dry cleaning

Chemo F ⟨-, -s⟩ fam chemo **Chemotherapie** F chemotherapy

Chicoree M ⟨-s⟩ chicory

Chiffre F ⟨-, -n⟩ cipher; (in newspaper) box number

Chile NT ⟨-s⟩ Chile

Chili M ⟨-s, -s⟩ chilli

China NT ⟨-s⟩ China **Chinakohl** M Chinese leaves pl (Br), bok choy (US) **Chinarestaurant** NT Chinese restaurant **Chinese** M ⟨-n, -n⟩ Chinese **Chinesin** F ⟨-, -nen⟩ Chinese (woman); **sie ist ~** she's Chinese **chinesisch** ADJ Chinese

Chip M ⟨-s, -s⟩ IT chip **Chipkarte** F smart card

Chips PL (snack) crisps pl (Br), chips pl (US)

Chirurg(in) MF ⟨-en, -en⟩ surgeon

Chlor NT ⟨-s⟩ chlorine

Cholera F ⟨-⟩ cholera

Cholesterin NT ⟨-s⟩ cholesterol

Chor M ⟨-(e), Chöre⟩ choir; THEAT chorus

Choreografie F choreography

Christ(in) M(F) ⟨-en, -en⟩ Christian **Christbaum** M Christmas tree **Christi Himmelfahrt** F the Ascension (of Christ) **Christkind** NT baby Jesus; (*bringing presents*) ≈ Father Christmas, Santa Claus **christlich** ADJ Christian

Chrom NT ⟨-s⟩ chrome; CHEM chromium

chronisch ADJ chronic

chronologisch 1 ADJ chronological 2 ADV in chronological order

Chrysantheme F ⟨-, -n⟩ chrysanthemum

circa ADV about, approximately

City F ⟨-s⟩ city centre, downtown (*US*) **Citymaut** F congestion charge

Clementine F ⟨-, -n⟩ clementine

clever ADJ clever, smart

Clique F ⟨-, -n⟩ group; *pej* clique; **David und seine ~** David and his lot *or* crowd

Clown M ⟨-s, -s⟩ clown

Club M ⟨-s, -s⟩ club **Cluburlaub** M club holiday (*Br*), club vacation (*US*)

Cocktail M ⟨-s, -s⟩ cocktail **Cocktailtomate** F cherry tomato

Code M ⟨-s, -s⟩ code

Cola F ⟨-, -s⟩ Coke, cola

Comic M ⟨-s, -s⟩ comic strip; (*magazine*) comic

Compact Disc F ⟨-, -s⟩ compact disc

Computer M ⟨-s, -⟩ computer **Computerfreak** M computer nerd **computergesteuert** ADJ computer-controlled **Computergrafik** F computer graphics *pl* **computerlesbar** ADJ machine-readable **Computerprogramm** NT computer program **Computerspiel** NT computer game **Computertomografie** F computer tomography, scan **Computervirus** M computer virus

Container M ⟨-s, -⟩ (*for transporting goods*) container; (*for refuse*) skip

Control-Taste F control key

Cookie NT ⟨-s, -s⟩ IT cookie

cool ADJ *fam* cool

COPD F ⟨-⟩ MED COPD

Copyshop M ⟨-s, -s⟩ copy shop

Cornflakes PL cornflakes *pl*

Couch F ⟨-, -en⟩ couch **Couchtisch** M coffee table

Coupon M ⟨-s, -s⟩ coupon

Cousin M ⟨-s, -s⟩ cousin **Cousine** F cousin

Crack NT ⟨-s⟩ (*drug*) crack

Creme F ⟨-, -s⟩ cream; GASTR mousse

Creutzfeld-Jakob-Krankheit F Creutzfeld-Jakob disease, CJD

Croissant $\underline{NT}$ ⟨-s, -s⟩ croissant

Crossstepper $\underline{M}$ ⟨-s, -⟩ SPORT cross trainer

Curry **1** $\underline{M}$ ⟨-s⟩ curry powder **2** $\underline{NT}$ ⟨-s⟩ (dish) curry **Currysauce** $\underline{F}$ curry sauce **Currywurst** $\underline{F}$ fried sausage with ketchup and curry powder

Cursor $\underline{M}$ ⟨-s, -⟩ IT cursor

Cybercafé $\underline{NT}$ cybercafé **Cyberspace** $\underline{M}$ ⟨-⟩ cyberspace

D

da **1** $\underline{ADV}$ there; here; (time) then; ~ **oben/drüben** up/over there; ~, **wo** where; ~ **sein** be there; **ist jemand** ~? is anybody there?; **ich bin gleich wieder** ~ I'll be right back; **ist noch Brot** ~? is there any bread left?; **es ist keine Milch mehr** ~ we've run out of milk; ~, **bitte!** there you are; ~ **kann man nichts machen** there's nothing you can do **2** $\underline{CONJ}$ because

dabei $\underline{ADV}$ (position) close to it; (simultaneously) at the same time; (but) though; **sie hörte Radio und rauchte** ~ she was listening to the radio and smoking (at the same time); ~ **fällt mir ein** ... that reminds me ...; ~ **kam es zu einem Un-**

fall this led to an accident; ... **und** ~ **hat er gar keine Ahnung** ... even though he has no idea; **ich finde nichts** ~ I don't see anything wrong with it; **es bleibt** ~ that's settled; ~ **sein** be present; (taking part) be involved; **ich bin** ~! count me in; **er war gerade** ~ **zu gehen** he was just (or on the point of) leaving

dabeibleiben irr $\underline{VI}$ stick with it; **ich bleibe dabei** I'm not changing my mind

dabeihaben irr $\underline{VT}$ **er hat seine Schwester dabei** he's brought his sister; **ich habe kein Geld dabei** I haven't got any money on me

Dach $\underline{NT}$ ⟨-(e)s, Dächer⟩ roof **Dachboden** $\underline{M}$ attic, loft **Dachgepäckträger** $\underline{M}$ roof-rack **Dachrinne** $\underline{F}$ gutter

Dachs $\underline{M}$ ⟨-es, -e⟩ badger

dachte imperf → **denken**

Dackel $\underline{M}$ ⟨-s, -⟩ dachshund

dadurch **1** $\underline{ADV}$ (space) through it; (means) in that way; (cause) because of that, for that reason **2** $\underline{CONJ}$ ~, **dass** because; ~, **dass er hart arbeitete** (means) by working hard

dafür $\underline{ADV}$ for it; (in place of it) instead; ~ **habe ich 50 Euro bezahlt** I paid 50 euros for it; **ich bin** ~ **zu bleiben** I'm for (or in favour of) staying; ~ **ist er ja da** that's what he's there for; **er**

kann nichts ~ he can't help it
dagegen ADV against it; (*dissimilarity*) in comparison; (*exchange*) for it; **ich habe nichts ~** I don't mind
daheim ADV at home
daher 1 ADV from there; (*reason*) that's why 2 CONJ that's why
dahin ADV there; (*time*) then; (*past, used up*) gone; **bis ~** till then; (*place*) up to there; **bis ~ muss die Arbeit fertig sein** the work must be finished by then
dahinter ADV behind it
dahinterkommen vi find out
Dahlie F dahlia
Dalmatiner M ⟨-s, -⟩ dalmatian
damals ADV at that time, then
Dame F ⟨-, -n⟩ lady; (*card*) queen; (*game*) draughts *sg* (*Br*), checkers *sg* (*US*) **Damenbinde** F sanitary towel (*Br*), sanitary napkin (*US*) **Damenkleidung** F ladies' wear **Damentoilette** F ladies' toilet (*or* restroom *US*)
damit 1 ADV with it; (*as a result*) by that; **was meint er ~?** what does he mean by that?; **genug ~!** that's enough 2 CONJ so that
Damm M ⟨-(e)s, Dämme⟩ dyke; (*creating reservoir*) dam; (*in harbour*) mole; (*for railway, road*) embankment

Dämmerung F twilight; (*in morning*) dawn; (*in evening*) dusk
Dampf M ⟨-(e)s, Dämpfe⟩ steam; (*haze*) vapour **Dampfbad** NT Turkish bath **Dampfbügeleisen** NT steam iron **dampfen** vi steam
dämpfen VT GASTR steam; (*sound*) deaden; (*enthusiasm*) dampen
Dampfer M ⟨-s, -⟩ steamer **Dampfkochtopf** M pressure cooker
danach ADV after that; (*time also*) afterwards; (*rules etc*) accordingly; **mir ist nicht ~** I don't feel like it; **~ sieht es aus** that's what it looks like
Däne M ⟨-n, -n⟩ Dane
daneben ADV beside it; (*dissimilarity*) in comparison
Dänemark NT ⟨-s⟩ Denmark
Dänin F Dane, Danish woman/girl **dänisch** ADJ Danish
dank PREP *+ dat or gen* thanks to **Dank** M ⟨-(e)s⟩ thanks *pl*; **vielen ~!** thank you very much; **jdm ~ sagen** thank sb **dankbar** ADJ grateful; (*task*) rewarding **danke** INTERJ thank you, thanks; **nein ~!** no, thank you; **~, gerne!** yes, please; **~, gleichfalls!** thanks, and the same to you **danken** vi **jdm für etw ~** thank sb for sth; **nichts zu ~!** you're welcome
dann ADV then; **bis ~!** see you (later); **~ eben nicht** okay, for-

get it, suit yourself
daran ADV on it; (*fix*) to it; (*bang*) against it; **es liegt ~, dass ...** it's because ...
darauf ADV on it; (*direction*) towards it; (*time*) afterwards; **es kommt ganz ~ an, ob ...** it all depends whether ...; **ich freue mich ~** I'm looking forward to it; **am Tag ~** the next day
darauffolgend ADJ (*day, year*) next, following
daraus ADV from it; **was ist ~ geworden?** what became of it?
darin ADV in it; **das Problem liegt ~, dass ...** the basic problem is that ...
Darlehen NT ⟨-s, -⟩ loan
Darm M ⟨-(e)s, Därme⟩ intestine; (*of sausage*) skin **Darmflora** F ⟨-⟩ gut bacteria, gut flora **Darmgrippe** F gastroenteritis
darstellen VT represent; THEAT play; (*give account of*) describe **Darsteller(in)** M|F actor/actress **Darstellung** F representation; (*account*) description
darüber ADV above it, over it; (*drive*) over it; (*amount*) more; (*time*) meanwhile; (*talk, argue, be pleased*) about it
darum ADV (*reason*) that's why; **es geht ~, dass ...** the point (*or* thing) is that ...
darunter ADV under it; (*group*) among them; (*amount*) less;

was verstehen Sie ~? what do you understand by that?
das ❶ ART the; **er hat sich ~ Bein gebrochen** he's broken his leg; **vier Euro ~ Kilo** four euros a kilo ❷ PRON that (one), this (one); **~ Auto da** that car; **ich nehme ~ da** I'll take that one; **~ heißt** that is; **~ sind Amerikaner** they're American ❸ PRON (*thing*) that, which; (*person*) who, that; **~ Auto, ~ er kaufte** the car (that (*or* which)) he bought; **~ Mädchen, ~ nebenan wohnt** the girl who (*or* that) lives next door
da sein irr VI → **da**
dass CONJ that; **so ~** so that; **es sei denn, ~** unless; **ohne ~ er grüßte** without saying hello
dasselbe PRON the same
Datei F IT file **Dateimanager** M file manager
Daten PL data pl **Datenbank** F database **Datenmissbrauch** M misuse of data **Datenschutz** M data protection **Datenträger** M data carrier **Datenverarbeitung** F data processing
datieren VT date
Dativ M dative (*case*)
Dattel F ⟨-, -n⟩ date
Datum NT ⟨-s, Daten⟩ date
Dauer F ⟨-, -n⟩ duration; (*of film, visit etc*) length; **auf die ~ in the long run; für die ~ von zwei Jahren** for (a period of) two years **Dauerauftrag**

M̱ FIN standing order **dauerhaft** ADJ lasting; (*material*) durable **Dauerkarte** F̱ season ticket **dauern** V̱i last; (*require time*) take; **es hat sehr lange gedauert, bis er ...** it took him a long time to ...; **wie lange dauert es denn noch?** how much longer will it be?; **das dauert mir zu lange** I can't wait that long **dauernd** ◼ ADJ lasting; (*continual*) constant ◼ ADV always, constantly; **er lachte ~** he kept laughing; **unterbrich mich nicht ~** stop interrupting me **Dauerwelle** F̱ perm (*Br*), permanent (*US*)

Daumen M̱ ⟨-s, -⟩ thumb

Daunendecke F̱ eiderdown

davon ADV of it; (*distance*) away; (*separation*) from it; (*reason*) because of it; **ich hätte gerne ein Kilo ~** I'd like one kilo of that; **~ habe ich gehört** I've heard of it; (*event*) I've heard about it; **das kommt ~, wenn ...** that's what happens when ...; **was habe ich ~?** what's the point?; **auf und ~** up and away **davonlaufen** irr V̱i run away

davor ADV in front of it; (*time*) before; **ich habe Angst ~** I'm afraid of it

dazu ADV (*in addition*) on top of that, as well; (*suitability*) for it, for that purpose; **ich möchte Reis ~** I'd like rice with it; **und ~ noch** in addition;

~ fähig sein, etw zu tun be capable of doing sth; **wie kam es ~?** how did it happen? **dazugehören** V̱i belong to it **dazukommen** irr V̱i join sb; **kommt noch etwas dazu?** anything else?

dazwischen ADV in between; (*difference etc*) between them; (*in group*) among them **dazwischenkommen** irr V̱i **wenn nichts dazwischenkommt** if all goes well; **mir ist etwas dazwischengekommen** something has cropped up

dealen V̱i fam deal in drugs **Dealer(in)** M̱F̱ ⟨-s, -⟩ fam dealer, pusher

Deck ṈT ⟨-(e)s, -s or -e⟩ deck; **an ~** on deck

Decke F̱ ⟨-, -n⟩ cover; (*for bed*) blanket; (*for table*) tablecloth; (*of room*) ceiling

Deckel M̱ ⟨-s, -⟩ lid

decken ◼ V̱t cover; (*table*) lay, set ◼ V̱R (*interests*) coincide; (*statements*) correspond ◼ V̱i lay (*or* set) the table

Decoder M̱ ⟨-s, -⟩ decoder

defekt ADJ faulty **Defekt** M̱ ⟨-(e)s, -e⟩ fault, defect

Defibrillator M̱ ⟨-s, -en⟩ MED defibrillator

definieren V̱t define **Definition** F̱ ⟨-, -en⟩ definition

deftig ADJ (*prices*) steep; **ein ~es Essen** a good solid meal

dehnbar ADJ flexible, elastic

dehnen VT, VR stretch
Deich M ‹-(e)s, -e› dyke
dein PRON (as adj) your **deine(r, s)** PRON (as noun) yours, of you **deinetwegen** ADV because of you; (to please you) for your sake
deinstallieren VT (program) uninstall
Dekolleté NT ‹-s, -s› low neckline
Dekoration F decoration; (in shop) window dressing **dekorativ** ADJ decorative **dekorieren** VT decorate; (shop window) dress
Delfin M ‹-s, -e› dolphin
delikat ADJ (food) delicious; (problem) delicate
Delikatesse F ‹-, -n› delicacy
Delle F ‹-, -en› fam dent
Delphin M ‹-s, -e› dolphin
dem dat sg → der, → das; **wie ~ auch sein mag** be that as it may
dement ADJ suffering from dementia
demnächst ADV shortly, soon
Demo F ‹-, -s› fam demo
Demokratie F ‹-, -n› democracy **demokratisch** ADJ democratic
demolieren VT demolish
Demonstration F demonstration **demonstrieren** VT, VI demonstrate
den **1** ART acc sg, dat pl → der; **sie hat sich ~ Arm gebrochen** she's broken her arm **2** PRON him; (thing) that one; **~ hab ich schon ewig nicht mehr gesehen** I haven't seen him in ages **3** PRON (person) who, that, whom; (thing) which, that; **der Typ, auf ~ sie steht** the guy (who) she fancies; **der Berg, auf ~ wir geklettert sind** the mountain (that) we climbed
denkbar **1** ADJ **das ist ~** that's possible **2** ADV **~ einfach** extremely simple **denken** ‹dachte, gedacht› **1** VT, VI think (über + acc about); **an jdn/etw ~** think of sb/sth; (recall, take into consideration) remember sb/sth; **woran denkst Du?** what are you thinking about?; **denk an den Kaffee!** don't forget the coffee **2** VR imagine; **das kann ich mir ~** I can (well) imagine
Denkmal NT ‹-s, Denkmäler› monument **Denkmalschutz** M monument preservation; **unter ~ stehen** be listed
denn **1** CONJ for, because **2** ADV then; (after comparative) than; **was ist ~?** what's wrong?; **ist das ~ so schwierig?** is it really that difficult?
dennoch CONJ still, nevertheless
Deo NT ‹-s, -s›, **Deodorant** NT ‹-s, -s› deodorant **Deoroller** M roll-on deodorant **Deospray** M OR NT deodorant spray
Deponie F ‹-, -n› waste dis-

posal site, tip

Depressionen PL an **~ leiden** suffer from depression sg **deprimieren** VT depress

der 1 ART the; (dative) to the; (genitive) of the; **~ arme Marc** poor Marc; **ich habe es ~ Kundin geschickt** I sent it to the client; **~ Vater ~ Besitzerin** the owner's father 2 PRON that (one), this (one); **~ mit ~ Brille** the one (or him) with the glasses; **~ schreibt nicht mehr** (pen etc) that one doesn't write any more 3 PRON (person) who, that; (thing) which that; **jeder, ~ ...** anyone who ...; **er war ~ erste, ~ es erfuhr** he was the first to know

derart ADV so; (before adj) such

derartig ADJ **ein ~er Fehler** such a mistake, a mistake like that

deren gen → **die** 1 PRON (person) her; (thing) its; (pl thing) their 2 PRON (person) whose; (thing) of which

dergleichen PRON **und ~ mehr** and the like, and so on; **nichts ~** no such thing

derjenige PRON the one; **~, der** the one who (or that)

dermaßen ADV so much; (with adj) so

derselbe PRON the same (person/thing)

deshalb ADV therefore; **~ frage ich ja** that's why I'm asking

Design NT ⟨-s, -s⟩ design De-

signer(in) MF ⟨-s, -⟩ designer

Desinfektionsmittel NT disinfectant **desinfizieren** VT disinfect

dessen gen → **der**, → **das** 1 PRON (person) his; (thing) its; **ich bin mir ~ bewusst** I'm aware of that 2 PRON (person) whose; (thing) of which

Dessert NT ⟨-s, -s⟩ dessert; **zum** (or **als**) **~** for dessert

destilliert ADJ distilled

desto ADV **je eher, ~ besser** the sooner, the better

deswegen CONJ therefore

Detail NT ⟨-s, -s⟩ detail; **ins ~ gehen** go into detail

Detektiv(in) MF ⟨-s, -e⟩ detective

deutlich ADJ clear; (difference) distinct

deutsch ADJ German **Deutsch** NT German; **auf ~** in German; **ins ~e übersetzen** translate into German **Deutsche(r)** MF German **Deutschland** NT Germany

Devise F ⟨-, -n⟩ motto; **~n** pl FIN foreign currency sg **Devisenkurs** M exchange rate

Dezember M ⟨-(s), -⟩ December; → **Juni**

dezent ADJ discreet

d. h. abbr **= das heißt** i.e.

Dia NT ⟨-s, -s⟩ slide

Diabetes M ⟨-, -⟩ MED diabetes **Diabetiker(in)** MF ⟨-s, -⟩ diabetic

Diabolo NT ‹-s, -s› (*game*) diabolo

Diagnose F ‹-, -n› diagnosis

diagonal ADJ diagonal

Dialekt M ‹-(e)s, -e› dialect

Dialog M ‹-(e)s, -e› dialogue; IT dialog

Dialyse F ‹-, -n› MED dialysis

Diamant M ‹-en, -en› diamond

Diät F ‹-, -en› diet; **eine ~ machen** be on a diet; (*start*) go on a diet

dich PRON *acc* → **du**; you; ~ (**selbst**) yourself; **pass auf ~ auf** look after yourself; **reg ~ nicht auf** don't get upset

dicht 1 ADJ dense; (*fog*) thick; (*weave*) close; (*shoes, boat etc*) watertight; (*traffic*) heavy 2 ADV **an/bei** close to; ~ **bevölkert** densely populated

Dichter(in) M(F) ‹-s, -› poet; (*author*) writer

Dichtung F AUTO gasket; (*for tap etc*) washer; (*verse*) poetry

Dichtungsring M TECH washer

dick ADJ thick; (*person*) fat; **jdn ~ haben** be sick of sb **Dickdarm** M colon **Dickkopf** M stubborn (*or* pigheaded) person **Dickmilch** F sour milk

die 1 ART the; ~ **arme Sarah** poor Sarah 2 PRON (*sg*) that (one), this (one); (*pl*) those (ones); ~ **mit den langen Haaren** the one (*or* her) with the long hair; **ich nehme ~ da** I'll

take that one/those 3 PRON (*person*) who, that; (*thing*) which, that; **sie war ~ erste**, ~ **es erfuhr** she was the first to know 4 *pl* → **der**, → **die**, → **das**

Dieb(in) M(F) ‹-(e)s, -e› thief **Diebstahl** M ‹-(e)s, Diebstähle› theft **Diebstahlsicherung** F burglar alarm

diejenige PRON the one; ~, **die** the one who (*or* that); **~n** (*pl*) those *pl*, the ones

Diele F ‹-, -n› hall

Dienst M ‹-(e)s, -e› service; **außer ~** retired; ~ **haben** be on duty

Dienstag M Tuesday; → **Mittwoch dienstags** ADV on Tuesdays; → **mittwochs**

Dienstbereitschaft F ~ **haben** (*doctor*) be on call **diensthabend** ADJ **der ~e Arzt** the doctor on duty **Dienstleistung** F service **dienstlich** ADJ official; **er ist ~ unterwegs** he's away on business **Dienstreise** F business trip **Dienstwagen** M company car

diesbezüglich ADJ (*formal*) on this matter

diese(r, s) PRON this (one); (*pl*) these; ~ **Frau** this woman; **~r Mann** this man; **~s Mädchen** this girl; ~ **Leute** these people; **ich nehme ~/~n/~s** I'll take this one; (*there*) I'll take that one; **ich nehme ~** *pl* I'll take these (ones); (*there*) I'll take

those (ones)
Diesel M̲ ⟨-s, -⟩ AUTO diesel
dieselbe PRON the same; **es sind immer ~n** it's always the same people
Dieselmotor M̲ diesel engine
Dieselöl N̲T̲ diesel (oil)
diesig ADJ hazy, misty
diesmal ADV this time
Dietrich M̲ ⟨-s, -e⟩ skeleton key
Differenz F̲ ⟨-, -en⟩ difference
digital ADJ digital **Digital-** IN CPDS ⟨display etc⟩ digital **Digitalfernsehen** N̲T̲ digital television, digital TV **Digitalkamera** F̲ digital camera
Diktat N̲T̲ ⟨-(e)s, -e⟩ dictation
Diktatur F̲ dictatorship
Dill M̲ ⟨-s, -⟩ dill
Dimmer M̲ ⟨-s, -⟩ dimmer (switch)
DIN® abbr = **Deutsche Industrienorm** DIN; → **A4** A4
Ding N̲T̲ ⟨-(e)s, -e⟩ thing; **vor allen ~en** above all; **der Stand der ~e** the state of affairs; **das ist nicht mein ~** fam it's not my sort of thing ⟨or cup of tea⟩
Dingsbums N̲T̲ ⟨-⟩ fam thingy, thingummybob
Dinkel M̲ ⟨-s, -⟩ BOT spelt
Dinosaurier M̲ ⟨-s, -⟩ dinosaur
Dip M̲ ⟨-s, -s⟩ GASTR dip
Diphtherie F̲ ⟨-, -n⟩ diphtheria
Diplom N̲T̲ ⟨-(e)s, -e⟩ diploma

Diplomat(in) M̲(F̲) ⟨-en, -en⟩ diplomat
dir PRON dat → **du**; (to) you; **hat er ~ geholfen?** did he help you?; **ich werde es ~ erklären** I'll explain it to you; **wasch ~ die Hände** go and wash your hands; **ein Freund von ~** a friend of yours
direkt 1 ADJ direct; ⟨question⟩ straight; **~e Verbindung** through service 2 ADV directly; ⟨straightaway⟩ immediately; **~ am Bahnhof** right next to the station **Direktflug** M̲ direct flight
Direktor(in) M̲(F̲) director; ⟨of school⟩ headmaster/-mistress (Brit), principal (US)
Direktübertragung F̲ live broadcast
Dirigent(in) M̲(F̲) conductor
dirigieren V̲T̲ direct; MUS conduct
Discman® M̲ ⟨-s, -s⟩ Discman
Diskette F̲ disk, diskette
Diskjockey M̲ ⟨-s, -s⟩ disc jockey **Disko** F̲ ⟨-, -s⟩ fam disco, club **Diskothek** F̲ ⟨-, -en⟩ discotheque, club
diskret ADJ discreet
diskriminieren V̲T̲ discriminate against
Diskussion F̲ discussion **diskutieren** V̲T̲, V̲I̲ discuss
Display N̲T̲ ⟨-s, -s⟩ display
disqualifizieren V̲T̲ disqualify

Distanz F̲ distance
Distel F̲ ⟨-, -n⟩ thistle
Disziplin F̲ ⟨-, -en⟩ discipline
divers ADJ various
dividieren V̲T̲ divide (durch by); **8 dividiert durch 2 ist 4** 8 divided by 2 is 4
DJ M̲ ⟨-s, -s⟩ abbr → Diskjockey DJ
doch ▮ ADV **das ist nicht wahr! — ~!** that's not true — yes it is; **nicht ~!** oh no; **er kommt ~?** he will come, won't he?; **er hat es ~ gemacht** he did it after all; **setzen Sie sich ~** so sit down, please ▯ CONJ but
Doktor(in) M̲/F̲ doctor
Dokument N̲T̲ document **Dokumentarfilm** M̲ documentary (film) **dokumentieren** V̲T̲ document **Dokumentvorlage** F̲ IT document template
Dolch M̲ ⟨-(e)s, -e⟩ dagger
Dollar M̲ ⟨-(s), -s⟩ dollar
dolmetschen V̲T̲, V̲I̲ interpret **Dolmetscher(in)** M̲/F̲ ⟨-s, -⟩ interpreter
Dolomiten PL Dolomites pl
Dom M̲ ⟨-(e)s, -e⟩ cathedral
Domäne F̲ ⟨-, -n⟩ domain, province; IT domain
Dominikanische Republik F̲ Dominican Republic
Domino N̲T̲ ⟨-s, -s⟩ dominoes sg
Donau F̲ ⟨-⟩ Danube
Döner M̲ ⟨-s, -⟩, **Döner Kebab** M̲ ⟨-(s), -s⟩ doner kebab

Donner M̲ ⟨-s, -⟩ thunder **donnern** V̲I̲ **es donnert** it's thundering
Donnerstag M̲ Thursday; → Mittwoch **donnerstags** ADV on Thursdays; → mittwochs
doof ADJ fam stupid
dopen V̲T̲ dope **Doping** N̲T̲ ⟨-s⟩ doping **Dopingkontrolle** F̲ drugs test
Doppel N̲T̲ ⟨-s, -⟩ duplicate; SPORT doubles sg **Doppelbett** N̲T̲ double bed **Doppeldecker** M̲ double-decker **Doppelhaushälfte** F̲ semi-detached house (Brit), duplex (US) **doppelklicken** V̲I̲ double-click **Doppelname** M̲ double-barrelled name **Doppelpunkt** M̲ colon **Doppelstecker** M̲ two-way adaptor **doppelt** ADJ double; **in ~er Ausführung** in duplicate **Doppelzimmer** N̲T̲ double room
Dorade F̲ ⟨-, -n⟩ (fish) gilthead (sea) bream
Dorf N̲T̲ ⟨-(e)s, Dörfer⟩ village
Dorn M̲ ⟨-(e)s, -en⟩ BOT thorn
Dörrobst N̲T̲ dried fruit
Dorsch M̲ ⟨-(e)s, -e⟩ cod
dort ADV there; **~ drüben** over there **dorther** ADV from there
Dose F̲ ⟨-, -n⟩ box; (for food) tin (Brit), can; (for beer) can
dösen V̲I̲ doze
Dosenbier N̲T̲ canned beer
Dosenmilch F̲ canned milk,

tinned milk (Br) **Dosenöffner**
$\overline{M}$ tin opener (Br), can opener
Dotter $\overline{M}$ ⟨-s, -⟩ (egg) yolk
downloaden $\overline{VT}$ download
Downloadshop $\overline{M}$ ⟨-s, -s⟩
download store
Downsyndrom $\overline{NT}$ ⟨-(e)s, -e⟩
MED Down's syndrome
Dozent(in) MF lecturer
Dr. abbr → Doktor
Drache $\overline{M}$ ⟨-n, -n⟩ dragon
Drachen $\overline{M}$ ⟨-s, -⟩ (toy) kite;
SPORT hang-glider **Drachen-**
fliegen $\overline{NT}$ ⟨-s⟩ hang-gliding
Drachenflieger(in) MF
⟨-s, -⟩ hang-glider
Draht $\overline{M}$ ⟨-(e)s, Drähte⟩ wire
Drama $\overline{NT}$ ⟨-s, Dramen⟩ drama **dramatisch** ADJ dramat-
ic
dran ADV fam contr → daran;
gut ~ sein (rich) be well-off;
(luck) be fortunate; (healthy)
be well; **schlecht ~ sein** be in
a bad way; whose turn is it?;
wie ist ~? **ich bin ~** it's my
turn; **bleib ~!** TEL hang on
drang imperf → dringen
Drang $\overline{M}$ ⟨-(e)s, Dränge⟩ urge
(nach for); (of circumstances etc)
pressure
drängeln $\overline{VT, VI}$ push
drängen **1** $\overline{VT}$ push; (try to
persuade) urge **2** $\overline{VI}$ be urgent;
(time) press; **auf etw** acc ~ press
for sth
drankommen irr $\overline{VI}$ **wer**
kommt dran? who's turn is
it, who's next?

drauf fam contr → darauf; **gut/**
schlecht ~ sein be in a good/
bad mood
Draufgänger(in) MF ⟨-s, -⟩
daredevil
draufkommen irr $\overline{VI}$ remember; **ich komme nicht drauf** I
can't think of it
draufmachen $\overline{VI}$ fam **einen ~**
go on a binge
draußen ADV outside
Dreck $\overline{M}$ ⟨-(e)s⟩ dirt, filth **dre-**
ckig ADJ dirty, filthy
drehen **1** $\overline{VT, VI}$ turn; (cigarette) roll; (film) shoot **2** $\overline{VR}$
turn; (revolve) rotate; **sich ~**
um (concern) be about
Drehstrom $\overline{M}$ three-phase
current **Drehtür** $\overline{F}$ revolving
door **Drehzahlmesser** $\overline{M}$
rev counter
drei NUM three; **~ viertel voll**
three-quarters full; **es ist ~**
viertel neun it's a quarter to
nine **Drei** $\overline{F}$ ⟨-, -en⟩ three;
(mark in school) ≈ C **Dreieck**
$\overline{NT}$ triangle **dreieckig** ADJ triangular **dreifach** **1** ADJ triple
2 ADV three times **drei-**
hundert NUM three hundred
Dreikönigstag $\overline{M}$ Epiphany
dreimal ADV three times
Dreirad $\overline{NT}$ tricycle **dreispu-**
rig ADJ three-lane
dreißig NUM thirty **dreißigs-**
te(r, s) ADJ thirtieth; → **dritte**
Dreiviertelstunde $\overline{F}$ **eine ~**
three quarters of an hour
dreizehn NUM three; **drei-**

zehnte(r, s) ADJ thirteenth;
→ **dritte**

dressieren VT train

Dressing NT ‹-s, -s› (salad)
dressing

Dressman M ‹-s, Dressmen›
(male) model

Dressur F ‹-, -en› training

drin *fam contr* → **darin**; in it;
mehr war nicht ~ that was
the best I could do

dringen ‹drang, gedrungen›
VI (*water, light, cold*) penetrate
(*durch* through, *in + acc* into);
auf etw acc **~** insist on sth
dringend, dringlich ADJ urgent

drinnen ADV inside

dritt ADV **wir sind zu ~** there
are three of us **dritte(r, s)**
ADJ third; **die Dritte Welt** the
Third World; **3. September**
3(rd) September; **am 3. September** on September 3(rd), **September 3(rd) September**,
on September 3(rd); **München,
den 3. September** Munich,
September 3(rd) **Drittel** NT
‹-s, -› (*fraction*) third **drittens**
ADV thirdly

Droge F ‹-, -n› drug **drogenabhängig, drogensüchtig** ADJ addicted to
drugs

Drogerie F chemist's (*Brit*),
drugstore (US) **Drogeriemarkt** M discount chemist's
(*Brit*) (or drugstore (US))

drohen VI threaten (*jdm* sb);
mit etw ~ threaten to do sth

Drohne F ‹-, -n› drone

dröhnen VI (*engine*) roar;
(*voice, music*) boom; (*room*) resound

Drohung F threat

Drossel F ‹-, -n› thrush

drüben ADV over there; on the
other side

drüber *fam contr* → **darüber**

Druck 🗌 M ‹-(e)s, Drücke›
PHYS pressure; *fig* (*strain*)
stress; **jdn unter ~ setzen** put
sb under pressure 🗌 M
‹-(e)s, -e› TYPO printing; (*product, typeface*) print **Druckbuchstabe** M block letter;
in ~n schreiben print **drucken** VT, VI print

drücken 🗌 VT, VI (*button,
hand*) press; (*garment*) pinch;
fig (*prices*) keep down; **jdm
etw in die Hand ~** press sth into sb's hand 🗌 VR **sich vor
etw** *dat* **~** get out of sth

Drucker M ‹-s, -› IT printer
Druckknopf M press stud
(*Brit*), snap fastener (US) **Drucksache** F printed matter
Druckschrift F block letters
pl

drunten ADV down there

drunter *fam contr* → **darunter**

Drüse F ‹-, -n› gland

Dschungel M ‹-s, -› jungle
du PRON you; **bist ~ es?** is it
you?; **wir sind per ~** we're on
first-name terms

Dübel M ‹-s, -› Rawlplug

ducken VT, VR duck

Dudelsack M̲ bagpipes pl
Duett N̲T̲ ⟨-s, -e⟩ duet
Duft M̲ ⟨-(e)s, Düfte⟩ scent
duften V̲I̲ smell nice; **es duftet nach …** it smells of …
dulden V̲T̲ tolerate
dumm A̲D̲J̲ stupid **Dummheit** F̲ stupidity; *(act)* stupid thing **Dummkopf** M̲ idiot
dumpf A̲D̲J̲ *(sound)* muffled; *(memory)* vague; *(pain)* dull
Düne F̲ ⟨-, -n⟩ dune
Dünger M̲ ⟨-s, -⟩ fertilizer
dunkel A̲D̲J̲ dark; *(voice)* deep; *(suspicion)* vague; *(mysterious)* obscure; *(suspicious)* dubious; **im Dunkeln tappen** *fig* be in the dark **dunkelblau** A̲D̲J̲ dark blue **dunkelblond** A̲D̲J̲ light brown **dunkelhaarig** A̲D̲J̲ dark-haired **Dunkelheit** F̲ darkness
dünn A̲D̲J̲ thin; *(coffee)* weak
Dunst M̲ ⟨-es, Dünste⟩ haze; *(light fog)* mist; CHEM vapour
dünsten V̲T̲ GASTR steam
Duo N̲T̲ ⟨-s, -s⟩ duo
Dur N̲T̲ ⟨-⟩ MUS major *(key)*; **in G-~** in G major
durch 1 P̲R̲E̲P̲ + acc through; *(means)* by; *(time)* during; **~ Amerika reisen** travel across the USA; **er verdient sein Lebensunterhalt ~ den Verkauf von Autos** he makes his living by selling cars 2 A̲D̲V̲ *(meat)* cooked through, well done; **das ganze Jahr ~** all through the year, the whole

year long; **darf ich bitte ~?** can I get through, please?
durchaus A̲D̲V̲ absolutely; **~ nicht** not at all
Durchblick M̲ view; **den ~ haben** *fig* know what's going on **durchblicken** V̲I̲ look through; *(fam)* understand *(bei etw* sth); **etw ~ lassen** *fig* hint at sth
Durchblutung F̲ circulation
durchbrennen *irr* V̲I̲ *(fuse)* blow; *(wire)* burn through; *fam (abscond)* run away
durchdacht A̲D̲V̲ **gut ~** well thought-out
durchdrehen 1 V̲T̲ *(meat)* mince 2 V̲I̲ *(wheels)* spin; *fam (under stress)* crack up
durcheinander A̲D̲V̲ in a mess; *fam (person)* confused **Durcheinander** N̲T̲ ⟨-s⟩ *(of people)* confusion; *(of things)* mess **durcheinanderbringen** *irr* V̲T̲ mess up; *(person)* confuse **durcheinanderreden** V̲I̲ talk all at the same time **durcheinandertrinken** *irr* V̲I̲ mix one's drinks
Durchfahrt F̲ way through; „**~ verboten!**" 'no thoroughfare'
Durchfall M̲ MED diarrhoea
durchfallen *irr* V̲I̲ fall through; *(in exam)* fail
durchfragen V̲R̲ ask one's way
durchführen V̲T̲ carry out
Durchgang M̲ passage;

SPORT round; (in election) ballot

Durchgangsverkehr M through traffic

durchgebraten ADJ well done

durchgehen irr Vi go through (durch etw sth); (horse) break loose; (make off) run away

durchgehend ADJ (train) through; ~ geöffnet open all day

durchhalten irr 1 Vi hold out 2 Vt (pace) keep up; etw ~ (not give up) see sth through

durchkommen irr Vi get through; (patient) pull through

durchlassen irr Vt (person) let through; (water) let in

durchlesen irr Vt read through

durchmachen Vt go through; (development) undergo; die Nacht ~ make a night of it, have an all-nighter

Durchmesser M ⟨-s, -⟩ diameter

Durchreise F journey through; auf der ~ passing through; (goods) in transit

durchreißen irr Vt, Vi tear (in two)

durchs contr = durch das

Durchsage F ⟨-, -n⟩ announcement

durchschauen Vt (person, lie) see through

durchschlagen irr Vr struggle through

durchschneiden irr Vt cut (in two)

Durchschnitt M average; im ~ on average **durchschnittlich** 1 ADJ average 2 ADV on average

durchsetzen 1 Vt get through 2 Vr (be successful) succeed; (assert oneself) get one's way

durchsichtig ADJ transparent, see-through

durchstellen Vt TEL put through

durchstreichen irr Vt cross out

durchsuchen Vt search (nach for) **Durchsuchung** F search

Durchwahl F direct dialling; (number) extension

Durchzug M draught

dürfen ⟨durfte, gedurft⟩ Vi etw tun ~ (permission) be allowed to do sth; darf ich? may I?; das darfst du nicht (tun)! you mustn't do that; was darf es sein? what can I do for you?; er dürfte schon dort sein he should be there by now

dürr ADJ (thin) skinny

Durst M ⟨-(e)s⟩ thirst; ~ haben be thirsty **durstig** ADJ thirsty

Dusche F ⟨-, -n⟩ shower **duschen** Vi, Vr have a shower **Duschgel** NT shower gel

Düse F ⟨-, -n⟩ nozzle; TECH jet **Düsenflugzeug** NT jet (aircraft)

düster ADJ dark; (*thoughts, future*) gloomy

Dutyfreeshop M ⟨-s, -s⟩ duty-free shop

duzen 1 VT address as 'du' 2 VR **sich ~ (mit jdm)** address each other as 'du', be on first-name terms

DVD F ⟨-, -s⟩ abbr = **Digital Versatile Disk** DVD **DVD-Brenner** M ⟨-s, -⟩ DVD writer **DVD-Laufwerk** NT DVD drive **DVD-Player** M ⟨-s, -⟩ DVD player **DVD-Rekorder** M ⟨-s, -⟩ DVD recorder

dynamisch ADJ dynamic

Dynamo M ⟨-s, -s⟩ dynamo

E

Ebbe F ⟨-, -n⟩ low tide **eben** 1 ADJ level; (*even*) smooth 2 ADV just; (*confirming sth*) exactly

ebenfalls ADV also, as well; (*reply*) you too **ebenso** ADV just as well; **~ gut** just as well; **~ viel** just as much

Ebola NT ⟨-s⟩ MED ebola

E-Book NT ⟨-, -s⟩ e-book

EC M ⟨-s, -s⟩ abbr → Eurocity-zug

Echo NT ⟨-s, -s⟩ echo

echt ADJ (*leather, gold*) real,

genuine; **ein ~er Verlust** a real loss

EC-Karte F ≈ debit card

Ecke F ⟨-, -n⟩ corner; MATH angle; **an der ~** at the corner; **gleich um die ~** just round the corner **eckig** ADJ rectangular

Economyclass F ⟨-⟩ coach (class), economy class

Ecstasy F ⟨-⟩ (*drug*) ecstasy

Efeu M ⟨-s⟩ ivy

Effekt M ⟨-s, -e⟩ effect

egal ADJ **das ist ~** it doesn't matter; **das ist mir ~** I don't care, it's all the same to me; **~ wie teuer** no matter how expensive

egoistisch ADJ selfish

ehe CONJ before

Ehe F ⟨-, -n⟩ marriage **Ehefrau** F wife

ehemalig ADJ former **ehemals** ADV formerly

Ehemann M husband **Ehepaar** NT married couple

eher ADV (*time*) sooner; (*preference*) rather; (*passing judgment*) more; **je ~, desto besser** the sooner the better

Ehering M wedding ring

eheste(r, s) ADJ (*earliest*) first 2 ADV **am ~n** (*probably*) most likely

Ehre F ⟨-, -n⟩ honour **ehren** VT honour **Ehrenwort** NT word of honour; **~!** I promise

ehrgeizig ADJ ambitious

ehrlich ADJ honest

Ei NT ⟨-(e)s, -er⟩ egg

Eiche F ‹-, -n› oak (tree) **Eichel** F ‹-, -n› acorn
Eichhörnchen NT squirrel
Eid M ‹-(e)s, -e› oath
Eidechse F ‹-, -n› lizard
Eierbecher M eggcup **Eierstock** M ovary **Eieruhr** F egg timer
Eifersucht F jealousy **eifersüchtig** ADJ jealous (*auf + acc* of)
Eigelb NT ‹-(e)s, -› egg yolk
eigen ADJ own; (*typical*) characteristic (*jdm* of sb); (*strange*) peculiar **eigenartig** ADJ peculiar **Eigenschaft** F quality; CHEM, PHYS property
eigentlich ❶ ADJ actual, real ❷ ADV actually, really; **was denken Sie sich ~ dabei?** what on earth do you think you're doing?
Eigentum NT property **Eigentümer(in)** M(F) owner **Eigentumswohnung** F owner-occupied flat (*Brit*), condominium (*US*)
eignen VR **sich ~ für** to be suited for; **er würde sich als Lehrer ~** he'd make a good teacher
Eilbrief M express letter, special-delivery letter **Eile** F ‹-› hurry **eilen** VI (*letter, matter*) be urgent; **es eilt nicht** there's no hurry **eilig** ADJ hurried; (*pressing*) urgent; **es ~ haben** be in a hurry
Eimer M ‹-s, -› bucket
ein ADV **nicht ~ noch aus wis-**

sen not know what to do; **~ aus** (*switch*) on - off
ein(e) ART a; an; **~ Mann** a man; **~ Apfel** an apple; **~e Stunde** an hour; **~ Haus** a house; **~ (gewisser) Herr Müller** a (certain) Mr Miller; **~es Tages** one day
einander PRON one another, each other
einarbeiten ❶ VT train ❷ VR get used to the work
einatmen VT, VI breathe in
Einbahnstraße F one-way street
einbauen VT build in; (*engine etc*) install, fit **Einbauküche** F fitted kitchen
einbiegen irr VI turn (*in + acc* into)
einbilden VT **sich** dat **etw ~** imagine sth
einbrechen irr VI (*into house*) break in; (*roof etc*) fall in, collapse **Einbrecher(in)** M(F) ‹-s, -› burglar
einbringen irr ❶ VT (*harvest*) bring in; (*profit*) yield; **jdm etw ~** bring or earn) sb sth ❷ VR **sich in** acc **etw ~** make a contribution to sth
Einbruch M break-in, burglary; **bei ~ der Nacht** at nightfall **Einbürgerung** F naturalization
einchecken VT check in
eincremen VT, VR put some cream on
eindeutig ❶ ADJ clear, obvi-

ous **2** ADV clearly; **~ falsch** clearly wrong

eindringen irr Vi force one's way in (in + acc -to); (into house) break in (in + acc -to); (gas, water) get in (in + acc -to)

Eindruck M impression; **großen ~ auf jdn machen** make a big impression on sb

eine(r, s) PRON one; someone; **~r meiner Freunde** one of my friends; **~r nach dem andern** one after the other

eineiig ADJ (twins) identical

eineinhalb NUM one and a half

einerseits ADV on the one hand

einfach 1 ADJ (not complicated) simple; (person) ordinary; (food) plain; (not multiple) single; **~e Fahrkarte** single ticket (Brit), one-way ticket (US) **2** ADV simply; (single time) once

Einfahrt F (in car) driving in; (of train) arrival; (place) entrance

Einfall M idea **einfallen** irr Vi (light etc) fall in; (roof, house) collapse; **ihm fiel ein, dass ... it** occurred to him that ...; **ich werde mir etwas ~ lassen** I'll think of something; **was fällt Ihnen ein!** what do you think you're doing?

Einfamilienhaus NT detached house

einfarbig ADJ all one colour; (fabric etc) self-coloured

Einfluss M influence

einfrieren irr VT, VI freeze

einfügen VT fit in; add; IT insert **Einfügetaste** F IT insert key

Einfuhr F ⟨-, -en⟩ import

einführen VT introduce; (goods) import **Einführung** F introduction

Eingabe F (of data) input **Eingabetaste** F IT return (or enter) key

Eingang M entrance **Eingangshalle** F entrance hall, lobby (US)

eingeben irr VT (data etc) enter, key in

eingebildet ADJ imaginary; (conceited) arrogant

Eingeborene(r) MF native

eingehen irr **1** Vi (letter, money) come in, arrive; (animal, plant) die; (fabric) shrink; **auf etw** acc **~** agree to sth; **auf jdn ~** respond to sb **2** VT (contract) enter into; (bet) make; (risk) take

eingeschaltet ADJ (switched) on

eingeschlossen ADJ locked in; (in price) included

eingewöhnen VR settle in

eingreifen irr Vi intervene **Eingriff** M intervention; (surgical) operation

einhalten irr VT (promise etc) keep

einheimisch ADJ (product, team) local **Einheimische(r)**

MF local

Einheit F̲ unity; *(measurement)* unit **einheitlich** A̲D̲J̲ uniform

einholen V̲T̲ *(car, person)* catch up with; *(lateness)* make up for; *(advice, permission)* ask for

Einhorn N̲T̲ unicorn

einhundert N̲U̲M̲ one (or a) hundred

einig A̲D̲J̲ united; **sich** *dat* **~ sein** agree

einige ■ P̲R̲O̲N̲ *pl* some; *(quite a few)* several ■ A̲D̲J̲ some; **nach ~r Zeit** after some time; **~ hundert Euro** some hundred euros

einigen V̲R̲ agree *(auf + acc* on*)*

einigermaßen A̲D̲V̲ fairly, quite; *(passably)* reasonably

einiges P̲R̲O̲N̲ something; *(amount)* quite a bit; *(number)* a few things; **es gibt noch ~ zu tun** there's still a fair bit to do

Einkauf M̲ purchase; **Einkäufe (machen)** (to do one's) shopping **einkaufen** ■ V̲T̲ buy ■ V̲I̲ go shopping **Einkaufsbummel** M̲ shopping trip **Einkaufspassage** F̲ ⟨-, -n⟩ shopping arcade *(Br)*, shopping mall *(US)* **Einkaufstasche** F̲, **Einkaufstüte** F̲ shopping bag **Einkaufswagen** M̲ shopping trolley *(Br)* (or cart *(US)*) **Einkaufszentrum** N̲T̲ shopping centre *(Br)* or mall *(US)*

einklemmen V̲T̲ jam; **er hat sich** *dat* **den Finger eingeklemmt** he got his finger caught

Einkommen N̲T̲ ⟨-s, -⟩ income

Einkorn N̲T̲ einkorn wheat

einladen *irr* V̲T̲ *(person)* invite; *(things)* load; **jdn zum Essen ~** take sb out for a meal; **ich lade dich ein** *(I'm paying)* it's my treat **Einladung** F̲ invitation

Einlass M̲ ⟨-es, Einlässe⟩ admittance; **~ ab 18 Uhr** doors open at 6 pm **einlassen** *irr* V̲R̲ **sich mit jdm/auf etw** *acc* **~** get involved with sb/sth

einleben V̲R̲ settle down

einlegen V̲T̲ *(film etc)* put in; *(food before cooking)* marinate; **eine Pause ~** take a break

einleiten V̲T̲ start; *(measures)* introduce; *(birth)* induce **Einleitung** F̲ introduction; *(of birth)* induction

einleuchten V̲I̲ **jdm ~** be (or become) clear to sb **einleuchtend** A̲D̲J̲ clear

einloggen V̲I̲ I̲T̲ log on (or in)

einlösen V̲T̲ *(cheque)* cash; *(voucher)* redeem; *(promise)* keep

einmal A̲D̲V̲ once; *(at earlier time)* before; *(in the future)* some day; *(to begin with)* first; **~ im Jahr** once a year; **noch ~** once more, again; **ich war schon ~ hier** I've been here before; **warst du schon ~ in London?** have you ever been to

London?; **nicht** ~ not even; **auf** ~ suddenly; (*simultaneously, in one go*) at once **einmalig** ADJ unique; (*occurring only once*) single; (*excellent*) fantastic

einmischen VR interfere (*in* + *acc* with)

Einnahme F ⟨-, -n⟩ (*money*) takings *pl*; (*of medicine*) taking **einnehmen** *irr* VT (*medicine*) take; (*money*) take in; (*attitude, space*) take up; **jdn für sich** ~ win sb over

einordnen 1 VT put in order; (*categorize*) classify; (*documents*) file 2 VR AUTO get into lane; **sich rechts/links** ~ get into the right/left lane

einpacken VT, VI pack (up)

einparken VT, VI park

einplanen VT allow for

einprägen VT **sich** *dat* **etw** ~ remember (*or* memorize) sth

einräumen VT (*books, crockery*) put away; (*cupboard*) put things in

einreden VT **jdm/sich etw** ~ talk sb/oneself into (believing) sth

einreiben *irr* VT **sich mit etw** ~ rub sth into one's skin

einreichen VT hand in; (*application*) submit

Einreise F entry **Einreisebestimmungen** PL entry regulations *pl* **Einreiseerlaubnis** F, **Einreisegenehmigung** F entry permit **einreisen** VI enter (*in ein Land* a country)

Einreisevisum NT entry visa **einrichten** 1 VT (*house*) furnish; (*business etc*) establish, set up; (*fix*) arrange 2 VR furnish one's home; (*get ready*) prepare oneself (*auf* + *acc* for); (*adjust*) adapt (*auf* + *acc* to) **Einrichtung** F (*in house*) furnishings *pl*; (*organization*) institution; (*swimming pool etc*) facility

eins NUM one **Eins** F ⟨-, -en⟩ one; (*mark in school*) ≈ A

einsam ADJ lonely

einsammeln VT collect

Einsatz M (*component*) insert; (*of machine, troops etc*) use; (*in gambling*) stake; (*of one's life*) risk; MUS entry

einschalten VT ELEC switch on

einschätzen VT estimate, assess

einschenken VT pour

einschlafen *irr* VI fall asleep, drop off; **mir ist der Arm eingeschlafen** my arm's gone to sleep

einschlagen *irr* 1 VT (*window*) smash; (*teeth, skull*) smash in; (*path, direction*) take 2 VI hit (*in etw acc* sth, *auf jdn* sb); (*lightning*) strike; (*film, song etc*) be a success

einschließen *irr* VT (*person*) lock in; (*object*) lock away; (*encircle*) surround; *fig* include **einschließlich** 1 ADV inclusive 2 PREP + *gen* including;

von Montag bis ~ Freitag from Monday up to and including Friday, Monday through Friday (US)

einschränken **1** V̱Ṯ limit, restrict; (reduce) cut down on **2** V̱Ṟ cut down (on expenditure)

einschreiben irr V̱Ṟ register; (for school) enrol **Einschreiben** N̲T̲ ⟨-s, -⟩ registered letter; **etw per ~ schicken** send sth by special delivery

einschüchtern V̱Ṯ intimidate

einsehen irr V̱Ṯ (understand) see; (error) recognize; (files) have a look at

einseitig A̲D̲J̲ one-sided

einsenden irr V̱Ṯ send in

einsetzen **1** V̱Ṯ put in; (to a post) appoint; (money) stake; (machine, troops etc) use **2** V̱I̱ (rain etc) set in; MUS enter, come in **3** V̱Ṟ work hard; **sich für jdn/etw ~** support sb/sth

Einsicht F̲ insight; **zu der ~ kommen, dass ...** come to realize that ...

einsperren V̱Ṯ lock up

einspringen irr V̱I̱ (help out) step in (für for)

Einspruch M̲ objection (gegen to)

einspurig A̲D̲J̲ single-lane

Einstand M̲ (in tennis) deuce

einstecken V̱Ṯ pocket; ELEC plug in; (letter) post, mail (US); (keys, passport etc) take; (accept) swallow

einsteigen irr V̱I̱ (into car) get in; (onto bus, train, plane) get on; (in business, project etc) get involved

einstellen **1** V̱Ṯ (end) stop; (device etc) adjust; (camera) focus; (station, radio) tune in; (car, bicycle etc) put; (worker) employ, take on **2** V̱Ṟ **sich auf jdn/etw ~** adapt to sb/prepare oneself for sth **Einstellung** F̲ (of device etc) adjustment; (of camera) focusing; (of worker) taking on; (opinion) attitude

einstürzen V̱I̱ collapse

eintägig A̲D̲J̲ one-day

eintauschen V̱Ṯ exchange (gegen for)

eintausend N̲U̲M̲ one (or a) thousand

einteilen V̱Ṯ divide (up) (in + acc into); (time) organize

Eintopf M̲ stew

eintragen **1** V̱Ṯ (in list) put down, enter **2** V̱Ṟ put one's name down, register

eintreffen irr V̱I̱ happen; (person, train, letter etc) arrive

eintreten irr V̱I̱ enter (in etw acc sth); (club, party) join (in etw acc sth); (event) occur; **~ für** support **Eintritt** M̲ admission; **„~ frei"** 'admission free' **Eintrittskarte** F̲ (entrance) ticket **Eintrittspreis** M̲ admission charge

einverstanden **1** I̲N̲T̲E̲R̲J̲ okay, all right **2** A̲D̲J̲ **mit etwas ~ sein** agree to sth, accept sth

Einwanderer M̲, **Einwanderin** F̲ immigrant **einwandern** V̲I̲ immigrate

einwandfrei A̲D̲J̲ perfect, flawless

Einweckglas N̲T̲ preserving jar

Einwegflasche F̲ non-returnable bottle

einweihen V̲T̲ (building) inaugurate, open; **jdn in etw** acc **~** let sb in on sth **Einweihungsparty** F̲ housewarming party

einwerfen irr V̲T̲ (ball, remark etc) throw in; (letter) post, mail (US); (money) put in, insert; (window) smash

Einwohner(in) M̲(F̲) ⟨-s, -⟩ inhabitant **Einwohnermeldeamt** N̲T̲ registration office for residents

Einwurf M̲ (opening) slot; SPORT throw-in

Einzahl F̲ singular

einzahlen V̲T̲ pay in (auf ein Konto -to an account)

Einzel N̲T̲ ⟨-s, -⟩ (in tennis) singles sg **Einzelbett** N̲T̲ single bed **Einzelfahrschein** M̲ single ticket (Br), one-way ticket (US) **Einzelgänger(in)** M̲(F̲) loner **Einzelhandel** M̲ retail trade **Einzelkind** N̲T̲ only child

einzeln **1** A̲D̲J̲ individual; (not together) separate; (solitary) single; **~e** ... several ..., some ...; **der/die Einzelne** the individual; **im Einzelnen** in detail **2** A̲D̲V̲ separately; (pack, list) individually; **~ angeben** specify; **~ eintreten** enter one by one

Einzelzimmer N̲T̲ single room **Einzelzimmerzuschlag** M̲ single-room supplement

einziehen irr **1** V̲T̲ den Kopf **~** duck **2** V̲I̲ (into house) move in

einzig **1** A̲D̲J̲ only; (solitary) single; (special) unique; **kein ~er Fehler** not a single mistake; **das Einzige** the only thing; **der/die Einzige** the only person **2** A̲D̲V̲ only; **die ~ richtige Lösung** the only correct solution **einzigartig** A̲D̲J̲ unique

Eis N̲T̲ ⟨-es, -⟩ ice; (food) ice-cream **Eisbahn** F̲ ice(-skating) rink **Eisbär** M̲ polar bear **Eisbecher** M̲ (ice-cream) sundae **Eisberg** M̲ iceberg **Eisbergsalat** M̲ iceberg lettuce **Eiscafé** N̲T̲, **Eisdiele** F̲ ice-cream parlour

Eisen N̲T̲ ⟨-s, -⟩ iron **Eisenbahn** F̲ railway (Br), railroad (US) **eisern** A̲D̲J̲ iron

eisgekühlt A̲D̲J̲ chilled **Eishockey** N̲T̲ ice hockey **Eiskaffee** M̲ iced coffee **eiskalt** A̲D̲J̲ ice-cold; (temperature) freezing **Eiskunstlauf** M̲ figure skating **eislaufen** irr V̲I̲ skate **Eistee** M̲ iced tea **Eiswürfel** M̲ ice cube **Eiszapfen** M̲ icicle

eitel ADJ vain
Eiter M ⟨-s⟩ pus
Eiweiß NT ⟨-es, -e⟩ egg white; CHEM, BIO protein
ekelhaft, ek(e)lig ADJ disgusting, revolting **ekeln** VR be disgusted (vor + dat at)
EKG NT ⟨-s, -s⟩ abbr = **Elektrokardiogramm** ECG
Ekzem NT ⟨-s, -e⟩ MED eczema
elastisch ADJ elastic
Elch M ⟨-(e)s, -e⟩ elk; (North American) moose
Elefant M elephant
elegant ADJ elegant
Elektriker(in) M(F) ⟨-s, -⟩ electrician **elektrisch** ADJ electric **Elektrizität** F electricity
Elektroauto NT electric car **Elektrogerät** NT electrical appliance **Elektrogeschäft** NT electrical shop **Elektroherd** M electric cooker **Elektromotor** M electric motor **Elektronik** F electronics sg **elektronisch** ADJ electronic **Elektrorasierer** M ⟨-s, -⟩ electric razor
Element NT ⟨-s, -e⟩ element **elend** ADJ miserable **Elend** NT ⟨-(e)s⟩ misery
elf NUM eleven **Elf** F ⟨-, -en⟩ SPORT eleven
Elfenbein NT ivory
Elfmeter M SPORT penalty (kick) **Elfmeterschießen** NT penalty shoot-out
elfte(r, s) ADJ eleventh; → drit-

te
Ell(en)bogen M elbow
Elster F ⟨-, -n⟩ magpie
Eltern PL parents pl **Elterngeld** NT state benefit paid to parents of newly-born children **Elternzeit** F parental leave
EM F abbr = **Europameisterschaft** European Championship(s)
E-Mail F ⟨-, -s⟩ IT e-mail; **jdm eine ~ schicken** e-mail sb, send sb an e-mail; **jdm etwas per ~ schicken** e-mail sth to sb **E-Mail-Adresse** F e-mail address **e-mailen** VT e-mail
Emmer M ⟨-s⟩ emmer wheat, farro
Emoji NT ⟨-s, -s⟩ IT emoji
Emoticon NT ⟨-s, -s⟩ emoticon
emotional ADJ emotional
empfahl imperf → **empfehlen**
empfand imperf → **empfinden**
Empfang M ⟨-(e)s, Empfänge⟩ (party; in hotel, office) reception; (of letter, goods) receipt; **in ~ nehmen** receive **empfangen** ⟨empfing, empfangen⟩ VT receive **Empfänger(in)** M(F) ⟨-s, -⟩ recipient; addressee **2** M TECH receiver **Empfängnisverhütung** F contraception
empfehlen ⟨empfahl, empfohlen⟩ VT recommend **Empfehlung** F recommendation
empfinden ⟨empfand, empfunden⟩ VT feel **empfind-**

lich $\overline{ADJ}$ (person) sensitive; (spot) sore; (easily offended) touchy; (material) delicate

empfing imperf → empfangen

empfohlen pp → empfehlen

empfunden pp → empfinden

empört $\overline{ADJ}$ indignant (über + acc at)

Ende $\overline{NT}$ ⟨-s, -n⟩ end; (of film, novel) ending; **am ~** at the end; (when all is said and done) in the end; **~ Mai** at the end of May; **~ der Achtzigerjahre** in the late eighties; **sie ist ~ zwanzig** she's in her late twenties; **zu ~** over, finished **enden** $\overline{VI}$ end; **der Zug endet hier** this service (or train) terminates here **endgültig** $\overline{ADJ}$ final; (proof) conclusive

Endivie $\overline{F}$ endive

endlich $\overline{ADV}$ at last, finally; (in the end) eventually **Endspiel** $\overline{NT}$ final; (last round) finals pl **Endstation** $\overline{F}$ terminus **Endung** $\overline{F}$ ending

Energie $\overline{F}$ energy; **~ sparend** energy-saving **Energiebedarf** $\overline{M}$ energy requirement **Energiesparlampe** $\overline{F}$ energy-saving (light) bulb **Energieverbrauch** $\overline{M}$ energy consumption

energisch $\overline{ADJ}$ (firm) forceful **Energydrink** $\overline{M}$ ⟨-s, -s⟩ energy drink

eng $\boxed{1}$ $\overline{ADJ}$ narrow; (clothes) tight; fig (friendship, relationship) close; **das wird ~** fam

(deadline) we're running out of time, it's getting tight $\boxed{2}$ $\overline{ADV}$ **~ befreundet sein** be close friends

engagieren $\boxed{1}$ $\overline{VT}$ engage $\boxed{2}$ $\overline{VR}$ commit oneself, be committed (für to)

Engel $\overline{M}$ ⟨-s, -⟩ angel

England $\overline{NT}$ England **Engländer(in)** $\overline{M|F}$ ⟨-s, -⟩ Englishman/-woman; **die ~** pl the English pl **englisch** $\overline{ADJ}$ English; GASTR rare **Englisch** $\overline{NT}$ English; **ins ~e übersetzen** translate into English

Enkel $\overline{M}$ ⟨-s, -⟩ grandson **Enkelin** $\overline{F}$ granddaughter **Enkeltrick** $\overline{M}$ grandparent scam

enorm $\overline{ADJ}$ enormous; fig tremendous

Entbindung $\overline{F}$ MED delivery **entdecken** $\overline{VT}$ discover **Entdeckung** $\overline{F}$ discovery

Ente $\overline{F}$ ⟨-, -n⟩ duck

entfernen $\boxed{1}$ $\overline{VT}$ remove; IT delete $\boxed{2}$ $\overline{VR}$ go away **entfernt** $\overline{ADJ}$ distant; **15 km von X** ~ 15 km away from X; **20 km voneinander** ~ 20 km apart **Entfernung** $\overline{F}$ distance; **aus der ~** from a distance

entführen $\overline{VT}$ kidnap **Entführer(in)** $\overline{M|F}$ kidnapper **Entführung** $\overline{F}$ kidnapping

entgegen $\boxed{1}$ $\overline{PREP}$ + dat contrary to $\boxed{2}$ $\overline{ADV}$ towards; **dem Wind** ~ against the wind **entgegengesetzt** $\overline{ADJ}$ (di-

rection) opposite; (*view*) opposing **entgegenkommen** *irr* v̄ī jdm ~ come to meet sb; (*fig* accommodate sb **entgegenkommend** ADJ (*traffic*) oncoming; (*fig* obliging

entgehen *irr* v̄ī jdm ~ escape sb's notice; **sich** *dat* **etw ~ lassen** miss sth

entgleisen v̄ī RAIL be derailed; *fig* (*person*) misbehave

Enthaarungscreme F hair remover

enthalten *irr* **1** VT contain; (*price*) include **2** VR abstain (*gen* from)

entkoffeiniert ADJ decaffeinated

entkommen *irr* v̄ī escape

entlang PREP + *acc* or *dat* ~ **dem Fluss, den Fluss** ~ along the river **entlanggehen** *irr* v̄ī walk along

entlassen *irr* VT (*patient*) discharge; (*worker*) dismiss

entlasten VT jdn ~ relieve sb of some of his/her work

entmutigen VT discourage

entschädigen VT compensate **Entschädigung** F compensation

entscheiden *irr* VT, VI, VR decide; **sich für/gegen etw ~** decide on/against sth; **wir haben uns entschieden, nicht zu gehen** we decided not to go; **das entscheidet sich morgen** that'll be decided tomorrow **entscheidend** ADJ decisive;

(*question, problem*) crucial **Entscheidung** F decision

entschließen *irr* VR decide (*zu, für* on), make up one's mind **Entschluss** M decision

entschuldigen **1** VT excuse **2** VR apologize; **sich bei jdm für etw ~** apologize to sb for sth **3** v̄ī **entschuldige!, ~ Sie!** (*introducing question*) excuse me; (*apology*) (I'm) sorry, excuse me (*US*) **Entschuldigung** F apology; (*justification*) excuse; (*apology*) excuse me; (*introducing question*) excuse me; (*could you repeat that?*) (I beg your) pardon?

entsetzlich ADJ dreadful, appalling

entsorgen VT dispose of

entspannen **1** VT (*body*) relax; POL (*situation*) ease **2** VR relax; *fam* chill out **Entspannung** F relaxation

entsprechen *irr* v̄ī + *dat* correspond to; (*requirements, wishes etc*) comply with **entsprechend** **1** ADJ appropriate **2** ADV accordingly **3** PREP + *dat* according to, in accordance with

entstehen v̄ī (*difficulties*) arise; (*town, building etc*) be built; (*work of art*) be created

enttäuschen VT disappoint **Enttäuschung** F disappointment

entweder $\overline{\text{CONJ}}$ ~ ... oder ... either ... or ...; ~ **oder!** take it or leave it

entwerfen irr $\overline{\text{VT}}$ (furniture, clothes) design; (plan, contract) draft

entwerten $\overline{\text{VT}}$ devalue; (ticket) cancel **Entwerter** $\overline{\text{M}}$ ⟨-s, -⟩ ticket-cancelling machine

entwickeln $\overline{\text{VT, VR}}$ a. PHOT develop; (courage, energy) show, display **Entwicklung** $\overline{\text{F}}$ development; PHOT developing **Entwicklungshelfer(in)** $\overline{\text{M(F)}}$ ⟨-s, -⟩ development worker **Entwicklungsland** $\overline{\text{NT}}$ developing country

Entwurf $\overline{\text{M}}$ outline; (of product) design; (of contract, novel etc) draft

entzückend $\overline{\text{ADJ}}$ delightful, charming

Entzug $\overline{\text{M}}$ withdrawal; (treatment) detox **Entzugserscheinung** $\overline{\text{F}}$ withdrawal symptom

entzünden $\overline{\text{VR}}$ catch fire; MED become inflamed **Entzündung** $\overline{\text{F}}$ MED inflammation

Epidemie $\overline{\text{F}}$ ⟨-, -n⟩ epidemic

epilieren $\overline{\text{VT}}$ remove body hair, depilate **Epiliergerät** $\overline{\text{NT}}$ Ladyshave

er $\overline{\text{PRON}}$ he; (thing) it; ~ **ist's** it's him; **wo ist mein Mantel? -** ~ **ist ...** where's my coat? - it's ...

Erbe 1 $\overline{\text{M}}$ ⟨-n, -n⟩ heir 2 $\overline{\text{NT}}$ ⟨-s⟩ inheritance; fig heritage **erben** $\overline{\text{VT}}$ inherit **Erbin** $\overline{\text{F}}$ heiress **erblich** $\overline{\text{ADJ}}$ heredi-tary

erbrechen irr $\overline{\text{VT, VR}}$ vomit **Erbrechen** $\overline{\text{NT}}$ vomiting

Erbschaft $\overline{\text{F}}$ inheritance

Erbse $\overline{\text{F}}$ ⟨-, -n⟩ pea

Erdbeben $\overline{\text{NT}}$ earthquake **Erdbeere** $\overline{\text{F}}$ strawberry **Erde** $\overline{\text{F}}$ ⟨-, -n⟩ (planet) earth; (earth's surface) ground **Erdgas** $\overline{\text{NT}}$ natural gas **Erdgeschoss** $\overline{\text{NT}}$ ground floor (Brit), first floor (US) **Erdkunde** $\overline{\text{F}}$ geography **Erdnuss** $\overline{\text{F}}$ peanut **Erdöl** $\overline{\text{NT}}$ (mineral) oil **Erdteil** $\overline{\text{M}}$ continent

ereignen $\overline{\text{VR}}$ happen, take place **Ereignis** $\overline{\text{NT}}$ event

erfahren 1 irr $\overline{\text{VT}}$ learn, find out; (feeling) experience 2 $\overline{\text{ADJ}}$ experienced **Erfahrung** $\overline{\text{F}}$ experience

erfinden irr $\overline{\text{VT}}$ invent **erfinderisch** $\overline{\text{ADJ}}$ inventive, creative **Erfindung** $\overline{\text{F}}$ invention

Erfolg $\overline{\text{M}}$ ⟨-(e)s, -e⟩ success; (consequence) result; ~ **versprechend** promising; **viel** ~! good luck **erfolglos** $\overline{\text{ADJ}}$ unsuccessful **erfolgreich** $\overline{\text{ADJ}}$ successful

erforderlich $\overline{\text{ADJ}}$ necessary

erfreulich $\overline{\text{ADJ}}$ pleasing, pleasant; (news) good **erfreulicherweise** $\overline{\text{ADV}}$ fortunately

erfrieren irr $\overline{\text{VI}}$ freeze to death; (plants) be killed by frost

Erfrischung $\overline{\text{F}}$ refreshment

erfüllen 1 $\overline{\text{VT}}$ (room) fill; (request, wish etc) fulfil 2 $\overline{\text{VR}}$

come true

ergänzen **1** $\overline{VT}$ (remark) add; (collection etc) complete **2** $\overline{VR}$ complement one another **Ergänzung** $\overline{F}$ completion; (thing added) supplement

ergeben **1** irr $\overline{VT}$ (amount) come to; (lead to) result in **2** irr vr surrender; (arise) result (aus from) **3** $\overline{ADJ}$ devoted; (unassuming) humble

Ergebnis $\overline{NT}$ result

ergreifen irr $\overline{VT}$ seize; (career) take up; (measure, opportunity) take; (fill with pity etc) move

erhalten irr $\overline{VT}$ receive; (building, custom etc) preserve; **gut ~ sein** be in good condition **erhältlich** $\overline{ADJ}$ available

erheblich $\overline{ADJ}$ considerable

erhitzen $\overline{VT}$ heat (up)

erhöhen **1** $\overline{VT}$ raise; (in amount, degree) increase **2** $\overline{VR}$ increase

erholen $\overline{VR}$ recover; (relax) have a rest **erholsam** $\overline{ADJ}$ restful **Erholung** $\overline{F}$ recovery; (on holiday etc) relaxation, rest

erinnern **1** $\overline{VT}$ remind (an + acc of) **2** $\overline{VR}$ remember (an etw acc sth) **Erinnerung** $\overline{F}$ memory; (object) souvenir; (letter etc) reminder

erkälten $\overline{VR}$ catch a cold **erkältet** $\overline{ADJ}$ (stark) **~ sein** have a (bad) cold **Erkältung** $\overline{F}$ cold **Erkältungsmittel** $\overline{NT}$ cold remedy

erkennen irr $\overline{VT}$ recognize;

(discern, understand) see; **~, dass ...** realize that ... **erkenntlich** $\overline{ADJ}$ **sich ~ zeigen** show one's appreciation

erklären $\overline{VT}$ explain; (announce) declare **Erklärung** $\overline{F}$ explanation; (announcement) declaration

erkundigen $\overline{VR}$ enquire (nach about)

erlauben $\overline{VT}$ allow, permit; **jdm ~, etw zu tun** allow (or permit) sb to do sth; **sich dat etw ~** permit oneself sth; **~ Sie(, dass ich rauche)?** do you mind (if I smoke)?; **was ~ Sie sich?** what do you think you're doing? **Erlaubnis** $\overline{F}$ permission

erleben $\overline{VT}$ experience; (pleasant time etc) have; (bad experience etc) go through; (scene etc) witness; (be still alive for) live to see **Erlebnis** $\overline{NT}$ experience

erledigen $\overline{VT}$ (matter, task) deal with; (fam (exhaust) wear out; (fam (ruin) finish **erledigt** $\overline{ADJ}$ finished; (sorted out) dealt with; (fam (exhausted) whacked, knackered pl

erleichtert $\overline{ADJ}$ relieved

Erlös $\overline{M}$ ⟨-es, -e⟩ proceeds pl

ermahnen $\overline{VT}$ (against sth) warn

ermäßigt $\overline{ADJ}$ reduced **Ermäßigung** $\overline{F}$ reduction

ermitteln **1** $\overline{VT}$ find out; (culprit) trace **2** $\overline{VI}$ LAW investigate

ermöglichen VT make possible (dat for)

ermorden VT murder

ermüdend ADJ tiring

ermutigen VT encourage

ernähren 1 VT feed; (family) support 2 VR support oneself; **sich ~ von** live on Ernährung F food Ernährungsberater(in) M(F) nutritional (or dietary) adviser

erneuern VT renew; (to original condition) restore; (to good condition) renovate; (with new one) replace

ernst 1 ADJ serious 2 ADV **jdn/etw ~ nehmen** take sb/ sth seriously Ernst M <-es> seriousness; **das ist mein ~** I'm quite serious; **im ~?** seriously?; **im ~** seriously **ernsthaft** 1 ADJ serious 2 ADV seriously

Ernte F <-, -n> harvest **ernten** VT harvest; (praise etc) earn

erobern VT conquer

eröffnen VT open Eröffnung F opening

erogen ADJ erogenous

erotisch ADJ erotic

erpressen VT (person) blackmail; (money etc) extort Erpressung F blackmail; (of money) extortion

erraten irr VT guess

erregen 1 VT excite; (sexually) arouse; (make angry) annoy; (cause) arouse 2 VR get

worked up Erreger M <-s, -> MED germ; virus

erreichbar ADJ **~ sein** be within reach; (person) be available; **das Stadtzentrum ist zu Fuß/mit dem Wagen leicht ~** the city centre is within easy walking/driving distance **erreichen** VT reach; (train etc) catch

Ersatz M <-es> replacement; (temporary) substitute; (for loss etc) compensation Ersatzbrille F spare glasses pl Ersatzreifen M AUTO spare tyre Ersatzteil NT spare (part)

erscheinen irr VI appear; (give impression) seem

erschöpft ADJ exhausted Erschöpfung F exhaustion

erschrecken 1 VT frighten 2 <erschrak, erschrocken> VI get a fright erschreckend ADJ alarming erschrocken ADJ frightened

erschwinglich ADJ affordable

ersetzen VT replace; (expenses) reimburse

erst ADV first; (initially) at first; (as recently as, merely) only; (no earlier than) not until; **~ jetzt/ gestern** only now/yesterday; **~ morgen** not until tomorrow; **es ist ~ 10 Uhr** it's only ten o'clock; **~ recht** all the more; **~ recht nicht** even less

erstatten VT (costs) refund; **Bericht ~** report (über + acc

on) **Anzeige gegen jdn ~** report sb to the police
erstaunlich ADJ astonishing
erstaunt ADJ surprised
erstbeste(r, s) ADJ **das ~ Hotel** any old hotel; **der Erstbeste** just anyone
erste(r, s) ADJ first; → **dritte**
zum ~n Mal for the first time; **er wurde Erster** he came first; **auf den ~n Blick** at first sight
erstens ADV first(ly), in the first place
ersticken VI (person) suffocate; **in Arbeit ~** be snowed under with work
erstklassig ADJ first-class
erstmals ADV for the first time
ertappen VT catch
erteilen VT (advice, permission) give
Ertrag M ⟨-(e)s, Erträge⟩ yield; (profit) proceeds pl; **ertragen** irr VT (pain) bear, stand; (tolerate) put up with; **erträglich** ADJ bearable; (fairly good) tolerable
ertrinken irr VI drown
erwachsen ADJ grown-up; **~ werden** grow up **Erwachsene(r)** MF adult, grown-up
erwähnen VT mention
erwarten VT expect; wait for; **ich kann den Sommer kaum ~** I can hardly wait for the summer
erwidern VT reply; (greeting, visit) return
erwischen VT fam catch (bei etw doing sth)

erwünscht ADJ desired; (person) welcome
Erz NT ⟨-es, -e⟩ ore
erzählen VT tell (jdm etw sb sth) **Erzählung** F story, tale
erzeugen VT produce; (electricity) generate **Erzeugnis** NT product
erziehen irr VT bring up; (intellectually) educate; (train **Erzieher(in)** MF(F) ⟨-s, -⟩ educator; (in kindergarten) (nursery school) teacher **Erziehung** F upbringing; (intellectual) education
es PRON it; (baby, animal) he/she; **ich bin ~** it's me; **~ ist kalt** it's cold; **~ gibt ...** there is .../there are ...; **ich hoffe ~** I hope so; **ich kann ~** I can do it
Escape-Taste F IT escape key
Esel M ⟨-s, -⟩ donkey
Espresso M ⟨-s, -⟩ espresso
essbar ADJ edible **essen** ⟨aß, gegessen⟩ VT, VI eat; **zu Mittag/Abend ~** have lunch/dinner; **was gibt's zu ~?** what's for lunch/dinner?; **~ gehen** eat out **Essen** NT ⟨-s, -⟩ meal; food **Essensreste** PL leftovers pl
Essig M ⟨-s, -e⟩ vinegar
Esslöffel M dessert spoon **Esszimmer** NT dining room
Estland NT Estonia
Etage F ⟨-, -n⟩ floor, storey; **in** (or **auf**) **der ersten ~** on the first (Br) (or second (US))

floor **Etagenbett** NT bunk bed

Etappe F ⟨-, -n⟩ stage

ethnisch ADJ ethnic

E-Ticket NT e-ticket

Etikett NT ⟨-(e)s, -e⟩ label

etliche PRON pl several, quite a few **etliches** PRON quite a lot

etwa ADV (approximation) about; (possibility) perhaps; (example) for instance

etwas 1 PRON something; (with negative, question) anything; (small amount) a little; ~ Neues something/anything new; ~ zu essen something to eat; ~ Salz some salt; wenn ich noch ~ tun kann ... if I can do anything else ... 2 ADV a bit, a little; ~ mehr a little more

EU F ⟨-⟩ abbr = **Europäische Union** EU

euch PRON acc, dat ⇒ ihr; you, (to) you; ~ (selbst) yourselves; wo kann ich ~ treffen? where can I meet you?; sie schickt es ~ she'll send it to you; ein Freund von ~ a friend of yours; setzt ~ bitte please sit down; habt ihr ~ amüsiert? did you enjoy yourselves?

euer PRON (as adj) your; ~ David (at end of letter) Yours, David **euere(r, s)** PRON ⇒ eure

EU-Land NT EU country

Eule F ⟨-, -n⟩ owl

EU-Mitglied NT EU member

euere(r, s) PRON (as noun) yours; das ist ~ that's yours

euretwegen ADV because of you; (to please you) for your sake

Euro M ⟨-, -⟩ (currency) euro

Eurocent M eurocent **Eurocity** M ⟨-(s), -s⟩, **Eurocityzug** M European Intercity train **Europa** NT ⟨-⟩ Europe **Europäer(in)** M(F) ⟨-s, -⟩ European **europäisch** ADJ European; **Europäische Union** European Union **Europameister(in)** M(F) European champion; (team) European champions pl **Europaparlament** NT European Parliament **Eurozone** F eurozone

Euter NT ⟨-s, -⟩ udder

evangelisch ADJ Protestant

Event NT ⟨-s, -s⟩ event

eventuell 1 ADJ possible 2 ADV possibly, perhaps

ewig ADJ eternal; er hat ~ gebraucht it took him ages **Ewigkeit** F eternity

Ex M/F ex **Ex-** IN CPDS ex-, former; **Exfrau** ex-wife; **Exfreund** ex-boyfriend; **Exminister** former minister

exakt ADJ precise

Examen NT ⟨-s, -⟩ exam

Exemplar NT ⟨-s, -e⟩ specimen; (book) copy

Exil NT ⟨-s, -e⟩ exile

Existenz F existence; (financial means) livelihood, living **existieren** VI exist

exklusiv ADJ exclusive **exklusive** ADV, PREP + gen excluding

exotisch ADJ exotic

Experte M ‹-n, -n›, **Expertin** F expert

explodieren VI explode **Explosion** F explosion

Export M ‹-(e)s, -e› export **exportieren** VT export

extra 1 ADJ inv fam separate; (additional) extra 2 ADV separately; (for particular person or purpose) specially; (intentionally) on purpose **Extra** NT ‹-s, -s› extra

extrem 1 ADJ extreme 2 ADV extremely; **~ kalt** extremely cold

Eyeliner M ‹-s, -› eyeliner

E-Zigarette F e-cigarette

F

fabelhaft ADJ fabulous, marvellous

Fabrik F factory

Fach NT ‹-(e)s, Fächer› compartment; (area of knowledge) subject **Facharzt** M , **Fachärztin** F specialist **Fachausdruck** M ‹-s, Fachausdrücke› technical term

Fächer M ‹-s, -› fan

Fachfrau F specialist, expert **Fachmann** M ‹-leute pl› specialist, expert **Fachwerk-**

haus NT half-timbered house

Fackel F ‹-, -n› torch

fad(e) ADJ (food) bland; (boring) dull

Faden M ‹-s, Fäden› thread

fähig ADJ capable (zu, gen of) **Fähigkeit** F ability

Fahndung F search

Fahne F ‹-, -n› flag

Fahrausweis M ticket **Fahrbahn** F road; (between lines) lane

Fähre F ‹-, -n› ferry

fahren ‹fuhr, gefahren› 1 VT drive; (bicycle) ride; (convey) drive, take; **50 km/h ~** drive at (or do) 50 kph 2 VI go; (in car) drive; (ship) sail; (depart) leave; **mit dem Auto/Zug ~** go by car/train; **rechts ~!** keep to the right **Fahrer(in)** M(F) ‹-s, -› driver **Fahrerflucht** F **~ begehen** fail to stop after an accident

Fahrgast M passenger **Fahrgemeinschaft** F car pool **Fahrkarte** F ticket **Fahrkartenautomat** M ticket machine **Fahrkartenschalter** M ticket office **fahrlässig** ADJ negligent **Fahrlehrer(in)** M(F) driving instructor **Fahrplan** M timetable **Fahrpreis** M fare **Fahrpreisermäßigung** F fare reduction

Fahrrad NT bicycle **Fahrradschloss** NT bicycle lock **Fahrradverleih** M cycle hire (Br)

(or rental (US)) **Fahrradweg** M̲ cycle path

Fahrschein M̲ ticket **Fahrscheinautomat** M̲ ticket machine **Fahrscheinentwerter** M̲ ticket-cancelling machine **Fahrscheinkontrolle** F̲ ticket inspection

Fahrschule F̲ driving school **Fahrschüler(in)** M̲F̲ learner (driver) (Br), student driver (US)

Fahrstuhl M̲ lift (Br), elevator (US)

Fahrt F̲ ⟨-, -en⟩ journey; (short) trip; AUTO drive; **auf der ~ nach London** on the way to London; **nach drei Stunden ~** after travelling for three hours; **gute ~!** have a good trip **Fahrtkosten** P̲L̲ travelling expenses pl

fahrtüchtig F̲ (person) fit to drive; (vehicle) roadworthy

Fahrtunterbrechung F̲ break in the journey, stop

Fahrverbot N̲T̲ **~ erhalten/ haben** be banned from driving

Fahrzeug N̲T̲ vehicle **Fahrzeugbrief** M̲ (vehicle) registration document **Fahrzeughalter(in)** M̲F̲ registered owner **Fahrzeugpapiere** P̲L̲ vehicle documents pl

fair A̲D̲J̲ fair

Fakultät F̲ faculty

Falafel F̲ ⟨-, -⟩ GASTR falafel

Falke M̲ ⟨-n, -n⟩ falcon

Fall M̲ ⟨-(e)s, Fälle⟩ (accident) fall; (instance, in law) case; **auf**

jeden ~, **auf alle Fälle** in any case; (without fail) definitely; **auf keinen ~** on no account; **für den ~, dass ...** in case ...

Falle F̲ ⟨-, -n⟩ trap

fallen ⟨fiel, gefallen⟩ V̲i̲ fall; **etw ~ lassen** drop sth

fällig A̲D̲J̲ due

falls A̲D̲V̲ if; (allowing for eventuality) in case

Fallschirm M̲ parachute **Fallschirmspringen** N̲T̲ parachuting, parachute jumping **Fallschirmspringer(in)** M̲F̲ parachutist

falsch A̲D̲J̲ wrong; (dishonest, not genuine) false; **~ verbunden** sorry, wrong number **fälschen** V̲T̲ forge **Falschgeld** N̲T̲ counterfeit money **Fälschung** F̲ forgery, fake

Faltblatt N̲T̲ leaflet

Falte F̲ ⟨-, -n⟩ fold; (in skin) wrinkle; (in skirt) pleat **falten** V̲T̲ fold **faltig** A̲D̲J̲ creased; (skin, face) wrinkled

Familie F̲ family **Familienangehörige(r)** M̲F̲ family member **Familienname** M̲ surname **Familienstand** M̲ marital status

Fan M̲ ⟨-s, -s⟩ fan

fand imperf → **finden**

fangen ⟨fing, gefangen⟩ **1** V̲T̲ catch **2** V̲R̲ (not fall) steady oneself; fig compose oneself

Fantasie F̲ imagination

fantastisch A̲D̲J̲ fantastic

Farbdrucker M̲ colour printer **Farbe** $\underline{F}$ ⟨-, -n⟩ colour; (*substance*) paint; (*for fabric*) dye **färben** $\underline{VT}$ colour; (*fabric, hair*) dye **Farbfilm** $\underline{M}$ colour film **farbig** $\underline{ADJ}$ coloured **Farbkopierer** $\underline{M}$ colour copier **Farbstoff** $\underline{M}$ dye; (*for food*) colouring

Farn $\underline{M}$ ⟨-(e)s, -e⟩ fern

Fasan $\underline{M}$ ⟨-(e)s, -e(n)⟩ pheasant

Fasching $\underline{M}$ ⟨-s, -e⟩ carnival, Mardi Gras (*US*) **Faschingsdienstag** $\underline{M}$ ⟨-s, -e⟩ Shrove Tuesday, Mardi Gras (*US*)

Faschismus $\underline{M}$ fascism

Faser $\underline{F}$ ⟨-, -n⟩ fibre

Fass $\underline{NT}$ ⟨-es, Fässer⟩ barrel; (*for oil*) drum

fassen ◼ $\underline{VT}$ (*take hold of*) grasp; (*be able to contain*) hold; (*decision*) take; (*comprehend*) understand; **nicht zu ~!** unbelievable ◾ $\underline{VR}$ compose oneself **Fassung** $\underline{F}$ (*of jewel*) mount; (*of glasses*) frame; (*of lamp*) socket; (*of text*) version; (*self-control*) composure; **jdn aus der ~ bringen** throw sb; **die ~ verlieren** lose one's cool

fast $\underline{ADV}$ almost, nearly

fasten $\underline{VI}$ fast **Fastenzeit** $\underline{F}$ **die ~** (*Christian*) Lent; (*Muslim*) Ramadan

Fast Food $\underline{NT}$ ⟨- s⟩ fast food

Fastnacht $\underline{F}$ carnival

faul $\underline{ADJ}$ (*fruit, vegetables*) rotten; (*person*) lazy; (*excuse*) lame **faulen** $\underline{VI}$ rot

faulenzen $\underline{VI}$ do nothing, hang around **Faulheit** $\underline{F}$ laziness

faulig $\underline{ADJ}$ rotten; (*smell, taste*) foul

Faust $\underline{F}$ ⟨-, Fäuste⟩ fist **Fausthandschuh** $\underline{M}$ mitten

Fax $\underline{NT}$ ⟨-, -(e)⟩ fax **faxen** $\underline{VI}$, $\underline{VT}$ fax **Faxgerät** $\underline{NT}$ fax machine **Faxnummer** $\underline{F}$ fax number

FCKW $\underline{NT}$ ⟨-, -s⟩ *abbr* = **Fluorchlorkohlenwasserstoff** CFC

Februar $\underline{M}$ ⟨-(s), -e⟩ February; → **Juni**

Fechten $\underline{NT}$ fencing

Feder $\underline{F}$ ⟨-, -n⟩ feather; (*for writing*) (pen-)nib; TECH spring **Federball** $\underline{M}$ shuttlecock; (*game*) badminton **Federung** $\underline{F}$ suspension

Fee $\underline{F}$ ⟨-, -n⟩ fairy

fegen $\underline{VI}$, $\underline{VT}$ sweep

fehlen $\underline{VI}$ (*from school etc*) be absent; **etw fehlt jdm** sb lacks sth; **was fehlt ihm?** what's wrong with him? **du fehlst mir** I miss you; **es fehlt an ...** there's no...

Fehler $\underline{M}$ ⟨-s, -⟩ mistake, error; (*defect, failing*) fault **Fehlermeldung** $\underline{F}$ IT error message

Fehlzündung $\underline{F}$ AUTO misfire

Feier $\underline{F}$ ⟨-, -n⟩ celebration; (*get-together*) party **feierlich** $\underline{ADJ}$ solemn **feiern** $\underline{VT}$, $\underline{VI}$ celebrate, have a party **Feiertag** $\underline{M}$ holiday; **gesetzlicher ~** public (or bank (Br) or legal (US)) holiday

feig(e) ADJ cowardly

Feige F ‹-, -n› fig

Feigling M coward

Feile F ‹-, -n› file

fein ADJ fine; (gentleman, manners) refined

Feind(in) M(F) ‹-(e)s, -e› enemy **feindlich** ADJ hostile

Feinkost F ‹-› delicacies pl **Feinkostladen** M delicatessen

Feinstaub M particulate matter

Feinwaschmittel NT washing powder for delicate fabrics

Feld NT ‹-(e)s, -er› field; (in chess) square; SPORT pitch

Felge F ‹-, -n› (wheel) rim

Fell NT ‹-(e)s, -e› fur; (of sheep) fleece

Fels M ‹-en, -en›, **Felsen** M ‹-s, -› rock; (rock face) cliff **felsig** ADJ rocky

feministisch ADJ feminist

Fenchel M ‹-s, -› fennel

Fenster NT ‹-s, -› window **Fensterbrett** NT windowsill **Fensterladen** M shutter **Fensterplatz** M windowseat **Fensterscheibe** F windowpane

Ferien PL holidays pl (Br), vacation sg (US); **~ haben/machen** be/go on holiday (Br) or vacation (US) **Ferienanlage** F holiday (Br) or vacation (US) resort **Ferienhaus** NT holiday (Br) (or vacation (US)) home **Ferienjob** M holiday (Br) (or vacation (US)) job **Ferienkurs** M holiday (Br) (or vacation (US)) course **Ferienlager** NT holiday camp (Br), vacation camp (US); (for children in summer) summer camp **Ferienort** M holiday (Br) (or vacation (US)) resort **Ferienwohnung** F holiday flat (Br), vacation apartment (US)

Ferkel NT ‹-s, -› piglet

fern ADJ distant, far-off; **von ~** from a distance **Fernbedienung** F remote control **Fernbeziehung** F long-distance relationship **Fernbus** M intercity bus **Ferne** F distance; **aus der ~** from a distance **ferner** ADJ, ADV further; (in addition) besides

Fernflug M long-distance flight **Ferngespräch** NT long-distance call **ferngesteuert** ADJ remote-controlled **Fernglas** NT binoculars pl **Fernlicht** NT full beam (Br), high beam (US) **Fernreise** F long-distance (od long-haul) journey; (holiday) long-haul holiday (Br) (or vacation (US)) **fernsehen** irr VI watch television **Fernsehen** NT television; **im ~** on television **Fernseher** M TV (set) **Fernsehprogramm** NT TV programme (magazine) TV guide **Fernsehsserie** F TV series

sg **Fernsehturm** M̲ TV tower
Fernstraße F̲ major road
Fernverkehr M̲ long-distance traffic **Fernweh** N̲T̲ ⟨-s⟩ wanderlust
Ferse F̲ ⟨-, -n⟩ heel
fertig A̲D̲J̲ ready; (*completed*) finished; **~ machen** (*task etc*) finish; **sich ~ machen** get ready; **mit etw ~ werden** be able to cope with sth; **auf die Plätze, ~, los!** on your marks, get set, go! **Fertiggericht** N̲T̲ ready meal **fertigmachen** V̲T̲ (*criticize*) give sb hell; (*annoy*) drive sb mad
fest A̲D̲J̲ firm; (*food*) solid; (*salary*) regular; (*shoes*) sturdy; (*sleep*) sound
Fest N̲T̲ ⟨-(e)s, -e⟩ party; R̲E̲L̲ festival
festbinden *irr* V̲T̲ tie (an + *dat* to) **festhalten** *irr* **1** V̲T̲ hold onto **2** V̲R̲ hold on (an + *dat* to)
Festival N̲T̲ ⟨-s, -s⟩ festival
Festland N̲T̲ mainland
festlegen **1** V̲T̲ fix **2** V̲R̲ commit oneself
festlich A̲D̲J̲ festive
festmachen V̲T̲ fasten; (*date etc*) fix **festnehmen** *irr* V̲T̲ arrest
Festnetz N̲T̲ T̲E̲L̲ fixed-line network **Festnetzanschluss** M̲ T̲E̲L̲ landline **Festnetznummer** F̲ landline number **Festplatte** F̲ I̲T̲ hard disk
Festspiele P̲L̲ festival *sg*

feststehen *irr* V̲I̲ be fixed
feststellen V̲T̲ establish; (*say*) remark
Festzelt N̲T̲ marquee
Feta M̲ ⟨-s⟩ (*cheese*) feta
Fete F̲ ⟨-, -n⟩ party
fett A̲D̲J̲ (*person*) fat; (*food etc*) greasy; (*type*) bold **Fett** N̲T̲ ⟨-(e)s, -e⟩ fat; T̲E̲C̲H̲ grease **fettarm** A̲D̲J̲ low-fat **fettig** A̲D̲J̲ fatty; (*dirty*) greasy
feucht A̲D̲J̲ damp; (*air*) humid **Feuchtigkeit** F̲ dampness; (*of air*) humidity **Feuchtigkeitscreme** F̲ moisturizing cream
Feuer N̲T̲ ⟨-s, -⟩ fire; **haben Sie ~?** have you got a light? **Feueralarm** M̲ fire alarm **feuerfest** A̲D̲J̲ fireproof **Feuerlöscher** M̲ ⟨-s, -⟩ fire extinguisher **Feuermelder** M̲ ⟨-s, -⟩ fire alarm **Feuertreppe** F̲ fire escape **Feuerwehr** F̲ ⟨-, -en⟩ fire brigade **Feuerwerk** N̲T̲ fireworks *pl* **Feuerzeug** N̲T̲ (*cigarette*) lighter
Fichte F̲ ⟨-, -n⟩ spruce
ficken V̲T̲, V̲I̲ *vulg* fuck
Fieber N̲T̲ ⟨-s, -⟩ temperature, fever; **~ haben** have a high temperature **Fieberthermometer** N̲T̲ thermometer
fiel *imperf* → **fallen**
fies A̲D̲J̲ *fam* nasty
Figur F̲ ⟨-, -en⟩ figure; (*in chess*) piece
Filet N̲T̲ ⟨-s, -s⟩ fillet
Filiale F̲ ⟨-, -n⟩ C̲O̲M̲M̲ branch

Film M̲ ⟨-(e)s, -e⟩ film, movie **filmen** V̲T̲, V̲I̲ film

Filter M̲ ⟨-s, -⟩ filter **Filterkaffee** M̲ filter coffee **filtern** V̲T̲ filter **Filterpapier** N̲T̲ filter paper

Filz M̲ ⟨-es, -e⟩ felt **Filzschreiber** M̲, **Filzstift** M̲ felt(-tip) pen, felt-tip

Finale N̲T̲ ⟨-s, -⟩ SPORT final

Finanzamt N̲T̲ tax office **finanziell** A̲D̲J̲ financial **finanzieren** V̲T̲ finance **Finanzkrise** F̲ financial crisis

finden ⟨fand, gefunden⟩ V̲T̲ find; (have opinion) think; **ich finde nichts dabei, wenn ...** I don't see what's wrong if ...; **ich finde es gut/schlecht** I like/don't like it

fing imperf → fangen

Finger M̲ ⟨-s, -⟩ finger **Fingerabdruck** M̲ fingerprint **Fingernagel** M̲ fingernail

Fink M̲ ⟨-en, -en⟩ finch

Finne M̲ ⟨-n, -n⟩, **Finnin** F̲ Finn, Finnish man/woman **finnisch** A̲D̲J̲ Finnish **Finnland** N̲T̲ Finland

finster A̲D̲J̲ dark; (suspicious) dubious; (morose) grim; (thought) dark **Finsternis** F̲ darkness

Firewall F̲ ⟨-, -s⟩ IT firewall

Firma F̲ ⟨-, Firmen⟩ firm

Fisch M̲ ⟨-(e)s, -e⟩ fish; **~e** pl ASTR Pisces sg **fischen** V̲T̲, V̲I̲ fish **Fischer(in)** M̲(F̲) ⟨-s, -⟩ fisherman/-woman **Fischer-**

boot N̲T̲ fishing boat **Fischgericht** N̲T̲ fish dish **Fischhändler(in)** M̲(F̲) fishmonger **Fischstäbchen** N̲T̲ fish finger (Br) (or stick (US))

fit A̲D̲J̲ fit **Fitness** F̲ ⟨-⟩ fitness **Fitnessarmband** N̲T̲ fitness band (or tracker) **Fitnesscenter** N̲T̲ ⟨-s, -⟩ fitness centre **Fitnesstrainer(in)** M̲(F̲) fitness trainer, personal trainer

fix A̲D̲J̲ quick; **~ und fertig** exhausted

fixen V̲I̲ fam shoot up **Fixer(in)** M̲(F̲) ⟨-s, -⟩ fam junkie

FKK F̲ abbr = **Freikörperkultur** nudism **FKK-Strand** M̲ nudist beach

flach A̲D̲J̲ flat; (water, plate) shallow; **~er Absatz** low heel **Flachbildschirm** M̲ flat screen

Fläche F̲ ⟨-, -n⟩ area; (of object) surface

Flagge F̲ ⟨-, -n⟩ flag

flambiert A̲D̲J̲ flambé(ed)

Flamme F̲ ⟨-, -n⟩ flame

Flasche F̲ ⟨-, -n⟩ bottle; **eine ~ sein** fam be useless **Flaschenöffner** M̲ bottle opener **Flaschenpfand** N̲T̲ deposit

Flatrate F̲ ⟨-, -s⟩ IT, TEL flat rate

flatterhaft A̲D̲J̲ fickle **flattern** V̲I̲ flutter

flauschig A̲D̲J̲ fluffy

Flaute F̲ ⟨-, -n⟩ calm; COMM recession

Flechte F̲ ⟨-, -n⟩ plait; MED scab; BOT lichen **flechten** ⟨flocht, geflochten⟩ VT plait; (wreath) bind

Fleck M̲ ⟨-(e)s, -e⟩, **Flecken** M̲ ⟨-s, -⟩ spot; (dirt) stain **Fleckentferner** M̲ ⟨-s, -⟩ stain remover **fleckig** ADJ spotted; (with dirt) stained

Fledermaus F̲ bat

Fleisch NT ⟨-(e)s⟩ flesh; (food) meat **Fleischbällchen** NT ⟨-s, -⟩ meatball **Fleischbrühe** F̲ meat stock

Fleischer(in) MḞ ⟨-s, -⟩ butcher **Fleischerei** F̲ butcher's (shop)

fleißig ADJ diligent, hard-working

flexibel ADJ flexible

flicken VT mend **Flickzeug** NT repair kit

Flieder M̲ ⟨-s, -⟩ lilac

Fliege F̲ ⟨-, -n⟩ fly; (clothing) bow tie

fliegen ⟨flog, geflogen⟩ VT, VI fly

Fliese F̲ ⟨-, -n⟩ tile

Fließband NT conveyor belt; (system) production (or assembly) line **fließen** VI ⟨floss, geflossen⟩ VI flow **fließend** ADJ (speech, German) fluent; (transition) smooth; **~(es) Wasser** running water

flippig ADJ fam eccentric

flirten VI flirt

Flitterwochen PL honeymoon sg

flocht imperf → flechten

Flocke F̲ ⟨-, -n⟩ flake

flog imperf → fliegen

Floh M̲ ⟨-(e)s, Flöhe⟩ flea **Flohmarkt** M̲ flea market

Flop M̲ ⟨-s, -s⟩ flop

Floskel F̲ ⟨-, -n⟩ empty phrase

floss imperf → fließen

Floß NT ⟨-es, Flöße⟩ raft

Flosse F̲ ⟨-, -n⟩ fin; (of swimmer) flipper

Flöte F̲ ⟨-, -n⟩ flute; (held vertically) recorder

Fluch M̲ ⟨-(e)s, Flüche⟩ curse **fluchen** VI swear, curse

Flucht F̲ ⟨-, -en⟩ flight **flüchten** VI flee (vor + dat from) **flüchtig** ADJ **ich kenne ihn nur ~** I don't know him very well at all **Flüchtling** M̲ refugee

Flug M̲ ⟨-(e)s, Flüge⟩ flight **Flugbegleiter(in)** MḞ ⟨-s, -⟩ flight attendant **Flugblatt** NT leaflet

Flügel M̲ ⟨-s, -⟩ wing; MUS grand piano

Fluggast M̲ passenger (on a plane) **Fluggesellschaft** F̲ airline **Flughafen** M̲ airport **Fluglinie** F̲ airline **Fluglotse** M̲ air-traffic controller **Flugmodus** M̲ TEL flight mode **Flugnummer** F̲ flight number **Flugplan** M̲ flight schedule **Flugplatz** M̲ airport; (small) airfield **Flugreise** F̲ flight **Flugschein** M̲ plane ticket **Flugschreiber** M flight recorder, black box

Flugsocke F flight sock

Flugsteig M ‹-s, -e› gate

Flugticket NT plane ticket

Flugverbindung F flight connection **Flugverbot** NT flying ban; (for plane) grounding order **Flugverkehr** M air traffic **Flugzeit** F flying time **Flugzeug** NT plane **Flugzeugentführung** F hijacking

Flunder F ‹-, -n› flounder

Fluor NT ‹-s› fluorine **Fluorchlorkohlenwasserstoff** M chlorofluorocarbon

Flur M ‹-(e)s, -e› hall

Fluss M ‹-es, Flüsse› river; (movement) flow

flüssig ADJ liquid **Flüssigkeit** F ‹-, -en› liquid

flüstern VT, VI whisper

Flut F ‹-, -en› flood; (in sea) high tide **Flutlicht** NT floodlight

Fohlen NT ‹-s, -› foal

Föhn M ‹-(e)s, -e› hairdryer; (wind) foehn **föhnen** VT dry; (at hairdresser's) blow-dry

Folge F ‹-, -n› (one after another) series sg; (belonging together) sequence; (of novel) instalment; (of TV series) episode; (consequence) result; ~n haben have consequences **folgen** VI follow (jdm sb); (do as told) obey (jdm sb); **jdm ~ können** fig be able to follow sb **folgend** ADJ following **folgendermaßen** ADV as follows **folglich** ADV consequently

Folie F foil; (for projector) transparency

Fön® M → Föhn

Fondue NT ‹-s, -s› fondue

fönen VT → föhnen

fordern VT demand

fördern VT promote; (support) help **Förderschule** F special school

Forderung F demand

Forelle F trout

Form F ‹-, -en› form; (outer form) shape; (for casting) mould; (for baking) baking tin (Br) (or pan (US)); **in ~ sein** be in good form **Formalität** F formality **Format** NT format **formatieren** VT (disk) format; (text) edit **formen** VT form, shape **förmlich** ADJ formal; (proper) real **formlos** ADJ informal **Formular** NT ‹-s, -e› form **formulieren** VT formulate

forschen VI search (nach for); (academic) (do) research **Forscher(in)** M(F) researcher **Forschung** F research

Förster(in) M(F) ‹-s, -› forester; (for animals) gamekeeper

fort ADV away; (missing) gone **fortbewegen** 1 VT move away 2 VR move **Fortbildung** F further education; (vocational) further training **fortfahren** irr VI go away;

(carry on) continue **fortgehen** irr **vi** go away **fortgeschritten** ADJ advanced **Fortpflanzung** F reproduction

Fortschritt M progress; **~e machen** make progress **fortschrittlich** ADJ progressive

fortsetzen VT continue **Fortsetzung** F continuation; (episode) instalment; **~ folgt** to be continued

Foto 1 NT ⟨-s, -s⟩ photo 2 M ⟨-s, -s⟩ camera **Fotograf(in)** M(F) ⟨-en, -en⟩ photographer **Fotografie** F photography; (picture) photograph **fotografieren** 1 VT photograph 2 VI take photographs **Fotohandy** NT camera phone **Fotokopie** F photocopy **fotokopieren** VT photocopy

Foul NT ⟨-s, -s⟩ foul

Fr. F abbr → **Frau** Mrs; (unmarried, neutral) Ms

Fracht F ⟨-, -en⟩ freight; NAUT cargo **Frachter** M ⟨-s, -⟩ freighter

Frack M ⟨-(e)s, Fräcke⟩ tails pl

Frage F ⟨-, -n⟩ question; **das ist eine ~ der Zeit** that's a matter (or question) of time **Fragebogen** M questionnaire **fragen** VT, VI ask **Fragezeichen** NT question mark **fragwürdig** ADJ dubious

Franken 1 M ⟨-s, -⟩ Swiss franc 2 NT ⟨-s⟩ (region) Franconia

frankieren VT stamp; (with machine) frank

Frankreich NT ⟨-s⟩ France **Franzose** M ⟨-n, -n⟩, **Französin** F Frenchman/-woman; **die ~n** pl the French pl **französisch** ADJ French

fraß imperf → **fressen**

Frau F ⟨-, -en⟩ woman; (spouse) wife; (form of address) Mrs; (unmarried, neutral) Ms **Frauenarzt** M, **Frauenärztin** F gynaecologist

Fräulein NT young lady; (old-fashioned form of address) Miss

Freak M ⟨-s, -s⟩ fam freak

frech ADJ cheeky **Frechheit** F cheek; **so eine ~!** what a cheek

Freeclimbing NT ⟨-s⟩ free climbing

frei ADJ free; (road) clear; (worker) freelance; **ein ~er Tag** a day off; **~e Arbeitsstelle** vacancy; **Zimmer ~** room(s) to let (Br), room(s) for rent (US); **im Freien** in the open air

Freibad NT open-air (swimming) pool **freiberuflich** ADJ freelance **Freigepäck** NT luggage (or baggage) allowance **freig(i)ebig** ADJ generous **Freiheit** F freedom **Freikarte** F free ticket **Freikörperkultur** F nudism, naturism **freilassen** irr VT (set) free

freilich ADV of course

Freilichtbühne F open-air theatre **freimachen** VR un-

dress **freinehmen** _irr_ $\overline{\text{VT}}$ _sich_
dat **einen Tag ~** take a day off
Freisprechanlage $\overline{\text{F}}$ hands-
-free phone **Freistoß** $\overline{\text{M}}$ free
kick

Freitag $\overline{\text{M}}$ Friday; → **Mittwoch**
freitags $\overline{\text{ADV}}$ on Fridays; →
mittwochs

freiwillig $\overline{\text{ADJ}}$ voluntary

Freizeichen $\overline{\text{NT}}$ TEL dialling
tone (_Brit_), dial tone (_US_)

Freizeit $\overline{\text{F}}$ spare (_or_ free) time
Freizeitkleidung $\overline{\text{F}}$ leisure
wear **Freizeitpark** $\overline{\text{M}}$ leisure
park

fremd $\overline{\text{ADJ}}$ (_unfamiliar_)
strange; (_of another country_)
foreign; (_not one's own_) some-
one else's **Fremde(r)** $\overline{\text{MF}}$
stranger; (_from another country_)
foreigner **Fremdenfüh-**
rer(in) $\overline{\text{MF}}$ (_tourist_) guide
Fremdenverkehr $\overline{\text{M}}$ tourism **Fremdenverkehrsamt**
$\overline{\text{NT}}$ tourist information office
Fremdsprache $\overline{\text{F}}$ foreign
language **Fremdsprachen-**
kenntnisse $\overline{\text{PL}}$ knowledge
_sg_ of foreign languages
Fremdwort $\overline{\text{NT}}$ foreign
word

Frequenz $\overline{\text{F}}$ RADIO frequency
fressen ⟨fraß, gefressen⟩ $\overline{\text{VT,}}$
$\overline{\text{VI}}$ (_animal_) eat; (_person_) guzzle

Freude $\overline{\text{F}}$ ⟨-, -n⟩ joy, delight
freuen ❶ $\overline{\text{VT}}$ please; **es freut**
mich, dass ... I'm pleased that
... ❷ $\overline{\text{VR}}$ be pleased (_über_ + _acc_
about); **sich auf etw** _acc_ ~ look
forward to sth

Freund $\overline{\text{M}}$ ⟨-(e)s, -e⟩ friend;
(_in relationship_) boyfriend
Freundin $\overline{\text{F}}$ friend; (_in rela-_
tionship) girlfriend **freundlich**
$\overline{\text{ADJ}}$ friendly; (_helpful etc_) kind
freundlicherweise $\overline{\text{ADV}}$
kindly **Freundschaft** $\overline{\text{F}}$
friendship

Frieden $\overline{\text{M}}$ ⟨-s, -⟩ peace
Friedhof $\overline{\text{M}}$ cemetery **fried-**
lich $\overline{\text{ADJ}}$ peaceful

frieren ⟨fror, gefroren⟩ $\overline{\text{VT, VI}}$
freeze; **ich friere, es friert**
mich I'm freezing

Frikadelle $\overline{\text{F}}$ ⟨-, -n⟩ rissole
Frisbee® $\overline{\text{NT}}$, **Frisbeeschei-**
be® $\overline{\text{F}}$ frisbee

frisch $\overline{\text{ADJ}}$ fresh; (_full of life_)
lively; „**~ gestrichen**" 'wet
paint'; **sich ~ machen** freshen
up **Frischhaltefolie** $\overline{\text{F}}$ cling-
film (_Brit_), plastic wrap (_US_)
Frischkäse $\overline{\text{M}}$ cream cheese

Friseur(in) ⟨-s, -e⟩ $\overline{\text{MF}}$ hairdresser **frisieren** ❶ $\overline{\text{VT}}$ **jdn**
~ do sb's hair ❷ $\overline{\text{VR}}$ do one's
hair

Frist $\overline{\text{F}}$ ⟨-, -en⟩ period; (_last_
date) deadline; **innerhalb einer**
~ von zehn Tagen within a ten-
-day period; **eine ~ einhalten**
meet a deadline; **die ~ ist ab-**
gelaufen the deadline has ex-
pired **fristlos** $\overline{\text{ADJ}}$ **~e Entlas-**
sung dismissal without notice

Frisur $\overline{\text{F}}$ hairdo, hairstyle

Fritten $\overline{\text{PL}}$ _fam_ chips _pl_ (_Brit_),
fries _pl_ (_US_)

frittieren $\overline{\text{VT}}$ deep-fry

froh ADJ happy; **~e Weihnachten!** Merry Christmas
fröhlich ADJ happy, cheerful
fror imperf → frieren
Frosch M ⟨-(e)s, Frösche⟩ frog
Frost M ⟨-(e)s, Fröste⟩ frost; **bei ~** in frosty weather **Frostschutzmittel** NT anti-freeze
Frottee NT terry(cloth)
Frottier(hand)tuch NT towel
Frucht F ⟨-, Früchte⟩ fruit; (grain) corn **Fruchteis** NT fruit-flavoured ice-cream **fruchtig** ADJ fruity **Fruchtsaft** M fruit juice **Fruchtsalat** M fruit salad
früh ADJ, ADV early; **heute ~** this morning; **um fünf Uhr ~** at five (o'clock) in the morning; **~ genug** soon enough **Frühbucher(in)** M ⟨-s, -⟩ early booker **Frühbucherrabatt** M early booking discount **früher** ❶ ADJ earlier; (ex-) former ❷ ADV formerly, in the past **frühestens** ADV at the earliest
Frühjahr NT, **Frühling** M spring **Frühlingsrolle** F spring roll **Frühlingszwiebel** F spring onion (Br), scallion (US)
Frühstück NT breakfast **frühstücken** VI have breakfast **Frühstücksbüfett** NT breakfast buffet
frühzeitig ADJ early

Fruktose F ⟨-⟩ fructose **fruktosefrei** ADJ fructose-free **Fruktoseunverträglichkeit** F fructose intolerance
Frust M ⟨-s⟩ fam frustration **frustrieren** VT frustrate
Fuchs M ⟨-es, Füchse⟩ fox
fühlen VT, VI, VR feel
fuhr imperf → fahren
führen ❶ VT lead; (business) run; (accounts) keep ❷ VI lead, be in the lead ❸ VR behave **Führerschein** M driving licence (Br), driver's license (US) **Führung** F leadership; (of company) management; MIL command; (in museum, town) guided tour; **in ~ liegen** be in the lead
füllen VT, VR fill; GASTR stuff **Füller** M ⟨-s, -⟩, **Füllfederhalter** M ⟨-s, -⟩ fountain pen **Füllung** F filling
Fund M ⟨-(e)s, -e⟩ find **Fundbüro** NT lost property office (Br), lost and found (US) **Fundsachen** PL lost property sg
fünf NUM five **Fünf** F ⟨-, -en⟩ five; (mark in school) ≈ E **fünfhundert** NUM five hundred **fünfmal** ADV five times **fünfte(r, s)** ADJ fifth; → dritte **Fünftel** NT ⟨-s, -⟩ fifth **fünfzehn** NUM fifteen **fünfzehnte(r, s)** ADJ fifteenth; → dritte **fünfzig** NUM fifty **fünfzigste(r, s)** ADJ fiftieth
Funk M ⟨-s⟩ radio; **über ~** by radio

Funke M ⟨-ns, -n⟩ spark **funkeln** VI sparkle

Funkgerät NT radio set **Funktaxi** NT radio taxi, radio cab **Funktion** F function **funktionieren** VI work, function

für PREP + acc for; **was ~ (ein) ...?** what kind (or sort) of ...?; **Tag ~ Tag** day after day

Furcht F ⟨-⟩ fear **furchtbar** ADJ terrible **fürchten** 1 VT be afraid of, fear 2 VR to be afraid (vor + dat of) **fürchterlich** ADJ awful

füreinander ADV for each other

fürs contr = **für das**

Fürst(in) M(F) ⟨-en, -en⟩ prince/princess **Fürstentum** NT principality

Furunkel NT ⟨-s, -⟩ boil

Furz M ⟨-es, -e⟩ vulg fart **furzen** VI vulg fart

Fuß M ⟨-es, Füße⟩ foot; (of glass, rock etc) base; (of furniture) leg; **zu ~** on foot; **zu ~ gehen** walk **Fußabdruck** M footprint; **digitaler ~** digital footprint; **ökologischer ~** carbon footprint **Fußball** M football (Brit), soccer **Fußballmannschaft** F football (Brit) (or soccer) team **Fußballplatz** M football pitch (Brit), soccer field (US) **Fußballspiel** NT football (Brit) (or soccer) match **Fußballspieler(in)** M(F) footballer (Brit), soccer player **Fußballweltmeisterschaft** F World Cup **Fußboden** M floor **Fußgänger(in)** M(F) ⟨-s, -⟩ pedestrian **Fußgängerairbag** M pedestrian airbag **Fußgängerüberweg** M pedestrian crossing (Brit), crosswalk (US) **Fußgängerzone** F pedestrian precinct (Brit) (or zone (US)) **Fußgelenk** NT ankle

Füßling M ⟨-s, -e⟩ footliner, footsie

Fußpilz M athlete's foot **Fußtritt** M kick; **jdm einen ~ geben** give sb a kick, kick sb **Fußweg** M footpath

Futon M ⟨-s, -s⟩ (mattress) futon

Futter NT ⟨-s, -⟩ feed; (hay etc) fodder; (material) lining **füttern** VT feed; (garment) line

Fuzzi M ⟨-s, -s⟩ fam guy

G

gab imperf → **geben**

Gabe F ⟨-, -n⟩ gift

Gabel F ⟨-, -n⟩ fork **Gabelung** F fork

gaffen VI gape

Gage F ⟨-, -n⟩ fee

gähnen VI yawn

Galerie F gallery

Galle F ⟨-, -n⟩ gall; (organ) gall bladder **Gallenstein** M gallstone

Galopp M ⟨-s⟩ gallop **galoppieren** VI gallop

galt imperf → **gelten**

gammeln VI loaf (or hang) around

Gang M ⟨-(e)s, Gänge⟩ walk; (in plane) aisle; (of meal, events etc) course; (in building) corridor; (connecting way) passage; AUTO gear; **den zweiten ~ einlegen** change into second (gear); **etw in ~ bringen** get sth going **Gangplatz** M aisle seat **Gangschaltung** F gears pl **Gangway** F ⟨-, -s⟩ AVIAT steps pl; NAUT gangway

Gans F ⟨-, Gänse⟩ goose **Gänseblümchen** NT daisy **Gänsehaut** F goose pimples pl (Br), goose bumps pl (US)

ganz 1 ADJ whole; (set etc) complete; **~ Europa** all of Europe; **sein ~es Geld** all his money; **den ~en Tag** all day; **die ~e Zeit** all the time 2 ADV quite; (totally) completely; **es hat mir ~ gut gefallen** I quite liked it; **~ schön viel** quite a lot **ganztägig** ADJ all-day; (work, job) full-time

gar 1 ADJ done, cooked 2 ADV at all; **~ nicht/nichts/keiner** not/nothing/nobody at all; **~ nicht schlecht** not bad at all

Garage F ⟨-, -n⟩ garage

Garantie F guarantee **garantieren** VT guarantee

Garderobe F ⟨-, -n⟩ (clothes) wardrobe; (in theatre, museum etc) cloakroom

Gardine F curtain

Garn NT ⟨-(e)s, -e⟩ thread

Garnele F ⟨-, -n⟩ shrimp

garnieren VT decorate; (food) garnish

Garten M ⟨-s, Gärten⟩ garden **Gärtner(in)** M(F) ⟨-s, -⟩ gardener **Gärtnerei** F market garden (Br), truck farm (US)

Gas NT ⟨-es, -e⟩ gas; **~ geben** AUTO accelerate; fig get a move on **Gasanzünder** M gas lighter **Gasheizung** F gas heating **Gasherd** M gas stove, gas cooker (Br) **Gaskocher** M ⟨-s, -⟩ camping stove **Gaspedal** NT accelerator, gas pedal (US)

Gasse F ⟨-, -n⟩ alley

Gast M ⟨-es, Gäste⟩ guest; **Gäste haben** have guests **Gästebett** NT spare bed **Gästebuch** NT visitors' book **Gästehaus** NT guest house **Gästezimmer** NT guest room **gastfreundlich** ADJ hospitable **Gastgeber(in)** M(F) ⟨-s, -⟩ host/hostess **Gastgeschenk** NT present (given by a guest) **Gasthaus** NT, **Gasthof** M inn **Gastland** NT host country

Gastritis F ⟨-⟩ gastritis

Gastronomie F catering trade

Gastspiel NT SPORT away

game **Gaststätte** F restaurant; pub (Br), bar **Gastwirt(in)** M(F) landlord/-lady

Gaumen M <-s, -> palate

geb. **1** ADJ abbr = **geboren** b. **2** ADJ abbr = **geborene** née → **geboren**

Gebäck NT <-(e)s, -e> pastries pl, biscuits pl(Br), cookies pl(US)

gebacken pp → **backen**

Gebärmutter F womb

Gebäude NT <-s, -> building

geben <gab, gegeben> **1** VT, VI give (jdm etw sb sth, sth to sb); (cards) deal; **lass dir eine Quittung ~** ask for a receipt **2** VT IMPERS **es gibt** there is/ are; (in the future) there will be; **das gibt's nicht** I don't believe it **3** VR (person) behave, act; **das gibt sich wieder** it'll sort itself out

Gebet NT <-(e)s, -e> prayer

gebeten pp → **bitten**

Gebiet NT <-(e)s, -e> area; (British etc) territory; fig field

gebildet ADJ educated; (with book learning) well-read

Gebirge NT <-s, -> mountains pl

Gebiss NT <-es, -e> teeth pl; (false) dentures pl **gebissen** pp → **beißen** **Gebissreiniger** M denture tablets pl

geblasen pp → **blasen**

geblieben pp → **bleiben**

gebogen pp → **biegen**

geboren **1** pp → **gebären** **2** ADJ born; **Andrea Jordan, ~e**

Christian Andrea Jordan, née Christian

geborgen **1** pp → **bergen** **2** ADJ secure, safe

geboten pp → **bieten**

gebracht pp → **bringen**

gebrannt pp → **brennen**

gebraten pp → **braten**

gebrauchen VT use **Gebrauchsanweisung** F directions pl for use **gebraucht** ADJ used; **etw ~ kaufen** buy sth secondhand **Gebrauchtwagen** M secondhand (or used) car

gebrochen pp → **brechen**

Gebühr F <-, -en> charge; (for using road) toll; (for doctor, lawyer etc) fee **gebührenfrei** ADJ free of charge; (number) freefone (Br), toll-free (US) **gebührenpflichtig** ADJ subject to charges; **~e Straße** toll road

gebunden pp → **binden**

Geburt F <-, -en> birth **gebürtig** ADJ **er ist ~er Schweizer** he is Swiss by birth **Geburtsdatum** NT date of birth **Geburtsjahr** NT year of birth **Geburtsname** M birth name; (of woman) maiden name **Geburtsort** M birthplace **Geburtstag** M birthday; **herzlichen Glückwunsch zum ~!** Happy Birthday **Geburtsurkunde** F birth certificate

Gebüsch NT <-(e)s, -e> bushes

pl

gedacht pp → denken

Gedächtnis NT memory; **im ~ behalten** remember

Gedanke M ⟨-ns, -n⟩ thought; **sich** *dat* **über etw** *acc* **~n machen** think about sth; *(anxiously)* be worried about sth **Gedankenstrich** M dash

Gedeck NT ⟨-(e)s, -e⟩ place setting; *(on menu)* set meal

Gedicht NT ⟨-(e)s, -e⟩ poem

Gedränge NT ⟨-s⟩ crush, crowd

gedrungen pp → dringen

Geduld F ⟨-⟩ patience **geduldig** ADJ patient

gedurft pp → dürfen

geehrt ADJ **Sehr ~er Herr Young** Dear Mr Young

geeignet ADJ suitable

Gefahr F ⟨-, -en⟩ danger; **auf eigene ~** at one's own risk **gefährden** VT endanger

gefahren pp → fahren

gefährlich ADJ dangerous

Gefälle NT ⟨-s, -⟩ gradient, slope

gefallen 1 pp → fallen 2 *irr* VI **jdm** ~ please sb; **er/es gefällt mir** I like him/it; **sich** *dat* **etw** ~ **lassen** put up with sth

Gefallen M ⟨-s, -⟩ favour; **jdm einen ~ tun** do sb a favour

gefangen pp → fangen

Gefängnis NT prison

Gefäß NT ⟨-es, -e⟩ container, receptacle; ANAT, BOT vessel

gefasst ADJ composed, calm; **auf etw** *acc* **~ sein** be prepared (or ready) for sth

geflochten pp → flechten

geflogen pp → fliegen

geflossen pp → fließen

Geflügel NT ⟨-s⟩ poultry

gefragt ADJ in demand

gefressen pp → fressen

Gefrierbeutel M freezer bag **Gefrierbrand** M freezer burn **Gefrierfach** NT freezer compartment **Gefrierschrank** M (upright) freezer **Gefriertruhe** F (chest) freezer

gefroren pp → frieren

Gefühl NT ⟨-(e)s, -e⟩ feeling

gefunden pp → finden

gegangen pp → gehen

gegeben pp → geben

gegebenenfalls ADV if need be

gegen PREP + *acc* against; *(exchange)* (in return) for; **~ 8 Uhr** about 8 o'clock; **Deutschland ~ England** Germany versus England; **etwas ~ Husten** something for coughs

Gegend F ⟨-, -en⟩ area; **hier in der ~** around here

gegeneinander ADV against one another

Gegenfahrbahn F opposite lane **Gegenmittel** NT remedy *(gegen* for*)* **Gegenrichtung** F opposite direction **Gegensatz** M contrast; **im ~ zu** in contrast to **gegen-**

sätzlich ADJ conflicting **gegenseitig** ADJ mutual; **sich ~ helfen** help each other

Gegenstand M object; (topic) subject

Gegenteil NT opposite; **im ~** on the contrary **gegenteilig** ADJ opposite, contrary

gegenüber 1 PREP + dat opposite; (with regard to person) to (-wards) 2 ADV opposite **gegenüberstehen** VT face; (problems) be faced with **gegenüberstellen** VT confront (dat with); fig compare (dat with)

Gegenverkehr M oncoming traffic **Gegenwart** F ⟨-⟩ present (tense)

gegessen pp → essen
geglichen pp → gleichen
geglitten pp → gleiten
Gegner(in) M(F) ⟨-s, -⟩ opponent

gegolten pp → gelten
gegossen pp → gießen
gegraben pp → graben
gegriffen pp → greifen
gehabt pp → haben
Gehalt 1 M ⟨-(e)s, -e⟩ content 2 NT ⟨-(e)s, Gehälter⟩ salary

gehalten pp → halten
Gehaltsabrechnung F salary statement, pay slip
gehangen pp → hängen
gehässig ADJ spiteful, nasty
gehauen pp → hauen
gehbehindert ADJ **sie ist ~**

she can't walk properly

geheim ADJ secret; **etw ~ halten** keep sth secret **Geheimnis** NT secret; (puzzling) mystery **geheimnisvoll** ADJ mysterious **Geheimnummer** F, **Geheimzahl** F (of credit card) PIN number

geheißen pp → heißen
gehen ⟨ging, gegangen⟩ 1 VT, VI go; (on foot) walk; (function) work; **über die Straße ~** cross the street 2 VI IMPERS **wie geht es (dir)?** how are you (or things)?; **mir/ihm geht es gut** I'm/he's (doing) fine; **geht das?** is that possible?; **geht's noch?** can you still manage?; **es geht** not too bad, OK; **es geht um ...** it's about ...

Gehirn NT ⟨-(e)s, -e⟩ brain **Gehirnerschütterung** F concussion

gehoben pp → heben
geholfen pp → helfen
Gehör NT ⟨-(e)s⟩ hearing
gehorchen VI obey (jdm sb)
gehören 1 VI belong (jdm to sb); **wem gehört das Buch?** whose book is this?; **gehört es dir?** is it yours? 2 VR IM-PERS **das gehört sich nicht** it's not done

Gehweg M ⟨-s, -e⟩ pavement (Br), sidewalk (US)

Geier M ⟨-s, -⟩ vulture
Geige F ⟨-, -n⟩ violin
geil ADJ randy (Br), horny (US); fam (wonderful) fantastic

Geisel F̲ ⟨-, -n⟩ hostage

Geist M̲ ⟨-(e)s, -er⟩ spirit; (*phantom*) ghost; (*intellect*) mind **Geisterbahn** F̲ ghost train, tunnel of horror (*US*) **Geisterfahrer(in)** M̲/F̲ *person driving the wrong way on the motorway*

geizig A̲D̲J̲ stingy

gekannt *pp* → kennen

geklungen *pp* → klingen

gekniffen *pp* → kneifen

gekommen *pp* → kommen

gekonnt 1 *pp* → können **2** A̲D̲J̲ skilful

gekrochen *pp* → kriechen

Gel N̲T̲ ⟨-s, -s⟩ gel

Gelächter N̲T̲ ⟨-s, -⟩ laughter

geladen 1 *pp* → laden **2** A̲D̲J̲ loaded; ELEC live; *fig* furious

gelähmt A̲D̲J̲ paralysed

Gelände N̲T̲ ⟨-s, -⟩ land, terrain; (*of factory, for sport*) grounds *pl*; (*being built on*) site **Geländer** N̲T̲ ⟨-s, -⟩ railing; (*on stairs*) banister **Geländewagen** M̲ off-road vehicle

gelang *imperf* → gelingen

gelassen 1 *pp* → lassen **2** A̲D̲J̲ calm, composed

Gelatine F̲ gelatine

gelaufen *pp* → laufen

gelaunt A̲D̲J̲ **gut/schlecht ~** *in a good/bad mood*

gelb A̲D̲J̲ yellow; (*traffic light*) amber, yellow (*US*) **gelblich** A̲D̲J̲ yellowish **Gelbsucht** F̲ jaundice

Geld N̲T̲ ⟨-(e)s, -er⟩ money **Geldautomat** M̲ cash machine (*or dispenser (Br)*), ATM (*US*) **Geldbeutel** M̲, **Geldbörse** F̲ purse **Geldgürtel** M̲ money belt **Geldkarte** F̲ stored-value card **Geldschein** M̲ (bank)note (*Br*), bill (*US*) **Geldstrafe** F̲ fine **Geldstück** N̲T̲ coin **Geldwechsel** M̲ exchange of money **Geldwechselautomat** M̲, **Geldwechsler** M̲ ⟨-s, -⟩ change machine

Gelee N̲T̲ ⟨-s, -s⟩ jelly

gelegen *pp* → liegen

Gelegenheit F̲ opportunity; (*event*) occasion

gelegentlich 1 A̲D̲J̲ occasional **2** A̲D̲V̲ occasionally

Gelenk N̲T̲ ⟨-(e)s, -e⟩ joint

gelernt A̲D̲J̲ skilled

gelesen *pp* → lesen

geliehen *pp* → leihen

gelingen ⟨gelang, gelungen⟩ V̲I̲ succeed; **es ist mir gelungen, ihn zu erreichen** I managed to get hold of him

gelitten *pp* → leiden

gelogen *pp* → lügen

gelten ⟨galt, gegolten⟩ **1** V̲T̲ be worth; **jdm viel/wenig ~** mean a lot/not mean much to sb **2** V̲I̲ be valid; (*in game etc*) be allowed; **etw ~ lassen** accept sth

gelungen *pp* → gelingen

gemahlen *pp* → mahlen

Gemälde NT ⟨-s, -⟩ painting, picture

gemäß 1 PREP + dat in accordance with **2** ADJ appropriate (dat to)

gemein ADJ mean, nasty

Gemeinde F ⟨-, -n⟩ district, community; (church district) parish; (people in church) congregation

gemeinsam 1 ADJ joint, common **2** ADV together, jointly; **das Haus gehört uns beiden ~** the house belongs to both of us

Gemeinschaft F community

gemeint pp → meinen; **das war nicht so ~** I didn't mean it like that

gemessen pp → messen

gemieden pp → meiden

gemischt ADJ mixed

gemocht pp → mögen

Gemüse NT ⟨-s, -⟩ vegetables pl **Gemüsehändler(in)** M(F) greengrocer

gemusst pp → müssen

gemustert ADJ patterned

gemütlich ADJ comfortable, cosy; (person) good-natured, easy-going; **mach es dir ~** make yourself at home

Gen NT ⟨-s, -e⟩ gene

genannt pp → nennen

genau 1 ADJ exact, precise **2** ADV exactly, precisely; **~ in der Mitte** right in the middle; **es mit etw ~ nehmen** be particular about sth; **~ genom-** men strictly speaking; **ich weiß es ~** I know for certain (or for sure) **genauso** ADV exactly the same (way); **~ gut/viel/viele Leute** just as well/much/ many people (wie as)

genehmigen VT approve; **sich** dat **etw ~** indulge in sth **Genehmigung** F approval

Generalkonsulat NT consulate general

Generation F generation

Genf NT ⟨-s⟩ Geneva; **~er See** Lake Geneva

Genforschung F genetic research

genial ADJ brilliant

Genick NT ⟨-(e)s, -e⟩ (back of the) neck

Genie NT ⟨-s, -s⟩ genius

genieren VR feel awkward; **ich geniere mich vor ihm** he makes me feel embarrassed

genießen ⟨genoss, genossen⟩ VT enjoy

Genitiv M genitive (case)

genmanipuliert ADJ genetically modified, GM

genommen pp → nehmen

genoss imperf → genießen

genossen pp → genießen

Gentechnik F genetic technology **gentechnisch** ADV **~ verändert** genetically modified, GM **Gentest** M DNA test

genug ADV enough

genügen VI be enough (jdm for sb); **danke, das genügt** thanks, that's enough (or that will do)

Genuss M ‹-es, Genüsse› pleasure; *(eating, drinking)* consumption

geöffnet ADJ *(shop etc)* open

Geografie F geography

Geologie F geology

Gepäck NT ‹-(e)s› luggage , baggage **Gepäckabfertigung** F luggage (or baggage) check-in **Gepäckabgabe** F baggage drop-off, luggage drop-off **Gepäckanhänger** M luggage (or baggage) label **Gepäckannahme** F *(for forwarding)* luggage (or baggage) office; *(for safekeeping)* left-luggage office *(Brit)*, baggage checkroom *(US)* **Gepäckaufbewahrung** F left-luggage office *(Brit)*, baggage checkroom *(US)* **Gepäckausgabe** F luggage (or baggage) office; *(at airport)* baggage reclaim **Gepäckband** NT luggage (or baggage) conveyor **Gepäckermittlung** F luggage (or baggage) tracing **Gepäckgurt** M luggage strap **Gepäckkontrolle** F luggage (or baggage) check **Gepäckstück** NT item of luggage (or baggage) **Gepäckträger** M porter; *(fixed to bicycle)* carrier **Gepäckwaage** F luggage scales pl **Gepäckwagen** M luggage van *(Brit)*, baggage car *(US)*

gepfiffen pp → pfeifen

gepflegt ADJ well-groomed; *(park)* well looked after

gequollen pp → quellen

gerade 1 ADJ straight; *(number)* even 2 ADV exactly; *(a short while ago)* just; **warum ~ ich?** why me (of all people)?; **~ weil** precisely because; **~ noch** only just; **~ neben** right next to **geradeaus** ADV straight ahead

gerannt pp → rennen

Gerät NT ‹-(e)s, -e› device, gadget; *(implement)* tool; *(radio, TV)* set; *(gear)* equipment

geraten 1 pp → raten 2 irr VI turn out; **gut/schlecht ~** turn out well/badly; **an jdn ~** come across sb; **in etw** acc **~** get into sth

geräuchert ADJ smoked

Geräusch NT ‹-(e)s, -e› sound; *(unpleasant)* noise

gerecht ADJ fair; *(punishment, reward)* just

gereizt ADJ irritable

Gericht NT ‹-(e)s, -e› LAW court; *(food)* dish

gerieben pp → reiben

gering ADJ small; *(minor)* slight; *(temperature, price etc)* low; *(time)* short **geringfügig** 1 ADJ slight, minor 2 ADV slightly

gerissen pp → reißen

geritten pp → reiten

gern(e) ADV willingly, gladly; **etw ~ tun** like doing sth; **~ geschehen** you're welcome

gernhaben, gern mögen *irr* VT like

gerochen *pp* → **riechen**

Gerste F ‹-, -n› barley **Gerstenkorn** NT (*on eyelid*) stye

Geruch M ‹-(e)s, Gerüche› smell

Gerücht NT ‹-(e)s, -e› rumour

gerufen *pp* → **rufen**

Gerümpel NT ‹-s› junk

gerungen *pp* → **ringen**

Gerüst NT ‹-(e)s, -e› (*around building*) scaffolding; *fig* framework (*zu* of)

gesalzen *pp* → **salzen**

gesamt ADJ whole, entire; (*costs*) total; (*works*) complete **Gesamtschule** F ≈ comprehensive school

gesandt *pp* → **senden**

geschaffen *pp* → **schaffen**

Geschäft NT ‹-(e)s, -e› business; shop; (*transaction*) deal **geschäftlich** 1 ADJ commercial 2 ADV on business **Geschäftsfrau** F businesswoman **Geschäftsführer(in)** M(F) managing director; (*of shop*) manager **Geschäftsleitung** F executive board **Geschäftsmann** businessman **Geschäftsreise** F business trip **Geschäftszeiten** PL business (*or* opening) hours *pl*

geschehen ‹geschah, geschehen› VI happen

Geschenk NT ‹-(e)s, -e› present, gift **Geschenkgut-**

schein M gift voucher **Geschenkpapier** NT giftwrap

Geschichte F ‹-, -n› story; (*matter*) affair; HIST history

geschickt ADJ skilful

geschieden 1 *pp* → **scheiden** 2 ADJ divorced

geschienen *pp* → **scheinen**

Geschirr NT ‹-(e)s, -e› crockery; (*for cooking*) pots and pans *pl*; (*of horse*) harness; **~ spülen** do (*or* wash) the dishes, do the washing-up (*Br*) **Geschirrspülmaschine** F dishwasher **Geschirrspülmittel** NT washing-up liquid (*Br*), dishwashing liquid (*US*) **Geschirrtuch** NT tea towel (*Br*), dish towel (*US*)

geschissen *pp* → **scheißen**

geschlafen *pp* → **schlafen**

geschlagen *pp* → **schlagen**

Geschlecht NT ‹-(e)s, -er› sex; LING gender **Geschlechtskrankheit** F sexually transmitted disease, STD **Geschlechtsverkehr** M sexual intercourse

geschlichen *pp* → **schleichen**

geschliffen *pp* → **schleifen**

geschlossen ADJ closed

Geschmack M ‹-(e)s, Geschmäcke› taste **geschmacklos** ADJ tasteless **Geschmack(s)sache** F **das ist ~** that's a matter of taste **geschmackvoll** ADJ tasteful

geschmissen *pp* → **schmeißen**

geschmolzen pp → schmelzen

geschnitten pp → schneiden

geschoben pp → schieben

Geschoss NT ⟨-es, -e⟩ (storey) floor

geschossen pp → schießen

Geschrei NT ⟨-s⟩ cries pl; fig fuss

geschrieben pp → schreiben

geschrie(e)n pp → schreien

geschützt ADJ protected

Geschwätz NT ⟨-es⟩ chatter; (about other people) gossip **geschwätzig** ADJ talkative, gossipy

geschweige ADV ~ (denn) let alone

geschwiegen pp → schweigen

Geschwindigkeit F speed; PHYS velocity **Geschwindigkeitsbegrenzung** F speed limit

Geschwister PL brothers and sisters pl

geschwollen ADJ swollen; (speech) pompous

geschwommen pp → schwimmen

geschworen pp → schwören

Geschwulst F ⟨-, Geschwülste⟩ growth

Geschwür NT ⟨-(e)s, -e⟩ ulcer

gesehen pp → sehen

gesellig ADJ sociable **Gesellschaft** F society; (people with sb) company

gesessen pp → sitzen

Gesetz NT ⟨-es, -e⟩ law **gesetzlich** ADJ legal **gesetzwidrig** ADJ illegal

Gesicht NT ⟨-(e)s, -er⟩ face; (look) expression; **mach doch nicht so ein ~!** stop pulling such a face **Gesichtscreme** F face cream **Gesichtswasser** NT toner

gesoffen pp → saufen

gesogen pp → saugen

gespannt ADJ tense; (keen) eager; **ich bin ~, ob ...** I wonder if ...; **auf etw/jdn ~ sein** look forward to sth/to seeing sb

Gespenst NT ⟨-(e)s, -er⟩ ghost

gesperrt ADJ closed

gesponnen pp → spinnen

Gespräch NT ⟨-(e)s, -e⟩ talk, conversation; (discussion); (by phone) call

gesprochen pp → sprechen

gesprungen pp → springen

Gestalt F ⟨-, -en⟩ form, shape; (person) figure

gestanden pp → stehen, → gestehen

Gestank M ⟨-(e)s⟩ stench

gestatten VT permit, allow; **~ Sie?** may I?

Geste F ⟨-, -n⟩ gesture

gestehen irr VT confess

gestern ADV yesterday; **~ Abend/Morgen** yesterday evening/morning

gestiegen pp → steigen

gestochen pp → stechen

gestohlen pp → stehlen

gestorben pp → sterben

gestört ADJ disturbed; (radio reception) poor

gestoßen pp → stoßen

gestreift ADJ striped

gestrichen pp → streichen

gestritten pp → streiten

gestunken pp → stinken

gesund ADJ healthy; **wieder ~ werden** get better **Gesundheit** F health; **~!** bless you!

Gesundheitskarte F health insurance card **gesundheitsschädlich** ADJ unhealthy

gesungen pp → singen

gesunken pp → sinken

getan pp → tun

getragen pp → tragen

Getränk NT ⟨-(e)s, -e⟩ drink **Getränkeautomat** M drinks machine **Getränkekarte** F list of drinks

Getreide NT ⟨-s, -⟩ cereals pl, grain

getrennt ADJ separate; **~ leben** live apart; **~ zahlen** pay separately

getreten pp → treten

Getriebe NT ⟨-s, -⟩ AUTO gearbox

getrieben pp → treiben

getroffen pp → treffen

getrunken pp → trinken

Getue NT fuss

geübt ADJ experienced

Gewähr F ⟨-⟩ guarantee

Gewalt F ⟨-, -en⟩ power; (influence) control; (brute strength) force; (brutality) violence; **mit aller ~** with all one's might ge-

waltig ADJ tremendous; (mistake) huge

gewandt 1 pp → wenden 2 ADJ (physically) nimble; (talented) skilful; (practised) experienced

gewann imperf → gewinnen

gewaschen pp → waschen

Gewebe NT ⟨-s, -⟩ fabric; BIO tissue

Gewehr NT ⟨-(e)s, -e⟩ rifle, gun

Geweih NT ⟨-(e)s, -e⟩ antlers pl

gewendet pp → wenden

Gewerbe NT ⟨-s, -⟩ trade **Gewerbegebiet** NT industrial estate (Br) (or park (US)) **gewerblich** ADJ commercial

Gewerkschaft F trade union

gewesen pp → sein

Gewicht NT ⟨-(e)s, -e⟩ weight; fig importance

gewiesen pp → weisen

Gewinn M ⟨-(e)s, -e⟩ profit; (from gambling) winnings pl **gewinnen** ⟨gewann, gewonnen⟩ 1 VT win; (acquire) gain; (coal, oil) extract 2 VI win; (profit) gain **Gewinner(in)** M(F) ⟨-s, -⟩ winner

gewiss 1 ADJ certain 2 ADV certainly

Gewissen NT ⟨-s, -⟩ conscience; **ein gutes/schlechtes ~ haben** have a clear/bad conscience

Gewitter NT ⟨-s, -⟩ thunderstorm

gewogen *pp* → wiegen

gewöhnen 1 *VT* **jdn an etw** *acc* ~ accustom sb to sth 2 *VR* **sich an jdn/etw** ~ get used (or accustomed) to sb/sth **Gewohnheit** *F* habit; (tradition) custom **gewöhnlich** *ADJ* usual; (average) ordinary; *pej* common; **wie** ~ as usual **gewohnt** *ADJ* usual; **etw** ~ **sein** be used to sth

gewonnen *pp* → gewinnen

geworben *pp* → werben

geworden *pp* → werden

geworfen *pp* → werfen

Gewürz *NT* <-es, -e> spice **Gewürznelke** *F* clove **gewürzt** *ADJ* seasoned

gewusst *pp* → wissen

Gezeiten *PL* tides *pl*

gezogen *pp* → ziehen

gezwungen *pp* → zwingen

Gibraltar *NT* <-s> Gibraltar

Gicht *F* <-> gout

gierig *ADJ* greedy

gießen <goss, gegossen> *VT* pour; (flowers) water; (metal) cast **Gießkanne** *F* watering can

Gift *NT* <-(e)s, -e> poison **giftig** *ADJ* poisonous

Gigabyte *NT* gigabyte

Gin *M* <-s, -s> gin

ging *imperf* → gehen

Gin Tonic *M* <-(s), -s> gin and tonic

Gipfel *M* <-s, -> summit, peak; POL summit; *fig* (culmination) height

Gips *M* <-es, -e> a. MED plaster

Giraffe *F* <-, -n> giraffe

Girokonto *NT* current account (Brit), checking account (US)

Gitarre *F* <-, -n> guitar

Gitter *NT* <-s, -> bars *pl*

glänzen *VI* a. *fig* shine **glänzend** *ADJ* shining; *fig* brilliant

Glas *NT* <-es, Gläser> glass; (for jam) jar **Glascontainer** *M* bottle bank **Glasnudel** *F* glass noodle **Glasscheibe** *F* pane (of glass) **Glassplitter** *M* splinter of glass

Glasur *F* glaze; GASTR icing

glatt *ADJ* smooth; (floor, road etc) slippery; (lie) downright **Glatteis** *NT* (black) ice

Glatze *F* <-, -n> bald head

glauben *VT, VI* believe (an + *acc* in); (have opinion) think; **jdm** ~ believe sb

gleich 1 *ADJ* equal; (similar) same, identical; **es ist mir** ~ it's all the same to me 2 *ADV* equally; (immediately) straight away; (soon) in a minute; ~ **groß/alt** the same size/age; ~ **nach/an** right after/at **Gleichberechtigung** *F* equal rights *pl* **gleichen** <glich, geglichen> 1 *VI* **jdm/einer Sache** ~ be like sb/sth 2 *VR* be alike **gleichfalls** *ADV* likewise; **danke** ~! thanks, and the same to you **gleichgültig** *ADJ* indifferent; (immaterial) unimportant **gleich-**

mäßig ADJ regular; *(distribution)* even, equal **gleichzeitig** 1 ADJ simultaneous 2 ADV at the same time

Gleis NT ‹-es, -e› track, rails pl; *(area in station)* platform

Gleitcreme F lubricant

gleiten ‹glitt, geglitten› VI glide; *(slip down)* slide **Gleitschirmfliegen** NT ‹-s› paragliding

Gletscher M ‹-s, -› glacier

glich imperf → **gleichen**

Glied NT ‹-(e)s, -er› *(arm, leg)* limb; *(of chain)* link; *(male organ)* penis **Gliedmaßen** PL limbs pl

glitschig ADJ slippery

glitt imperf → **gleiten**

glitzern VI glitter; *(stars)* twinkle

Globalisierung F ‹-, -en› globalization

Globuli PL MED globuli pl

Glocke F ‹-, -n› bell **Glockenrock** M flared skirt **Glockenspiel** NT ‹-s› chimes pl

Glotze F ‹-, -n› fam *(TV)* box **glotzen** VI fam stare

Glück NT ‹-(e)s› luck; *(pleasure)* happiness; ~ **haben** be lucky; **viel ~!** good luck; **zum ~** fortunately **glücklich** ADJ lucky; *(pleased)* happy **glücklicherweise** ADV fortunately **Glückwunsch** M congratulations pl; **herzlichen ~ zur bestandenen Prüfung** congratulations on passing your exam;

herzlichen ~ zum Geburtstag! Happy Birthday

Glühbirne F light bulb **glühen** VI glow **Glühwein** M mulled wine

Gluten NT ‹-s› CHEM gluten **Glutenunverträglichkeit** F MED gluten intolerance

GmbH F ‹-, -s› abbr = **Gesellschaft mit beschränkter Haftung** ≈ Ltd *(Brit)*, ≈ Inc *(US)*

Gokart M ‹-(s), -s› go-kart

Gold NT ‹-(e)s› gold **golden** ADJ gold; fig golden **Goldfisch** M goldfish **Goldmedaille** F gold medal **Goldschmied(in)** M(F) goldsmith

Golf 1 M ‹-(e)s, -e› gulf; **der ~ von Biskaya** the Bay of Biscay 2 NT ‹-s› golf **Golfplatz** M golf course **Golfschläger** M golf club

Gondel F ‹-, -n› gondola; *(of cable railway)* cable-car

gönnen VT **ich gönne es ihm** I'm really pleased for him; **sich** dat **etw ~** allow oneself sth

goss imperf → **gießen**

gotisch ADJ Gothic

Gott M ‹-es, Götter› God; *(deity)* god **Gottesdienst** M service **Göttin** F goddess

Gouda M ‹-s, -s› *(cheese)* gouda

Grab NT ‹-(e)s, Gräber› grave **graben** ‹grub, gegraben› VT dig **Graben** M ‹-s, Gräben› ditch

Grabstein M gravestone

Grad M ⟨-(e)s, -e⟩ degree; **wir haben 30 ~ Celsius** it's 30 degrees Celsius, it's 86 degrees Fahrenheit; **bis zu einem gewissen ~** up to a certain extent

Graf M ⟨-en, -en⟩ count; (*in Britain*) earl

Graffiti PL graffiti sg

Grafik F ⟨-, -en⟩ graph; (*work of art*) graphic; (*illustration*) diagram **Grafikkarte** F IT graphics card

Gräfin F ⟨-, -nen⟩ countess

Gramm NT ⟨-s⟩ gram(me)

Grammatik F grammar

Grapefruit F ⟨-, -s⟩ grapefruit

Graphik F → **Grafik**

Gras NT ⟨-es, Gräser⟩ grass

grässlich ADJ horrible

Gräte F ⟨-, -n⟩ (fish)bone

gratis ADJ, ADV free (of charge)

gratulieren VI **jdm (zu etw)** congratulate sb (on sth); (**ich**) **gratuliere!** congratulations!

grau ADJ grey, gray (US)

grausam ADJ cruel

greifen ⟨griff, gegriffen⟩ **1** VT seize; **zu etw ~** fig resort to sth **2** VI (*rule etc*) have an effect (*bei* on)

grell ADJ harsh

Grenze F ⟨-, -n⟩ boundary; (*of country*) border; (*on sth*) limit **grenzen** VI border (*an + acc* on)

Grieche M ⟨-n, -n⟩ Greek

Griechenland NT Greece

Griechin F Greek **griechisch** ADJ Greek

Grieß M ⟨-es, -e⟩ GASTR semolina

griff imperf → **greifen**

Griff M ⟨-(e)s, -e⟩ grip; (*of door etc*) handle **griffbereit** ADJ handy

Grill M ⟨-s, -s⟩ grill; (*outdoors*) barbecue

grillen **1** VT grill **2** VI have a barbecue **Grillfest** NT, **Grillfete** F barbecue **Grillkohle** F charcoal

grinsen VI grin; (*mockingly*) sneer

Grippe F ⟨-, -n⟩ flu **Grippeschutzimpfung** F flu vaccination

grob ADJ coarse; (*error, breach*) gross; (*estimate*) rough

Grönland NT ⟨-s⟩ Greenland

groß **1** ADJ big, large; (*person*) tall; fig great; (*letter*) capital; (*adult*) grown-up; **im Großen und Ganzen** on the whole **2** ADV greatly **großartig** ADJ wonderful

Großbritannien NT ⟨-s⟩ (Great) Britain

Großbuchstabe M capital letter

Größe F ⟨-, -n⟩ size; (*of person*) height; fig greatness; **welche ~ haben Sie?** what size do you take?

Großeltern PL grandparents pl **Großhandel** M wholesale trade **Großmutter** F grand-

mother großschreiben irr VT write with a capital letter
Großstadt F city **Großvater** M grandfather **großzügig** ADJ generous
grub imperf → **graben**
Grübchen NT dimple
Grube F ⟨-, -n⟩ pit
grüezi INTERJ (Swiss) hello
grün ADJ green; **~er Salat** lettuce; **~e Bohnen** French beans
Grund M ⟨-(e)s, Gründe⟩ reason; (earth's surface) ground; (of sea, container) bottom; (belonging to sb) land, property; **aus gesundheitlichen Gründen** for health reasons; **aus diesem ~** for this reason
gründen VT found **Gründer(in)** M(f) founder
Grundgebühr F basic charge
gründlich ADJ thorough
grundsätzlich ADJ fundamental, basic; **sie kommt ~ zu spät** she's always late
Grundschule F primary school **Grundstück** NT plot; (land) estate; (for building on) site
Grüne(r) MF POL Green; **die ~n** the Green Party
Gruppe F ⟨-, -n⟩ group
Gruppenermäßigung F group discount **Gruppenreise** F group tour
Gruß M ⟨-es, Grüße⟩ greeting; **viele Grüße** best wishes; **Grüße an** + acc regards to; **mit freundlichen Grüßen**

Yours sincerely (Br), Sincerely yours (US) **grüßen** VT greet; **grüß deine Mutter von mir** give your mother my regards; **Julia lässt (euch) ~** Julia sends (you) her regards
gucken VI look
Gulasch NT ⟨-(e)s, -e⟩ goulash
Gummi M OR NT ⟨-s, -s⟩ rubber
Gummistiefel M wellington (boot) (Br), rubber boot (US)
günstig ADJ favourable; (price) good
gurgeln VI gurgle; (with mouthwash) gargle
Gurke F ⟨-, -n⟩ cucumber; **saure ~** gherkin
Gurt M ⟨-(e)s, -e⟩ belt
Gürtel M ⟨-s, -⟩ belt; GEO zone
gut ■ ADJ good; (mark in school) ≈ B; **sehr ~** very good, excellent; (mark in school) ≈ A; **alles Gute!** all the best ② ADV well; (in business etc) go well; **es geht ihm ~** he's doing fine; **~ aussehend** good-looking; **~ gelaunt** in a good mood; **~ gemeint** well meant; **schon ~!** it's all right; **mach's ~!** take care, bye
Gutachten NT ⟨-s, -⟩ report
Gutachter(in) M(f) ⟨-s, -⟩ expert
gutartig ADJ MED benign
Güter PL goods pl **Güterzug** M goods train
gutgläubig ADJ trusting

Guthaben NT ⟨-s⟩ (credit) balance

gutmütig ADJ good-natured

Gutschein M voucher

Gutschrift F credit

guttun irr VI jdm ~ do sb good

Gymnasium NT ≈ grammar school (Br), ≈ high school (US)

Gymnastik F exercises pl, keep-fit

Gynäkologe M, **Gynäkologin** F gynaecologist

Gyros NT ⟨-, -⟩ doner kebab

H

Haar NT ⟨-(e)s, -e⟩ hair; **um ein ~** nearly; **sich dir die ~e schneiden lassen** have one's hair cut **Haarbürste** F hairbrush **Haarfestiger** M setting lotion **Haargel** NT hair gel **haarig** ADJ hairy; fig nasty **Haarpflege** F hair care **Haarschnitt** M haircut **Haarspange** F hair slide (Br), barrette (US) **Haarspliss** M split ends pl **Haarspray** NT hair spray **Haartrockner** M ⟨-s, -⟩ hairdryer **Haarwaschmittel** NT shampoo

haben ⟨hatte, gehabt⟩ VT, VAUX have; **Hunger/Angst ~** be hungry/afraid; **Ferien ~** be on holiday (Br) (or vacation (US)); **welches Datum ~ wir heute?** what's the date today?; **ich hätte gerne ...** I'd like ...; **hätten Sie etwas dagegen, wenn ...?** would you mind if ...?; **was hast du denn?** what's the matter (with you)?

Hacke F ⟨-, -n⟩ hoe; (of foot, shoe) heel **hacken** VT chop; (hole) hack; (soil) hoe **Hacker(in)** M(F) ⟨-s, -⟩ IT hacker **Hackfleisch** NT mince(d meat) (Br), ground meat (US)

Hafen M ⟨-s, Häfen⟩ harbour; (larger) port **Hafenstadt** F port

Hafer M ⟨-s, -⟩ oats pl **Haferflocken** PL rolled oats pl

Haft F ⟨-⟩ custody **haftbar** ADJ liable, responsible **Haftcreme** F denture fixative **haften** VI stick; **~ für** be liable (or responsible) for **Haftnotiz** F Post-it **Haftpflichtversicherung** F third party insurance **Haftung** F liability

Hagebutte F ⟨-, -n⟩ rose hip

Hagel M ⟨-s⟩ hail **hageln** VI IMPERS hail

Hahn M ⟨-(e)s, Hähne⟩ cock; (for water) tap (Br), faucet (US) **Hähnchen** NT cockerel; GASTR chicken **Hähnchenflügel** M chicken wing

Hai(fisch) M ⟨-(e)s, -e⟩ shark

Haken M ⟨-s, -⟩ hook; (mark) tick

halal ADJ (allowed by Islam) halal

halb ADJ half; **~ eins** half past twelve; fam half twelve; **eine ~e Stunde** half an hour; **~ offen** half-open **Halbfinale** NT semifinal **halbieren** VT halve **Halbinsel** F peninsula **Halbjahr** NT half-year **Halbmond** M ASTR half-moon; (symbol) crescent **Halbpension** F half board **halbtags** ADV (work) part-time **halbwegs** ADV (fairly) reasonably **Halbzeit** F half; (interval) half-time

half imperf → **helfen**
Hälfte F <-, -n> half
Halle F <-, -n> hall **Hallenbad** NT indoor (swimming) pool
hallo INTERJ hello, hi
Halloumi M <-(s), -(s) (cheese) halloumi
Halogenlampe F halogen lamp
Hals M <-es, Hälse> neck; (inside) throat **Halsband** NT (for animal) collar **Halsentzündung** F sore throat **Halskette** F necklace **Hals-Nasen-Ohren-Arzt** M, **Hals-Nasen-Ohren-Ärztin** F ear, nose and throat specialist **Halsschmerzen** PL sore throat sg **Halstuch** NT scarf
halt 1 INTERJ stop 2 ADV **das ist ~ so** that's just the way it is
Halt M <-(e)s, -e> stop; (grip) hold; (inner strength) stability
haltbar ADJ durable; (food)

non-perishable **Haltbarkeitsdatum** NT best-before date
halten <hielt, gehalten> 1 VT keep; (grip) hold; **~ für** regard as; **~ von** think of; **den Elfmeter ~** save the penalty; **eine Rede ~** give (or make) a speech 2 VI hold; (stay fresh) keep; (come to standstill) stop; **zu jdm ~** stand by sb 3 VR (stay fresh) keep
Haltestelle F stop **Halteverbot** NT **hier ist ~** you can't stop here
Haltung F (of body) posture; fig attitude; (self-control) composure
Hamburg NT <-s> Hamburg **Hamburger** M <-s, -> GASTR hamburger
Hammelfleisch NT mutton
Hammer M <-s, Hämmer> hammer; fig fam (mistake) howler
Hämorr(ho)iden PL haemorrhoids pl, piles pl
Hamster M <-s, -> hamster
Hand F <-, Hände> hand; **jdm die ~ geben** shake hands with sb; **zu Händen von** attention **Handarbeit** F (school subject) handicraft; **~ sein** be handmade **Handball** M handball **Handbremse** F handbrake **Handbuch** NT handbook, manual
Handel M <-s> trade; (deal) transaction **handeln** 1 VI

act; COMM trade; **~ von** be about **2** VR IMPERS **es handelt sich um ...** it's about ...

Handfeger M ⟨-s, -⟩ brush **Handgelenk** NT wrist **handgemacht** ADJ handmade **Handgepäck** NT hand luggage (Brit) (or baggage)

Händler(in) M(F) ⟨-s, -⟩ dealer **handlich** ADJ handy

Handlung F act, action; (of novel, film) plot

Handschellen PL handcuffs pl **Handschrift** F handwriting **Handschuh** M glove **Handschuhfach** NT glove compartment **Handtasche** F handbag, purse (US) **Handtuch** NT towel **Handwerk** NT trade **Handwerker** M ⟨-s, -⟩ workman

Handy NT ⟨-s, -s⟩ mobile (phone) (Brit), cellphone (US) **Handyhülle** F mobile phone case (Brit), cellphone case (US) **Handynummer** F mobile phone number (Brit), cellphone number (US) **Handytasche** F mobile phone case (Brit) , cellphone case (US)

Hang M ⟨-(e)s, Hänge⟩ slope; fig tendency

Hängematte F hammock **hängen 1** ⟨hing, gehangen⟩ VI hang; **an der Wand/an der Decke ~** hang on the wall/from the ceiling; **an jdm ~** fig be attached to sb; **~ bleiben** get caught (an + dat on); fig get

stuck **2** VT hang (an + acc on) **Hardware** F ⟨-, -s⟩ IT hardware

Harfe F ⟨-, -n⟩ harp

harmlos ADJ harmless

harmonisch ADJ harmonious

Harn M ⟨-(e)s, -e⟩ urine **Harnblase** F bladder

hart ADJ hard; fig harsh; **~ gekocht** (egg) hard-boiled **Hartkäse** M hard cheese **hartnäckig** ADJ stubborn

Haschisch NT ⟨-⟩ hashish

Hase M ⟨-n, -n⟩ hare

Haselnuss F hazelnut

Hashtag M OR NT ⟨-s, -s⟩ hashtag

Hass M ⟨-es⟩ hatred (auf + acc, gegen of), hate **hassen** VT hate

hässlich ADJ ugly; (mean) nasty

Hast F ⟨-⟩ haste, hurry **hastig** ADJ hasty

hatte imperf → **haben**

Haube F ⟨-, -n⟩ hood; (hat) cap; AUTO bonnet (Brit), hood (US)

hauchdünn ADJ (layer, slice) wafer-thin

hauen ⟨haute, gehauen⟩ VT hit

Haufen M ⟨-s, -⟩ pile; **ein ~ Geld** a lot of money

häufig 1 ADJ frequent **2** ADV frequently, often

Haupt- IN CPDS main **Hauptbahnhof** M central (or main) station **Haupteingang** M main entrance **Hauptgericht** NT main course

Häuptling M chief

Hauptquartier NT headquarters *pl* **Hauptrolle** F leading role **Hauptsache** F main thing **hauptsächlich** ADV mainly, chiefly **Hauptsaison** F high (*or* peak) season **Hauptschule** F ≈ secondary school (*Br*), ≈ junior high school (*US*) **Hauptstadt** F capital **Hauptstraße** F main road; (*in town centre*) main street **Hauptverkehrszeit** F rush hour

Haus NT ⟨-es, Häuser⟩ house; **nach ~e** home; **zu ~e** at home; **jdn nach ~e bringen** take sb home **Hausapotheke** F medicine cabinet **Hausarbeit** F housework **Hausarzt** M, **Hausärztin** F family doctor; (*in hotel etc*) resident doctor **Hausaufgabe** F homework; **~n** *pl* homework *sg* **Hausbesitzer(in)** M(F) ⟨-s, -⟩ house owner; (*renting out*) landlord/-lady **Hausbesuch** M home visit **Hausfrau** F housewife **hausgemacht** ADJ homemade **Haushalt** M household; POL budget

häuslich ADJ domestic

Hausmann M house-husband **Hausmannskost** F *good plain cooking* **Hausmeister(in)** M(F) caretaker (*Br*), janitor (*US*) **Hausmittel** NT

home remedy **Hausnummer** F house number **Hausschlüssel** M front-door key **Hausschuh** M slipper **Haustier** NT pet **Haustür** F front door

Haut F ⟨-, Häute⟩ skin **Hautarzt** M, **Hautärztin** F dermatologist **Hautausschlag** M skin rash **Hautcreme** F skin cream **Hautfarbe** F skin colour **Hautpflege** F skin care

Hebamme F ⟨-, -n⟩ midwife **Hebel** M ⟨-s, -⟩ lever **heben** ⟨hob, gehoben⟩ VT raise, lift

Hebräisch NT ⟨-⟩ Hebrew

Hecht M ⟨-(e)s, -e⟩ pike **Heck** NT ⟨-(e)s, -e⟩ (*of boat*) stern; (*of car*) rear **Heckantrieb** M rear-wheel drive **Hecke** F ⟨-, -n⟩ hedge **Heckklappe** F tailgate **Heckscheibe** F rear window **Hefe** F ⟨-, -n⟩ yeast **Heft** NT ⟨-(e)s, -e⟩ notebook, exercise book; (*of magazine*) issue

heftig ADJ violent; (*criticism, argument*) fierce **Heftklammer** F paper clip **Heftpflaster** NT plaster (*Br*), Band-Aid [®]

Heide F ⟨-, -n⟩ heath, moor **Heidekraut** NT heather **Heidelbeere** F bilberry, blueberry

heidnisch ADJ (*custom*) pagan

heikel ADJ (*matter*) awkward; (*person*) fussy

heil ADJ (*thing*) in one piece, intact **heilbar** ADJ curable

Heilbutt M ⟨-(e)s, -e⟩ halibut

heilen 1 VT cure 2 VI heal

heilig ADJ holy **Heiligabend** M Christmas Eve **Heilige(r)** MF saint

Heilpraktiker(in) MF⟨-s, -⟩ non-medical practitioner

heim ADV home **Heim** NT ⟨-(e), -e⟩ home

Heimat F ⟨-, -en⟩ home (town/country)

heimfahren irr VI drive home **Heimfahrt** F journey home **heimisch** ADJ (*population, customs*) local; (*animal, plant*) native **heimkommen** irr VI come (*or* return) home

heimlich ADJ secret

Heimreise F journey home **Heimservice** M home delivery service **Heimspiel** NT SPORT home game **Heimweg** M way home **Heimweh** NT ⟨-s⟩ homesickness; ~ **haben** be homesick

Heirat F ⟨-, -en⟩ marriage **heiraten** 1 VI get married 2 VT marry **Heiratsantrag** M proposal; **er hat ihr einen ~ gemacht** he proposed to her **heiser** ADJ hoarse

heiß ADJ hot; (*discussion*) heated; **mir ist ~** I'm hot

heißen ⟨hieß, geheißen⟩ 1 VI be called; (*have sense, conse-*) quence) mean; **ich heiße Tom** my name is Tom; **wie ~ Sie?** what's your name?; **wie heißt sie mit Nachnamen?** what's her surname?; **wie heißt das auf Englisch?** what's that in English? 2 VI IMPERS **es heißt** (*people say*) it is said; **es heißt in dem Brief ...** it says in the letter ...; **das heißt** that is

heiter ADJ cheerful; (*weather*) bright

heizen VT heat **Heizkörper** M radiator **Heizöl** NT fuel oil **Heizung** F heating

Hektar M ⟨-s, -⟩ hectare

Hektik F ⟨-, -en⟩ **nur keine ~!** take it easy **hektisch** ADJ hectic

Held M ⟨-en, -en⟩ hero **Heldin** F heroine

helfen ⟨half, geholfen⟩ 1 VI help (*jdm bei etw* sb with sth); (*thing*) be of use 2 VI IMPERS **es hilft nichts, du musst ...** it's no use, you have to ... **Helfer(in)** MF⟨-s⟩ helper; (*at work*) assistant

Helikopter M ⟨-s, -⟩ heilcopter **Helikoptereltern** PL helicopter parents *pl*

hell ADJ bright; (*colour*) light; (*complexion*) fair **hellblau** ADJ light blue **hellblond** ADJ ash-blond **hellgelb** ADJ pale yellow **hellgrün** ADJ light green **Hellseher(in)** MF clairvoyant

Helm M ⟨-(e)s, -e⟩ helmet

Helmkamera F̲ activity camera **Helmpflicht** F̲ compulsory wearing of helmets

Hemd N̲T̲ ⟨-(e)s, -en⟩ shirt

hemmen V̲T̲ check; (hindern) hamper; **gehemmt sein** be inhibited **Hemmung** F̲ inhibition; (moral) scruple

Henkel M̲ ⟨-s, -⟩ handle

Henna N̲T̲ ⟨-s⟩ henna

Henne F̲ ⟨-, -n⟩ hen

Hepatitis F̲ ⟨-, Hepatitiden⟩ hepatitis

her A̲D̲V̲ here; **wo ist sie ~?** where is she from?; **das ist zehn Jahre ~** that was ten years ago

herab A̲D̲V̲ down **herablassend** A̲D̲J̲ (remark) condescending **herabsehen** irr V̲I̲ **auf jdn ~** look down on sb **herabsetzen** V̲T̲ reduce; fig disparage

heran A̲D̲V̲ **näher ~!** come closer **herankommen** irr V̲I̲ approach; **~ an +** acc be able to get at; fig be able to get hold of

herauf A̲D̲V̲ up **heraufbeschwören** irr V̲T̲ evoke; (crisis, dispute etc) cause

heraus A̲D̲V̲ out **herausbekommen** irr V̲T̲ (secret) find out; (puzzle) solve **herausfinden** irr V̲T̲ find out **herausfordern** V̲T̲ challenge **Herausforderung** F̲ challenge **herausgeben** irr V̲T̲ (book) edit; (issue) publish; **jdm zwei**

Euro ~ give sb two euros change **herausholen** V̲T̲ get out (aus of) **herauskommen** irr V̲I̲ come out; **dabei kommt nichts heraus** nothing will come of it **herausstellen** V̲R̲ turn out (als to be)

Herbst M̲ ⟨-(e)s, -e⟩ autumn, fall (US)

Herd M̲ ⟨-(e)s, -e⟩ cooker, stove

Herde F̲ ⟨-, -n⟩ herd; (of sheep) flock

herein A̲D̲V̲ in; **~! come** in **hereinfallen** irr V̲I̲ **wir sind auf einen Betrüger hereingefallen** we were taken in by a swindler **hereinlegen** V̲T̲ **jdn ~** fig take sb for a ride

Herfahrt F̲ journey here; **auf der ~** on the way here

Hergang M̲ course (of events); **schildern Sie mir den ~** tell me what happened

Hering M̲ ⟨-s, -e⟩ herring

herkommen irr V̲I̲ come; **wo kommt sie her?** where does she come from?

Heroin N̲T̲ ⟨-s⟩ heroin

Herpes M̲ ⟨-⟩ MED herpes

Herr M̲ ⟨-(e)n, -en⟩ (before name) Mr; (person) gentleman; (nobleman, God) Lord; **mein ~!** sir; **meine ~en!** gentlemen; **Sehr geehrte Damen und ~en** Dear Sir or Madam **Herrentoilette** F̲ men's toilet, gents

herrichten V̲T̲ prepare

herrlich ADJ marvellous, splendid

Herrschaft F rule; power

herrschen VI rule; (exist) be

herstellen VT make; (industrially) manufacture **Hersteller(in)** M(F) manufacturer **Herstellung** F production

herüber ADV over

herum ADV around; (in a circle) round; **um etw ~** around sth; **du hast den Pulli falsch ~ an** you're wearing your sweater inside out; **anders ~** the other way round **herumfahren** irr VI drive around **herumkommen** irr VI **sie ist viel in der Welt herumgekommen** she's been around the world; **um etw ~** (avoid) get out of sth **herumkriegen** VT talk round **herumtreiben** irr VI hang around

herunter ADV down **heruntergekommen** ADJ (building, area) run-down; (person) down-at-heel **herunterhandeln** VT get down **herunterkommen** irr VI come down **herunterladen** irr VT IT download

hervor ADV out **hervorbringen** irr VT produce; (word) utter **hervorragend** ADJ excellent **hervorrufen** irr VT cause, give rise to

Herz NT ⟨-ens, -en⟩ heart; (card suit) hearts pl; **von ganzem ~en** wholeheartedly; **sich**

dat etw zu ~en nehmen take sth to heart **Herzanfall** M heart attack **Herzbeschwerden** PL heart trouble sg **herzhaft** ADJ (meal) substantial; **~ lachen** have a good laugh **Herzinfarkt** M heart attack **Herzklopfen** NT ⟨-s⟩ MED palpitations pl; **ich hatte ~ (vor Aufregung)** my heart was pounding (with excitement) **herzkrank** ADJ **sie ist ~** she's got a heart condition **herzlich** ADJ (reception, person) warm; **~en Glückwunsch** congratulations

Herzog(in) M(F) ⟨-s, Herzöge⟩ duke/duchess

Herzschlag M heartbeat; (stopping) heart failure **Herzschrittmacher** M pacemaker

Hessen NT ⟨-s⟩ Hessen

heterosexuell ADJ heterosexual

Hetze F ⟨-, -n⟩ rush **hetzen** VT, VR rush

Heu NT ⟨-(e)s⟩ hay

heulen VI howl; (weep) cry

Heuschnupfen M hay fever **Heuschrecke** F ⟨-, -n⟩ grasshopper; (larger) locust

heute ADV today; **~ Abend/früh** this evening/morning; **~ Nacht** tonight; (just gone) last night; **~ in acht Tagen** a week (from) today; **sie hat bis ~ nicht bezahlt** she hasn't paid to this day **heutig** ADJ **die**

~e Zeitung/Generation today's paper/generation **heutzutage** ADV nowadays
Hexe F ⟨-, -n⟩ witch **Hexenschuss** M lumbago
hielt imperf → **halten**
hier ADV here; **~ entlang** this way; **ich bin auch nicht von ~** I'm a stranger here myself **hierbleiben** irr VI stay here **hierher** ADV here; **das gehört nicht ~** that doesn't belong here **hiermit** ADV with this
hiesig ADJ local
hieß imperf → **heißen**
Hi-Fi-Anlage F hi-fi (system)
high ADJ fam high **Highlife** NT ⟨-s⟩ high life; **~ machen** live it up **Hightech** NT ⟨-s⟩ high tech
Hilfe F ⟨-, -n⟩ help; (financial, for those in need) aid; **~!** help!; **Erste ~ leisten** give first aid; **um ~ bitten** ask for help **hilflos** ADJ helpless **hilfsbereit** ADJ helpful
Himbeere F raspberry
Himmel M ⟨-s, -n⟩ sky; REL heaven **Himmelfahrt** F Ascension **Himmelsrichtung** F direction **himmlisch** ADJ heavenly
hin ADV there; **~ und her** to and fro; **~ und zurück** there and back; **bis zur Mauer ~** up to the wall; **das ist noch lange ~** (in the future) that's a long way off
hinab ADV down **hinabge-**

hen irr VI go down
hinauf ADV up **hinaufgehen** irr VI, VT go up **hinaufsteigen** irr VI climb (up)
hinaus ADV out **hinausgehen** irr VI go out; **~ über** + acc exceed **hinauslaufen** irr VI run out; **~ auf** + acc come to, amount to **hinausschieben** irr VI put off, postpone **hinauswerfen** irr VT throw out; (employee) fire, sack (Br) **hinauszögern** VR take longer than expected
hinbringen irr VT **ich bringe Sie hin** I'll take you there
hindern VT prevent; **jdn daran ~, etw zu tun** stop (or prevent) sb from doing sth **Hindernis** NT obstacle
Hinduismus M Hinduism
hindurch ADV through; **das ganze Jahr ~** throughout the year, all year round; **die ganze Nacht ~** all night (long)
hinein ADV in **hineingehen** irr VI go in; **~ in** + acc go into, enter **hineinpassen** VI fit in; **~ in** + acc fit into
hinfahren irr **1** VI go there **2** VT take there **Hinfahrt** F outward journey
hinfallen irr VI (fall down)
Hinflug M outward flight
hing imperf → **hängen**
hingehen irr VI go there; (time) pass **hinhalten** irr VT hold out; (keep waiting) put off
hinken VI limp; **der Vergleich**

hinkt the comparison doesn't work

hinlegen **1** VT put down **2** VR lie down **Hinreise** F outward journey **hinsetzen** VR sit down **hinsichtlich** PREP + gen with regard to **hinstellen** **1** VT put (down) **2** VR stand

hinten ADV at the back; (in car) in the back; (sth/sb else) behind **hinter** PREP + dat or acc behind; (beyond, in order of importance) after; ~ **jdm her sein** be after sb; **etw** ~ **sich** acc **bringen** get sth over (and done) with **Hinterbliebene(r)** MF dependant **hintere(r, s)** ADJ rear, back **hintereinander** ADV (in a row) one behind the other; (in consequence sequence) one after the other; **drei Tage** ~ three days running (or in a row) **Hintergedanke** M ulterior motive **hintergehen** irr VT deceive **Hintergrund** M background **hinterher** ADV afterwards; **los, ~!** come on, after him/her/them **Hinterkopf** M back of the head **hinterlassen** irr VT leave; **jdm eine Nachricht** ~ leave a message for sb **Hintern** M ‹-, -› fam backside, bum

Hinterradantrieb M AUTO rear-wheel drive **Hinterteil** NT back (part); (of person) behind **Hintertür** F back door

hinüber ADV over; ~ **sein** fam (broken) be ruined; (food) have gone bad **hinübergehen** irr VI go over

hinunter ADV down **hinuntergehen** irr VI, VT go down **hinunterschlucken** VT a. fig swallow

Hinweg M outward journey **hinwegsetzen** VR **sich über etw** acc ~ ignore sth

Hinweis M ‹-es, -e› (suggestion) hint; (for user etc) instruction **hinweisen** irr VI **jdn auf etw** acc ~ point sth out to sb

hinzu ADV in addition **hinzufügen** VT add

Hirn NT ‹-(e)s, -e› brain; (intellect) brains pl **Hirnhautentzündung** F meningitis **Hirsch** M ‹-(e)s, -e› deer; (meat) venison

Hirse F ‹-, -n› millet

Hirte M ‹-n, -n› shepherd

historisch ADJ historical

Hit M ‹-s, -s› MUS, IT hit **Hitliste** F, **Hitparade** F charts pl

Hitze F ‹-› heat **hitzebeständig** ADJ heat-resistant **Hitzewelle** F heatwave **hitzig** ADJ hot-tempered; (debate) heated **Hitzschlag** M heatstroke

HIV NT ‹-(s), -(s)› abbr = **Human Immunodeficiency Virus** HIV **HIV-negativ** ADJ HIV-negative **HIV-positiv** ADJ HIV-positive

H-Milch F̲ long-life milk
HNO-Arzt M̲, **HNO-Ärztin**
  F̲ ENT specialist
hob *imperf* → heben
Hobby NT̲ ⟨-s, -s⟩ hobby
Hobel M̲ ⟨-s, -⟩ plane
hoch ADJ̲ high; (*tree, house*) tall;
  (*snow*) deep; **der Zaun ist drei
  Meter ~** the fence is three
  metres high; **~ begabt** extremely gifted; **das ist mir zu
  ~** that's above my head; **~ soll
  sie leben!, sie lebe ~!** three
  cheers for her; **4 ~ 2 ist 16** 4
  squared is 16; **4 ~ 5** 4 to the
  power of 5
Hoch NT̲ ⟨-s, -s⟩ METEO high
hochachtungsvoll ADV̲
  Yours faithfully **Hochbetrieb**
  M̲ **es herrscht ~** they/we are
  extremely busy **Hoch-
  deutsch** NT̲ High German
Hochhaus NT̲ high rise
hochheben *irr* VT̲ lift (up)
Hochschule F̲ college; university **Hochsitz** M̲ (*hunting*)
  (raised) hide **Hochsommer**
  M̲ midsummer **Hochsprung**
  M̲ high jump
höchst ADV̲ highly, extremely
höchste(r, s) ADJ̲ highest;
  (*very great*) extreme **höchstens** ADV̲ at the most
Höchstgeschwindigkeit
  F̲ maximum speed
höchstwahrscheinlich ADV̲
  very probably
Hochwasser NT̲ high water;

floods *pl*
Hochzeit F̲ ⟨-, -en⟩ wedding
Hochzeitsnacht F̲ wedding
  night **Hochzeitsreise** F̲
  honeymoon **Hochzeitstag**
  M̲ wedding day; (*yearly*) wedding anniversary
hocken VI̲, VR̲ squat, crouch
Hocker M̲ ⟨-s, -⟩ stool
Hockey NT̲ ⟨-s⟩ hockey
Hoden M̲ ⟨-s, -⟩ testicle
Hof M̲ ⟨-(e)s, Höfe⟩ yard; (*sur-
  rounded by building*) courtyard;
  (*agricultural*) farm; (*royal*) court
hoffen VI̲ hope (*auf + acc* for);
  ich hoffe es I hope so **hoffentlich** ADV̲ hopefully; **~
  nicht** I hope not **Hoffnung**
  F̲ hope **hoffnungslos** ADJ̲
  hopeless
höflich ADJ̲ polite **Höflichkeit** F̲ politeness
hohe(r, s) ADJ̲ → hoch
Höhe F̲ ⟨-, -n⟩ height; (*high
  land*) hill; (*of sum of money*)
  amount; (*flying height*) altitude
Höhenangst F̲ vertigo
Höhepunkt M̲ (*of trip*) high
  point; (*of show etc*) highlight;
  (*sexual, of film*) climax
höher ADJ̲, ADV̲ higher
hohl ADJ̲ hollow
Höhle F̲ ⟨-, -n⟩ cave
Hokkaidokürbis M̲ red kuri
  squash, onion squash (*Br*)
holen VT̲ get, fetch; (*collect*)
  pick up; (*breath*) catch; **die Polizei ~** call the police; **jdn/etw
  ~ lassen** send for sb/sth

Holland NT Holland **Holländer(in)** M(F) ⟨-s, -⟩ Dutchman/-woman **holländisch** ADJ Dutch

Hölle F ⟨-, -n⟩ hell

Hologramm NT hologram

holperig ADJ bumpy

Holunder M ⟨-s, -⟩ elder

Holz NT ⟨-es, Hölzer⟩ wood **hölzern** ADJ wooden **holzig** ADJ (stem) woody **Holzkohle** F charcoal

Homebanking NT ⟨-s⟩ home banking, online banking **Homepage** F ⟨-, -s⟩ home page **Hometrainer** M exercise machine

Homoehe F fam gay marriage

homöopathisch ADJ homeopathic

homosexuell ADJ homosexual

Honig M ⟨-s, -e⟩ honey **Honigmelone** F honeydew melon

Honorar NT ⟨-s, -e⟩ fee

Hopfen M ⟨-s, -⟩ BOT hop; (in brewing) hops pl

hoppla INTERJ whoops, oops

Hörbuch NT audiobook

horchen VI listen (auf + acc to); (at door) eavesdrop

hören VT, VI hear; (by chance) overhear; (attentively; radio, music) listen to; **ich habe schon viel von Ihnen gehört** I've heard a lot about you **Hörer** M TEL receiver **Hörer(in)** M(F) listener **Hörgerät** NT hearing aid

Horizont M ⟨-(e)s, -e⟩ horizon; **das geht über meinen ~** that's beyond me

Hormon NT ⟨-s, -e⟩ hormone

Hornhaut F hard skin; (of eye) cornea

Horoskop NT ⟨-s, -e⟩ horoscope

Hörsaal M lecture hall **Hörsturz** M acute hearing loss

Hose F ⟨-, -n⟩ trousers pl (Br), pants pl (US); (undergarment) (under)pants pl; **eine ~** a pair of trousers/pants; **kurze ~** (pair of) shorts pl **Hosenanzug** M trouser suit (Br), pantsuit (US) **Hosenschlitz** M fly, flies (Br) **Hosentasche** F trouser pocket (Br), pant pocket (US) **Hosenträger** M braces pl (Br), suspenders pl (US)

Hotdog NT OR M ⟨-s, -s⟩ hot dog

Hotel NT ⟨-s, -s⟩ hotel; **in welchem ~ seid ihr?** which hotel are you staying at? **Hoteldirektor(in)** M(F) hotel manager **Hotelkette** F hotel chain **Hotelzimmer** NT hotel room

Hotline F ⟨-, -s⟩ hot line

Hubraum M cubic capacity

hübsch ADJ (girl, child, dress) pretty; (man, woman) good-looking, cute

Hubschrauber M ⟨-s, -⟩ helicopter

Huf M ⟨-(e)s, -e⟩ hoof **Hufeisen** NT horseshoe

Hüfte F ⟨-, -n⟩ hip

Hügel M ⟨-s, -⟩ hill **hügelig** ADJ hilly

Huhn NT ⟨-(e)s, Hühner⟩ hen; GASTR chicken **Hühnchen** NT chicken **Hühnerauge** NT corn **Hühnerbrühe** F chicken broth

Hülle F ⟨-, -n⟩ cover; (for ID) case; (cellophane) wrapping

Hummel F ⟨-, -n⟩ bumblebee

Hummer M ⟨-s, -⟩ lobster

Hummus M OR NT ⟨-⟩ GASTR hummus

Humor M ⟨-s⟩ humour; **~ haben** have a sense of humour **humorvoll** ADJ humorous

humpeln VI hobble

Hund M ⟨-(e)s, -e⟩ dog **Hundeleine** F dog lead (Br), dog leash (US)

hundert NUM hundred **hundertprozentig** ADJ, ADV one hundred per cent **hundertste(r, s)** ADJ hundredth

Hündin F bitch

Hunger M ⟨-s⟩ hunger; **~ haben/bekommen** be/get hungry **hungern** VI go hungry; (seriously, constantly) starve

Hupe F ⟨-, -n⟩ horn **hupen** VI sound one's horn

Hüpfburg F bouncy castle **hüpfen** VI hop; jump

Hürde F ⟨-, -n⟩ hurdle

Hure F ⟨-, -n⟩ whore

hurra INTERJ hooray

husten VI cough **Husten** M ⟨-s⟩ cough **Hustenbonbon** NT cough sweet **Hustensaft** M cough mixture

Hut M ⟨-(e)s, Hüte⟩ hat

hüten 1 VT look after **2** VR watch out; **sich ~, etw zu tun** take care not to do sth; **sich ~ vor** + dat beware of

Hütte F ⟨-, -n⟩ hut, cottage

Hyaluronsäure F hyaluronic acid

Hyäne F ⟨-, -n⟩ hyena

hygienisch ADJ hygienic

Hyperlink M ⟨-s, -s⟩ hyperlink

Hypnose F ⟨-, -n⟩ hypnosis **Hypnotiseur(in)** M(F) hypnotist **hypnotisieren** VT hypnotize

Hypothek F ⟨-, -en⟩ mortgage

hysterisch ADJ hysterical

IBAN abbr = **International Bank Account Number** IBAN

IC® M ⟨-, -s⟩ abbr = **Intercity** (-zug) Intercity (train)

ICE® M ⟨-, -s⟩ abbr = **Intercityexpress(zug)** German high-speed train

ich PRON I; **~ bin's** it's me; **~**

nicht not me; **du und ~** you and me; **hier bin ~!** here I am; **~ Idiot!** stupid me

ideal ADJ ideal **Ideal** NT ⟨-s, -e⟩ ideal

Idee F ⟨-, -n⟩ idea

identifizieren VT, VR identify

identisch ADJ identical

Idiot(in) M(F) ⟨-en, -en⟩ idiot

idiotisch ADJ idiotic

Idylle F idyll **idyllisch** ADJ idyllic

Igel M ⟨-s, -⟩ hedgehog

ignorieren VT ignore

ihm PRON dat sg → **er**, → **es**; (to) him; (thing) (to) it; **wie geht es ~?** how is he?; **ein Freund von ~** a friend of his

ihn PRON acc sg → **er**; him; (thing) it

ihnen PRON dat pl → **sie**; (to) them; **wie geht es ~?** how are they?; **ein Freund von ~** a friend of theirs

Ihnen PRON dat sg and pl → **Sie**; (to) you; **wie geht es ~?** how are you?; **ein Freund von ~** a friend of yours

ihr 1 PRON (2nd person pl) you; **~ seid's** it's you **2** PRON (dat sg) → **sie**; (to) her; (thing) (to) it; **er schickte es ~** he sent it to her; **er hat ~ die Haare geschnitten** he cut her hair; **wie geht es ~?** how is she?; **ein Freund von ~** a friend of hers **3** PRON (as adj) her; (thing) its; (pl) their; **~ Vater** her father; **~ Auto** (several owners) their car

Ihr PRON → **Sie**; (as adj) your; **~(e) XY** (at end of letter) Yours, XY

ihre(r, s) PRON (as noun, sg) hers; (pl) theirs; **das ist ~/~r/ ihr(e)s** that's hers; (pl) that's theirs

Ihre(r, s) PRON (as noun) yours; **das ist ~/~r/Ihr(e)s** that's yours

ihretwegen 1 ADV (sg) because of her; (to please her) for her sake **2** ADV (pl) because of them; (to please them) for their sake **Ihretwegen** ADV because of you; (to please you) for your sake

Ikone F ⟨-, -n⟩ icon

illegal ADJ illegal

Illusion F illusion; **sich** dat **~en machen** delude oneself **illusorisch** ADJ illusory

Illustration F illustration

Illustrierte F ⟨-n, -n⟩ (glossy) magazine

im contr = **in dem**; **~ Bett** in bed; **~ Fernsehen** on TV; **~ Radio** on the radio; **~ Bus/Zug** on the bus/train; **~ Januar** in January; **~ Stehen** (while) standing up

Imam M ⟨-s, -e⟩ imam

Imbiss M ⟨-es, -e⟩ snack **Imbissbude** F snack bar

immer ADV always; **~ mehr** more and more; **~ wieder** again and again; **~ noch** still; **~ noch nicht** still not yet; **für ~** forever; **~ wenn ich ...** every time I ...; **~ schöner/trauriger** more and more beautiful/sadder and

sadder; **was/wer/wo/wann (auch) ~** whatever/whoever/wherever/whenever **immerhin** ADV after all

Immigrant(in) M(F) immigrant

Immobilien PL property *sg*, real estate *sg* **Immobilienmakler(in)** M(F) estate agent (*Br*), realtor (*US*)

immun ADJ immune (*gegen* to) **Immunschwäche** F immunodeficiency **Immunschwächekrankheit** F immune deficiency syndrome **Immunsystem** NT immune system

impfen VT vaccinate **Impfpass** M vaccination card **Impfstoff** M vaccine **Impfung** F vaccination

imponieren VI impress (*jdm* sb)

Import M ⟨-(e)s, -e⟩ import

importieren VT import

impotent ADJ impotent

imstande ADJ **~ sein** be in a position; (*capable*) be able

in **1** PREP + *acc* in(to); to; **~ die Stadt** into town; **~ die Schule gehen** go to school **2** PREP + *dat* in; (*with time*) in; (*in the course of*) during; (*before the end of*) within; **~ der Stadt** in town; **~ der Schule** at school; **noch ~ dieser Woche** by the end of this week; **heute ~ acht Tagen** a week (from) today; **Dienstag ~ einer Woche** a week on Tuesday **3** ADV **~**

sein (*fashionable*) be in **inbegriffen** ADJ included

indem CONJ **sie gewann, ~ sie mogelte** she won by cheating

Inder(in) M(F) ⟨-s, -⟩ Indian

Indianer(in) M(F) ⟨-s, -⟩ American Indian, Native American **indianisch** ADJ American Indian, Native American

Indien NT ⟨-s⟩ India

indirekt ADJ indirect

indisch ADJ Indian

individuell ADJ individual

Indonesien NT ⟨-s⟩ Indonesia

Induktionsherd M induction hob, induction stove top **Industrie** F industry **Industrie-** IN CPDS industrial

ineinander ADV in(to) one another (*or* each other)

Infarkt M ⟨-(e)s, -e⟩ heart attack

Infektion F infection **Infektionskrankheit** F infectious disease **infizieren** **1** VT infect **2** VR be infected

Info F ⟨-, -s⟩ *fam* info

infolge PREP + *gen* as a result of, owing to **infolgedessen** ADV consequently

Infomaterial NT *fam* bumf, info

Informatik F computer science **Informatiker(in)** M(F) ⟨-s, -⟩ computer scientist

Information F information **Informationsschalter** M information desk **Informati-**

onssicherheit F̲ information security **Informationstechnologie** F̲ information technology **Informationszentrum** N̲T̲ information centre (Brit), information center (US) **informieren 1** V̲T̲ inform; **falsch ~** misinform **2** V̲R̲ find out (über + acc about)

Infoschalter M̲ information desk **Infostand** M̲ information stand; (manned stall) information stall

infrage A̲D̲V̲ **das kommt nicht ~** that's out of the question; **etw ~ stellen** question sth

Infrastruktur F̲ infrastructure

Infusion F̲ infusion

Ingenieur(in) M̲F̲ engineer

Ingwer M̲ <-s> ginger

Inhaber(in) M̲F̲ <-s, -> owner; (of licence) holder

Inhalt M̲ <-(e)s, -e> contents pl; (of book etc) content; MATH volume; (two-dimensional) area **Inhaltsangabe** F̲ summary **Inhaltsverzeichnis** N̲T̲ table of contents

Initiative F̲ initiative; **die ~ ergreifen** take the initiative

inklusive A̲D̲V̲, P̲R̲E̲P̲ inclusive (gen of)

inkonsequent A̲D̲J̲ inconsistent

Inland N̲T̲ POL, COMM home; **im ~** at home; GEO inland **Inlandsflug** M̲ domestic flight **Inlandsgespräch** N̲T̲ na

tional call

Inliner P̲L̲, **Inlineskates** P̲L̲ SPORT in-line skates pl

innen A̲D̲V̲ inside **Innenarchitekt(in)** M̲F̲ interior designer **Innenhof** M̲ (inner) courtyard **Innenminister(in)** M̲F̲ minister of the interior, Home Secretary (Brit) **Innenseite** F̲ inside **Innenspiegel** M̲ rearview mirror **Innenstadt** F̲ town centre; city centre **Innenstadtmaut** F̲ congestion charge

innere(r, s) A̲D̲J̲ inner; (in body, own country) internal **Innere(s)** N̲T̲ inside; (middle) centre; fig heart

innerhalb A̲D̲V̲, P̲R̲E̲P̲ + gen within; (with space) inside

innerlich A̲D̲J̲ internal; (calm etc) inner

innerste(r, s) A̲D̲J̲ innermost

Innovation F̲ innovation

inoffiziell A̲D̲J̲ unofficial; (party etc) informal

ins contr = **in das**

Insasse M̲ <-n, -n>, **Insassin** F̲ AUTO passenger; (of mental hospital, prison) inmate

insbesondere A̲D̲V̲ particularly, in particular

Insekt N̲T̲ <-(e)s, -en> insect, bug (US) **Insektenschutzmittel** N̲T̲ insect repellent **Insektenspray** M̲ O̲R̲ N̲T̲ insect repellent **Insektenstich** M̲ insect bite

Insel F̲ <-, -n> island

insgesamt ADV altogether, all in all

Insider(in) M(F) ⟨-s, -⟩ insider

insofern **1** ADV in that respect; (*therefore*) (and) so **2** CONJ if; ~ als in so far as

Installateur(in) M(F) plumber; electrician installieren VT IT install

Instinkt M ⟨-(e)s, -e⟩ instinct

Institut NT ⟨-(e)s, -e⟩ institute

Institution F institution

Instrument NT instrument

Insulin NT ⟨-s⟩ insulin

Inszenierung F production

intakt ADJ intact

intellektuell ADJ intellectual

intelligent ADJ intelligent Intelligenz F intelligence

intensiv ADJ intensive; (*feeling, pain*) intense Intensivkurs M crash course Intensivstation F intensive care unit

interaktiv ADJ interactive

Intercity(zug) M intercity (train) Intercityexpresszug M intercity express (train)

Interdentalbürste F interdental brush

interessant ADJ interesting Interesse NT ⟨-s, -n⟩ interest; ~ haben an + *dat* be interested in interessieren **1** VT interest **2** VR be interested (*für* in)

Interface NT ⟨-, -s⟩ IT interface

Internat NT boarding school

international ADJ international

Internet NT ⟨-s⟩ Internet, Net; im ~ on the Internet; im ~ surfen surf the Net Internetadresse F website address Internetanschluss M Internet connection Internetauktion F Internet auction Internetcafé NT Internet café, cybercafé internetfähig ADJ (*mobile phone*) Internet-ready Internetfirma F dotcom company Internethandel M e-commerce Internetprovider M Internet (service) provider Internetseite F web page internetsüchtig ADJ Internet-addicted; ~ sein be addicted to the Internet Internetzugang M Internet access

Internist(in) M ⟨-en, -en⟩ internist

interpretieren VT interpret (*als* as)

Interpunktion F punctuation

Interrail-Karte F Interrail ticket

Interview NT ⟨-s, -s⟩ interview interviewen VT interview

intim ADJ intimate

intolerant ADJ intolerant

Intranet NT ⟨-s, -s⟩ Intranet

investieren VT invest

inwiefern ADV in what way; (*how far*) to what extent inwieweit ADV to what extent

inzwischen ADV meanwhile
IP-Adresse F IP address
Irak M ‹-(s)› **(der)** ~ Iraq
Iran M ‹-(s)› **(der)** ~ Iran
Ire M ‹-n, -n› Irishman
irgend ADV ~ **so ein Idiot**
some idiot; **wenn ~ möglich**
if at all possible **irgendein**
PRON, **irgendeine(r, s)** PRON
some; (with question, conditional clause; whichever) any **irgendetwas** PRON something;
(with question, conditional
clause) anything **irgendjemand** PRON somebody; (with
question, conditional clause) anybody **irgendwann** ADV
sometime; (whenever you like)
any time **irgendwie** ADV
somehow **irgendwo** ADV
somewhere; (with question, conditional clause) anywhere
Irin F Irishwoman **irisch** ADJ
Irish
Iris-Scanner M iris scanner
Irland NT Ireland
ironisch ADJ ironic
irre ADJ crazy, mad; (wonderful)
terrific **Irre(r)** MF lunatic **irreführen** irr VT mislead **irren**
VI, VR be mistaken; **wenn ich
mich nicht irre** if I'm not mistaken **irrsinnig** ADJ mad, crazy **Irrtum** M ‹-s, -tümer›
mistake, error **irrtümlich** **1**
ADJ mistaken **2** ADV by mistake
IS abbr = **Islamischer Staat** IS
Ischias M ‹-› sciatica

Islam M ‹-s› Islam **islamisch**
ADJ Islamic **Islamischer
Staat** M Islamic State
Island NT Iceland **Islän-
der(in)** M(F) ‹-s, -› Icelander
isländisch ADJ Icelandic
Isolierband NT insulating
tape **isolieren** VT isolate;
ELEC insulate
Isomatte F thermomat, karry-
mat
Israel NT ‹-s› Israel **Israeli**
M ‹-(s), -(s)› F ‹-, -(s)› Israeli
israelisch ADJ Israeli
IT F ‹-› abbr = **Informations-
technologie** IT
Italien NT ‹-s› Italy **Italie-
ner(in)** M(F) ‹-s, -› Italian **ita-
lienisch** ADJ Italian

J

ja ADV yes; **aber ~!** yes, of
course; **~, wissen Sie ...** well,
you know ...; **ich glaube ~** I
think so; **~?** (on phone) hello?;
sag's ihr ~ nicht! don't you
dare tell her; **das sag ich ~**
that's what I'm trying to say
Jacht F ‹-, -en› yacht **Jacht-
hafen** M marina
Jacke F ‹-, -n› jacket; (knitted)
cardigan
Jackett NT ‹-s, -s or -e› jacket
Jagd F ‹-, -en› hunt; (activity)

hunting **jagen** ❶ VI hunt ❷ VT hunt; (*pursue*) chase **Jäger(in)** M(F) hunter

Jahr NT ‹-(e)s, -e› year; **ein halbes ~** six months *pl*; **Anfang der neunziger ~e** in the early nineties; **mit sechzehn ~en** at (the age of) sixteen **Jahrestag** M anniversary **Jahreszahl** F date, year **Jahreszeit** F season **Jahrgang** M (*of wine*) year, vintage; **der ~ 1989** (*people*) those born in 1989 **Jahrhundert** NT ‹-s, -e› century **jährlich** ADJ yearly, annual **Jahrmarkt** M fair **Jahrzehnt** NT decade

jähzornig ADJ hot-tempered **Jakobsmuschel** F scallop **Jalousie** F (venetian) blind **Jamaika** NT ‹-s› Jamaica **jämmerlich** ADJ pathetic **jammern** VI moan **Januar** M ‹-(s), -e› January; → **Juni**

Japan NT ‹-s› Japan **Japaner(in)** M(F) ‹-s, -› Japanese **japanisch** ADJ Japanese **jaulen** VI howl **jawohl** ADV yes (of course) **Jazz** M ‹-› jazz

je ADV ever; (*for every one*) each; **~ nach** depending on; **~ nachdem** it depends; **~ schneller desto besser** the faster the better

Jeans F ‹-, -› jeans *pl* **jede(r, s)** ❶ INDEF NUM every; (*considered singly*) each; (*whichever you like*) any; **~s Mal** every time, each time; **~n zweiten Tag** every other day; **bei ~m Wetter** in any weather ❷ PRON everybody; (*every single one*) each; **~r von euch/uns** each of you/us **jedenfalls** ADV in any case **jederzeit** ADV at any time **jedesmal** ADV every time

jedoch ADV however **jemals** ADV ever **jemand** PRON somebody; (*with question or negative*) anybody **Jemen** M ‹-(s)› Yemen **jene(r, s)** PRON that (one), those *pl*

jenseits ❶ ADV on the other side ❷ PREP + *gen* on the other side of; *fig* beyond **Jetlag** M ‹-s› jet lag **jetzig** ADJ present **jetzt** ADV now; **erst ~** only now; **~ gleich** right now; **bis ~** so far, up to now; **von ~ an** from now on **jeweils** ADV **~ zwei zusammen** two at a time; **zu ~ 5 Euro** at 5 euros each

Job M ‹-s, -s› job **jobben** VI *fam* work, have a job **Jod** NT ‹-(e)s› iodine **Joga** M ‹-s› yoga **joggen** VI jog **Jogging** NT ‹-s› jogging **Jogginghose** F jogging pants *pl* **Joggingschuh** M jogging shoe **Jog(h)urt** M OR NT ‹-s, -s› yoghurt **Jog(h)urtdrink** M

〈-s, -s〉 yoghurt drink
Johannisbeere F̲ **Schwarze ~** blackcurrant; **Rote ~** redcurrant
Joint M̲ 〈-s, -s〉 *fam* joint
jonglieren V̲I̲ juggle
Jordanien N̲T̲ 〈-s〉 Jordan
Journalist(in) M̲F̲ journalist
Joystick M̲ 〈-s, -s〉 IT joystick
jubeln V̲I̲ cheer
Jubiläum N̲T̲ 〈-s, Jubiläen〉 jubilee; (*date*) anniversary
jucken **1** V̲I̲ itch **2** V̲T̲ **es juckt mich am Arm** my arm is itching; **das juckt mich nicht** *fam* I couldn't care less **Juckreiz** M̲ itch
Jude M̲ 〈-n, -n〉, **Jüdin** F̲ Jew; **sie ist Jüdin** she's Jewish
jüdisch A̲D̲J̲ Jewish
Judo N̲T̲ 〈-(s)〉 judo
Jugend F̲ 〈-〉 youth **Jugendgruppe** F̲ youth group **Jugendherberge** F̲ 〈-, -n〉 youth hostel **Jugendherbergsausweis** M̲ youth hostel card **jugendlich** A̲D̲J̲ youthful **Jugendliche(r)** M̲F̲ young person **Jugendstil** M̲ art nouveau
Jugoslawien N̲T̲ 〈-s〉 HIST Yugoslavia
Juli M̲ 〈-(s), -s〉 July; → **Juni**
jung A̲D̲J̲ young
Junge M̲ 〈-n, -n〉 boy
Junge(s) N̲T̲ 〈-n, -n〉 young animal; **die ~n** *pl* the young *pl*
Jungfrau F̲ virgin; ASTR Virgo
Junggeselle M̲ 〈-n, -n〉

bachelor
Juni M̲ 〈-s, -s〉 June; **im ~** in June; **am 4. ~** on 4(th) June, on June 4(th); **Anfang/Mitte/Ende ~** at the beginning/in the middle/at the end of June; **letzten/nächsten ~** last/next June
Jura NO ARTICLE (*subject*) law; **~ studieren** study law **Jurist(in)** M̲F̲ lawyer **juristisch** A̲D̲J̲ legal
Justiz F̲ 〈-〉 justice **Justizminister(in)** M̲F̲ minister of justice
Juwelier(in) M̲F̲ 〈-s, -e〉 jeweller

K

Kabel N̲T̲ 〈-s, -〉 ELEC wire; (*thick*) cable **Kabelfernsehen** N̲T̲ cable television
Kabeljau M̲ 〈-s, -e *or* -s〉 cod
Kabine F̲ cabin; (*at swimming pool*) cubicle **Kabinentrolley** M̲ carry-on trolley case (*Br*), carry-on suitcase (*US*)
Kabrio N̲T̲ 〈-s, -s〉 convertible
Kachel F̲ 〈-, -n〉 tile **Kachelofen** M̲ tiled stove
Käfer M̲ 〈-s, -〉 beetle, bug (*US*)
Kaff N̲T̲ 〈-s, -s〉 dump, hole
Kaffee M̲ 〈-s, -s〉 coffee; **~ kochen** make some coffee **Kaf-**

feekanne F̲ coffeepot **Kaffeekapsel** F̲ coffee capsule, coffee pod **Kaffeelöffel** M̲ coffee spoon **Kaffeemaschine** F̲ coffee maker (or machine) **Kaffeepad** NT̲ ⟨-s, -s⟩ coffee pad, coffee pod **Kaffeetasse** F̲ coffee cup

Käfig M̲ ⟨-s, -e⟩ cage

kahl ADJ̲ (person, head) bald; (tree, wall) bare

Kai M̲ ⟨-s, -e or -s⟩ quay

Kaiser M̲ ⟨-s, -⟩ emperor **Kaiserin** F̲ empress **Kaiserschnitt** M̲ MED caesarean (section)

Kajak NT̲ ⟨-s, -s⟩ kayak **Kajakfahren** NT̲ kayaking

Kajüte F̲ ⟨-, -n⟩ cabin

Kakao M̲ ⟨-s, -s⟩ cocoa; (drink) (hot) chocolate

Kakerlake F̲ ⟨-, -n⟩ cockroach

Kaki F̲ ⟨-, -s⟩ kaki

Kaktee F̲ ⟨-, -n⟩, **Kaktus** M̲ ⟨-, -se⟩ cactus

Kalb NT̲ ⟨-(e)s, Kälber⟩ calf **Kalbfleisch** NT̲ veal **Kalbsschnitzel** NT̲ veal cutlet; (in breadcrumbs) escalope of veal

Kalender M̲ ⟨-s, -⟩ calendar; (book) diary

Kalk M̲ ⟨-(e)s, -e⟩ lime; (in bones) calcium

Kalorie F̲ calorie **kalorienarm** ADJ̲ low-calorie

kalt ADJ̲ cold; **mir ist (es) ~** I'm cold **kaltblütig** ADJ̲ cold-blooded **Kälte** F̲ ⟨-⟩ cold;

fig coldness

kam *imperf* → **kommen**

Kambodscha NT̲ ⟨-s⟩ Cambodia

Kamel NT̲ ⟨-(e)s, -e⟩ camel

Kamera F̲ ⟨-, -s⟩ camera

Kamerad(in) M̲/F̲ ⟨-en, -en⟩ friend; (accompanying sb) companion

Kamerafrau F̲, **Kameramann** M̲ camerawoman/-man

Kamille F̲ ⟨-, -n⟩ camomile **Kamillentee** M̲ camomile tea

Kamin M̲ ⟨-s, -e⟩ (outside) chimney; (inside) fireplace

Kamm M̲ ⟨-(e)s, Kämme⟩ comb; (of mountain) ridge; (of cock) crest **kämmen** VR̲ **sich ~**, **sich** dat **die Haare ~** comb one's hair

Kampf M̲ ⟨-(e)s, Kämpfe⟩ fight; (in war) battle; (in sport etc) contest; *fig* struggle **kämpfen** VI̲ fight (**für, um** for) **Kampfsport** M̲ martial art

Kanada NT̲ ⟨-s⟩ Canada **Kanadier(in)** M̲/F̲ ⟨-s, -⟩ Canadian **kanadisch** ADJ̲ Canadian

Kanal M̲ ⟨-s, Kanäle⟩ canal; (ditch, on TV) channel; **der ~** the (English) Channel **Kanalinseln** PL̲ Channel Islands *pl* **Kanaltunnel** M̲ Channel Tunnel

Kanarienvogel M̲ canary

Kandidat(in) M̲/F̲ ⟨-en, -en⟩

candidate

Kandis(zucker) M ‹-› rock candy

Känguru NT ‹-s, -s› kangaroo

Kaninchen NT rabbit

Kanister M ‹-s, -› can

Kännchen NT pot; **ein ~ Kaffee/Tee** a pot of coffee/tea

Kanne F ‹-, -n› jug; (for coffee) pot; (for milk) churn; (for watering plants) can

kannte imperf → **kennen**

Kante F ‹-, -n› edge

Kantine F canteen

Kanton M ‹-s, -e› canton

Kanu NT ‹-s, -s› canoe

Kanzler(in) M(F) ‹-s, -› chancellor

Kapelle F chapel; MUS band

Kaper F ‹-, -n› caper

kapieren VT, VI fam understand; **kapiert?** got it?

Kapital NT ‹-s, -e or -ien› capital

Kapitän M ‹-s, -e› captain

Kapitel NT ‹-s, -› chapter

Kappe F ‹-, -n› cap

Kapsel F ‹-, -n› capsule

kaputt ADJ fam broken; (person) exhausted **kaputtgehen** irr VI break; (shoes) fall apart **kaputtmachen** VT break; (person) wear out

Kapuze F ‹-, -n› hood

Karabiner M ‹-s, -›, **Karabinerhaken** M (for climbing) karabiner

Karaffe F ‹-, -n› carafe; (with stopper) decanter

Karamell M ‹-s› caramel, toffee

Karaoke NT ‹-(s)› karaoke

Karat NT ‹-s, -e› carat

Karate NT ‹-s› karate

Kardinal M ‹-s, Kardinäle› cardinal

Karfreitag M Good Friday

kariert ADJ checked; (paper) squared

Karies F ‹-› (tooth) decay

Karikatur F caricature

Karneval M ‹-s, -e or -s› carnival

Kärnten NT ‹-s› Carinthia

Karo NT ‹-s, -s› square; (card suit) diamonds pl

Karosserie F AUTO body (-work)

Karotte F ‹-, -n› carrot

Karpfen M ‹-s, -› carp

Karriere F ‹-, -n› career

Karte F ‹-, -n› card; (of country etc) map; (in restaurant) menu; (for theatre, train etc) ticket; **mit ~ bezahlen** pay by credit card; **~n spielen** play cards; **die ~n mischen/geben** shuffle/deal the cards

Kartei F card index **Karteikarte** F index card

Karteninhaber(in) M(F) cardholder **Kartenspiel** NT card game **Kartenvorverkauf** M advance booking

Kartoffel F ‹-, -n› potato **Kartoffelbrei** M mashed potatoes pl **Kartoffelchips** PL crisps pl (Br), chips pl (US) **Kar-**

toffelsalat M potato salad

Karton M ⟨-s, -s⟩ cardboard; (container) (cardboard) box

Karussell NT ⟨-s, -s⟩ roundabout (Br), merry-go-round

Käse M ⟨-s, -⟩ cheese **Käsekuchen** M cheesecake **Käseplatte** F cheeseboard

Kasino NT ⟨-s, -s⟩ casino

Kasper(l) M ⟨-s, -⟩ Punch; fig clown **Kasperl(e)theater** NT Punch and Judy show

Kasse F ⟨-, -n⟩ (in shop) till, cash register; (in supermarket) checkout; (container) cashbox; (at theatre) box office; (in cinema) ticket office; (insurance scheme) health insurance **Kassenbon** M ⟨-s, -s⟩, **Kassenzettel** M receipt

Kassette F (small) box; (tape) cassette **Kassettenrekorder** M cassette recorder

kassieren 1 VT take 2 VI **darf ich ~?** would you like to pay now? **Kassierer(in)** MF cashier

Kastanie F chestnut

Kasten M ⟨-s, Kästen⟩ box; (for bottles) crate

Katalog M ⟨-(e)s, -e⟩ catalogue

Katalysator M AUTO catalytic converter

Katar NT ⟨-s⟩ Qatar

Katarr(h) M ⟨-s, -e⟩ catarrh

Katastrophe F ⟨-, -n⟩ catastrophe, disaster

Kategorie F ⟨-, -n⟩ category

Kater M ⟨-s, -⟩ tomcat; fam hangover

Kathedrale F ⟨-, -n⟩ cathedral

Katholik(in) MF Catholic **katholisch** ADJ Catholic

Katze F ⟨-, -n⟩ cat

Kauderwelsch NT ⟨-(s)⟩ gibberish

kauen VT, VI chew

Kauf M ⟨-(e)s, Käufe⟩ purchase; (action) buying; **ein guter ~** a bargain; **etw in ~ nehmen** put up with sth **kaufen** VT buy **Käufer(in)** MF buyer **Kauffrau** F businesswoman **Kaufhaus** NT department store **Kaufmann** M businessman; (retailer) shopkeeper (Br), storekeeper (US)

Kaugummi M chewing gum

Kaulquappe F ⟨-, -n⟩ tadpole

kaum ADV hardly, scarcely

Kaution F deposit; LAW bail

KB NT ⟨-, -⟩, **Kbyte** NT ⟨-, -⟩ abbr → Kilobyte KB

Kebab M ⟨-(s), -s⟩ kebab

Kegel M ⟨-s, -⟩ skittle; (in ten-pin bowling) pin; MATH cone **Kegelbahn** F bowling alley **kegeln** VI play skittles; (in ten-pin bowling) bowl

Kehle F ⟨-, -n⟩ throat **Kehlkopf** M larynx

kehren VT (with brush) sweep

Keilriemen M AUTO fan belt

kein PRON no, not ... any; **ich habe ~ Geld** I have no money,

I don't have money **keine(r, s)** **PRON** no one, nobody; *(thing)* not ... any, none; **~r von ihnen** none of them; *(two people/ things)* neither of them; **ich will keins von beiden** I don't want either *(of them)* **keinesfalls** **ADV** on no account, under no circumstances

Keks M ⟨-es, -e⟩ biscuit *(Brt)*, cookie *(US)*; **jdm auf den ~ gehen** *fam* get on sb's nerves

Keller M ⟨-s, -⟩ cellar; *(storey)* basement

Kellner M ⟨-s, -⟩ waiter **Kellnerin** F waitress

Kenia NT ⟨-s⟩ Kenya

kennen ⟨kannte, gekannt⟩ VT know; **wir ~ uns seit 1990** we've known each other since 1990 **kennenlernen** VT get to know; **sich ~** get to know each other; *(for the first time)* meet

Kenntnis F knowledge; **seine ~se** his knowledge

Kennwort NT *a.* IT password **Kennzeichen** NT mark, sign; AUTO number plate *(Brt)*, license plate *(US)*

Kerl M ⟨-s, -e⟩ guy, bloke *(Brt)*

Kern M ⟨-(e)s, -e⟩ *(of fruit)* pip; *(of peach, cherry etc)* stone; *(of nut)* kernel; *(of atom)* nucleus; *fig* heart, core

Kernenergie F nuclear energy **Kernkraft** F nuclear power **Kernkraftwerk** NT nuclear power station

Kerze F ⟨-, -n⟩ candle; *(in engine)* plug

Ket(s)chup M OR NT ⟨-(s), -s⟩ ketchup

Kette F ⟨-, -n⟩ chain; *(jewellery)* necklace

keuchen VI pant **Keuchhusten** M whooping cough

Keule F ⟨-, -n⟩ club; GASTR leg; *(of chicken also)* drumstick

Keyboard NT ⟨-s, -s⟩ MUS keyboard

Kfz NT *abbr* → Kraftfahrzeug **Kfz-Brief** M ≈ logbook **Kfz-Steuer** F ≈ road tax *(Brt)*, vehicle tax *(US)*

Kichererbse F chick pea

kichern VI giggle

Kickboard® NT ⟨-s, -s⟩ micro scooter

kidnappen VT kidnap

Kidneybohne F kidney bean

Kiefer 1 M ⟨-s, -⟩ jaw 2 F ⟨-, -n⟩ pine **Kieferchirurg(in)** M(F) oral surgeon **Kieferorthopäde** M, **Kieferorthopädin** F orthodontist

Kieme F ⟨-, -n⟩ gill

Kies M ⟨-es, -e⟩ gravel **Kiesel** M ⟨-s, -⟩, **Kieselstein** M pebble

kiffen VI *fam* smoke pot

Kilo NT ⟨-s, -(s)⟩ kilo **Kilobyte** NT kilobyte **Kilogramm** NT kilogram **Kilometer** M kilometre **Kilometerstand** M ≈ mileage **Kilowatt** NT kilowatt

Kind NT ⟨-(e)s, -er⟩ child; **sie**

bekommt ein ~ she's having a baby **Kinderarzt** M̲, **Kinderärztin** F̲ paediatrician **Kinderbetreuung** F̲ childcare **Kinderbett** N̲T̲ cot (Br), crib (US) **Kinderfahrkarte** F̲ child's ticket **Kindergarten** M̲ nursery school, kindergarten **Kindergärtner:in** M(F) nursery-school teacher **Kindergeld** N̲T̲ child benefit **Kinderkrankheit** F̲ children's illness **Kinderkrippe** F̲ crèche (Br), daycare center (US) **Kinderlähmung** F̲ polio **Kindermädchen** N̲T̲ nanny (Br), nurse(maid) **Kinderportion** F̲ children's portion **kindersicher** A̲D̲J̲ childproof **Kindersicherung** F̲ childproof safety catch; (on bottle) childproof cap **Kindersitz** M̲ child seat **Kindertagesstätte** F̲ day nursery (Br), daycare center (US) **Kinderteller** M̲ (in restaurant) children's portion **Kinderwagen** M̲ pram (Br), baby carriage (US) **Kinderzimmer** N̲T̲ children's (bed)room **Kindheit** F̲ childhood **kindisch** A̲D̲J̲ childish **kindlich** A̲D̲J̲ childlike

Kinn N̲T̲ ⟨-(e)s, -e⟩ chin **Kino** N̲T̲ ⟨-s, -s⟩ cinema (Br), movie theater (US); **ins ~ gehen** go to the cinema (Br) or go to the movies (US) **Kinofilm** M̲ film (Br), movie

Kiosk M̲ ⟨-(e)s, -e⟩ kiosk

Kippe F̲ fam cigarette end, fag end (Br)

Kirche F̲ ⟨-, -n⟩ church **Kirchturm** M̲ church tower; (pointed) steeple

Kirmes F̲ ⟨-, -sen⟩ fair

Kirsche F̲ ⟨-, -n⟩ cherry **Kirschtomate** F̲ cherry tomato

Kissen N̲T̲ ⟨-s, -⟩ cushion; (on bed) pillow

Kiste F̲ ⟨-, -n⟩ box; (trunk) chest

KITA F̲ abbr = **Kindertagesstätte** day nursery (Br), daycare center (US)

kitschig A̲D̲J̲ kitschy, cheesy

kitzelig A̲D̲J̲ a. fig ticklish **kitzeln** V̲T̲, V̲I̲ tickle

Kiwi F̲ ⟨-, -s⟩ kiwi (fruit)

Klage F̲ ⟨-, -n⟩ complaint; LAW lawsuit **klagen** V̲I̲ complain (über + acc about, bei to)

Klammer F̲ ⟨-, -n⟩ (in text) bracket; (on documents) clip; (for washing) peg (Br), clothespin (US); (on teeth) brace **Klammeraffe** M̲ fam at-sign, @ **klammern** V̲R̲ cling (an + acc to)

klang imperf → **klingen**

Klang M̲ ⟨-(e)s, Klänge⟩ sound

klappen V̲I̲ IMPERS (succeed) work; **es hat gut geklappt** it went well

klappern V̲I̲ rattle; (pots and pans) clatter **Klapperschlange** F̲ rattlesnake

Klappstuhl M folding chair

klar ADJ clear; **sich dat im Klaren sein** be clear (*über + acc* about); **alles ~?** everything okay?

klären 1 VT (*liquid*) purify; (*problem, issue*) clarify 2 VR clear itself up

klarkommen irr VI **mit etw** cope with something; **kommst du klar?** are you managing all right?; **mit jdm ~** get along with sb **klarmachen** VT **jdm etw ~** make sth clear to sb **klarstellen** VT clarify

Klärung F (*of problem, issue*) clarification

klasse ADJ inv fam great, brilliant

Klasse F <-, -n> class; (*year in school*) form (Br), grade (US); **erster ~ reisen** travel first class; **in welche ~ gehst du?** which form (Br) (or grade (US)) are you in? **Klassenarbeit** F test **Klassenlehrer(in)** M(F) class teacher **Klassenzimmer** NT classroom

Klassik F classical period; classical music

Klatsch M <-(e)s, -e> (*talk*) gossip **klatschen** VI (*hit*) smack; (*after concert etc*) applaud, clap; (*talk*) gossip **klatschnass** ADJ soaking (wet)

Klaue F <-, -n> claw; fam (*handwriting*) scrawl **klauen** VT fam pinch

Klavier NT <-s, -e> piano

Klebeband NT adhesive tape **kleben** 1 VT stick (*an + acc* to) 2 VI (*unpleasantly*) be sticky **klebrig** ADJ sticky **Klebstoff** M glue **Klebstreifen** M adhesive tape

Klecks M <-es, -e> blob; (*of ink*) blot

Klee M <-s> clover

Kleid NT <-(e)s, -er> dress; **~er** pl clothes pl **Kleiderbügel** M coat hanger **Kleidersack** M suit bag **Kleiderschrank** M wardrobe (Br), closet (US)

Kleidung F clothing

klein ADJ small, little; (*finger*) little; **mein ~er Bruder** my little (or younger) brother; **als ich noch ~ war** when I was a little boy/girl; **etw ~ schneiden** chop sth up **Kleinbuchstabe** M small letter **Kleinbus** M minibus **Kleingeld** NT change **Kleinigkeit** F trifle; (*meal*) snack **Kleinkind** NT toddler **kleinschreiben** VT write with a small letter **Kleinstadt** F small town

Klementine F <-, -n> clementine

Klempner(in) M(F) plumber **Klettergarten** M climbing garden **Kletterhalle** F indoor climbing centre (Br) (or center (US)) **klettern** VI climb **Kletterschuh** M climbing shoe **Kletterwand** F climbing wall

Klettverschluss® M̲ Velcro fastening

klicken V̲i̲ a̲ IT click

Klima N̲T̲ ⟨-s, -s⟩ climate **Klimaanlage** F̲ air conditioning

klimatisiert A̲D̲J̲ air-conditioned **Klimawandel** M̲ climate change

Klinge F̲ ⟨-, -n⟩ blade

Klingel F̲ ⟨-, -n⟩ bell **klingeln** V̲i̲ ring **Klingelton** M̲ ringtone

klingen ⟨klang, geklungen⟩ V̲i̲ sound

Klinik F̲ clinic; (non-specialist) hospital

Klinke F̲ ⟨-, -n⟩ handle

Klippe F̲ ⟨-, -n⟩ cliff; (in sea) reef; fig hurdle

Klischee N̲T̲ ⟨-s, -s⟩ fig cliché

Klo N̲T̲ ⟨-s, -s⟩ fam loo (Br), john (US) **Klobrille** F̲ toilet seat **Klopapier** N̲T̲ toilet paper

klopfen V̲T̲,̲ V̲i̲ knock; (heart) thump

Kloß M̲ ⟨-es, Klöße⟩ (in throat) lump; GASTR dumpling

Kloster N̲T̲ ⟨-s, Klöster⟩ monastery; (for women) convent

Klub M̲ ⟨-s, -s⟩ club **Kluburlaub** M̲ club holiday (Br), club vacation (US)

klug A̲D̲J̲ clever

knabbern V̲T̲,̲ V̲i̲ nibble

Knäckebrot N̲T̲ crispbread

knacken V̲T̲,̲ V̲i̲ crack

Knall M̲ ⟨-(e)s, -e⟩ bang **knallen** V̲i̲ bang

knapp A̲D̲J̲ (in short supply) scarce; (victory) narrow; **~ bei Kasse sein** be short of money; **~ zwei Stunden** just under two hours

kneifen ⟨kniff, gekniffen⟩ V̲T̲,̲ V̲i̲ pinch; (shirk) back out (vor + dat of)

Kneipe F̲ ⟨-, -n⟩ fam pub (Br), bar

knicken V̲T̲,̲ V̲i̲ break; (paper) fold

Knie N̲T̲ ⟨-s, -⟩ knee; **in die ~ gehen** bend one's knees **Kniebeuge** F̲ knee bend **Kniegelenk** N̲T̲ knee joint **Kniekehle** F̲ back of the knee **knien** V̲i̲ kneel **Kniescheibe** F̲ kneecap **Knieschoner** M̲ ⟨-s, -⟩, **Knieschützer** M̲ ⟨-s, -⟩ knee pad

kniff imperf → kneifen

knipsen ◼1◼ V̲T̲ punch; PHOT snap ◼2◼ V̲i̲ PHOT take snaps

knirschen V̲i̲ crunch; **mit den Zähnen ~** grind one's teeth

Knoblauch M̲ garlic **Knoblauchbrot** N̲T̲ garlic bread **Knoblauchbutter** F̲ garlic butter **Knoblauchzehe** F̲ clove of garlic

Knöchel M̲ ⟨-s, -⟩ knuckle; (of foot) ankle

Knochen M̲ ⟨-s, -⟩ bone **Knochenbruch** M̲ fracture **Knochenmark** N̲T̲ marrow

Knödel M̲ ⟨-s, -⟩ dumpling

Knopf M̲ ⟨-(e)s, Knöpfe⟩ button **Knopfdruck** M̲ **auf ~** at the touch of a botton **Knopfloch** NT buttonhole

Knospe F ⟨-, -n⟩ bud

knoten VT knot **Knoten** M ⟨-s, -⟩ knot; MED lump

Know-how NT ⟨-(s)⟩ know-how, expertise

knurren VI (dog) growl; (stomach) rumble; (person) grumble

knusprig ADJ crisp; (biscuit) crunchy

knutschen VI fam smooch

k. o. ADJ inv SPORT knocked out; fig knackered

Koalition F coalition

Koch M ⟨-(e)s, Köche⟩ cook **Kochbuch** NT cookery book, cookbook **kochen** VT, VI cook; (water) boil; (coffee, tea) make **Köchin** F cook **Kochlöffel** M wooden spoon **Kochnische** F kitchenette **Kochrezept** NT recipe **Kochtopf** M saucepan

Kode M ⟨-s, -s⟩ code

Köder M ⟨-s, -⟩ bait

Koffein NT ⟨-s⟩ caffeine **koffeinfrei** ADJ decaffeinated

Koffer M ⟨-s, -⟩ (suit)case **Kofferanhänger** M luggage (or baggage) label **Kofferband** NT, **Koffergurt** M luggage strap **Kofferkuli** M luggage trolley (Brit), baggage cart (US) **Kofferraum** M AUTO boot (Brit), trunk (US) **Kofferwaage** F luggage scales pl

Kohl M ⟨-(e)s, -e⟩ cabbage

Kohle F ⟨-, -n⟩ coal; (made from wood) charcoal; fam (money) cash, dough **Kohlehydrat** NT carbohydrate **Kohlendioxid** NT carbon dioxide **Kohlensäure** F (in drinks) fizz; **ohne ~** still, non-carbonated (US); **mit ~** sparkling, carbonated (US)

Kohlrabi M ⟨-(s), -(s)⟩ kohlrabi

Koje F ⟨-, -n⟩ cabin; (bed) bunk

Kokain NT ⟨-s⟩ cocaine

Kokosnuss F coconut

Kolben M ⟨-s, -⟩ TECH piston

Kollaps M ⟨-es, -e⟩ collapse

Kollege M ⟨-n, -n⟩, **Kollegin** F colleague

Kolonne F ⟨-, -n⟩ convoy

Koloration F ⟨-, -en⟩ hair dye

Kolumbien NT ⟨-s⟩ Columbia

Koma NT ⟨-s⟩ coma

Kombi M ⟨-(s), -s⟩ estate (car) (Brit), station wagon (US) **Kombination** F combination; (reasoning) deduction **kombinieren** 1 VT combine 2 VI reason; (suspect) guess

Komfort M ⟨-s, -⟩ conveniences pl; (of guest, room etc) comfort

Komiker(in) M(F) comedian, comic **komisch** ADJ funny

Komma NT ⟨-s, -s⟩ comma

kommen ⟨kam, gekommen⟩ VI come; (come closer) approach; (occur) happen; (reach,

begin) get; (become visible) appear; (to school, prison etc) go; **zu sich ~** come round (or to); **zu etw ~** (get) acquire sth; (find time for) get round to sth; **wer kommt zuerst?** who's first?
kommend ADJ coming; **~e Woche** next week; **in den ~en Jahren** in the years to come
Kommentar M commentary; **kein ~** no comment
Kommilitone M ⟨-n, -n⟩, **Kommilitonin** F fellow student
Kommissar(in) M(F) inspector
Kommunikation F communication
Kommunion F REL communion
Kommunismus M communism
Komödie F comedy
Kompass M ⟨-es, -e⟩ compass
kompatibel ADJ compatible
kompetent ADJ competent
komplett ADJ complete
Kompliment NT compliment; **jdm ein ~ machen** pay sb a compliment; **~!** congratulations
kompliziert ADJ complicated
Komponist(in) M(F) composer
Kompost M ⟨-(e)s, -e⟩ compost **Komposthaufen** M compost heap
Kompott NT ⟨-(e)s, -e⟩ stewed fruit

Kompressionsstrumpf M compression sock
Kompromiss M ⟨-es, -e⟩ compromise
Kondition F condition; **sie hat eine gute ~** she's in good shape
Konditorei F cake shop; (serving coffee etc) café
Kondom NT ⟨-s, -e⟩ condom
Konferenz F conference
Konfession F religion; (within Christianity) denomination
Konfetti NT ⟨-(s)⟩ confetti
Konfirmation F REL confirmation
Konflikt M ⟨-(e)s, -e⟩ conflict
konfrontieren VT confront
Kongo M ⟨-s⟩ Congo
Kongress M ⟨-es, -e⟩ conference; **der ~** (US parliament) Congress
König M ⟨-(e)s, -e⟩ king **Königin** F queen **königlich** ADJ royal **Königreich** NT kingdom
Konkurrenz F competition
können ⟨konnte, gekonnt⟩ VT, VI be able to, can; (poem, song) know; **~ Sie Deutsch?** can (or do) you speak German?; **ich kann nicht kommen** I can't come; **das kann sein** that's possible; **ich kann nichts dafür** it's not my fault
konsequent ADJ consistent
konservativ ADJ conservative
Konserven PL tinned food sg (Br), canned food sg **Konser-**

vendose F̲ tin (Br), can
konservieren V̲T̲ preserve
Konservierungsmittel N̲T̲
preservative
Konsonant M̲ consonant
Konsul(in) M̲(F̲) ‹-s, -n› consul
Konsulat N̲T̲ consulate
Kontakt M̲ ‹-(e)s, -e› contact
kontaktarm A̲D̲J̲ **er ist ~** he
lacks contact with other people
kontaktfreudig A̲D̲J̲ sociable **Kontaktlinsen** P̲L̲ contact lenses pl **Kontaktlinsenmittel** N̲T̲ contact lens solution
Kontinent M̲ continent
Konto N̲T̲ ‹-s, Konten› account **Kontoauszug** M̲
(bank) statement **Kontoaus-
zugsdrucker** M̲ statement
printer **Kontoinhaber(in)**
M̲(F̲) account holder **Kontonummer** F̲ account number
Kontostand M̲ balance
Kontrast M̲ ‹-(e)s, -e› contrast
Kontrolle F̲ ‹-, -n› control;
(checking) supervision; (at airport etc) passport control **kontrollieren** V̲T̲ control; (verify)
check
Konzentration F̲ concentration **Konzentrationslager**
N̲T̲ HIST concentration camp
konzentrieren V̲T̲, V̲R̲ concentrate
Konzept N̲T̲ ‹-(e)s, -e› rough
draft
Konzern M̲ ‹-(e)s, -e› firm

Konzert N̲T̲ ‹-(e)s, -e› concert;
(piece of music) concerto **Konzertsaal** M̲ concert hall
koordinieren V̲T̲ coordinate
Kopf M̲ ‹-(e)s, Köpfe› head
Kopfhörer M̲ headphones
pl **Kopfkamera** F̲ head-
-mounted camera **Kopfkissen**
N̲T̲ pillow **Kopfsalat** M̲ lettuce **Kopfschmerzen** P̲L̲
headache sg **Kopfstütze** F̲
headrest **Kopftuch** N̲T̲ head-
scarf
Kopie F̲ copy **kopieren** V̲T̲ a.
IT copy **Kopierer** M̲ ‹-s, -›,
Kopiergerät N̲T̲ copier
Kopilot(in) M̲(F̲) co-pilot
Koralle F̲ ‹-, -n› coral
Koran M̲ ‹-s› REL Koran
Korb M̲ ‹-(e)s, Körbe› basket;
jdm einen ~ geben fig turn sb
down
Kord M̲ ‹-(e)s, -e› corduroy
Kordel F̲ ‹-, -n› cord
Kork M̲ ‹-(e)s, -e› cork **Kor-
ken** M̲ ‹-s, -› cork **Korkenzieher** M̲ ‹-s, -› corkscrew
Korn N̲T̲ ‹-(e)s, Körner› grain
Kornblume F̲ cornflower
Körper M̲ ‹-s, -› body **Kör-
perbau** M̲ build **Körperge-
ruch** M̲ body odour **körper-
lich** A̲D̲J̲ physical **Körperverletzung** F̲ physical injury
korrekt A̲D̲J̲ correct
Korrespondent(in) M̲(F̲) cor-
respondent **Korrespondenz**
F̲ correspondence
korrigieren V̲T̲ correct

koscher ADJ kosher

Kosmetik F̅ cosmetics pl **Kosmetikkoffer** M̅ vanity case **Kosmetiksalon** M̅ beauty parlour **Kosmetiktasche** F̅ toiletry bag

Kost F̅ ⟨-⟩ food; (meals) board

kostbar ADJ precious; (dear) costly, expensive

kosten 1 VT cost **2** VT, VI (sample) taste **Kosten** PL costs pl, cost; (money spent) expenses pl; **auf ~ von** at the expense of

kostenlos ADJ free (of charge) **Kostenvoranschlag** M̅ estimate

köstlich ADJ (food) delicious; **sich ~ amüsieren** have a marvellous time

Kostprobe F̅ taster; fig sample **kostspielig** ADJ expensive

Kostüm NT ⟨-s, -e⟩ costume; (jacket and skirt) suit

Kot M̅ ⟨-(e)s⟩ excrement

Kotelett NT ⟨-(e)s, -e or -s⟩ chop, cutlet

Koteletten PL sideboards pl (Br), sideburns pl (US)

Kotflügel M̅ AUTO wing

kotzen VI vulg puke, throw up

Krabbe F̅ ⟨-, -n⟩ shrimp; (larger) prawn; (with pincers) crab

krabbeln VI crawl

Krach M̅ ⟨-(e)s, -s or -e⟩ crash; (continuous) noise; fam (argument) row

Kraft F̅ ⟨-, Kräfte⟩ strength;

POL, PHYS force; (ability) power; **in ~ treten** come into effect

Kraftfahrzeug NT motor vehicle **Kraftfahrzeugbrief** M̅ ≈ logbook **Kraftfahrzeugschein** M̅ vehicle registration document **Kraftfahrzeugsteuer** F̅ ≈ road tax (Br), vehicle tax (US) **Kraftfahrzeugversicherung** F̅ car insurance **kräftig** ADJ strong; healthy; (colour) intense, strong **Kraftstoff** M̅ fuel **Kraftwerk** NT power station

Kragen M̅ ⟨-s, -⟩ collar

Kralle F̅ ⟨-, -n⟩ claw; (on car) wheel clamp

Kram M̅ ⟨-(e)s⟩ stuff

Krampf M̅ ⟨-(e)s, Krämpfe⟩ cramp; (twitching) spasm **Krampfader** F̅ varicose vein

Kran M̅ ⟨-(e)s, Kräne⟩ crane

Kranich M̅ ⟨-s, -e⟩ ZOOL crane

krank ADJ ill, sick

kränken VT hurt

Krankengymnastik F̅ physiotherapy **Krankenhaus** NT hospital **Krankenkasse** F̅ health insurance **Krankenpfleger** M̅ ⟨-s, -⟩ (male) nurse **Krankenschein** M̅ health insurance certificate **Krankenschwester** F̅ nurse **Krankenversicherung** F̅ health insurance **Krankenwagen** M̅ ambulance **Krankheit** F̅ illness; (infectious) disease

Kränkung F̲ insult

Kranz M̲ ⟨-es, Kränze⟩ wreath

krass ADJ̲ crass; *fam* (*wonderful*) wicked

kratzen VT̲,̲V̲I̲ scratch **Kratzer** M̲ ⟨-s, -⟩ scratch

kraulen ■ VI̲ (*swim*) do the crawl ❷ VT̲ (*stroke*) pet

Kraut NT̲ ⟨-(e)s, Kräuter⟩ cabbage **Kräuter** PL̲ herbs *pl* **Kräuterbutter** F̲ herb butter **Kräutertee** M̲ herbal tea **Krautsalat** M̲ coleslaw

Krawatte F̲ tie

kreativ ADJ̲ creative

Krebs M̲ ⟨-es, -e⟩ ZOOL̲ crab; MED̲ cancer; ASTR̲ Cancer

Kredit M̲ ⟨-(e)s, -e⟩ credit; **auf ~ on** credit; **einen ~ aufnehmen** take out a loan **Kreditkarte** F̲ credit card

Kreide F̲ ⟨-, -n⟩ chalk

Kreis M̲ ⟨-es, -e⟩ circle; (*administrative area*) district

Kreisel M̲ ⟨-s, -⟩ (*toy*) top; (*on road*) roundabout (*Br*), traffic circle (*US*)

Kreislauf M̲ MED̲ circulation; *fig* (*of nature etc*) cycle **Kreislaufstörungen** PL̲ MED̲ **ich habe ~** I've got problems with my circulation **Kreisverkehr** M̲ roundabout (*Br*), traffic circle (*US*)

Kreuz NT̲ ⟨-es, -e⟩ cross; ANAT̲ small of the back; (*card suit*) clubs *pl*; **mir tut das ~ weh** I've got backache **Kreuzband**

Kreuzband M̲ cruciate ligament **Kreuzfahrt** F̲ cruise **Kreuzgang** M̲ cloisters *pl* **Kreuzschlüssel** M̲ AUTO̲ wheel brace **Kreuzschmerzen** PL̲ backache *sg* **Kreuzung** F̲ crossroads *sg*, intersection; (*animal, plant*) cross **Kreuzworträtsel** NT̲ crossword (puzzle)

kriechen ⟨kroch, gekrochen⟩ VI̲ (*crawl*); (*unobtrusively*) creep; *fig pej* (**vor jdm**) ~ crawl (to sb)

Krieg M̲ ⟨-(e)s, -e⟩ war

kriegen VT̲ *fam* get; (*rascal, bus etc*) catch; **sie kriegt ein Kind** she's having a baby; **du kriegst noch Geld von dir** you still owe me some money

Krimi M̲ ⟨-s, -s⟩ *fam* thriller **Kriminalität** F̲ criminality **Kriminalpolizei** F̲ detective force, ≈ CID (*Br*), ≈ FBI (*US*) **Kriminalroman** M̲ detective novel **kriminell** ADJ̲ criminal

Krippe F̲ ⟨-, -n⟩ manger; (*Nativity scene*) crib (*Br*), crèche (*US*); (*nursery*) crèche (*Br*), day-care center (*US*)

Krise F̲ ⟨-, -n⟩ crisis

Kristall ■ M̲ ⟨-s, -e⟩ crystal ❷ NT̲ (*glass*) crystal

Kritik F̲ criticism; (*of film, book etc*) review **Kritiker(in)** M̲F̲ critic **kritisch** ADJ̲ critical

kritzeln VT̲,̲V̲I̲ scribble, scrawl

Kroate M̲ ⟨-n, -n⟩ Croat **Kroatien** NT̲ ⟨-s⟩ Croatia **Kroatin** F̲ Croat **kroatisch** ADJ̲ Croatian

kroch _imperf_ → **kriechen**

Krokodil NT ‹-s, -e› crocodile

Krone F ‹-, -n› crown

Kröte F ‹-, -n› toad

Krücke F ‹-, -n› crutch

Krug M ‹-(e)s, Krüge› jug; (for beer) mug

Krümel M ‹-s, -› crumb

krumm ADJ crooked

Kruste F ‹-, -n› crust

Kuba NT ‹-s› Cuba

Kübel M ‹-s, -› tub; (with handle) bucket

Kubikmeter M cubic metre

Küche F ‹-, -n› kitchen; (activity) cooking

Kuchen M ‹-s, -› cake **Kuchengabel** F cake fork

Küchenmaschine F food processor **Küchenpapier** NT kitchen roll **Küchenschrank** M (kitchen) cupboard

Kuckuck M ‹-s, -e› cuckoo

Kugel F ‹-, -n› ball; MATH sphere; MIL bullet; (Christmas tree) bauble **Kugellager** NT ball bearing **Kugelschreiber** M (ball-point) pen, biro (Br) **Kugelstoßen** NT ‹-s› shot put

Kuh F ‹-, Kühe› cow

kühl ADJ cool **Kühlbox** F cool box **kühlen** VT cool **Kühler** M ‹-s, -› AUTO radiator **Kühlerhaube** F AUTO bonnet (Br), hood (US) **Kühlschrank** M fridge, refrigerator **Kühltasche** F cool bag

Kühltruhe F freezer

Kuhstall M cowshed

Küken NT ‹-s, -› chick

Kuli M ‹-s, -s› fam pen, biro (Br)

Kulisse F ‹-, -n› scenery

Kult M ‹-s, -e› cult **Kultfigur** F cult figure

Kultur F culture; (way of life) civilization **Kulturbeutel** M toilet bag (Br), washbag **kulturell** ADJ cultural

Kulturtasche F toiletry bag

Kümmel M ‹-s, -› caraway seeds pl

Kummer M ‹-s› grief, sorrow

kümmern ■ VR **sich um jdn ~** look after sb; **sich um etw ~** see to sth ■ VT concern; **das kümmert mich nicht** that doesn't worry me

Kumpel M ‹-s, -› fam mate, pal

Kunde M ‹-n, -n› customer **Kundendienst** M after-sales (or customer) service **Kunden(kredit)karte** F storecard, chargecard **Kundennummer** F customer number

kündigen ■ VI hand in one's notice; (tenant) give notice that one is moving out; **jdm ~** give sb his/her notice; (landlord) give sb notice to quit ■ VT cancel; (contract) terminate; **jdm die Stellung ~** give sb his/her notice **Kündigung** F (from job) dismissal; (of con-

tract) termination; (*of subscription*) cancellation; (*period of notification*) notice

Kundin F̲ customer **Kundschaft** F̲ customers *pl*

künftig ADJ future

Kunst F̲ ⟨-, Künste⟩ art; (*ability*) skill **Kunstausstellung** F̲ art exhibition **Kunstgewerbe** NT̲ arts and crafts *pl* **Künstler(in)** M̲/F̲ ⟨-s, -⟩ artist **künstlerisch** ADJ artistic **künstlich** ADJ artificial **Kunststoff** M̲ synthetic material **Kunststück** NT̲ trick **Kunstwerk** NT̲ work of art

Kupfer NT̲ ⟨-s, -⟩ copper

Kuppel F̲ ⟨-, -n⟩ dome

kuppeln V̲I̲ AUTO operate the clutch **Kupplung** F̲ coupling; AUTO clutch

Kur F̲ ⟨-, -en⟩ course of treatment; (*at health resort*) cure

Kür F̲ ⟨-, -en⟩ SPORT free programme

Kurbel F̲ ⟨-, -n⟩ winder

Kürbis M̲ ⟨-ses, -se⟩ pumpkin

Kurier(in) M̲ ⟨-s, -e⟩ courier **Kurierdienst** M̲ courier service

Kurort M̲ health resort

Kurs M̲ ⟨-es, -e⟩ course; FIN rate; (*for foreign currency*) exchange rate

kursiv ❶ ADJ italic ❷ ADV in italics

Kursleiter(in) M̲/F̲ course tutor **Kursteilnehmer(in)** M̲/F̲ (course) participant

Kurve F̲ ⟨-, -n⟩ curve; (*in road*) bend **kurvenreich** ADJ (*road*) winding

kurz ADJ short; (*with time also*) brief; ~ **vorher/darauf** shortly before/after; **kannst du ~ kommen?** could you come here for a minute?; ~ **gesagt** in short **kurzärmelig** ADJ short-sleeved **kürzen** V̲T̲ cut short; (*in length*) shorten; (*salary*) reduce **kurzerhand** ADV on the spot **kurzfristig** ADJ short-term; **das Konzert wurde ~ abgesagt** the concert was called off at short notice **Kurzgeschichte** F̲ short story **kürzlich** ADV recently **Kurzparkzone** F̲ short-stay (*Br*) (*or* short-term (*US*)) parking zone **Kurzschluss** M̲ ELEC short circuit **kurzsichtig** ADJ short-sighted **Kurzurlaub** M̲ short holiday (*Br*), short vacation (*US*)

Kusine F̲ cousin

Kuss M̲ ⟨-es, Küsse⟩ kiss **Küsschen** NT̲ ⟨-s, -⟩ little kiss, peck **küssen** V̲T̲, V̲R̲ kiss

Küste F̲ ⟨-, -n⟩ coast; (*strip of land*) shore

Kutsche F̲ ⟨-, -n⟩ carriage; (*enclosed*) coach

Kuwait NT̲ ⟨-s⟩ Kuwait

KZ NT̲ ⟨-s, -s⟩ *abbr* → Konzentrationslager HIST concentration camp

L

Labor NT ⟨-s, -e or -s⟩ lab
Labyrinth NT ⟨-s, -e⟩ maze
lächeln VI smile **Lächeln** NT ⟨-s⟩ smile **lachen** VI laugh **lächerlich** ADJ ridiculous
Lachs M ⟨-es, -e⟩ salmon
Lack M ⟨-(e)s, -e⟩ varnish; (coloured) lacquer; (for car) paint **lackieren** VT varnish; (car) spray
Ladegerät NT (battery) charger **laden** ⟨lud, geladen⟩ VT a. IT load; (guest) invite; (mobile phone etc) charge
Laden M ⟨-s, Läden⟩ shop; (on window) shutter **Ladendieb(in)** M(F) shoplifter **Ladendiebstahl** M shoplifting
Ladestation F charging station
Ladung F load; NAUT, AVIAT cargo
lag imperf → liegen
Lage F ⟨-, -n⟩ position, situation
Lager NT ⟨-s, -⟩ camp; COMM warehouse; TECH bearing **Lagerfeuer** NT campfire **lagern** VT store
lahm ADJ lame; (dreary) dull **lähmen** VT paralyse **Lähmung** F paralysis
Laib M ⟨-s, -e⟩ loaf

Laie M ⟨-n, -n⟩ layman
Laken NT ⟨-s, -⟩ sheet
Lakritze F ⟨-, -n⟩ liquorice
Laktose F ⟨-⟩ CHEM, BIO lactose **laktosefrei** ADJ dairy-free, lactose-free **Laktoseunverträglichkeit** F ⟨-⟩ MED lactose intolerance
Lamm NT ⟨-(e)s, Lämmer⟩ (also meat) lamb **Lammfleisch** NT lamb
Lampe F ⟨-, -n⟩ lamp; (in lamp) bulb **Lampenfieber** NT stage fright **Lampenschirm** M lampshade
Lampion M ⟨-s, -s⟩ Chinese lantern
Land NT ⟨-(e)s, Länder⟩ land; (nation) country; (German federal division) state, Land; **auf dem ~(e)** in the country
Landebahn F runway **landen** VT, VI land
Länderspiel NT international (match)
Landeswährung F national currency **landesweit** ADJ nationwide
Landhaus NT country house **Landkarte** F map **Landkreis** M administrative region, ≈ district
ländlich ADJ rural
Landschaft F countryside; (beautiful) scenery; ART landscape **Landstraße** F country road, B road (Br)
Landung F landing **Landungsbrücke** F, **Lan-**

dungssteg M̲ gangway
Landwirt(in) M̲F̲ farmer
Landwirtschaft F̲ agriculture, farming **landwirtschaftlich** A̲D̲J̲ agricultural
lang A̲D̲J̲ long; (person) tall; **ein zwei Meter ~er Tisch** a table two metres long; **den ganzen Tag ~** all day long **langärmelig** A̲D̲J̲ long-sleeved **lange** A̲D̲V̲ (for) a long time; **ich musste ~ warten** I had to wait (for) a long time; **ich bleibe nicht ~** I won't stay long; **es ist ~ her, dass wir uns gesehen haben** it's a long time since we saw each other **Länge** F̲ ⟨-, -n⟩ length; GEO longitude
langen V̲I̲ fam be enough; fam (with hand) reach (nach for); **mir langt's** I've had enough
Langeweile F̲ boredom
langfristig 1 A̲D̲J̲ long-term 2 A̲D̲V̲ in the long term
Langlauf M̲ cross-country skiing
langsam 1 A̲D̲J̲ slow 2 A̲D̲V̲ slowly
Langschläfer(in) M̲F̲ ⟨-s, -⟩ late riser
längst A̲D̲V̲ **das ist ~ fertig** that was finished a long time ago; **sie sollte ~ da sein** she should have been here long ago; **als sie kam, waren wir ~ weg** when she arrived we had long since left
Langstreckenflug M̲ long-haul flight

langweilen V̲T̲ bore; **ich langweile mich** I'm bored **langweilig** A̲D̲J̲ boring
Laos N̲T̲ ⟨-⟩ Laos
Lappen M̲ ⟨-s, -⟩ cloth, rag; (for dusting) duster
läppisch A̲D̲J̲ silly; (amount of money) ridiculous
Laptop M̲ ⟨-s, -s⟩ laptop
Lärche F̲ ⟨-, -n⟩ larch
Lärm M̲ ⟨-(e)s⟩ noise
las imperf → **lesen**
Laser M̲ ⟨-s, -⟩ laser **Laserdrucker** M̲ laser printer **Lasershow** F̲ ⟨-, -s⟩ laser show
lassen ⟨ließ, gelassen⟩ V̲I̲, V̲T̲ (allow) let; (in a place, a condition) leave; (cease) stop; **etw machen ~** have sth done; **sich** dat **die Haare schneiden ~** have one's hair cut; **jdn etw machen ~** make sb do sth; **lass das!** stop it!
lässig A̲D̲J̲ casual
Last F̲ ⟨-, -en⟩ load; (duty, obligation etc) burden
Laster N̲T̲ ⟨-s, -⟩ vice; fam truck, lorry (Br)
lästern V̲I̲ **über jdn/etw ~** make nasty remarks about sb/sth
lästig A̲D̲J̲ annoying; (person) tiresome
Lastkraftwagen M̲ truck, lorry (Br)
Last-minute-Angebot N̲T̲ last-minute offer **Last-minute-Flug** M̲ last-minute flight **Last-minute-Ticket**

$\overline{\text{NT}}$ last-minute ticket **Last-minute-Urlaub** $\underline{\text{M}}$ last-minute holiday (Br) (or vacation (US))

Lastwagen $\underline{\text{M}}$ truck, lorry (Br)

Latein $\overline{\text{NT}}$ <-s> Latin

Laterne $\underline{\text{F}}$ <-, -n> lantern; (in street) streetlight

Latte $\underline{\text{F}}$ <-, -n> slat; SPORT bar

Latte macchiato $\underline{\text{M or F}}$ <--, --s> latte macchiato

Latz $\underline{\text{M}}$ <-es, Lätze> bib **Lätzchen** $\overline{\text{NT}}$ bib **Latzhose** $\underline{\text{F}}$ dungarees pl

lau $\underline{\text{ADJ}}$ (wind, air) mild

Laub $\overline{\text{NT}}$ <-(e)s> foliage **Laubfrosch** $\underline{\text{M}}$ tree frog

Lauch $\underline{\text{M}}$ <-(e)s, -e> leeks pl; **eine Stange ~** a leek **Lauchzwiebel** $\underline{\text{F}}$ spring onions pl (Br), scallions pl (US)

Lauf $\underline{\text{M}}$ <-(e)s, Läufe> run; (contest) race; (development) course **Laufbahn** $\underline{\text{F}}$ career **laufen** <lief, gelaufen> $\underline{\text{VI}}$, $\overline{\text{VT}}$ run; walk; (function) work; **mir läuft die Nase** my nose is running; **was läuft im Kino?** what's on at the cinema?; **wie läuft's so?** how are things? **laufend** $\underline{\text{ADJ}}$ running; (month, expenses) current; **auf dem Laufenden sein/halten** be/keep up-to-date **Läufer** $\underline{\text{M}}$ <-s, -> (carpet) rug; (in chess) bishop **Läufer(in)** $\underline{\text{M/F}}$ SPORT runner **Laufmasche** $\underline{\text{F}}$ ladder (Br), run (US) **Laufrad** $\overline{\text{NT}}$ balance bike **Laufschuh** $\underline{\text{M}}$ running shoe **Laufwerk** $\overline{\text{NT}}$ IT drive

Laune $\underline{\text{F}}$ <-, -n> mood; **gute/schlechte ~ haben** be in a good/bad mood **launisch** $\underline{\text{ADJ}}$ moody

Laus $\underline{\text{F}}$ <-, Läuse> louse

lauschen $\underline{\text{VI}}$ listen; (secretly) eavesdrop

laut **1** $\underline{\text{ADJ}}$ loud **2** $\underline{\text{ADV}}$ loudly; (read) aloud **3** $\underline{\text{PREP}}$ + gen or dat according to

läuten $\underline{\text{VT}}$, $\underline{\text{VI}}$ ring

lauter $\underline{\text{ADV}}$ fam nothing but

Lautsprecher $\underline{\text{M}}$ loudspeaker **Lautstärke** $\underline{\text{F}}$ loudness; RADIO, TV volume

lauwarm $\underline{\text{ADJ}}$ lukewarm

Lavendel $\underline{\text{M}}$ <-s, -> lavender

Lawine $\underline{\text{F}}$ avalanche

leben $\underline{\text{VT}}$, $\underline{\text{VI}}$ live; (not be dead) be alive; **wie lange ~ Sie schon hier?** how long have you been living here?; **von ... ~** (food etc) live on ...; (occupation, activity) make one's living from ... **Leben** $\overline{\text{NT}}$ <-s, -> life **lebend** $\underline{\text{ADJ}}$ living **lebendig** $\underline{\text{ADJ}}$ alive; (full of live) lively **lebensgefährlich** $\underline{\text{ADJ}}$ very dangerous; (injury) critical **Lebensgefährte** $\underline{\text{M}}$, **Lebensgefährtin** $\underline{\text{F}}$ partner **Lebenshaltungskosten** $\underline{\text{PL}}$ cost sg of living **lebenslänglich** $\underline{\text{ADJ}}$ for life; **~ bekommen** get life **Lebenslauf** $\underline{\text{M}}$ curriculum vitae (Br), CV (Br), resumé (US) **Lebensmittel** $\underline{\text{PL}}$ food sg **Lebensmittelgeschäft** $\overline{\text{NT}}$ grocer's (shop) **Lebensmit-**

telvergiftung $\overline{F}$ food poisoning **lebensnotwendig** $\overline{ADJ}$ vital **Lebenspartner(in)** $\overline{M(F)}$ partner **Lebensretter(in)** $\overline{M(F)}$ rescuer **Lebensstandard** $\overline{M}$ standard of living **Lebenszeichen** $\overline{NT}$ sign of life

Leber $\overline{F}$ ⟨-, -n⟩ liver **Leberfleck** $\overline{M}$ mole **Leberpastete** $\overline{F}$ liver pâté

Lebewesen $\overline{NT}$ living being **lebhaft** $\overline{ADJ}$ lively; (*memory, impression*) vivid

Lebkuchen $\overline{M}$ gingerbread **leblos** $\overline{ADJ}$ lifeless

Leck $\overline{NT}$ leak

lecken **1** $\overline{VI}$ (*container, ship*) leak **2** $\overline{VT, VI}$ lick

lecker $\overline{ADJ}$ delicious, tasty

Leder $\overline{NT}$ ⟨-s, -⟩ leather

ledig $\overline{ADJ}$ single

leer $\overline{ADJ}$ empty; (*page*) blank; (*battery*) empty **leeren** $\overline{VT, VR}$ empty **Leerlauf** $\overline{M}$ (*gear*) neutral **Leerung** $\overline{F}$ emptying; (*from postbox*) collection

legal $\overline{ADJ}$ legal, lawful

legen **1** $\overline{VT}$ put, place; (*eggs*) lay **2** $\overline{VR}$ lie down; (*storm, excitement*) die down; (*pain, feeling*) wear off

Lehm $\overline{M}$ ⟨-(e)s, -e⟩ loam; (*for bricks etc*) clay

Lehne $\overline{F}$ ⟨-, -n⟩ arm(rest), back(rest) **lehnen** $\overline{VT, VR}$ lean **Lehrbuch** $\overline{NT}$ textbook **Lehre** $\overline{F}$ ⟨-, -n⟩ teaching; (*vocational*) apprenticeship; (*moral*) lesson **lehren** $\overline{VT}$ teach **Lehrer(in)**

$\overline{M(F)}$ ⟨-s, -⟩ teacher **Lehrgang** $\overline{M}$ course **Lehrling** $\overline{M}$ apprentice **lehrreich** $\overline{ADJ}$ instructive

Leibwächter(in) $\overline{M(F)}$ bodyguard

Leiche $\overline{F}$ ⟨-, -n⟩ corpse **Leichenwagen** $\overline{M}$ hearse

leicht **1** $\overline{ADJ}$ light; (*task etc*) easy, simple; (*illness*) slight; **es sich** *dat* **~ machen** take the easy way out **2** $\overline{ADV}$ easily; (*a bit*) slightly **Leichtathletik** $\overline{F}$ athletics *sg* **leichtfallen** *irr* $\overline{VI}$ be easy for sb **leichtsinnig** $\overline{ADJ}$ careless; (*stronger*) reckless

leid $\overline{ADJ}$ **jdn/etw ~ sein** be tired of sb/sth **Leid** $\overline{NT}$ ⟨-(e)s⟩ grief, sorrow **leiden** (litt, gelitten) $\overline{VI, VT}$ suffer (*an, unter* + *dat* from); **ich kann ihn/es nicht ~** I can't stand him/it **Leiden** $\overline{NT}$ ⟨-s, -⟩ suffering; (*medical*) illness

Leidenschaft $\overline{F}$ passion **leidenschaftlich** $\overline{ADJ}$ passionate

leider $\overline{ADV}$ unfortunately; **wir müssen jetzt ~ gehen** I'm afraid we have to go now; **~ ja/nein** I'm afraid so/not

leidtun *irr* $\overline{VI}$ **es tut mir/ihm leid** I'm/he's sorry; **er tut mir leid** I'm sorry for him

leihen ⟨lieh, geliehen⟩ $\overline{VT}$ **jdm etw ~** lend sb sth; **sich** *dat* **etw von jdm ~** borrow sth from sb **Leihwagen** $\overline{M}$ hire car (*Br*), rental car (*US*)

Leim M ⟨-(e)s, -e⟩ glue
Leine F ⟨-, -n⟩ cord; (for washing) line; (for dog) lead (Brit), leash (US)
Leinen NT ⟨-s, -⟩ linen **Leinwand** F ART canvas; FILM screen
leise 1 ADJ quiet; (music, steps etc) soft 2 ADV quietly
Leiste F ⟨-, -n⟩ ledge; (decorative) strip; ANAT groin
leisten VT (work) do; (accomplish) achieve; **jdm Gesellschaft ~** keep sb company; **sich** dat **etw ~** (as reward etc) treat oneself to sth; **ich kann es mir nicht ~** I can't afford it
Leistenbruch M hernia
Leistung F performance; (remarkable) achievement
leiten VT lead; (firm) run; (guide) direct; ELEC conduct
Leiter F ⟨-, -n⟩ ladder
Leiter(in) M(F) ⟨-s, -⟩ (of business) manager
Leitplanke F ⟨-, -n⟩ crash barrier
Leitung F (guidance) direction; TEL line; (of firm) management; (for water) pipe; (for electricity) cable; **eine lange ~ haben** be slow on the uptake **Leitungswasser** NT tap water
Lektion F lesson
Lektüre F ⟨-, -n⟩ reading; (books etc) reading matter
lenken VT steer; (gaze) direct (auf + acc towards); **jds Aufmerksamkeit auf etw** acc **~** draw sb's attention to sth **Lenker** M handlebars pl **Lenkrad** NT steering wheel **Lenkradschloss** NT steering lock **Lenkstange** F handlebars pl
Lerche F ⟨-, -n⟩ lark
lernen VT, VI learn; (for exam) study, revise
lesbisch ADJ lesbian
Lesebuch NT reader **lesen** ⟨las, gelesen⟩ VI, VT read; (fruit) pick **Leser(in)** M(F) reader **leserlich** ADJ legible **Lesezeichen** NT bookmark
Lettland NT Latvia
letzte(r, s) ADJ last; (most recent) latest; (definitive) final; **zum ~n Mal** for the last time; **am ~n Montag** last Monday; **in ~r Zeit** lately, recently **letztens** ADV recently
Leuchte F ⟨-, -n⟩ lamp, light **leuchten** VI shine; (fire, dial) glow **Leuchter** M ⟨-s, -⟩ candlestick **Leuchtmarker** M ⟨-s, -⟩ highlighter **Leuchtreklame** F neon sign **Leuchtturm** M lighthouse
leugnen 1 VT deny 2 VI deny everything
Leukämie F leukaemia (Brit), leukemia (US)
Leute PL people pl
Lexikon NT ⟨-s, Lexika⟩ encyclopaedia (Brit), encyclopedia (US)
Libanon M ⟨-s⟩ **der ~** Lebanon
Libelle F dragonfly

liberal ADJ liberal
Libyen NT ⟨-s⟩ Libya
Licht NT ⟨-(e)s, -er⟩ light
Lichtblick M ray of hope
Lichthupe F **die ~ betätigen**
flash one's lights **Lichtjahr**
NT light year **Lichtmaschine**
F dynamo **Lichtschalter** M
light switch **Lichtschranke**
F light barrier **Lichtschutz-**
faktor M sun protection factor, SPF
Lichtung F clearing
Lid NT ⟨-(e)s, -er⟩ eyelid **Lid-**
schatten M eyeshadow
lieb ADJ (kind) nice; (loved)
dear; (lovely) sweet; **das ist ~**
von dir that's nice of you; **Lie-**
ber Herr X Dear Mr X **Liebe** F
⟨-, -n⟩ love **lieben** VT love;
(sexually) make love to **lie-**
benswürdig ADJ kind **lieber**
ADV rather; **ich möchte ~ nicht**
I'd rather not; **welches ist dir**
~? which one do you prefer?;
→ **gern**; → lieb **Liebesbrief**
M love letter **Liebeskummer**
M **~ haben** be lovesick **Lie-**
bespaar NT lovers pl **Liebes-**
schloss NT love lock **liebe-**
voll ADJ loving **Liebhaber(in)**
M(F) ⟨-s, -⟩ lover **lieb-**
lich ADJ lovely; (wine) sweet
Liebling M darling **Liebling-**
s- INCPDS favourite **liebs-**
te(r, s) ADJ favourite **liebs-**
ten ADV **am ~ esse ich ...**
my favourite food is ...; **am ~**
würde ich bleiben I'd really

like to stay
Liechtenstein NT ⟨-s⟩ Liechtenstein
Lied NT ⟨-(e)s, -er⟩ song; REL
hymn
lief imperf → **laufen**
liefern VT deliver; (provide)
supply **Lieferservice** M delivery service **Lieferung** F
delivery
Liege F ⟨-, -n⟩ (at doctor's)
couch; (for overnight stay)
campbed; (in garden) lounger
liegen ⟨lag, gelegen⟩ VI lie;
(be situated) be; **mir liegt**
nichts/viel daran it doesn't
matter to me/it matters a lot
to me; **woran liegt es nur, dass**
...? why is it that ...?; **~ bleiben**
(person) stay lying down; stay in
bed; (thing) be left (behind); **~**
lassen (forget) leave behind
Liegestuhl M deck chair
Liegestütz M press-up (Br),
push-up (US) **Liegewagen**
M RAIL couchette car
lieh imperf → **leihen**
ließ imperf → **lassen**
light ADJ (cola) diet; (food) low-
-fat; low-calorie; (cigarettes)
mild
Likör M ⟨-s, -e⟩ liqueur
lila ADJ inv purple
Lilie F lily
Limo F ⟨-, -s⟩ fam fizzy drink
(Br), soda (US) **Limonade** F
fizzy drink (Br), soda (US);
(lemon-flavoured) lemonade
Limone F ⟨-, -n⟩ lime

Limousine $\overline{F}$ ⟨-, -n⟩ saloon (car) (Brit), sedan (US); fam limo

Linde $\overline{F}$ ⟨-, -n⟩ lime tree

lindern $\overline{VT}$ relieve, soothe

Lineal $\overline{NT}$ ⟨-s, -e⟩ ruler

Linie $\overline{F}$ line **Linienflug** $\overline{M}$ scheduled flight **liniert** $\overline{ADJ}$ ruled, lined

Link $\overline{M}$ ⟨-s, -s⟩ IT link

Linke $\overline{F}$ ⟨-n, -n⟩ left-hand side; (hand) left hand; POL left (wing) **linke(r, s)** $\overline{ADJ}$ left; **auf der ~n Seite** on the left, on the left-hand side **links** $\overline{ADV}$ on the left; **~ abbiegen** turn left; **~ von** to the left of; **~ oben** at the top left **Linkshänder(in)** $\overline{M(F)}$ ⟨-s/-⟩ left-hander **Linksverkehr** $\overline{M}$ driving on the left

Linse $\overline{F}$ ⟨-, -n⟩ lentil; (optical) lens

Lipgloss $\overline{NT}$ ⟨-, -⟩ lip gloss

Lippe $\overline{F}$ ⟨-, -n⟩ lip **Lippenbalsam** $\overline{M}$ ⟨-s, -e⟩ lip balm **Lippenstift** $\overline{M}$ lipstick

Liquid $\overline{NT}$ ⟨-s, -s⟩ (for e-cigarettes) e-liquid, e-juice

lispeln $\overline{VI}$ lisp

List $\overline{F}$ ⟨-, -en⟩ cunning; (ruse) trick

Liste $\overline{F}$ ⟨-, -n⟩ list

Litauen $\overline{NT}$ ⟨-s⟩ Lithuania

Liter $\overline{M \text{ OR NT}}$ ⟨-s, -⟩ litre

literarisch $\overline{ADJ}$ literary **Literatur** $\overline{F}$ literature

Litschi $\overline{F}$ ⟨-, -s⟩ lychee, litchi

litt imperf → **leiden**

live $\overline{ADV}$ RADIO, TV live

Lizenz $\overline{F}$ licence

Lkw $\overline{M}$ ⟨-(s), -(s)⟩ abbr = **Lastkraftwagen** truck, lorry (Brit) **Lkw-Maut** $\overline{F}$ heavy goods vehicle toll

Lob $\overline{NT}$ ⟨-(e)s⟩ praise **loben** $\overline{VT}$ praise

Loch $\overline{NT}$ ⟨-(e)s, Löcher⟩ hole **lochen** $\overline{VT}$ punch **Locher** $\overline{M}$ ⟨-s, -⟩ (hole) punch

Locke $\overline{F}$ ⟨-, -n⟩ curl **locken** $\overline{VT}$ lure; (hair) curl **Lockenwickler** $\overline{M}$ ⟨-s, -⟩ curler

locker $\overline{ADJ}$ (screw, tooth) loose; (posture) relaxed; (person) easygoing **lockern** $\overline{VT, VR}$ loosen

lockig $\overline{ADJ}$ curly

Löffel $\overline{M}$ ⟨-s, -⟩ spoon; **einen ~ Mehl zugeben** add a spoonful of flour

Loge $\overline{F}$ ⟨-, -n⟩ THEAT box

logisch $\overline{ADJ}$ logical

Logo $\overline{NT}$ ⟨-s, -s⟩ logo

Lohn $\overline{M}$ ⟨-(e)s, Löhne⟩ reward; (for work) pay, wages pl **lohnen** $\overline{VR}$ be worth it; **es lohnt sich nicht zu warten** it's no use waiting **Lohnerhöhung** $\overline{F}$ pay rise (Brit), pay raise (US) **Lohnsteuer** $\overline{F}$ income tax

Lokal $\overline{NT}$ ⟨-s, -e⟩ restaurant; pub (Brit), bar

Lokomotive $\overline{F}$ locomotive

Lorbeer $\overline{M}$ ⟨-s, -en⟩ laurel **Lorbeerblatt** $\overline{NT}$ GASTR bay leaf

los $\overline{ADJ}$ loose; **~!** go on!; **jdn/**

etw ~ sein be rid of sb/sth; **was ist ~?** what's the matter?, what's up?; **dort ist nichts/viel ~** there's nothing/a lot going on there

Los NT ‹-es, -e› lot, fate; (*in lottery etc*) ticket

löschen VT (*fire, light*) put out, extinguish; (*thirst*) quench; (*tape*) erase; (*data, line*) delete

lose ADJ loose

Lösegeld NT ransom

losen VI draw lots

lösen 1 (*knot, screw etc*) loosen; (*puzzle*) solve; CHEM dissolve; (*ticket for train etc*) buy 2 VR (*wallpaper, paint etc*) come off; (*sugar etc*) dissolve; (*problem, difficulty*) (re)solve itself

losfahren irr VI leave **losgehen** irr VI set out; (*begin*) start **loslassen** irr VT let go

löslich ADJ soluble

Lösung F (*liquid, of puzzle, problem*) solution

loswerden irr VT get rid of

Lotterie F lottery **Lotto** NT ‹-s› National Lottery; **~ spielen** play the lottery

Löwe M ‹-n, -n› ZOOL lion; ASTR Leo **Löwenzahn** M dandelion

Luchs M ‹-es, -e› lynx

Lücke F ‹-, -n› gap

lud *imperf* → **laden**

Luft F ‹-, Lüfte› air; (*of person*) breath **Luftballon** M balloon **Luftdruck** M METEO atmos-

pheric pressure; (*in tyre*) air pressure

lüften VT air; (*secret*) reveal

Luftfahrt F aviation **Luftfeuchtigkeit** F humidity **Luftfilter** M air filter **Luftfracht** F air freight **Luftmatratze** F airbed **Luftpumpe** F (*bicycle*) pump **Luftröhre** F windpipe

Lüftung F ventilation

Luftverschmutzung F air pollution **Luftwaffe** F air force **Luftzug** M draught (*Br*), draft (*US*)

Lüge F ‹-, -n› lie **lügen** ‹log, gelogen› VI lie **Lügner(in)** M(F) ‹-s, -› liar

Luke F ‹-, -n› hatch

Lumpen M ‹-s, -› rag

Lunchpaket NT packed lunch

Lunge F ‹-, -n› lungs *pl* **Lungenentzündung** F pneumonia

Lupe F ‹-, -n› magnifying glass; **etw unter die ~ nehmen** *fig* have a close look at sth

Lust F ‹-, Lüste› joy, delight; (*inclination*) desire; **~ auf etw** *acc* **haben** feel like sth; **~ haben, etw zu tun** feel like doing sth

lustig ADJ amusing, funny; (*jovial*) cheerful

lutschen 1 VT suck 2 VI **~ an** + *dat* suck **Lutscher** M ‹-s, -› lollipop **Lutschtablette** F lozenge

Luxemburg NT ‹-s› Luxem-

bourg
luxuriös ADJ luxurious
Luxus M ⟨-⟩ luxury
Lymphdrüse F lymph gland
Lyrik F ⟨-⟩ poetry

M

machbar ADJ feasible
machen ❶ VT (produce, cause) make; (carry out, accomplish) do; (cost) be; **das Essen/einen Fehler ~** make dinner/a mistake; **ein Foto ~** take a photo; **was machst du?** what are you doing?; (as job) what do you do (for a living)?; **das kann man doch nicht ~!** you can't do that; **das Bett ~** make the bed; **was macht das?** how much is that?; **das macht zwanzig Euro** that's twenty euros; **einen Spaziergang ~** go for a walk; **Urlaub ~** go on holiday; **eine Pause ~** take a break; **einen Kurs ~** take a course; **das macht nichts** it doesn't matter ❷ VR **sich an die Arbeit ~** get down to work
Macht F ⟨-s, Mächte⟩ power
mächtig ADJ powerful; fam enormous **machtlos** ADJ powerless; **da ist man ~** there's nothing you can do (about it)
Mädchen NT girl **Mädchen-**

name M maiden name
Made F ⟨-, -n⟩ maggot
Magen M ⟨-s, - or Mägen⟩ stomach **Magenbeschwerden** PL stomach trouble sg **Magen-Darm-Infektion** F gastroenteritis **Magengeschwür** NT stomach ulcer **Magenschmerzen** PL stomachache sg
mager ADJ (meat) lean; (person) thin; (cheese, yoghurt) low-fat **Magermilch** F skimmed milk **Magersucht** F anorexia **magersüchtig** ADJ anorexic
magisch ADJ magical
Magnesium NT ⟨-s⟩ magnesium
Magnet M ⟨-s or -en, -en⟩ magnet
mähen VT, VI mow
mahlen ⟨mahlte, gemahlen⟩ VT grind
Mahlzeit ❶ F meal; (for baby) feed ❷ INTERJ enjoy your meal
mahnen VT urge; **jdn schriftlich ~** send sb a reminder **Mahngebühr** F fine **Mahnung** F warning; (written) reminder
Mai M ⟨-(s), -e⟩ May; → Juni **Maifeiertag** M May Day **Maiglöckchen** NT lily of the valley **Maikäfer** M cockchafer
Mail F ⟨-, -s⟩ e-mail; **jdm eine ~ schicken** e-mail sb **Mailbox** F IT mailbox **mailen** VI, VT e-

mail

Mais M ⟨-es, -e⟩ maize, corn (US) **Maiskolben** M corn cob; GASTR corn on the cob

Maisstärke F cornflour (Br), cornstarch (US)

Majestät F ⟨-, -en⟩ Majesty

Majonäse F ⟨-, -n⟩ mayonnaise

Majoran M ⟨-s, -e⟩ marjoram

Make-up NT ⟨-s, -s⟩ make-up

Makler(in) M|F ⟨-s, -⟩ broker; (for houses etc) estate agent (Br), realtor (US)

Makrele F ⟨-, -n⟩ mackerel

mal ADV (in calculation) times, multiplied by; (in measurement) by; fam (in past) once; (in future) some day; **4 − 3 ist 12** 4 times 3 is (or equals) twelve; **da habe ich ~ gewohnt** I used to live there; **irgendwann ~ werde ich dort hinfahren** I'll go there one day

Mal NT ⟨-(e)s, -e⟩ time; (on skin) mark; **jedes ~** every time; **ein paar ~** a few times

Malaria F ⟨-⟩ malaria

Malaysia NT ⟨-s⟩ Malaysia

Malediven PL Maldives pl

malen VT, VI paint **Maler(in)** M|F ⟨-s, -⟩ painter **Malerei** F painting **malerisch** ADJ picturesque

Mallorca NT ⟨-s⟩ Majorca, Mallorca

malnehmen irr VT multiply (mit by)

Malta NT ⟨-s⟩ Malta

Malz NT ⟨-es⟩ malt

Mama F ⟨-, -s⟩ mum(my) (Br), mom(my) (US)

man PRON you; (formal) one; (unspecified person) someone, somebody; (unspecified persons) they, people pl; **wie schreibt ~ das?** how do you spell that?; **~ sagt, dass ...** they (or people) say that ...

managen VT fam manage **Manager(in)** M|F ⟨-s, -⟩ manager

manche(r, s) PRON some; (large number) many; **~ Politiker** many politicians pl, many a politician **manchmal** ADV sometimes

Mandant(in) M|F client

Mandarine F mandarin, tangerine

Mandel F ⟨-, -n⟩ almond; **~n** ANAT tonsils pl **Mandelentzündung** F tonsillitis

Mangel M ⟨-s, Mängel⟩ lack; (scarcity) shortage (an + dat of); (imperfection) defect, fault **mangelhaft** ADJ (goods) faulty; (mark in school) ≈ E

Mango F ⟨-, -s⟩ mango

Manieren PL manners pl

manipulieren VT manipulate

Mann M ⟨-(e)s, Männer⟩ man; (spouse) husband **männlich** ADJ masculine; BIO male

Mannschaft F SPORT, fig team; NAUT, AVIAT crew

Mantel M ⟨-s, Mäntel⟩ coat

Mappe F ⟨-, -n⟩ briefcase;

(*cardboard, plastic*) folder

Maracuja F ⟨-, -s⟩ passion fruit

Marathon M ⟨-s, -s⟩ marathon

Märchen NT fairy tale

Marder M ⟨-s, -⟩ marten

Margarine F margarine

Marienkäfer M ladybird (*Br*), ladybug (*US*)

Marihuana NT ⟨-s⟩ marijuana

Marine F navy

Marionette F puppet

Mark NT ⟨-(e)s⟩ (*in bone*) marrow; (*from fruit*) pulp

Marke F ⟨-, -n⟩ (*of food, cigarettes etc*) brand; (*for car, cooker etc*) make; (*for letter*) stamp; (*for meal*) voucher, ticket; (*made of metal etc*) disc; (*of water level etc*) mark

markieren VT mark **Markierung** F marking; (*sign*) mark

Markise F ⟨-, -n⟩ awning

Markt M ⟨-(e)s, Märkte⟩ market; **auf den ~ bringen** launch **Markthalle** F covered market **Marktlücke** F gap in the market **Marktplatz** M market place **Marktwirtschaft** F market economy

Marmelade F jam; (*orange*) marmalade

Marmor M ⟨-s, -e⟩ marble

Marokko M ⟨-(e)s⟩ Morocco

Marsch M ⟨-(e)s, Märsche⟩ march

Märtyrer(in) M(F) ⟨-s, -⟩ martyr

März M ⟨-(es), -e⟩ March; → Juni

Marzipan NT ⟨-s, -e⟩ marzipan

Maschine F machine; (*of car*) engine

Masern PL MED measles *sg*

Maske F ⟨-, -n⟩ mask

Maskottchen NT mascot

maß *imperf* → **messen**

Maß NT ⟨-es, -e⟩ measure; (*restraint*) moderation; (*scale*) degree, extent; **~e** (*of person*) measurements; (*of room*) dimensions; **in gewissem/hohem ~** to a certain/high degree

Mass F ⟨-, -(en)⟩ litre of beer

Massage F ⟨-, -n⟩ massage

Masse F ⟨-, -n⟩ mass; (*of people*) crowd; (*most*) majority **massenhaft** ADV masses (*or loads*) of **Massenkarambolage** F pile-up **Massenmedien** PL mass media *pl*

Masseur(in) M(F) masseur/masseuse

massieren VT massage

mäßig ADJ moderate

massiv ADJ solid; *fig* massive

maßlos ADJ extreme

Maßnahme F ⟨-, -n⟩ measure, step

Maßstab M rule, measure; *fig* standard; **im ~ von 1:5** on a scale of 1:5

Mast M ⟨-(e)s, -e(n)⟩ mast; ELEC pylon

Material $\overline{\text{NT}}$ ⟨-s, -ien⟩ material; *(for one's work)* materials *pl* **materialistisch** $\overline{\text{ADJ}}$ materialistic

Materie $\overline{\text{F}}$ matter

Mathematik $\overline{\text{F}}$ mathematics *sg* **Mathematiker(in)** $\overline{\text{M(F)}}$ mathematician

Matratze $\overline{\text{F}}$ ⟨-, -n⟩ mattress

Matrose $\overline{\text{M}}$ ⟨-n, -n⟩ sailor

Matsch $\overline{\text{M}}$ ⟨-(e)s⟩ mud; *(snow)* slush **matschig** $\overline{\text{ADJ}}$ *(ground)* muddy; *(snow)* slushy; *(fruit)* mushy

matt $\overline{\text{ADJ}}$ weak; *(not shiny)* dull; PHOT matt; *(in chess)* mate

Matte $\overline{\text{F}}$ ⟨-, -n⟩ mat

Matura $\overline{\text{F}}$ ⟨-⟩ *Austrian school-leaving examination,* ≈ A-levels *(Br)*, ≈ High School Diploma *(US)*

Mauer $\overline{\text{F}}$ ⟨-, -n⟩ wall

Maul $\overline{\text{NT}}$ ⟨-(e)s, Mäuler⟩ mouth; *fam* gob; **halt's ~!** shut your face *(or* gob*)* **Maulesel** $\overline{\text{M}}$ mule **Maulkorb** $\overline{\text{M}}$ muzzle **Maulwurf** $\overline{\text{M}}$ mole

Maurer(in) $\overline{\text{M(F)}}$ ⟨-s, -⟩ bricklayer

Mauritius $\overline{\text{NT}}$ ⟨-⟩ Mauritius

Maus $\overline{\text{F}}$ ⟨-, Mäuse⟩ mouse **Mausefalle** $\overline{\text{F}}$ mousetrap **Mausklick** $\overline{\text{M}}$ ⟨-s, -s⟩ mouse click **Mauspad** $\overline{\text{NT}}$ ⟨-s, -s⟩ mouse mat *(or* pad*)* **Maustaste** $\overline{\text{F}}$ mouse key *(or* button*)*

Maut $\overline{\text{F}}$ ⟨-, -en⟩ toll **Mautgebühr** $\overline{\text{F}}$ toll **mautpflichtig** $\overline{\text{ADJ}}$ **~e Straße** toll road, turn-

pike *(US)* **Mautstelle** $\overline{\text{F}}$ tollbooth, tollgate **Mautstraße** $\overline{\text{F}}$ toll road, turnpike *(US)*

maximal $\overline{\text{ADV}}$ **ihr habt ~ zwei Stunden Zeit** you've got two hours at (the) most; **~ vier Leute** a maximum of four people

Mayonnaise $\overline{\text{F}}$ → Majonäse

Mazedonien $\overline{\text{NT}}$ ⟨-s⟩ Macedonia

MB $\overline{\text{NT}}$ ⟨-, -⟩, **Mbyte** $\overline{\text{NT}}$ ⟨-, -⟩ *abbr* → Megabyte MB

Mechanik $\overline{\text{F}}$ mechanics *sg*; *(mechanism)* mechanics *pl* **Mechaniker(in)** $\overline{\text{M(F)}}$ ⟨-s, -⟩ mechanic **mechanisch** $\overline{\text{ADJ}}$ mechanical

meckern $\overline{\text{VI}}$ *(goat)* bleat; *fam (person)* moan

Mecklenburg-Vorpommern $\overline{\text{NT}}$ ⟨-s⟩ Mecklenburg-Western Pomerania

Medaille $\overline{\text{F}}$ ⟨-, -n⟩ medal

Medien $\overline{\text{PL}}$ media *pl*

Medikament $\overline{\text{NT}}$ medicine

Medizin $\overline{\text{F}}$ ⟨-, -en⟩ medicine *(gegen* for*)* **medizinisch** $\overline{\text{ADJ}}$ medical

Meer $\overline{\text{NT}}$ ⟨-(e)s, -e⟩ sea; **am ~** by the sea **Meeresfrüchte** $\overline{\text{PL}}$ seafood *sg* **Meeresspiegel** $\overline{\text{M}}$ sea level **Meerrettich** $\overline{\text{M}}$ horseradish **Meerschweinchen** $\overline{\text{NT}}$ guinea pig

Megabyte $\overline{\text{NT}}$ megabyte

Mehl $\overline{\text{NT}}$ ⟨-(e)s, -e⟩ flour

mehr ◼ PRON more; **~ will ich nicht ausgeben** I don't want to spend any more, that's as much as I want to spend; **was willst du ~?** what more do you want? ② ADV **immer ~ (Leute)** more and more (people); **~ als fünf Minuten** more than five minutes; **es ist kein Brot ~ da** there's no bread left; **nie ~** never again **mehrdeutig** ADJ ambiguous **mehrere** PRON several **mehreres** PRON several things **mehrfach** ADJ multiple; *(done again)* repeated **Mehrfahrtenkarte** F̲ multi-journey ticket **Mehrheit** F̲ majority **mehrmals** ADV repeatedly **mehrsprachig** ADJ multilingual **Mehrwertsteuer** F̲ value added tax, VAT **Mehrzahl** F̲ majority; *(in grammar)* plural **meiden** ⟨mied, gemieden⟩ VT avoid

Meile F̲ ⟨-, -n⟩ mile

mein PRON my **meine(r, s)** PRON mine

meinen VT, VI think; say; *(want to say, intend)* mean; **das war nicht so gemeint** I didn't mean it like that

meinetwegen ADV because of me; *(to please me)* for my sake; *(for my part)* as far as I'm concerned

Meinung F̲ opinion; **meiner ~ nach** in my opinion **Meinungsumfrage** F̲ opinion poll **Meinungsverschiedenheit** F̲ disagreement *(über + acc* about)

Meise F̲ ⟨-, -n⟩ tit; **eine ~ haben** *fam* be crazy

meist ADV mostly **meiste(r, s)** PRON most; **die ~n (Leute)** most people; **die ~ Zeit** most of the time; **das ~ (davon)** most of it; **die ~n von ihnen** most of them **meistens** ADV mostly; *(largely)* for the most part

Meister(in) M̲/F̲ ⟨-s, -⟩ master; SPORT champion **Meisterschaft** F̲ championship

melden ① VT report *(bei* to); *(in class)* put one's hand up; *(offer one's services)* volunteer; *(on phone, in response to advert etc)* answer **Meldung** F̲ announcement; *(account)* report; IT message

Melodie F̲ tune, melody

Melone F̲ ⟨-, -n⟩ melon

Menge F̲ ⟨-, -n⟩ quantity; *(of people)* crowd; **eine ~** a lot *(gen* of)

Mensa F̲ ⟨-, Mensen⟩ canteen, cafeteria *(US)*

Mensch M̲ ⟨-en, -en⟩ human being, man; *(individual)* person; **kein ~** nobody; **~!** wow!; *(annoyed)* bloody hell! **Menschenrechte** PL human rights *pl* **Menschenverstand** M̲ **gesunder ~** common sense **Menschheit** F̲ humanity, mankind **menschlich** ADJ human; *(kind)* humane

Menstruation F̲ menstruation

Mentalität F̲ mentality, mindset

Menü N̲T̲ ‹-s, -s› set meal; IT menu **Menüleiste** F̲ IT menu bar

Merkblatt N̲T̲ leaflet **merken** V̲T̲ notice; **sich** dat **etw ~** remember sth **Merkmal** N̲T̲ feature

merkwürdig A̲D̲J̲ odd

Messe F̲ ‹-, -n› fair; REL mass

messen ‹maß, gemessen› **1** V̲T̲ measure; (temperature, pulse) take **2** V̲R̲ compete

Messer N̲T̲ ‹-s, -› knife

Messie M̲ ‹-s, -s› messy person

Messing N̲T̲ ‹-s› brass

Metall N̲T̲ ‹-s, -e› metal

Meteorologe M̲, **Meteorologin** F̲ meteorologist

Meter M̲ O̲R̲ N̲T̲ ‹-s, -› metre

Metermaß N̲T̲ tape measure **Meterstab** M̲ metre rule (Br), meter rule (US)

Methode F̲ ‹-, -n› method

Metzger(in) M̲(̲F̲)̲ ‹-s, -› butcher **Metzgerei** F̲ butcher's (shop)

Mexiko N̲T̲ ‹-s› Mexico

mich P̲R̲O̲N̲ acc → ich; me; **~ (selbst)** myself; **stell dich hinter ~** stand behind me; **ich fühle ~ wohl** I feel fine

mied imperf → meiden

Miene F̲ ‹-, -n› look, expression

mies A̲D̲J̲ fam lousy

Miesmuschel F̲ mussel

Mietauto N̲T̲ → Mietwagen

Miete F̲ ‹-, -n› rent **mieten** V̲T̲ rent; (car) hire (Br), rent (US) **Mieter(in)** M̲(̲F̲)̲ ‹-s, -› tenant **Mietshaus** N̲T̲ block of flats (Br), apartment house (US) **Mietvertrag** M̲ rental agreement **Mietwagen** M̲ hire car (Br), rental car (US); **sich** dat **einen ~ nehmen** hire (Br) (or rent (US)) a car

Migräne F̲ ‹-, -n› migraine

Migrant(in) M̲(̲F̲)̲ ‹-en, -en› migrant (worker)

Mikrofaser F̲ microfibre (Br), microfiber (US)

Mikrofon N̲T̲ ‹-s, -e› microphone

Mikrowelle F̲ ‹-, -n›, **Mikrowellenherd** M̲ microwave (oven)

Milbe F̲ ‹-, -n› mite

Milch F̲ ‹-› milk **Milchkaffee** M̲ milky coffee **Milchreis** M̲ rice pudding **Milchschäumer** M̲ ‹-s, -› (milk) frother **Milchshake** M̲ ‹-s, -s› milk shake **Milchstraße** F̲ Milky Way **Milchzuckerunverträglichkeit** F̲ MED lactose intolerance

mild A̲D̲J̲ mild; (judge) lenient; (friendly) kind

Militär N̲T̲ ‹-s› military, army

Milliarde F̲ ‹-, -n› billion

Milligramm N̲T̲ milligram **Milliliter** M̲ millilitre **Millimeter** M̲ millimetre **Million** F̲ million **Millionär(in)** M̲(̲F̲)̲ millionaire

Milz F ⟨-, -en⟩ spleen

Minderheit F minority

minderjährig ADJ underage

minderwertig ADJ inferior

Mindest- IN CPDS minimum

mindeste(r, s) ADJ least

mindestens ADV at least

Mindesthaltbarkeitsdatum NT best-before date (Br), expiration date (US)

Mine F ⟨-, -n⟩ mine; (in pencil) lead; (in ballpoint pen) refill

Mineralstoff M mineral salt **Mineralwasser** NT mineral water

Minibar F minibar **Minigolf** NT miniature golf, crazy golf (Br)

minimal ADJ minimal

Minimum NT ⟨-s, Minima⟩ minimum

Minirock M miniskirt

Minister(in) M(F) ⟨-s, -⟩ minister **Ministerium** NT ministry **Ministerpräsident(in)** M(F) Minister President (Prime Minister of a Bundesland)

minus ADV minus **Minus** NT ⟨-, -⟩ deficit; **im ~ sein** be in the red; (account) be overdrawn

Minute F ⟨-, -n⟩ minute

Minze F ⟨-, -n⟩ mint

mir PRON dat → ich; (to) me; **kannst du ~ helfen?** can you help me?; **kannst du es ~ erklären?** can you explain it to me?; **ich habe ~ einen neuen Rechner gekauft** I bought (myself) a new computer; **ein**

Freund von ~ a friend of mine

mischen VT mix; (cards) shuffle **Mischung** F mixture (aus of)

Missbrauch M abuse; (wrong use) misuse **missbrauchen** VT misuse (zu for); (sexually) abuse **Misserfolg** M failure **Missgeschick** NT mishap **misshandeln** VT ill-treat

Mission F mission

misslingen (misslang, misslungen) VI fail **Misstrauen** NT ⟨-s⟩ mistrust, suspicion (gegenüber of) **misstrauisch** ADJ distrustful; (suspecting sth) suspicious **Missverständnis** NT misunderstanding

Mist M ⟨-(e)s⟩ fam rubbish; (from cows) dung; (as fertilizer) manure

Mistel F ⟨-, -n⟩ mistletoe

mit 1 PREP + dat with; (by means of) by; **~ der Bahn** by train; **~ der Kreditkarte bezahlen** pay by credit card; **~ 10 Jahren** at the age of 10; **wie wär's ~ ...?** how about ...? 2 ADV along, too; **wollen Sie ~?** do you want to come along?

Mitarbeiter(in) M(F) employee

mitbekommen irr VT fam catch; (learn about) hear; (understand) get

Mitbewohner(in) M(F) flatmate (Br), roommate (US)

mitbringen irr VT bring along **Mitbringsel** NT ⟨-s, -⟩ small present

miteinander ADV with one another; (jointly) together
miterleben VT see (with one's own eyes)
Mitesser M ⟨-s, -⟩ blackhead
Mitfahrgelegenheit F ≈ lift, ride (US) **Mitfahrzentrale** F agency for arranging lifts
mitgeben irr VT jdm etw ~ give sb sth (to take along)
mitgehen irr VI go/come along
mitgenommen ADJ worn out, exhausted
Mitglied NT member
mithilfe PREP + gen ~ von with the help of
mitkommen irr VI come along; (understand) follow
Mitleid NT pity; ~ haben mit feel sorry for
mitmachen 1 VT take part in 2 VI take part
mitnehmen irr VT take along; (tire) wear out, exhaust
mitspielen VI (in team) play; (in game) join in; **in einem Film/Stück** ~ act in a film/play
Mittag M midday; **gestern** ~ at midday yesterday, yesterday lunchtime; **zu** ~ **essen** have lunch **Mittagessen** NT lunch **mittags** ADV at lunchtime, at midday **Mittagsmenü** NT lunch menu **Mittagspause** F lunch break
Mitte F ⟨-, -n⟩ middle; ~ **Juni** in the middle of June; **sie ist** ~ **zwanzig** she's in her mid-twen-

ties
mitteilen VT jdm etw ~ inform sb of sth **Mitteilung** F notification
Mittel NT ⟨-s -⟩ means sg; (practical measure, way) method; MED remedy (gegen for)
Mittelalter NT Middle Ages pl **mittelalterlich** ADJ medieval **Mittelfinger** M middle finger **mittelmäßig** ADJ mediocre **Mittelmeer** NT Mediterranean (Sea) **Mittelohrentzündung** F inflammation of the middle ear **Mittelpunkt** M centre; **im** ~ **stehen** be the centre of attention
mittels PREP + gen by means of **Mittelstürmer(in)** MFI striker, centre-forward
mitten ADV in the middle; ~ **auf der Straße/in der Nacht** in the middle of the street/ night
Mitternacht F midnight
mittlere(r, s) ADJ middle; (ordinary) average
mittlerweile ADV meanwhile
Mittwoch M ⟨-s, -e⟩ Wednesday; (am) ~ on Wednesday; (am) ~ **Morgen/Nachmittag/ Abend** (on) Wednesday morning/afternoon/evening; **diesen/letzten/nächsten** ~ this/ last/next Wednesday; **jeden** ~ every Wednesday; ~ **in einer Woche** a week on Wednesday, Wednesday week **mittwochs** ADV on Wednesdays; ~ **abends**

on Wednesday evenings
mixen V̲T̲ mix **Mixer** M̲ ⟨-s, -⟩ (*kitchen appliance*) blender
mobben V̲T̲ bully (at work)
Möbel N̲T̲ ⟨-s, -⟩ piece of furniture; **die ~** *pl* the furniture *sg* **Möbelwagen** M̲ removal van
mobil A̲D̲J̲ mobile **Mobilfunk** M̲ mobile telephony (Br), cellular telephony (US) **Mobilfunknetz** N̲T̲ mobile network (Br), cellphone network (US) **Mobiltelefon** N̲T̲ mobile phone (Br), cellphone (US)
möblieren V̲T̲ furnish
mochte *imperf* → **mögen**
Mode F̲ ⟨-, -n⟩ fashion
Model N̲T̲ ⟨-s, -s⟩ model
Modell N̲T̲ ⟨-s, -e⟩ model
Modem N̲T̲ ⟨-s, -s⟩ I̲T̲ modem
Moderator(in) M̲(F̲) presenter
modern A̲D̲J̲ modern; (*stylish*) fashionable **modisch** A̲D̲J̲ fashionable
Mofa N̲T̲ ⟨-s, -s⟩ moped
mogeln V̲I̲ cheat
mögen (mochte, gemocht) V̲T̲, V̲I̲ like; **ich möchte ...** I would like ...; **ich möchte lieber bleiben** I'd rather stay; **möchtest du lieber Tee oder Kaffee?** would you prefer tea or coffee?
möglich A̲D̲J̲ possible; **so bald wie ~** as soon as possible **möglicherweise** A̲D̲V̲ possibly **Möglichkeit** F̲ possibility **möglichst** A̲D̲V̲ as ... as pos-

sible
Mohn M̲ ⟨-(e)s, -e⟩ poppy; (*for cake etc*) poppy seed
Möhre F̲ ⟨-, -n⟩, **Mohrrübe** F̲ carrot
Moldawien N̲T̲ ⟨-s⟩ Moldova
Moll N̲T̲ ⟨-⟩ minor (key); **a-~** A minor
mollig A̲D̲J̲ cosy; (*person*) plump
Moment M̲ ⟨-(e)s, -e⟩ moment; **im ~** at the moment; **einen ~ bitte!** just a minute **momentan** 1 A̲D̲J̲ momentary 2 A̲D̲V̲ at the moment
Monaco N̲T̲ ⟨-s⟩ Monaco
Monarchie F̲ monarchy
Monat M̲ ⟨-(e)s, -e⟩ month; **sie ist im dritten ~** she's three months pregnant **monatlich** A̲D̲J̲, A̲D̲V̲ monthly; **~ 100 Euro zahlen** pay 100 euros a month (*or* every month) **Monatskarte** F̲ monthly season ticket
Mönch M̲ ⟨-s, -e⟩ monk
Mond M̲ ⟨-(e)s, -e⟩ moon
Monitor M̲ I̲T̲ monitor
monoton A̲D̲J̲ monotonous
Montag M̲ Monday; → **Mittwoch montags** A̲D̲V̲ on Mondays; → **mittwochs**
Montenegro N̲T̲ ⟨-s⟩ Montenegro
Monteur(in) M̲(F̲) ⟨-s, -e⟩ fitter **montieren** V̲T̲ assemble, set up
Monument N̲T̲ monument
Moor N̲T̲ ⟨-(e)s, -e⟩ moor
Moos N̲T̲ ⟨-es, -e⟩ moss

Moped NT ⟨-s, -s⟩ moped
Moral F̲ ⟨-⟩ morals pl **moralisch** ADJ moral
Mord M̲ ⟨-(e)s, -e⟩ murder **Mörder(in)** M̲/F̲ ⟨-s, -⟩ murderer/murderess
morgen ADV tomorrow; ~ **früh** tomorrow morning
Morgen M̲ ⟨-s, -⟩ morning; **am ~** in the morning **Morgenmuffel** M̲ **er ist ein ~** he's not a morning person **morgens** ADV in the morning; **um 3 Uhr ~** at 3 (o'clock) in the morning, at 3 am
Morphium NT ⟨-s⟩ morphine
morsch ADJ rotten
Mosaik NT ⟨-s, -e(n)⟩ mosaic
Mosambik NT ⟨-s⟩ Mozambique
Moschee F̲ ⟨-, -n⟩ mosque
Moskito M̲ ⟨-s, -s⟩ mosquito **Moskitonetz** NT mosquito net
Moslem M̲ ⟨-s, -s⟩, **Moslime** F̲ ⟨-, -n⟩ Muslim
Most M̲ ⟨-(e)s, -e⟩ (unfermented) fruit juice; (fermented, from apples) cider
Motel NT ⟨-s, -s⟩ motel
motivieren VT motivate
Motor M̲ engine; ELEC motor **Motorboot** NT motorboat **Motorhaube** F̲ bonnet (Br), hood (US) **Motorrad** NT motorbike, motorcycle **Motorradfahrer(in)** M̲/F̲ motorcyclist **Motorroller** M̲ (motor) scooter

Motte F̲ ⟨-, -n⟩ moth
Motto NT ⟨-s, -s⟩ motto
Mountainbike NT ⟨-s, -s⟩ mountain bike
Möwe F̲ ⟨-, -n⟩ (sea)gull
MP3-Player M̲ ⟨-s, -⟩ MP3 player
Mücke F̲ ⟨-, -n⟩ midge; (in the tropics) mosquito **Mückenstich** M̲ mosquito bite
müde ADJ tired
muffig ADJ (smell) musty; (face, person) grumpy
Mühe F̲ ⟨-, -n⟩ trouble, pains pl; **sich** dat **große ~ geben** go to a lot of trouble
Mühle F̲ ⟨-, -n⟩ mill; (for coffee) grinder
Müll M̲ ⟨-(e)s⟩ rubbish (Br), garbage (US) **Müllabfuhr** F̲ rubbish (Br) (or garbage (US)) disposal
Mullbinde F̲ gauze bandage
Müllcontainer M̲ waste container **Mülleimer** M̲ rubbish bin (Br), garbage can (US) **Mülltonne** F̲ dustbin (Br), garbage can (US) **Müllwagen** M̲ dustcart (Br), garbage truck (US)
multikulturell ADJ multicultural
Multimedia- IN CPDS multimedia
Multiple-Choice-Verfahren NT multiple choice
Multiplexkino NT multiplex (cinema)
multiplizieren VT multiply (mit by)

Mumie F mummy

Mumps M ⟨-⟩ mumps sg

Mund M ⟨-(e)s, Münder⟩ mouth; **halt den ~!** shut up

Mundart F dialect **Munddusche** F dental water jet

münden Vi flow (*in* + *acc* into)

Mundgeruch M bad breath

Mundharmonika F ⟨-, -s⟩ mouth organ

mündlich ADJ oral

Mundschutz M mask **Mundspray** M OR NT mouth spray, oral spray **Mundwasser** NT mouthwash

Munition F ammunition

Münster NT ⟨-s, -⟩ minster, cathedral

munter ADJ lively

Münzautomat M vending machine **Münze** F ⟨-, -n⟩ coin **Münzeinwurf** M slot **Münzrückgabe** F coin return **Münzwechsler** M change machine

murmeln VT, VI murmur, mutter

Murmeltier NT marmot

mürrisch ADJ sullen, grumpy

Muschel F ⟨-, -n⟩ mussel; (*empty*) shell

Museum NT ⟨-s, Museen⟩ museum

Musik F music **musikalisch** ADJ musical **Musiker(in)** M(F) ⟨-s, -⟩ musician **Musikinstrument** NT musical instrument **musizieren** VI play music

Muskat M ⟨-(e)s⟩ nutmeg

Muskel M ⟨-s, -n⟩ muscle **Muskelkater** M **~ haben** be stiff **Muskelzerrung** F pulled muscle **muskulös** ADJ muscular

Müsli NT ⟨-s, -⟩ muesli

Muslim(in) M(F) ⟨-s, -s⟩ Muslim

Muss NT ⟨-⟩ must

müssen ⟨musste, gemusst⟩ VI must, have to; **er hat gehen ~** he (has) had to go; **sie müsste schon längst hier sein** she should have arrived a long time ago; **du musst es nicht tun** you don't have to do it, you needn't do it; **ich muss mal** I need to got to the loo (*Brit*), I have to go to the bathroom (*US*)

Muster NT ⟨-s, -⟩ pattern, design; (*small quantity*) sample

Mut M ⟨-(e)s⟩ courage; **jdm ~ machen** encourage sb **mutig** ADJ brave, courageous

Mutter **1** F ⟨-, Mütter⟩ mother **2** F ⟨-, -n⟩ (*for bolt*) nut **Muttersprache** F mother tongue **Muttertag** M Mother's Day **Mutti** F mum(my) (*Brit*), mom(my) (*US*)

mutwillig ADJ deliberate

Mütze F ⟨-, -n⟩ cap

Myanmar NT ⟨-s⟩ Myanmar

N

na INTERJ ~ also!, ~ bitte! see?, what did I tell you?; ~ ja well; ~ und? so what?

Nabel M ⟨-s, -⟩ navel

nach PREP + dat after; (direction) to; (consistent with) according to; ~ zwei Stunden after two hours, two hours later; es ist fünf ~ sechs it's five past (Br) (or after (US)) six; der Zug ~ London the train for (or to) London; ~ rechts/links to the right/left; ~ Hause home; ~ oben/hinten/unten up/back/down; ~ und ~ gradually

nachahmen VT imitate

Nachbar(in) M(F) ⟨-n, -n⟩ neighbour **Nachbarschaft** F neighbourhood

nachdem CONJ after; (since; je ~ (ob/wie) depending on (whether/how)

nachdenken irr Vi think (über + acc about) **nachdenklich** ADJ thoughtful

nacheinander ADV one after another (or the other)

Nachfolger(in) M(F) ⟨-s, -⟩ successor

Nachfüllpack M ⟨-s, -s⟩ refill pack

nachgeben irr Vi give in (jdm to sb)

nachgehen irr Vi follow (jdm sb); (investigate) inquire (einer Sache dat into sth); die Uhr geht (zehn Minuten) nach this watch is (ten minutes) slow

nachhaltig ADJ sustainable **Nachhaltigkeit** F ⟨-⟩ sustainability

nachher ADV afterwards; bis ~! see you later

Nachhilfe F extra tuition

nachholen VT catch up with; (what one has missed) make up for

nachkommen irr Vi follow; einer Verpflichtung dat ~ fulfil an obligation

nachlassen irr 1 VT (sum of money) take off 2 Vi decrease, ease off; (get worse) deteriorate **nachlässig** ADJ negligent, careless

nachlaufen irr Vi run after, chase (jdm sb)

nachmachen VT imitate, copy (jdm etw sth from sb); (fake) counterfeit

Nachmittag M afternoon; heute ~ this afternoon; am ~ in the afternoon **nachmittags** ADV in the afternoon; um 3 Uhr ~ at 3 (o'clock) in the afternoon, at 3 pm

Nachnahme F ⟨-, -n⟩ cash on delivery; per ~ COD

Nachname M surname

nachprüfen VT check

Nachricht F ⟨-, -en⟩ (piece of) news sg; (notification) mes-

sage Nachrichten PL news sg

Nachsaison F̲ off-season

nachschauen 1 V̲i̲ jdm ~ gaze after sb 2 V̲T̲ check

nachschicken V̲T̲ forward

nachschlagen irr V̲T̲ look up

nachsehen irr V̲T̲ check

Nachspeise F̲ dessert

nächste(r, s) A̲D̲J̲ next; (in space) nearest

Nacht F̲ ⟨-, Nächte⟩ night; **in der ~** during the night; (when dark) at night **Nachtclub** M̲ nightclub

Nachteil M̲ disadvantage

Nachtflug M̲ night flight **Nachthemd** N̲T̲ nightdress; (for men) nightshirt

Nachtigall F̲ ⟨-, -en⟩ nightingale

Nachtisch M̲ dessert, sweet (Brit), pudding (Brit)

Nachtleben N̲T̲ nightlife

nachträglich A̲D̲V̲ ~ **alles Gute zum Geburtstag!** Happy belated birthday

nachts A̲D̲V̲ at night; **um 11 Uhr ~** at 11 (o'clock) at night, at 11 pm; **um 2 Uhr ~** at 2 (o'clock) in the morning, at 2 am **Nachttisch** M̲ bedside table

Nachweis M̲ ⟨-es, -e⟩ proof

Nachwirkung F̲ after-effect

nachzahlen 1 V̲i̲ pay extra 2 V̲T̲ **20 Euro** ~ pay 20 euros extra

nachzählen V̲T̲ check

Nacken M̲ ⟨-s, -⟩ (nape of the) neck **Nackenkissen** N̲T̲ neck pillow

nackt A̲D̲J̲ naked; (facts) plain, bare **Nacktbadestrand** M̲ nudist beach

Nadel F̲ ⟨-, -n⟩ needle; (with head) pin

Nagel M̲ ⟨-s, Nägel⟩ nail **Nagelbürste** F̲ nail brush **Nagelfeile** F̲ nail-file **Nagelfolie** F̲ nail wrap **Nagellack** M̲ nail varnish (or polish) **Nagellackentferner** M̲ ⟨-s, -⟩ nail-varnish (or nail-polish) remover **Nagelschere** F̲ nail scissors pl **Nagelverlängerung** F̲ nail extension

nah(e) 1 A̲D̲J̲, A̲D̲V̲ near(by); (in time) near; (relative, friend) close 2 P̲R̲E̲P̲ + dat near (to), close to **Nähe** F̲ ⟨-⟩ vicinity; **in der ~** nearby; **in der ~ von** near to **nahegehen** irr V̲i̲ jdm ~ upset sb **naheliegen** irr V̲i̲ be obvious

nähen V̲T̲, V̲i̲ sew

nähere(r, s) A̲D̲J̲ (explanation, investigation) more detailed; **die ~ Umgebung** the immediate area **Nähere(s)** N̲T̲ details pl **nähern** V̲R̲ approach

nahezu A̲D̲V̲ virtually, almost

nahm imperf → nehmen

Nähmaschine F̲ sewing machine

nahrhaft A̲D̲J̲ nourishing, nutritious **Nahrung** F̲ food **Nahrungsergänzungsmit-**

tel NT dietary supplement, food supplement, nutritional supplement **Nahrungsmittel** NT food

Naht F ⟨-, Nähte⟩ seam; MED stitches *pl*, suture; TECH join

Nahverkehr M local traffic

Nähzeug NT sewing kit

naiv ADJ naive

Name M ⟨-ns, -n⟩ name

nämlich ADV that is to say, namely; *(because)* since

nannte *imperf* → nennen

Narbe F ⟨-, -n⟩ scar

Narkose F ⟨-, -n⟩ anaesthetic

naschen VT, VI nibble

Nase F ⟨-, -n⟩ nose **Nasenbluten** NT ⟨-s⟩ nosebleed; **~ haben** have a nosebleed **Nasentropfen** PL nose drops *pl*

Nashorn NT rhinoceros

nass ADJ wet **Nässe** F ⟨-⟩ wetness

Nation F ⟨-, -en⟩ nation **national** ADJ national **Nationalfeiertag** M national holiday **Nationalhymne** F ⟨-, -n⟩ national anthem **Nationalität** F nationality **Nationalmannschaft** F national team **Nationalspieler(in)** M(F) international (player)

Natur F nature **Naturkost** F health food **natürlich** 1 ADJ natural 2 ADV naturally; *(certainly, obviously)* of course **Naturschutz** M conservation **Naturschutzgebiet** NT nature reserve **Naturwis-**

senschaft F (natural) science **Naturwissenschaftler(in)** M(F) scientist

Navi NT ⟨-s, -s⟩ *fam* sat nav (Br), GPS (US)

Navigationssystem NT AUTO navigation system

n. Chr. *abbr* = **nach Christus** AD

Nebel M ⟨-s, -⟩ fog, mist **nebelig** ADJ foggy, misty **Nebelscheinwerfer** M foglamp **Nebelschlussleuchte** F AUTO rear foglamp

neben PREP + *acc* or *dat* next to; *(in addition to)* apart from, besides **nebenan** ADV next door **nebenbei** ADV at the same time; *(as an extra)* additionally; *(by the way)* incidentally **nebeneinander** ADV side by side

nebenher ADV *(in addition)* besides; *(simultaneously)* at the same time; *(at the side)* alongside

Nebenjob M second job **Nebenkosten** PL extra charges *pl*, extras *pl* **nebensächlich** ADJ minor **Nebensaison** F low season **Nebenwirkung** F side effect

neblig ADJ foggy, misty

necken VT tease

Neffe M ⟨-n, -n⟩ nephew

negativ ADJ negative **Negativ** NT PHOT negative

nehmen ⟨nahm, genommen⟩ VT take; **den Bus/Zug ~** take the bus/train; **jdn/etw**

ernst ~ take sb/sth seriously
neidisch ADJ envious
neigen VI **zu etw** ~ tend towards sth **Neigung** F slope; (tendency) inclination; (interest) liking
nein ADV no
Nektarine F nectarine
Nelke F ⟨-, -n⟩ carnation; (spice) clove
nennen (nannte, genannt) VT name; (by a name) call
Nepal NT ⟨-s⟩ Nepal
Nerv M ⟨-s, -en⟩ nerve; **jdm auf die ~en gehen** get on sb's nerves; **jdn** ~ fam get on sb's nerves **Nervenzusammenbruch** M nervous breakdown **nervös** ADJ nervous
Nest NT ⟨-(e)s, -er⟩ nest; pej (place) dump
nett ADJ nice; (friendly) kind; **sei so ~ und ...** do me a favour and ...
netto ADV net
Netz NT ⟨-es, -e⟩ net; (system) network; (electricity supply) mains, power (US) **Netzanschluss** M mains connection **Netzwerk** NT IT network
neu ADJ new; (languages, history) modern; **die ~esten Nachrichten** the latest news **Neubau** M new building **Neuerung** F innovation; (change) reform
Neugier F curiosity **neugierig** ADJ curious (auf + acc

about); **ich bin ~, ob ... I** wonder whether (or if) ...
Neuheit F novelty **Neuigkeit** F news sg **Neujahr** NT New Year; **prosit ~!** Happy New Year **neulich** ADV recently, the other day
neun NUM nine **neunhundert** NUM nine hundred **neunmal** ADV nine times **neunte(r, s)** ADJ ninth; → **dritte Neuntel** NT ⟨-s, -⟩ (fraction) ninth **neunzehn** NUM nineteen **neunzehnte(r, s)** ADJ nineteenth; → **dritte neunzig** NUM ninety; **in den ~er Jahren** in the nineties
neureich ADJ nouveau riche **Neurologe** M, **Neurologin** F neurologist **Neurose** F ⟨-, -n⟩ neurosis **neurotisch** ADJ neurotic
Neuschnee M fresh snow **Neuseeland** NT New Zealand **Neustart** M IT restart, reboot **neutral** ADJ neutral
Nicaragua NT ⟨-s⟩ Nicaragua **nicht** 1 ADV not; **er kommt ~** he doesn't come; (on this occasion) he isn't coming; **sie wohnt ~ mehr hier** she doesn't live here any more; **gar ~** not at all; **ich kenne ihn auch ~** I don't know him either; **noch ~** not yet; **~ berühren!** do not touch 2 PREF non-
Nichte F ⟨-, -n⟩ niece **Nichtraucher(in)** M(F) non-smoker **Nichtraucher-**

schutz M smoking ban **Nichtraucherzone** F non--smoking area

nichts PRON nothing; **ich habe ~ gesagt** I didn't say anything; **macht ~** never mind **Nichtschwimmer(in)** M(F) non-swimmer

nichtssagend ADJ meaningless

nicken VI nod

Nickerchen NT nap

nie ADV never; **~ wieder** (or **mehr**) never again; **fast ~** hardly ever

nieder 1 ADJ low; (in status) inferior 2 ADV down **Niederlage** F defeat

Niederlande PL Netherlands pl **Niederländer(in)** M(F) Dutchman/Dutchwoman **niederländisch** ADJ Dutch

Niederlassung F branch

Niederösterreich NT Lower Austria **Niedersachsen** NT Lower Saxony

Niederschlag M METEO precipitation; rainfall

niedlich ADJ sweet, cute

niedrig ADJ low

niemals ADV never

niemand PRON nobody, no one; **ich habe ~en gesehen** I haven't seen anyone; **~ von ihnen** none of them

Niere F ⟨-, -n⟩ kidney **Nierensteine** PL kidney stones pl

nieseln VI IMPERS drizzle **Nieselregen** M drizzle

niesen VI sneeze

Niete F ⟨-, -n⟩ (losing ticket) blank; pej (person) failure; TECH rivet

Nigeria NT ⟨-s⟩ Nigeria

Nikotin NT ⟨-s⟩ nicotine **Nikotinpflaster** NT nicotine patch

Nilpferd NT hippopotamus

nippen VI sip; **an etw** dat **~** sip sth

nirgends ADV nowhere

Nische F ⟨-, -n⟩ niche

Niveau NT ⟨-s, -s⟩ level; **sie hat ~** she's got class

nobel ADJ generous; fam classy, posh

Nobelpreis M Nobel Prize

noch 1 ADV still; (in addition) else; **wer kommt ~?** who else is coming?; **~ nie** never; **~ nicht** not yet; **immer ~** still; **~ einmal** (once) again; **~ am selben Tag** that (very) same day; **~ besser/mehr/jetzt** even better/more/now; **wie heißt sie ~?** what's her name again?; **~ ein Bier, bitte** another beer, please 2 CONJ nor **nochmal(s)** ADV again, once more

Nominativ M nominative (case)

Nonne F ⟨-, -n⟩ nun

Nonstop-Flug M nonstop flight

Nord NT Nord **Nordamerika** NT North America **Norddeutschland** NT Northern Germany **Norden** M ⟨-s⟩

north

Nordic Walking N̄T̄ SPORT Nordic Walking

Nordirland N̄T̄ Northern Ireland **nordisch** ĀDJ Nordic

Nordkorea N̄T̄ <-s> North Korea **nördlich** ĀDJ northern; (course, direction) northerly

Nordost(en) M̄ northeast

Nordpol M̄ North Pole

Nordrhein-Westfalen N̄T̄ <-s> North Rhine-Westphalia

Nordsee F̄ North Sea **Nordwest(en)** M̄ northwest

nörgeln V̄Ī grumble

Norm F̄ <-, -en> norm; (technical, industrial) standard

normal ĀDJ normal **normalerweise** ĀDV normally

Norwegen N̄T̄ <-s> Norway **Norweger(in)** M̄(F̄) Norwegian **norwegisch** ĀDJ Norwegian

Not F̄ <-, Nöte> need; poverty; (distress) hardship; (emergency situation) trouble; **zur ~** if necessary; (with little to spare) just about

Notar(in) M̄(F̄) <-s, -e> public notary

Notarzt M̄, **Notärztin** F̄ emergency doctor **Notarztwagen** M̄ emergency ambulance **Notaufnahme** F̄ A&E, casualty (Br), emergency room (US) **Notausgang** M̄ emergency exit **Notbremse** F̄ emergency brake **notdürftig** ĀDJ scanty; (rough and

ready) makeshift

Note F̄ <-, -n> (in school) mark, grade (US); MUS note

Notebook N̄T̄ <-(s), -s> IT notebook

Notfall M̄ emergency **notfalls** ĀDV if necessary

notieren V̄T̄ note down

nötig ĀDJ necessary; **etw ~ haben** need sth

Notiz F̄ <-, -en> note **Notizblock** M̄ notepad **Notizbuch** N̄T̄ notebook

notlanden V̄Ī make a forced (or emergency) landing **Notlandung** F̄ emergency landing **Notruf** M̄ emergency call **Notrufnummer** F̄ emergency number **Notrufsäule** F̄ emergency telephone

notwendig ĀDJ necessary

November M̄ <-(s), -> November; → **Juni**

Nr. abbr → **Nummer** No., no.

Nu M̄ **im ~** in no time

nüchtern ĀDJ sober; (stomach) empty

Nudel F̄ <-, -n> noodle; **~n** pl (Italian) pasta sg

null N̄ŪM zero; TEL O (Br), zero (US); **~ Fehler** no mistakes; **~ Uhr** midnight **Null** F̄ <-, -en> nought, zero; pej (person) dead loss **Nulltarif** M̄ **zum ~** free of charge

Nummer F̄ <-, -n> number **nummerieren** V̄T̄ number **Nummernschild** N̄T̄ AUTO number plate (Br), license plate

(US)

nun 1 ADV now; **von ~ an** from now on **2** INTERJ well; **~ gut!** all right, then; **es ist ~ mal so** that's the way it is

nur ADV only now; **nicht ~ ..., sondern auch ...** not only ..., but also ...

Nuss F ⟨-, Nüsse⟩ nut **Nussknacker** M ⟨-s, -⟩ nutcracker

Nutte F ⟨-, -n⟩ fam tart

nutz, nütze ADJ **zu nichts ~ sein** be useless **nutzen, nützen 1** VT use (zu etw for sth); **was nützt es?** what use is it? **2** VI be of use; **das nützt nicht viel** that doesn't help much **Nutzen** M ⟨-s, -⟩ usefulness; (financial) profit **Nutzer(in)** M ⟨-s, -⟩ user **nützlich** ADJ useful **Nutzungsbedingungen** PL terms pl of use

Oase F ⟨-, -n⟩ oasis

ob CONJ if, whether; **so als ~** as if; **und ~!** you bet!

obdachlos ADJ homeless

oben ADV at the top; (in pile, on cupboard etc) on (the) top; (in house) upstairs; (in text) above; **da ~** up there; **von ~ bis unten** from top to bottom; **siehe ~**

see above

Ober M ⟨-s, -⟩ waiter

obere(r, s) ADJ upper, top **Oberfläche** F surface **oberflächlich** ADJ superficial **Obergeschoss** NT upper floor

oberhalb ADV, PREP + gen above

Oberkörper M upper body **Oberösterreich** NT Upper Austria **Oberschenkel** M thigh

oberste(r, s) ADJ very top, topmost

Oberteil NT top **Oberweite** F bust/chest measurement

Objekt NT ⟨-(e)s, -e⟩ object **objektiv** ADJ objective

Objektiv NT lens

obligatorisch ADJ compulsory, obligatory

Oboe F ⟨-, -n⟩ oboe

Obst NT ⟨-(e)s⟩ fruit **Obstkuchen** M fruit tart **Obstsalat** M fruit salad

obwohl CONJ although

Ochse M ⟨-n, -n⟩ ox

ocker ADJ ochre

öd(e) ADJ waste; fig dull

oder CONJ or; **~ aber** or else; **er kommt doch, ~?** he's coming, isn't he?

Ofen M ⟨-s, Öfen⟩ oven; (for heating) heater; (using coal etc) stove; (kitchen appliance) cooker, stove **Ofenkartoffel** F baked (or jacket) potato

offen 1 ADJ open; (honest)

frank; (job) vacant **2** ADV frankly; **~ gesagt** to be honest **offenbar** ADJ obvious **offensichtlich** ADJ evident, obvious

öffentlich ADJ public **Öffentlichkeit** F public

offiziell ADJ official

offline ADV IT offline

öffnen VT, VR open **Öffner** M ⟨-s, -⟩ opener **Öffnung** F opening **Öffnungszeiten** PL opening times pl

oft ADV often; **schon ~** many times **öfter** ADV more often (or frequently) **öfters** ADV often, frequently

OG abbr = **Obergeschoss** upper floor

ohne CONJ, PREP + acc without; **~ Weiteres** without a second thought; (without delay) immediately; **~ mich** count me out

Ohnmacht F ⟨-machten pl⟩ unconsciousness; **in ~ fallen** faint **ohnmächtig** ADJ unconscious; **sie ist ~** she has fainted

Ohr NT ⟨-(e)s, -en⟩ ear; (faculty) hearing

Öhr NT ⟨-(e)s, -e⟩ eye

Ohrenarzt M, **Ohrenärztin** F ear specialist **Ohrenschmerzen** PL earache **Ohrenstöpsel** M fam ear plug **Ohrentropfen** PL ear drops pl **Ohrfeige** F slap (in the face) **Ohrringe** PL earrings pl **Ohrstecker** M (ear) stud,

stud earring

oje INTERJ oh dear

okay INTERJ OK, okay

Ökoladen M health food store **ökologisch** ADJ ecological; **~e Landwirtschaft** organic farming

ökonomisch ADJ economic; (money-saving) economical

Ökosystem NT ecosystem

Oktober M ⟨-(s), -⟩ October; → Juni

Oktopus M ⟨-, -poden⟩ octopus

Öl NT ⟨-(e)s, -e⟩ oil **Ölbaum** M olive tree **ölen** VT oil; TECH lubricate **Ölfarbe** F oil paint **Ölfilter** M oil filter **Ölgemälde** NT oil painting **Ölheizung** F oil-fired central heating **ölig** ADJ oily

oliv ADJ inv olive-green **Olive** F ⟨-, -n⟩ olive **Olivenöl** NT olive oil

Ölsardine F sardine in oil **Ölteppich** M oil slick **Ölwechsel** M oil change

Olympiade F Olympic Games pl **olympisch** ADJ Olympic

Oma F, **Omi** F ⟨-s, -s⟩ grandma, gran(ny)

Omelett NT ⟨-(e)s, -s⟩, **Omelette** F omelette

Omnibus M bus **Omnibusbahnhof** M bus station; **zentraler ~** main bus station

onanieren VI masturbate

Onkel M ⟨-s, -⟩ uncle

online ADV IT online **Online-**

Banking NT ⟨-⟩ online banking **Online-Check-in** M online check-in **Onlinedienst** M online service **Online-Recherche** F online research **Onlinereservierung** F online reservation (or booking) **Onlineshop** M ⟨-s, -s⟩ online shop (Br), online store **Opa** M, **Opi** M ⟨-s, -s⟩ grandpa, grandad

Oper F ⟨-, -n⟩ opera; (building) opera house

Operation F operation **Operationssaal** M operating theatre (Br), operating room (US)

Operette F operetta

operieren ◼ VI operate ◻ VT operate on

Opfer NT ⟨-s, -⟩ sacrifice; (person) victim; **ein ~ bringen** make a sacrifice

Opposition F opposition

Optiker(in) M(F) ⟨-s, -⟩ optician

optimal ADJ optimal, optimum

optimistisch ADJ optimistic

orange ADJ inv orange **Orange** F ⟨-, -n⟩ orange **Orangenmarmelade** F marmalade **Orangensaft** M orange juice

Orchester NT ⟨-s, -⟩ orchestra

Orchidee F ⟨-, -n⟩ orchid

Orden M ⟨-s, -⟩ REL order; MIL decoration

ordentlich ◼ ADJ respectable; (orderly) tidy, neat ◻ ADV properly

ordinär ADJ common, vulgar; (joke) dirty

ordnen VT sort out **Ordner** M ⟨-s, -⟩ (at events) steward; (for documents) file **Ordnung** F order; (orderliness) tidiness; **(geht) in ~!** (that's all right

Oregano M ⟨-s⟩ oregano

Organ NT ⟨-s, -e⟩ organ; voice

Organisation F organization

organisieren ◼ VT organize; fam (obtain) get hold of ◻ VR organize

Organismus M organism

Orgasmus M orgasm

Orgel F ⟨-, -n⟩ organ

orientalisch ADJ oriental

orientieren VR get one's bearings **Orientierung** F orientation

original ADJ original; (real) genuine **Original** NT ⟨-s, -e⟩ original

originell ADJ original; (humorous) witty

Orkan M ⟨-(e)s, -e⟩ hurricane

Ort M ⟨-(e)s, -e⟩ place; (small town) village **Orthopäde** M ⟨-n, -n⟩, **Orthopädin** F orthopaedist **örtlich** ADJ local **Ortsbus** M local bus **Ortschaft** F village, small town **Ortsgespräch** NT local call **Ortstarif** M local rate **Ortszeit** F local time **Ostdeutschland** NT Eastern

Germany; HIST East Germany
Osten M ‹-s› east
Osterei NT Easter egg **Oster-glocke** F daffodil **Osterha-se** M Easter bunny **Oster-montag** M Easter Monday
Ostern NT ‹-, -› Easter; **an** (or **zu**) ~ at Easter; **frohe ~** Happy Easter
Österreich NT ‹-s› Austria **Österreicher(in)** MF ‹-s, -› Austrian **österreichisch** ADJ Austrian
Ostersonntag M Easter Sunday
östlich ADJ eastern; (course, direction) easterly **Ostsee** F **die ~** the Baltic (Sea)
Otter M ‹-s, -› otter
out ADJ fam out **outen** VT out
oval ADJ oval
Overheadprojektor M overhead projector
Ozean M ‹-s, -e› ocean; **der Stille ~** the Pacific (Ocean)
Ozon NT ‹-s› ozone **Ozonloch** NT hole in the ozone layer **Ozonschicht** F ozone layer **Ozonwerte** PL ozone levels pl

P

paar ADJ inv **ein ~** a few; **ein ~ Mal** a few times; **ein ~ Äpfel**

some apples
Paar NT ‹-(e)s, -e› pair; (married) couple
pachten VT lease
Päckchen NT package; (of cigarettes) packet; (sent by post) small parcel **packen** VT pack; (get hold of) grasp, seize; fam (succeed with) manage; fig (film, story etc) grip **Packpapier** NT brown paper **Packstation** F self-service parcel delivery and dispatch station **Packung** F packet, pack (US) **Packungsbeilage** F package insert
Pädagoge M ‹-n, -n›, **Pädagogin** F teacher **pädagogisch** ADJ educational
Paddel NT ‹-s, -› paddle **Paddelboot** NT canoe **paddeln** VI paddle
Paket NT ‹-(e)s, -e› packet; (sent by post) parcel; IT package **Paketbombe** F parcel bomb **Paketzusteller** M ‹-s, -› parcel delivery service
Pakistan NT ‹-s› Pakistan
Palast M ‹-es, Paläste› palace
Palästina NT ‹-s› Palestine **Palästinenser(in)** MF ‹-s, -› Palestinian
Palette F (of painter) palette; (for moving goods) pallet; (variety) range
Palme F ‹-, -n› palm (tree)
Palmsonntag M Palm Sunday

Pampelmuse F ⟨-, -n⟩ grapefruit

pampig ADJ fam cheeky; (food etc) gooey

Panda(bär) M ⟨-s, -s⟩ panda

panieren VT GASTR coat with breadcrumbs **paniert** ADJ breaded

Panik F panic

Panne F ⟨-, -n⟩ AUTO breakdown; (mishap) slip **Pannendienst** M, **Pannenhilfe** F breakdown (or rescue) service

Pantomime F ⟨-, -n⟩ mime

Panzer M ⟨-s, -⟩ MIL (vehicle) tank

Papa M ⟨-s, -s⟩ dad(dy), pa (US)

Papagei M ⟨-s, -en⟩ parrot

Papaya F ⟨-, -s⟩ papaya

Papier NT ⟨-s, -e⟩ paper; **~e** pl (ID) papers pl; (official texts) papers pl, documents pl **Papierkorb** M wastepaper basket; IT recycle bin **Papiertaschentuch** NT (paper) tissue **Papiertonne** F paper bank

Pappbecher M paper cup **Pappe** F ⟨-, -n⟩ cardboard **Pappkarton** M cardboard box **Pappteller** M paper plate

Paprika M ⟨-s, -s⟩ (spice) paprika; (vegetable) pepper

Papst M ⟨-(e)s, Päpste⟩ pope

Paradies NT ⟨-es, -e⟩ paradise

Paragraf M ⟨-en, -en⟩ paragraph; LAW section

parallel ADJ parallel

Paranuss F Brazil nut

parat ADJ ready; **etw ~ haben** have sth ready

Pärchen NT couple

Parfüm NT ⟨-s, -s or -e⟩ perfume

Park M ⟨-s, -s⟩ park **Parkbank** F park bench

Parkdeck NT parking level **parken** VT, VI park

Parkett NT ⟨-s, -e⟩ parquet flooring; THEAT stalls pl (Br), parquet (US)

Parkhaus NT multi-storey car park (Br), parking garage (US)

parkinsonsche Krankheit F Parkinson's disease

Parkkralle F AUTO wheel clamp **Parklücke** F parking space **Parkplatz** M parking space; (for many cars) car park (Br), parking lot (US) **Parkscheibe** F parking disc **Parkscheinautomat** M pay point; (issuing ticket) ticket machine **Parkuhr** F parking meter **Parkverbot** NT no-parking zone; **hier ist ~** you can't park here

Parlament NT parliament

Parmesan M ⟨-s⟩ Parmesan (cheese)

Partei F party

Partizip NT ⟨-s, -ien⟩ participle

Partner(in) M(F) ⟨-s, -⟩ partner **Partnerschaft** F partnership; **eingetragene ~** civil partnership **Partnerstadt** F̲ twin town **Partnersuche** F̲ finding a partner; **auf ~ sein** be looking for a partner

Party F̲ <-, -s> party **Partymeile** F̲ nightlife district; *(on special occasion)* party zone **Partymuffel** M̲ <-s, -> party pooper **Partyservice** M̲ catering service

Pass M̲ <-es, Pässe> pass; *(ID)* passport

passabel ADJ reasonable

Passagier M̲ <-s, -e> passenger

passen V̲I̲ *(size)* fit; *(colour, style)* go *(zu* with); *(not answer)* pass; **passt (es) dir morgen?** does tomorrow suit you?; **das passt mir gut** that suits me fine

passend ADJ suitable; *(in colour, style)* matching; *(appropriate)* fitting; *(time)* convenient

passieren V̲I̲ happen

passiv ADJ passive

Passkontrolle F̲ passport control

Passwort N̲T̲ password

Pastete F̲ <-, -n> pie; *(small)* vol-au-vent; *(for spreading)* pâté

Pastor(in) M̲(F̲) <-s, -en> minister, vicar

Pate M̲ <-n, -n> godfather **Patenkind** N̲T̲ godchild

Patient(in) M̲(F̲) patient

Patin F̲ godmother

Patrone F̲ <-, -n> cartridge

patschnass ADJ soaking wet

pauschal ADJ *(cost)* inclusive;

(judgment) sweeping **Pauschale** F̲ <-, -n>, **Pauschalgebühr** F̲ flat rate (charge) **Pauschalpreis** M̲ flat rate; *(for hotel, trip)* all-inclusive price **Pauschalreise** F̲ package tour

Pause F̲ <-, -n> break; THEAT interval; *(in cinema)* intermission; *(when speaking)* pause

Pavian M̲ <-s, -e> baboon

Pay-TV N̲T̲ <-s> pay-per-view television, pay TV

Pazifik M̲ <-s> Pacific (Ocean)

PC M̲ <-s, -s> *abbr* = **Personal Computer** PC

PDF-Datei F̲ PDF file

Pech N̲T̲ <-s, -e> *fig* bad luck; **~ haben** be unlucky; **~ gehabt!** tough (luck)

Pedal N̲T̲ <-s, -e> pedal

Peeling N̲T̲ <-s, -s> *(facial/body)* scrub

peinlich ADJ embarrassing, awkward; *(conscientious)* painstaking; **es war mir sehr ~** I was totally embarrassed

Peitsche F̲ <-, -n> whip

Pellkartoffeln P̲L̲ potatoes *pl* boiled in their skins

Pelz M̲ <-es, -e> fur

pendeln V̲I̲ *(train, bus)* shuttle; *(person)* commute **Pendelverkehr** M̲ shuttle traffic; *(for commuters)* commuter traffic **Pendler(in)** M̲(F̲) <-s, -> commuter

Penis M̲ <-, -se> penis

Pension F̲ *(money)* pension;

(*period*) retirement; (*building*) guesthouse, B&B **pensioniert** ADJ retired

Peperoni F ‹-, -› chilli

per PREP + acc by, per; (*each*) per; (*not later than*) by

perfekt ADJ perfect

Periode F ‹-, -n› period

Perle F ‹-, -n› *a. fig* pearl

perplex ADJ dumbfounded

Person F ‹-, -en› person; **ein Tisch für drei ~en** a table for three **Personal** NT ‹-s› staff, personnel **Personalausweis** M identity card **Personalien** PL particulars *pl* **persönlich** 1 ADJ personal; (*on letter*) private 2 ADV personally; (*oneself*) in person **Persönlichkeit** F personality

Peru NT ‹-s› Peru

Perücke F ‹-, -n› wig

pervers ADJ perverted

pessimistisch ADJ pessimistic

Pest F ‹-› plague

Pesto NT OR M ‹-s, -s› GASTR pesto

Petersilie F parsley

PET-Flasche F PET bottle

Petroleum NT ‹-s› paraffin (*Brit*), kerosene (*US*)

Pfad M ‹-(e)s, -e› path **Pfadfinder** M ‹-s, -› boy scout **Pfadfinderin** F girl guide

Pfahl M ‹-(e)s, Pfähle› post, stake

Pfand NT ‹-(e)s, Pfänder› security; (*on bottle*) deposit; (*in*

game) forfeit **Pfandflasche** F returnable bottle

Pfanne F ‹-, -n› (*frying*) pan **Pfannkuchen** M pancake

Pfarrei F parish **Pfarrer(in)** M(F) ‹-s, -› priest

Pfau M ‹-(e)s, -en› peacock

Pfeffer M ‹-s, -› pepper **Pfefferminze** F ‹-› peppermint **Pfefferminztee** M peppermint tea **Pfeffermühle** F pepper mill **Pfefferstreuer** M ‹-s, -› pepper pot

Pfeife F ‹-, -n› whistle; (*for tobacco, of organ*) pipe **pfeifen** ‹pfiff, gepfiffen› VT, VI whistle

Pfeil M ‹-(e)s, -e› arrow

Pferd NT ‹-(e)s, -e› horse **Pferdeschwanz** M ponytail

pfiff *imperf* → **pfeifen**

Pfifferling M chanterelle

Pfingsten NT ‹-, -› Whitsun, Pentecost (*US*) **Pfingstmontag** M Whit Monday **Pfingstsonntag** M Whit Sunday, Pentecost (*US*)

Pfirsich M ‹-s, -e› peach

Pflanze F ‹-, -n› plant **pflanzen** VT plant **Pflanzenfett** NT vegetable fat

Pflaster NT ‹-s, -› (*for wound*) plaster, Band Aid (*US*); (*on road*) road surface, pavement (*US*)

Pflaume F ‹-, -n› plum

Pflege F ‹-, -n› care; (*of patient*) nursing; (*of car, machine*) maintenance **pflegebedürftig** ADJ in need of care **pflegeleicht** ADJ easy-care; *fig*

easy to handle **pflegen** $\overline{VT}$ look after; (*patient*) nurse; (*relations*) foster; (*fingernails, face*) take care of; (*data*) maintain **Pflegepersonal** $\overline{NT}$ nursing staff **Pflegeversicherung** $\overline{F}$ long-term care insurance

Pflicht $\overline{F}$ ⟨-, -en⟩ duty; SPORT compulsory section **pflichtbewusst** $\overline{ADJ}$ conscientious

pflücken $\overline{VT}$ pick

Pforte $\overline{F}$ ⟨-, -n⟩ gate **Pförtner(in)** $\overline{M(F)}$ ⟨-s, -⟩ porter

Pfosten $\overline{M}$ ⟨-s, -⟩ post

Pfote $\overline{F}$ ⟨-, -n⟩ paw

pfui $\overline{INTERJ}$ ugh

Pfund $\overline{NT}$ ⟨-(e)s, -e⟩ pound

pfuschen $\overline{VI}$ *fam* be sloppy

Pfütze $\overline{F}$ ⟨-, -n⟩ puddle

Phantasie $\overline{F}$ → **Fantasie** **phantastisch** $\overline{ADJ}$ → **fantastisch**

Phase $\overline{F}$ ⟨-, -n⟩ phase

Philippinen $\overline{PL}$ Philippines *pl*

Philosophie $\overline{F}$ philosophy

pH-neutral $\overline{ADJ}$ pH-balanced

Photo $\overline{NT}$ → **Foto**

pH-Wert $\overline{M}$ pH-value

Physalis $\overline{F}$ ⟨-, Physalen⟩ physalis

Physik $\overline{F}$ physics *sg* **physisch** $\overline{ADJ}$ physical

Pickel $\overline{M}$ ⟨-s, -⟩ pimple; (*tool*) pickaxe

Picknick $\overline{NT}$ ⟨-s, -e *or* -s⟩ picnic; **ein ~ machen** have a picnic

piepsen $\overline{VI}$ squeak

piercen $\overline{VT}$ **sich die Nase ~ lassen** have one's nose pierced **Piercing** $\overline{NT}$ ⟨-s⟩ (*body*) piercing

Pik $\overline{NT}$ ⟨-, -⟩ (*card suit*) spades *pl*

pikant $\overline{ADJ}$ spicy

Pilates $\overline{NT}$ SPORT Pilates

Pille $\overline{F}$ ⟨-, -n⟩ pill; **sie nimmt die ~** she's on the pill **Pillendose** $\overline{F}$ pill box

Pilot(in) $\overline{M(F)}$ ⟨-en, -en⟩ pilot

Pilz $\overline{M}$ ⟨-es, -e⟩ mushroom; (*poisonous*) toadstool; MED fungus

PIN $\overline{F}$ ⟨-, -s⟩ PIN (number)

pingelig $\overline{ADJ}$ *fam* fussy

pink $\overline{ADJ}$ shocking pink

pinkeln $\overline{VI}$ *fam* pee

Pinsel $\overline{M}$ ⟨-s, -⟩ (paint)brush

Pinzette $\overline{F}$ tweezers *pl*

Piste $\overline{F}$ ⟨-, -n⟩ piste; AVIAT runway

Pistole $\overline{F}$ ⟨-, -n⟩ pistol

Pizza $\overline{F}$ ⟨-, -s⟩ pizza **Pizzaservice** $\overline{M}$ pizza delivery service **Pizzeria** $\overline{F}$ ⟨-, Pizzerien⟩ pizzeria

Pkw $\overline{M}$ ⟨-s, -(s)⟩ *abbr* = **Personenkraftwagen** car

Plakat $\overline{NT}$ poster

Plan $\overline{M}$ ⟨-(e)s, Pläne⟩ plan; (*of town*) map **planen** $\overline{VT}$ plan

Planet $\overline{M}$ ⟨-en, -en⟩ planet

planmäßig $\overline{ADJ}$ scheduled

Plan(t)schbecken $\overline{NT}$ paddling pool **plan(t)schen** $\overline{VI}$ splash around

Planung $\overline{F}$ planning

Plastik **1** $\overline{F}$ sculpture **2** $\overline{NT}$

⟨-s⟩ plastic **Plastikfolie** F plastic film **Plastiktüte** F plastic bag

platt ADJ flat; *fam (surprised)* flabbergasted; *fig (remarks etc)* flat, boring

Platte F ⟨-, -n⟩ PHOT, TECH, GASTR plate; *(stone slab)* flag; *(LP)* record **Plattenbau** M plattenbau, large panel system building **Plattenspieler** M record player

Plattform F platform **Plattfuß** M flat foot; *(on vehicle)* flat (tyre) **Plattnektarine** F flat nectarine **Plattpfirsich** M flat peach

Platz M ⟨-es, Plätze⟩ place; *(in train, theatre etc)* seat; *(vacant area)* space, room; *(in town)* square; *(for sports)* playing field; **nehmen Sie ~** please sit down, take a seat; **ist dieser ~ frei?** is this seat taken?

Plätzchen NT spot; *(sweet food)* biscuit

platzen VI burst; *(bomb)* explode

Platzkarte F seat reservation **Platzreservierung** F seat reservation **Platzwunde** F laceration, cut

plaudern VI chat, talk

pleite ADJ *fam* broke **Pleite** F ⟨-, -n⟩ bankruptcy; *fam (party, play etc)* flop

Plombe F ⟨-, -n⟩ lead seal; *(in tooth)* filling **plombieren** VT *(tooth)* fill

plötzlich 1 ADJ sudden 2 ADV suddenly, all at once

Plural M ⟨-s, -e⟩ plural

plus ADV plus; **fünf ~ sieben ist zwölf** five plus seven is (or are) twelve; **zehn Grad ~** ten degrees above zero **Plus** NT ⟨-, -⟩ plus; FIN profit; *(benefit)* advantage

Plüsch M ⟨-(e)s, -e⟩ plush

Po M ⟨-s, -s⟩ *fam* bottom, bum

Pocken PL smallpox *sg*

poetisch ADJ poetic

Pointe F ⟨-, -n⟩ punch line

Pokal M ⟨-s, -e⟩ goblet; SPORT cup

Pol M ⟨-s, -e⟩ pole

Pole M ⟨-n, -n⟩ Pole **Polen** NT ⟨-s⟩ Poland

Police F ⟨-, -n⟩ *(insurance)* policy

polieren VT polish

Polin F Pole, Polish woman

Politik F politics *sg*; *(course of action)* policy **Politiker(in)** M(F) politician **politisch** ADJ political

Politur F polish

Polizei F police *pl* **Polizeibeamte(r)** M, **Polizeibeamtin** F police officer **Polizeirevier** NT, **Polizeiwache** F police station **Polizist(in)** M(F) policeman/-woman

Pollen M ⟨-s, -⟩ pollen **Pollenflug** M ⟨-s, -⟩ pollen count

polnisch ADJ Polish

Polterabend M *party prior to a wedding, at which old crock-*

ery is smashed to bring good luck

Polypen PL MED adenoids *pl*

Pommes frites PL chips *pl* (Brit), French fries *pl* (US)

Pony 1 M ⟨-s, -s⟩ (hairstyle) fringe (Brit), bangs *pl* (US) **2** NT ⟨-s, -s⟩ (horse) pony

Pool M ⟨-s, -s⟩ (swimming pool) pool

Popcorn NT ⟨-s⟩ popcorn

Popmusik F pop (music)

populär ADJ popular

Pore F ⟨-, -n⟩ pore

Pornografie F pornography

Porree M ⟨-s, -s⟩ leeks *pl*; **eine Stange ~** a leek

Portemonnaie, Portmonee NT ⟨-s, -s⟩ purse

Portion F portion, helping

Porto NT ⟨-s, -s⟩ postage

Portugal NT ⟨-s⟩ Portugal **Portugiese** M ⟨-n, -n⟩ Portuguese **Portugiesin** F ⟨-, -nen⟩ Portuguese **portugiesisch** ADJ Portuguese

Porzellan NT ⟨-s, -e⟩ china

Posaune F ⟨-, -n⟩ trombone

Position F position

positiv ADJ positive

Post® F ⟨-, -en⟩ post office; (letters) post (Brit), mail **Postamt** NT post office **Postbote** M, **-botin** F postman/-woman

Posten M ⟨-s, -⟩ post, position

Poster NT ⟨-s, -⟩ poster

Postfach NT post-office box,

PO box **Postkarte** F postcard **Postleitzahl** F postcode (Brit), zip code (US)

Postskript NT ⟨-(e)s, -e⟩ postscript

Poststempel M postmark

Potenz F MATH power; (of man) potency

prächtig ADJ splendid

prahlen VI boast, brag

Praktikant(in) MF trainee **Praktikum** NT ⟨-s, Praktika⟩ work experience **praktisch** ADJ practical; **~er Arzt** general practitioner

Praline F chocolate

Prämie F (for insurance) premium; (as recompense) reward; (from employer) bonus

Präservativ NT condom

Präsident(in) MF president

Praxis F ⟨-, Praxen⟩ practice; (treatment room) surgery; (of lawyer) office

präzise ADJ precise, exact

predigen VT, VI preach **Predigt** F ⟨-, -en⟩ sermon

Preis M ⟨-es, -e⟩ price; (for winner) prize **Preisausschreiben** NT competition

Preiselbeere F cranberry

preisgünstig ADJ inexpensive

Preisliste F price list **Preisschild** NT price tag **Preisträger(in)** MF prizewinner **Preisvergleichsportal** NT IT price comparison website

preiswert ADJ inexpensive

Prellung F bruise

Premiere $\underline{F}$ ⟨-, -n⟩ premiere, first night

Premierminister(in) $\underline{M(F)}$ prime minister, premier

Prepaidhandy $\underline{NT}$ prepaid mobile (Brit), prepaid cell phone (US) **Prepaidkarte** $\underline{F}$ prepaid card

Presse $\underline{F}$ ⟨-, -n⟩ press

pressen $\underline{VT}$ press

Priester(in) $\underline{M(F)}$ ⟨-s, -⟩ priest/(woman) priest

primitiv $\underline{ADJ}$ primitive

Prinz $\underline{M}$ ⟨-en, -en⟩ prince **Prinzessin** $\underline{F}$ princess

Prinzip $\underline{NT}$ ⟨-s, -ien⟩ principle; **im ~** basically; **aus ~** on principle

privat $\underline{ADJ}$ private **Privatfernsehen** $\underline{NT}$ commercial television

pro $\underline{PREP}$ + acc per; **5 Euro ~ Stück/Person** 5 euros each/ per person $\underline{NT}$ ⟨-s⟩ pro

Probe $\underline{F}$ ⟨-, -n⟩ test; (small quantity) sample; $\underline{THEAT}$ rehearsal **Probefahrt** $\underline{F}$ test drive; **eine ~ machen** go for a test drive **Probezeit** $\underline{F}$ trial period **probieren** $\underline{VT, VI}$ try; (wine, food) taste, sample

Problem $\underline{NT}$ ⟨-s, -e⟩ problem

Produkt $\underline{NT}$ ⟨-(e)s, -e⟩ product **Produktion** $\underline{F}$ production; (amount produced) output **produzieren** $\underline{VT}$ produce

Professor(in) $\underline{M(F)}$ ⟨-s, -en⟩ professor

Profi $\underline{M}$ ⟨-s⟩ pro

Profil $\underline{NT}$ ⟨-s, -e⟩ profile; (of tyre, sole of shoe) tread **Profilfoto** $\underline{NT}$ profile picture (or photo)

Profit $\underline{M}$ ⟨-(e)s, -e⟩ profit **profitieren** $\underline{VI}$ profit (von from)

Prognose $\underline{F}$ ⟨-, -n⟩ prediction; (of weather) forecast

Programm $\underline{NT}$ ⟨-s, -e⟩ programme; $\underline{IT}$ program; $\underline{TV}$ channel **programmieren** $\underline{VT}$ program **Programmierer(in)** $\underline{M(F)}$ ⟨-s, -⟩ programmer **Programmzeitschrift** $\underline{F}$ TV guide

Projekt $\underline{NT}$ ⟨-(e)s, -e⟩ project **Projektor** $\underline{M}$ projector

Promi $\underline{M}$ ⟨-s, -s⟩ fam VIP; (star) celeb

Promille $\underline{NT}$ ⟨-(s), -⟩ (blood) alcohol level; **0,8 ~** 0.08 per cent **Promillegrenze** $\underline{F}$ legal alcohol limit

prominent $\underline{ADJ}$ prominent **Prominenz** $\underline{F}$ VIPs pl, prominent figures pl; fam (celebrities) the glitterati pl

Propeller $\underline{M}$ ⟨-s, -⟩ propeller **prosit** $\underline{INTERJ}$ cheers

Prospekt $\underline{M}$ ⟨-(e)s, -e⟩ leaflet, brochure

prost $\underline{INTERJ}$ cheers

Prostituierte(r) $\underline{MF}$ prostitute **Protest** $\underline{M}$ ⟨-(e)s, -e⟩ protest **Protestant(in)** $\underline{M(F)}$ Protestant **protestantisch** $\underline{ADJ}$ Protestant

protestieren $\underline{VI}$ protest (gegen against)

Prothese F ⟨-, -n⟩ artificial arm/leg; (*false teeth*) dentures *pl*

Protokoll NT ⟨-s, -e⟩ (*of meeting*) minutes *pl*; IT protocol; (*given to police*) statement

protzen VI show off **protzig** ADJ flashy

Proviant M ⟨-s, -e⟩ provisions *pl*

Provider M ⟨-s, -⟩ IT (*service*) provider

Provinz F ⟨-, -en⟩ province

Provision F COMM commission

provisorisch ADJ provisional **Provisorium** NT ⟨-s, Provisorien⟩ stopgap; (*tooth*) provisional filling

provozieren VT provoke

Prozent NT ⟨-(e)s, -e⟩ per cent

Prozess M ⟨-es, -e⟩ process; LAW trial; (*lawsuit*) (court) case

prozessieren VI go to law (*mit* against)

Prozessor M ⟨-s, -en⟩ IT processor

prüde ADJ prudish

prüfen VT test; (*verify*) check **Prüfung** F exam; (*verification*) check; **eine ~ machen** take an exam

Prügelei F fight **prügeln** 1 VT beat 2 VR fight

PS 1 *abbr* = **Pferdestärke** hp 2 *abbr* = **Postskript(um)** PS

pseudo- PREF pseudo **Pseudonym** NT ⟨-s, -e⟩ pseudonym

pst INTERJ ssh

Psychiater(in) M(F) ⟨-s, -⟩ psychiatrist **psychisch** ADJ psychological; (*illness*) mental

Psychologe M ⟨-n, -n⟩, **Psychologin** F psychologist **Psychologie** F psychology **Psychoterror** M psychological intimidation **Psychotherapie** F psychotherapy

Pubertät F puberty

Publikum NT ⟨-s⟩ audience; SPORT crowd

Pudding M ⟨-s, -e *or* -s⟩ blancmange

Pudel M ⟨-s, -⟩ poodle

Puder M ⟨-s, -⟩ powder **Puderzucker** M icing sugar

Pulli M ⟨-s, -s⟩, **Pullover** M ⟨-s, -⟩ sweater, pullover, jumper (*Brit*)

Puls M ⟨-es, -e⟩ pulse

Pulver NT ⟨-s, -⟩ powder **Pulverkaffee** M instant coffee **Pulverschnee** M powder snow

Pumpe F ⟨-, -n⟩ pump **pumpen** VT pump; *fam* (*to sb*) lend; *fam* (*from sb*) borrow

Punkt M ⟨-(e)s, -e⟩ point; (*in pattern*) dot; (*punctuation mark*) full stop (*Brit*), period (*US*); **~ zwei Uhr** at two o'clock sharp **pünktlich** ADJ punctual, on time **Pünktlichkeit** F punctuality

Pupille F ⟨-, -n⟩ pupil

Puppe F ⟨-, -n⟩ doll

pur ADJ pure; (*absolute*) sheer; (*whisky*) neat

Püree NT ⟨-s, -s⟩ puree; mashed potatoes pl
Push-up-BH M push-up bra
Puste F ⟨-⟩ fam puff; **außer ~ sein** be puffed **pusten** VI blow; (pant) puff
Pute F ⟨-, -n⟩ turkey
Putz M ⟨-es⟩ (on wall) plaster
putzen VT clean; **sich** dat **die Nase ~** blow one's nose; **sich** dat **die Zähne ~** brush one's teeth **Putzfrau** F cleaner **Putzlappen** M cloth **Putzmittel** NT cleaning agent, cleaner
Puzzle NT ⟨-s, -s⟩ jigsaw (puzzle)
Pyjama M ⟨-s, -s⟩ pyjamas pl
Pyramide F ⟨-, -n⟩ pyramid

Q

Quad NT ⟨-s, -s⟩ quad bike (Br), four-wheeler (US)
Quadrat NT square **quadratisch** ADJ square **Quadratmeter** M square metre
quaken VI (frog) croak; (duck) quack
Qual F ⟨-, -en⟩ pain, agony; (mental) anguish **quälen** **1** VT torment **2** VR struggle; (mentally) torment oneself **Quälerei** F torture, torment
Qualifikation F ⟨-, -en⟩ qualification; (round, game) qualifier
qualifizieren VT, VR qualify; (classify) label
Qualität F quality
Qualle F ⟨-, -n⟩ jellyfish
Qualm M ⟨-(e)s⟩ thick smoke **qualmen** VT, VI smoke
Quantität F quantity
Quark M ⟨-s⟩ quark; fam (nonsense) rubbish
Quartier NT ⟨-s, -e⟩ accommodation
quasi ADV more or less
Quatsch M ⟨-es⟩ fam rubbish **quatschen** VI fam chat
Quecksilber NT mercury
Quelle F ⟨-, -n⟩ spring; (of river) source
quer ADV crossways, diagonally; at right angles **Querflöte** F flute **Querschnitt** M cross section **querschnittsgelähmt** ADJ paraplegic **Querstraße** F side street
quetschen VT squash, crush; MED bruise **Quetschung** F bruise
quietschen VI squeal; (door, bed) squeak; (brakes) screech
quitt ADJ quits, even
Quitte F ⟨-, -n⟩ quince
Quittung F receipt
Quiz NT ⟨-, -⟩ quiz
Quote F ⟨-, -n⟩ rate; COMM quota

R

Rabatt $\underline{M}$ ⟨-(e)s, -e⟩ discount

Rabbi $\underline{M}$ ⟨-(s), -s⟩ rabbi **Rabbiner** $\underline{M}$ ⟨-s, -⟩ rabbi

Rabe $\underline{M}$ ⟨-n, -n⟩ raven

Rache $\underline{F}$ ⟨-⟩ revenge, vengeance

Rachen $\underline{M}$ ⟨-s, -⟩ throat

rächen $\boxed{1}$ $\underline{VT}$ avenge $\boxed{2}$ $\underline{VR}$ take (one's) revenge (*an + dat* on)

Rad $\underline{NT}$ ⟨-(e)s, Räder⟩ wheel; (*vehicle*) bike; **~ fahren** cycle; **mit dem ~ fahren** go by bike

Radar $\underline{M OR NT}$ ⟨-s⟩ radar **Radarfalle** $\underline{F}$ speed trap **Radarkontrolle** $\underline{F}$ radar speed check

radeln $\underline{VI}$ *fam* cycle **Radfahrer(in)** $\underline{M(F)}$ cyclist **Radfahrweg** $\underline{M}$ cycle track (*or* path)

Radicchio $\underline{M}$ ⟨-s⟩ radicchio

radieren $\underline{VT}$ rub out, erase **Radiergummi** $\underline{M}$ rubber (*Br*), eraser

Radieschen $\underline{NT}$ radish

radikal $\underline{ADJ}$ radical

Radio $\underline{NT}$ ⟨-s, -s⟩ radio; **im ~** on the radio

radioaktiv $\underline{ADJ}$ radioactive **Radiologe** $\underline{M}$ ⟨-n, -n⟩, **Radiologin** $\underline{F}$ radiologist

Radiowecker $\underline{M}$ radio alarm (clock)

Radkappe $\underline{F}$ AUTO hub cap

Radler(in) $\underline{M(F)}$ ⟨-s, -⟩ cyclist

Radler $\underline{NT}$ ⟨-s, -⟩ ≈ shandy

Radlerhose $\underline{F}$ cycling shorts *pl* **Radrennen** $\underline{NT}$ cycle racing; (*single event*) cycle race **Radtour** $\underline{F}$ cycling tour **Radweg** $\underline{M}$ cycle track (*or* path)

raffiniert $\underline{ADJ}$ crafty, cunning; (*sugar*) refined

Rafting $\underline{NT}$ ⟨-s⟩ white water rafting

Rahm $\underline{M}$ ⟨-s⟩ cream

rahmen $\underline{VT}$ frame **Rahmen** $\underline{M}$ ⟨-s, -⟩ frame

Rakete $\underline{F}$ ⟨-, -n⟩ rocket

rammen $\underline{VT}$ ram

Rampe $\underline{F}$ ⟨-, -n⟩ ramp

ramponieren $\underline{VT}$ *fam* damage, batter

Ramsch $\underline{M}$ ⟨-(e)s, -e⟩ junk

ran *fam contr* → **heran**

Rand $\underline{M}$ ⟨-(e)s, Ränder⟩ edge; (*of spectacles, cup etc*) rim; (*on paper*) margin; (*of dirt, under eyes*) ring; *fig* verge, brink

randalieren $\underline{VI}$ (go on the) rampage

rang *imperf* → **ringen**

Rang $\underline{M}$ ⟨-(e)s, Ränge⟩ rank; (*in competition*) place; THEAT circle

rannte *imperf* → **rennen**

ranzig $\underline{ADJ}$ rancid

Rap $\underline{M}$ ⟨-(s), -s⟩ MUS **rappen** $\underline{VI}$ MUS rap **Rapper(in)** $\underline{M(F)}$ ⟨-s, -⟩ MUS rapper

rar $\underline{ADJ}$ rare, scarce

rasant $\underline{ADJ}$ quick, rapid

rasch $\overline{\text{ADJ}}$ quick

rasen $\overline{\text{VI}}$ (*rush*) race; (*behave wildly*) rave; **gegen einen Baum ~** crash into a tree

Rasen $\overline{\text{M}}$ ⟨-s, -⟩ lawn

rasend $\overline{\text{ADJ}}$ furious

Rasenmäher $\overline{\text{M}}$ ⟨-s, -⟩ lawn-mower

Rasierapparat $\overline{\text{M}}$ razor; (*electric*) shaver **Rasiercreme** $\overline{\text{F}}$ shaving cream **rasieren** $\overline{\text{VT}}$, $\overline{\text{VR}}$ shave **Rasierer** $\overline{\text{M}}$ shaver **Rasiergel** $\overline{\text{NT}}$ shaving gel **Rasierklinge** $\overline{\text{F}}$ razor blade **Rasiermesser** $\overline{\text{NT}}$ (cutthroat) razor **Rasierpinsel** $\overline{\text{M}}$ shaving brush **Rasierschaum** $\overline{\text{M}}$ shaving foam **Rasierzeug** $\overline{\text{NT}}$ shaving tackle, shaving equipment

Rasse $\overline{\text{F}}$ ⟨-, -n⟩ race; (*animals*) breed

Rassismus $\overline{\text{M}}$ racism **Rassist(in)** $\overline{\text{M(F)}}$ racist **rassistisch** $\overline{\text{ADJ}}$ racist

Rast $\overline{\text{F}}$ ⟨-, -en⟩ rest, break; **~ machen** have a rest (*or* break) **Raststätte** $\overline{\text{F}}$ AUTO service area; (*café*) motorway (*Br*) (*or* highway (*US*)) restaurant

Rasur $\overline{\text{F}}$ shave

Rat $\overline{\text{M}}$ ⟨-(e)s, Ratschläge⟩ (piece of) advice; **um ~ fragen** ask for advice

Rate $\overline{\text{F}}$ ⟨-, -n⟩ instalment; **etw auf ~n kaufen** buy sth in instalments (*Br*), buy sth on the instalment plan (*US*)

raten ⟨riet, geraten⟩ $\overline{\text{VT, VI}}$

guess; (*recommend*) advise (*jdm sb*)

Rathaus $\overline{\text{NT}}$ town hall

Ration $\overline{\text{F}}$ ration

ratlos $\overline{\text{ADJ}}$ at a loss, helpless **ratsam** $\overline{\text{ADJ}}$ advisable

Rätsel $\overline{\text{NT}}$ ⟨-s, -⟩ puzzle; (*word puzzle*) riddle; **das ist mir ein ~** it's a mystery to me **rätselhaft** $\overline{\text{ADJ}}$ mysterious

Ratte $\overline{\text{F}}$ ⟨-, -n⟩ rat

rau $\overline{\text{ADJ}}$ rough, coarse; (*weather*) harsh

Raub $\overline{\text{M}}$ ⟨-(e)s⟩ robbery; (*stolen things*) loot, booty **rauben** $\overline{\text{VT}}$ steal; **jdm etw ~** rob sb of sth **Räuber(in)** $\overline{\text{M(F)}}$ ⟨-s, -⟩ robber **Raubkopie** $\overline{\text{F}}$ pirate copy **Raubtier** $\overline{\text{NT}}$ predator **Raubüberfall** $\overline{\text{M}}$ mugging **Raubvogel** $\overline{\text{M}}$ bird of prey

Rauch $\overline{\text{M}}$ ⟨-(e)s⟩ smoke; (*from exhaust*) fumes *pl* **rauchen** $\overline{\text{VT}}$, $\overline{\text{VI}}$ smoke **Raucher(in)** $\overline{\text{M(F)}}$ ⟨-s, -⟩ smoker

Räucherlachs $\overline{\text{M}}$ smoked salmon **räuchern** $\overline{\text{VT}}$ smoke **rauchig** $\overline{\text{ADJ}}$ smoky **Rauchmelder** $\overline{\text{M}}$ smoke detector **Rauchverbot** $\overline{\text{NT}}$ smoking ban; **hier ist ~** there's no smoking here

rauf *fam contr* → **herauf**

rauh $\overline{\text{ADJ}}$ → **rau**

Raum $\overline{\text{M}}$ ⟨-(e)s, Räume⟩ space; (*part of building, space for a purpose*) room; (*district*) area

räumen $\overline{\text{VT}}$ clear; (*house, seat*)

vacate; (take away) shift, move; (into cupboard etc) put away

Raumfähre F̲ space shuttle

Raumfahrt F̲ space travel

Raumschiff N̲T̲ spacecraft, spaceship **Raumsonde** F̲ space probe **Raumstation** F̲ space station

Raupe F̲ ⟨-, -n⟩ caterpillar

Raureif M̲ hoarfrost

raus fam contr → **heraus**; → **hinaus**; **~!** (get) out!

Rausch M̲ ⟨-(e)s, Räusche⟩ intoxication; **einen ~ haben/ kriegen** be/get drunk

Rauschgift N̲T̲ drug

Rauschgiftsüchtige(r) M̲F̲ drug addict

rausfliegen irr v̲i̲ fam be kicked out

raushalten irr v̲R̲ fam **halt du dich da raus!** you (just) keep out of it

räuspern v̲R̲ clear one's throat

rausschmeißen irr v̲T̲ fam throw out

Razzia F̲ ⟨-, Razzien⟩ raid

reagieren v̲i̲ react (auf + acc to) **Reaktion** F̲ reaction

real A̲D̲J̲ real **realisieren** v̲T̲ (danger, problem) realize; (plan, idea) implement **realistisch** A̲D̲J̲ realistic **Realität** F̲ ⟨-, -en⟩ reality **Reality-TV** N̲T̲ ⟨-s⟩ reality TV

Realschule F̲ ≈ secondary school, junior high (school) (US)

rebellieren v̲i̲ rebel

rechnen ❶ v̲T̲, v̲i̲ calculate; **~ mit** expect; (rely on) count on ❷ v̲R̲ pay off, turn out to be profitable **Rechner** M̲ ⟨-s, -⟩ calculator; (larger) computer

Rechnung F̲ calculation(s); COMM bill (Brit), check (US); **die ~, bitte!** can I have the bill, please?; **das geht auf meine ~** this is on me

recht ❶ A̲D̲J̲ right; **mir soll's ~ sein** it's alright by me; **mir ist es ~** I don't mind; **~ haben** be right; **jdm ~ geben** agree with sb ❷ A̲D̲V̲ really, quite; (correctly) right(ly); **ich weiß nicht ~** I don't really know; **es geschieht ihm ~** it serves him right

Recht N̲T̲ ⟨-(e)s, -e⟩ right; LAW law

Rechte F̲ ⟨-n, -n⟩ right-hand side; (hand) right hand; POL right (wing) **rechte(r, s)** A̲D̲J̲ right; **auf der ~n Seite** on the right, on the right-hand side

Rechteck N̲T̲ ⟨-s, -e⟩ rectangle **rechteckig** A̲D̲J̲ rectangular

rechtfertigen ❶ v̲T̲ justify ❷ v̲R̲ justify oneself

rechtlich A̲D̲J̲ legal **rechtmäßig** A̲D̲J̲ legal, lawful

rechts A̲D̲V̲ on the right; **~ abbiegen** turn to the right; **~ von** to the right of; **~ oben** at the top right

Rechtsanwalt M̲, **-anwältin** F̲ lawyer

Rechtschreibung F̲ spelling

Rechtshänder(in) M̲(F̲) ⟨-s, -⟩ right-hander **rechtsradikal** A̲D̲J̲ POL extreme right-wing

Rechtsschutzversicherung F̲ legal costs insurance

Rechtsverkehr M̲ driving on the right

rechtswidrig A̲D̲J̲ illegal

rechtwinklig A̲D̲J̲ right-angled **rechtzeitig** **1** A̲D̲J̲ timely **2** A̲D̲V̲ in time

recyceln V̲T̲ recycle **Recycling** N̲T̲ ⟨-s⟩ recycling

Redakteur(in) M̲(F̲) editor **Redaktion** F̲ editing; (people) editorial staff; (place) editorial office(s)

Rede F̲ ⟨-, -n⟩ speech; (conversation) talk; **eine ~ halten** make a speech **reden** **1** V̲i̲ talk, speak **2** V̲T̲ say; (nonsense etc) talk **Redewendung** F̲ idiom **Redner(in)** M̲(F̲) speaker

reduzieren V̲T̲ reduce

Referat N̲T̲ ⟨-s, -e⟩ paper; **ein ~ halten** give a paper (über + acc on)

reflektieren V̲T̲ reflect

Reform F̲ ⟨-, -en⟩ reform **Reformhaus** N̲T̲ health food shop **reformieren** V̲T̲ reform

Regal N̲T̲ ⟨-s, -e⟩ shelf; (piece of furniture) shelves pl

Regel F̲ ⟨-, -n⟩ rule; MED period **regelmäßig** A̲D̲J̲ regular **regeln** V̲T̲ regulate, control; (matter) settle **Regelung** F̲

regulation

Regen M̲ ⟨-s, -⟩ rain **Regenbogen** M̲ rainbow **Regenbogenfamilie** F̲ rainbow family **Regenmantel** M̲ raincoat **Regenschauer** M̲ shower **Regenschirm** M̲ umbrella **Regenwald** M̲ rainforest

Regie F̲ direction

regieren V̲T̲, V̲i̲ govern, rule **Regierung** F̲ government; (of monarch) reign

Region F̲ region **regional** A̲D̲J̲ regional

Regisseur(in) M̲(F̲) director

regnen V̲i̲ IMPERS rain **regnerisch** A̲D̲J̲ rainy

regulär A̲D̲J̲ regular **regulieren** V̲T̲ regulate, adjust

Reh N̲T̲ ⟨-(e)s, -e⟩ deer; (meat) venison

Reha F̲ ⟨-, -s⟩ fam rehab; **auf ~ sein** be in rehab **Rehaklinik** F̲ fam rehab clinic

Reibe F̲ ⟨-, -n⟩, **Reibeisen** N̲T̲ grater **reiben** ⟨rieb, gerieben⟩ V̲T̲ rub; GASTR grate **reibungslos** A̲D̲J̲ smooth

reich A̲D̲J̲ rich

Reich N̲T̲ ⟨-(e)s, -e⟩ empire; (of king) kingdom

reichen **1** V̲i̲ reach; (money, food etc) be enough, be sufficient (jdm for sb) **2** V̲T̲ hold out; (give) pass, hand; (serve) offer

reichhaltig A̲D̲J̲ ample, rich **reichlich** A̲D̲J̲ (tip) generous;

(meal) ample; **~ Zeit** plenty of time **Reichtum** M ⟨-s, -tümer⟩ wealth

reif ADJ ripe; *(person, judgment)* mature

Reifen M ⟨-s, -⟩ ring, hoop; *(of car)* tyre **Reifendruck** M tyre pressure **Reifenpanne** F tyre puncture **Reifenwechsel** M tyre change

Reihe F ⟨-, -n⟩ row; *(of days etc) fam (number)* series *sg;* **der ~ nach** one after the other; **er ist an der ~** it's his turn **Reihenfolge** F order, sequence **Reihenhaus** NT terraced house *(Br)*, row house *(US)*

rein 1 *fam (come)* → **herein;** → **hinein 2** ADJ pure; *(shirt, air)* clean

Reinfall M *fam* letdown **reinfallen** *irr* VI *fam* **auf etw** *acc* **~** fall for sth

reinigen VT clean **Reinigung** F cleaning; *(shop)* (dry) cleaner's

reinlegen VT **jdn ~** take sb for a ride

Reis M ⟨-es, -e⟩ rice

Reise F ⟨-, -n⟩ journey; *(on ship)* voyage **Reiseapotheke** F first-aid kit **Reisebüro** NT travel agent's **Reisebus** M coach **Reiseführer(in)** MF courier; *(book)* guide(book) **Reisegesellschaft** F tour operator **Reisegruppe** F tourist party; *(travelling by coach)* coach party **Reiselei-**

ter(in) MF courier **reisen** VI travel; **~ nach** go to **Reisende(r)** MF traveller **Reisepass** M passport **Reiserücktritt(s)-versicherung** F travel insurance **Reisetasche** F holdall *(Br)*, carryall *(US)* **Reiseunterlagen** PL travel documents *pl* **Reiseunternehmen** NT travel company **Reiseveranstalter** M tour operator **Reiseverkehr** M holiday traffic **Reiseversicherung** F travel insurance **Reisewarnung** F travel warning; **eine ~ herausgeben** issue a travel warning **Reiseziel** NT destination

reißen ⟨riss, gerissen⟩ VT, VI tear; *(move)* pull, drag

Reißverschluss M zip *(Br)*, zipper *(US)* **Reißzwecke** F drawing pin *(Br)*, thumbtack *(US)*

reiten ⟨ritt, geritten⟩ VT, VI ride **Reiter(in)** MF rider

Reiz M ⟨-es, -e⟩ stimulus; *(delightfulness)* charm; *(appeal)* attraction **reizen** VT stimulate; *(make angry)* annoy; *(interest)* appeal to, attract **reizend** ADJ charming **Reizung** F irritation

Reklamation F complaint **Reklame** F ⟨-, -n⟩ advertising; *(on TV)* commercial **reklamieren** VI complain *(wegen* about)

Rekord M ⟨-(e)s, -e⟩ record

relativ 1 ADJ relative 2 ADV relatively

relaxen Vi relax, chill out

Religion F religion **religiös** ADJ religious

Remoulade F ‹-, -n› tartar sauce

rennen ‹rannte, gerannt› VT, Vi run **Rennen** NT ‹-s, -› running; (*competition*) race **Rennrad** NT racing bike

renommiert ADJ famous, noted (*wegen, für* for)

renovieren VT renovate **Renovierung** F renovation

rentabel ADJ profitable

Rente F ‹-, -n› pension **Rentenversicherung** F pension scheme

Rentier NT reindeer

rentieren VR pay, be profitable

Rentner(in) M(F) ‹-s, -› pensioner, senior citizen

Reparatur F repair **Reparaturwerkstatt** F repair shop; AUTO garage **reparieren** VT repair

Reportage F report **Reporter(in)** M(F) ‹-s, -› reporter

Republik F republic

Reservat NT ‹-s, -e› nature reserve **Reserve** F ‹-, -n› reserve **Reservekanister** M spare can **Reserverad** NT AUTO spare wheel **reservieren** VT reserve **Reservierung** F reservation

Respekt M ‹-(e)s› respect respektieren VT respect

Rest M ‹-(e)s, -e› rest, remainder; (*left over*) remains pl

Restaurant NT ‹-s, -s› restaurant

restaurieren VT restore

restlich ADJ remaining

Restmüll M residual waste

Resultat NT result

retten VT save, rescue

Rettich M ‹-s, -e› radish (*large white or red variety*)

Rettung F rescue; (*assistance*) help; (*medical team*) ambulance service **Rettungsboot** NT lifeboat **Rettungshubschrauber** M rescue helicopter **Rettungsring** M lifebelt, life preserver (*US*) **Rettungswagen** M ambulance

Reue F ‹-› remorse; regret

revanchieren VR (*for help etc*) return the favour

Rezept NT ‹-(e)s, -e› GASTR recipe; MED prescription **rezeptfrei** ADJ over-the-counter, non-prescription

Rezeption F (*at hotel*) reception

rezeptpflichtig ADJ available only on prescription

Rhabarber M ‹-s› rhubarb

Rhein M ‹-s› Rhine **Rheinland-Pfalz** NT ‹-› Rhineland-Palatinate

Rheuma NT ‹-s› rheumatism

Rhythmus M rhythm

richten 1 VT direct (*auf + acc* to); (*weapon, camera*) point (*auf*

+ *acc* at); (*letter, inquiry*) address (*an* + *acc* to) **2** VR **sich ~ nach** (*rule etc*) keep to; (*fashion, example*) follow; (*vary according to*) depend on

Richter(in) M(F) ⟨-s, -⟩ judge

Richtgeschwindigkeit F recommended speed

richtig 1 right, correct; (*genuine*) proper **2** ADV *fam* (*very*) really **richtigstellen** VT **etw ~** correct sth

Richtlinie F guideline

Richtung F direction; (*trend*) tendency

rieb *imperf* → reiben

riechen ⟨roch, gerochen⟩ VT, VI smell; **nach etw ~** smell of sth

rief *imperf* → rufen

Riegel M ⟨-s, -⟩ bolt; GASTR (*of chocolate*) bar

Riese M ⟨-n, -n⟩ giant **riesengroß** ADJ gigantic, huge **Riesenrad** NT big wheel **riesig** ADJ enormous, huge

riet *imperf* → raten

Rind NT ⟨-(e)s, -er⟩ cow; (*male*) bull; GASTR beef; **~er** pl cattle pl

Rinde F ⟨-, -n⟩ (*of tree*) bark; (*of cheese*) rind; (*of bread*) crust

Rinderbraten M roast beef **Rindfleisch** NT beef

Ring M ⟨-(e)s, -e⟩ ring; (*round town*) ring road

Rippe F ⟨-, -n⟩ rib

Risiko NT ⟨-s, -s *or* Risiken⟩ risk; **auf eigenes ~** at one's

own risk **Risikofaktor** M risk factor **riskant** ADJ risky **riskieren** VT risk

riss *imperf* → reißen

Riss M ⟨-es, -e⟩ tear; (*in wall, cup etc*) crack **rissig** ADJ cracked; (*skin*) chapped

ritt *imperf* → reiten

Ritter M ⟨-s, -⟩ knight

Rivale M ⟨-n, -n⟩, **Rivalin** F rival

Roaming NT ⟨-s⟩ TEL roaming **Roaminggebühren** PL roaming charges pl

Robbe F ⟨-, -n⟩ seal

Roboter M ⟨-s, -⟩ robot

roch *imperf* → riechen

Rock M ⟨-(e)s, Röcke⟩ skirt **Rockmusik** F rock (music)

Rodelbahn F toboggan run **rodeln** VI toboggan

Roggen M ⟨-s, -⟩ rye **Roggenbrot** NT rye bread

roh ADJ raw; (*person*) coarse, crude **Rohkost** F raw vegetables and fruit pl

Rohr NT ⟨-(e)s, -e⟩ pipe **Röhre** F ⟨-, -n⟩ tube; (*in cooker*) oven **Rohrzucker** M cane sugar

Rohstoff M raw material

Rolle F ⟨-, -n⟩ roll; THEAT role **rollen** VT, VI roll

Roller M ⟨-s, -⟩ scooter

Rollerskates PL roller skates pl

Rollkoffer M trolley case (*Br*), roller (*US*) **Rollkragenpullover** M polo-neck (*Br*) (or turtleneck (*US*)) sweater **Rollla-**

den M̲, Rollo M̲ ⟨-s, -s⟩ (roller) shutters pl **Rollschuh** M̲ roller skate **Rollstuhl** M̲ wheelchair **rollstuhlgerecht** A̲D̲J̲ suitable for wheelchairs **Rolltreppe** F̲ escalator

Roman M̲ ⟨-s, -e⟩ novel **Romantik** F̲ romance **romantisch** A̲D̲J̲ romantic **römisch-katholisch** A̲D̲J̲ Roman Catholic

röntgen V̲T̲ Röntgenaufnahme F̲, **Röntgenbild** N̲T̲ X-ray **Röntgenstrahlen** P̲L̲ X-rays pl

rosa A̲D̲J̲ inv pink **Rose** F̲ ⟨-, -n⟩ rose **Rosenkohl** M̲ (Brussels) sprouts pl **Roséwein** M̲ rosé (wine) **rosig** A̲D̲J̲ rosy **Rosine** F̲ raisin **Rosmarin** M̲ ⟨-s⟩ rosemary **Rost** M̲ ⟨-(e)s, -e⟩ rust; (for roasting) grill, gridiron **Rostbratwurst** F̲ grilled sausage **rosten** V̲I̲ rust **rösten** V̲T̲ roast, grill; (bread) toast **rostig** A̲D̲J̲ rusty

rot A̲D̲J̲ red; ~ **werden** blush; **Rote Karte** red card; **Rote Bete** beetroot; **bei Rot über die Ampel fahren** jump the lights; **das Rote Kreuz** the Red Cross **Röteln** P̲L̲ German measles sg **rothaarig** A̲D̲J̲ red-haired **rotieren** V̲I̲ rotate **Rotkehlchen** N̲T̲ robin **Rot-**

kohl M̲, **Rotkraut** N̲T̲ red cabbage **Rotlichtviertel** N̲T̲ red-light district **Rotwein** M̲ red wine

Route F̲ ⟨-, -n⟩ route **Routenplaner** M̲ ⟨-s, -⟩ route planner

Routine F̲ experience; (drudgery) routine **Rubbellos** N̲T̲ scratchcard **rubbeln** V̲T̲ rub **Rübe** F̲ ⟨-, -n⟩ turnip; **Gelbe ~** carrot; **Rote ~** beetroot **rüber** fam contr → herüber; → hinüber **rückbestätigen** V̲T̲ (flight etc) reconfirm **rücken** V̲T̲, V̲I̲ move; **könntest du ein bisschen ~?** could you move over a bit?

Rücken M̲ ⟨-s, -⟩ back **Rückenlehne** F̲ back(rest) **Rückenmark** N̲T̲ spinal cord **Rückenschmerzen** P̲L̲ backache sg **Rückenschwimmen** N̲T̲ ⟨-s⟩ backstroke **Rückenwind** M̲ tailwind

Rückerstattung F̲ refund **Rückfahrkarte** F̲ return ticket (Brit), round-trip ticket (US) **Rückfahrt** F̲ return journey **Rückfall** M̲ relapse **Rückflug** M̲ return flight **Rückgabe** F̲ return **rückgängig** A̲D̲J̲ etw ~ **machen** cancel sth **Rückgrat** N̲T̲ ⟨-(e)s, -e⟩ spine, backbone **Rückkehr** F̲ ⟨-, -en⟩ return

Rücklicht NT rear light
Rückreise F return journey;
auf der ~ on the way back
Rucksack M rucksack, backpack **Rucksacktourist(in)**
M(F) backpacker
Rückschritt M step back
Rückseite F back; **siehe ~**
see overleaf
Rücksicht F consideration; **~ nehmen auf** + acc show consideration for **rücksichtslos**
ADJ inconsiderate; (driving)
reckless **rücksichtsvoll** ADJ
considerate
Rücksitz M back seat **Rückspiegel** M AUTO rear-view
mirror **rückwärts** ADV backwards, back **Rückwärtsgang**
M AUTO reverse (gear) **Rückweg** M return journey, way
back
Ruder NT ⟨-s, -⟩ oar; (at back
of boat) rudder **Ruderboot**
NT rowing boat (Br), rowboat
(US) **Rudergerät** NT rowing
machine **rudern** VT, VI row
Ruf M ⟨-(e)s, -e⟩ call, cry; (of
artist, profession) reputation
rufen ⟨rief, gerufen⟩ VT, VI
call; (shout) cry **Rufnummer**
F telephone number
Ruhe F ⟨-⟩ rest; (untroubled
state) peace, quiet; (stillness)
calm; (no talking) silence; **lass
mich in ~!** leave me alone **ruhen** VI rest **Ruhestand** M
retirement; **im ~ sein** be retired **Ruhetag** M closing

day; **montags ~ haben** be
closed on Mondays
ruhig ADJ quiet; (motionless)
still; (hand) steady; (composed,
peaceful) calm
Ruhm M ⟨-(e)s⟩ fame, glory
Rührei NT scrambled egg(s)
rühren ❶ VT move; (with
spoon etc) stir ❷ VR move;
(speak) say something **rührend** ADJ touching, moving
Ruine F ⟨-, -n⟩ ruin **ruinieren** VT ruin
rülpsen VI burp, belch
Rumänien NT ⟨-s⟩ Romania
Rummel M ⟨-s⟩ hustle and
bustle; (event) fair; (in the media)
hype **Rummelplatz** M fairground
rumoren VI **es rumort in meinem Bauch/Kopf** my stomach
is rumbling/my head is spinning
Rumpf M ⟨-(e)s, Rümpfe⟩
ANAT trunk; AVIAT fuselage;
NAUT hull
rund ❶ ADJ round ❷ ADV
(approximately) around; **~ um
etw** (a)round sth **Runde** F
⟨-, -n⟩ round; (in race) lap
Rundfahrt F tour (durch of)
Rundfunk M (organization)
broadcasting service; **im ~ on
the radio **Rundreise** F tour
(durch of)
runter fam contr → herunter;
→ hinunter **runterscrollen**
VT IT scroll down
runzelig ADJ wrinkled **run-**

zeln VT **die Stirn ~** frown
ruppig ADJ gruff
Ruß M ‹-es› soot
Russe M ‹-n, -n› Russian
Rüssel M ‹-s, -› (of elephant) trunk; (of pig) snout
Russin F Russian **russisch** ADJ Russian **Russland** NT Russia
Rüstung F (of knight) armour; (weapons etc) armaments pl
Rutsch M ‹-(e)s, -e› **guten ~ (ins neue Jahr)!** Happy New Year **Rutschbahn** F, **Rutsche** F slide **rutschen** VI slide; (accidentally) slip **rutschig** ADJ slippery
rütteln VT, VI shake

S

s. abbr = **siehe** see **S.** abbr → **Seite** p.
Saal M ‹-(e)s, Säle› hall; (for meetings) room
Saarland NT Saarland
sabotieren VT sabotage
Sache F ‹-, -n› thing; (situation, event) affair, business; (issue) matter; **bei der ~ bleiben** keep to the point **Sachlage** F situation **sachlich** ADJ objective; (unemotional) matter-of--fact; (error, account) factual
sächlich ADJ LING neuter

Sachschaden M material damage
Sachsen NT ‹-s› Saxony
Sachsen-Anhalt NT ‹-s› Saxony-Anhalt
sacht(e) ADV softly, gently
Sachverständige(r) MF expert
Sack M ‹-(e)s, Säcke› sack; pej bastard, bugger **Sackgasse** F dead end, cul-de-sac
Safe M ‹-s, -s› safe
Safer Sex M safe sex
Saft M ‹-(e)s, Säfte› juice **saftig** ADJ juicy **Saftschorle** F fruit juice mixed with sparkling mineral water
Sage F ‹-, -n› legend
Säge F ‹-, -n› saw
sagen VT, VI say (jdm to sb), tell (jdm sb); **wie sagt man ... auf Englisch?** what's ... in English?
sägen VT, VI saw
sah imperf → **sehen**
Sahne F ‹-› cream
Saison F ‹-, -s› season; **außerhalb der ~** out of season
Saite F ‹-, -n› string
Sakko M ‹-s, -s› jacket
Salami F ‹-, -s› salami
Salat M ‹-(e)s, -e› salad; (vegetable) lettuce **Salatbar** F, **Salatbüfett** NT salad bar **Salatschüssel** F salad bowl **Salatsoße** F salad dressing **Salattheke** F salad bar
Salbe F ‹-, -n› ointment
Salmonellenvergiftung F salmonella (poisoning)

Salto M ⟨-s, -s⟩ somersault
Salz NT ⟨-es, -e⟩ salt **salzarm** ADJ low-salt **salzen** ⟨salzte, gesalzen⟩ VT salt **salzig** ADJ salty **Salzkartoffeln** PL boiled potatoes pl **Salzstange** F pretzel stick **Salzstreuer** M salt cellar (Br) (or shaker (US)) **Salzwasser** NT salt water
Samen M ⟨-s, -⟩ seed; (of male) sperm
sammeln VT collect **Sammlung** F collection
Samstag M Saturday; → Mittwoch **samstags** ADV on Saturdays; → mittwochs
samt PREP + dat (along) with, together with
Samt M ⟨-(e)s, -e⟩ velvet
sämtliche(r, s) ADJ all (the)
Sanatorium NT ⟨-s, Sanatorien⟩ sanatorium (Br), sanitarium (US)
Sand M ⟨-(e)s, -e⟩ sand
Sandale F ⟨-, -n⟩ sandal
sandig ADJ sandy **Sandkasten** M sandpit (Br), sandbox (US) **Sandstrand** M sandy beach
sandte imperf → senden
sanft ADJ soft, gentle
sang imperf → singen
Sänger(in) M(F) ⟨-s, -⟩ singer
sanieren VT redevelop; (building) renovate; (business) restore to profitability
sanitär ADJ sanitary; **~e Anlagen** pl sanitation

Sanitäter(in) M(F) ⟨-s, -⟩ ambulance man/woman, paramedic
sank imperf → sinken
Sardelle F anchovy
Sarg M ⟨-(e)s, Särge⟩ coffin
saß imperf → sitzen
Satellit M ⟨-en, -en⟩ satellite **Satellitenfernsehen** NT satellite TV **Satellitenschüssel** F fam satellite dish
satt ADJ full; (colour) rich, deep; **~ sein** (after meal) be full; **~ machen** be filling; **jdn/etw ~ haben** be fed up with sb/sth
Sattel M ⟨-s, Sättel⟩ saddle
satthaben irr VT **jdn/etw ~ be** fed up with sb/sth
Satz M ⟨-es, Sätze⟩ LING sentence; MUS movement; (in tennis) set; (of coffee) grounds pl; (leap) jump; COMM rate
Sau F ⟨-, Säue⟩ sow; pej dirty bugger
sauber ADJ clean; (ironic) fine; **~ machen** clean **Sauberkeit** F cleanness; (hygiene) cleanliness **säubern** VT clean
saublöd ADJ fam really stupid, dumb
Sauce F ⟨-, -n⟩ sauce; (with meat) gravy
Saudi-Arabien NT ⟨-s⟩ Saudi Arabia
sauer ADJ sour; CHEM acid; fam (annoyed) cross; **saurer Regen** acid rain **Sauerkirsche** F sour cherry **Sauerkraut** NT sauerkraut **säuerlich** ADJ

slightly sour **Sauerrahm** M̲

sour cream **Sauerstoff** M̲ oxygen

saufen ⟨soff, gesoffen⟩ **1** V̲T̲ drink; *fam* (person) knock back **2** V̲I̲ drink; *fam* (person) booze

saugen ⟨sog *or* saugte, gesogen *or* gesaugt⟩ V̲T̲, V̲I̲ suck; (with cleaner) vacuum, hoover (Br) **Säugetier** N̲T̲ mammal **Säugling** M̲ infant, baby

Säule F̲ ⟨-, -n⟩ column, pillar

Sauna F̲ ⟨-, -s⟩ sauna

Säure F̲ ⟨-, -n⟩ acid

Saustall M̲ pigsty **Sauwetter** N̲T̲ **was für ein ~** *fam* what lousy weather

Saxophon N̲T̲ ⟨-s, -e⟩ saxophone

S-Bahn® F̲ suburban railway **S-Bahn-Haltestelle** F̲, **S-Bahnhof** M̲ suburban (train) station

scannen V̲T̲ scan **Scanner** M̲ ⟨-s, -⟩ scanner

schäbig A̲D̲J̲ shabby

Schach N̲T̲ ⟨-s, -⟩ chess; (position) check **Schachbrett** N̲T̲ chessboard **Schachfigur** F̲ chess piece **schachmatt** A̲D̲J̲ checkmate

Schacht M̲ ⟨-(e)s, Schächte⟩ shaft

Schachtel F̲ ⟨-, -n⟩ box

schade I̲N̲T̲E̲R̲J̲ what a pity **Schädel** M̲ ⟨-s, -⟩ skull **Schädelbruch** M̲ fractured skull

schaden V̲I̲ damage, harm (jdm sb); **das schadet nichts**

it won't do any harm **Schaden** M̲ ⟨-s, Schäden⟩ damage; (to body) injury; (bad thing) disadvantage; **einen ~ verursachen** cause damage **Schadenersatz** M̲ compensation, damages *pl* **schadhaft** A̲D̲J̲ faulty; damaged **schädigen** V̲T̲ damage; (person) do harm to, harm **schädlich** A̲D̲J̲ harmful (für to) **Schadstoff** M̲ harmful substance **schadstoffarm** A̲D̲J̲ low-emission

Schaf N̲T̲ ⟨-(e)s, -e⟩ sheep **Schäfer** M̲ ⟨-s, -⟩ shepherd **Schäferhund** M̲ Alsatian (Br), German shepherd **Schäferin** F̲ shepherdess

schaffen **1** ⟨schuf, geschaffen⟩ V̲T̲ create; (room) make **2** V̲T̲ manage, do; (complete) finish; (exam) pass; **jdm zu ~ machen** cause sb trouble

Schaffner(in) M̲(F̲) ⟨-s, -⟩ (in bus) conductor/conductress; R̲A̲I̲L̲ guard

Schafskäse M̲ sheep's (milk) cheese

schal A̲D̲J̲ (drink) flat

Schal M̲ ⟨-s, -e *or* -s⟩ scarf

Schale F̲ ⟨-, -n⟩ skin; (removed) peel; (of nut, mussel, egg) shell; (container) bowl, dish

schälen **1** V̲T̲ (tomato, almonds) skin; (peas, eggs, nuts) shell; (grain) husk **2** V̲R̲ peel

Schall M̲ ⟨-(e)s, -e⟩ sound **Schalldämpfer** M̲ ⟨-s, -⟩ A̲U̲T̲O̲ silencer (Br), muffler

(US) **Schallplatte** F̲ record
Schalotte F̲ ⟨-, -n⟩ shallot
schalten 🔟 V̲T̲ switch 🔢 V̲I̲
AUTO change gear **Schalter**
M̲ ⟨-s, -⟩ (at post office, bank)
counter; (electrical) switch
Schalterhalle F̲ main hall
Schalthebel M̲ gear lever
(Br) (or shift (US))
Schaltjahr
N̲T̲ leap year **Schaltknüppel**
M̲ gear lever (Br) (or shift (US))
Schaltung F̲ gear change
(Br), gearshift (US)

Scham F̲ ⟨-⟩ shame; modesty
schämen V̲R̲ be ashamed
Schande F̲ ⟨-⟩ disgrace
Schar F̲ ⟨-, -en⟩ (of birds)
flock; (of people) crowd; **in
~en** in droves
scharf A̲D̲J̲ (knife; criticism)
sharp; (spicy) hot; **auf etw acc
~ sein** fam be keen on sth
Schärfe F̲ ⟨-, -n⟩ sharpness;
(severity) rigour; PHOT focus
Scharia F̲ ⟨-⟩ (Islamic law) sha-
ria law
Scharlach M̲ ⟨-s⟩ MED scarlet
fever
Scharnier N̲T̲ ⟨-s, -e⟩ hinge
Schaschlik M̲ OR N̲T̲ ⟨-s, -s⟩
(shish) kebab
Schatten M̲ ⟨-s, -⟩ shadow;
30 Grad im ~ 30 degrees in
the shade **schattig** A̲D̲J̲ shady
Schatz M̲ ⟨-es, Schätze⟩
treasure; (person) love
schätzen V̲T̲ estimate; (object)
value; (appreciate) value, esteem; (think) reckon **Schät-**

zung F̲ estimate; (action) esti-
mation; (of object) valuation
schätzungsweise A̲D̲V̲
roughly, approximately
schauen V̲I̲ look; **ich schau
mal, ob ...** I'll go and have a
look whether ...; **schau, dass
...** see (to it) that ...
Schauer M̲ ⟨-s, -⟩ (rain) shower; (shiver) shudder
Schaufel F̲ ⟨-, -n⟩ shovel; **~
und Besen** dustpan and brush
schaufeln V̲T̲ shovel
Schaufenster N̲T̲ shop window
Schaukel F̲ ⟨-, -n⟩ swing
schaukeln V̲I̲ rock; (on a
swing) swing
Schaum M̲ ⟨-(e)s, Schäume⟩
foam; (from soap) lather; (on
beer) froth **Schaumbad** N̲T̲
bubble bath **schäumen** V̲I̲
foam **Schaumfestiger** M̲
⟨-s, -⟩ styling mousse
Schaumgummi M̲ (rubber) foam **Schaumwein** M̲
sparkling wine
Schauplatz M̲ scene
Schauspiel N̲T̲ spectacle;
THEAT play **Schauspieler(in)**
M̲(F̲) actor/actress
Scheck M̲ ⟨-s, -s⟩ cheque
Scheibe F̲ ⟨-, -n⟩ disc; (of
bread, cheese etc) slice; (of glass)
pane **Scheibenwischer** M̲
⟨-s, -⟩ AUTO windscreen (Br)
(or windshield (US)) wiper
Scheich M̲ ⟨-s, -s⟩ sheik(h)
Scheide F̲ ⟨-, -n⟩ ANAT vagi-

na

scheiden ⟨schied, geschieden⟩ VT separate; **sich ~ lassen** get a divorce; **sie hat sich von ihm ~ lassen** she divorced him **Scheidung** F divorce

Schein M ⟨-(e)s, -e⟩ light; (*external impression*) appearance; (*money*) (bank)note **~ ADJ** apparent **scheinen** ⟨schien, geschienen⟩ VI (*sun*) shine; (*appear*) seem

Scheinwerfer M ⟨-s, -⟩ floodlight; THEAT spotlight; AUTO headlight

Scheiß- IN CPDS *vulg* damned, bloody (Br) **Scheiße** F ⟨-⟩ *vulg* shit, crap **scheißegal** ADJ *vulg* **das ist mir ~** I don't give a damn (*or* toss) **scheißen** ⟨schiss, geschissen⟩ VI *vulg* shit

Scheitel M ⟨-s, -⟩ parting (Br), part (US)

scheitern VI fail (*an + dat* because of)

Schellfisch M haddock

Schema NT ⟨-s, -s *or* Schemata⟩ scheme, plan; (*drawing*) diagram

Schenkel M ⟨-s, -⟩ thigh

schenken VT give; **er hat es mir geschenkt** he gave it to me (as a present); **sich** *dat* **etw ~** *fam* skip sth

Scherbe F ⟨-, -n⟩ broken piece, fragment

Schere F ⟨-, -n⟩ scissors *pl*; (*large*) shears *pl*; **eine ~** a pair of scissors/shears

Scherz M ⟨-es, -e⟩ joke

scheu ADJ shy

Scheuermittel NT scouring agent

scheuern VT scrub; **jdm eine ~** *fam* slap sb in the face

Scheune F ⟨-, -n⟩ barn

scheußlich ADJ dreadful

Schi M ⟨-s, -er⟩ → Ski

Schicht F ⟨-, -en⟩ layer; (*in society*) class; (*in factory etc*) shift

schick ADJ stylish, chic

schicken ① VT send ② VR hurry up

Schickimicki M ⟨-(s), -s⟩ *fam* trendy

Schicksal NT ⟨-s, -e⟩ fate

Schiebedach NT AUTO sunroof **schieben** ⟨schob, geschoben⟩ VT, VI push; **die Schuld auf jdn ~** put the blame on sb **Schiebetür** F sliding door

schied *imperf* → scheiden

Schiedsrichter(in) M(F) referee, umpire **Schiedsrichterassistent(in)** M(F) referee's assistant

schief ① ADJ crooked ② ADV crooked(ly) **schiefgehen** *irr* VI *fam* go wrong

schielen VI squint

schien *imperf* → scheinen

Schienbein NT shin

Schiene F ⟨-, -n⟩ rail; MED splint

schießen ⟨schoss, geschossen⟩ ① VT shoot; (*ball*) kick;

(goal) score; (photo) take **2** $\overline{VI}$ shoot (auf + acc at)

Schiff $\overline{NT}$ <-(e)s, -e> ship; (in church) nave **Schifffahrt** $\overline{F}$ shipping **Schiffsreise** $\overline{F}$ voyage

schikanieren $\overline{VT}$ harass; (at school) bully

Schild **1** $\overline{M}$ <-(e)s, -e> (of warrior) shield **2** $\overline{NT}$ <-(e)s, -er> sign; **was steht auf dem ~?** what does the sign say?

Schilddrüse $\overline{F}$ thyroid gland

schildern $\overline{VT}$ describe

Schildkröte $\overline{F}$ tortoise; (living in water) turtle

Schimmel $\overline{M}$ <-s, -> mould; (animal) white horse **Schimmelkäse** $\overline{M}$ blue cheese **schimmeln** $\overline{VI}$ go mouldy

schimpfen **1** $\overline{VT}$ tell off **2** $\overline{VI}$ complain; **mit jdm ~** tell sb off **Schimpfwort** $\overline{NT}$ swearword

Schinken $\overline{M}$ <-s, -> ham

Schirm $\overline{M}$ <-(e)s, -e> umbrella; (for sun) parasol, sunshade

schiss imperf → **scheißen**

Schlacht $\overline{F}$ <-, -en> battle **schlachten** $\overline{VT}$ slaughter **Schlachter(in)** $\overline{M(F)}$ <-s, -> butcher

Schlaf $\overline{M}$ <-(e)s> sleep **Schlafanzug** $\overline{M}$ pyjamas pl **Schläfe** $\overline{F}$ <-, -n> temple **schlafen** <schlief, geschlafen> $\overline{VI}$ sleep; **schlaf gut!** sleep well; **hast du gut geschlafen?** did you sleep all right?; **er schläft**

noch he's still asleep; **~ gehen** go to bed

schlaff $\overline{ADJ}$ slack; (weak) limp; (tired) exhausted

Schlafgelegenheit $\overline{F}$ place to sleep **Schlaflosigkeit** $\overline{F}$ sleeplessness **Schlafmaske** $\overline{F}$ eye mask **schläfrig** $\overline{ADJ}$ sleepy **Schlafsack** $\overline{M}$ sleeping bag **Schlaftablette** $\overline{F}$ sleeping pill **Schlafwagen** $\overline{M}$ sleeping car, sleeper **Schlafzimmer** $\overline{NT}$ bedroom

Schlag $\overline{M}$ <-(e)s, Schläge> blow; ELEC shock **Schlagader** $\overline{F}$ artery **Schlaganfall** $\overline{M}$ MED stroke **schlagartig** $\overline{ADJ}$ sudden

schlagen <schlug, geschlagen> **1** $\overline{VT}$ hit; (hit repeatedly, defeat) beat; (cream) whip **2** $\overline{VI}$ (heart) beat; (clock) strike; **mit dem Kopf gegen etw ~** bang one's head against sth **3** $\overline{VR}$ fight

Schläger $\overline{M}$ <-s, -> SPORT bat; racket; (golf) club; hockey stick; (person) brawler **Schlägerei** $\overline{F}$ fight, brawl

schlagfertig $\overline{ADJ}$ quick-witted **Schlagloch** $\overline{NT}$ pothole **Schlagsahne** $\overline{F}$ whipping cream; (beaten) whipped cream **Schlagzeile** $\overline{F}$ headline **Schlagzeug** $\overline{NT}$ drums pl; (in orchestra) percussion

Schlamm $\overline{M}$ <-(e)s, -e> mud **schlampig** $\overline{ADJ}$ fam sloppy **schlang** imperf → **schlingen**

216 ‖ Schlange

Schlange F ⟨-, -n⟩ snake; (of people) queue (Br), line (US); **~ stehen** queue (Br), stand in line (US)

schlank ADJ slim

schlapp ADJ limp

schlau ADJ clever, smart; (wily) crafty, cunning

Schlauch M ⟨-(e)s, Schläuche⟩ hose; (in tyre) inner tube **Schlauchboot** NT rubber dinghy

schlecht ■ ADJ bad; **mir ist ~** I feel sick; **die Milch ist ~** the milk has gone off ■ ADV badly; **es geht ihm ~** he's having a hard time; (health-wise) he's not feeling well; (financially) he's pretty hard up **schlechtmachen** VT jdn **~** run sb down

schleichen ⟨schlich, geschlichen⟩ VI creep

Schleier M ⟨-s, -⟩ veil

Schleife F ⟨-, -n⟩ IT, AVIAT, ELEC loop; (ribbon) bow

Schleim M ⟨-(e)s, -e⟩ slime; MED mucus **Schleimhaut** F mucous membrane

schlendern VI stroll

schleppen VT drag; (car, ship) tow; (carry) lug **Schlepplift** M ski tow

Schleswig-Holstein NT ⟨-s⟩ Schleswig-Holstein

Schleuder F ⟨-, -n⟩ catapult; (for washing) spin-dryer **schleudern** ■ VT hurl; (washing) spin-dry ■ VI AUTO skid **Schleudersitz** M ejec-

tor seat

schlich imperf → schleichen

schlicht ADJ simple, plain

schlichten VT (dispute) settle

schlief imperf → schlafen

schließen ⟨schloss, geschlossen⟩ VT, VI, VR close, shut; (bring to an end) close; (friendship, alliance, marriage) enter into; (deduce) infer (aus from) **Schließfach** NT locker

schließlich ADV finally; (when all is said and done) after all

schliff imperf → schleifen

schlimm ADJ bad **schlimmer** ADJ worse **schlimmste(r, s)** ADJ worst **schlimmstenfalls** ADV at (the) worst

Schlips M ⟨-es, -e⟩ tie

Schlitten M ⟨-s, -⟩ sledge, toboggan; (with horses) sleigh **Schlittenfahren** NT ⟨-s⟩ tobogganing

Schlittschuh M ice skate; **~ laufen** ice-skate

Schlitz M ⟨-es, -e⟩ slit; (for coin) slot; (on trousers) flies pl

schloss imperf → schließen

Schloss NT ⟨-es, Schlösser⟩ lock; (building) castle

Schlosser(in) M(F) mechanic

Schlucht F ⟨-, -en⟩ gorge, ravine

schluchzen VI sob

Schluckauf M ⟨-s⟩ hiccups pl **schlucken** VT, VI swallow

schlug imperf → schlagen

schlürfen VT, VI slurp

Schluss M ⟨-es, Schlüsse⟩

end; (*deduction*) conclusion; **am ~ at the end**; **mit jdm ~ machen** finish (*or* split up) with sb

Schlüssel M̄ ⟨-s, -⟩ *a. fig* key

Schlüsselbein N̄T collarbone **Schlüsselbund** M̄ bunch of keys **Schlüsselloch** N̄T keyhole

Schlussfolgerung F̄ conclusion **Schlusslicht** N̄T taillight; *fig* tail-ender **Schlussverkauf** M̄ clearance sale

schmal ADJ narrow; (*person, book etc*) slim

Schmalz N̄T ⟨-es, -e⟩ dripping, lard

schmatzen V̄I eat noisily

schmecken V̄T, V̄I taste (*nach* of); **es schmeckt ihm** he likes it; **lass es dir ~!** bon appétit

schmeicheln V̄I **jdm ~** flatter sb

schmeißen ⟨schmiss, geschmissen⟩ V̄T *fam* chuck, throw

schmelzen ⟨schmolz, geschmolzen⟩ V̄T, V̄I melt

Schmerz M̄ ⟨-es, -en⟩ pain; (*sorrow*) grief; **~en haben** be in pain; **~en im Rücken haben** have a pain in one's back **Schmerzensgeld** N̄T compensation **schmerzhaft**, **schmerzlich** ADJ painful **Schmerzmittel** N̄T painkiller **schmerzstillend** ADJ painkilling **Schmerztablette** F̄ painkiller

Schmetterling M̄ butterfly

schmieden V̄T forge; (*plans*) make

schmieren 1 V̄T smear; (*machine, bicycle etc*) lubricate, grease; (*person*) bribe 2 V̄T, V̄I (*write*) scrawl **Schmiergeld** N̄T *fam* bribe **schmierig** ADJ greasy

Schminke F̄ ⟨-, -n⟩ make-up **schminken** V̄R put one's make-up on

schmiss *imperf* → schmeißen

schmollen V̄I sulk

schmolz *imperf* → schmelzen

Schmuck M̄ ⟨-(e)s, -e⟩ jewellery (*Brit*), jewelry (*US*); (*ornament*) decoration **schmücken** V̄T decorate

schmuggeln V̄T, V̄I smuggle

schmunzeln V̄I smile

schmusen V̄I (kiss and) cuddle

Schmutz M̄ ⟨-es⟩ dirt, filth **schmutzig** ADJ dirty

Schnabel M̄ ⟨-s, Schnäbel⟩ beak, bill; (*for pouring*) spout

Schnake F̄ ⟨-, -n⟩ mosquito

Schnäppchen N̄T *fam* bargain

schnappen 1 V̄T catch 2 V̄I **nach Luft ~** gasp for breath **Schnappschuss** M̄ PHOT snap(shot)

Schnaps M̄ ⟨-es, Schnäpse⟩ schnapps

schnarchen V̄I snore

schnaufen V̄I puff, pant

Schnauzbart M̄ moustache

Schnauze F̄ ⟨-, -n⟩ snout, muzzle; (*for pouring*) spout; *fam* (*mouth*) trap; **die ~ voll ha-**

ben have had enough
schnäuzen _VR_ blow one's
nose
Schnecke _F_ ⟨-, -n⟩ snail
Schnee _M_ ⟨-s⟩ snow
Schneeball _M_ snowball
Schneeflocke _F_ snowflake
Schneeglöckchen _NT_
snowdrop **Schneekanone**
_F_ snow thrower **Schneekette**
_F_ AUTO snow chain **Schneemann** _M_ snowman **Schneepflug** _M_ snowplough
Schneesturm _M_ snowstorm, blizzard **Schneeverhältnisse** _PL_ snow conditions
_pl_
Schneide _F_ ⟨-, -n⟩ edge; _(part
of knife)_ blade **schneiden**
⟨schnitt, geschnitten⟩ **1** _VT_
cut; **sich** _dat_ **die Haare ─ lassen** have one's hair cut **2**
_VR_ cut oneself **Schneider(in)**
_M(F)_ ⟨-s, -⟩ tailor; dressmaker
Schneidezahn _M_ incisor
schneien _VI IMPERS_ snow
schnell **1** _ADJ_ quick, fast **2**
ADV quickly, fast; **mach ─!** hurry up **Schnellimbiss** _M_
snack bar **Schnellstraße** _F_
expressway
schneuzen _VR_ → schnäuzen
schnitt _imperf von_ schneiden
Schnitt _M_ ⟨-(e)s, -e⟩ cut;
(where lines cross) intersection;
(diagram) (cross) section; _(of
quantities)_ average **Schnitte**
_F_ ⟨-, -n⟩ slice; _(with filling)_
sandwich **Schnittkäse** _M_

cheese slices _pl_ **Schnittlauch**
_M_ chives _pl_ **Schnittstelle** _F_
IT, _fig_ interface **Schnittwunde** _F_ cut, gash
Schnitzel _NT_ ⟨-s, -⟩ _(of paper)_
scrap; GASTR escalope
schnitzen _VT_ carve
Schnorchel _M_ ⟨-s, -⟩ snorkel
schnorcheln _VI_ go snorkelling, snorkel
schnüffeln _VI_ sniff
Schnuller _M_ ⟨-s, -⟩ dummy
(Brit), pacifier _(US)_
Schnupfen _M_ ⟨-s, -⟩ cold
schnuppern _VI_ sniff
Schnur _F_ ⟨-, Schnüre⟩ string,
cord; ELEC lead **schnurlos**
ADJ cordless
Schnurrbart _M_ moustache
Schnürsenkel _M_ ⟨-s, -⟩
shoelace
Schoa _F_ ⟨-⟩ _(holocaust)_ shoah
schob _imperf von_ schieben
Schock _M_ ⟨-(e)s, -e⟩ shock;
unter ─ stehen be in a state
of shock **schockieren** _VT_
shock
Schokolade _F_ chocolate
Schokoriegel _M_ chocolate
bar
Scholle _F_ ⟨-, -n⟩ plaice; _(on
sea)_ ice floe
schon _ADV_ already; **ist er ─
da?** is he here yet?; **warst du
─ einmal da?** have you ever
been there?; **ich war ─ einmal
da** I've been there before; **─
damals** even then; **─ 1999** as
early _(or_ as long ago) as 1999

schön ADJ beautiful; (kind) nice; (woman) beautiful, pretty; (man) beautiful, handsome; (weather) fine; **~e Grüße** best wishes; **~es Wochenende** have a nice weekend

...en **1** VT look after **2**
...it easy

...**heit** F beauty

...M ⟨-(e)s, -e⟩ scab

...F ⟨-, -n⟩ spritzer

...stein M chimney

...nsteinfeger(in) M(F) chimney sweep

...imperf → schießen

...M ⟨-es, Schöße⟩ lap

...F ⟨-n, -n⟩ Scot,

...an **Schottin** F Scot,

...oman **schottisch** ADJ

...Scots **Schottland** land

...ADJ slanting; (roof) (line) diagonal; fam ...entional) wacky

...k M ⟨-(e)s, Schränke⟩ ...cupboard; (for clothes) wardrobe (Brit), closet (US)
Schranke F ⟨-, -n⟩ barrier
Schraube F ⟨-, -n⟩ screw **schrauben** VT screw
Schraubenschlüssel M spanner **Schraubenzieher** M ⟨-s, -⟩ screwdriver
Schraubverschluss M screw top, screw cap
Schreck M ⟨-(e)s, -e⟩, **Schrecken** M ⟨-s, -⟩ terror; (momentary) fright; **jdm einen ~ einjagen** give sb a fright

schreckhaft ADJ jumpy
schrecklich ADJ dreadful
Schrei M ⟨-(e)s, -e⟩ scream; (call) shout
Schreibblock M writing pad
schreiben ⟨schrieb, geschrieben⟩ VT, VI write; spell; **wie schreibt man ...?** how do you spell ...? **Schreiben** NT ⟨-s, -⟩ writing; (sent to sb) letter
Schreibfehler M spelling mistake **schreibgeschützt** ADJ write-protected **Schreibtisch** M desk **Schreibwaren** PL stationery sg **Schreibwarenladen** M stationer's
schreien ⟨schrie, geschrie(e)n⟩ VT, VI scream; (call) shout
Schreiner(in) M(F) joiner **Schreinerei** F joiner's workshop
schrie imperf → schreien
schrieb imperf → schreiben
Schrift F ⟨-, -en⟩ (by hand) handwriting; (printing style) typeface; (type) font **schriftlich** **1** ADJ written **2** ADV in writing; **würden Sie uns das bitte ~ geben?** could we have that in writing, please? **Schriftsteller(in)** M(F) ⟨-s, -⟩ writer
Schritt M ⟨-(e)s, -e⟩ step; **~ für ~** step by step **Schrittgeschwindigkeit** F walking speed **Schrittmacher** M MED pacemaker
Schrott M ⟨-(e)s, -e⟩ scrap

metal; *fig* rubbish
schrumpfen V̄i shrink
Schubkarren M̄ ⟨-s, -⟩
wheelbarrow **Schublade** F̄
drawer
schubsen V̄T shove, push
schüchtern ADJ shy
schuf *imperf →* schaffen
Schuh M̄ ⟨-(e)s, -e⟩ shoe
Schuhbeutel M̄ shoe bag
Schuhcreme F̄ shoe polish
Schuhgeschäft N̄T shoe
shop **Schuhgröße** F̄ shoe
size **Schuhlöffel** M̄ shoe-
horn;
Schulabschluss M̄ school-
-leaving qualification
schuld ADJ wer ist ~ daran?
whose fault is it?; **er ist** ~ it's
his fault, he's to blame **Schuld**
F̄ ⟨-⟩ guilt; (*blame*) fault; ~ **haben be** to blame (*an* + *dat* for);
er hat ~ it's his fault **schulden** V̄T owe (*jdm etw* sb sth)
Schulden P̄L debts *pl*; ~ **haben be** in debt; ~ **machen**
run up debts; **seine** ~ **bezahlen** pay off one's debts **schuldig**
ADJ guilty (*an* + *dat* of); (*proper*)
due; **jdm etw** ~ **sein** owe sb sth
Schule F̄ ⟨-, -n⟩ school; **in der**
~ **at** school; **in die** ~ **gehen** go
to school **Schüler(in)** M̄(F̄)
⟨-s, -⟩ pupil; (*older*) student
Schüleraustausch M̄
school exchange **Schulferien**
P̄L school holidays *pl* (*Br*) (*or* vacation (*US*)) **Schuljahr** N̄T
school year **Schulkenntnis-**

se P̄L ~ **in Französisch** school
(-level) French
Schulter F̄ ⟨-, -n⟩ shoulder
Schulung F̄ training; (*event*)
training course
Schuppe F̄ ⟨-, -n⟩ (*of fish*)
scale **Schuppen** P̄L dandruff
sg
Schürfwunde F̄ graze
Schürze F̄ ⟨-, -n⟩ apron
Schuss M̄ ⟨-es, Schüsse⟩
shot; **mit einem** ~ **Wodka**
with a dash of vodka
Schüssel F̄ ⟨-, -n⟩ bowl
Schuster(in) M̄(F̄) ⟨-s, -⟩ shoe-
maker
Schutt M̄ ⟨-(e)s⟩ rubble
Schüttelfrost M̄ shivering fit
schütteln V̄T, V̄R shake
schütten **1** V̄T pour; (*sugar,
gravel etc*) tip **2** V̄I IMPERS pour
(down)
Schutz M̄ ⟨-es⟩ protection
(*gegen, vor* against; from);
(*place*) shelter; **jdn in** ~ **nehmen** stand up for sb **Schutzblech** N̄T mudguard
Schütze M̄ ⟨-n, -n⟩ (*in football*) scorer; ASTR Sagittarius
schützen V̄T jdn **gegen/vor
etw** ~ protect sb against/from
sth **Schutzimpfung** F̄ inoculation, vaccination
schwach ADJ weak; **~e Augen**
poor eyesight *sg* **Schwäche**
F̄ ⟨-, -n⟩ weakness **Schwach-
stelle** F̄ weak point
Schwager M̄ ⟨-s, Schwäger⟩
brother-in-law **Schwägerin**

F̲ sister-in-law
schwamm *imperf* → **schwimmen**
Schwamm M̲ ⟨-(e)s, Schwämme⟩ sponge
Schwan M̲ ⟨-(e)s, Schwäne⟩ swan
schwanger A̲D̲J̲ pregnant; **im vierten Monat ~ sein** be four months pregnant **Schwangerschaft** F̲ pregnancy **Schwangerschaftsabbruch** M̲ abortion **Schwangerschaftstest** M̲ pregnancy test
schwanken V̲I̲ sway; (*prices, figures*) fluctuate; (*be uncertain*) hesitate; (*drunkard etc*) stagger
Schwanz M̲ ⟨-es, Schwänze⟩ tail; *vulg* (*penis*) cock
Schwarm M̲ ⟨-(e)s, Schwärme⟩ swarm; *fam* (*pop star etc*) heartthrob **schwärmen** V̲I̲ swarm; **~ für** be mad about
schwarz A̲D̲J̲ black; **mir wurde ~ vor Augen** everything went black **Schwarzbrot** N̲T̲ black bread **schwarzfahren** *irr* V̲I̲ travel without a ticket **Schwarzfahrer(in)** M̲(F̲) fare-dodger **Schwarzmarkt** M̲ black market **schwarzsehen** *irr* V̲I̲ *fam* be pessimistic (*für* about) **Schwarztee** M̲ black tea **Schwarzwald** M̲ Black Forest
schwatzen V̲I̲ chatter **Schwätzer(in)** M̲(F̲) ⟨-s, -⟩

chatterbox; (*long-winded*) gasbag; (*about other people*) gossip
schweben V̲I̲ float; (*upwards*) soar
Schwede M̲ ⟨-n, -n⟩ Swede **Schweden** N̲T̲ ⟨-s⟩ Sweden **Schwedin** F̲ Swede **schwedisch** A̲D̲J̲ Swedish
Schwefel M̲ ⟨-s⟩ sulphur
schweigen ⟨schwieg, geschwiegen⟩ V̲I̲ be silent; stop talking
Schwein N̲T̲ ⟨-(e)s, -e⟩ pig; *fam* luck; *fam* (*vile person*) swine **Schweinebraten** M̲ roast pork **Schweinefleisch** N̲T̲ pork **Schweinegrippe** F̲ *fam* swine flu **Schweinerei** F̲ mess; (*act*) dirty trick
Schweiß M̲ ⟨-es⟩ sweat **schweißen** V̲T̲, V̲I̲ weld
Schweiz F̲ ⟨-⟩ **die ~** Switzerland **Schweizer(in)** M̲(F̲) ⟨-s, -⟩ Swiss **Schweizerdeutsch** N̲T̲ Swiss German **schweizerisch** A̲D̲J̲ Swiss
Schwelle F̲ ⟨-, -n⟩ doorstep; *a. fig* threshold
schwellen ⟨schwoll, geschwollen⟩ V̲I̲ swell (up) **Schwellung** F̲ swelling
schwer **1** A̲D̲J̲ heavy; (*task, life, question*) difficult, hard; (*illness, mistake*) serious, bad **2** A̲D̲V̲ (*very*) really; (*injured etc*) seriously, badly **Schwerbehinderte(r)** M̲(F̲) severely disabled person **schwerfallen** *irr* V̲I̲ **jdm ~** be difficult for sb

schwerhörig ADJ hard of hearing

Schwert NT <-(e)s, -er> sword

Schwester F <-, -n> sister; MED nurse

schwieg imperf → schweigen

Schwiegereltern PL parents--in-law pl **Schwiegermutter** F mother-in-law **Schwiegersohn** M son-in-law **Schwiegertochter** F daughter-in--law **Schwiegervater** M father-in-law

schwierig ADJ difficult, hard **Schwierigkeit** F difficulty; **in ~en kommen** get into trouble; **jdm ~en machen** make things difficult for sb

Schwimmbad NT swimming pool **Schwimmbecken** NT swimming pool **schwimmen** <schwamm, geschwommen> VI swim; (drift, not sink) float; fig be all at sea **Schwimmflosse** F flipper **Schwimmflügel** M water wing **Schwimmweste** F life jacket

Schwindel M <-s> dizziness; (fit) dizzy spell; (deception) swindle **schwindelfrei** ADJ **nicht ~ sein** suffer from vertigo; **~ sein** have a head for heights **schwindlig** ADJ dizzy; **mir ist ~** I feel dizzy

Schwips M **einen ~ haben** be tipsy

schwitzen VI sweat

schwoll imperf → schwellen

schwor imperf → schwören

schwören <schwor, geschworen> VT, VI swear; **einen Eid ~** take an oath

schwul ADJ gay

schwül ADJ close

Schwung M <-(e)s, Schwünge> swing; (force when moving) momentum; fig energy; fam (quantity) batch; **in ~ kommen** get going

Schwur M <-s, Schwüre> oath

scrollen VI IT scroll

sechs NUM six **Sechs** F <-, -en> six; (mark in school) ≈ F **sechshundert** NUM six hundred **sechsmal** ADV six times **sechste(r, s)** ADJ sixth; **dritte Sechstel** NT <-s, -> (fraction) sixth **sechzehn** NUM sixteen **sechzig** NUM sixty; **in den ~er Jahren** in the sixties

Secondhandladen M secondhand shop

See 1 F <-, -n> sea; **an der ~** by the sea 2 M <-s, -n> lake; **am ~** by the lake **Seehund** M seal **Seeigel** M sea urchin **seekrank** ADJ seasick

Seele F <-, -n> soul

Seeleute PL seamen pl, sailors pl

seelisch ADJ mental, psychological

Seelöwe M sea lion **Seemann** M sailor, seaman **Seemeile** F nautical mile **See-**

pferdchen NT sea horse **Seerose** F water lily **Seestern** M starfish **Seetang** M seaweed **Seezunge** F sole

Segel NT ⟨-s, -⟩ sail **Segelboot** NT yacht **Segelfliegen** NT ⟨-s⟩ gliding **Segelflugzeug** NT ⟨-s⟩ glider **segeln** VT, VI sail **Segelschiff** NT sailing ship

Segway® M ⟨-s, -s⟩ Segway®

sehbehindert ADJ partially sighted

sehen ⟨sah, gesehen⟩ VT, VI see; (in specific direction) look; **gut/schlecht ~** have good/ bad eyesight; **kann ich das mal ~?** can I have a look at it?; **wir ~ uns morgen!** see you tomorrow **Sehenswürdigkeiten** pl sights pl

Sehne F ⟨-, -n⟩ tendon; (on bow) string

sehnen VR long (nach for)

Sehnsucht F longing **sehnsüchtig** ADJ longing

sehr ADV very; (with verbs) a lot, very much; **zu ~** too much

seicht ADJ shallow

Seide F ⟨-, -n⟩ silk

Seife F ⟨-, -n⟩ soap **Seifenoper** F soap (opera)

Seil NT ⟨-(e)s, -e⟩ rope; (metal) cable **Seilbahn** F cable railway

sein ⟨war, gewesen⟩ VI, VAUX be; **lass das ~!** leave that!; (sth annoying) stop that!; **das kann ~** that's possible

sein PRON his; her; its; **das ist ~e Tasche** that's his bag; **jeder hat ~e Sorgen** everyone has their problems **seine(r, s)** PRON his; hers; **das ist ~r/ ~/~s** that's his/hers **seinetwegen** ADV because of him; (to please him) for his sake

seit CONJ since; (period) for; **er ist ~ Montag hier** he's been here since Monday; **er ist ~ einer Woche hier** he's been here for a week; **~ Langem** for a long time **seitdem** ADV, CONJ since

Seite F ⟨-, -n⟩ side; (in book) page; **zur ~ gehen** step aside **Seitensprung** M affair **Seitenstechen** NT ⟨-s⟩ **haben/bekommen** have/get a stitch **Seitenstraße** F side street **Seitenstreifen** M hard shoulder (Br), shoulder (US)

seither ADV since (then)

seitlich ADJ side

Sekretär(in) M(F) ⟨-s, -e⟩ secretary **Sekretariat** NT ⟨-(e)s, -e⟩ secretary's office

Sekt M ⟨-(e)s, -e⟩ sparkling wine

Sekte F ⟨-, -n⟩ sect

Sekunde F ⟨-, -n⟩ second **Sekundenkleber** M ⟨-s, -⟩ superglue

selbst 1 PRON **ich ~** I ... myself; **du/Sie ~** you ... yourself; **er ~** he ... himself; **sie ~** she ... herself; **they ... themselves;**

wir haben es ~ gemacht we did it ourselves; **mach es ~** do it yourself; **von ~** by itself; **das versteht sich ja von ~** that goes without saying 2 ADV even; **~ mir gefiel's** even I liked it

selbständig ADJ → **selbstständig**

Selbstbedienung F self-service **Selbstbefriedigung** F masturbation **Selbstbeherrschung** F self-control **Selbstbeteiligung** F (on insurance) excess **selbstbewusst** ADJ (self-)confident **Selbstbräuner** M ⟨-s, -⟩ fake tan **selbstgemacht** ADJ self-made **Selbstmord** M suicide **Selbstmordattentat** NT suicide bombing **Selbstmordattentäter(in)** M(F) suicide bomber **selbstsicher** ADJ self-assured **selbstständig** ADJ independent; (working) self-employed **selbstverständlich** 1 ADJ obvious; **ich halte das für ~** I take that for granted 2 ADV naturally **Selbstvertrauen** NT self-confidence

Selfie NT ⟨-s, -s⟩ selfie **Selfiestange** F, **Selfiestick** M selfie stick

Sellerie M ⟨-s, -(s)⟩ F ⟨-, -n⟩ celeriac; (in sticks) celery

selten 1 ADJ rare 2 ADV seldom, rarely

seltsam ADJ strange; **~ schme-** **cken/riechen** taste/smell strange

Semester NT ⟨-s, -⟩ semester **Semesterferien** PL vacation sg

Semmel F ⟨-, -n⟩ roll **Semmelbrösel** PL breadcrumbs pl

Senat M ⟨-(e)s, -e⟩ senate

senden 1 ⟨sandte, gesandt⟩ VT send 2 VT, VI RADIO, TV broadcast **Sender** M ⟨-s, -⟩ (TV) channel; (radio) station; (apparatus) transmitter **Sendung** F RADIO, TV broadcasting; (single broadcast) programme

Senf M ⟨-(e)s, -e⟩ mustard

Senior(in) M(F) senior citizen **Seniorenpass** M senior citizen's travel pass

senken 1 VT lower 2 VR sink

senkrecht ADJ vertical

Sensation F ⟨-, -en⟩ sensation

sensibel ADJ sensitive

sentimental ADJ sentimental

separat ADJ separate

September M ⟨-(s), -⟩ September; → **Juni**

Serbien NT ⟨-s⟩ Serbia

Serie F series sg

seriös ADJ serious; (firm, people) respectable

Serpentine F hairpin (bend)

Serum NT ⟨-s, Seren⟩ serum

Server M ⟨-s, -⟩ IT server

Service 1 NT ⟨-(s), -⟩ (crockery) service **2** M̲ ‹-, -s› service **Servicewerkstatt** F̲ repair centre (Br) (or center (US)); (for cars) garage

servieren V̲T̲, V̲I̲ serve

Serviette F̲ napkin, serviette

Servolenkung F̲ AUTO power steering

Sesam M̲ ‹-s, -s› sesame seeds pl

Sessel M̲ ‹-s, -› armchair **Sessellift** M̲ chairlift

Set M̲ OR N̲T̲ ‹-s, -s› set; (under plate etc) tablemat

setzen **1** V̲T̲ put; (sail) set **2** V̲R̲ settle; (person) sit down; ~ **Sie sich doch** please sit down

Seuche F̲ ‹-, -n› epidemic

seufzen V̲T̲, V̲I̲ sigh

Sex M̲ ‹-(es)› sex **sexistisch** A̲D̲J̲ sexist **Sexualität** F̲ sexuality **sexuell** A̲D̲J̲ sexual

sfr abbr = **Schweizer Franken** Swiss franc(s)

Shampoo N̲T̲ ‹-s, -s› shampoo

Shisha F̲ ‹-, -s› (water pipe) shisha

Shorts P̲L̲ shorts pl

Shuttlebus M̲ shuttle bus

sich P̲R̲O̲N̲ himself; herself; itself; (plural) themselves; (after 'Sie') yourself; yourselves; (indefinite, after 'man') oneself; **er hat ~ verletzt** he has hurt himself; **sie kennen ~** they know each other; **sie hat ~ sehr gefreut** she was very pleased; **er hat ~ das Bein gebrochen**

he's broken his leg

sicher A̲D̲J̲ safe (vor + dat from); (sure) certain (gen of); (method, source) reliable; (self-assured) confident; **aber ~!** of course, sure **Sicherheit** F̲ safety; (protective measures) FIN security; (sureness) certainty; (self-assurance) confidence; **mit ~** definitely **Sicherheitsabstand** M̲ safe distance **Sicherheitsdienst** M̲ security service **Sicherheitsgurt** M̲ seat belt **sicherheitshalber** A̲D̲V̲ just to be on the safe side **Sicherheitskontrolle** F̲ safety check **Sicherheitsnadel** F̲ safety pin **Sicherheitsschloss** N̲T̲ security lock **Sicherheitsvorkehrung** F̲ safety precaution **sicherlich** A̲D̲V̲ certainly; (in all likelihood) probably

sichern V̲T̲ secure (gegen against); (guard) IT protect; (data) back up **Sicherung** F̲ securing; (on machine etc) safety device; (on gun) safety catch; ELEC fuse; IT backup; **die ~ ist durchgebrannt** the fuse has blown

Sicht F̲ ‹-› sight; (scene) view **sichtbar** A̲D̲J̲ visible **sichtlich** A̲D̲J̲ evident, obvious **Sichtverhältnisse** P̲L̲ visibility sg

sie P̲R̲O̲N̲ she; (plural) they; (accusative) her; them; (thing) it; **da ist ~ ja** there she is; **da sind ~**

ja there they are; **ich kenne ~ I** know her; I know them

Sie PRON you

Sieb NT ⟨-(e)s, -e⟩ sieve; (for tea) strainer

sieben NUM seven **siebenhundert** NUM seven hundred **siebenmal** ADV seven times **siebte(r, s)** ADJ seventh; → **dritte Siebtel** NT ⟨-s, -⟩ (fraction) seventh **siebzehn** NUM seventeen **siebzig** NUM seventy; **in den ~er Jahren** in the seventies

Siedlung F ⟨-, -en⟩ housing estate (Br) (or development (US))

Sieg M ⟨-(e)s, -e⟩ victory **siegen** VI win **Sieger(in)** M(F) ⟨-s, -⟩ winner **Siegerehrung** F presentation ceremony

siezen VT address as 'Sie'

Signal NT ⟨-s, -e⟩ signal

Silbe F ⟨-, -n⟩ syllable

Silber NT ⟨-s⟩ silver **Silberhochzeit** F silver wedding **Silbermedaille** F silver medal

Silikon NT ⟨-s, -e⟩ silicone

Silvester NT ⟨-s, -⟩, **Silvesterabend** M New Year's Eve, Hogmanay (Scot)

Sizilien NT ⟨-s⟩ Sicily

Simbabwe NT ⟨-s⟩ Zimbabwe

simpel ADJ simple

simsen VT, VI fam text

simultan ADJ simultaneous

Sinfonie F ⟨-, -n⟩ symphony **Sinfonieorchester** NT symphony orchestra

Singapur NT ⟨-s⟩ Singapore

singen ⟨sang, gesungen⟩ VT, VI sing; **richtig/falsch ~** sing in tune/out of tune

Single ■ 1 F ⟨-, -s⟩ (CD) single 2 M ⟨-s, -s⟩ (person) single

Singular M singular

sinken ⟨sank, gesunken⟩ VI sink; (prices etc) fall, go down

Sinn M ⟨-(e)s, -e⟩ (of word, speech etc) sense, meaning; **~ machen** make sense; **das hat keinen ~** it's no use **sinnlich** ADJ sensuous; (erotic) sensual; (perception) sensory **sinnlos** ADJ stupid; (behaviour) senseless; (futile) pointless; (talk etc) meaningless **sinnvoll** ADJ meaningful; (reasonable) sensible

Sirup M ⟨-s, -e⟩ syrup

Sitte F ⟨-, -n⟩ custom

Situation F situation

Sitz M ⟨-es, -e⟩ seat **sitzen** ⟨saß, gesessen⟩ VI sit; (remark, blow) strike home; (what one has learnt) have sunk in; **der Rock sitzt gut** the skirt is a good fit **Sitzgelegenheit** F place to sit down **Sitzplatz** M seat **Sitzung** F meeting

Sizilien NT ⟨-s⟩ Sicily

Skandal M ⟨-s, -e⟩ scandal

Skandinavien NT ⟨-s⟩ Scandinavia

Skateboard NT ⟨-s, -s⟩ skateboard

Skater(in) M ⟨-s, -⟩ (on skateboard) skateboarder; (on inlineskates) inline-skater

Skelett NT ⟨-s, -e⟩ skeleton
skeptisch ADJ sceptical
Ski M ⟨-s, -er⟩ ski; **~ laufen** (or **fahren**) ski **Skianzug** M ski suit **Skibrille** F ski goggles pl **Skifahren** NT ⟨-s⟩ skiing **Skigebiet** NT ⟨-(e)s, -e⟩ skiing area **Skihose** F skiing trousers pl **Skikurs** M skiing course **Skiläufer(in)** M(F) skier **Skilehrer(in)** M(F) ski instructor **Skilift** M ski-lift
Skinhead M ⟨-s, -s⟩ skinhead
Skischuh M ski boot **Skispringen** NT ⟨-s, -n⟩ ski jumping **Skistiefel** M ⟨-s, -⟩ ski boot **Skistock** M ski pole **Skitour** F ski tour **Skiurlaub** M skiing holiday (Brit) (or vacation (US))
Skizze F ⟨-, -n⟩ sketch
Skonto M OR NT ⟨-s, -s⟩ discount
Skorpion M ⟨-s, -e⟩ ZOOL scorpion; ASTR Scorpio
Skulptur F ⟨-, -en⟩ sculpture
S-Kurve F double bend
Slalom M ⟨-s, -s⟩ slalom
Slip M ⟨-s, -s⟩ (pair of) briefs pl **Slipeinlage** F panty liner
Slowakei F ⟨-⟩ Slovakia **slowakisch** ADJ Slovakian
Slowenien NT ⟨-s⟩ Slovenia **slowenisch** ADJ Slovenian
Smartphone NT ⟨-s, -s⟩ smartphone **Smartwatch** F ⟨-, -es⟩ smartwatch
Smiley M ⟨-s, -s⟩ smiley
Smog M ⟨-s⟩ smog **Smog-**

alarm M smog alert
Smoking M ⟨-s, -s⟩ dinner jacket (Brit), tuxedo (US)
SMS ▮ NT abbr = **Short Message Service** ▯ F text message; **ich schicke dir eine ~** I'll text you, I'll send you a text (message)
Snack M ⟨-s, -s⟩ snack
Sneakersöckchen PL trainer socks pl (Brit), sneaker socks pl (US)
Snowboard NT ⟨-s, -s⟩ snowboard **Snowboardfahren** NT ⟨-s⟩ snowboarding **Snowboardfahrer(in)** M(F) snowboarder
so ▮ ADV so; (in this way) like this; (approximately) about; **fünf Euro oder ~** five euros or so; **~ ein** such a; **~ ... wie ... as ... as ...**; **und ~ weiter** and so on; **~ viel** as much (wie als); **~ weit sein** to be ready; **~ weit wie** (or **als**) **möglich** as far as possible ▯ CONJ so; (before adjective) like
sobald CONJ as soon as
Socke F ⟨-, -n⟩ sock
Sodbrennen NT ⟨-s⟩ heartburn
Sofa NT ⟨-s, -s⟩ sofa
sofern CONJ if, provided (that)
soff imperf → **saufen**
sofort ADV immediately, at once
Softeis NT soft ice-cream
Software F ⟨-, -s⟩ software
sog imperf → **saugen**
sogar ADV even; **kalt, ~ sehr**

kalt cold, in fact very cold
sogenannt ADJ so-called
Sohle F ⟨-, -n⟩ sole
Sohn M ⟨-(e)s, Söhne⟩ son
Soja F ⟨-, Sojen⟩ soya, soy (US) **Sojabohne** F soya bean, soybean (US) **Sojamilch** F soya milk (Br), soymilk (US) **Sojasoße** F soy sauce **Sojasprossen** PL beansprouts pl
solang(e) CONJ as long as
Solarenergie F solar energy
Solarium NT solarium
Solarzelle F solar cell
solche(r, s) PRON such; **eine ~ Frau, solch eine Frau** such a woman, a woman like that; **~ Sachen** things like that, such things; **ich habe ~ Kopfschmerzen** I've got such a headache; **ich habe ~n Hunger** I'm so hungry
Soldat(in) M(F) ⟨-en, -en⟩ soldier
solid(e) ADJ solid; (life, person) respectable
solidarisch ADJ showing solidarity
Soll NT ⟨-(s), -(s)⟩ FIN debit; (amount of work) quota, target
sollen VI be supposed to; (obligation) shall, ought to; **soll ich?** shall I?; **du solltest besser nach Hause gehen** you'd better go home; **sie soll sehr reich sein** she's said to be very rich; **was soll das?** what's all that about?
Sommer M ⟨-s, -⟩ summer

Sommerfahrplan M summer timetable **Sommerferien** PL summer holidays pl (Br) (or vacation sg (US)) **sommerlich** ADJ summery; (clothes) summer **Sommerreifen** M normal tyre **Sommersprossen** PL freckles pl **Sommerzeit** F summertime; (by the clock) daylight saving time
Sonderangebot NT special offer **sonderbar** ADJ strange, odd **Sondermüll** M hazardous waste
sondern CONJ but; **nicht nur ..., ~ auch** not only ..., but also
Sonderzeichen NT IT special character
Sonnabend M Saturday; → Mittwoch **sonnabends** ADV on Saturdays; → mittwochs
Sonne F ⟨-, -n⟩ sun **sonnen** VR sunbathe **Sonnenaufgang** M sunrise **Sonnenblume** F sunflower **Sonnenbrand** M sunburn **Sonnenbrille** F sunglasses pl, shades pl **Sonnencreme** F sun cream **Sonnenkollektor** M ⟨-s, -en⟩ solar panel **Sonnenmilch** F suntan lotion **Sonnenöl** NT suntan oil **Sonnenschein** M sunshine **Sonnenschirm** M parasol, sunshade **Sonnenstich** M sunstroke **Sonnenuhr** F sundial **Sonnenuntergang** M sunset **sonnig** ADJ sunny
Sonntag M Sunday; → Mitt-

woch sonntags <u>ADV</u> on Sundays; → mittwochs

sonst <u>ADV</u> otherwise; (*if not*) otherwise, (or) else; (*at other times*) normally, usually; ~ **noch etwas?** anything else?; ~ **nichts** nothing else

sooft <u>CONJ</u> whenever

Sopran <u>M</u> ‹-s, -e› soprano

Sorge <u>F</u> ‹-, -n› worry; (*looking after*) care; **sich** *dat* **um jdn -n machen** be worried about sb

sorgen **1** <u>VI</u> **für jdn** ~ look after sb; **für etw** ~ take care of sth, see to sth **2** <u>VR</u> worry (*um* about) **sorgfältig** <u>ADJ</u> careful

sortieren <u>VT</u> sort (out)

sosehr <u>CONJ</u> however much

Soße <u>F</u> ‹-, -n› sauce; (*with meat*) gravy

Soundkarte <u>F</u> IT sound card

Souvenir <u>NT</u> ‹-s, -s› souvenir

soviel <u>CONJ</u> as far as

soweit <u>CONJ</u> as far as

sowie <u>CONJ</u> as well as; (*with time*) as soon as

sowohl <u>CONJ</u> ~ ... als (*or* wie) auch both ... and

sozial <u>ADJ</u> social **Sozialhilfe** <u>F</u> income support (*Br*), welfare (aid) (*US*) **Sozialismus** <u>M</u> socialism **Sozialversicherung** <u>F</u> social security **Sozialwohnung** <u>F</u> council flat (*Br*), state-subsidized apartment (*US*)

Soziologie <u>F</u> sociology

sozusagen <u>ADV</u> so to speak

Spachtel <u>M</u> ‹-s, -› spatula

Spag(h)etti <u>PL</u> spaghetti *sg*

Spalte <u>F</u> ‹-, -n› crack; (*in glacier*) crevasse; (*in text*) column

spalten <u>VT, VR</u> split

Spange <u>F</u> ‹-, -n› clasp; (*for hair*) hair slide (*Br*), barrette (*US*)

Spanien <u>NT</u> ‹-s› Spain **Spanier(in)** <u>M(F)</u> ‹-s, -› Spaniard **spanisch** <u>ADJ</u> Spanish

spann *imperf* → spinnen

spannen **1** <u>VT</u> (*make taut*) tighten **2** <u>VI</u> be tight **spannend** <u>ADJ</u> exciting, gripping **Spannung** <u>F</u> tension; ELEC voltage; *fig* suspense

Sparbuch <u>NT</u> savings book; (*account*) savings account **sparen** <u>VT, VI</u> save

Spargel <u>M</u> ‹-s, -› asparagus

Sparkasse <u>F</u> savings bank **Sparkonto** <u>NT</u> savings account

spärlich <u>ADJ</u> meagre; (*clothing*) scanty

sparsam <u>ADJ</u> economical **Sparschwein** <u>NT</u> piggy bank

Spaß <u>M</u> ‹-es, Späße› joke; (*pleasure*) fun; **es macht mir** ~ I enjoy it, it's (great) fun; **viel** ~! have fun

spät <u>ADJ</u>, <u>ADV</u> late; **zu** ~ **kommen** be late

Spaten <u>M</u> ‹-s, -› spade

später <u>ADJ</u>, <u>ADV</u> later **spätestens** <u>ADV</u> at the latest **Spätvorstellung** <u>F</u> late-night performance

Spatz <u>M</u> ‹-en, -en› sparrow

spazieren <u>VI</u> stroll, walk; ~ **ge-**

hen go for a walk **Spaziergang** M̲ walk

Specht M̲ ⟨-(e)s, -e⟩ woodpecker

Speck M̲ ⟨-(e)s, -e⟩ bacon fat; (streaky) bacon

Spedition F̲ removal firm

Speiche F̲ ⟨-, -n⟩ spoke

Speichel M̲ ⟨-s⟩ saliva

Speicher M̲ ⟨-s, -⟩ (in building) attic; IT memory **speichern** V̲T̲ IT store; (send to disk etc) save

Speise F̲ ⟨-, -n⟩ food; (prepared) dish **Speisekarte** F̲ menu **Speiseröhre** F̲ gullet, oesophagus **Speisesaal** M̲ dining hall **Speisewagen** M̲ dining car

Spende F̲ ⟨-, -n⟩ donation **spenden** V̲T̲ donate, give **spendieren** V̲T̲ **jdm etw ~** treat sb to sth

Sperre F̲ ⟨-, -n⟩ barrier; (for sb or sth) ban **sperren** V̲T̲ block; SPORT suspend; (exports etc) ban **Sperrstunde** F̲ closing time **Sperrung** F̲ closing

Spesen P̲L̲ expenses pl

spezialisieren V̲R̲ specialize (auf + acc in) **Spezialist(in)** M̲(F̲) specialist **Spezialität** F̲ speciality (Brit), specialty (US) **speziell 1** A̲D̲J̲ special **2** A̲D̲V̲ especially

Spiegel M̲ ⟨-s, -⟩ mirror **Spiegelei** N̲T̲ fried egg (sunny-side up (US)) **spiegelglatt** A̲D̲J̲ very slippery **Spiegelreflexkamera** F̲ reflex camera

Spiel N̲T̲ ⟨-(e)s, -e⟩ game; (activity) play(ing); (of playing cards) pack, deck **Spielautomat** M̲ gaming machine; (with cash payout) slot machine **spielen** V̲T̲, V̲I̲ play; (for money) gamble; THEAT perform, act; **Klavier ~** play the piano **spielend** A̲D̲V̲ easily **Spieler(in)** M̲(F̲) ⟨-s, -⟩ player; (for money) gambler **Spielfeld** N̲T̲ (for football, hockey) field; (for basketball) court **Spielfilm** M̲ feature film **Spielkasino** N̲T̲ casino **Spielplatz** M̲ playground **Spielraum** M̲ room to manoeuvre **Spielregel** F̲ rule; **sich an die ~n halten** stick to the rules **Spielsachen** P̲L̲ toys pl **Spielzeug** N̲T̲ toys pl; (single item) toy

Spieß M̲ ⟨-es, -e⟩ spear; (for roasting) spit **Spießer(in)** M̲(F̲) ⟨-s, -⟩ square, stuffy type **spießig** A̲D̲J̲ square, uncool

Spinat M̲ ⟨-(e)s, -e⟩ spinach

Spinne F̲ ⟨-, -n⟩ spider **spinnen** (spann, gesponnen) V̲T̲, V̲I̲ spin; fam talk rubbish; be crazy; **du spinnst!** you must be mad **Spinnwebe** F̲ ⟨-, -n⟩ cobweb

Spion(in) M̲(F̲) ⟨-s, -e⟩ spy **spionieren** V̲I̲ spy; fig snoop around

Spirale F̲ ⟨-, -n⟩ spiral; MED coil

Spirituosen P̲L̲ spirits pl, liquor sg (US)

Spiritus M ⟨-, -se⟩ spirit

spitz ADJ (nose, chin) pointed; (pencil, knife) sharp; (angle) acute **Spitze** F ⟨-, -n⟩ point; (of finger, nose) tip; (remark) taunt, dig; (in race etc) lead; (fabric) lace **Spitzer** M ⟨-s, -⟩ pencil sharpener **Spitzname** M nickname

Spliss M ⟨-es⟩ split ends pl

sponsern VT sponsor **Sponsor(in)** M(F) ⟨-s, -en⟩ sponsor

spontan ADJ spontaneous

Sport M ⟨-(e)s, -e⟩ sport; **~ treiben** do sport **Sportart** F sport **Sportbekleidung** F sportswear **Sportgeschäft** NT sports shop **Sporthalle** F gymnasium, gym **Sportlehrer(in)** M(F) ⟨-s, -⟩ sports instructor, PE teacher **Sportler(in)** M(F) ⟨-s, -⟩ sportsman/-woman **sportlich** ADJ sporting; (person) sporty **Sportplatz** M playing field **Sportverein** M sports club **Sportwagen** M sports car

sprach imperf → sprechen **Sprache** F ⟨-, -n⟩ language; (faculty) speech **Sprachenschule** F language school **Sprachkurs** M language course **Sprachunterricht** M language teaching

sprang imperf → springen

Spray M OR NT ⟨-s, -s⟩ spray **Sprechanlage** F intercom **sprechen** ⟨sprach, gesprochen⟩ VT, VI speak (jdn, mit

jdm to sb); (converse) talk (mit to, über, von about); **~ Sie Deutsch?** do you speak German?; **kann ich bitte mit David ~?** (on phone) can I speak to David, please? **Sprecher(in)** M(F) speaker; (on TV, radio) announcer **Sprechstunde** F consultation; (of doctor) surgery hours pl; (of solicitor etc) office hours pl **Sprechzimmer** NT consulting room

Sprichwort NT proverb

Springbrunnen M fountain **springen** ⟨sprang, gesprungen⟩ VI jump; (glass) crack; (headfirst) dive

Sprit M ⟨-(e)s, -e⟩ fam petrol (Brit), gas (US)

Spritze F ⟨-, -n⟩ syringe; (jab) injection; (on hose) nozzle **spritzen** ① VT spray; MED inject ② VI splash; MED give injections

Spruch M ⟨-(e)s, Sprüche⟩ saying

Sprudel M ⟨-s, -⟩ sparkling mineral water; (sweet) fizzy drink (Brit), soda (US) **sprudeln** VI bubble

Sprühdose F aerosol (can) **sprühen** VT, VI spray; fig sparkle

Sprung M ⟨-(e)s, Sprünge⟩ jump; (in glass etc) crack **Sprungbrett** NT springboard **Sprungturm** M diving platforms pl

Spucke F ⟨-⟩ spit **spucken**

VT, VI spit

spuken V̄Ī (ghost) walk; **hier spukt es** this place is haunted

Spülbecken N̄T̄ sink

Spüle F̄ ⟨-, -n⟩ sink **spülen** VT, VI rinse; (after meal) wash up; (toilet) flush **Spülmaschine** F̄ dishwasher **Spülmittel** N̄T̄ washing-up liquid (Br), dishwashing liquid (US) **Spültuch** N̄T̄ dishcloth

Spur F̄ ⟨-, -en⟩ trace; (of feet, wheels) track; (followed by police etc) trail; (on road) lane; **die ~ wechseln** change lanes pl

spüren V̄T̄ feel; (observe) notice **Spürhund** M̄ sniffer dog

Squash N̄T̄ ⟨-⟩ squash **Squashschläger** M̄ squash racket

Sri Lanka N̄T̄ ⟨-s⟩ Sri Lanka

Staat M̄ ⟨-(e)s, -en⟩ state **staatlich** ADJ state(-) (industry, museum etc) state-run **Staatsangehörigkeit** F̄ nationality **Staatsanwalt** M̄, **-anwältin** F̄ prosecuting counsel (Br), district attorney (US) **Staatsbürger(in)** M(F) citizen **Staatsbürgerschaft** F̄ nationality

Stab M̄ ⟨-(e)s, Stäbe⟩ rod; (of cage, window) bar **Stäbchen** N̄T̄ chopstick **Stabhochsprung** M̄ pole vault

stabil ADJ stable; (furniture) sturdy

stach imperf → stechen

Stachel M̄ ⟨-s, -n⟩ spike; (of animal) spine; (of insect) sting **Stachelbeere** F̄ gooseberry **Stacheldraht** M̄ barbed wire **stachelig** ADJ prickly

Stadion N̄T̄ ⟨-s, Stadien⟩ stadium

Stadt F̄ ⟨-, Städte⟩ town; (large) city; **in der ~** in town **Stadtautobahn** F̄ urban motorway (Br) (or expressway (US)) **Stadtführer** M̄ (booklet) city guide **Stadtführung** F̄ city sightseeing tour **städtisch** ADJ municipal **Stadtmauer** F̄ city wall(s) **Stadtmitte** F̄ town/city centre, downtown (US) **Stadtplan** M̄ (street) map **Stadtrand** M̄ outskirts pl **Stadtrundfahrt** F̄ city tour

stahl imperf → stehlen

Stahl M̄ ⟨-(e)s, Stähle⟩ steel

Stall M̄ ⟨-(e)s, Ställe⟩ stable; (for rabbit) hutch; (for pigs) pigsty; (for poultry) henhouse

Stamm M̄ ⟨-(e)s, Stämme⟩ (of tree) trunk; (people) tribe **stammen** V̄Ī **~ aus** come from **Stammgast** M̄ regular (guest) **Stammkunde** M̄, **Stammkundin** F̄ regular (customer) **Stammtisch** M̄ table reserved for regulars

stand imperf → stehen

Stand M̄ ⟨-(e)s, Stände⟩ (of water, petrol) level; (posture) standing position; (situation) state; (in game) score; (at fair etc) stand

Stand-by-Betrieb M̲ stand-by **Stand-by-Ticket** NT̲ stand-by ticket

Ständer M̲ ⟨-s, -⟩ stand; *fam (erection)* hard-on

Standesamt NT̲ registry office

ständig ADJ̲ permanent; *(uninterrupted)* constant, continual

Standlicht NT̲ sidelights *pl (Br)*, parking lights *pl (US)*

Standort M̲ position **Standpunkt** M̲ standpoint **Standspur** F̲ AUTO hard shoulder *(Br)*, shoulder *(US)*

Stange F̲ ⟨-, -n⟩ stick; *(long, round)* pole; *(metal)* bar; *(of cigarettes)* carton

stank *imperf* → **stinken**

Stapel M̲ ⟨-s, -⟩ pile

Star 1 M̲ ⟨-(e)s, -e⟩ *(bird)* starling; MED cataract 2 M̲ ⟨-s, -s⟩ *(in film etc)* star

starb *imperf* → **sterben**

stark ADJ̲ strong; *(intense, big)* heavy; *(in measurements)* thick **Stärke** F̲ ⟨-, -n⟩ strength; *(dimension)* thickness; *(in washing, food)* starch **stärken** VT̲ strengthen; *(washing)* starch **Stärkung** F̲ strengthening; *(food)* refreshment

starr ADJ̲ stiff; *(unyielding)* rigid; *(look)* staring **starren** VI̲ stare

Start M̲ ⟨-(e)s, -e⟩ start; AVIAT takeoff **Startbahn** F̲ runway **starten** VT̲, VI̲ start; AVIAT take off **Starthilfekabel** NT̲ AUTO jump leads *pl (Br)*, jumper cables *pl (US)*

Station F̲ stop; *(on railway)* station; *(in hospital)* ward **stationär** ADJ̲ stationary; **~e Behandlung** in-patient treatment; **jdn ~ behandeln** treat sb as an in-patient

Statistik F̲ statistics *pl*

Stativ NT̲ tripod

statt CONJ̲, PREP̲ + *gen or dat* instead of; **~ zu arbeiten** instead of working **stattfinden** *irr* VI̲ take place

Statue F̲ ⟨-, -n⟩ statue

Statusleiste F̲, **Statuszeile** F̲ IT status bar

Stau M̲ ⟨-(e)s, -e⟩ *(traffic)* jam; **im ~ stehen** be stuck in a traffic jam

Staub M̲ ⟨-(e)s⟩ dust; **~ wischen** dust **staubig** ADJ̲ dusty **staubsaugen** VT̲, VI̲ vacuum, hoover *(Br)* **Staubsauger** M̲ vacuum cleaner, hoover *(Br)*

Staudamm M̲ dam

staunen VI̲ be astonished *(über + acc* at)

Stausee M̲ reservoir **Stauung** F̲ *(of water)* damming-up; *(of blood, traffic)* congestion **Stauwarnung** F̲ traffic report

stechen ⟨stach, gestochen⟩ VT̲, VI̲ *(with needle etc)* prick; *(with knife)* stab; *(with finger)* poke; *(bee)* sting; *(mosquito)* bite; *(sun)* burn; *(in card game)* trump **Stechen** NT̲ ⟨-s, -⟩ sharp pain, stabbing pain **Stechmücke** F̲ mosquito

Steckdose F̲ socket **stecken**
1 V̲T̲ put; (pin) stick; (in sewing)
pin **2** V̲I̲ (not move) be stuck;
(pin) be (sticking); **der Schlüssel**
steckt the key is in the door
Stecker M̲ ⟨-s, -⟩ plug
Steg M̲ ⟨-s, -e⟩ bridge
stehen ⟨stand, gestanden⟩
1 V̲I̲ stand (zu by); (with location, circumstance) be; (watch,
machine, traffic) have stopped;
was steht im Brief? what does
it say in the letter?; **jdm (gut) ~**
suit sb; **~ bleiben** (clock) stop; **~**
lassen leave **2** V̲I̲ IMPERS **wie**
steht's? SPORT what's the
score?;
stehlen ⟨stahl, gestohlen⟩ V̲T̲
steal
Stehplatz M̲ (in concert etc)
standing place
Steiermark F̲ ⟨-⟩ Styria
steif A̲D̲J̲ stiff
steigen ⟨stieg, gestiegen⟩ V̲I̲
(prices, temperature) rise; (person) climb
steigern V̲T̲, V̲R̲ increase
Steigung F̲ incline, gradient
steil A̲D̲J̲ steep **Steilhang** M̲
steep slope **Steilküste** F̲
steep coast
Stein M̲ ⟨-(e)s, -e⟩ stone
Steinbock M̲ ZOOL ibex;
ASTR Capricorn **steinig** A̲D̲J̲
stony **Steinschlag** M̲ falling
rocks pl
Stelle F̲ ⟨-, -n⟩ place, spot;
(work) post, job; (department)
office; **ich an deiner ~** if I were

you **stellen 1** V̲T̲ put; (clock
etc) set (auf + acc to); (make
available) provide **2** V̲R̲ (to
the police) give oneself up; **sich**
schlafend ~ pretend to be
asleep **Stellenangebot** N̲T̲
job offer, vacancy **stellen-**
weise A̲D̲V̲ in places **Stell-**
platz M̲ parking space **Stel-**
lung F̲ position; **zu etw ~**
nehmen comment on sth
Stellvertreter(in) M̲(F̲) representative; (as official post) deputy
Stempel M̲ ⟨-s, -⟩ stamp
stempeln V̲T̲ stamp; (postage
stamp) cancel
sterben ⟨starb, gestorben⟩
V̲I̲ die
Stereoanlage F̲ stereo (system)
steril A̲D̲J̲ sterile **sterilisieren**
V̲T̲ sterilize
Stern M̲ ⟨-(e)s, -e⟩ star **Stern-**
bild N̲T̲ constellation; (in astrology) star sign, sign of the zodiac **Sternfrucht** F̲ star fruit
Sternschnuppe F̲ ⟨-, -n⟩
shooting star **Sternwarte** F̲
⟨-e, -n⟩ observatory **Stern-**
zeichen N̲T̲ star sign, sign of
the zodiac; **welches ~ bist**
du? what's your star sign?
stets A̲D̲V̲ always
Steuer 1 M̲ ⟨-s, -⟩ AUTO
steering wheel **2** F̲ ⟨-, -n⟩
tax **Steuerberater(in)** M̲(F̲)
tax adviser **Steuerbord** N̲T̲
starboard **Steuererklärung**

F̲ tax declaration **Steuer-**
knüppel M̲ control column;
AVIAT, IT joystick **steuern**
VT̲,VI steer; (*plane*) pilot; (*development, volume*) IT control
Steuerung F̲ AUTO steering;
(*instruments*) controls *pl*; AVIAT
piloting; *fig* control

Stich M̲ ⟨-s, -e⟩ (*of insect*)
sting; (*of mosquito*) bite; (*with knife*) stab; (*in sewing*) stitch;
(*of colour*) tinge; (*in card game*)
trick; ART engraving

Stick M̲ ⟨-s, -s⟩ IT stick; **etw**
auf ~ speichern save sth to
(*or* on) a stick

sticken VT̲, VI embroider
Sticker M̲ ⟨-s, -⟩ sticker
Stickerei F̲ embroidery
stickig ADJ stuffy, close
Stiefbruder M̲ stepbrother
Stiefel M̲ ⟨-s, -⟩ boot
Stiefmutter F̲ stepmother
Stiefmütterchen NT̲ pansy
Stiefschwester F̲ stepsister
Stiefsohn M̲ stepson **Stief-**
tochter F̲ stepdaughter
Stiefvater M̲ stepfather

stieg *imperf* → **steigen**
Stiel M̲ ⟨-(e)s, -e⟩ handle; BOT
stalk; **ein Eis am ~** an ice lolly
(*Brit*), a Popsicle (*US*)

Stier M̲ ⟨-(e)s, -e⟩ ZOOL bull;
ASTR Taurus **Stierkampf** M̲
bullfight

stieß *imperf* → **stoßen**
Stift M̲ ⟨-(e)s, -e⟩ (*wooden*)
peg; (*nail*) tack; (*for writing,
drawing*) pen; crayon; pencil

Stil M̲ ⟨-s, -e⟩ style
still ADJ quiet; (*motionless*) still
stillen VT̲ breast-feed
stillhalten *irr* VI̲ keep still
stillstehen *irr* VI̲ stand still
Stimme F̲ ⟨-, -n⟩ voice; (*in
election*) vote
stimmen VI̲ be right; **stimmt!**
that's right; **hier stimmt was**
nicht there's something wrong
here; **stimmt so!** keep the
change
Stimmung F̲ mood; (*in group
etc*) atmosphere
stinken ⟨stank, gestunken⟩
VI̲ smell (*nach of*)
Stipendium NT̲ scholarship;
(*as means of support*) grant
Stirn F̲ ⟨-, -en⟩ forehead
Stirnhöhle F̲ sinus
Stock 1 M̲ ⟨-(e)s, Stöcke⟩
stick; BOT stock **2** M̲ ⟨Stock-
werke *pl*⟩ floor, storey; **im ers-**
ten ~ on the first floor (*Brit*), on
the second floor (*US*) **Stock-**
bett NT̲ bunk bed **Stöckel-**
schuhe PL̲ high-heels **Stock-**
werk NT̲ floor
Stoff M̲ ⟨-(e)s, -e⟩ (*fabric*) material; (*substance*) matter; (*of
book etc*) subject (matter); *fam
(drugs)* stuff
stöhnen VI̲ groan (*vor with*)
stolpern VI̲ stumble, trip
stolz ADJ proud
stopp INTERJ hold it; (*introducing
new thought*) hang on a mi-
nute **stoppen** VT̲, VI stop; (*with
watch*) time **Stoppschild** NT̲

stop sign **Stoppuhr** F̲ stopwatch

Stöpsel M̲ ⟨-s, -⟩ plug; (for bottle) stopper

Storch M̲ ⟨-(e)s, Störche⟩ stork

stören V̲T̲ disturb; (hindern) interfere with; **darf ich dich kurz ~?** can I trouble you for a minute?; **stört es dich, wenn ...?** do you mind if ...?

stornieren V̲T̲ cancel

Störung F̲ disturbance; (on phone line) fault

Stoß M̲ ⟨-es, Stöße⟩ push; (with fist, elbow) blow; (with foot) kick; (of books, washing) pile **Stoßdämpfer** M̲ ⟨-s, -⟩ shock absorber

stoßen ⟨stieß, gestoßen⟩ **1** V̲T̲ shove, push; (with a blow) knock; (with foot) kick; (head etc) bump **2** V̲R̲ bang oneself **Stoßstange** F̲ AUTO bumper

stottern V̲T̲,V̲I̲ stutter

Strafe F̲ ⟨-, -n⟩ punishment; SPORT penalty; (in prison) sentence; (money) fine **strafen** V̲T̲ punish **Straftat** F̲ (criminal) offence **Strafzettel** M̲ ticket

Strahl M̲ ⟨-s, -en⟩ ray, beam; (of water) jet **strahlen** V̲I̲ radiate; fig beam

Strähne F̲ ⟨-, -n⟩ strand; (white, coloured) streak

Strand M̲ ⟨-(e)s, Strände⟩ beach; **am ~** on the beach

strapazieren V̲T̲ AUTO wear out;

(person, nerves) be a strain on

Straße F̲ ⟨-, -n⟩ road; (in town) street **Straßenarbeiten** P̲L̲ roadworks pl (Br), road repairs pl (US) **Straßenbahn** F̲ tram (Br), streetcar (US) **Straßencafé** N̲T̲ pavement café (Br), sidewalk café (US) **Straßenfest** N̲T̲ street party **Straßenglätte** F̲ slippery roads pl **Straßenrand** M̲ **am ~** at the roadside **Straßenschild** N̲T̲ street sign **Straßensperre** F̲ roadblock **Straßenverhältnisse** P̲L̲ road conditions pl

Strategie F̲ ⟨-, -n⟩ strategy

Strauch M̲ ⟨-(e)s, Sträucher⟩ bush, shrub

Strauß **1** M̲ ⟨-es, Sträuße⟩ bunch; (as gift) bouquet **2** M̲ ⟨Strauße⟩ ostrich

Strecke F̲ ⟨-, -n⟩ route; distance; RAIL line

strecken V̲T̲,V̲R̲ stretch

streckenweise A̲D̲V̲ in parts; (occasionally) at times

Streich M̲ ⟨-(e)s, -e⟩ trick, prank

streicheln V̲T̲ stroke

streichen ⟨strich, gestrichen⟩ V̲T̲ paint; (word etc) delete; (flight, race etc) cancel

Streichholz N̲T̲ match **Streichholzschachtel** F̲ matchbox **Streichkäse** M̲ cheese spread

Streifen M̲ ⟨-s, -⟩ stripe; (piece) strip; (movie) film

Stunde ‖ 237

Streifenwagen M̲ patrol car
Streik M̲ ‹-(e)s, -s› strike
streiken V̲I̲ be on strike
Streit M̲ ‹-(e)s, -e› argument
(*um, wegen* about, over) **streiten** ‹stritt, gestritten› V̲I̲, V̲R̲
argue (*um, wegen* about, over)
streng A̲D̲J̲ (*look, appearance*)
severe; (*teacher, measure*) strict;
(*smell etc*) sharp
Stress M̲ ‹-es› stress **stressen** V̲T̲ stress (out) **stressig**
A̲D̲J̲ fam stressful
Stretching N̲T̲ ‹-s› SPORT
stretching exercises pl
streuen V̲T̲ scatter
strich imperf → streichen
Strich M̲ ‹-(e)s, -e› line **Stricher** M̲ fam rent boy (Brit),
boy prostitute **Stricherin** F̲
fam hooker **Strichkode** M̲
‹-s, -s› bar code **Strichpunkt**
M̲ semicolon
Strick M̲ ‹-(e)s, -e› rope
stricken V̲T̲, V̲I̲ knit **Strickjacke** F̲ cardigan **Stricknadel**
F̲ knitting needle
String M̲ ‹-s, -s›, **Stringtanga** M̲ G-string
Stripper(in) M̲F̲ stripper
Striptease M̲ ‹-› striptease
stritt imperf → streiten
Stroh N̲T̲ ‹-(e)s› straw **Strohdach** N̲T̲ thatched roof
Strohhalm M̲ (drinking)
straw
Strom M̲ ‹-(e)s, Ströme› river; fig stream; ELEC current
Stromanschluss M̲ connec-

tion **Stromausfall** M̲ power
failure
strömen V̲I̲ stream, pour **Strömung** F̲ current
Stromzähler M̲ electricity
meter
Strophe F̲ ‹-, -n› verse
Strudel M̲ ‹-s, -› (*in river*)
whirlpool; (*dessert*) strudel
Struktur F̲ structure; (*of material*) texture
Strumpf M̲ ‹-(e)s, Strümpfe›
stocking; sock **Strumpfhose**
F̲ (pair of) tights (Brit), pantyhose (US)
Stück N̲T̲ ‹-(e)s, -e› piece;
(*some*) bit; (*of sugar*) lump;
THEAT play
Student(in) M̲F̲ student **Studentenausweis** M̲ student
card **Studentenwohnheim**
N̲T̲ hall of residence (Brit), dormitory (US) **Studienabschluss**
M̲ qualification (*at the end of
a course of higher education*)
Studienfahrt F̲ study trip
Studienplatz M̲ university/
college place **studieren** V̲T̲,
V̲I̲ study **Studium** N̲T̲ studies
pl; **während seines ~s** while
he is/was studying
Stufe F̲ ‹-, -n› step; (*in development*) stage
Stuhl M̲ ‹-(e)s, Stühle› chair
stumm A̲D̲J̲ silent; MED dumb
stumpf A̲D̲J̲ blunt; (*apathetic,
not shiny*) dull **stumpfsinnig**
A̲D̲J̲ dull
Stunde F̲ ‹-, -n› hour; (*in*

school etc) lesson; **eine halbe ~** half an hour **Stundenkilometer** M **80 ~** 80 kilometres an hour **stundenlang** ADV for hours **Stundenplan** M timetable **stündlich** ADJ hourly

Stuntman M ⟨-s, Stuntmen⟩ stuntman **Stuntwoman** F ⟨-, Stuntwomen⟩ stuntwoman **stur** ADJ stubborn; (*stronger*) pigheaded

Sturm M ⟨-(e)s, Stürme⟩ storm **stürmen** VI (*wind*) blow hard; (*rush*) storm **Stürmer(in)** M|F| striker, forward **Sturmflut** F storm tide **stürmisch** ADJ stormy; *fig* tempestuous; (*time*) turbulent; (*lover*) passionate; (*applause, welcome*) tumultuous **Sturmwarnung** F gale warning

Sturz M ⟨-es, Stürze⟩ fall; POL overthrow **stürzen** 1 VT hurl; POL overthrow; (*container*) overturn 2 VI fall; (*rush*) dash **Sturzhelm** M crash helmet

Stute F ⟨-, -n⟩ mare

Stütze F ⟨-, -n⟩ support; (*person who helps*) help; (*fam* (for unemployed person) dole (Br), welfare (US)

stutzig ADJ perplexed, puzzled; (*distrustful*) suspicious **Styropor®** NT ⟨-s⟩ polystyrene (Br), styrofoam (US)

subjektiv ADJ subjective

Substanz F ⟨-, -en⟩ substance

subtrahieren VT subtract **Subvention** F subsidy **subventionieren** VT subsidize **Suche** F search (*nach* for); **auf der ~ nach etw sein** be looking for sth **suchen** 1 VT look for; IT search 2 VI look, search (*nach* for) **Suchmaschine** F IT search engine

Sucht F ⟨-, Süchte⟩ mania; MED addiction **süchtig** ADJ addicted **Süchtige(r)** M|F| addict

Südafrika NT South Africa **Südamerika** NT South America **Süddeutschland** NT Southern Germany **Süden** M ⟨-s⟩ south; **im ~ Deutschlands** in the south of Germany **Südkorea** NT ⟨-s⟩ South Korea **südlich** ADJ southern; (*course, direction*) southerly **Südost(en)** M southeast **Südpol** M South Pole **Südstaaten** PL (*in USA*) the Southern States *pl*, the South *sg* **Südwest(en)** M southwest

Sülze F ⟨-, -n⟩ jellied meat **Summe** F ⟨-, -n⟩ sum; (*altogether*) total **summen** VI, VT hum; (*insect*) buzz

Sumpf M ⟨-(e)s, Sümpfe⟩ marsh; (*in the tropics*) swamp **sumpfig** ADJ marshy **Sünde** F ⟨-, -n⟩ sin

super ADJ *fam* super, great **Super** NT ⟨-s⟩ four star (petrol) (Br), premium (US) **Super-**

markt M̲ supermarket
Suppe F̲ ⟨-, -n⟩ soup
Surfbrett N̲T̲ surfboard **surfen** V̲I̲ surf; **im Internet ~ surf the Internet Surfer(in)** M̲(F̲) ⟨-s, -⟩ surfer
Sushi N̲T̲ ⟨-s, -s⟩ sushi
süß A̲D̲J̲ sweet **süßen** V̲T̲ sweeten **Süßigkeit** F̲ sweet (Br), candy (US) **Süßkartoffel** F̲ sweet potato (Br), yam (US) **süßsauer** A̲D̲J̲ sweet-and--sour **Süßspeise** F̲ dessert **Süßstoff** M̲ sweetener **Süßwasser** N̲T̲ fresh water
Sweatshirt N̲T̲ ⟨-s, -s⟩ sweat-shirt
Swimmingpool M̲ ⟨-s, -s⟩ (swimming) pool
Sylvester N̲T̲ → **Silvester**
Symbol N̲T̲ ⟨-s, -e⟩ symbol **Symbolleiste** F̲ IT toolbar
Symmetrie F̲ ⟨-, -n⟩ symmetry **symmetrisch** A̲D̲J̲ symmetrical
sympathisch A̲D̲J̲ nice; **jdn ~ finden** like sb
Symphonie F̲ ⟨-, -n⟩ symphony
Symptom N̲T̲ ⟨-s, -e⟩ symptom (für of)
Synagoge F̲ ⟨-, -n⟩ synagogue
synchronisiert A̲D̲J̲ (film) dubbed **Synchronstimme** F̲ dubbing voice
Synthetik F̲ ⟨-, -en⟩ synthetic (fibre) **synthetisch** A̲D̲J̲ synthetic

Syrien N̲T̲ ⟨-s⟩ Syria
System N̲T̲ ⟨-s, -e⟩ system **systematisch** A̲D̲J̲ systematic **Systemsteuerung** F̲ IT control panel
Szene F̲ ⟨-, -n⟩ scene

T

Tabak M̲ ⟨-s, -e⟩ tobacco **Tabakladen** M̲ tobacconist's
Tabelle F̲ table
Tabletcomputer M̲ tablet (PC), tablet computer
Tablett N̲T̲ ⟨-s, -s⟩ tray **Tablette** F̲ tablet, pill
Tabulator M̲ tabulator, tab
Tacho(meter) M̲ ⟨-s, -⟩ AUTO speedometer
Tafel F̲ ⟨-, -n⟩ a. MATH table; (for notices) board; (in classroom) blackboard; (commemorative) plaque; **eine ~ Schokolade** a bar of chocolate **Tafelladen** M̲ food bank
Tag M̲ ⟨-(e)s, -e⟩ day; daylight; **guten ~!** good morning/afternoon; **am ~** during the day; **sie hat ihre ~e** she's got her period; **eines ~es** one day **Tagebuch** N̲T̲ diary **tagelang** A̲D̲J̲ for days (on end) **Tagesanbruch** M̲ daybreak **Tagesausflug** M̲ day trip **Tagescreme** F̲ day cream **Ta-**

gesericht NT dish of the day **Tageskarte** F day ticket; **die ~** (*at restaurant*) today's menu **Tageslicht** NT daylight **Tagesordnung** F agenda **Tagestour** F day trip **Tageszeitung** F daily newspaper **täglich** ADJ, ADV daily **tags** (**-über**) ADV during the day **Tagung** F conference

Tai Chi NT <-> tai chi

Taille F <-, -n> waist

Taiwan NT <-s> Taiwan

Takt M <-(e)s, -e> tact; MUS time

Taktik F <-, -en> tactics pl

Tal NT <-(e)s, Täler> valley

Talent NT <-(e)s, -e> talent **talentiert** ADJ talented

Talkmaster(in) M(F) <-s, -> talk-show host **Talkshow** F <-, -s> talkshow

Tampon M <-s, -s> tampon

Tang M <-s, -e> seaweed

Tanga M <-s, -s> thong

Tank M <-s, -s> tank **Tankanzeige** F fuel gauge **Tankdeckel** M fuel cap **tanken** V get some petrol (Br) (or gas (US)); AVIAT refuel **Tankstelle** F petrol station (Br), gas station (US)

Tanne F <-, -n> fir **Tannenzapfen** M fir cone

Tansania NT <-s> Tanzania

Tante F <-, -n> aunt **Tante-Emma-Laden** M corner shop (Br), grocery store (US)

Tanz M <-es, Tänze> dance

tanzen VT, VI dance **Tänzer(in)** M(F) dancer

Tapete F <-, -n> wallpaper **tapezieren** VT, VI wallpaper

Tarif M <-s, -e> tariff, (scale of) fares/charges pl

Tasche F <-, -n> bag; (*in trousers etc*) pocket; (*handbag*) bag (Br), purse (US) **Taschen-** IN CPDS pocket **Taschenbuch** NT paperback **Taschendieb(in)** M(F) pickpocket **Taschengeld** NT pocket money **Taschenlampe** F torch (Br), flashlight (US) **Taschenmesser** NT penknife **Taschenrechner** M pocket calculator **Taschentuch** NT handkerchief

Tasse F <-, -n> cup; **eine ~ Kaffee** a cup of coffee

Tastatur F keyboard **Taste** F <-, -n> button; (*of piano, computer*) key **Tastenkombination** F IT shortcut

tat imperf → **tun**

Tat F <-, -en> action

Tatar NT <-s, -s> raw minced beef

Täter(in) M(F) <-s, -> culprit

Tätigkeit F activity; (*job*) occupation

tätowieren VT tattoo **Tätowierung** F tattoo (*an + dat on*)

Tatsache F fact **tatsächlich** 1 ADJ actual 2 ADV really

Tau 1 NT <-(e)s, -e> rope 2 M <-(e)s> dew

taub $\overline{ADJ}$ deaf

Taube $\overline{F}$ ‹-, -n› pigeon, dove

taubstumm $\overline{ADJ}$ deaf-and-dumb Taubstumme(r) $\overline{MF}$ *pej* deaf-mute

tauchen 1 $\overline{VT}$ dip 2 $\overline{VI}$ dive; NAUT submerge Tauchen $\overline{NT}$ ‹-s› diving Taucher(in) $\overline{M(F)}$ ‹-s, -› diver Taucheranzug $\overline{M}$ diving (or wet) suit Taucherbrille $\overline{F}$ diving goggles *pl* Tauchermaske $\overline{F}$ diving mask Tauchkurs $\overline{M}$ diving course

tauen $\overline{VI\,IMPERS}$ thaw

Taufe $\overline{F}$ ‹-, -n› baptism taufen $\overline{VT}$ baptize; (*name*) christen

taugen $\overline{VI}$ be suitable (*für* for); nichts ~ be no good

Tausch $\overline{M}$ ‹-(e)s, -e› exchange tauschen $\overline{VT}$ exchange, swap

täuschen 1 $\overline{VT}$ deceive 2 $\overline{VI}$ be deceptive 3 $\overline{VI}$ be wrong

täuschend $\overline{ADJ}$ deceptive Täuschung $\overline{F}$ deception; (*optical*) illusion

tausend $\overline{NUM}$ a thousand; vier~ four thousand; ~ Dank! thanks a lot tausendmal $\overline{ADV}$ a thousand times tausendste(r, s) $\overline{ADJ}$ thousandth Tausendstel $\overline{NT}$ ‹-s, -› (*fraction*) thousandth

Taxi $\overline{NT}$ ‹-s, -s› taxi Taxifahrer(in) $\overline{M(F)}$ taxi driver Taxistand $\overline{M}$ taxi rank (*Br*), taxi stand (*US*)

Team $\overline{NT}$ ‹-s, -s› team Teamarbeit $\overline{F}$ team work teamfä-

hig $\overline{ADJ}$ able to work in a team

Technik $\overline{F}$ technology; (*applied*) engineering; (*method, skill*) technique Techniker(in) $\overline{M(F)}$ ‹-s, -› engineer; SPORT, MUS technician technisch $\overline{ADJ}$ technical

Teddybär $\overline{M}$ teddy bear

Tee $\overline{M}$ ‹-s, -s› tea Teebeutel $\overline{M}$ teabag Teekanne $\overline{F}$ teapot Teelöffel $\overline{M}$ teaspoon

Teer $\overline{M}$ ‹-(e)s, -e› tar

Teesieb $\overline{NT}$ tea strainer Teetasse $\overline{F}$ teacup

Teich $\overline{M}$ ‹-(e)s, -e› pond

Teig $\overline{M}$ ‹-(e)s, -e› dough Teigwaren $\overline{PL}$ pasta *sg*

Teil 1 $\overline{M}$ ‹-(e)s, -e› part; (*due to sb*) share; zum ~ partly 2 $\overline{NT}$ ‹-(e)s, -e› part; (*part of whole*) component teilen $\overline{VT}$, $\overline{VR}$ divide; (*with sb*) share (*mit* with); 20 durch 4 ~ divide 20 by 4

Teilnahme $\overline{F}$ ‹-, -n› participation (*an + dat* in) teilnehmen *irr* $\overline{VI}$ take part (*an + dat* in) Teilnehmer(in) $\overline{M(F)}$ ‹-s, -› participant

teils $\overline{ADV}$ partly teilweise $\overline{ADV}$ partially, in part Teilzeit $\overline{F}$ ~ arbeiten work part-time

Teint $\overline{M}$ ‹-s, -s› complexion

Telefon $\overline{NT}$ ‹-s, -e› (tele)phone Telefonanbieter $\overline{M}$ ‹-s, -› (tele)phone company Telefonanruf $\overline{M}$, Telefonat $\overline{NT}$ (tele)phone call Telefonanschluss $\overline{M}$ (tele)phone connection **Telefonauskunft** F̲ directory enquiries pl (Brit), directory assistance (US) **Telefonbuch** N̲T̲ (tele)phone directory **Telefongebühren** P̲L̲ (tele)phone charges pl **telefonieren** V̲i̲ **ich telefoniere gerade** (mit ...) I'm on the phone (to ...) **telefonisch** A̲D̲J̲ (tele)phone; (notification) by (tele)phone **Telefonnummer** F̲ (tele)phone number **Telefonrechnung** F̲ phone bill **Telefonzelle** F̲ phone box (Brit), phone booth **Telegramm** N̲T̲ telegram **Teleobjektiv** N̲T̲ telephoto lens **Teleshopping** N̲T̲ ‹-s› teleshopping **Teleskop** N̲T̲ ‹-s, -e› telescope **Teller** M̲ ‹-s, -› plate **Tempel** M̲ ‹-s, -› temple **Temperament** N̲T̲ temperament; liveliness **temperamentvoll** A̲D̲J̲ lively **Temperatur** F̲ temperature; **bei ~en von 30 Grad** at temperatures of 30 degrees **Tempo** N̲T̲ ‹-s, -s› speed **Tempolimit** N̲T̲ ‹-s, -s› speed limit **Tendenz** F̲ tendency; intention **Tennis** N̲T̲ ‹-› tennis **Tennisball** M̲ tennis ball **Tennisplatz** M̲ tennis court **Tennisschläger** M̲ tennis racket **Tennisspieler(in)** M̲F̲ tennis player

Tenor M̲ ‹-s, Tenöre› tenor **Teppich** M̲ ‹-s, -e› carpet **Teppichboden** M̲ (wall-to-wall) carpet **Terabyte** N̲T̲ IT terabyte **Termin** M̲ ‹-s, -e› date; (for finishing sth) deadline; (with doctor etc) appointment **Terminal** N̲T̲ ‹-s, -s› IT, AVIAT terminal **Terminkalender** M̲ diary **Terminplaner** M̲ personal organizer, Filofax; (pocket computer) personal digital assistant, PDA **Terrasse** F̲ ‹-, -n› terrace; (adjoining house) patio **Terror** M̲ ‹-s› terror **Terroranschlag** M̲ terrorist attack **terrorisieren** V̲T̲ terrorize **Terrorismus** M̲ terrorism **Terrorist(in)** M̲F̲ terrorist **Test** M̲ ‹-s, -s› test **Testament** N̲T̲ will; **das Alte/Neue ~** the Old/New Testament **testen** V̲T̲ test **Testergebnis** N̲T̲ test results pl **Tetanus** M̲ ‹-› tetanus **Tetanusimpfung** F̲ (anti-)tetanus injection **teuer** A̲D̲J̲ expensive, dear (Brit) **Teufel** M̲ ‹-s, -› devil **Teufelskreis** M̲ vicious circle **Text** M̲ ‹-(e)s, -e› text; (of song) words pl, lyrics pl **Textmarker** M̲ ‹-s, -› highlighter **Textverarbeitung** F̲ word processing **Thailand** N̲T̲ Thailand

Theater NT ⟨-s, -⟩ theatre; *fam* fuss; **ins ~ gehen** go to the theatre **Theaterkasse** F box office **Theaterstück** NT (stage) play

Theke F ⟨-, -n⟩ bar; *(in shop)* counter

Thema NT ⟨-s, Themen⟩ subject, topic; **kein ~!** no problem

Themse F ⟨-⟩ Thames

Theologie F theology

theoretisch ADJ theoretical; **~ stimmt das** that's right in theory **Theorie** F theory

Therapeut(in) MF therapist **Therapie** F therapy; **eine ~ machen** undergo therapy

Thermalbad NT thermal bath; *(resort)* thermal spa **Thermometer** NT ⟨-s, -⟩ thermometer **Thermoskanne®** F Thermos (flask) **Thermostat** M ⟨-(e)s, -e⟩ thermostat

These F ⟨-, -n⟩ theory

Thron M ⟨-(e)s, -e⟩ throne

Thunfisch M tuna

Thüringen NT ⟨-s⟩ Thuringia

Thymian M ⟨-s, -e⟩ thyme

Tick M ⟨-(e)s, -e⟩ tic; *(idiosyncrasy)* quirk; *(mania)* craze **ticken** VI twitch; **er tickt nicht ganz richtig** he's off his rocker

Ticket NT ⟨-s, -s⟩ (plane) ticket

tief ADJ deep; *(neckline, note, sun)* low; **2 Meter ~** 2 metres deep **Tief** NT ⟨-s, -s⟩ METEO low; *(mood)* depression **Tiefdruck** M METEO low pressure **Tiefe** F ⟨-, -n⟩ depth **Tiefgarage** F underground car park *(Br)* *(or* garage *US)* **tiefgekühlt** ADJ frozen **Tiefkühlfach** NT freezer compartment **Tiefkühlkost** F frozen food **Tiefkühltruhe** F freezer **Tiefpunkt** M low

Tier NT ⟨-(e)s, -e⟩ animal **Tierarzt** M, **Tierärztin** F vet **Tierhandlung** F pet shop **Tierheim** NT animal shelter **tierisch** 1 ADJ animal 2 ADV *fam* really; **~ ernst** deadly serious; **ich hatte ~ Angst** I was dead scared **Tierkreiszeichen** NT sign of the zodiac **Tierquälerei** F cruelty to animals **Tierschützer(in)** MF ⟨-s, -⟩ animal rights campaigner **Tierversuch** M animal experiment

Tiger M ⟨-s, -⟩ tiger

timen VT time **Timing** NT ⟨-s⟩ timing

Tinte F ⟨-, -n⟩ ink **Tintenfisch** M cuttlefish; *(small)* squid; *(with eight arms)* octopus **Tintenfischringe** PL calamari *pl*

Tipp M ⟨-s, -s⟩ tip **tippen** VT, VI tap; *fam* type; *fam* guess

Tirol NT ⟨-s⟩ Tyrol

Tisch M ⟨-(e)s, -e⟩ table **Tischdecke** F tablecloth **Tischtennis** NT table tennis **Tischtennisschläger** M table-tennis bat

Titel M ⟨-s, -⟩ title **Titelbild** NT cover picture

Toast M̲ ‹-(e)s, -s› toast **toasten** V̲T̲ toast **Toaster** M̲ ‹-s, -› toaster

Tochter F̲ ‹-, Töchter› daughter

Tod M̲ ‹-(e)s, -e› death **Todesopfer** N̲T̲ casualty **Todesstrafe** F̲ death penalty **todkrank** A̲D̲J̲ terminally ill; (not life-threatening) seriously ill **tödlich** A̲D̲J̲ deadly, fatal; **er ist ~ verunglückt** he was killed in an accident **todmüde** A̲D̲J̲ fam dead tired

Tofu M̲ ‹-(s)› tofu, bean curd

Toilette F̲ toilet, restroom (US) **Toilettenpapier** N̲T̲ toilet paper

toi, toi, toi I̲N̲T̲E̲R̲J̲ good luck

tolerant A̲D̲J̲ tolerant (gegen of)

toll A̲D̲J̲ mad; (activity) wild; fam (wonderful) great **Tollwut** F̲ rabies sg

Tomate F̲ ‹-, -n› tomato **Tomatenmark** N̲T̲ tomato purée (Br) (or paste (US)) **Tomatensaft** M̲ tomato juice

Tombola F̲ ‹-, -s› raffle, tombola (Br)

Ton ❶ M̲ ‹-(e)s, -e› clay ❷ M̲ ‹Töne pl› sound; MUS note; (in voice) tone; (hue, nuance) shade

tönen ❶ V̲I̲ sound ❷ V̲T̲ shade; (hair) tint

Toner M̲ ‹-s, -› toner **Tonerkassette** F̲ toner cartridge

Tonne F̲ ‹-, -n› barrel; (weight) tonne, metric ton

Tontechniker(in) M̲(F̲) sound engineer

Tönung F̲ hue; (for hair) rinse

Top N̲T̲ ‹-s, -s› top

Topf M̲ ‹-(e)s, Töpfe› pot **Töpfer(in)** M̲(F̲) ‹-s, -› potter **Töpferei** F̲ pottery; (item) piece of pottery

Tor N̲T̲ ‹-(e)s, -e› gate; SPORT goal; **ein ~ schießen** score a goal

torkeln V̲I̲ stagger

Torschütze M̲, **Torschützin** F̲ (goal)scorer

Torte F̲ ‹-, -n› cake; (fruit tart) flan; (with layers of cream) gateau

Torwart(in) M̲(F̲) ‹-s, -e› goalkeeper

tot A̲D̲J̲ dead; **~er Winkel** blind spot

total A̲D̲J̲ total, complete **Totalschaden** M̲ complete write-off

Tote(r) M̲F̲ dead man/woman; (body) corpse **töten** V̲T̲, V̲I̲ kill **Totenkopf** M̲ skull

totlachen V̲R̲ kill oneself laughing

Toto M̲ O̲R̲ N̲T̲ ‹-s, -s› pools pl

totschlagen irr V̲T̲ beat to death; **die Zeit ~** kill time

Touchscreen M̲ ‹-s, -s› touch screen

Tour F̲ ‹-, -en› trip; (circular) tour

Tourismus M̲ tourism **Tourist(in)** M̲(F̲) tourist **touris-**

tisch ADJ tourist; *pej* touristy
Tournee F ⟨-, -n⟩ tour
Tracht F ⟨-, -en⟩ traditional costume
Tradition F tradition **traditionell** ADJ traditional
traf *imperf* → **treffen**
tragbar ADJ portable
träge ADJ sluggish, slow
tragen ⟨trug, getragen⟩ VT carry; *(clothes, glasses, hair)* wear; *(name, fruit)* bear **Träger** M ⟨-s, -⟩ *(on dress etc)* strap **Tragflügelboot** NT hydrofoil
tragisch ADJ tragic **Tragödie** F tragedy
Trainer(in) M(F) ⟨-s, -⟩ trainer, coach **trainieren** VT, VI train; *(person also)* coach; *(exercise)* practise **Training** NT ⟨-s, -s⟩ training **Trainingsanzug** M tracksuit
Traktor M tractor
trampen VI hitchhike **Tramper(in)** M(F) hitchhiker
Träne F ⟨-, -n⟩ tear **tränen** VI water **Tränengas** NT teargas
trank *imperf* → **trinken**
Transfusion F transfusion
Transitverkehr M transit traffic **Transitvisum** NT transit visa
Transplantation F transplant; *(of skin)* graft
Transport M ⟨-(e)s, -e⟩ transport **transportieren** VT transport

Transvestit M ⟨-en, -en⟩ transvestite
trat *imperf* → **treten**
Traube F ⟨-, -n⟩ grape; bunch of grapes **Traubensaft** M grape juice **Traubenzucker** M glucose
trauen 1 VI jdm/einer Sache ~ trust sb/sth 2 VR dare 3 VT marry; **sich ~ lassen** get married
Trauer F ⟨-⟩ sorrow; *(for deceased person)* mourning
Traum M ⟨-(e)s, Träume⟩ dream **träumen** VT, VI dream *(von, of; about)* **traumhaft** ADJ dreamlike; *fig* wonderful
traurig ADJ sad *(über + acc* about)
Trauung F wedding ceremony **Trauzeuge** M, **Trauzeugin** F witness *(at wedding ceremony)*, ≈ best man/maid of honour
treffen ⟨traf, getroffen⟩ 1 VR meet 2 VT, VI hit; *(remark)* hurt; *(friend etc)* meet; *(decision)* make; *(measures)* take **Treffen** NT ⟨-s, -⟩ meeting **Treffer** M ⟨-s, -⟩ goal **Treffpunkt** M meeting place
treiben ⟨trieb, getrieben⟩ 1 VT drive; *(sport)* do 2 VI *(on water)* drift; *(plant)* sprout; *(tea, coffee)* be diuretic **Treibeis** M ⟨-es, -⟩ IT drive **Treibhaus** NT greenhouse **Treibstoff** M fuel
trennen 1 VT separate; *(split*

into parts) divide **2** VR separate; **sich von jdm ~** leave sb; **sich von etw ~** part with sth **Trennung** F̲ separation

Treppe F̲ ⟨-, -n⟩ stairs pl; (outside) steps pl

Tresen M̲ ⟨-s, -⟩ bar; (in shop) counter

Tresor M̲ ⟨-s, -e⟩ safe

Tretboot N̲T̲ pedal boat **treten** ⟨trat, getreten⟩ **1** V̲i step **2** V̲T̲ kick

treu ADJ faithful; (customer, fan) loyal **Treue** F̲ ⟨-⟩ (in marriage) faithfulness; (of customer, fan) loyalty

Triathlon M̲ ⟨-s, -s⟩ triathlon

Tribüne F̲ ⟨-, -n⟩ stand; (for speaker) platform

Trick M̲ ⟨-s, -e or -s⟩ trick **Trickfilm** M̲ cartoon

trieb imperf → treiben

Trieb M̲ ⟨-(e)s, -e⟩ urge; (instinct) drive; (on tree etc) shoot **Triebwerk** N̲T̲ engine

Trikot N̲T̲ ⟨-s, -s⟩ shirt, jersey

trinkbar ADJ drinkable **trinken** ⟨trank, getrunken⟩ V̲T̲, V̲i drink; **einen ~ gehen** go out for a drink **Trinkgeld** N̲T̲ tip **Trinkhalm** M̲ (drinking) straw **Trinkwasser** N̲T̲ drinking water

Tritt M̲ ⟨-(e)s, -e⟩ step; kick

Triumph M̲ ⟨-(e)s, -e⟩ triumph **triumphieren** V̲i triumph (über + acc over)

trivial ADJ trivial

trocken ADJ dry **Trocken-**

heit F̲ dryness **trockenlegen** V̲T̲ (baby) change **trocknen** V̲T̲, V̲i dry **Trockner** M̲ ⟨-s, -⟩ dryer

Trödel M̲ ⟨-s⟩ fam junk **Trödelmarkt** M̲ flea market **trödeln** V̲i fam dawdle

Trolley M̲ ⟨-s, -s⟩ trolley case (Br), roller (US)

Trommel F̲ ⟨-, -n⟩ drum **Trommelfell** N̲T̲ eardrum **trommeln** V̲T̲, V̲i drum

Trompete F̲ ⟨-, -n⟩ trumpet

Tropen PL tropics pl

Tropf M̲ ⟨-(e)s, -e⟩ MED drip; **am ~ hängen** be on a drip **tröpfeln** V̲i drip; **es tröpfelt** it's drizzling **tropfen** V̲T̲, V̲i drip **Tropfen** M̲ ⟨-s, -⟩ drop **tropfenweise** ADV drop by drop **Tropfsteinhöhle** F̲ stalactite cave

tropisch ADJ tropical

Trost M̲ ⟨-es⟩ consolation, comfort **trösten** V̲T̲ console, comfort **trostlos** ADJ bleak; (conditions) wretched **Trostpreis** M̲ consolation prize

trotz PREP + gen or dat in spite of **Trotz** M̲ ⟨-es⟩ defiance **trotzdem** **1** ADV nevertheless **2** CONJ although **trotzig** ADJ defiant

trüb ADJ dull; (liquid, glass) cloudy; fig gloomy

trug imperf → tragen

trügerisch ADJ deceptive

Truhe F̲ ⟨-, -n⟩ chest

Trumpf M̲ ⟨-(e)s, Trümpfe⟩

trump

Trunkenheit F̄ intoxication; **~ am Steuer** drink driving (Brit), drunk driving (US)

Truthahn M̱ turkey

Tscheche M̱ ⟨-n, -n⟩, **Tschechin** F̄ Czech **Tschechien** N̲T̲ ⟨-s⟩ Czech Republic **tschechisch** A̱D̲J̲ Czech

Tschetschenien N̲T̲ ⟨-s⟩ Chechnya

tschüs(s) I̲N̲T̲E̲R̲J̲ bye

T-Shirt N̲T̲ ⟨-s, -s⟩ T-shirt

Tube F̄ ⟨-, -n⟩ tube

Tuberkulose F̄ ⟨-, -n⟩ tuberculosis, TB

Tuch N̲T̲ ⟨-(e)s, Tücher⟩ cloth; (for neck) scarf; (for head) headscarf

tüchtig A̱D̲J̲ competent; (hard-working) efficient

Tugend F̄ ⟨-, -en⟩ virtue **tugendhaft** A̱D̲J̲ virtuous

Tulpe F̄ ⟨-, -n⟩ tulip

Tumor M̱ ⟨-s, -en⟩ tumour

tun ⟨tat, getan⟩ **1** V̲T̲ do; (sth somewhere) put; **was tust du da?** what are you doing?; **das tut man nicht** you shouldn't do that; **jdm etw ~** (harm) do sth to sb **2** V̲I̲ act; **so ~, als ob** act as if **3** V̲R̲ I̲M̲P̲E̲R̲S̲ **es tut sich etwas/viel** something/a lot is happening

Tuner M̱ ⟨-s, -⟩ tuner

Tunesien N̲T̲ ⟨-s⟩ Tunisia

Tunfisch M̱ tuna

Tunnel M̱ ⟨-s, -s or -⟩ tunnel

Tunte F̄ ⟨-, -n⟩ pej fam fairy

tupfen V̲T̲, V̲I̲ dab; (with colour) dot **Tupfen** M̱ ⟨-s, -⟩ dot

Tür F̄ ⟨-, -en⟩ door; **vor der ~** at the door; **an die ~ gehen** answer the door

Türke M̱ ⟨-n, -n⟩ Turk **Türkei** F̄ ⟨-⟩ **die ~** Turkey **Türkin** F̄ Turk

Türkis M̱ ⟨-es, -e⟩ turquoise **türkisch** A̱D̲J̲ Turkish

Turm M̱ ⟨-(e)s, Türme⟩ tower; (pointed church tower) steeple; (in chess) rook, castle

turnen V̲I̲ do gymnastics **Turnen** N̲T̲ ⟨-s⟩ gymnastics sg, physical education, PE **Turner(in)** M̱(F̄) gymnast **Turnhalle** F̄ gym(nasium) **Turnhose** F̄ gym shorts pl

Turnier N̲T̲ ⟨-s, -e⟩ tournament

Turnschuh M̱ gym shoe, sneaker (US)

tuscheln V̲T̲, V̲I̲ whisper

Tussi F̄ ⟨-, -s⟩ pej fam chick

Tüte F̄ ⟨-, -n⟩ bag

TÜV M̱ ⟨-s, -s⟩ acr = Technischer Überwachungsverein; ≈ MOT (Brit), vehicle inspection (US)

Typ M̱ ⟨-s, -en⟩ type; (car) model; (man) guy, bloke

Typhus M̱ ⟨-⟩ typhoid

typisch A̱D̲J̲ typical (für of); **ein ~er Fehler** a common mistake; **~ Marcus!** that's just like Marcus!; **~ amerikanisch!** that's so American

U

u. a. *abbr* = **und andere(s)** and others; = **unter anderem, unter anderen** among other things

u. A. w. g. *abbr* = **um Antwort wird gebeten** RSVP

U-Bahn F̲ underground (*Br*), subway (*US*)

übel A̲D̲J̲ bad; (*morally*) wicked; **mir ist ~** I feel sick; **diese Bemerkung hat er mir ~ genommen** he took offence at my remark **Übelkeit** F̲ nausea

üben V̲T̲, V̲I̲ practise

über P̲R̲E̲P̲ + *dat or acc* (*throw, jump*) over; (*with position also*) above; (*from one side to the other*) across; (*farther up from*) above; (*route*) via; (*concerning*) about; (*quantity*) over, more than; **~ das Wochenende** over the weekend

überall A̲D̲V̲ everywhere

überbacken A̲D̲J̲ **(mit Käse)** au gratin **überbelichten** V̲T̲ PHOT overexpose **überbieten** *irr* V̲T̲ outbid; (*be better than*) surpass; (*record*) break

Überbleibsel N̲T̲ ⟨-s, -⟩ remnant

Überblick M̲ overview; *fig* survey; (*understanding*) grasp (**über** + *acc* **of**)

überbuchen V̲T̲ overbook **Überbuchung** F̲ overbooking

übereinander A̲D̲V̲ on top of each other; (*talk etc*) about each other

übereinstimmen V̲I̲ agree (*mit with*)

überfahren *irr* V̲T̲ AUTO run over **Überfahrt** F̲ crossing

Überfall M̲ robbery; MIL raid; (*on sb*) assault **überfallen** *irr* V̲T̲ attack; (*bank*) raid

überfällig A̲D̲J̲ overdue

überfliegen *irr* V̲T̲ fly over; (*book*) skim through

überflüssig A̲D̲J̲ superfluous **überfordern** V̲T̲ demand too much of; (*strength etc*) overtax; **da bin ich überfordert** you've got me there

Überführung F̲ flyover (*Br*), overpass (*US*)

überfüllt A̲D̲J̲ overcrowded **Übergang** M̲ crossing; (*change, passing*) transition **Übergangslösung** F̲ temporary solution, stopgap

übergeben *irr* ◼ V̲T̲ hand over ◼ V̲R̲ be sick, vomit

Übergepäck N̲T̲ excess baggage

Übergewicht N̲T̲ excess weight; **(10 Kilo) ~ haben** be (10 kilos) overweight

überglücklich A̲D̲J̲ overjoyed; *fam* over the moon

überhaupt A̲D̲V̲ at all; in general

überheblich ADJ arrogant
überholen VT overtake; TECH overhaul **Überholspur** F overtaking (Br) (or passing (US)) lane **überholt** ADJ outdated
überhören VT miss, not catch; (deliberately) ignore **überladen** 1 irr VT overload 2 ADJ fig cluttered **überlassen** irr VT jdm etw ~ leave sth to sb **überleben** VT, VI survive **Überlebende(r)** MF survivor **überlegen** 1 VT consider; **sich** dat **etw** ~ think about sth; **er hat es sich** dat **anders überlegt** he's changed his mind 2 ADJ superior (dat to) **Überlegung** F consideration
übermäßig ADJ excessive **übermorgen** ADV the day after tomorrow **übernächste(r, s)** ADJ ~ **Woche** the week after next **übernachten** VI spend the night (bei jdm at sb's place) **Übernachtung** F overnight stay; ~ **mit Frühstück** bed and breakfast
übernehmen irr 1 VT take on; (post, business) take over 2 VR take on too much
überprüfen VT check **Überprüfung** F check; (action) checking
überqueren VT cross
überraschen VT surprise **Überraschung** F surprise

überreden VT persuade; **er hat mich überredet** he talked me into it
überreichen VT hand over
überschätzen VT overestimate **überschlagen** 1 VT estimate 2 VR somersault; (car) overturn; (voice) crack
überschneiden (lines etc) intersect; (dates) clash
Überschrift F heading
Überschwemmung F flood
übersehen irr VT look (out) over; (ignore) overlook
übersetzen VT translate (aus from, in + acc into) **Übersetzer(in)** MF ⟨-s, -⟩ translator **Übersetzung** F translation
Übersicht F overall view; (résumé) survey **übersichtlich** ADJ clear
überstehen irr VT get over
Überstunden PL overtime sg
überstürzt ADJ hasty
übertragbar ADJ transferable; MED infectious **übertragen** irr 1 VT transfer (auf + acc to); RADIO broadcast; (disease) transmit 2 VR spread (auf + acc to) 3 ADJ figurative **Übertragung** F RADIO broadcast; (of data) transmission
übertreiben irr VT, VI exaggerate, overdo **Übertreibung** F exaggeration **übertrieben** ADJ exaggerated, overdone
überwachen VT supervise; (suspect) keep under surveil-

lance
überwand imperf → überwinden
überweisen irr V̱Ṯ transfer; (patient) refer (an + acc to)
Überweisung F̱ transfer; (of patient) referral
überwiegend A̱ḎV̱ mainly
überwinden ⟨überwand, überwunden⟩ **1** V̱Ṯ overcome **2** V̱Ṟ make an effort, force oneself
überzeugen V̱Ṯ convince
Überzeugung F̱ conviction
üblich A̱ḎJ̱ usual
übrig A̱ḎJ̱ remaining; **ist noch Saft ~?** is there any juice left?; **~ bleiben** be left (over); **die Übrigen** pl the rest pl; **im Übrigen** A̱ḎV̱ besides; (incidentally) by the way
übrighaben V̱I̱ **für jdn etwas ~** fam have a soft spot for sb
Übung F̱ practice; (set of movements, task etc) exercise
Ufer ṈṮ ⟨-s, -⟩ (of river) bank; (of sea, lake) shore; **am ~** on the bank/shore
Uhr F̱ ⟨-, -en⟩ clock; watch; **wie viel ~ ist es?** what time is it?; **1 ~** 1 o'clock; **20 ~** 8 o'clock, 8 pm **Uhrzeit** F̱ time (of day)
Ukraine F̱ ⟨-⟩ **die ~** the

Ukraine
UKW abbr → Ultrakurzwelle VHF
Ulme F̱ ⟨-, -n⟩ elm
Ultrakurzwelle F̱ very high frequency **Ultraschallaufnahme** F̱ MED scan
um **1** P̱ṞE̱P̱ + acc (space) (a)round; (time) at; **~ etw kämpfen** fight for sth **2** C̱O̱ṈJ̱ (in order) to; **zu klug, ~ zu ...** too clever to ... **3** A̱ḎV̱ (approximately) about; **die Ferien sind ~** the holidays are over; **die Zeit ist ~** time's up; → **umso**
umarmen V̱Ṯ embrace
Umbau M̱ rebuilding; (into sth) conversion (zu into) **umbauen** V̱Ṯ rebuild; (into sth) convert (zu into)
umblättern V̱Ṯ, V̱I̱ turn over
umbringen irr V̱Ṯ kill
umbuchen V̱I̱ change one's reservation/flight
umdrehen V̱Ṯ, V̱Ṟ turn (round); (retrace steps) turn back **Umdrehung** F̱ turn; PHYS, AUTO revolution
umfallen irr V̱I̱ fall over
Umfang M̱ extent; (of book) size; (of voice, instrument) range; MATH circumference **umfangreich** A̱ḎJ̱ extensive
Umfrage F̱ survey
Umgang M̱ company; (with sb) dealings pl **umgänglich** A̱ḎJ̱ sociable **Umgangssprache** F̱ colloquial language,

slang

Umgebung F surroundings pl; (social) environment; (friends, colleagues etc) people around one

umgehen 1 irr Vi go round; ~ **(können) mit** (know how to) handle 2 irr Vt avoid; (problems) get round **Umgehungsstraße** F bypass

umgekehrt 1 ADJ reverse; (contrary) opposite 2 ADV the other way round; **und ~** and vice versa

umhören VR ask around **umkehren** 1 Vi turn back 2 Vt reverse **umkippen** 1 Vi tip over 2 Vi overturn; fig change one's mind; fam (faint) pass out

Umkleidekabine F changing cubicle (Br), dressing room (US) **Umkleideraum** M changing room

umleiten Vt divert **Umleitung** F diversion

umrechnen Vt convert (in + acc into) **Umrechnung** F conversion **Umrechnungskurs** M rate of exchange

Umriss M outline

ums contr = **um das**

Umsatz M turnover

umschalten Vt turn over

Umschlag M cover; (of book) jacket; MED compress; (of letter) envelope

Umschulung F retraining

umsehen irr VR look around;

(search) look out (nach for)

umso ADV all the; ~ **mehr** all the more; ~ **besser** so much the better

umsonst ADV in vain; (free) for nothing

Umstand M circumstance; **Umstände** pl fig things; **in anderen Umständen sein** be pregnant; **jdm Umstände machen** cause sb a lot of trouble; **unter diesen/keinen Umständen** under these/no circumstances; **unter Umständen** possibly **umständlich** ADJ (method) complicated; (way of expressing oneself) long-winded; (person) ponderous

umsteigen irr Vi change (trains/buses)

umstellen 1 Vt (move) change round 2 VR adapt (auf + acc to) **Umstellung** F change; (adapting) adjustment

Umtausch M exchange **umtauschen** Vt exchange; (currency) change

Umweg M detour

Umwelt F environment **Umweltbelastung** F ecological damage **Umweltschutz** M environmental protection **Umweltschützer(in)** M(F) <-s, -> environmentalist **Umweltverschmutzung** F pollution **umweltverträglich** ADJ environment-friendly

umwerfen irr Vt knock over; fig (change) upset; fig fam flab-

bergast
umziehen *irr* **1** VT, VR change
2 VI move (house) **Umzug**
M procession; *(to new house)*
move
unabhängig ADJ independent **Unabhängigkeitstag**
M Independence Day, Fourth
of July *(US)*
unabsichtlich ADV uninten-
tionally
unangenehm ADJ unpleasant
Unannehmlichkeit F inconvenience; **~en** *pl* trouble *sg*
unanständig ADJ indecent
unappetitlich ADJ *(food)* un-
appetizing; *(repulsive)* off-putting **unbeabsichtigt** ADJ unintentional **unbedeutend**
ADJ insignificant, unimportant;
(error) slight
unbedingt **1** ADJ unconditional **2** ADV absolutely
unbefriedigend ADJ unsatisfactory **unbekannt** ADJ unknown **unbeliebt** ADJ unpop-
ular **unbemerkt** ADJ unno-
ticed **unbequem** ADJ *(chair,
person)* uncomfortable **unbeständig** ADJ *(weather)* unset-
tled; *(situation)* unstable; *(person)* unreliable **unbestimmt**
ADJ indefinite **unbewusst**
ADJ unconscious **unbezahlt**
ADJ unpaid **unbrauchbar**
ADJ useless
und CONJ and; **~ so weiter** and
so on; **na ~?** so what?
undankbar ADJ *(person)* un-

grateful; *(task)* thankless **un-
denkbar** ADJ inconceivable
undeutlich ADJ indistinct
undicht ADJ leaky **uneben**
ADJ uneven **unecht** ADJ *(jewellery etc)* fake **unendlich** ADJ
endless; MATH infinite **unentbehrlich** ADJ indispensable
unentgeltlich ADJ free (of
charge)
unentschieden ADJ undecided; **~ enden** SPORT end in a
draw
unerfreulich ADJ unpleasant
unerträglich ADJ unbearable **unerwartet** ADJ unexpected **unfähig** ADJ incompetent; **~ sein, etw zu tun** be
incapable of doing sth **unfair**
ADJ unfair
Unfall M accident **Unfallsta-
tion** F casualty ward **Unfall-
stelle** F scene of the accident
Unfallversicherung F accident insurance
unfreundlich ADJ unfriendly
Ungarn NT ⟨-s⟩ Hungary
Ungeduld F impatience **ungeduldig** ADJ impatient
ungeeignet ADJ unsuitable
ungefähr **1** ADJ approximate
2 ADV approximately; **~ 10 Kilometer** about 10 kilometres;
wann ~? about what time?;
wo ~? whereabouts?
ungefährlich ADJ harmless;
(involving no danger) safe
ungeheuer **1** ADJ huge **2**
ADV *fam* enormously **Unge-**

heuer NT ⟨-s, -⟩ monster
ungehorsam ADJ disobedient (*gegenüber* to) **ungemütlich** ADJ unpleasant; (*person*) disagreeable **ungenießbar** ADJ inedible; undrinkable **ungenügend** ADJ unsatisfactory; (*mark in school*) ≈ F **ungepflegt** ADJ (*garden*) untended; (*appearance*) unkempt; (*hands*) neglected **ungerade** ADJ odd
ungerecht ADJ unjust **ungerechtfertigt** ADJ unjustified **Ungerechtigkeit** F injustice, unfairness
ungern ADV reluctantly **ungeschickt** ADJ clumsy **ungesund** ADJ unhealthy **ungewiss** ADJ uncertain **ungewöhnlich** ADJ unusual
Ungeziefer NT ⟨-s⟩ vermin pl **ungezwungen** ADJ relaxed **unglaublich** ADJ incredible **Unglück** NT ⟨-(e)s, -e⟩ misfortune; (*in game, career etc*) bad luck; (*train or plane crash*) disaster; **das bringt ~** that's unlucky **unglücklich** ADJ unhappy; (*unsuccessful*) unlucky; (*unfavourable*) unfortunate **unglücklicherweise** ADV fortunately
ungültig ADJ invalid
ungünstig ADJ inconvenient **unheilbar** ADJ incurable; **~ krank sein** be terminally ill **unheimlich** 1 ADJ eerie 2 ADV *fam* incredibly

unhöflich ADJ impolite
uni ADJ plain
Uni F ⟨-, -s⟩ uni
Uniform F ⟨-, -en⟩ uniform
Universität F university
Unkenntnis F ignorance
unklar ADJ unclear
Unkosten PL expenses pl
Unkraut NT weeds pl
unlogisch ADJ illogical
unmissverständlich ADJ unambiguous
unmittelbar ADJ immediate; **~ darauf** immediately afterwards
unmöbliert ADJ unfurnished
unmöglich ADJ impossible
unnötig ADJ unnecessary
UNO F ⟨-⟩ acr = **United Nations Organization**; UN
unordentlich ADJ untidy **Unordnung** F disorder
unpassend ADJ inappropriate; (*time*) inconvenient **unpersönlich** ADJ impersonal **unpraktisch** ADJ impractical
Unrecht NT wrong; **zu ~** wrongly; **im ~ sein** be wrong **unrecht** ADJ wrong; **~ haben** be wrong
unregelmäßig ADJ irregular
unreif ADJ unripe **unruhig** ADJ restless; **~ schlafen** have a bad night
uns PRON acc, dat → **wir**; (to) us; **~ (selbst)** (*reflexive*) ourselves; **sehen Sie ~?** can you see us?; **er schickte es ~** he sent it to us; **lasst ~ in Ruhe**

leave us alone; **ein Freund von ~** a friend of ours; **wir haben ~ hingesetzt** we sat down; **wir haben ~ amüsiert** we enjoyed ourselves; **wir mögen ~** we like each other

unscharf ADJ PHOT blurred, out of focus
unschlüssig ADJ undecided
unschuldig ADJ innocent
unser PRON our **unsere(r, s)** PRON ours **unseretwegen** ADV because of us; (to please us) for our sake
unseriös ADJ dubious **unsicher** ADJ uncertain; (lacking confidence) insecure
Unsinn M nonsense
unsterblich ADJ immortal; **~ verliebt** madly in love
unsympathisch ADJ unpleasant; **er ist mir ~** I don't like him
unten ADV below; (in house) downstairs; (at lower end) at the bottom; **nach ~** down **unter** PREP + acc or dat under, below; (people) among; (time) during
Unterbewusstsein NT subconscious
unterbrechen irr VT interrupt **Unterbrechung** F interruption; **ohne ~** nonstop
unterdrücken VT suppress; (people) oppress
untere(r, s) ADJ lower
untereinander ADV (in space) one below the other; (reciprocally) each other; among themselves/yourselves/ourselves
Unterführung F underpass
untergehen irr VI go down; (sun also) set; (nation) perish; (world) come to an end; (by noise) be drowned out
Untergeschoss NT basement
Untergrund M foundation; POL underground **Untergrundbahn** F underground (Brit), subway (US)
unterhalb ADV, PREP + gen below; **~ von** below
Unterhalt M maintenance **unterhalten** irr **1** VT maintain; (audience, guest) entertain **2** VR talk; (have a good time) enjoy oneself **Unterhaltung** F entertainment; talk, conversation
Unterhemd NT vest (Brit), undershirt (US) **Unterhose** F underpants pl; (for women) briefs pl
unterirdisch ADJ underground
Unterkiefer M lower jaw
Unterkunft F <-, -künfte> accommodation
Unterlage F document; (for resting on when writing) pad
unterlassen irr VT **es ~, etw zu tun** fail to do sth; (hold back) refrain from doing sth
unterlegen ADJ inferior (dat to); (beaten) defeated
Unterleib M abdomen
Untermiete F **zur ~ wohnen** be a subtenant **Untermie-**

ter(in) M|F subtenant
unternehmen irr VT (trip) go
on; (attempt) make; **etwas ~**
do something (gegen about)
Unternehmen NT ⟨-s, -⟩ undertaking; COMM company
Unternehmensberater(in)
M|F ⟨-s, -⟩ management con-
sultant **Unternehmer(in)**
M|F ⟨-s, -⟩ entrepreneur
Unterricht M ⟨-(e)s, -e⟩ les-
sons pl **unterrichten** VT
teach
unterschätzen VT underestimate
unterscheiden irr **1** VT distinguish (von from, zwischen
+ dat between) **2** VR differ
(von from)
Unterschenkel M lower leg
Unterschied M ⟨-(e)s, -e⟩ difference; **im ~ zu dir** unlike you
unterschiedlich ADJ different
unterschreiben irr VT sign
Unterschrift F signature
unterste(r, s) ADJ lowest, bottom
unterstellen VR take shelter
unterstreichen irr a. fig
underline
unterstützen VT support **Unterstützung** F support
untersuchen VT MED examine; (police) investigate **Untersuchung** F examination; (by
police) investigation
Untertasse F saucer **Unter-
teil** NT lower part, bottom

Untertitel M subtitle
Unterwäsche F underwear
unterwegs ADV on the way
untreu ADJ unfaithful **un-
überlegt** **1** ADJ ill-consid-
ered **2** ADV without thinking
unüblich ADJ unusual **un-
verantwortlich** ADJ irresponsible
unverbindlich **1** ADJ not
binding; (reply) noncommittal
2 ADV COMM without obligation
unverbleit ADJ unleaded **un-
verheiratet** ADJ unmarried,
single **unvermeidlich** ADJ
unavoidable **unvernünftig**
ADJ silly **unverschämt** ADJ
impudent **unverständlich**
ADJ incomprehensible **unverträglich** ADJ (food) indigestible **unverzüglich** ADJ immediate **unvollständig** ADJ incomplete **unvorsichtig** ADJ
careless
unwahrscheinlich **1** ADJ
improbable, unlikely **2** ADV
fam incredibly
Unwetter NT thunderstorm
unwichtig ADJ unimportant
unwiderstehlich ADJ irresistible
unwillkürlich **1** ADJ involuntary **2** ADV instinctively
unwohl ADJ unwell, ill
unzählig ADJ innumerable,
countless
unzertrennlich ADJ inseparable **unzufrieden** ADJ dissat-

isfied **unzugänglich** ADJ inaccessible **unzumutbar** ADJ unacceptable **unzutreffend** ADJ inapplicable; (wrong) incorrect **unzuverlässig** ADJ unreliable

Update NT ⟨-s, -s⟩ IT update

üppig ADJ (meal) lavish; (vegetation) lush

uralt ADJ ancient, very old

Uran NT ⟨-s⟩ uranium

Uraufführung F premiere

Urenkel M great-grandson **Urenkelin** F great-granddaughter **Urgroßeltern** PL great-grandparents pl **Urgroßmutter** F great-grandmother **Urgroßvater** M great-grandfather

Urheber(in) M(F) ⟨-s, -⟩ originator; (writer) author

Urin M ⟨-s, -e⟩ urine **Urinprobe** F urine specimen

Urkunde F ⟨-, -n⟩ document

Urlaub M ⟨-(e)s, -e⟩ holiday (Brit), vacation (US); **im ~** on holiday (Brit), on vacation (US); **in ~ fahren** go on holiday (Brit) (or vacation (US)) **Urlauber(in)** M(F) ⟨-s, -⟩ holiday-maker (Brit), vacationer (US) **Urlaubsort** M holiday resort **urlaubsreif** ADJ ready for a holiday (Brit) (or vacation (US)) **Urlaubszeit** F holiday season (Brit), vacation period (US)

Urologe M, **Urologin** F urologist

Ursache F cause (für of); **keine**

~! not at all; (in reply to apology) that's all right

Ursprung M origin **ursprünglich** 1 ADJ original 2 ADV originally

Urteil NT ⟨-s, -e⟩ opinion; LAW verdict; (penalty) sentence **urteilen** VI judge

Uruguay NT ⟨-s⟩ Uruguay

Urwald M jungle

USA PL USA sg

User(in) M(F) ⟨-s, -⟩ IT user

usw. abbr **= und so weiter** etc

vage ADJ vague

Vagina F ⟨-, Vaginen⟩ vagina

Valentinstag M St Valentine's Day

Vandalismus M vandalism

Vanille F ⟨-⟩ vanilla

variieren VT, VI vary

Vase F ⟨-, -n⟩ vase

Vater M ⟨-s, Väter⟩ father **väterlich** ADJ paternal **Vaterschaft** F fatherhood; LAW paternity **Vatertag** M Father's Day **Vaterunser** NT **das ~** (beten) (to say) the Lord's Prayer

V-Ausschnitt M V-neck

v. Chr. abbr **= vor Christus** BC

Veganer(in) M(F) ⟨-s, -⟩ vegan

Vegetarier(in) M(F) ⟨-s, -⟩

vegetarian vegetarisch ADJ vegetarian

Veilchen NT violet

Velo NT ⟨-s, -s⟩ (Swiss) bicycle

Vene F ⟨-, -n⟩ vein

Venezuela NT ⟨-s⟩ Venezuela

Ventil NT ⟨-s, -e⟩ valve

Ventilator M ventilator

verabreden 1 VT arrange 2 VR arrange to meet (mit jdm sb); **ich bin schon verabredet** I'm already meeting someone **Verabredung** F arrangement; (meeting) appointment; (with friend) date

verabschieden 1 VT say goodbye to; (law) pass 2 VR say goodbye

verachten VT despise **verächtlich** ADJ contemptuous; (deserving contempt) contemptible **Verachtung** F contempt

verallgemeinern VT generalize

Veranda F ⟨-, Veranden⟩ veranda, porch (US)

veränderlich ADJ changeable **verändern** VT, VR change **Veränderung** F change

veranlassen VT cause

veranstalten VT organize **Veranstalter(in)** M(F) ⟨-s, -⟩ organizer **Veranstaltung** F event **Veranstaltungsort** M venue

verantworten 1 VT take responsibility for 2 VR **sich für etw ~** answer for sth **ver**antwortlich ADJ responsible (für for) **Verantwortung** F responsibility (für for)

verarschen VT fam take the piss out of (Br), make a sucker out of (US)

Verb NT ⟨-s, -en⟩ verb

Verband M MED bandage; (organization) association **Verband(s)kasten** M first-aid box **Verband(s)zeug** NT dressing material

verbergen irr VT, VR hide (vor + dat from)

verbessern 1 VT improve; (error, person speaking) correct 2 VR improve; (when speaking) correct oneself **Verbesserung** F improvement; (of error) correction

verbiegen irr VI, VR bend

verbieten irr VT forbid; **jdm ~, etw zu tun** forbid sb to do sth

verbinden irr 1 VT connect; (do or have at the same time) combine; MED bandage; **können Sie mich mit … ~?** TEL can you put me through to …?; **ich verbinde** TEL I'm putting you through 2 VR CHEM combine **Verbindung** F connection

Verbot NT ⟨-(e)s, -e⟩ ban (für, von on) **verboten** ADJ forbidden; **es ist ~** it's not allowed; **es ist ~, hier zu parken** you're not allowed to park here; **Rauchen ~** no smoking

verbrannt ADJ burnt

Verbrauch M ⟨-(e)s⟩ consumption **verbrauchen** VT use up **Verbraucher(in)** M(F) ⟨-s, -⟩ consumer

Verbrechen NT ⟨-s, -⟩ crime **Verbrecher(in)** M(F) ⟨-s, -⟩ criminal

verbreiten VT, VR spread

verbrennen irr VT burn **Verbrennung** F burning; (in engine) combustion

verbringen irr VT spend

verbunden ADJ **falsch ~** sorry, wrong number

Verdacht M ⟨-(e)s⟩ suspicion **verdächtig** ADJ suspicious **verdächtigen** VT suspect

verdammt INTERJ fam damn

verdanken VT **jdm etw ~** owe sth to sb

verdarb imperf → **verderben**

verdauen VT a. fig digest **Verdauung** F digestion

Verdeck NT ⟨-(e)s, -e⟩ top **verderben** ⟨verdarb, verdorben⟩ **1** VT spoil; (damage) ruin; (morally) corrupt; **ich habe mir den Magen verdorben** I've got an upset stomach **2** VI (food) go off

verdienen VT (morally) deserve **Verdienst 1** M ⟨-(e)s, -e⟩ earnings pl **2** NT ⟨-(e)s, -e⟩ merit; (contribution) service (um to)

verdoppeln VT double

verdorben 1 pp → **verderben 2** ADJ spoilt; (damaged) ruined; (morally) corrupt

verdrehen VT twist; (eyes) roll; **jdm den Kopf ~** fig turn sb's head

verdünnen VT dilute

verdunsten VI evaporate

verdursten VI die of thirst

verehren VT admire; REL worship **Verehrer(in)** M(F) ⟨-s, -⟩ admirer

Verein M ⟨-(e)s, -e⟩ association; (for sport, hobby) club **vereinbaren** VT arrange **Vereinbarung** F agreement, arrangement

vereinigen VT, VR unite **Vereinigtes Königreich** NT United Kingdom **Vereinigte Staaten (von Amerika)** PL United States sg (of America) **Vereinigung** F union; (organization) association **Vereinte Nationen** PL United Nations pl

verfahren irr **1** VI proceed **2** VR get lost **Verfahren** NT ⟨-s, -⟩ procedure; TECH method; LAW proceedings pl

verfallen irr VI decline; (ticket etc) expire; **~ in** + acc lapse into **Verfallsdatum** NT expiry (Br) (or expiration (US)) date; (of food) best-before date

Verfasser(in) M(F) ⟨-s, -⟩ author, writer **Verfassung** F condition; POL constitution

verfaulen VI rot

verfehlen VT miss

Verfilmung F film (or screen) version

verfluchen $\overline{VT}$ curse

verfolgen $\overline{VT}$ pursue; POL persecute

verfügbar $\overline{ADJ}$ available **verfügen** $\overline{VI}$ **über etw** *acc* ~ have sth at one's disposal **Verfügung** $\overline{F}$ order; **jdm zur ~ stehen** be at sb's disposal

verführen $\overline{VT}$ tempt; (*sexually*) seduce **verführerisch** $\overline{ADJ}$ seductive

vergangen $\overline{ADJ}$ past; **~e Woche** last week **Vergangenheit** $\overline{F}$ past

Vergaser $\overline{M}$ <-s, -> AUTO carburettor

vergaß *imperf* → vergessen

vergeben *irr* $\overline{VT}$ forgive (*jdm etw* sb for sth) **vergebens** $\overline{ADV}$ in vain **vergeblich** $\boxed{1}$ $\overline{ADV}$ in vain **vergebliches** $\boxed{2}$ $\overline{ADV}$ in vain, futile

vergehen *irr* $\boxed{1}$ $\overline{VI}$ pass $\boxed{2}$ $\overline{VR}$ **sich an jdm ~** indecently assault sb **Vergehen** $\overline{NT}$ <-s, -> offence

vergessen <vergaß, vergessen> $\overline{VT}$ forget **vergesslich** $\overline{ADJ}$ forgetful

vergeuden $\overline{VT}$ squander, waste

vergewaltigen $\overline{VT}$ rape **Vergewaltigung** $\overline{F}$ rape

vergewissern $\overline{VR}$ make sure

vergiften $\overline{VT}$ poison **Vergiftung** $\overline{F}$ poisoning

Vergissmeinnicht $\overline{NT}$ <-(e)s, -e> forget-me-not

Vergleich $\overline{M}$ <-(e)s, -e> comparison; LAW settlement; **im**

~ **zu** compared to (or with)

vergleichen *irr* $\overline{VT}$ compare (*mit* to, with)

Vergnügen $\overline{NT}$ <-s, -> pleasure; **viel ~!** enjoy yourself **vergnügt** $\overline{ADJ}$ cheerful **Vergnügungspark** $\overline{M}$ amusement park

vergriffen $\overline{ADJ}$ (*book*) out of print; (*product*) out of stock

vergrößern $\overline{VT}$ enlarge; (*in quantity*) increase; (*with lens*) magnify **Vergrößerung** $\overline{F}$ enlargement; (*in quantity*) increase; (*with lens*) magnification **Vergrößerungsglas** $\overline{NT}$ magnifying glass

verhaften $\overline{VT}$ arrest

verhalten *irr* $\overline{VR}$ behave **Verhalten** $\overline{NT}$ <-s> behaviour

Verhältnis $\overline{NT}$ relationship (*zu* with); MATH ratio; **~se** *pl* circumstances *pl*, conditions *pl*; **im ~ von 1 zu 2** in a ratio of 1 to 2 **verhältnismäßig** $\boxed{1}$ $\overline{ADJ}$ relative $\boxed{2}$ $\overline{ADV}$ relatively

verhandeln $\overline{VI}$ negotiate (*über etw* acc sth) **Verhandlung** $\overline{F}$ negotiation

verheimlichen $\overline{VT}$ keep secret (*jdm* from sb)

verheiratet $\overline{ADJ}$ married

verhindern $\overline{VT}$ prevent; **sie ist verhindert** she can't make it

Verhör $\overline{NT}$ <-(e)s, -e> interrogation; (*in court*) examination **verhören** $\boxed{1}$ $\overline{VT}$ interrogate; (*in court*) examine $\boxed{2}$ $\overline{VR}$ mishear

verhungern $\overline{\text{Vi}}$ starve to death

verhüten $\overline{\text{VT}}$ prevent **Verhütung** $\overline{\text{F}}$ prevention; (with pill, condom etc) contraception **Verhütungsmittel** $\overline{\text{NT}}$ contraceptive

verirren $\overline{\text{VR}}$ get lost

Verkauf $\overline{\text{M}}$ sale **verkaufen** $\overline{\text{VT}}$ sell; **zu ~** for sale **Verkäufer(in)** $\overline{\text{M(F)}}$ seller; (professional) salesperson; (in shop) shop assistant (Brit), salesperson (US) **verkäuflich** $\overline{\text{ADJ}}$ for sale

Verkehr $\overline{\text{M}}$ <-s, -e> traffic; (sexual) intercourse; (general use) circulation **verkehren** $\overline{\text{Vi}}$ (bus etc) run; **~ mit** associate (or mix) with **Verkehrsampel** $\overline{\text{F}}$ traffic lights pl **Verkehrsamt** $\overline{\text{NT}}$ tourist information office **Verkehrsfunk** $\overline{\text{M}}$ travel news sg **Verkehrsmeldung** $\overline{\text{F}}$ traffic report **Verkehrsmittel** $\overline{\text{NT}}$ means sg of transport; **öffentliche ~** pl public transport sg **Verkehrsschild** $\overline{\text{NT}}$ traffic sign **Verkehrsunfall** $\overline{\text{M}}$ road accident **Verkehrszeichen** $\overline{\text{NT}}$ traffic sign

verkehrt $\overline{\text{ADJ}}$ wrong; the wrong way round, inside out; **du machst es ~** you're doing it wrong

verklagen $\overline{\text{VT}}$ take to court **verkleiden** $\overline{\text{VT, VR}}$ dress up (als as) **2** $\overline{\text{VR}}$ dress up (als as); (to avoid being recognized) disguise oneself **Verkleidung**

$\overline{\text{F}}$ fancy dress

verkleinern $\overline{\text{VT}}$ reduce; (room, area etc) make smaller **verkommen** **1** $\overline{\text{Vi}}$ deteriorate; (person) go downhill **2** $\overline{\text{ADJ}}$ (house etc) dilapidated; (morally) depraved **verkraften** $\overline{\text{VT}}$ cope with

verkühlen $\overline{\text{VR}}$ get a chill

Verlag $\overline{\text{M}}$ <-(e)s, -e> publishing company

verlangen **1** $\overline{\text{VT}}$ demand; want; (price) ask; (expect) ask (von of); (person) ask for; (passport etc) ask to see; **~ Sie Herrn X** ask for Mr X **2** $\overline{\text{Vi}}$ **~ nach** ask for

verlängern $\overline{\text{VT}}$ extend; (passport, permit) renew **Verlängerung** $\overline{\text{F}}$ extension; SPORT extra time; (of passport, permit) renewal **Verlängerungsschnur** $\overline{\text{F}}$ extension cable

verlassen **1** irr $\overline{\text{VT}}$ leave **2** irr vr rely (auf + acc on) **3** $\overline{\text{ADJ}}$ desolate; (person) abandoned **verlässlich** $\overline{\text{ADJ}}$ reliable

Verlauf $\overline{\text{M}}$ course **verlaufen** irr **1** $\overline{\text{Vi}}$ (path, border) run (entlang along); (in time) pass; (colours) run **2** $\overline{\text{VR}}$ get lost; (crowd) disperse

verlegen **1** $\overline{\text{VT}}$ move; (lose) mislay; (book) publish **2** $\overline{\text{ADJ}}$ embarrassed **Verlegenheit** $\overline{\text{F}}$ embarrassment; (situation) difficulty

Verleih $\overline{\text{M}}$ <-(e)s, -e> hire

company (Br), rental company (US) **verleihen** irr VT lend; (commercially) hire (out) (Br), rent (out) (US); (prize, medal) award

verleiten VT **jdn dazu ~, etw zu tun** induce sb to do sth

verlernen VT forget

verletzen VT injure; fig hurt **Verletzte(r)** MF injured person **Verletzung** F injury; (of law etc) violation

verlieben VR fall in love (in jdn with sb) **verliebt** ADJ in love

verlieren ⟨verlor, verloren⟩ VT, VI lose

verloben VR get engaged (mit to) **Verlobte(r)** MF fiancé/fiancée **Verlobung** F engagement

verlor imperf → verlieren

verloren pp → verlieren

Verlust M ⟨-(e)s, -e⟩ loss

vermehren VT, VR multiply; (amount) increase

vermeiden irr VT avoid

vermieten VT rent (out), let (out) (Br); (car) hire (out) (Br), rent (out) (US) **Vermieter(in)** M(F) landlord/ landlady

vermischen VT, VR mix

vermissen VT miss **vermisst** ADJ missing; **jdn als ~ melden** report sb missing

Vermögen NT ⟨-s, -⟩ fortune

vermuten VT suppose; (sth bad) suspect **vermutlich** ADJ probable ᔕ ADV probably

Vermutung F supposition; (of sth bad) suspicion

vernachlässigen VT neglect

vernichten VT destroy **vernichtend** ADJ fig crushing; (look) withering; (criticism) scathing

Vernunft F ⟨-⟩ reason **vernünftig** ADJ sensible; (price) reasonable

veröffentlichen VT publish

verordnen VT MED prescribe **Verordnung** F order; MED prescription

Verpackung F packaging

verpassen VT miss

verpflegen VT feed **Verpflegung** F feeding; food; (in hotel) board

verpflichten ᔔ VT oblige; (employ) engage ᔕ VR commit oneself (etw zu tun to doing sth)

verprügeln VT beat up

verraten irr ᔔ VT betray; (secret) divulge; **aber nicht ~!** but don't tell anyone ᔕ VR give oneself away

verrechnen ᔔ VT **~ mit** set off against ᔕ VR miscalculate

verregnet ADJ rainy

verreisen VI go away (nach to); **sie ist (geschäftlich) verreist** she's away (on business)

verrenken VT contort; MED dislocate; **sich** dat **den Knöchel ~** sprain (or twist) one's ankle **verringern** VT reduce

verrostet ADJ rusty

verrückt ADJ mad, crazy; **es macht mich ~** it's driving me mad

versagen V̲I̲ fail **Versagen** N̲T̲ ⟨-s⟩ failure **Versager(in)** M̲(F̲) ⟨-s, -⟩ failure

versalzen irr V̲T̲ put too much salt in/on

versammeln V̲T̲, V̲R̲ assemble, gather **Versammlung** F̲ meeting

Versand M̲ ⟨-(e)s⟩ dispatch; (in company) dispatch department **Versandhaus** N̲T̲ mail-order company

versäumen V̲T̲ miss; (not do) neglect; **~, etw zu tun** fail to do sth

verschätzen V̲R̲ miscalculate

verschenken V̲T̲ give away; (chance) waste

verschieben V̲T̲ irr postpone, put off; (push) move

verschieden A̲D̲J̲ different; (several) various; **sie sind ~ groß** they are of different sizes; **Verschiedene** pl various people/things pl; **Verschiedenes** various things pl

verschimmelt A̲D̲J̲ mouldy

verschlafen V̲T̲ 1 sleep through; fig miss 2 V̲I̲, V̲R̲ oversleep

verschlechtern V̲R̲ deteriorate, get worse **Verschlechterung** F̲ deterioration

verschließbar A̲D̲J̲ lockable **verschließen** irr V̲T̲ close; (with key) lock

verschlimmern 1 V̲T̲ make worse 2 V̲R̲ get worse

verschlossen A̲D̲J̲ locked; fig reserved

verschlucken 1 V̲T̲ swallow 2 V̲R̲ choke (an + dat on)

Verschluss M̲ lock; (on dress) fastener; PHOT shutter; (bung) stopper

verschmutzen V̲T̲ get dirty; (environment) pollute

verschneit A̲D̲J̲ snow-covered

verschnupft A̲D̲J̲ **~ sein** have a cold; fam be peeved

verschonen V̲T̲ spare (jdn mit etw sb sth)

verschreiben irr V̲T̲ MED prescribe **verschreibungspflichtig** A̲D̲J̲ available only on prescription

verschwand imperf → **verschwinden**

verschweigen irr V̲T̲ keep secret; **jdm etw ~** keep sth from sb

verschwenden V̲T̲ waste **Verschwendung** F̲ waste

verschwiegen A̲D̲J̲ discreet; (place) secluded

verschwinden ⟨verschwand, verschwunden⟩ V̲I̲ disappear, vanish; **verschwinde!** get lost!

Versehen N̲T̲ ⟨-s, -⟩ **aus ~** by mistake **versehentlich** A̲D̲V̲ by mistake

versetzen 1 V̲T̲ transfer; (jewellery etc) pawn; fam (on a date) stand up 2 **sich in jdn** (or **jds Lage) ~** put oneself in sb's place

verseuchen V̲T̲ contaminate

versichern ⱽᵀ insure; (confirm) assure; **versichert sein** be insured **Versichertenkarte** Ḟ health-insurance card **Versicherung** Ḟ insurance **Versicherungskarte** Ḟ **grüne ~** green card (Br), insurance document for driving abroad **Versicherungspolice** Ḟ insurance policy

versilbert ADJ silver-plated

versinken irr Vᵢ sink

versöhnen 1 ⱽᵀ reconcile 2 ⱽᴿ become reconciled

versorgen 1 ⱽᵀ provide, supply (mit with); (family) look after 2 ⱽᴿ look after oneself **Versorgung** Ḟ provision; (care) maintenance; (money) benefit

verspäten ⱽᴿ be late **verspätet** ADJ late **Verspätung** Ḟ delay; (eine Stunde) ~ haben be (an hour) late

versprechen irr 1 ⱽᵀ promise 2 ⱽᴿ ich habe mich versprochen I didn't mean to say that

Verstand Ṃ mind; (common) sense; den ~ verlieren lose one's mind **verständigen** 1 ⱽᵀ 2 ⱽᴿ communicate; (agree) come to an understanding **Verständigung** Ḟ communication **verständlich** ADJ understandable **Verständnis** ṆT understanding (für of); (compassion) sympathy **verständnisvoll** ADJ understanding

verstauchen ⱽᵀ sprain

Versteck ṆT ⟨-(e)s, -e⟩ hiding place; ~ **spielen** play hide-and-seek **verstecken** ⱽᵀ, ⱽᴿ hide (vor + dat from)

verstehen irr 1 ⱽᵀ understand; **falsch ~** misunderstand 2 ⱽᴿ get on (mit with)

verstellbar ADJ adjustable **verstellen** 1 ⱽᵀ move; (clock) adjust; (obstruct) block; (voice, handwriting) disguise 2 ⱽᴿ pretend, put on an act

verstopfen ⱽᵀ block up; MED constipate **Verstopfung** Ḟ obstruction; MED constipation

Verstoß Ṃ ⟨-es, -e⟩ infringement, violation (gegen of)

Versuch Ṃ ⟨-(e)s, -e⟩ attempt; (scientific) experiment **versuchen** ⱽᵀ try

vertauschen ⱽᵀ exchange; (by mistake) mix up

verteidigen ⱽᵀ defend

verteilen ⱽᵀ distribute

Vertrag Ṃ ⟨-(e)s, Verträge⟩ contract; POL treaty

vertragen irr 1 ⱽᵀ stand, bear 2 ⱽᴿ get along (with each other); (be reconciled) make it up

vertrauen Vᵢ jdm/einer Sache ~ trust sb/sth **Vertrauen** ṆT ⟨-s⟩ trust (in + acc in, zu in); **ich habe kein ~ zu ihm** I don't trust him; **ich hab's ihm im ~ gesagt** I told him in confidence **vertraulich** ADJ confidential

vertreten irr 1 ⱽᵀ represent;

(opinion) hold **Vertreter(in)** MF ⟨-s, -⟩ representative

Vertrieb M ⟨-(e)s, -e⟩ sales department

verunglücken VI have an accident; **tödlich ~** be killed in an accident

verursachen VT cause

verurteilen VT condemn

verwählen VR dial the wrong number

verwalten VT manage; (officials) administer **Verwalter(in)** MF ⟨-s, -⟩ manager **Verwaltung** F management; (by officials) administration

verwandt ADJ related (mit to) **Verwandte(r)** MF relative, relation **Verwandtschaft** F relationship; (people) relations pl

verwarnen VT warn; SPORT caution

verwechseln VT confuse (mit with); (for sb or sth else) mistake (mit for)

verweigern VT refuse

verwenden VT use **Verwendung** F use

verwirklichen VT realize; **sich selbst ~** fulfil oneself

verwirren VT confuse **Verwirrung** F confusion

verwöhnen VT spoil

verwunderlich ADJ surprising **Verwunderung** F astonishment

verwüsten VT devastate

verzählen VR miscount

verzehren VT consume

Verzeichnis NT list; (of books, products) catalogue; (in book) index; IT directory

verzeihen ⟨verzieh, verziehen⟩ VT, VI forgive (jdm etw sb for sth); **~ Sie bitte, ...** excuse me, ...; **~ Sie die Störung** sorry to disturb you **Verzeihung** F ⟨-⟩! sorry; **~, ...** excuse me, ...; **(jdn) um ~ bitten** apologize (to sb)

verzichten VI **auf etw** acc **~** do without sth; (abandon) give sth up

verzieh imperf → verzeihen

verziehen pp → verzeihen

verziehen irr **1** VT (child) spoil; **das Gesicht ~** pull a face **2** VR go out of shape; (go away) disappear

verzieren VT decorate

verzögern 1 VT delay **2** VR be delayed **Verzögerung** F delay

verzweifeln VI despair (an + dat of) **verzweifelt** ADJ desperate **Verzweiflung** F despair

Vetter M ⟨-s, -n⟩ cousin

vgl. abbr = **vergleiche** cf

Viagra® NT ⟨-s⟩ Viagra®

Vibrator M ⟨-s, -en⟩ vibrator **vibrieren** VI vibrate

Video NT ⟨-s, -s⟩ video; **auf ~ aufnehmen** video **Videoclip** M ⟨-s, -s⟩ video clip **Videofilm** M video **Videogerät** NT video (recorder) **Videoka-**

mera F̲ video camera **Video-
kassette** F̲ video (cassette);
Videorekorder M̲ video recorder **Videospiel** NT̲ video
game **Videothek** F̲ ⟨-, -en⟩
video library

Vieh NT̲ ⟨-(e)s⟩ cattle

viel **1** PRON a lot (of), lots of;
~ **Arbeit** a lot of work, lots of
work; **~e Leute** a lot of people,
lots of people, many people; **zu
~** too much; **zu ~e** too many;
sehr ~ a great deal of; **sehr
~e** a great many; **ziemlich
~/~e** quite a lot of; **nicht ~**
not much, not a lot of; **nicht
~e** not many, not a lot of; **sie
sagt nicht ~** she doesn't say
a lot; **gibt es ~?** is there much?,
is there a lot?; **gibt es ~e?** are
there many?, are there a lot?;
2 ADV a lot; **er geht ~ ins Kino**
he goes a lot to the cinema;
sehr ~ a great deal; **ziemlich
~** quite a lot; **~ besser** much
better; **~ teurer** much more expensive; **~ zu** far too much

vielleicht ADV perhaps; **~ ist
sie krank** perhaps she's ill,
she might be ill; **weißt du ~,
wo er ist?** do you know where
he is (by any chance)?

vielmal(s) ADV many times;
danke vielmals many thanks
vielmehr ADV rather **vielseitig** ADJ very varied; (person,
device) versatile

vier NUM four; **auf allen ~en**
on all fours; **unter ~ Augen**

in private, privately **Vier** F̲
⟨-, -en⟩ four; (mark in school)
≈ D **Viereck** NT̲ ⟨-(e)s, -e⟩
four-sided figure; square **viereckig** ADJ four-sided; square
vierfach ADJ **die ~e Menge**
four times the amount **vierhundert** NUM four hundred
viermal ADV four times **vierspurig** ADJ four-lane

viert ADV **wir sind zu ~** there
are four of us **vierte(r, s)**
ADJ fourth; → **dritte**

Viertel NT̲ ⟨-s, -⟩ (of town)
quarter, district; (fraction) quarter; (of wine etc) quarter-litre; ≈
vor/nach drei a quarter to/past
three; **viertel drei** a quarter
past two; **drei viertel drei** a
quarter to three **Viertelfinale** NT̲ quarter-final **vierteljährlich** ADJ quarterly **Viertelstunde** F̲ quarter of an
hour

vierzehn NUM fourteen; **in ~
Tagen** in two weeks, in a fortnight (Br) **vierzehntägig**
ADJ two-week, fortnightly (Br)
vierzig NUM forty

Vietnam NT̲ ⟨-s⟩ Vietnam

Vignette F̲ motorway (Br) (or
freeway US) permit

Villa F̲ ⟨-, Villen⟩ villa

violett ADJ purple

Violine F̲ violin

Virus M̲ OR NT̲ ⟨-, Viren⟩ virus

Visitenkarte F̲ card

Visum NT̲ ⟨-s, Visa or Visen⟩
visa

Vitamin NT ⟨-s, -e⟩ vitamin
Vitrine F ⟨-, -n⟩ (glass) cabinet; (in museum etc) display case
Vogel M ⟨-s, Vögel⟩ bird **Vogelgrippe** F bird flu, avian flu **vögeln** VI, VT vulg screw
Voicemail F ⟨-, -s⟩ voice mail
Vokal M ⟨-s, -e⟩ vowel
Volk NT ⟨-(e)s, Völker⟩ people pl; (community) nation **Volksfest** NT festival; (with rides etc) funfair **Volkshochschule** F adult education centre **Volkslied** NT folksong **Volksmusik** F folk music **volkstümlich** ADJ popular; (art) folk
voll ADJ full (von of) **Vollbremsung** F **eine ~ machen** slam on the brakes **vollends** ADV completely
Volleyball M volleyball
Vollgas NT **mit ~** at full throttle; **~ geben** step on it
völlig 1 ADJ complete 2 ADV completely
volljährig ADJ of age **Vollkaskoversicherung** F fully comprehensive insurance **vollklimatisiert** ADJ fully air-conditioned **vollkommen** 1 ADJ perfect; **~er Unsinn** complete rubbish 2 ADV completely
Vollkornbrot NT wholemeal (Br) (or whole wheat (US)) bread **vollmachen** VT fill (up)

Vollmacht F ⟨-, -en⟩ authority; (document) power of attorney
Vollmilch F full-fat milk (Br), whole milk (US) **Vollmilchschokolade** F milk chocolate **Vollmond** M full moon **Vollpension** F full board **vollständig** ADJ complete **volltanken** VI fill up **Vollwertkost** F wholefood **vollzählig** ADJ complete
Volt NT ⟨-, -⟩ volt
Volumen NT ⟨-s, -⟩ volume
vom contr = **von dem**; (with space, time, cause) from; **ich kenne sie nur ~ Sehen** I only know her by sight
von PREP + dat (with space, time) from; (replacing genitive, consisting of) of; (passive) by; **ein Freund ~ mir** a friend of mine; **~ mir aus** fam if you like; **~ wegen!** no way **voneinander** ADV from each other
vor PREP + dat or acc before; (in space) in front of; **fünf ~ drei** five to three; **~ 2 Tagen** 2 days ago; **~ Wut/Liebe** with rage/love; **~ allem** above all
vorangehen irr VI go ahead; **einer Sache** dat **~** precede sth **vorankommen** irr VI make progress
voraus ADV ahead; **im Voraus** in advance; **jdm ~ sein** be ahead of sb **vorausfahren** irr VI drive on ahead **vorausgesetzt** CONJ provided (that)

Voraussage F prediction; (for weather) forecast **voraussagen** VT predict **voraussehen** irr VT foresee **voraussetzen** VT assume **Voraussetzung** F requirement, prerequisite **voraussichtlich** 1 ADJ expected 2 ADV probably **vorauszahlen** VT pay in advance

vorbei ADV past, over, finished **vorbeibringen** irr VT drop by (or in) **vorbeifahren** irr VI drive past **vorbeigehen** irr VI pass by, go past; (elapse, end) pass **vorbeikommen** irr VI drop by **vorbeilassen** irr VT **kannst du die Leute ~?** would you let these people pass?; **lässt du mich bitte mal vorbei?** can I get past, please?

vorbereiten 1 VT prepare 2 VR get ready (auf + acc, für for) **Vorbereitung** F preparation

vorbestellen VT book in advance; (meal) order in advance **Vorbestellung** F booking, reservation

vorbeugen VI prevent (dat sth) **Vorbeugung** F prevention

Vorbild NT (role) model **vorbildlich** ADJ model, ideal **Vorderachse** F front axle **vordere(r, s)** ADJ front **Vordergrund** M foreground **Vorderradantrieb** M AUTO

front-wheel drive **Vorderseite** F front **Vordersitz** M front seat **Vorderteil** M OR NT front (part)

voreilig ADJ hasty, rash; **~e Schlüsse ziehen** jump to conclusions **voreingenommen** ADJ biased

vorenthalten irr VT **jdm etw ~** withhold sth from sb

vorerst ADV for the moment

vorfahren irr VI drive on ahead; **vor das Haus ~** drive up to the house; **fahren Sie bis zur Ampel vor** drive as far as the traffic lights **Vorfahrt** F AUTO right of way; **~ achten** give way (Brit), yield (US) **Vorfahrtsschild** NT give way (Brit) (or yield (US)) sign **Vorfahrtsstraße** F major road **Vorfall** M incident

vorführen VT demonstrate; (film) show; THEAT perform

Vorgänger(in) M(F) predecessor

vorgehen irr VI go on ahead; (to the front) go forward; (take action) act, proceed; (clock, watch) be fast; (be more important) take precedence; (happen) go on **Vorgehen** NT ⟨-s⟩ procedure

Vorgesetzte(r) MF superior **vorgestern** ADV the day before yesterday

vorhaben VT plan; **hast du schon was vor?** have you got anything on?; **ich habe vor,**

nach Rom zu fahren I'm planning to go to Rome

vorhalten _irr_ _VT_ **jdm etw ~** accuse sb of sth

Vorhand F forehand

vorhanden ADJ existing; available

Vorhang M curtain

vorher ADV before; **zwei Tage ~** two days before; **~ essen wir** we'll eat first **Vorhersage** F forecast **vorhersehen** _irr_ _VT_ foresee

vorhin ADV just now, a moment ago

vorkommen _irr_ _VI_ come forward; _(take place)_ happen; _(appear)_ seem (to be); **sich** _dat_ **dumm ~** feel stupid

Vorlage F model

vorlassen _irr_ _VT_ **jdn ~** let sb go first

vorläufig ADJ temporary

vorlesen _VT_ read out

vorletzte(r, s) ADJ last but one; **am ~n Samstag** (on) the Saturday before last

Vorliebe F preference

vormachen _VT_ **kannst du es mir ~?** can you show me how to do it?; **jdm etwas ~** _fig_ fool sb

Vormittag M morning; **am ~** in the morning; **heute ~** this morning **vormittags** ADV in the morning; **um 9 Uhr ~** at 9 (o'clock) in the morning, at 9 am

vorn(e) ADV in front; **von ~ an-**

fangen start at the beginning; **nach ~** to the front; **weiter ~** further up; **von ~ bis hinten** from beginning to end

Vorname M first name; **wie heißt du mit ~?** what's your first name?

vornehm ADJ distinguished; _(behaviour)_ refined; _(clothes, hotel etc)_ elegant

vornehmen _irr_ _VT_ **sich** _dat_ **etw ~** start on sth; **sich** _dat_ **~, etw zu tun** decide to do sth

vornherein ADV **von ~** from the start

Vorort M suburb

vorrangig ADJ priority

Vorrat M stock, supply **vorrätig** ADJ in stock

Vorrecht NT privilege **Vorruhestand** M early retirement

Vorsaison F early season

Vorsatz M intention; LAW intent **vorsätzlich** ADJ intentional; LAW premeditated

Vorschau F preview; _(for film)_ trailer

Vorschlag M suggestion, proposal **vorschlagen** _irr_ _VT_ suggest, propose; **ich schlage vor, dass wir gehen** I suggest we go **vorschreiben** _irr_ _VT_ stipulate; **jdm etw ~** dictate sth to sb

Vorschrift F regulation, rule; instruction **vorschriftsmäßig** ADJ correct

Vorsicht F care; **~!** look out; _(on sign)_ caution; **~ Stufe!** mind the step **vorsichtig** ADJ careful **vorsichtshalber** $\overline{\text{ADV}}$ just in case

Vorsorge $\overline{\text{F}}$ precaution; (*stopping*) prevention **Vorsorgeuntersuchung** $\overline{\text{F}}$ checkup **vorsorglich** $\overline{\text{ADV}}$ as a precaution

Vorspeise $\overline{\text{F}}$ starter

vorstellen $\overline{\text{VT}}$ (*person*) introduce, put forward; (*in front of sth else*) put in front; **sich** *dat* **etw ~** imagine sth **Vorstellung** $\overline{\text{F}}$ (*to sb*) introduction; THEAT performance; (*concept*) idea **Vorstellungsgespräch** $\overline{\text{NT}}$ interview

vortäuschen $\overline{\text{VT}}$ feign

Vorteil $\overline{\text{M}}$ advantage (*gegenüber* over); **die Vor- und Nachteile** the pros and cons **vorteilhaft** $\overline{\text{ADJ}}$ advantageous

Vortrag $\overline{\text{M}}$ ‹-(e)s, Vorträge› talk (*über* + *acc* on); (*academic*) lecture; **einen ~ halten** give a talk

vorüber $\overline{\text{ADV}}$ over **vorübergehen** *irr* $\overline{\text{VI}}$ pass **vorübergehend** **1** $\overline{\text{ADJ}}$ temporary **2** $\overline{\text{ADV}}$ temporarily, for the time being

Vorurteil $\overline{\text{NT}}$ prejudice

Vorverkauf $\overline{\text{M}}$ advance booking

vorverlegen $\overline{\text{VT}}$ bring forward **Vorwahl** $\overline{\text{F}}$ TEL dialling code (*Brit*), area code (*US*)

Vorwand $\overline{\text{M}}$ ‹-(e)s, Vorwände› pretext, excuse; **unter dem ~, dass** with the excuse

that

vorwärts $\overline{\text{ADV}}$ forward **vorwärtsgehen** *irr* $\overline{\text{VI}}$ *fig* progress

vorweg $\overline{\text{ADV}}$ in advance **vorwegnehmen** *irr* $\overline{\text{VT}}$ anticipate

vorwerfen *irr* $\overline{\text{VT}}$ **jdm etw ~** accuse sb of sth

vorwiegend $\overline{\text{ADV}}$ mainly

Vorwort $\overline{\text{NT}}$ preface

Vorwurf $\overline{\text{M}}$ reproach; **sich** *dat* **Vorwürfe machen** reproach oneself; **jdm Vorwürfe machen** accuse sb **vorwurfsvoll** $\overline{\text{ADJ}}$ reproachful

vorzeigen $\overline{\text{VT}}$ show

vorzeitig $\overline{\text{ADJ}}$ premature, early

vorziehen *irr* $\overline{\text{VT}}$ prefer

vorzüglich $\overline{\text{ADJ}}$ excellent

vulgär $\overline{\text{ADJ}}$ vulgar

Vulkan $\overline{\text{M}}$ ‹-s, -e› volcano **Vulkanausbruch** $\overline{\text{M}}$ volcanic eruption

W

Waage $\overline{\text{F}}$ ‹-, -n› scales *pl*; ASTR Libra **waagerecht** $\overline{\text{ADJ}}$ horizontal

wach $\overline{\text{ADJ}}$ awake; **~ werden** wake up **Wache** $\overline{\text{F}}$ ‹-, -n› guard

Wachs $\overline{\text{NT}}$ ‹-es, -e› wax

wachsen ⟨wuchs, gewachsen⟩ VI grow

wachsen VT (skis) wax

Wachstum NT growth

Wächter(in) M|F ⟨-s, -⟩ guard; (of car park) attendant

wackelig ADJ wobbly; fig shaky **Wackelkontakt** M loose connection **wackeln** VI (chair) be wobbly; (tooth, screw) be loose; **mit dem Kopf ~** waggle one's head

Wade F ⟨-, -n⟩ ANAT calf

Waffe F ⟨-, -n⟩ weapon

Waffel F ⟨-, -n⟩ waffle; (biscuit, for ice cream) wafer

wagen VT risk; **es ~**, **etw zu tun** dare to do sth

Wagen M ⟨-s, -⟩ AUTO car; RAIL carriage **Wagenheber** M ⟨-s, -⟩ jack

Wahl F ⟨-, -en⟩ choice; POL election

wählen ❶ VT choose; TEL dial; POL vote for; (as president, to board etc) elect ❷ VI choose; TEL dial; POL vote **Wähler(in)** M|F ⟨-s, -⟩ voter **wählerisch** ADJ choosy

Wahlkampf M election campaign **wahllos** ADV at random **Wahlwiederholung** F redial

Wahnsinn M madness; **~!** amazing! **wahnsinnig** ❶ ADJ insane, mad ❷ ADV fam incredibly

wahr ADJ true; **das darf doch nicht ~ sein!** I don't believe

it; **nicht ~?** that's right, isn't it?

während ❶ PREP + gen during ❷ CONJ while **währenddessen** ADV meanwhile, in the meantime

Wahrheit F truth

wahrnehmbar ADJ noticeable, perceptible **wahrnehmen** irr VT perceive

Wahrsager(in) M|F ⟨-s, -⟩ fortune-teller

wahrscheinlich ❶ ADJ probable, likely ❷ ADV probably; **ich komme ~ zu spät** I'll probably be late **Wahrscheinlichkeit** F probability

Währung F currency

Wahrzeichen NT symbol

Waise F ⟨-, -n⟩ orphan

Wal M ⟨-(e)s, -e⟩ whale

Wald M ⟨-(e)s, Wälder⟩ wood; (extensive) forest **Waldbrand** M forest fire **Waldsterben** NT ⟨-s⟩ forest dieback

Wales NT ⟨-⟩ Wales **Waliser(in)** M|F Welshman/Welshwoman **walisisch** ADJ Welsh

Walkman® M ⟨-s, -s⟩ walkman, personal stereo

Wallfahrt F pilgrimage **Wallfahrtsort** M place of pilgrimage

Walnuss F walnut

Walross NT ⟨-es, -e⟩ walrus

wälzen ❶ VT roll; (books) pore over; (problems) deliberate on ❷ VR wallow; (in pain) roll about; (in bed) toss and turn

Walzer M ⟨-s, -⟩ waltz

Wand F̲ ⟨-, Wände⟩ wall
Wandel M̲ ⟨-s⟩ change **wandeln** V̲T̲, V̲R̲ change
Wanderer M̲ ⟨-s, -⟩, **Wanderin** F̲ hiker **Wanderkarte** F̲ hiking map **wandern** V̲I̲ hike; (gaze) wander; (thoughts) stray **Wanderschuh** M̲ walking shoe **Wanderstiefel** M̲ hiking boot **Wanderung** F̲ hike; **eine ~ machen** go on a hike **Wanderweg** M̲ walking (or hiking) trail
wandte imperf → wenden
Wange F̲ ⟨-, -n⟩ cheek
wann A̲D̲V̲ when; **seit ~ ist sie da?** how long has she been here?; **bis ~ bleibt ihr?** how long are you staying?
Wanne F̲ ⟨-, -n⟩ (bath) tub
Wappen N̲T̲ ⟨-s, -⟩ coat of arms
war imperf → sein
warb imperf → werben
Ware F̲ ⟨-, -n⟩ product; **~n** goods pl **Warenhaus** N̲T̲ department store **Warenprobe** F̲ sample **Warenzeichen** N̲T̲ trademark
warf imperf → werfen
warm A̲D̲J̲ warm; (meal) hot; **~ laufen** warm up; **mir ist es zu ~** I'm too warm **Wärme** F̲ ⟨-, -n⟩ warmth **wärmen** 1 V̲T̲ warm; (food) warm (or heat) up 2 V̲I̲ (clothes, sun) be warm 3 V̲R̲ warm up; (by holding each other) keep each other warm **Wärmflasche** F̲ hot-water

bottle
Warnblinkanlage F̲ A̲U̲T̲O̲ warning flasher **Warndreieck** N̲T̲ A̲U̲T̲O̲ warning triangle **warnen** V̲T̲ warn (vor + dat about, of) **Warnung** F̲ warning **Warnweste** F̲ high-visibility jacket
Warteliste F̲ waiting list **warten** 1 V̲I̲ wait (auf + acc for); **warte mal!** wait (or hang on) a minute 2 V̲T̲ T̲E̲C̲H̲ service **Wärter(in)** M̲I̲F̲ attendant **Wartesaal** M̲ , **Wartezimmer** N̲T̲ waiting room **Wartung** F̲ service; (action) servicing
warum A̲D̲V̲ why
Warze F̲ ⟨-, -n⟩ wart
was 1 P̲R̲O̲N̲ what; **~ kostet das?** what does it cost?, how much is it?; **~ für ein Auto ist das?** what kind of car is that?; **~ für eine Farbe/Größe?** what colour/size?; fam **~?** what?; **~ ist/gibt's?** what is it?, what's up? 2 P̲R̲O̲N̲ **du weißt, ~ ich meine** you know what I mean; **~ (auch) immer** whatever you want 3 fam something; **soll ich dir ~ mitbringen?** do you want me to bring you anything?
Waschanlage F̲ A̲U̲T̲O̲ car wash **waschbar** A̲D̲J̲ washable **Waschbecken** N̲T̲ washbasin
Wäsche F̲ ⟨-, -n⟩ washing; (dirty) laundry; **in der ~** in the

wash **Wäscheklammer** F clothes peg (Br) (or pin (US))
Wäscheleine F clothesline
waschen ⟨wusch, gewaschen⟩ **1** VT, VI wash; **Waschen und Legen** shampoo and set **2** VR (have a) wash; **sich** dat **die Haare ~** wash one's hair
Wäscherei F laundry **Wäscheständer** M clothes horse **Wäschetrockner** M tumble-drier
Waschgelegenheit F washing facilities pl **Waschlappen** M flannel (Br), washcloth (US); fam (person) wet blanket **Waschmaschine** F washing machine **Waschmittel** NT, **Waschpulver** NT washing powder **Waschraum** M washroom **Waschsalon** M ⟨-s, -s⟩ launderette (Br), laundromat (US) **Waschstraße** F car wash

Wasser NT ⟨-s, -⟩ water; **fließendes ~** running water **Wasserball** M SPORT water polo **wasserdicht** ADJ watertight; (fabric, watch) waterproof **Wasserfall** M waterfall **Wasserfarbe** F watercolour **wasserfest** ADJ watertight, waterproof **Wasserhahn** M tap (Br), faucet (US) **wässerig** ADJ watery **Wasserkessel** M ⟨-s, -⟩ kettle **Wasserkocher** M ⟨-s, -⟩ electric kettle **Wasserleitung** F water pipe

wasserlöslich ADJ water-soluble **Wassermann** M ASTR Aquarius **Wassermelone** F water melon **Wasserrutschbahn** F water chute **Wasserschaden** M water damage **wasserscheu** ADJ scared of water **Wasserski** NT water-skiing **Wassersport** M water sports pl **wasserundurchlässig** ADJ watertight, waterproof **Wasserverbrauch** M water consumption **Wasserversorgung** F water supply **Wasserwerk** NT waterworks pl

waten VI wade
Watt **1** NT ⟨-(e)s, -en⟩ GEO mud flats pl **2** NT ⟨-s, -⟩ ELEC watt
Watte F ⟨-, -n⟩ cotton wool **Wattestäbchen** NT cotton bud, Q-tip (US)
WC NT ⟨-s, -s⟩ toilet, restroom (US) **WC-Reiniger** M toilet cleaner
Web NT ⟨-s⟩ IT Web **Webseite** F IT web page
Wechsel M ⟨-s, -⟩ change; SPORT substitution **Wechselgeld** NT change **wechselhaft** ADJ (weather) changeable **Wechseljahre** PL menopause sg **Wechselkurs** M exchange rate **wechseln** **1** VT change; (looks) exchange; **Geld ~** change some money; (into smaller coins or notes) get some change; **Euro in Pfund ~**

change euros into pounds **2**
V̲I̲ change; **kannst du ~?** can
you change this? **Wechselstrom** M̲ alternating current,
AC **Wechselstube** F̲ bureau
de change

Weckdienst M̲ wake-up call
service **wecken** V̲T̲ wake (up)
Wecker M̲ ⟨-s, -⟩ alarm clock
Weckruf M̲ wake-up call

wedeln V̲|SKI wedel; **der Hund
wedelte mit dem Schwanz** the
dog wagged its tail

weder C̲O̲N̲J̲ **~ ... noch ...** neither ... nor ...

weg A̲D̲V̲ away; (leaving, removed) off; **er war schon ~**
he had already left (or gone);
Hände ~! hands off; **weit ~ a**
long way away (or off)

Weg M̲ ⟨-(e)s, -e⟩ way; (for
walking) path; (way travelled)
route; **jdn nach dem ~**
ask sb the way; **auf dem ~ sein**
be on the way

wegbleiben irr V̲I̲ stay away
wegbringen irr V̲T̲ take away
wegen P̲R̲E̲P̲ + gen or dat because of

wegfahren irr V̲I̲ drive away;
(depart) leave; (on holiday) go
away **Wegfahrsperre** F̲
AUTO (engine) immobilizer
weggehen irr V̲I̲ go away
wegkommen irr V̲I̲ get away;
fig **gut/schlecht ~** come off
well/badly **weglassen** irr V̲T̲
leave out **weglaufen** irr V̲I̲
run away **weglegen** V̲T̲ put

aside **wegmüssen** irr V̲I̲ **ich
muss weg** I've got to go **wegnehmen** irr V̲T̲ take away
wegräumen V̲T̲ clear away
wegrennen irr V̲I̲ run away
wegschicken V̲T̲ send away
wegschmeißen irr V̲T̲ throw
away **wegsehen** irr V̲I̲ look
away **wegtun** irr V̲T̲ put away

Wegweiser M̲ ⟨-s, -⟩ signpost

wegwerfen irr V̲T̲ throw away
wegwischen V̲T̲ wipe off
wegziehen irr V̲I̲ move
(away)

weh A̲D̲J̲ sore; → wehtun
wehen V̲T̲, V̲I̲ blow; (flag) flutter
Wehen P̲L̲ labour pains pl
Wehrdienst M̲ military service

wehren V̲R̲ defend oneself
wehtun irr V̲I̲ hurt; **jdm/sich ~**
hurt sb/oneself

weiblich A̲D̲J̲ feminine; BIO female

weich A̲D̲J̲ soft; **~ gekocht**
(egg) soft-boiled **Weichkäse**
M̲ soft cheese **Weichspüler**
M̲ ⟨-s, -⟩ (fabric) softener

Weide F̲ ⟨-, -n⟩ (tree) willow;
(field) meadow

weigern V̲R̲ refuse **Weigerung** F̲ refusal

Weiher M̲ ⟨-s, -⟩ pond
Weihnachten N̲T̲ ⟨-, -⟩
Christmas **Weihnachts-
abend** M̲ Christmas Eve
Weihnachtsbaum M̲
Christmas tree **Weihnachts-**

feier F̲ Christmas party **Weihnachtsferien** PL̲ Christmas holidays *pl* (*Brit*), Christmas vacation *sg* (*US*) **Weihnachtsgeld** N̲T̲ Christmas bonus **Weihnachtsgeschenk** N̲T̲ Christmas present **Weihnachtskarte** F̲ Christmas card **Weihnachtslied** N̲T̲ Christmas carol **Weihnachtsmann** M̲ Father Christmas, Santa (Claus) **Weihnachtstag** M̲ **erster ~** Christmas Day; **zweiter ~** Boxing Day **Weihnachtszeit** F̲ Christmas season

weil C̲O̲N̲J̲ because

Weile F̲ <-> while, short time; **es kann noch eine ~ dauern** it could take some time

Wein M̲ <-(e)s, -e> wine; (*plant*) vine **Weinbrand** M̲ brandy

weinen V̲T̲, V̲I̲ cry

Weinglas N̲T̲ wine glass **Weinkarte** F̲ wine list **Weinkeller** M̲ wine cellar **Weinprobe** F̲ wine tasting **Weintraube** F̲ grape

weise A̲D̲J̲ wise

Weise F̲ <-, -n> manner, way; **auf diese (Art und) ~** this way

weisen <wies, gewiesen> V̲T̲ show

Weisheit F̲ wisdom **Weisheitszahn** M̲ wisdom tooth

weiß A̲D̲J̲ white **Weißbier** N̲T̲ ≈ wheat beer **Weißbrot** N̲T̲ white bread **Weißkohl** M̲,

Weißkraut N̲T̲ (white) cabbage **Weißwein** M̲ white wine

weit 1 A̲D̲J̲ wide; (*concept*) broad; (*journey, throw*) long; (*dress*) loose; **wie ~ ist es ...?** how far is it ...?; **so ~ sein** be ready 2 A̲D̲V̲ far; **~ verbreitet** widespread; **~ gereist** widely travelled; **~ offen** wide open; **das geht zu ~** that's going too far, that's pushing it

weiter 1 A̲D̲J̲ (*more distant*) farther (away); (*additional*) further; **~e Informationen** further information *sg* 2 A̲D̲V̲ further; **~!** go on; (*to people walking*) keep moving; **~ nichts/niemand** nothing/nobody else; **und so ~** and so on **Weiterbildung** F̲ further training (*or* education) **weiterempfehlen** *irr* V̲T̲ recommend **weitererzählen** V̲T̲ **nicht ~!** don't tell anyone **weiterfahren** *irr* V̲I̲ go on (*nach* to, *bis* as far as) **weitergeben** *irr* V̲T̲ pass on **weitergehen** *irr* V̲I̲ go on **weiterhelfen** *irr* V̲I̲ **jdm ~** help sb

weiterhin A̲D̲V̲ **etw ~ tun** go on doing sth

weitermachen V̲T̲, V̲I̲ continue **weiterreisen** V̲I̲ continue one's journey

weitgehend 1 A̲D̲J̲ considerable 2 A̲D̲V̲ largely **weitsichtig** A̲D̲J̲ long-sighted; *fig* far-sighted **Weitsprung** M̲ long

jump **Weitwinkelobjektiv** NT PHOT wide-angle lens
Weizen M ⟨-s, -⟩ wheat **Weizenbier** NT ≈ wheat beer
welche(r, s) **1** PRON what; *(when choosing)* which (one); ~ **Geschmacksrichtung willst du?** which flavour do you want?; ~**r ist es?** which (one) is it? **2** PRON *(relative, person)* who; *(relative, thing)* which, that; **zeig mir,** ~**r es war** show me which one of them it was **3** PRON *fam* some; **hast du Kleingeld? - ja, ich hab'** ~**s** have you got any change? - yes, I've got some
welk ADJ withered **welken** VI wither
Welle F ⟨-, -n⟩ wave **Wellengang** M waves *pl*; **starker** ~ heavy seas *pl* **Wellenlänge** F wavelength **Wellenreiten** NT surfing **Wellensittich** M ⟨-s, -e⟩ budgerigar, budgie
Wellness F health and beauty *(Br)*, wellness *(US)*
Welpe M ⟨-n, -n⟩ puppy
Welt F ⟨-, -en⟩ world; **auf der** ~ in the world; **auf die** ~ **kommen** be born **Weltall** NT universe **weltbekannt** ADJ, **weltberühmt** ADJ world-famous **Weltkrieg** M world war **Weltmacht** F world power **Weltmeister(in)** M|F world champion **Weltmeisterschaft** F world championship; *(in football)* World Cup

Weltraum M space **Weltreise** F trip round the world **Weltrekord** M world record **Weltstadt** F metropolis **weltweit** ADJ worldwide, global
wem PRON *dat* → **wer**; who ... to, (to) whom; ~ **hast du's gegeben?** who did you give it to?; ~ **gehört es?** who does it belong to?, whose is it?; ~ **auch immer es gehört** whoever it belongs to
wen PRON *acc* → **wer**; who, whom; ~ **hast du besucht?** who did you visit?; ~ **möchten Sie sprechen?** who would you like to speak to?
Wende F ⟨-, -n⟩ turning point; *(transformation)* change; **die** ~ HIST the fall of the Berlin Wall **Wendekreis** M AUTO turning circle
wenden ⟨wendete or wandte, gewendet or gewandt⟩ VT, VI, VR turn (round); *(by 180°)* make a U-turn; **sich an jdn** ~ turn to sb; **bitte** ~**!** please turn over, PTO
wenig **1** PRON little; **-(e)** *pl* few; **(nur) ein (klein)** ~ (just) a little (bit); **ein** ~ **Zucker** a little bit of sugar, a little sugar; **wir haben** ~ **Zeit** we haven't got much time; **zu** ~ too little; *pl* too few; **nur** ~ **wissen** only a few know **2** ADV **er spricht** ~ he doesn't talk much; ~ **bekannt** little known **wenigstens** ADV at least

wenn CONJ if; *(with time)* when **wennschon** ADV na ~ so what?

wer ❶ PRON who; ~ war das? who was that?; ~ von euch? which (one) of you? ❷ PRON anybody who, anyone who; ~ das glaubt, ist dumm anyone who believes that is stupid; ~ auch immer whoever ❸ PRON somebody, someone; anybody, anyone; ist da ~? is (there) anybody there?

Werbefernsehen NT TV commercials pl **Werbefilter** M IT ad blocker **werben** ⟨warb, geworben⟩ ❶ VT win; *(member)* recruit ❷ VI advertise **Werbespot** M ⟨-s, -s⟩ commercial **Werbung** F advertising

werden ⟨wurde, geworden⟩ ❶ VI get, become; alt/müde/reich ~ get old/tired/rich; was willst du ~? what do you want to be? ❷ VAUX *(future)* will; *(definitely)* be going to; *(passive)* be; er wird uns (schon) fahren he'll drive us; ich werde kommen I'll come; er wird uns abholen he's going to pick us up; wir ~ dafür bezahlt we're paid for it; er wird gerade diskutiert he's being discussed

werfen ⟨warf, geworfen⟩ VT throw
Werft F ⟨-, -en⟩ shipyard, dockyard

Werk NT ⟨-(e)s, -e⟩ *(of art, literature etc)* work; *(industrial)* factory; *(mechanism)* works pl **Werkstatt** F ⟨-, -stätten⟩ workshop; AUTO garage **Werktag** M working day **werktags** ADV on weekdays, during the week **Werkzeug** NT tool **Werkzeugkasten** M toolbox

wert ADJ worth; es ist etwa 50 Euro ~ it's worth about 50 euros; das ist nichts ~ it's worthless **Wert** M ⟨-(e)s, -e⟩ worth; FIN value; ~ legen auf + acc attach importance to; es hat doch keinen ~ *(sense)* it's pointless **Wertangabe** F declaration of value **Wertgegenstand** M valuable object **wertlos** ADJ worthless **Wertpapiere** PL securities pl **Wertsachen** PL valuables pl **Wertstoff** M recyclable waste **wertvoll** ADJ valuable **Wesen** NT ⟨-s, -⟩ being; *(character)* nature

wesentlich ❶ ADJ significant; *(substantial)* considerable ❷ ADV considerably **weshalb** ADV why **Wespe** F ⟨-, -n⟩ wasp **Wespenstich** M wasp sting **wessen** PRON gen → wer; whose

Weste F ⟨-, -n⟩ waistcoat *(Br)*, vest *(US)*; *(woollen)* cardigan **Westen** M ⟨-s⟩ west; im ~ Englands in the west of Eng-

land **Westküste** F̲ west coast
westlich A̲D̲J̲ western;
(course, direction) westerly
weswegen A̲D̲V̲ why
Wettbewerb M̲ competition
Wettbüro N̲T̲ betting office
Wette F̲ ⟨-, -n⟩ bet; **eine ~ abschließen** make a bet; **die ~ gilt!** you're on **wetten** V̲T̲, V̲I̲ bet (auf + acc on); **ich habe mit ihm gewettet, dass ...** I bet him that ...; **ich wette mit dir um 50 Euro** I'll bet you 50 euros; **~, dass?** wanna bet?
Wetter N̲T̲ ⟨-s, -⟩ weather
Wetterbericht M̲, **Wettervorhersage** F̲ weather forecast
Wettkampf M̲ contest **Wettlauf** M̲, **Wettrennen** N̲T̲ race
WG F̲ ⟨-, -s⟩ abbr → **Wohngemeinschaft**
Whirlpool M̲ ⟨-s, -s⟩ jacuzzi
Whisky M̲ ⟨-s, -s⟩ (Scottish) whisky; (Irish, American) whiskey
wichtig A̲D̲J̲ important
wickeln V̲T̲ (string) wind (um round); (paper, scarf, blanket) wrap (um round); **ein Baby ~** change a baby's nappy (Br) or diaper (US)) **Wickelraum** M̲ baby-changing room **Wickeltisch** M̲ baby-changing table
Widder M̲ ⟨-s, -⟩ ZOOL ram; ASTR Aries sg
wider P̲R̲E̲P̲ + acc against

widerlich A̲D̲J̲ disgusting
widerrufen irr V̲T̲ withdraw; (contract, order) cancel
widersprechen irr V̲I̲ contradict (jdm sb) **Widerspruch** M̲ contradiction
Widerstand M̲ resistance **widerstandsfähig** A̲D̲J̲ resistant (gegen to)
widerwärtig A̲D̲J̲ disgusting
widerwillig A̲D̲J̲ unwilling, reluctant
widmen V̲T̲ dedicate 🔢 V̲R̲ **sich jdm/etw ~** devote oneself to sb/sth **Widmung** F̲ dedication
wie 🔢 A̲D̲V̲ how; **~ viel** how much; **~ viele Menschen?** how many people?; **~ geht's?** how are you?; **~ das?** how come?; **~ bitte?** pardon?, sorry? (Br) 🔢 (so) schön **~ ...** as beautiful as ...; **~ du weißt** as you know; **ich das hörte** when I heard that; **ich sah, ~ er rauskam** I saw him coming out
wieder A̲D̲V̲ again; **~ ein(e)** another ...; **~ erkennen** recognize; **etw ~ gutmachen** make up for sth; **~ verwerten** recycle
wiederbekommen irr V̲T̲ get back
wiederholen V̲T̲ repeat **Wiederholung** F̲ repetition
Wiederhören N̲T̲ TEL **auf ~** goodbye
wiederkommen irr V̲I̲ come back

wiedersehen irr VT see again; (person) meet again **Wiedersehen** NT ⟨-s⟩ reunion; **auf ~!** goodbye

Wiedervereinigung F reunification

Wiege F ⟨-, -n⟩ cradle **wiegen** ⟨wog, gewogen⟩ VT, VI weigh

Wien NT ⟨-s⟩ Vienna

wies imperf → weisen

Wiese F ⟨-, -n⟩ meadow

Wiesel NT ⟨-s, -⟩ weasel

wieso ADV why

wievielmal ADV how often **wievielte(r, s)** ADJ **zum ~ Mal?** how many times?; **den Wievielten haben wir heute?** what's the date today?; **am Wievielten hast du Geburtstag?** which day is your birthday?

wieweit CONJ to what extent

wild ADJ wild

Wild NT ⟨-(e)s⟩ game

wildfremd ADJ fam **ein ~er Mensch** a complete (or total) stranger **Wildleder** NT suede **Wildschwein** NT (wild) boar **Wildwasserfahren** NT ⟨-s⟩ whitewater canoeing (or rafting)

Wille M ⟨-ns, -n⟩ will

willen PREP + gen **um ... ~** for the sake of ...; **um Himmels ~!** for heaven's sake; (shocked) goodness me

willkommen ADJ welcome

Wimper F ⟨-, -n⟩ eyelash

Wimperntusche F mascara

Wind M ⟨-(e)s, -e⟩ wind

Windel F ⟨-, -n⟩ nappy (Brit), diaper (US)

windgeschützt ADJ sheltered from the wind **windig** ADJ windy; fig dubious **Windjacke** F windcheater **Windmühle** F windmill **Windpark** M wind farm **Windpocken** PL chickenpox sg **Windrad** NT wind turbine; (toy) windmill **Windschutzscheibe** F AUTO windscreen (Brit), windshield (US) **Windstärke** F wind force **Windsurfen** NT ⟨-s⟩ windsurfing **Windsurfer(in)** M(F) windsurfer

Winkel M ⟨-s, -⟩ MATH angle; (in room) corner

winken VT, VI wave

Winter M ⟨-s, -⟩ winter **Winterausrüstung** F AUTO winter equipment **Winterfahrplan** M winter timetable **winterlich** ADJ wintry **Wintermantel** M winter coat **Winterreifen** M winter tyre **Winterschlussverkauf** M winter sales pl **Wintersport** M winter sports pl **Winterzeit** F (by the clock) winter time (Brit), standard time (US)

winzig ADJ tiny

wir PRON we; **~ alle** all of us; **~ drei** the three of us; **~ sind's** it's us; **~ nicht** not us

Wirbel M ⟨-s, -⟩ whirl; (activity) hurly-burly; (about sb or sth) fuss; ANAT vertebra **Wirbelsäule** F spine

wirken VI be effective; (be successful) work; (appear to be) seem

wirklich ADJ real **Wirklichkeit** F reality

wirksam ADJ effective **Wirkung** F effect

wirr ADJ confused **Wirrwarr** M ‹-s› confusion

Wirsing M ‹-s› savoy cabbage

Wirt M ‹-(e)s, -e› landlord **Wirtin** F landlady

Wirtschaft F economy; (place) pub **wirtschaftlich** ADJ economic; (not wasteful) economical

Wirtshaus NT pub

wischen VT, VI wipe **Wischer** M ‹-s, -› wiper

wissen ‹wusste, gewusst› VT know; **weißt du schon, …?** did you know …?; **woher weißt du das?** how do you know?; **das musst du selbst ~** that's up to you **Wissen** NT ‹-s› knowledge

Wissenschaft F science **Wissenschaftler(in)** M(F) scientist; (in the arts) academic **wissenschaftlich** ADJ scientific; (in the arts) academic

Witwe F ‹-, -n› widow **Witwer** M ‹-s, -› widower

Witz M ‹-(e)s, -e› joke; **mach keine ~e!** you're kidding!; **das soll wohl ein ~ sein** you've got

to be joking **witzig** ADJ funny

wo ① ADV where; **überall, ~ ich hingehe** wherever I go ② CONJ jetzt, **~ du da bist** now that you're here; **~ ich dich gerade spreche** while I'm talking to you **woanders** ADV somewhere else

wobei ADV **~ mir einfällt …** which reminds me …

Woche F ‹-, -n› week; **während** (or **unter**) **der ~** during the week; **einmal die ~** once a week **Wochenende** NT weekend; **am ~** at (Br) (or on (US)) the weekend; **wir fahren übers ~ weg** we're going away for the weekend **Wochenendhaus** NT weekend cottage **Wochenendtrip** M weekend trip **Wochenendurlaub** M weekend break **Wochenkarte** F weekly (season) ticket **wochenlang** ADV for weeks (on end) **Wochenmarkt** M weekly market **Wochentag** M weekday **wöchentlich** ADJ, ADV weekly

Wodka M ‹-s, -s› vodka **wodurch** ADV **~ unterscheiden sie sich?** what's the difference between them?; **~ hast du es gemerkt?** how did you notice? **wofür** ADV (relative) for which; (question) what …; for; **~ brauchst du das?** what do you need that for?

wog imperf → wiegen

woher ADV where ... from **wohin** ADV where ... to

wohl ADV well; at ease, comfortable; probably; certainly **Wohl** NT ‹-(e)s› **zum ~!** cheers **wohlbehalten** ADV safe and sound **Wohlstand** M prosperity, affluence

Wohnblock M block of flats (Brit), apartment house (US) **wohnen** VI live **Wohngemeinschaft** F shared flat (Brit) (or apartment (US)); **ich wohne in einer ~** I share a flat (or an apartment) **wohnhaft** ADJ resident **Wohnküche** F kitchen-cum-living-room **Wohnmobil** NT ‹-s, -e› camper, RV (US) **Wohnort** M place of residence **Wohnsitz** M place of residence **Wohnung** F flat (Brit), apartment (US) **Wohnwagen** M caravan **Wohnzimmer** NT living room

Wolf M ‹-(e)s, Wölfe› wolf **Wolke** F ‹-, -n› cloud **Wolkenkratzer** M skyscraper **wolkenlos** ADJ cloudless **wolkig** ADJ cloudy **Wolldecke** F (woollen) blanket **Wolle** F ‹-, -n› wool

wollen **1** VAUX want; **sie wollte ihn nicht sehen** she didn't want to see him; **~ wir gehen?** shall we go?; **~ Sie bitte ...** will (or would) you please ... **2** VT want; **ich will lieber bleiben** I'd prefer to stay; **er**

will, dass ich aufhöre he wants me to stop; **ich wollte, ich wäre/hätte ...** I wish I were/had ... **3** VI want to; **ich will nicht** I don't want to; **was du willst** whatever you like; **ich will nach Hause** I want to go home; **wo willst du hin?** where do you want to go?; (to person heading somewhere) where are you going?

Wolljacke F cardigan **womit** ADV what ... with; **~ habe ich das verdient?** what have I done to deserve that? **womöglich** ADV possibly **woran** ADV **~ denkst du?** what are you thinking of?; **~ ist er gestorben?** what did he die of?; **~ sieht man das?** how can you tell? **worauf** ADV **~ wartest du?** what are you waiting for? **woraus** ADV **~ ist das gemacht?** what is it made of? **Wort** **1** NT ‹-(e)s, Wörter› word **2** NT ‹-(e)s, -e› word; **mit anderen ~en** in other words; **jdn beim ~ nehmen** take sb at his/her word **Wörterbuch** NT dictionary **wörtlich** ADJ literal **worüber** ADV **~ redet sie?** what is she talking about? **worum** ADV **~ geht's?** what is it about? **worunter** ADV **~ leidet er?** what is he suffering from? **wovon** ADV (relative) from which; **~ redest du?** what are you talking about? **wozu** ADV (relative) to/for which; (question) what ... for/to; (for what reason) why; **~?** what for?; **~ brauchst du das?** what do you need it for?; **~ soll das gut sein?** what's it for?

Wrack NT ⟨-(e)s, -s⟩ wreck

wuchs imperf → **wachsen**

wühlen VI rummage; (animal) root; (mole) burrow

wund ADJ sore **Wunde** F ⟨-, -n⟩ wound

Wunder NT ⟨-s, -⟩ miracle; **es ist kein ~** it's no wonder **wunderbar** ADJ wonderful, marvellous **wundern** ■ VR be surprised (über + acc at) ■ VT surprise **wunderschön** ADJ beautiful **wundervoll** ADJ wonderful

Wundsalbe F antiseptic ointment **Wundstarrkrampf** M tetanus

Wunsch M ⟨-(e)s, Wünsche⟩ wish (nach for) **wünschen** VT wish; **sich** dat **etw ~** want sth; **ich wünsche dir alles Gute** I wish you all the best **wünschenswert** ADJ desirable

wurde imperf → **werden**

Wurf M ⟨-s, Würfe⟩ throw; ZOOL litter

Würfel M ⟨-s, -⟩ dice; MATH cube **würfeln** ■ VI throw (the dice); (as game) play dice ■ VT (number) throw; GASTR dice **Würfelzucker** M lump

sugar

Wurm M ⟨-(e)s, Würmer⟩ worm

Wurst F ⟨-, Würste⟩ sausage; **das ist mir ~** fam I couldn't care less

Würstchen NT frankfurter

Würze F ⟨-, -n⟩ seasoning, spice

Wurzel F ⟨-, -n⟩ root **Wurzelbehandlung** F root canal treatment

würzen VT season, spice **würzig** ADJ spicy

wusch imperf → **waschen**

wusste imperf → **wissen**

wüst ADJ (untidy) chaotic; (party, life, person) wild; (place) desolate; fam (intense) terrible

Wüste F ⟨-, -n⟩ desert

Wut F ⟨-⟩ rage, fury; **ich habe eine ~ auf ihn** I'm really mad at him **wütend** ADJ furious

X-Beine PL knock-knees pl **x-beinig** ADJ knock-kneed

x-beliebig ADJ **ein ~es Buch** any book (you like)

x-mal ADV umpteen times

Xylophon NT ⟨-s, -e⟩ xylophone

Y

Yoga M OR NT ⟨-(s)⟩ yoga
Yuppie M ⟨-s, -s⟩ F ⟨-, -s⟩ yuppie

Z

zackig ADJ (line etc) jagged; fam (speed) brisk
zaghaft ADJ timid
zäh ADJ tough
Zahl F ⟨-, -en⟩ number **zahlbar** ADJ payable **zahlen** VT, VI pay; **~ bitte!** could I have the bill (Br) (or check (US)) please?; **bar ~** pay cash **zählen** VT, VI count ⟨auf + acc on⟩; **~ zu** to be one of **Zahlenschloss** NT combination lock **Zähler** M ⟨-s, -⟩ counter; (for electricity, water) meter **zahlreich** ADJ numerous **Zahlung** F payment
zahm ADJ tame **zähmen** VT tame
Zahn M ⟨-(e)s, Zähne⟩ tooth **Zahnarzt** M, **Zahnärztin** F dentist **Zahnbürste** F toothbrush **Zahncreme** F toothpaste **Zahnersatz** M

dentures pl **Zahnfleisch** NT gums pl **Zahnfleischbluten** NT bleeding gums pl **Zahnfüllung** F filling **Zahnklammer** F brace **Zahnpasta** F, **Zahnpaste** F toothpaste **Zahnschmerzen** PL toothache sg **Zahnseide** F dental floss **Zahnspange** F brace **Zahnstocher** M ⟨-s, -⟩ toothpick
Zange F ⟨-, -n⟩ pliers pl; (for sugar) tongs pl; ZOOL pincers pl
zanken VI, VR quarrel
Zäpfchen NT ANAT uvula; MED suppository
zapfen VT (beer) pull **Zapfsäule** F petrol (Br) (or gas (US)) pump
zappeln VI wriggle; (be restless) fidget
zappen VI zap, channel-hop
zart ADJ soft; (meat etc) tender; (fine, weakly) delicate **zartbitter** ADJ (chocolate) plain, dark **zärtlich** ADJ tender, affectionate **Zärtlichkeit** F tenderness; **~en** pl hugs and kisses pl
Zauber M ⟨-s, -⟩ magic; (magic power) spell **Zauberei** F magic **Zauberer** M ⟨-s, -⟩ magician; (entertainer) conjuror **Zauberformel** F (magic) spell **zauberhaft** ADJ enchanting **Zauberin** F sorceress **Zauberkünstler(in)** M(F) magician, conjuror **Zaubermittel** NT magic cure **zaubern** VI do magic; (entertainer)

do conjuring tricks **Zauberspruch** M̲ (magic) spell
Zaun M̲ ⟨-(e)s, Zäune⟩ fence
z. B. *abbr* = **zum Beispiel** e.g., eg
Zebra N̲T̲ ⟨-s, -s⟩ zebra **Zebrastreifen** M̲ zebra crossing (*Brit*), crosswalk (*US*)
Zecke F̲ ⟨-, -n⟩ tick
Zehe F̲ ⟨-, -n⟩ toe; (*of garlic*) clove **Zehennagel** M̲ toenail **Zehenspitze** F̲ tip of the toes
zehn N̲U̲M̲ ten **Zehnerkarte** F̲ ticket valid for ten trips **Zehnkampf** M̲ decathlon **Zehnkämpfer(in)** M̲(F̲) decathlete **zehnmal** A̲D̲V̲ ten times **zehntausend** N̲U̲M̲ ten thousand **zehnte(r, s)** A̲D̲J̲ tenth; → **dritte Zehntel** N̲T̲ ⟨-s, -⟩ tenth
Zeichen N̲T̲ ⟨-s, -⟩ sign; (*letter, numeral*) character **Zeichenblock** M̲ sketch pad **Zeichensetzung** F̲ punctuation **Zeichensprache** F̲ sign language **Zeichentrickfilm** M̲ cartoon
zeichnen V̲T̲, V̲I̲ draw **Zeichnung** F̲ drawing
Zeigefinger M̲ index finger **zeigen** ◼ V̲T̲ show; **sie zeigte uns die Stadt** she showed us around the town; **zeig mal!** let me see ◻ V̲I̲ point (*auf + acc* to, at) ◼ V̲R̲ show oneself; **es wird sich ~ time will tell Zeiger** M̲ ⟨-s, -⟩ pointer; (*of clock, watch*) hand

Zeile F̲ ⟨-, -n⟩ line
Zeit F̲ ⟨-, -en⟩ time; **ich habe keine ~** I haven't got time; **lass dir ~** take your time; **von ~ zu ~** from time to time **Zeitansage** F̲ T̲E̲L̲ speaking clock (*Brit*), correct time (*US*) **Zeitarbeit** F̲ temporary work **zeitgenössisch** A̲D̲J̲ contemporary, modern **zeitgleich** ◼ A̲D̲J̲ simultaneous ◻ A̲D̲V̲ at exactly the same time **zeitig** A̲D̲J̲ early **Zeitkarte** F̲ season ticket **zeitlich** A̲D̲J̲ chronological; **es passt ~ nicht** it isn't a convenient time **Zeitlupe** F̲ slow motion **zeitnah** ◼ A̲D̲J̲ immediate, prompt; (*of the same time*) contemporary ◻ A̲D̲V̲ immediately, instantly **Zeitplan** M̲ schedule **Zeitpunkt** M̲ point in time **Zeitraum** M̲ period (of time) **Zeitschrift** F̲ magazine; (*academic, scientific*) periodical **Zeitung** F̲ newspaper; **es steht in der ~** it's in the paper(s) **Zeitungsartikel** M̲ newspaper article **Zeitungskiosk** M̲, **Zeitungsstand** M̲ newsstand **Zeitunterschied** M̲ time difference **Zeitverschiebung** F̲ time lag **Zeitvertreib** M̲ ⟨-(e)s, -e⟩ **zum ~** to pass the time **Zeitzone** F̲ time zone
Zelle F̲ ⟨-, -n⟩ cell
Zellophan N̲T̲ ⟨-s⟩ cellophane

Zelt NT ⟨-(e)s, -e⟩ tent **zelten** VI camp, go camping **Zeltplatz** M campsite, camping site

Zement M ⟨-(e)s, -e⟩ cement

Zentimeter M OR NT centimetre

Zentner M ⟨-s, -⟩ (metric) hundredweight; (in Germany) fifty kilos; (in Austria and Switzerland) one hundred kilos

zentral ADJ central **Zentrale** F ⟨-, -n⟩ central office; TEL exchange **Zentralheizung** F central heating **Zentralverriegelung** F AUTO central locking **Zentrum** NT ⟨-s, Zentren⟩ centre

zerbrechen irr VT, VI break **zerbrechlich** ADJ fragile

Zeremonie F ⟨-, -n⟩ ceremony

zerkleinern VT cut up; (roughly) chop (up) **zerkratzen** VT scratch **zerlegen** VT take to pieces; (meat) carve; (machine, engine) dismantle **zerquetschen** VT squash **zerreißen** irr ■ VT tear to pieces ② VI tear

zerren ■ VT drag; **sich** dat **einen Muskel ~** pull a muscle ② VI tug (an + dat at) **Zerrung** F MED pulled muscle

zerschlagen irr ■ VT smash ② VR come to nothing

zerschneiden irr VT cut up

zerstören VT destroy **Zerstörung** F destruction

zerstreuen ■ VT scatter; (crowd) disperse; (doubts, fears) dispel ② VR (crowd) disperse **zerstreut** ADJ scattered; (person) absent-minded; (temporarily) distracted

zerteilen VT split up

Zertifikat NT ⟨-(e)s, -e⟩ certificate

Zettel M ⟨-s, -⟩ piece of paper; (message, reminder) note

Zeug NT ⟨-(e)s, -e⟩ fam stuff; (equipment) gear; **dummes ~** nonsense

Zeuge M ⟨-n, -n⟩, **Zeugin** F witness

Zeugnis NT certificate; (from school) report; (from former employer) reference

zickig ADJ fam touchy, bitchy

Zickzack M ⟨-(e)s, -e⟩ **im ~ fahren** zigzag (across the road)

Ziege F ⟨-, -n⟩ goat

Ziegel M ⟨-s, -⟩ brick; (on roof) tile

Ziegenkäse M goat's cheese

ziehen ⟨zog, gezogen⟩ ■ VT draw; (tug, drag) pull; (piece in game) move; (breed) rear ② VI pull; (go) move; (smoke, cloud etc) drift; **den Tee ~ lassen** let the tea stand ③ VI IMPERS **es zieht** there's a draught ④ VR (meeting, speech) drag on

Ziel NT ⟨-(e)s, -e⟩ (of journey) destination; SPORT finish; (intention) goal, aim **zielen** VI aim (auf + acc at) **zielführend** ADJ carefully targeted; (promis-

ing) productive; *(making sense)* useful; **die Diskussion ist nicht ~** this discussion is getting (us) nowhere **Zielgruppe** F̲ target group **ziellos** ADJ aimless **Zielscheibe** F̲ target

ziemlich 1 ADJ considerable; **ein ~es Durcheinander** quite a mess; **mit ~er Sicherheit** with some certainty 2 ADV rather, quite; **~ viel** quite a lot

zierlich ADJ dainty; *(woman)* petite

Ziffer F̲ ⟨-, -n⟩ figure; **arabische/römische ~n** pl Arabic/Roman numerals pl **Zifferblatt** NT̲ dial, face

zig ADJ fam umpteen

Zigarette F̲ cigarette **Zigarettenautomat** M̲ cigarette machine **Zigarettenschachtel** F̲ cigarette packet **Zigarettenstummel** M̲ cigarette end **Zigarillo** M̲ ⟨-s, -s⟩ cigarillo **Zigarre** F̲ ⟨-, -n⟩ cigar

Zimmer NT̲ ⟨-s, -⟩ room; **haben Sie ein ~ für zwei Personen?** do you have a room for two? **Zimmerlautstärke** F̲ reasonable volume **Zimmermädchen** NT̲ chambermaid **Zimmermann** M̲ carpenter **Zimmerpflanze** F̲ house plant **Zimmerschlüssel** M̲ room key **Zimmerservice** M̲ room service **Zimmervermittlung** F̲ accommodation agency

Zimt M̲ ⟨-(e)s, -e⟩ cinnamon

Zink NT̲ ⟨-(e)s⟩ zinc

Zinn NT̲ ⟨-(e)s⟩ tin; *(alloy)* pewter

Zinsen PL interest sg

Zipfel M̲ ⟨-s, -⟩ corner; *(pointed)* tip; *(of shirt)* tail; *(of sausage)* end

Zirkel M̲ ⟨-s, -⟩ MATH (pair of) compasses pl

Zirkus M̲ ⟨-, -se⟩ circus

zischen V̲I̲ hiss

Zitat NT̲ ⟨-(e)s, -e⟩ quotation *(aus from)* **zitieren** V̲T̲ quote

Zitronat NT̲ candied lemon peel **Zitrone** F̲ ⟨-, -n⟩ lemon **Zitronenlimonade** F̲ lemonade **Zitronensaft** M̲ lemon juice

zittern V̲I̲ tremble *(vor + dat with)*

zivil ADJ civilian; *(price)* reasonable **Zivil** NT̲ ⟨-s⟩ plain clothes pl; MIL civilian clothes pl **Zivildienst** M̲ community service *(for conscientious objectors)*

zocken V̲I̲ fam gamble

Zoff M̲ ⟨-s⟩ fam trouble

zog imperf → **ziehen**

zögerlich ADJ hesitant **zögern** V̲I̲ hesitate

Zoll M̲ ⟨-(e)s, Zölle⟩ customs pl; *(tax)* duty **Zollabfertigung** F̲ customs clearance **Zollamt** NT̲ customs office **Zollbeamte(r)** M̲, **Zollbeamtin** F̲ customs official **Zollerklärung** F̲ customs declaration **zollfrei** ADJ duty-free **Zollgebühren** PL customs duties pl **Zollkontrolle** F customs check **Zöllner(in)** M(F) customs officer **zollpflichtig** ADJ liable to duty

Zone F ⟨-, -n⟩ zone

Zoo M ⟨-s, -s⟩ zoo

Zoom NT ⟨-s, -s⟩ zoom (shot); zoom (lens)

Zopf M ⟨-(e)s, Zöpfe⟩ plait (Br), braid (US)

Zorn M ⟨-(e)s⟩ anger **zornig** ADJ angry (über etw acc about sth, auf jdn with sb)

zu ■ CONJ (with infinitive) to; ■ PREP + dat (direction, action) to; (place, time, price) at; (purpose) for; **~r Post gehen** go to the post office; **~ Hause** at home; **~ Weihnachten** at Christmas; **fünf Bücher ~ 20 Euro** five books at 20 euros each; **~m Fenster herein** through the window; **~ meiner Zeit** in my time ■ ADV too; **~ viel** too much; **~ wenig** not enough ■ ADJ fam shut; **Tür ~!** shut the door

zuallererst ADV first of all **zuallerletzt** ADV last of all

Zubehör NT ⟨-(e)s, -e⟩ accessories pl

zubereiten VT prepare **Zubereitung** F preparation

zubinden irr VT do or (or tie) up

Zucchini PL courgettes pl (Br), zucchini pl (US)

züchten VT (animals) breed;

(plants) grow

zucken VI jerk; (convulsively) twitch; **mit den Schultern ~** shrug (one's shoulders)

Zucker M ⟨-s, -⟩ sugar; MED diabetes sg **Zuckerdose** F sugar bowl **zuckerkrank** ADJ diabetic **Zuckerrohr** NT sugar cane **Zuckerwatte** F candyfloss (Br), cotton candy (US)

zudecken VT cover up

zudrehen VT turn off

zueinander ADV to one another; (as part of verb) together **zueinanderhalten** irr VI stick together

zuerst ADV first; (at the start) at first; **~ einmal** first of all

Zufahrt F access; (of house) drive(way) **Zufahrtsstraße** F access road; (onto motorway) slip road (Br), ramp (US)

Zufall M chance; (event) coincidence; **durch ~** by accident; **so ein ~!** what a coincidence **zufällig** ■ ADJ chance ■ ADV by chance; **weißt du ~, ob …?** do you happen to know whether …?

zufrieden ADJ content(ed); (with sth) satisfied; **lass sie ~** leave her alone (or in peace) **zufriedengeben** irr VR **sich mit etw ~** settle for sth **Zufriedenheit** F contentment; (with sth) satisfaction **zufriedenstellen** VT **sie ist schwer zufriedenzustellen** she is hard to please

zufügen VT add (*dat* to); **jdm Schaden/Schmerzen ~** cause sb harm/pain

Zug M ‹-(e)s, Züge› RAIL train; (*air*) draught; (*tug*) pull; (*in chess*) move; (*of character*) trait; (*on cigarette*) puff, drag; (*swallow*) gulp

Zugabe F extra; (*at concert etc*) encore

Zugabteil NT train compartment

Zugang M access; „kein ~!" 'no entry'

Zugauskunft F train information office/desk **Zugbegleiter(in)** M(F) guard (*Brit*), conductor (*US*)

zugeben *irr* VT admit **zugegeben** ADV admittedly

zugehen *irr* VI (*door, lid, cupboard etc*) shut; **auf jdn/etw ~** walk towards sb/sth; **dem Ende ~** be coming to a close 2 VI IMPERS happen; **es ging lustig zu** we/they had a lot of fun

Zügel M ‹-s, -› rein

zugig ADJ draughty

zügig ADJ speedy

Zugluft F draught

Zugpersonal NT train staff

zugreifen *irr* VI fig seize the opportunity; (*when eating*) help oneself; **~ auf** + *acc* IT access

Zugrestaurant NT dining car, diner (*US*)

Zugriffsberechtigung F IT access right

zugrunde ADV **~ gehen** perish; **~ gehen an** + *dat* die of

Zugschaffner(in) M(F) ticket inspector **Zugunglück** NT train crash

zugunsten PREP + *gen* or *dat* in favour of

Zugverbindung F train connection

zuhaben *irr* VI be closed

zuhalten *irr* VT **sich** *dat* **die Nase ~** hold one's nose; **sich** *dat* **die Ohren ~** hold one's hands over one's ears; **die Tür ~** hold the door shut

Zuhause NT ‹-s› home

zuhören VI (*listen to dat*) **Zuhörer(in)** M(F) listener

zukleben VT seal

zukommen *irr* VI come up (*auf* + *acc* to); **jdm etw ~ lassen** give/send sb sth; **etw auf sich** *acc* **~ lassen** take sth as it comes

Zukunft F ‹-, Zukünfte› future **zukünftig** 1 ADJ future 2 ADV in future

zulassen *irr* VT (*let in*) admit; (*allow*) permit; (*car*) license; *fam* (*not open*) keep shut **zulässig** ADJ permissible, permitted

zuletzt ADV finally, at last

zuliebe ADV **jdm ~** for sb's sake

zum *contr* = **zu dem**; **~ dritten Mal** for the third time; **~ Trinken** for drinking

zumachen 1 VT shut; (*clothes*) do up 2 VI shut

zumindest ADV at least
zumuten 1 VT jdm etw ~ expect sth of sb 2 VR **sich** dat **zu viel** ~ overdo things
zunächst ADV first of all; ~ **einmal** to start with
Zunahme F ⟨-, -n⟩ increase
Zuname M surname, last name
zünden VT, VI AUTO ignite, fire
Zündkerze F AUTO spark plug **Zündschlüssel** M ignition key **Zündung** F ignition
zunehmen irr 1 VI increase; (person) put on weight 2 VT **5 Kilo** ~ put on 5 kilos
Zunge F ⟨-, -n⟩ tongue
Zungenkuss M French kiss
zunichtemachen VT ruin
zunutze ADV **sich** dat **etw** ~ **machen** make use of sth
zuparken VT block
zur contr = **zu der**
zurechtfinden irr VR find one's way around **zurechtkommen** irr VI cope (mit etw with sth) **zurechtmachen** 1 VT prepare 2 VR get ready
Zürich NT ⟨-s⟩ Zurich
zurück ADV back
zurückbekommen irr VT get back **zurückblicken** VI look back (auf + acc at) **zurückbringen** irr VT bring back; (somewhere else) take back **zurückerstatten** VT refund **zurückfahren** irr VI go back **zurückgeben** irr VT give back **zurückgehen** irr VI go back;

(in time) date back (auf + acc to) **zurückhalten** irr 1 VT hold back; (hinder) prevent 2 VR hold back **zurückhaltend** ADJ reserved
zurückholen VT fetch back
zurückkommen irr VI come back; **auf etw** acc ~ return (or get back) to sth **zurücklassen** irr VT leave behind **zurücklegen** VT put back; (money) put by; (keep in reserve) keep back; (distance) cover **zurückrufen** irr VT call back **zurückschicken** VT send back **zurücktreten** irr VI step back; (from office) retire **zurückverlangen** VT etw ~ ask for sth back **zurückzahlen** VT pay back
zurzeit ADV at present
Zusage F promise; (of invitation) acceptance **zusagen** 1 VT promise 2 VI accept; **jdm** ~ (please) appeal to sb
zusammen ADV together
Zusammenarbeit F collaboration **zusammenarbeiten** VI work together
zusammenbrechen irr VI collapse; (mentally) break down **Zusammenbruch** M collapse; (mental) breakdown **zusammenfassen** VT summarize; (bring together) unite **Zusammenfassung** F summary
zusammengehören VI belong together **zusammen-**

halten irr VI stick together
Zusammenhang M connection; **im/aus dem ~** in/out of context **zusammenhängen** irr VI be connected **zusammenhängend** ADJ coherent **zusammenklappen** 1 VT fold up 2 VI club together **zusammennehmen** irr 1 VT summon up; **alles zusammengenommen** all in all 2 VR pull oneself together; fam get a grip, get one's act together **zusammenpassen** VI go together; (people) be suited **zusammenrechnen** VT add up **Zusammensein** NT ‹-s› get-together
zusammensetzen 1 VT put together 2 VR **sich ~ aus** be composed of **Zusammensetzung** F composition **Zusammenstoß** M crash, collision **zusammenstoßen** irr VI crash (mit into) **zusammenzählen** VT add up **zusammenziehen** irr VI (into flat etc) move in together **Zusatz** M addition; IT add-on **zusätzlich** 1 ADJ additional 2 ADV in addition
zuschauen VI watch **Zuschauer(in)** M|F ‹-s, -› spectator; **die ~** pl THEAT the audience sg
zuschicken VT send
Zuschlag M extra charge; (on ticket) supplement **zuschlag-**

pflichtig ADJ subject to an extra charge; RAIL subject to a supplement
zuschließen irr VT lock up
zusehen irr VI watch (jdm sb); **~, dass** make sure that
zusichern VT **jdm etw ~** assure sb of sth
Zustand M state, condition
zustande ADV **~ bringen** bring about; **~ kommen** come about
zuständig ADJ (authority) relevant; **~ für** responsible for
Zustellung F delivery
zustimmen VI agree (einer Sache to sth, jdm with sb)
Zustimmung F approval
zustoßen irr VI fig happen (jdm to sb)
Zutaten PL ingredients pl
zutrauen VT **jdm etw ~** think sb is capable of sth; **das hätte ich ihm nie zugetraut** I'd never have thought he was capable of it; **ich würde es ihr ~** (sth negative) I wouldn't put it past her **Zutrauen** NT ‹-s› confidence (zu in) **zutraulich** ADJ trusting; (animal) friendly
zutreffen irr VI be correct; **~ auf + acc** apply to; **Zutreffendes bitte streichen** please delete as applicable
Zutritt M entry; (permission to enter) access; **„~ verboten!"** 'no entry'
zuverlässig ADJ reliable
Zuversicht F confidence **zuversichtlich** ADJ confident

zuvor ADV before; (*before anything else*) first **zuvorkommen** irr ⟨jdm⟩ ~ beat sb to it

Zuwachs M ⟨-es, Zuwächse⟩ increase, growth; *fam* (*baby*) addition to the family

zuwider ADV **es ist mir** ~ I hate (*or* detest) it

zuzüglich PREP + *gen* plus

zwang *imperf* → zwingen

Zwang M ⟨-(e)s, Zwänge⟩ (*inner urge*) compulsion; (*against will*) force **zwängen** VT, VR squeeze (*in* + *acc* into) **zwanglos** ADJ informal

zwanzig NUM twenty **zwanzigste(r, s)** ADJ twentieth; → dritte

zwar ADV **und** ~ ... ., to be precise; **das ist** ~ **schön, aber** ... it is nice, but ...

Zweck M ⟨-(e)s, -e⟩ purpose **zwecklos** ADJ pointless

zwei NUM two **Zwei** F ⟨-, -en⟩ two; (*mark in school*) ≈ B **Zweibettzimmer** NT twin room **zweideutig** ADJ ambiguous; (*indecent*) suggestive **zweifach** ADJ, ADV double **Zweifel** M ⟨-s, -⟩ doubt **zweifellos** ADV undoubtedly **zweifeln** VI doubt (*an etw dat* sth) **Zweifelsfall** M **im** ~ in case of doubt

Zweig M ⟨-(e)s, -e⟩ branch **Zweigstelle** F branch **zweihundert** NUM two hundred **zweimal** ADV twice **zweisprachig** ADJ bilingual

zweispurig ADJ AUTO two-lane **zweit** ADV **wir sind zu** ~ there are two of us **zweite(r, s)** ADJ second; → dritte **zweitens** ADV secondly; (*when listing*) second **zweitgrößte(r, s)** ADJ second largest **Zweitschlüssel** M spare key

Zwerg(in) M(F) ⟨-(e)s, -e⟩ dwarf

Zwetschge F ⟨-, -n⟩ plum **zwicken** VT pinch **Zwieback** M ⟨-(e)s, -e⟩ rusk **Zwiebel** F ⟨-, -n⟩ onion; (*of flower*) bulb

Zwilling M ⟨-s, -e⟩ twin; ~**e** *pl* ASTR Gemini *sg*

zwingen ⟨zwang, gezwungen⟩ VT force

zwinkern VI blink; (*deliberately*) wink

zwischen PREP + *acc* or *dat* between **Zwischenablage** F IT clipboard **zwischendurch** ADV in between **Zwischenlandung** F stopover **Zwischenraum** M space **Zwischenschenstopp** M ⟨-s, -s⟩ stopover **Zwischenzeit** F **in der** ~ in the meantime

zwitschern VT, VI twitter, chirp

zwölf NUM twelve **zwölfte(r, s)** ADJ twelfth; → dritte

Zylinder M ⟨-s, -⟩ cylinder; top hat

zynisch ADJ cynical

Zypern NT ⟨-s⟩ Cyprus

English – German

A

a, an ART ein/eine/ein; **~ man** ein Mann; **~ woman** eine Frau; **~n apple** ein Apfel; **he's ~ student** er ist Student; **three times ~ week** dreimal pro Woche/in der Woche

AA abbr = **Automobile Association** britischer Automobilklub, ≈ ADAC m

aback ADV: **taken ~** erstaunt

abandon VT (desert) verlassen; (give up) aufgeben

abbey N Abtei f

abbreviation N Abkürzung f

abdication N Abdankung f

abdomen N Unterleib m

ability N Fähigkeit f; **be ~ to do sth** etw tun können

aboard ADV, PREP an Bord + gen

abolish VT abschaffen

aborigine N Ureinwohner(in) m(f) (Australiens)

abortion N Abtreibung f

about 1 ADV (around) herum, umher; (approximately) ungefähr; (with time) gegen; **be ~**

to im Begriff sein zu; **there are a lot of people ~** es sind eine Menge Leute da 2 PREP (concerning) über + acc; **there is nothing you can do ~ it** da kann man nichts machen

above 1 ADV oben; **children aged 8 and ~** Kinder ab 8 Jahren; **on the floor ~** ein Stockwerk höher 2 PREP über; **~ 40 degrees** über 40 Grad; **~ all** vor allem 3 ADJ obig

abroad ADV im Ausland; **go ~** ins Ausland gehen

absent ADJ abwesend; **be ~** fehlen **absent-minded** ADJ zerstreut

absolute ADJ absolut; (rubbish) vollkommen, total **absolutely** ADV absolut; (true, stupid) vollkommen; **~!** genau!; **you're ~ right** du hast/Sie haben völlig recht

absorb VT absorbieren; fig (information) in sich aufnehmen **absorbed** ADJ **~ in sth** in etw vertieft **absorbent** ADJ absorbierend; **~ cotton** (US) Watte f **absorbing** ADJ fig faszinierend, fesselnd

abstract ADJ abstrakt

abundance N Reichtum m (of an + dat)

abuse 1 N̅ (*rude language*) Beschimpfungen *pl*; (*mistreatment*) Missbrauch *m* 2 V̅T̅ (*misuse*) missbrauchen **abusive** A̅D̅J̅ beleidigend

AC 1 *abbr* → alternating current Wechselstrom *m* 2 *abbr* → air conditioning Klimaanlage *f*

a/c *abbr* → account Kto.

academic 1 N̅ Wissenschaftler(in) *m(f)* 2 A̅D̅J̅ wissenschaftlich

accelerate V̅I̅ (*car etc*) beschleunigen; (*driver*) Gas geben **acceleration** N̅ Beschleunigung *f* **accelerator** N̅ Gas(-pedal) *nt*

accent N̅ Akzent *m*

accept V̅T̅ annehmen; (*agree to*) akzeptieren; (*responsibility*) übernehmen **acceptable** A̅D̅J̅ annehmbar

access N̅ Zugang *m*; IT Zugriff *m* **accessible** A̅D̅J̅ (leicht) zugänglich/erreichbar **accessory** N̅ Zubehörteil *nt* **access road** N̅ Zufahrtsstraße *f*

accident N̅ Unfall *m*; **by ~** zufällig **accidental** A̅D̅J̅ unbeabsichtigt; (*meeting*) zufällig; (*death*) durch Unfall **accident-prone** A̅D̅J̅ vom Pech verfolgt

acclimatize V̅T̅ **~ oneself** sich gewöhnen (*to an + acc*)

accommodate V̅T̅ unterbringen **accommodation**, s N̅ Unterkunft *f*

accompany V̅T̅ begleiten

accomplish V̅T̅ erreichen

accord N̅ **of one's own ~** freiwillig **according to** P̅R̅E̅P̅ nach, laut + *dat*

account N̅ (*in bank etc*) Konto *nt*; (*narrative*) Bericht *m*; **on ~ of** wegen; **on no ~** auf keinen Fall; **take into ~** berücksichtigen, in Betracht ziehen **accountant** N̅ Buchhalter(in) *m(f)* **account for** (*explain*) erklären; (*expenditure*) Rechenschaft ablegen für **account number** N̅ Kontonummer *f*

accurate A̅D̅J̅ genau

accusation N̅ Anklage *f*, Beschuldigung *f* **accuse** V̅T̅ beschuldigen; LAW anklagen (*of wegen gen*) **accused** N̅ LAW Angeklagte(r) *mf*

accustom V̅T̅ gewöhnen (*to an + acc*) **accustomed** A̅D̅J̅ gewohnt; **get ~ to** sth sich an etw *acc* gewöhnen

ace 1 N̅ Ass *nt* 2 A̅D̅J̅ Star-

ache 1 N̅ Schmerz *m* 2 V̅I̅ wehtun

achieve V̅T̅ erreichen **achievement** N̅ Leistung *f*

acid N̅ Säure *f* 2 A̅D̅J̅ sauer

acknowledge V̅T̅ (*recognize*) anerkennen; (*admit*) zugeben; (*receipt of letter etc*) bestätigen **acknowledgement** N̅ Anerkennung *f*; (*of letter*) Empfangsbestätigung *f*

acne N̅ Akne *f*

acorn N̅ Eichel *f*

acoustics NPL Akustik f

acquaintance N (person) Bekannte(r) mf

acquire VT erwerben, sich aneignen **acquisition** N (of skills etc) Erwerb m; (object) Anschaffung f

across 1 PREP über + acc; **he lives ~ the street** er wohnt auf der anderen Seite der Straße 2 ADV hinüber, herüber; **100m ~** 100m breit

act 1 N (deed) Tat f; LAW Gesetz nt; THEAT Akt m; **be in the ~ of doing sth** gerade dabei sein, etw zu tun 2 VI (take action) handeln; (behave) sich verhalten; THEAT spielen; ~ **as** (person) fungieren als; (thing) dienen als 3 VT (a part) spielen

action N (of play, movie etc) Handlung f; (in film etc) Action f; MIL Kampf m; **take ~** etwas unternehmen; **put a plan into ~** einen Plan in die Tat umsetzen **action replay** N SPORT, TV Wiederholung f

activate VT aktivieren **active** ADJ aktiv; (child) lebhaft **activity** N Aktivität f; (occupation) Beschäftigung f; (organized event) Veranstaltung f **activity holiday** N (Br) Aktivurlaub m

actor N Schauspieler(in) m(f)

actress N Schauspielerin f

actual ADJ wirklich **actually** ADV eigentlich; (said in surprise) tatsächlich

acupuncture N Akupunktur f

acute ADJ (pain) akut; MATH (angle) spitz

ad abbr → advertisement

AD abbr = **Anno Domini** nach Christi, n. Chr.

adapt 1 VI sich anpassen (to + dat) 2 VT anpassen (to + dat); (rewrite) bearbeiten (for für) **adaptation** N (of book etc) Bearbeitung f **adapter** N ELEC Zwischenstecker m, Adapter m

add VT 1 (ingredient) hinzufügen; (numbers) addieren **add up** 1 VI (make sense) stimmen 2 VT (numbers) addieren

addicted ADJ ~ **to alcohol/ drugs** alkohol-/drogensüchtig **addiction** N Sucht f; (to bill) Aufschlag m; MATH Addition f; **in ~** außerdem, zusätzlich (to zu)

additional ADJ zusätzlich, weiter **additive** N Zusatz m

add-in N IT Add-in nt **addition** N Zusatz m; (to bill) Aufschlag m; MATH Addition f; **in ~** außerdem, zusätzlich (to zu)

add-on N Zusatzgerät nt

address 1 N Adresse f 2 VT (letter) adressieren; (person) anreden

adequate ADJ (appropriate) angemessen; (sufficient) ausreichend

adhesive N Klebstoff m **adhesive tape** N Klebstreifen m

adjacent ADJ benachbart

adjoining ADJ benachbart, Neben-

adjust 1 VT einstellen; (put right also) richtig stellen;

(speed, flow) regulieren; *(in position)* verstellen **2** Vi sich anpassen *(to + dat)* **adjustable** ADJ verstellbar

admin N *fam* Verwaltung f **administration** N Verwaltung f; POL Regierung f

admirable ADJ bewundernswert **admiration** N Bewunderung f **admire** VT bewundern

admission N *(entrance)* Zutritt m; *(to university etc)* Zulassung f; *(fee)* Eintritt m **admission charge, admission fee** N Eintrittspreis m **admit** VT *(let in)* hereinlassen (to in + acc); *(to university etc)* zulassen; *(confess)* zugeben, gestehen; **be ~ted to hospital** ins Krankenhaus eingeliefert werden

adolescent N Jugendliche(r) mf

adopt VT *(child)* adoptieren; *(idea)* übernehmen **adoption** N *(of child)* Adoption f; *(of idea)* Übernahme f

adorable ADJ entzückend **adore** VT anbeten; *(person)* über alles lieben, vergöttern

adult **1** ADJ *(person)* erwachsen; *(film etc)* für Erwachsene **2** N Erwachsene(r) mf

adultery N Ehebruch m

advance **1** N *(money)* Vorschuss m; *(progress)* Fortschritt m; **in ~** im Voraus; **book in ~** vorbestellen **2** Vi *(move forward)* vorrücken **3** VT *(money)*

vorschießen **advance booking** N Reservierung f; THEAT Vorverkauf m **advanced** ADJ *(modern)* fortschrittlich; *(course, study)* für Fortgeschrittene **advance payment** N Vorauszahlung f

advantage N Vorteil m; **take ~ of** *(exploit)* ausnutzen; *(profit from)* Nutzen ziehen aus; **it's to your ~** es ist in deinem/Ihrem Interesse

adventure N Abenteuer n **adventure holiday** N Abenteuerurlaub m **adventure playground** N Abenteuerspielplatz m

adverse ADJ *(conditions etc)* ungünstig; *(effect, comment etc)* negativ

advert N Anzeige f **advertise** **1** VT werben für; *(in newspaper)* inserieren; *(job)* ausschreiben **2** Vi Reklame machen **advertisement** N Werbung f; *(announcement)* Anzeige f **advertising** N Werbung f

advice N Rat(schlag) m; **take my ~** hör auf mich **advisable** ADJ ratsam **advise** VT raten *(sb* jdm); **~ sb to do sth/not to do sth** jdm zuraten/abraten, etw zu tun

aerial **1** N Antenne f **2** ADJ Luft-

aerobics NSING Aerobic nt

aeroplane N Flugzeug nt

afaik *abbr* **= as far as I know** *(SMS etc)* ≈ soweit ich weiß

affair N (*matter*) Sache f, Angelegenheit f; (*scandal*) Affäre f; (*love affair*) Verhältnis nt

affect VT (*influence*) (ein)wirken auf + acc; (*health, organ*) angreifen; (*move deeply*) berühren; (*concern*) betreffen **affection** N Zuneigung f **affectionate** ADJ liebevoll

affluent ADJ wohlhabend

afford VT sich leisten; **I can't ~ it** ich kann es mir nicht leisten **affordable** ADJ erschwinglich

Afghanistan N Afghanistan nt

aforementioned ADJ oben genannt

afraid ADJ **be ~** Angst haben (*of* vor + dat); **be ~ that ...** fürchten, dass ...; **I'm ~ I don't know** das weiß ich leider nicht

Africa N Afrika nt **African** 1 ADJ afrikanisch 2 N Afrikaner(in) m(f) **African American**, **Afro-American** N Afroamerikaner(in) m(f)

after 1 PREP nach; **ten ~ five** (US) zehn nach fünf; **be ~ sb/ sth** (*following, seeking*) hinter jdm/etw her sein; **~ all** schließlich 2 CONJ nachdem 3 ADV **soon ~** bald danach **aftercare** N Nachbehandlung f

afternoon N Nachmittag m; **in the ~** nachmittags

afters NPL Nachtisch m **after-sales service** N Kundendienst m **after-shave** (**lotion**) N Rasierwasser nt **after-**

wards ADV nachher; (*after that*) danach

again ADV wieder; (*one more time*) noch einmal; **~ and ~** immer wieder; **the same ~ please** das Gleiche noch mal bitte

against PREP gegen; **~ my will** wider Willen; **~ the law** unrechtmäßig, illegal

age 1 N Alter nt; (*period of history*) Zeitalter nt; **at the ~ of four** im Alter von vier (Jahren); **what ~ is she?, what is her ~?** wie alt ist sie?; **under ~** minderjährig 2 VI altern, alt werden **aged** 1 ADJ **~ thirty** dreißig Jahre alt; **a son ~ twenty** ein zwanzigjähriger Sohn 2 ADJ (*elderly*) betagt **age group** N Altersgruppe f **age limit** N Altersgrenze f

agency N Agentur f

agenda N Tagesordnung f

agent N COMM Vertreter(in) m(f); (*for writer, actor etc*) Agent(in) m(f)

aggression N Aggression f **aggressive** ADJ aggressiv

AGM abbr = **Annual General Meeting** JHV f

ago ADV **two days ~** heute vor zwei Tagen; **not long ~** (erst) vor Kurzem

agonize VI sich den Kopf zerbrechen (*over* über + acc) **agonizing** ADJ qualvoll **agony** N Qual f

agree 1 VT (*date, price etc*) vereinbaren; **~ to do sth** sich bereit erklären, etw zu tun; **~ that ...** sich *dat* einig sein, dass ...; (*decide*) beschließen, dass ...; (*admit*) zugeben, dass ... **2** Vi (*have same opinion, correspond*) übereinstimmen (*with* mit); (*consent*) zustimmen; (*come to an agreement*) sich einigen (*about, on* auf + *acc*); (*food*) **not ~ with sb** jdm nicht bekommen **agreement** N (*agreeing*) Übereinstimmung f; (*contract*) Abkommen nt, Vereinbarung f

agricultural ADJ landwirtschaftlich, Landwirtschafts-
agriculture N Landwirtschaft f

ahead ADV **be ~** führen, vorne liegen; **~ of** vor + *dat*; **be 3 metres ~** = 3 Meter Vorsprung haben

aid 1 N Hilfe f; **be in ~ of** zugunsten + *gen*; **with the ~ of** mithilfe + *gen* **2** Vt helfen + *dat*; (*support*) unterstützen

Aids N *acr* = **acquired immune deficiency syndrome**; Aids nt

aim 1 Vt (*gun, camera*) richten (*at* auf + *acc*) **2** Vi **~ at** (*with gun etc*) zielen auf + *acc*; *fig* abzielen auf + *acc*; **~ to do sth** beabsichtigen, etw zu tun **3** N Ziel nt

air 1 N Luft f; **in the open ~** im Freien **2** Vt lüften **airbag** N AUTO Airbag m **air-conditioned** ADJ mit Klimaanlage **air conditioning** N Klimaanlage f **aircraft** N Flugzeug

nt **airfield** N Flugplatz m **air force** N Luftwaffe f **airline** N Fluggesellschaft f **airmail** N Luftpost f; **by ~** mit Luftpost **airplane** N (US) Flugzeug nt **air pollution** N Luftverschmutzung f **airport** N Flughafen m **airsick** ADJ luftkrank **airside** ADV **be located ~** sich nach der Sicherheitskontrolle befinden **airtight** ADJ luftdicht **air-traffic controller** N Fluglotse m, Fluglotsin f

aisle N Gang m; (*in church*) Seitenschiff nt; **~ seat** Sitz m am Gang

ajar ADJ (*door*) angelehnt
alarm 1 N (*warning*) Alarm m; (*bell etc*) Alarmanlage f **2** Vt beunruhigen **alarm clock** N Wecker m **alarmed** ADJ (*protected*) alarmgesichert **alarming** ADJ beunruhigend

Albania N Albanien nt **Albanian 1** ADJ albanisch **2** N (*person*) Albaner(in) m(f); (*language*) Albanisch nt

album N Album nt

alcohol N Alkohol m **alcohol-free** ADJ alkoholfrei **alcoholic 1** ADJ (*drink*) alkoholisch **2** N Alkoholiker(in) m(f)

ale N Ale nt (*helles englisches Bier*)

alert 1 ADJ wachsam **2** N Alarm m **3** Vt warnen (*to vor* + *dat*)

algebra N Algebra f
Algeria N Algerien nt

alibi N̄ Alibi nt

alien N̄ (foreigner) Ausländer(in) m(f); (from space) Außerirdische(r) mf

alike ADJ, ADV gleich; (similar) ähnlich

alive ADJ lebendig; **keep sth ~** etw am Leben erhalten; **he's still ~** er lebt noch

all 1 ADJ (plural, every one of) alle; (singular, the whole of) ganz; **~ the children** alle Kinder; **~ the time** die ganze Zeit; **~ his life** sein ganzes Leben; **why me of ~ people?** warum ausgerechnet ich? 2 PRON (everything) alles; (everybody) alle; **~ of** ganz; **~ of them** came sie kamen alle 3 N alles 4 ADV (completely) ganz; **it's ~ over** es ist ganz aus; **~ along** von Anfang an; **~ at once** auf einmal

allegation N̄ Behauptung f **alleged** ADJ angeblich

allergic ADJ allergisch (to gegen) **allergy** N̄ Allergie f

alleviate VT (pain) lindern

alley N̄ (enge) Gasse; (passage) Durchgang m; (bowling) Bahn f

alliance N̄ Bündnis nt

alligator N̄ Alligator m

all-night ADJ (café, cinema) die ganze Nacht geöffnet

allocate VT zuweisen, zuteilen (to dat)

allotment N̄ (plot) Schrebergarten m

allow VT (permit) erlauben (sb jdm); (grant) bewilligen; (time) einplanen **allow for** VT berücksichtigen; (cost etc) einkalkulieren **allowance** N̄ (from state) Beihilfe f; (from parent) Unterhaltsgeld nt

all right 1 ADJ okay, in Ordnung; **I'm ~** mir geht's gut 2 ADV (satisfactorily) ganz gut 3 INTERJ okay

allusion N̄ Anspielung f (to auf + acc)

ally N̄ Verbündete(r) mf; HIST Alliierte(r) mf

almond N̄ Mandel f

almost ADV fast

alone ADJ, ADV allein

along 1 PREP entlang + acc; **~ the river** den Fluss entlang 2 ADV (position) am Fluss entlang 2 ADV (onward) weiter; **~ with** zusammen mit; **all ~** von Anfang an **alongside** 1 PREP neben + dat 2 ADV (walk) nebenher

aloud ADV laut

alphabet N̄ Alphabet nt

Alps NPL **the ~** die Alpen

already ADV schon, bereits

Alsace N̄ Elsass nt **Alsatian** 1 ADJ elsässisch; Elsässer(in) m(f); (Br, dog) Schäferhund m

also ADV auch

altar N̄ Altar m

alter VT ändern **alteration** N̄ Änderung f; **~s** (to building) Umbau m

alternate 1 ADJ abwechselnd 2 VI abwechseln (with mit) **alternating current** N̄ Wechselstrom m **alternative 1** ADJ Alternativ- **2** N Alternative f

although CONJ obwohl

altitude N Höhe f

altogether ADV (in total) insgesamt; (entirely) ganz und gar

aluminium, aluminum (US) N Aluminium nt

always ADV immer

am present → be; bin

am, a.m. abbr = **ante meridiem** vormittags, vorm.

amateur 1 N Amateur(in) m(f) **2** ADJ Amateur-; (theatre, choir) Laien-

amazed ADJ erstaunt (at über + acc) **amazing** ADJ erstaunlich

Amazon N ~ **(river)** Amazonas m

ambassador N Botschafter m

ambiguity N Zweideutigkeit f **ambiguous** ADJ zweideutig

ambition N Ambition f; (ambitious nature) Ehrgeiz m **ambitious** ADJ ehrgeizig

ambulance N Krankenwagen m

America N Amerika nt **American 1** ADJ amerikanisch **2** N Amerikaner(in) m(f); **native ~** Indianer(in) m(f)

amiable ADJ liebenswürdig

amicable ADJ freundlich; (relations) freundschaftlich

amnesia N Gedächtnisverlust m

among(st) PREP unter + dat

amount 1 N (quantity) Menge f; (of money) Betrag m; **a large/small ~ of ...** ziemlich viel/wenig ... **2** VI **~ to** (total) sich belaufen auf + acc

amp, ampere N Ampere f

amplifier N Verstärker m

Amtrak N amerikanische Eisenbahngesellschaft

amuse VT amüsieren; (entertain) unterhalten **amused** ADJ **I'm not ~** das finde ich gar nicht lustig **amusement** N (enjoyment) Vergnügen nt; (recreation) Unterhaltung f **amusement park** N Vergnügungspark m **amusing** ADJ amüsant

an ART ein(e)

anaemic ADJ blutarm

anaesthetic N Narkose f; (substance) Narkosemittel nt

analyse, analyze VT analysieren **analysis** N Analyse f

anatomy N Anatomie f; (structure) Körperbau m

ancestor N Vorfahr m

anchor 1 N Anker m **2** VT verankern

anchovy N Sardelle f

ancient ADJ alt; fam (person, clothes etc) uralt

and CONJ und

Andorra N Andorra nt

anemic ADJ (US) → anaemic

anesthetic N (US) → anaesthetic

angel N Engel m

anger 1 N Zorn m **2** VT ärgern

angina, angina pectoris N

Angina Pectoris f

angle N̲ Winkel m; fig Standpunkt m

angling N̲ Angeln nt

angry ADJ verärgert; (stronger) zornig; **be ~ with sb** auf jdn böse sein

angular ADJ eckig; (face) kantig

animal N̲ Tier nt **animal rights** NPL Tierrechte pl

animated ADJ lebhaft; **~ film** Zeichentrickfilm m

aniseed N̲ Anis m

ankle N̲ (Fuß)knöchel m

annex N̲ Anbau m

anniversary N̲ Jahrestag m

announce VT bekannt geben; RADIO, TV ansagen **announcement** N̲ Bekanntgabe f; (official) Bekanntmachung f; RADIO, TV Ansage f **announcer** N̲ RADIO, TV Ansager(in) m(f)

annoy VT ärgern **annoyance** N̲ Ärger m **annoyed** ADJ ärgerlich; **be ~ with sb (about sth)** sich über jdn (über etw) ärgern **annoying** ADJ ärgerlich; (person) lästig, nervig

annual 1 ADJ jährlich 2 N̲ Jahrbuch nt

anonymous ADJ anonym

anorak N̲ Anorak m; (Br) fam pej Freak m

anorexia N̲ Magersucht f **anorexic** ADJ magersüchtig

another ADJ, PRON (different) ein(e) andere(r, s); (additional) noch eine(r, s); **let me put it**

~ way lass es mich anders sagen

answer 1 N̲ Antwort f (to auf + acc) 2 VI antworten; (on phone) sich melden 3 VT (person) antworten + dat; (letter, question) beantworten; (phone) gehen an + acc, abnehmen; (door) öffnen **answering machine, answerphone** N̲ Anrufbeantworter m

ant N̲ Ameise f

Antarctic N̲ Antarktis f **Antarctic Circle** N̲ südlicher Polarkreis

antelope N̲ Antilope f

antenna N̲ ZOOL Fühler m; RADIO Antenne f

anti- PREF Anti-, anti- **antibiotic** N̲ Antibiotikum nt

anticipate VT (expect: trouble, question) erwarten, rechnen mit **anticipation** N̲ Erwartung f

anticlimax N̲ Enttäuschung f **anticlockwise** ADV entgegen dem Uhrzeigersinn **antifreeze** N̲ Frostschutzmittel nt

antiquarian ADJ **~ bookshop** Antiquariat nt

antique 1 N̲ Antiquität f 2 ADJ antik **antique shop** N̲ Antiquitätengeschäft nt

antiseptic 1 N̲ Antiseptikum nt 2 ADJ antiseptisch

anti-virus protection N̲ IT Virenschutz m

antlers NPL Geweih nt

anxiety N̲ Sorge f (about um)

anxious ADJ besorgt (*about* um); (*apprehensive*) ängstlich
any 🔟 ADJ (*in question: untranslated*) **do you have ~ money?** hast du/haben Sie Geld?; (*with negative*) **I don't have ~ money** ich habe kein Geld; (*whichever one likes*) **take ~ card** nimm/ nehmen Sie irgendeine Karte 🔟 PRON (*in question*) **do you want ~?** (*singular*) willst du/ wollen Sie etwas (davon)?; (*plural*) willst du/wollen Sie welche?; (*with negative*) **I don't have ~** ich habe keine/keinen/keins; (*whichever one likes*) **you can take ~ of them** du kannst/Sie können jede(n, s) beliebige(n) nehmen 🔟 ADV (*in question*) **are there ~ more strawberries?** gibt es noch Erdbeeren?; **can't you work ~ faster?** kannst du/können Sie nicht schneller arbeiten?; (*with negative*) **not ~ longer** nicht mehr; **this isn't ~ better** das ist auch nicht besser **anybody** PRON (*whoever one likes*) irgendjemand; (*everyone*) jeder; (*in question*) jemand **anyhow** ADV **I don't want to talk about it, not now ~** ich möchte nicht darüber sprechen, jedenfalls nicht jetzt; **they asked me not to go, but I went ~** sie baten mich, nicht hinzugehen, aber ich bin trotzdem hingegangen **anyone** PRON (*whoever one likes*) irgendjemand;

(*everyone*) jeder; (*in question*) jemand; **isn't there ~ you can ask?** gibt es denn niemanden, den du fragen kannst/den Sie fragen können? **anyplace** ADV (*US*) irgendwo; (*direction*) irgendwohin; (*everywhere*) überall **anything** PRON (*whatever one likes, in question*) (irgend)etwas; (*everything*) alles; **~ else?** sonst noch etwas?; **~ but that** alles, nur das nicht; **she didn't tell me ~** sie hat mir nichts gesagt **anytime** ADV jederzeit **anyway** ADV **I didn't want to go there ~** ich wollte da sowieso nicht hingehen; **thanks ~** trotzdem danke; **~, as I was saying, ...** jedenfalls, wie ich schon sagte, ... **anywhere** ADV irgendwo; (*direction*) irgendwohin; (*everywhere*) überall
apart ADV auseinander; **~ from** außer; **live ~** getrennt leben
apartment N Wohnung f
apartment block N Wohnblock m
ape N (Menschen)affe m
aperitif N Aperitif m
aperture N Öffnung f; PHOT Blende f
apologize VI sich entschuldigen **apology** N Entschuldigung f
apostrophe N Apostroph m
app N IT, TEL App f
appalled ADJ entsetzt (*at* über + *acc*) **appalling** ADJ entsetz-

lich

apparatus N̅ Apparat m; *(piece of apparatus)* Gerät nt

apparent A̅D̅J̅ *(obvious)* offensichtlich *(to* für); *(seeming)* scheinbar **apparently** A̅D̅V̅ anscheinend

appeal 1 V̅I̅ *(dringend)* bitten *(for* um, *to* + acc); LAW Berufung einlegen; **~ to sb** *(be attractive)* jdm zusagen **2** N̅ Aufruf m *(to* an + acc); LAW Berufung f; *(attraction)* Reiz m **appealing** A̅D̅J̅ attraktiv

appear V̅I̅ erscheinen; THEAT auftreten; *(seem)* scheinen **appearance** N̅ Erscheinen nt; THEAT Auftritt m; *(look)* Aussehen nt

appendicitis N̅ Blinddarmentzündung f **appendix** N̅ Blinddarm m; *(to book)* Anhang m

appetite N̅ Appetit m; *fig (desire)* Verlangen nt **appetizing** A̅D̅J̅ appetitlich

applause N̅ Beifall m, Applaus m

apple N̅ Apfel m **apple juice** N̅ Apfelsaft m **apple pie** N̅ gedeckter Apfelkuchen m **apple puree, apple sauce** N̅ Apfelmus nt **apple tree** N̅ Apfelbaum m

appliance N̅ Gerät nt **applicable** A̅D̅J̅ anwendbar; *(on forms)* zutreffend **applicant** N̅ Bewerber(in) m(f) **application** N̅ *(request)* Antrag m *(for* auf + acc); *(for job)* Bewerbung

f *(for* um) **application form** N̅ Anmeldeformular nt **apply 1** V̅I̅ *(be relevant)* zutreffen *(to* auf + acc); *(for job etc)* sich bewerben *(for* um) **2** V̅T̅ *(cream etc)* auftragen; *(put into practice)* anwenden; *(brakes)* betätigen

appoint V̅T̅ *(to post)* ernennen **appointment** N̅ Verabredung f; *(at doctor, hairdresser etc, in business)* Termin m; **by ~** nach Vereinbarung

appreciate 1 V̅T̅ *(value)* zu schätzen wissen; *(understand)* einsehen **2** V̅I̅ *(increase in value)* im Wert steigen **appreciation** N̅ *(esteem)* Anerkennung f, Würdigung f

apprehensive A̅D̅J̅ ängstlich

approach 1 V̅I̅ sich nähern **2** V̅T̅ *(place)* sich nähern + dat; *(person)* herantreten an + acc

appropriate A̅D̅J̅ passend; *(to occasion)* angemessen; *(remark)* treffend **appropriately** A̅D̅V̅ passend; *(expressed)* treffend

approval N̅ *(show of satisfaction)* Anerkennung f; *(permission)* Zustimmung f *(of* zu) **approve 1** V̅T̅ billigen **2** V̅I̅ **~ of sth/sb** etw billigen/von jdm etwas halten; **I don't ~** ich missbillige das

approx → approximately; ca. **approximate** A̅D̅J̅ ungefähr **approximately** A̅D̅V̅ ungefähr, circa

apricot N̅ Aprikose f

April N̅ April m; → September

apron N̄ Schürze f
aptitude N̄ Begabung f
aquaplaning N̄ AUTO Aquaplaning nt
aquarium N̄ Aquarium nt
Aquarius N̄ ASTR Wassermann m
Arab N̄ Araber(in) m(f) **Arabian** ADJ arabisch **Arabic 1** N̄ (language) Arabisch nt **2** ADJ arabisch
arbitrary ADJ willkürlich
arcade N̄ Arkade f; (shopping arcade) Einkaufspassage f
arch N̄ Bogen m
archaeologist, archeologist (US) N̄ Archäologe m, Archäologin f **archaeology, archeology** (US) N̄ Archäologie f
archaic ADJ veraltet
archbishop N̄ Erzbischof m
architect N̄ Architekt(in) m(f) **architecture** N̄ Architektur f
archive(s) N̄|PL Archiv nt
archway N̄ Torbogen m
Arctic N̄ Arktis f **Arctic Circle** N̄ nördlicher Polarkreis
are present → be
area N̄ (region, district) Gebiet nt, Gegend f; (amount of space) Fläche f; (part of building etc) Bereich m, Zone f; fig (field) Bereich m; **the London ~** der Londoner Raum **area code** N̄ (US) Vorwahl f
aren't contr → are not
Argentina N̄ Argentinien nt
argue V̄ī streiten (about, over

über + acc); **~ that ...** behaupten, dass ...; **~ for/against ...** sprechen für/gegen ... **argument** N̄ (reasons) Argument nt; (quarrel) Streit m; **have an ~** sich streiten
Aries N̄SING ASTR Widder m
arise V̄ī sich ergeben, entstehen; (problem, question, wind) aufkommen
aristocracy N̄ (class) Adel m
aristocrat N̄ Adlige(r) mf **aristocratic** ADJ aristokratisch, adlig
arm 1 N̄ Arm m; (sleeve) Ärmel m; (of armchair) Armlehne f **2** V̄T bewaffnen **armchair** N̄ Lehnstuhl m
armed ADJ bewaffnet
armpit N̄ Achselhöhle f
arms N̄PL Waffen pl
army N̄ Armee f
A road (Brit) ≈ Bundesstraße f
aroma N̄ Duft m, Aroma nt **aromatherapy** N̄ Aromatherapie f
arose pt → arise
around 1 ADV herum, umher; (present) hier (irgendwo); (approximately) ungefähr; (with time) gegen; **he's ~ somewhere** er ist hier irgendwo in der Nähe **2** PREP (surrounding) um ... (herum); (about in) in ... herum
arr. abbr → arrival, arrives Ank.
arrange V̄T (put in order) (an)ordnen; (artistically) arrangieren; (agree to: meeting etc) ver-

einbaren, festsetzen; (organize) planen; **~ that ...** es so einrichten, dass ...; **we ~d to meet at eight o'clock** wir haben uns für acht Uhr verabredet **arrangement** N (layout) Anordnung f; (agreement) Vereinbarung f, Plan m; **make ~s** Vorbereitungen treffen

arrest 1 VT (person) verhaften 2 N Verhaftung f

arrival N Ankunft f; **new ~** (person) Neuankömmling m; Familienzuwachs m **arrivals** N (airport) Ankunftshalle f **arrive** VI ankommen (at bei, in + dat); **~ at a solution** eine Lösung finden

arrogant ADJ arrogant

arrow N Pfeil m

arse N vulg Arsch m

art N Kunst f, **the ~s** pl Geisteswissenschaften pl

artery N Schlagader f

art gallery N Kunstgalerie f, Kunstmuseum nt

arthritis N Arthritis f

artichoke N Artischocke f

article N Artikel m; (object) Gegenstand m

artificial ADJ künstlich, Kunst-

artist N Künstler(in) m(f) **artistic** ADJ künstlerisch

as 1 ADV (like) wie; (in role of) als; **such ~ (for example)** wie etwa ...; **~ ... so ...** wie; **~ soon ~ he comes** sobald er kommt; **twice ~ much** zweimal so viel; **~ for ...** was ...

betrifft; **~ of ...** (time) ab ... + dat 2 CONJ (since) da, weil; (while) als, während; **~ if, ~ though** als ob; **leave it ~ it is** lass es so (wie es ist); **~ it were** sozusagen

asap acr = **as soon as possible**; möglichst bald

ash N (dust) Asche f; (tree) Esche f

ashamed ADJ beschämt; **be ~ (of sb/sth)** sich (für jdn/etw) schämen

ashore ADV an Land

ashtray N Aschenbecher m

Asia N Asien nt **Asian** 1 ADJ asiatisch; indopakistanisch 2 N Asiat(in) m(f); Indopakistaner(in) m(f)

aside ADV beiseite, zur Seite; **~ from** (esp US) außer

ask VT, VI fragen; (question) stellen; (request) bitten um; **~ sb the way** jdn nach dem Weg fragen; **~ sb to do sth** jdn darum bitten, etw zu tun **ask for** VT bitten um

asleep ADJ, ADV **be ~** schlafen; **fall ~** einschlafen

asparagus N Spargel m

aspirin N Aspirin nt

ass N a. fig Esel m; (US) vulg Arsch m

assassinate VT ermorden **assassination** N Ermordung f

assault 1 N Angriff m; LAW Körperverletzung f 2 VT überfallen, herfallen über + acc

assemble 1 VT (parts) zusammensetzen **2** _VI_ sich versammeln **assembly** N̄ (of people) Versammlung _f_ **assembly hall** N̄ Aula _f_

assess V̄T einschätzen **assessment** N̄ Einschätzung _f_

asset N̄ Vermögenswert _m_; (fig) Vorteil _m_; **~s** _pl_ Vermögen _nt_

assign V̄T zuweisen **assignment** N̄ Aufgabe _f_; (mission) Auftrag _m_

assist V̄T helfen + _dat_ **assistance** N̄ Hilfe _f_ **assistance dog** N̄ Assistenzhund _m_ **assistant** N̄ Assistent(in) _m(f)_, Mitarbeiter(in) _m(f)_; (in shop) Verkäufer(in) _m(f)_ **assistant referee** N̄ SPORT Schiedsrichterassistent(in) _m(f)_

associate V̄T verbinden (with mit) **association** N̄ (organization) Verband _m_, Vereinigung _f_; **in ~ with** ... in Zusammenarbeit mit ...

assorted ADJ gemischt **assortment** N̄ Auswahl _f_ (of an + _dat_); (of sweets) Mischung _f_

assume V̄T annehmen (that ... dass ...); (role, responsibility) übernehmen **assumption** N̄ Annahme _f_

assurance N̄ Versicherung _f_; (confidence) Zuversicht _f_ **assure** V̄T (say confidently) versichern + _dat_; **be ~d of sth** einer Sache sicher sein

asterisk N̄ Sternchen _nt_

asthma N̄ Asthma _nt_

astonished ADJ erstaunt (at

über) **astonishing** ADJ erstaunlich **astonishment** N̄ Erstaunen _nt_

astound V̄T sehr erstaunen **astounding** ADJ erstaunlich

astray ADV **go ~** (letter etc) verloren gehen; (person) vom Weg abkommen

astrology N̄ Astrologie _f_

astronaut N̄ Astronaut(in) _m(f)_

astronomy N̄ Astronomie _f_

asylum N̄ (home) Anstalt _f_; (political asylum) Asyl _nt_ **asylum seeker** N̄ Asylbewerber(in) _m(f)_

at PREP (place) **~ the door** an der Tür; **~ home** zu Hause; **~ John's** bei John; **~ school** in der Schule; **~ the theatre/cinema** im Theater/Kino; **~ lunch/ work** beim Essen/bei der Arbeit; (direction) **point ~ sb** auf jdn zeigen; **he looked ~ me** er sah mich an; (time) **~ 2 o'clock** um 2 Uhr; **~ Easter/ Christmas** zu Ostern/Weihnachten; **~ the moment** im Moment; **~ (the age of) 16** im Alter von 16 Jahren, mit 16; (price) **~ £5 each** zu je 5 Pfund; (speed) **~ 20 mph** mit 20 Meilen pro Stunde

ate _pret_ → eat

athlete N̄ Athlet(in) _m(f)_; (track and field) Leichtathlet(in) _m(f)_; **~'s foot** Fußpilz _m_ **athletic** ADJ sportlich; (build) athletisch **athletics** NPL Leichtathletik _f_

Atlantic N̄ the ~ **(Ocean)** der Atlantik

atlas N̄ Atlas m

ATM abbr = **automated teller machine** Geldautomat m

atmosphere N̄ Atmosphäre f, Stimmung f

atom N̄ Atom nt **atom(ic) bomb** N̄ Atombombe f

atomic ADJ Atom-; **~ energy** Atomenergie f; **~ power** Atomkraft f

A to Z N̄ Stadtplan m (in Buchform)

atrocious ADJ grauenhaft

atrocity N̄ Grausamkeit f; (deed) Gräueltat f

attach VT befestigen, anheften (to an + dat); **be ~ed to sb/sth** an jdm/etw hängen **attachment** N̄ (affection) Zuneigung f; IT Attachment nt, Anhang m

attack 1 VT, VI angreifen 2 N̄ Angriff m + acc (on auf m); MED Anfall m

attempt 1 N̄ Versuch m 2 VT versuchen

attend 1 VT (go to) teilnehmen an + dat; (lectures, school) besuchen 2 VI (be present) anwesend sein **attend to** VI sich kümmern um; (customer) bedienen **attendance** N̄ (presence) Anwesenheit f **attendant** N̄ (in car park etc) Wächter(in) m/f; (in museum) Aufseher(in) m/f

attention N̄ Aufmerksamkeit f; **(your) ~ please** Achtung!;

pay ~ to sth etw beachten; **pay ~ to sb** jdm aufmerksam zuhören

attic N̄ Dachboden m; (lived in) Mansarde f

attitude N̄ (mental) Einstellung f (to, towards zu); (more general, physical) Haltung f

attorney N̄ (US, lawyer) Rechtsanwalt m, Rechtsanwältin f

attract VT anziehen; (attention) erregen; **be ~ed to** or **by sb** sich zu jdm hingezogen fühlen **attraction** N̄ Anziehungskraft f; (thing) Attraktion f **attractive** ADJ attraktiv; (thing, idea) reizvoll

aubergine N̄ Aubergine f

auction 1 N̄ Versteigerung f, Auktion f 2 VT versteigern

audience N̄ Publikum nt; RADIO Zuhörer pl; TV Zuschauer pl

audio ADJ Ton- **audiobook** N̄ Hörbuch nt **audio guide** N̄ (at museum) Audioguide m

audition 1 N̄ Probe f 2 VI THEAT vorspielen, vorsingen **auditorium** N̄ Zuschauerraum m

August N̄ August m; → September

aunt N̄ Tante f

au pair N̄ Aupairmädchen nt, Aupairjunge m

Australia N̄ Australien nt **Australian** 1 ADJ australisch 2 N̄ Australier(in) m(f)

Austria N̄ Österreich nt **Austrian** 1 ADJ österreichisch 2 N̄ Österreicher(in) m(f)

authentic ADJ echt; (signature) authentisch **authenticity** N̄ Echtheit f

author N̄ Autor(in) m(f); (of report etc) Verfasser(in) m(f)

authority N̄ (power, expert) Autorität f; **the authorities** pl die Behörden pl **authorize** V̄T (permit) genehmigen

auto N̄ (US) Auto nt

autograph N̄ Autogramm nt

automatic 1 ADJ automatisch; 2 N̄ (car) Automatikwagen m

automobile N̄ (US) Auto (-mobil) nt

autumn N̄ (Br) Herbst m

auxiliary 1 ADJ Hilfs- 2 N̄ Hilfskraft f

availability N̄ (of product) Lieferbarkeit f; (of resources) Verfügbarkeit f **available** ADJ erhältlich; (existing) vorhanden; (product) lieferbar; (person) erreichbar; **be/make ~ to sb** jdm zur Verfügung stehen/stellen

avalanche N̄ Lawine f

Ave abbr → avenue

avenue N̄ Allee f

average 1 N̄ Durchschnitt m; **on ~** im Durchschnitt 2 ADJ durchschnittlich

aviation N̄ Luftfahrt f

avocado N̄ Avocado f

avoid V̄T vermeiden; **~ sb** jdm aus dem Weg gehen **avoida-**

ble ADJ vermeidbar

awake 1 V̄I aufwachen 2 ADJ wach

award 1 N̄ (prize) Preis m; (for bravery etc) Auszeichnung f 2 V̄T zuerkennen (to sb jdm); (present) verleihen (to sb jdm)

aware ADJ bewusst; **be ~ of sth** sich dat einer Sache gen bewusst sein; **I was not ~ that ...** es war mir nicht klar, dass ...

away ADV weg; **look ~** wegsehen; **he's ~** er ist nicht da; (on a trip) er ist verreist; (from school, work) er fehlt; SPORT **they are (playing) ~** sie spielen auswärts; (with distance) **three miles ~** drei Meilen (von hier) entfernt

awful ADJ schrecklich, furchtbar **awfully** ADV furchtbar

awkward ADJ (clumsy) ungeschickt; (embarrassing) peinlich; (difficult) schwierig

awning N̄ Markise f

awoke pt → awake

awoken pp → awake

ax (US), **axe** N̄ Axt f

axle N̄ TECH Achse f

![B]

B & B abbr → bed and breakfast

BA abbr = **Bachelor of Arts**

babe N̄ *fam* Baby nt; (*affectionate*) Schatz m, Kleine(r) mf

baby N̄ Baby nt; (*of animal*) Junge(s) nt; *fam* (*affectionate*) Schatz m, Kleine(r) mf; **have a ~** ein Kind bekommen **baby carriage** N̄ (US) Kinderwagen m **baby food** N̄ Babynahrung f **baby shower** N̄ Party für die werdende Mutter **baby-sit** *irr* V̄ī babysitten **baby-sitter** N̄ Babysitter(in) m(f)

bachelor N̄ Junggeselle m; **Bachelor of Arts/Science** *erster akademischer Grad*; ≈ Magister/Diplom **bachelorette** N̄ Junggesellin f **bachelorette party** N̄ (US) *Junggesellinnenabschied* **bachelor party** N̄ (US) *Junggesellenabschied*

back ❶ N̄ (of person, animal) Rücken m; (of house, coin etc) Rückseite f; (of chair) Rückenlehne f; (of car) Rücksitz m; (of train) Ende nt; SPORT (*defender*) Verteidiger(in) m(f)*; at the ~ of …, in ~ of** (*inside*) hinten in …; (*outside*) hinter …; **~ to front** verkehrt herum ❷ V̄T (*support*) unterstützen; (*car*) rückwärtsfahren ❸ V̄ī (*go backwards*) rückwärtsgehen *or* rückwärtsfahren ❹ ADJ Hinter-; **~ wheel** Hinterrad nt ❺ ADV zurück; **they're ~** sie sind wieder da **back down** V̄ī nachgeben **back up** ❶ V̄ī (car etc) zurücksetzen ❷ V̄T (*support*) unterstüt-

zen; IT sichern; (car) zurückfahren

backache N̄ Rückenschmerzen *pl* **backbone** N̄ Rückgrat nt **backdoor** N̄ Hintertür f **backfire** V̄ī (plan) fehlschlagen; AUTO fehlzünden **background** N̄ Hintergrund m **backhand** N̄ SPORT Rückhand f **backlog** N̄ (of work) Rückstand m **backpack** N̄ (US) Rucksack m **backpacker** N̄ Rucksacktourist(in) m(f) **backpacking** N̄ Rucksacktourismus m **back seat** N̄ Rücksitz m **backside** N̄ *fam* Po m **back street** N̄ Seitensträßchen nt **backstroke** N̄ Rückenschwimmen nt **backup** N̄ (support) Unterstützung f; **~ (copy)** IT Sicherungskopie f **backward** ADJ (region) rückständig; **~ movement** Rückwärtsbewegung f **backwards** ADV rückwärts **backyard** N̄ Hinterhof m

bacon N̄ Frühstücksspeck m

bacteria NPL Bakterien *pl*

bad ADJ schlecht, schlimm; (*smell*) übel; **I have a ~ back** mir tut der Rücken weh; **I'm ~ at maths/sport** ich bin schlecht in Mathe/Sport; **go ~** schlecht werden, verderben

badge N̄ Abzeichen nt

badger N̄ Dachs m

badly ADV schlecht; **~ wounded** schwer verwundet; **need sth ~** etw dringend brauchen

bad-tempered ADJ schlecht gelaunt

bag N (*small*) Tüte f; (*larger*) Beutel m; (*handbag*) Tasche f **bag drop** N (*at airport*) Gepäckschalter m

baggage N Gepäck nt **baggage allowance** N Freigepäck nt **baggage cart** N (*US*) Kofferkuli m **baggage drop-off** N Gepäckabgabe f **baggage label** N Gepäckanhänger m **baggage (re)claim** N Gepäckrückgabe f **baggage tag** N Gepäckanhänger m **baggage tracing** N Gepäckermittlung f

baggy ADJ (zu) weit; (*trousers, suit*) ausgebeult

bagpipes NPL Dudelsack m

Bahamas NPL the ~ die Bahamas pl

bail N (*money*) Kaution f

bait N Köder m

bake VT, VI backen **baked beans** NPL weiße Bohnen in Tomatensoße **baked potato** N in der Schale gebackene Kartoffel, Ofenkartoffel f **baker** N Bäcker(in) m(f) **bakery** N Bäckerei f **baking powder** N Backpulver nt

balance 1 N (*equilibrium*) Gleichgewicht nt 2 VT (*make up for*) ausgleichen **balance sheet** N Bilanz f

balcony N Balkon m

bald ADJ kahl; **be ~** eine Glatze haben

Balkans NPL the ~ der Balkan

ball N Ball m; **have a ~** fam sich prima amüsieren

ballet N Ballett nt **ballet dancer** N Balletttänzer(in) m(f)

balloon N (*Luft*)ballon m

ballot N (*geheime*) Abstimmung

ballpoint (pen) N Kugelschreiber m

ballroom N Tanzsaal m

balsamic vinegar N Balsamico m

Baltic ADJ ~ **Sea** Ostsee f; **the ~ States** die baltischen Staaten **Baltics** N the ~ das Baltikum nt

bamboo N Bambus m **bamboo shoots** NPL Bambussprossen pl

ban 1 N Verbot nt 2 VT verbieten

banana N Banane f; **he's ~s** er ist völlig durchgeknallt **banana split** N Bananensplit nt

band N (*group*) Gruppe f; (*of criminals*) Bande f; (*pop, rock etc*) Band f; (*strip*) Band nt

bandage 1 N Verband m; (*elastic*) Bandage f 2 VT verbinden

bang 1 N (*noise*) Knall m; (*blow*) Schlag m 2 VI, VT knallen; (*door*) zuschlagen, zuknallen **banger** N (*Br*) fam (*firework*) Knallkörper m; (*sausage*) Würstchen nt; (*old car*) Klapperkiste f

bangs NPL (*US, von Frisur*) Pony

m

banish V̅T̅ verbannen

banister(s) N̅ (Treppen)geländer *nt*

bank N̅ FIN Bank *f*; (of river etc) Ufer *nt* **bank account** N̅ Bankkonto *nt* **bank balance** N̅ Kontostand *m* **bank card** N̅ Bankkarte *f* **bank code** N̅ Bankleitzahl *f* **bank holiday** N̅ gesetzlicher Feiertag

bankrupt V̅T̅ ruinieren; **go ~** Pleite gehen

bank statement N̅ Kontoauszug *m*

baptism N̅ Taufe *f* **baptize** V̅T̅ taufen

bar **1** N̅ (for drinks) Bar *f*; (less smart) Lokal *nt*; (rod) Stange *f*; (of chocolate etc) Riegel *m*, Tafel *f*; (of soap) Stück *nt*; (counter) Theke *f* **2** PREP außer; **~ none** ohne Ausnahme

barbecue N̅ (device) Grill *m*; (party) Barbecue *nt*, Grillfete *f*; **have a ~** grillen

bar code N̅ Strichkode *m*

bare ADJ nackt; **~ patch** kahle Stelle **barefoot** ADJ, ADV barfuß **bareheaded** ADJ, ADV ohne Kopfbedeckung **barely** ADV kaum; (with age) knapp

bargain **1** N̅ (cheap offer) günstiges Angebot, Schnäppchen *nt*; (transaction) Geschäft *nt*; **what a ~** das ist aber günstig! **2** V̅I̅ (ver)handeln

barge N̅ (for freight) Lastkahn *m*; (unpowered) Schleppkahn *m*

bark **1** N̅ (of tree) Rinde *f*; (of dog) Bellen *nt* **2** V̅I̅ (dog) bellen

barley N̅ Gerste *f*

barmaid N̅ Barkeeperin *f* **barman** N̅ Barkeeper *m*

barn N̅ Scheune *f*

barometer N̅ Barometer *nt*

baroque ADJ barock, Barock-

barracks NPL Kaserne *f*

barrel N̅ Fass *nt*

barrier N̅ (obstruction) Absperrung *f*; (in road) Schranke *f*

bartender N̅ (US) Barkeeper (in) *m(f)*

base **1** N̅ Basis *f*; (of lamp, pillar etc) Fuß *m*; MIL Stützpunkt *m* **2** V̅T̅ gründen (on auf + acc); **be ~d on sth** auf etw dat basieren

baseball N̅ Baseball *m* **baseball cap** N̅ Baseballmütze *f*

basement N̅ Kellergeschoss *nt*

bash fam **1** N̅ Schlag *m*, Party *f* **2** V̅T̅ hauen

basic ADJ einfach; (fundamental) Grund-; (importance, difference) grundlegend; (in principle) grundsätzlich **basically** ADV im Grunde **basics** NPL **the ~** das Wesentliche

basil N̅ Basilikum *nt*

basin N̅ (for washing, valley) (Wasch)becken *nt*

basis N̅ Basis *f*; **on the ~ of** aufgrund + gen; **on a monthly ~** monatlich

basket N̅ Korb *m* **basketball** N̅ Basketball *m*

Basque **1** N̅ (person) Baske *m*, Baskin *f*; (language) Baskisch *nt*

2 ADJ baskisch

bass 1 N MUS Bass m; ZOOL Barsch m **2** ADJ MUS Bass-

bastard N vulg (awful person) Arschloch nt

bat N ZOOL Fledermaus f; SPORT (cricket, baseball) Schlagholz nt; (table tennis) Schläger m

bath 1 N Bad nt; (tub) Badewanne f; **have a ~** baden **2** VT (child etc) baden

bathe VT, VI (wound etc) baden

bath foam N Badeschaum m **bathing cap** N Badekappe f **bathing costume, bathing suit** (US) N Badeanzug m **bathmat** N Badevorleger m **bathrobe** N Bademantel m **bathroom** N Bad(ezimmer) nt **bath towel** N Badetuch nt **bathtub** N Badewanne f

baton N MUS Taktstock m; (police) Schlagstock m

batter 1 N Teig m **2** VT heftig schlagen **battered** ADJ übel zugerichtet; (hat, car) verbeult; (wife, baby) misshandelt

battery N ELEC Batterie f; AUTO Ladegerät nt **battery charger** N Ladegerät nt

battle N Schlacht f; fig Kampf m (for um) **battlefield** N Schlachtfeld nt

Bavaria N Bayern nt

bay N (of sea) Bucht f; (on house) Erker m; (tree) Lorbeerbaum m **bay leaf** N Lorbeerblatt nt **bay window** N Erkerfenster nt

BBC abbr = **British Broadcasting**

Corporation BBC f

BC abbr = **before Christ** vor Christi Geburt, v. Chr.

be 1 VI sein; (become) werden; (be situated) liegen, sein; **she's French** sie ist Französin; **she wants to ~ a doctor** sie will Arzt werden; **I'm too hot** mir ist zu warm; **she's not well** (health) ihr geht's nicht gut; **the book is 5 dollars** (cost) das Buch kostet 5 Dollar; **how much is that altogether?** was macht das zusammen?; **how long have you been here?** wie lange bist du/ sind Sie schon da?; **have you ever been to Rome?** warst du/waren Sie schon einmal in Rom?; **there is/are** es gibt, es ist/sind; **there are two left** es sind noch zwei übrig **2** VAUX (passive) werden; **he was run over** er ist überfahren worden, er wurde überfahren; (continuous tenses) **I was walking on the beach** ich ging am Strand spazieren; **they're coming tomorrow** sie kommen morgen; (infinitive: intention, obligation) **the car is to ~ sold** das Auto soll verkauft werden; **you are not to mention it** du darfst/ Sie dürfen es nicht erwähnen

beach N Strand m **beach holiday, beach vacation** (US) N Strandurlaub m **beachwear** N Strandkleidung f

bead N (of glass, wood etc) Perle f; (drop) Tropfen m

beak N Schnabel m

beam 1 (of wood etc) Balken m; (of light) Strahl m 2 Vi (smile etc) strahlen

bean N Bohne f **bean curd** N Tofu m

bear 1 VT (carry) tragen; (tolerate) ertragen 2 N Bär m **bearable** ADJ erträglich

beard N Bart m

beat 1 VT schlagen; (as punishment) prügeln; ~ **sb at tennis** jdn im Tennis schlagen 2 Vi (of heart, drum etc) Schlag m; MUS Takt m **beat up** VT zusammenschlagen **beaten** pp → **beat**; **off the ~ track** abgelegen

beautiful ADJ schön; (splendid) herrlich **beauty** N Schönheit f **beauty spot** N (place) lohnendes Ausflugsziel

beaver N Biber m

became pt → **become**

because 1 ADV, CONJ weil 2 PREP ~ **of** wegen + gen or dat

become VT werden; **what's ~ of him?** was ist aus ihm geworden?

bed N Bett nt; (in garden) Beet nt **bed and breakfast** N Übernachtung f mit Frühstück; Pension f **bedding** N Bettzeug nt **bed linen** N Bettwäsche f **bedroom** N Schlafzimmer nt **bed-sit(ter)** nt fam möblierte Einzimmerwohnung **bedspread** N Tagesdecke f **bedtime** N Schlafenszeit f

bee N Biene f

beech N Buche f

beef N Rindfleisch nt **beefburger** N Hamburger m **beef tomato** N Fleischtomate f

beehive N Bienenstock m

been pp → **be**

beer N Bier nt

beetle N Käfer m

beetroot N Rote Bete f

before 1 PREP vor; **the year ~ last** vorletztes Jahr; **the day ~ yesterday** vorgestern 2 CONJ bevor 3 ADV (of time) vorher; **have you been there ~?** waren Sie schon einmal dort? **beforehand** ADV vorher

beg 1 VT ~ **sb to do sth** jdn inständig bitten, etw zu tun 2 Vi (beggar) betteln (for um)

began pt → **begin**

beggar N Bettler(in) m(f)

begin VT, Vi anfangen, beginnen **beginner** N Anfänger(in) m(f) **beginning** N Anfang m **begun** pp → **begin**

behalf N **on ~ of, in ~ of** (US) im Namen/Auftrag von; **on my ~** für mich

behave Vi sich benehmen **behaviour** (US), **behaviour** N Benehmen nt

behind 1 PREP hinter 2 ADV hinten; **be ~ with one's work** mit seiner Arbeit im Rückstand sein 3 N fam Hinterteil nt

beige ADJ beige

being N (existence) Dasein nt; (person) Wesen nt

Belarus N̄ Weißrussland nt

belch 1 N̄ Rülpser m 2 V̄i rülpsen

Belgian 1 ADJ belgisch 2 N̄ Belgier(in) m(f) **Belgium** N̄ Belgien nt

belief N̄ Glaube m (in an + acc); (conviction) Überzeugung f; **it's my ~ that ...** ich bin der Überzeugung, dass ... **believe** V̄t glauben **believe in** V̄i glauben an + acc

bell N̄ (church) Glocke f; (bicycle, door) Klingel f **bellboy** N̄ (esp US) Page m

belly N̄ Bauch m **bellyache** 1 N̄ Bauchweh nt **belly button** N̄ fam Bauchnabel m **bellyflop** N̄ fam Bauchklatscher m

belong V̄i gehören (to sb jdm); (to club) angehören + dat **belongings** N̄PL Habe f

below 1 PREP unter 2 ADV unten

belt 1 N̄ (round waist) Gürtel m; (safety belt) Gurt m; **below the ~** unter der Gürtellinie 2 V̄i fam (go fast) rasen, düsen **beltway** N̄ (US) Umgehungsstraße f

bench N̄ Bank f

bend 1 N̄ Biegung f; (in road) Kurve f 2 V̄t (curve) biegen; (head, arm) beugen 3 V̄i sich biegen; (person) sich beugen **bend down** V̄i sich bücken

beneath 1 PREP unter 2 ADV darunter

beneficial ADJ gut, nützlich (to

für) **benefit** 1 N̄ (advantage) Vorteil m; (profit) Nutzen m; **for your/his ~** deinetwegen/seinetwegen; **unemployment ~** Arbeitslosengeld nt 2 V̄t guttun + dat 3 V̄i Nutzen ziehen (from aus)

bent 1 pt, pp → bend 2 ADJ krumm; fam korrupt

Bermuda N̄ **the ~s** pl die Bermudas pl 2 ADJ **~ shorts** pl Bermudashorts pl

berry N̄ Beere f

beside PREP neben; **~ the sea** am Meer **besides** 1 PREP außer 2 ADV außerdem

best 1 ADJ beste(r, s); **my ~ friend** mein bester or engster Freund; **the ~ thing (to do) would be to ...** das Beste wäre zu ...; (on food packaging) **~ before ...** mindestens haltbar bis ... 2 N̄ der/die/das Beste; **all the ~** alles Gute; **make the ~ of it** das Beste daraus machen 3 ADV am besten; **I like this ~** das mag ich am liebsten **best-before date** N̄ Mindesthaltbarkeitsdatum nt **best man** N̄ Trauzeuge m

bet 1 V̄t, V̄i wetten (on auf + acc); **you ~** fam und ob!; **I ~ he'll be late** er kommt mit Sicherheit zu spät 2 N̄ Wette f

betray V̄t verraten

better ADJ besser; **get ~** (healthwise) sich erholen, wieder gesund werden; (improve) sich verbessern; **I'm much ~**

today es geht mir heute viel besser; **you'd ~ go** du solltest/Sie sollten lieber gehen; **a change for the ~** eine Wendung zum Guten

between **1** PREP zwischen; *(among)* unter; **~ you and me, ...** unter uns gesagt, ... **2** ADV **(in) ~** dazwischen

beverage N *(formal)* Getränk nt

beware VT **~ of sth** sich vor etw + *dat* hüten; **'~ of the dog'** „Vorsicht, bissiger Hund!"

beyond **1** PREP *(place)* jenseits + *gen; (time)* über ... hinaus; *(out of reach)* außerhalb + *gen;* **it's ~ me** da habe ich keine Ahnung, da bin ich überfragt **2** ADV darüber hinaus

bias N *(prejudice)* Vorurteil nt, Voreingenommenheit f **biased** ADJ voreingenommen

bib N Latz m

Bible N Bibel f

BIC abbr = **Bank Identifier Code** BIC m

bicycle N Fahrrad nt

bid **1** VT *(offer)* bieten **2** N *(attempt)* Versuch m; *(offer)* Gebot nt

big ADJ groß; **it's no ~ deal** fam es ist nichts Besonderes; **big dipper** N *(Br)* Achterbahn f **big-headed** ADJ eingebildet

bike N fam Rad nt

bikini N Bikini m; **bikini bottoms** NPL Bikiniunterteil nt **bikini top** N Bikinioberteil nt

bilberry N Heidelbeere f

bilingual ADJ zweisprachig

bill N *(account)* Rechnung f; *(US, banknote)* Banknote f; POL Gesetzentwurf m; ZOOL Schnabel m **billfold** N *(US)* Brieftasche f

billiards NSING Billard nt

billion N Milliarde f

bin N Behälter m; *(rubbish bin)* (Müll)eimer m; *(for paper)* Papierkorb m

bind VT binden; *(bind together)* zusammenbinden; *(wound)* verbinden **binding** N *(ski)* Bindung f; *(book)* Einband m

binge N fam *(drinking)* Sauferei f; **go on a ~** auf Sauftour gehen **binge drinking** N Kampftrinken nt **binge-watch** VT **~ sth** mehrere Folgen von etw am Stück ansehen

bingo N Bingo nt

binoculars NPL Fernglas nt

biofuel N Biosprit m

biological ADJ biologisch **biology** N Biologie f

biometric ADJ biometrisch

birch N Birke f

bird N Vogel m; *(Br)* fam *(girl, girlfriend)* Tussi f **bird flu** N Vogelgrippe f **bird watcher** N Vogelbeobachter(in) m(f)

birth N Geburt f **birth certificate** N Geburtsurkunde f **birthday** N Geburtstag m; **happy ~** herzlichen Glückwunsch zum Geburtstag **birthday card** N Geburtstagskarte f **birthday party** N̄ Geburtstagsfeier f **birthplace** N̄ Geburtsort m

biscuit N̄ (Brit) Keks m

bisexual ADJ bisexuell

bishop N̄ Bischof m; (in chess) Läufer m

bit ▪ pt → bite ▪ N̄ (piece) Stück(chen) nt; IT Bit nt; **a ~** (of ...) (small amount) ein bisschen ...; **a ~ tired** etwas müde; **~ by ~** allmählich; (time) **for a ~** ein Weilchen; **quite a ~** (a lot) ganz schön viel

bitch N̄ (dog) Hündin f; pej (woman) Miststück nt; **son of a ~** (US) vulg Scheißkerl m

bitchy ADJ gemein, zickig

bite ▪ VT, VI beißen ▪ N̄ Biss m; (mouthful) Bissen m; (insect) Stich m; **have a ~** eine Kleinigkeit essen **bitten** pp → bite

bitter ▪ ADJ bitter; (memory etc) schmerzlich ▪ N̄ (Brit, beer) halbdunkles Bier

black ADJ schwarz **blackberry** N̄ Brombeere f **blackbird** N̄ Amsel f **blackboard** N̄ (Wand)tafel f **black box** N̄ AVIAT Flugschreiber m **blackcurrant** N̄ Schwarze Johannisbeere f **black eye** N̄ blaues Auge **Black Forest** N̄ Schwarzwald m **blackmail** ▪ N̄ Erpressung f ▪ VT erpressen **black market** N̄ Schwarzmarkt m **blackout** N̄ MED Ohnmacht f; **have a ~** ohnmächtig werden **black pud-**ding N̄ ≈ Blutwurst f **Black Sea** N̄ **the ~** das Schwarze Meer **blacksmith** N̄ Schmied(in) m(f) **black tie** N̄ Abendanzug m, Smoking m; **is it ~?** ist/besteht da Smokingzwang?

bladder N̄ Blase f

blade N̄ (of knife) Klinge f; (of propeller) Blatt nt; (of grass) Halm m

blame ▪ N̄ Schuld f ▪ VT **~ sth on sb** jdm die Schuld an etw dat geben; **he is to ~** er ist daran schuld

bland ADJ (taste) fade; (comment) nichtssagend

blank ADJ (page, space) leer, unbeschrieben; (look) ausdruckslos; **~ cheque** Blankoscheck m

blanket N̄ (Woll)decke f

blast ▪ N̄ (of wind) Windstoß m; (of explosion) Druckwelle f ▪ VT (blow up) sprengen

blatant ADJ (undisguised) offen; (obvious) offensichtlich

blaze ▪ VI lodern; (sun) brennen ▪ N̄ (building) Brand m; (other fire) Feuer nt

bleach ▪ N̄ Bleichmittel nt ▪ VT bleichen

bleary ADJ (eyes) trübe, verschlafen

bleed VI bluten

bleeper N̄ fam Piepser m

blend ▪ N̄ Mischung f ▪ VT mischen ▪ VI sich mischen **blender** N̄ Mixer m

bless VT segnen; **~ you!** Ge-

sundheit! **blessing** N̄ Segen
m

blew pt → blow
blind 1 ADJ blind; (corner) un-
übersichtlich; **turn a ~ eye to
sth** bei etw ein Auge zudrücken
2 N̄ (for window) Rollo m 3 V̄T̄
blenden **blind alley** N̄ Sackgasse f **blind spot** N̄ AUTO to-
ter Winkel; fig schwacher Punkt
blink V̄ī blinzeln; (light) blinken
blinker N̄ (US) Blinker m
bliss N̄ (Glück)seligkeit f
blister N̄ Blase f
blizzard N̄ Schneesturm m
block 1 N̄ (of wood, stone, ice)
Block m, Klotz m; (of buildings)
Häuserblock m; ~ **of flats** (Br)
Wohnblock m 2 V̄T̄ (road) blockieren; (nose, pipe) verstopfen
blockage N̄ Verstopfung f
blockbuster N̄ Knüller m
block letters N̄P̄L̄ Blockschrift
f

blog N̄ ī Blog nt **blog post** N̄
ī Blogeintrag m, Blogbeitrag
m

bloke N̄ (Br) fam Kerl m
blond(e) 1 ADJ blond 2 N̄ (person) Blondine f, blonder Typ
blood N̄ Blut nt **blood count**
N̄ Blutbild nt **blood donor**
N̄ Blutspender(in) m(f) **blood
group** N̄ Blutgruppe f **blood
orange** N̄ Blutorange f
blood poisoning N̄ Blutvergiftung f **blood pressure** N̄
Blutdruck m **blood sample**
N̄ Blutprobe f **bloodsports**

N̄P̄L̄ Sportarten, bei denen Tiere
getötet werden **blood sugar**
N̄ Blutzucker m **bloody** ADJ
(Br) fam verdammt, Scheiß-;
(literal sense) blutig
bloom 1 N̄ Blüte f 2 V̄ī blühen
blossom 1 N̄ Blüte f 2 V̄ī blühen
blouse N̄ Bluse f; **big girl's ~**
fam Schwächling m, femininer
Typ
blow 1 N̄ Schlag m 2 V̄ī, V̄T̄
(wind) wehen, blasen; (person:
trumpet etc) blasen; ~ **one's
nose** sich dat die Nase putzen
blow out (candle etc) aus-
blasen **blow up** 1 V̄ī explodieren 2 V̄T̄ sprengen; (balloon,
tyre) aufblasen; PHOT (enlarge)
vergrößern **blow-dry** V̄T̄ föhnen **blowjob** N̄ fam **give sb
a ~** jdm einen blasen **blown**
pp → blow
BLT N̄ abbr = **bacon, lettuce
and tomato sandwich** mit
Frühstücksspeck, Kopfsalat
und Tomaten belegtes Sandwich
blue ADJ blau; fam (unhappy)
trübsinnig, niedergeschlagen;
(film) pornografisch; (joke) anzüglich; (language) derb **blue-
bell** N̄ Glockenblume f **blueberry** N̄ Blaubeere f **blue
cheese** N̄ Blauschimmelkäse
m **blues** N̄P̄L̄ the ~ MUS der
Blues; **have the ~** fam niedergeschlagen sein
blunder N̄ Schnitzer m

blunt ADJ (knife) stumpf; fig unverblümt **bluntly** ADV geradeheraus

blurred ADJ verschwommen, unklar

blush VI erröten

board 1 N (of wood) Brett nt; (committee) Ausschuss m; (of firm) Vorstand m; ~ **and lodging** Unterkunft und Verpflegung; **on** ~ an Bord 2 VT (train, bus) einsteigen in + acc; (ship) an Bord + gen gehen **boarder** N Internatsschüler(in) m(f) **board game** N Brettspiel nt **boarding** N (AVIAT) Boarding nt; ~ **will commence at 5pm** das Boarden beginnt um 17 Uhr **boarding card, boarding pass** N Bordkarte f, Einsteigekarte f **boarding school** N Internat nt **board meeting** N Vorstandssitzung f **boardroom** N Sitzungssaal m (des Vorstands) **board shorts** NPL Boardshorts pl

boast 1 VI prahlen (about mit) 2 N Prahlerei f

boat N Boot nt; (ship) Schiff nt **boat race** N Regatta f

bob(sleigh) N Bob m

bodily 1 ADJ körperlich 2 ADV (forcibly) gewaltsam **body** N Körper m; (dead) Leiche f; (of car) Karosserie f **bodybuilding** N Bodybuilding nt **bodyguard** N Leibwächter m; (group) Leibwache f **body jewellery** N Intimschmuck

m **body odour** N Körpergeruch m **body piercing** N Piercing nt **bodywork** N Karosserie f

boil 1 VT, VI kochen 2 N MED Geschwür nt **boiler** N Boiler m **boiling** ADJ (water etc) kochend (heiß); **I was** ~ (hot) mir war fürchterlich heiß; (with rage) ich kochte vor Wut **boiling point** N Siedepunkt m

bold ADJ kühn, mutig; (colours) kräftig; (type) fett

Bolivia N Bolivien nt

bomb 1 N Bombe f 2 VT bombardieren

bond N (link) Bindung f

bone N Knochen m; (of fish) Gräte f

boner N (US) fam Schnitzer m; (vulg: erection) Ständer m

bonfire N Feuer nt (im Freien)

bonnet N (Br) AUTO Haube f; (for baby) Häubchen nt

bonny ADJ (esp Scot) hübsch

bonus N Bonus m, Prämie f

boo 1 VT auspfeifen 2 VI buhen 3 N Buhruf m

book 1 N Buch nt; (of tickets, stamps) Heft nt 2 VT (ticket etc) bestellen; (hotel, flight etc) buchen; **fully ~ed (up)** ausgebucht; (performance) ausverkauft **book in** VT eintragen; **be booked in at a hotel** ein Zimmer in einem Hotel bestellt haben **bookcase** N Bücherregal nt **booking** N Buchung f **booking office** N RAIL Fahrkartenschalter m; THEAT Vorverkaufsstelle f **booklet** N̄ Broschüre f **bookmark** N̄ a. IT Lesezeichen nt **bookshelf** N̄ Bücherbord nt; **bookshelves** Bücherregal nt **bookshop, bookstore** N̄ (esp US) Buchhandlung f

boom 1 N̄ (of business) Boom m; (noise) Dröhnen nt **2** V̄I (business) boomen; fam florieren

boomerang N̄ Bumerang m

boost 1 N̄ Auftrieb m **2** V̄T (production, sales) ankurbeln; (power, profits etc) steigern **booster (injection)** N̄ Wiederholungsimpfung f

boot 1 N̄ Stiefel m; (Br) AUTO Kofferraum m **2** V̄T IT laden, booten

booth N̄ (at fair etc) Bude f; (at trade fair etc) Stand m

booze 1 N̄ fam Alkohol m **2** V̄I fam saufen

border N̄ Grenze f; (edge) Rand m; **north/south of the Border** (Br) in Schottland/England **borderline** N̄ Grenze f

bore 1 pt → bear **2** V̄T (hole etc) bohren; (person) langweilen **3** N̄ (person) Langweiler m/f(s); (thing) langweilige Sache **bored** ADJ **be ~** sich langweilen **boredom** N̄ Langeweile f **boring** ADJ langweilig

born ADJ **he was ~ in London** er ist in London geboren

borne pp → bear

borough N̄ Stadtbezirk m

borrow V̄T borgen

Bosnia-Herzegovina N̄ Bosnien-Herzegowina nt **Bosnian 1** ADJ bosnisch **2** N̄ Bosnier(in) m(f)

boss N̄ Chef(in) m(f), Boss m

botanical ADJ botanisch; **~ garden(s)** botanischer Garten

both 1 ADJ beide; **~ the books** beide Bücher **2** PRON (people) beide; (things) beides; **~ (of) the boys** die beiden Jungs; **I like ~ of them** ich mag sie (alle) beide **3** ADV **~ X and Y** sowohl X als auch Y

bother 1 V̄T ärgern, belästigen; **it doesn't ~ me** das stört mich nicht; **he can't be ~ed with details** mit Details gibt er sich nicht ab; **I'm not ~ed** das ist mir egal **2** V̄I sich kümmern (about um); **don't ~** (das ist) nicht nötig, lass es! **3** N̄ (trouble) Mühe f; (annoyance) Ärger m

bottle 1 N̄ Flasche f **2** V̄T (in Flaschen) abfüllen **bottle bank** N̄ Altglascontainer m **bottled** ADJ in Flaschen; **~ beer** Flaschenbier nt **bottleneck** N̄ fig Engpass m **bottle opener** N̄ Flaschenöffner m

bottom 1 N̄ (of container) Boden m; (underside) Unterseite f; fam (of person) Po m; **at the ~ of the sea/table/page** auf dem Meeresgrund/am Tabellenende/unten auf der Seite

2 ADJ unterste(r, s); **be ~ of the class** Klassenletzte(r) sein; **~ gear** AUTO erster Gang

bought pt, pp → **buy**

bounce 1 VI (ball) springen, aufprallen; **~ up and down** (person) herumhüpfen **bouncy** ADJ (ball) gut springend; (person) munter **bouncy castle** N Hüpfburg f

bound 1 pt, pp → **bind 2** ADJ (tied up) gebunden; (obliged) verpflichtet; **be ~ to do sth** (sure to) etw bestimmt tun (werden); (have to) etw tun müssen; **it's ~ to happen** es muss so kommen; **be ~ for ...** auf dem Weg nach ... sein **boundary** N Grenze f

bouquet N (flowers) Strauß m; (of wine) Blume f

bow 1 N (ribbon) Schleife f; (instrument, weapon) Bogen m **2** VI sich verbeugen **3** N (with head) Verbeugung f; (of ship) Bug m

bowels NPL Darm m

bowl 1 N (basin) Schüssel f; (shallow) Schale f; (for animal) Napf m **2** VT, VI (in cricket) werfen

bowling N Kegeln nt **bowling alley** N Kegelbahn f **bowling green** N Rasen m zum Bowling-Spiel **bowls** NSING (game) Bowling-Spiel nt

bow tie N Fliege f

box N Schachtel f; (cardboard) Karton m; (bigger) Kasten m;

(on form) Kästchen nt; THEAT Loge f **boxer** N Boxer(in) m(f) **boxers, boxer shorts** NPL Boxershorts pl **boxing** N SPORT Boxen nt **Boxing Day** N zweiter Weihnachtsfeiertag **boxing gloves** NPL Boxhandschuhe pl **box office** N (cinema, theatre) Kasse f **box set** N (of DVDs, CDs) Boxset nt

boy N Junge m

boycott 1 N Boykott m **2** VT boykottieren

boyfriend N (fester) Freund m **boy scout** N Pfadfinder m

bra N BH m

brace N (on teeth) Spange f **bracelet** N Armband nt **braces** NPL (Br) Hosenträger pl **bracket 1** N (in text) Klammer f; TECH Träger m **2** VT einklammern

brag VI angeben

brain N ANAT Gehirn nt; (mind) Verstand m; **~s** pl (intelligence) Grips m **brainy** ADJ schlau

brake 1 N Bremse f **2** VI bremsen **brake fluid** N Bremsflüssigkeit f **brake light** N Bremslicht nt **brake pedal** N Bremspedal nt

branch N (of tree) Ast m; (of family, subject) Zweig m; (of firm) Filiale f, Zweigstelle f **branch off** VI (road) abzweigen

brand N COMM Marke f

brand-new ADJ (funkel)nagelneu

brandy N Weinbrand m

brass N Messing nt; (Br) fam (money) Knete f **brass band** N Blaskapelle f

brave ADJ tapfer, mutig

brawn N (strength) Muskelkraft f; GASTR Sülze f **brawny** ADJ muskulös

Brazil N Brasilien nt **Brazilian** 1 ADJ brasilianisch 2 N Brasilianer(in) m(f) **brazil nut** N Paranuss f

bread N Brot nt **breadbin** (Br), **breadbox** (US) N Brotkasten m **breadcrumbs** NPL Brotkrumen pl; GASTR Paniermehl nt **breaded** ADJ paniert **breadknife** N Brotmesser nt

breadth N Breite f

break 1 N (fracture) Bruch m; (rest) Pause f; (short holiday) Kurzurlaub m; **give me a** ~ hör/hören Sie auf damit! 2 VT (fracture) zerbrechen; (in pieces) zerbrechen; (toy, device) kaputt machen; (promise) nicht halten; (silence) brechen; (law) verletzen; (news) mitteilen (to sb jdm); **I broke my leg** ich habe mir das Bein gebrochen; **he broke it to her gently** er hat es ihr schonend beigebracht 3 VI (come apart) (auseinander)brechen; (toy, device) kaputtgehen; (day, dawn) anbrechen; (news) bekannt werden **break down** VI (car) eine Panne haben; (machine) versagen; (person) zu-

sammenbrechen **break in** VI (burglar) einbrechen **break into** VT einbrechen in + acc **break off** VI, VT abbrechen **break out** VI ausbrechen; ~ **in a rash** einen Ausschlag bekommen **break up** 1 VI aufbrechen; (meeting, organisation) sich auflösen; (marriage) in die Brüche gehen; (couple) sich trennen; **school breaks up on Friday** am Freitag beginnen die Ferien 2 VT aufbrechen; (marriage) zerstören; (meeting) auflösen **breakable** ADJ zerbrechlich **breakdown** N (of car) Panne f; (of machine) Störung f; (of person, relations, system) Zusammenbruch m **breakdown service** N Pannendienst m **breakdown truck** N Abschleppwagen m

breakfast N Frühstück nt; **have** ~ frühstücken

break-in N Einbruch m **breakup** N (of meeting, organisation) Auflösung f; (of marriage) Zerrüttung f

breast N Brust f **breastfeed** VT stillen **breaststroke** N Brustschwimmen nt

breath N Atem m; **out of** ~ außer Atem **breathalyse**, **breathalyze** VT (ins Röhrchen) blasen lassen **breathalyser**, **breathalyzer** N Promillemesser m **breathe** VT, VI atmen **breathe in** VT, VI einatmen **breathe out** VT, VI ausat-

men **breathless** ADJ atemlos
breathtaking ADJ atemberaubend
bred pt, pp → breed
breed 1 N (race) Rasse f 2 VI
sich vermehren 3 VT züchten
breeder N Züchter(in) m(f);
fam Hetero m **breeding** N
(of animals) Züchtung f
breeze N Brise f
brevity N Kürze f
brew 1 VT (beer) brauen; (tea)
kochen **brewery** N Brauerei f
Brexit N Brexit m
bribe 1 N Bestechungsgeld nt
2 VT bestechen **bribery** N Bestechung f
brick N Backstein m **bricklayer** N Maurer(in) m(f)
bride N Braut f **bridegroom**
N Bräutigam m **bridesmaid**
N Brautjungfer f
bridge N Brücke f, Bridge nt
brief 1 ADJ kurz 2 VT instruie-
ren (on über + acc)
briefcase N Aktentasche f
briefs NPL Slip m
bright ADJ hell; (colour) leuchtend; (cheerful) heiter; (intelligent) intelligent; (idea) glänzend **brighten up** 1 VT auf-
hellen; (person) aufheitern 2
VI sich aufheitern; (person) fröhlicher werden
brilliant ADJ (sunshine, colour)
strahlend; (person) brillant;
(idea) glänzend; (Br) fam it
was ~ es war fantastisch
brim N Rand m

bring VT bringen; (with one) mitbringen **bring about** VT her-
beiführen, bewirken **bring
back** VT zurückbringen; (memories) wecken **bring down** VT
(reduce) senken; (government
etc) zu Fall bringen **bring in**
VT hereinbringen; (introduce)
einführen **bring out** VT herausbringen **bring up** VT (child)
aufziehen; (question) zur Sprache bringen
bristle N Borste f
Brit N fam Brite m, Britin f **Britain** N Großbritannien nt **British** 1 ADJ britisch; **the ~ Isles**
pl die Britischen Inseln pl 2
N **the ~** pl die Briten pl
brittle ADJ spröde
broad ADJ breit; (accent) stark;
in ~ daylight am helllichten
Tag
B road N (Br) ≈ Landstraße f
broadcast 1 N Sendung f 2
irr vt, vi senden; (event) übertragen
broaden VT **~ the mind** den
Horizont erweitern **broad
-minded** ADJ tolerant
broccoli N Brokkoli m
brochure N Prospekt m, Broschüre f
broke 1 pt → break 2 ADJ (Br)
fam pleite **broken** pp → break
broken-hearted ADJ untröstlich
broker N Makler(in) m(f)
bromance N fam Männerbe-
ziehung f, innige Männer-

freundschaft

bronchitis N̲ Bronchitis f

brooch N̲ Brosche f

broom N̲ Besen m

Bros abbr = **brothers** Gebr.

broth N̲ Fleischbrühe f

brothel N̲ Bordell nt

brother N̲ Bruder m; **~s** pl COMM Gebrüder pl **brother-in-law** N̲ Schwager m

brought pt, pp → **bring**

brow N̲ (eyebrow) (Augen)braue f; (forehead) Stirn f

brown ADJ braun **brown bread** N̲ Mischbrot nt; (wholemeal) Vollkornbrot nt **brownie** N̲ GASTR Brownie m; (Br) junge Pfadfinderin **brown paper** N̲ Packpapier nt **brown rice** N̲ Naturreis m **brown sugar** N̲ brauner Zucker

browse V̲I̲ (in book) blättern; (in shop) herumschauen **browser** N̲ IT Browser m

bruise 1 V̲I̲ blauer Fleck 2 V̲T̲ **~ one's arm** sich dat einen blauen Fleck (am Arm) holen

brunch N̲ Brunch m

brush 1 N̲ Bürste f; (for sweeping) Handbesen m; (for painting) Pinsel m 2 V̲T̲ bürsten; (sweep) fegen; **~ one's teeth** sich dat die Zähne putzen **brush up** V̲T̲ (French etc) auffrischen

Brussels sprouts N̲P̲L̲ Rosenkohl m, Kohlsprossen pl

brutality N̲ Brutalität f

BSc = **Bachelor of Science** ers-

ter akademischer Grad in technisch-naturwissenschaftlichen Fächern, ≈ Diplom

BSE = **bovine spongiform encephalopathy** BSE f

bubble 1 N̲ Blase f **bubble bath** N̲ Schaumbad nt, Badeschaum m **bubbly** 1 ADJ sprudelnd; (person) temperamentvoll 2 N̲ fam Schampus m

buck N̲ (animal) Bock m; (US) fam Dollar m

bucket N̲ Eimer m

buckle 1 N̲ Schnalle f 2 V̲I̲ TECH sich verbiegen 3 V̲T̲ zuschnallen

bud N̲ Knospe f

Buddhism N̲ Buddhismus m **Buddhist** 1 ADJ buddhistisch 2 N̲ Buddhist(in) m(f)

buddy N̲ fam Kumpel m

budget 1 N̲ Budget nt 2 ADJ preisgünstig **budget airline** N̲ Billigflieger m

budgie N̲ fam Wellensittich m

buffalo N̲ Büffel m

buffet V̲I̲ (food) (kaltes) Büfett nt

bug 1 N̲ IT Bug m, Programmfehler m; (listening device) Wanze f; (US, insect) Insekt nt; fam (illness) Infektion f 2 V̲T̲ fam nerven

bugger 1 N̲ vulg Scheißkerl m 2 INTERJ vulg Scheiße f **bugger off** V̲I̲ (Br) vulg abhauen, Leine ziehen

buggy N̲ (for baby) Buggy m; (US, pram) Kinderwagen m

build V̄T bauen **build up** V̄T aufbauen **building** N̄ Gebäude nt **building site** N̄ Baustelle f

built pt, pp → build **built-in** ADJ (cupboard) Einbau-, eingebaut

bulb N̄ BOT (Blumen)zwiebel f; ELEC Glühbirne f

Bulgaria N̄ Bulgarien nt **Bulgarian** ■ ADJ bulgarisch ■ N̄ (person) Bulgare m, Bulgarin f; (language) Bulgarisch nt

bulimia N̄ Bulimie f

bulk N̄ (size) Größe f; (greater part) Großteil m (of + gen); in ~ en gros **bulky** ADJ (goods) sperrig; (person) stämmig

bull N̄ Stier m **bulldog** N̄ Bulldogge f **bulldoze** V̄T planieren **bulldozer** N̄ Planierraupe f

bullet N̄ Kugel f

bulletin N̄ Bulletin nt; (announcement) Bekanntmachung f; MED Krankenbericht m **bulletin board** N̄ (US) IT schwarzes Brett

bullshit N̄ fam Scheiß m

bully N̄ Tyrann m

bum N̄ fam (Br, backside) Po m; (US, vagrant) Penner m

bumblebee N̄ Hummel f

bumf N̄ fam Infomaterial nt, Papierkram m

bump ■ N̄ fam (swelling) Beule f; (road) Unebenheit f; (blow) Stoß m ■ V̄T stoßen; ~ one's head sich dat den Kopf anschlagen (on an + dat) **bump**

into V̄T stoßen gegen; fam (meet) (zufällig) begegnen + dat **bumper** ■ N̄ AUTO Stoßstange f ■ ADJ (edition etc) Riesen-; (crop etc) Rekord- **bumpy** ADJ holp(e)rig

bun N̄ süßes Brötchen

bunch N̄ (of flowers) Strauß m; fam (of people) Haufen m; ~ of keys Schlüsselbund m

bundle N̄ Bündel m

bungee jumping N̄ Bungeejumping nt

bunk N̄ Koje f **bunk bed(s)** N̄[PL] Etagenbett nt

bunker N̄ Bunker m

bunny N̄ Häschen nt

buoy N̄ Boje f **buoyant** ADJ (floating) schwimmend

burden N̄ Last f

bureau N̄ Büro nt; (government department) Amt nt **bureaucracy** N̄ Bürokratie f **bureau de change** N̄ Wechselstube f

burger N̄ Hamburger m

burglar N̄ Einbrecher(in) m(f) **burglar alarm** N̄ Alarmanlage f **burglarize** V̄T (US) einbrechen in + acc **burglary** N̄ Einbruch m **burgle** V̄T einbrechen in + acc

burial N̄ Beerdigung f

burn ■ V̄T verbrennen; (food, slightly) anbrennen; ~ one's hand sich dat die Hand verbrennen ■ V̄I brennen ■ N̄ (injury) Brandwunde f; (on material) verbrannte Stelle

burp ■ V̄I rülpsen ■ V̄T (baby)

aufstoßen lassen

burqa N̄ Burka f

bursary N̄ Stipendium nt

burst 1 V̄T platzen lassen 2 V̄I platzen; **~ into tears** in Tränen ausbrechen

bury V̄T begraben; (in grave) beerdigen; (hide) vergraben

bus N̄ Bus m **bus driver** N̄ Busfahrer(in) m(f)

bush N̄ Busch m

business N̄ Geschäft nt; (enterprise) Unternehmen nt; (concern, affair) Sache f; **I'm here on ~** ich bin geschäftlich hier; **it's none of your ~** das geht dich/Sie nichts an **business card** N̄ Visitenkarte f **business class** N̄ AVIAT Businessclass f **business hours** NPL Geschäftsstunden pl **businessman** N̄ Geschäftsmann m **business studies** NPL Betriebswirtschaftslehre f **businesswoman** N̄ Geschäftsfrau f

bus service N̄ Busverbindung f **bus shelter** N̄ Wartehäuschen nt **bus station** N̄ Busbahnhof m **bus stop** N̄ Bushaltestelle f

bust 1 N̄ Büste f 2 ADJ (broken) kaputt; **go ~** Pleite gehen

busy ADJ beschäftigt; (street, place) belebt; (esp US, telephone) besetzt; **~ signal** (US) Besetztzeichen nt

but 1 CONJ aber; (only) nur; **not this ~ that** nicht dies, sondern das 2 PREP (except) außer; **any colour ~ blue** jede Farbe, nur nicht blau; **nothing ~ ...** nichts als ...; **the last/next house ~ one** das vorletzte/übernächste Haus

butcher N̄ Metzger(in) m(f)

butt N̄ fam Hintern m

butter N̄ Butter f **buttercup** N̄ Butterblume f **butterfly** N̄ Schmetterling m **butternut squash** N̄ Butternusskürbis m

buttocks NPL Gesäß nt

button 1 N̄ Knopf m 2 V̄T zuknöpfen **buttonhole** N̄ Knopfloch nt

buy 1 N̄ Kauf m 2 V̄T kaufen (from von) **buyer** N̄ Käufer(in) m(f)

buzz 1 N̄ Summen nt; **give sb a ~** fam jdn anrufen 2 V̄I summen **buzzer** N̄ Summer m

by 1 PREP (cause, author) von; (means) mit; (beside, near) bei, an; (via) durch; (before) bis; (according to) nach; **go ~ train/bus/car** mit dem Zug/Bus/Auto fahren; **send ~** post mit der Post schicken; **a house ~ the river** ein Haus am or beim Fluss; **~ her side** neben ihr, an ihrer Seite; **leave ~ the back door** durch die Hintertür rausgehen; **~ day/night** tags/nachts; **they'll be here ~ five** bis fünf Uhr müssten sie hier sein; **judge ~ appearances** nach dem Äußeren urteilen;

rise ~ 10 % um 10 % steigen; **it missed me ~ inches** es hat mich um 1 Zentimeter verfehlt; **divided/multiplied ~ 7** dividiert durch/multipliziert mit 7; **~ oneself** allein [2] ADV (*past*) vorbei; **rush ~** vorbeirasen

bye-bye INTERJ *fam* Wiedersehen, tschüss

by-election N̄ Nachwahl f **bypass** N̄ Umgehungsstraße f; MED Bypass m **broad** N̄ Nebenstraße f **bystander** N̄ Zuschauer(in) m(f)

byte N̄ Byte nt

C

C = Celsius C
c → circa ca.
cab N̄ Taxi nt
cabbage N̄ Kohl m
cabin N̄ NAUT Kajüte f; AVIAT Passagierraum m; (*wooden house*) Hütte f **cabin crew** N̄ Flugbegleitpersonal nt
cabinet N̄ Schrank m; (*for display*) Vitrine f; POL Kabinett nt
cable N̄ ELEC Kabel nt **cable-car** N̄ Seilbahn f **cable television, cablevision** (*US*) N̄ Kabelfernsehen nt
cactus N̄ Kaktus m
CAD = **computer-aided design** CAD nt

Caesarean ADJ (*Br*) **~ (section)** Kaiserschnitt m
café N̄ Café nt **cafeteria** N̄ Cafeteria f **cafetiere** N̄ (*Br*) Kaffeebereiter m
caffein(e) N̄ Koffein nt
cage N̄ Käfig m
Cairo N̄ Kairo nt
cake N̄ Kuchen m **cake shop** N̄ Konditorei f
calculate VT berechnen; (*estimate*) kalkulieren **calculating** ADJ berechnend **calculation** N̄ Berechnung f; (*estimate*) Kalkulation f **calculator** N̄ Taschenrechner m
calendar N̄ Kalender m
calf N̄ Kalb nt; ANAT Wade f
California N̄ Kalifornien nt
call [1] VT rufen; (*name, describe as*) nennen; TEL anrufen; IT, AVIAT aufrufen; **what's this ~ed?** wie heißt das? [2] VI (*shout*) rufen (*for help* um Hilfe); (*visit*) vorbeikommen; **~ at the doctor's** beim Arzt vorbeigehen; (*of train*) **~ at ... in ...** halten [3] N̄ (*shout*) Ruf m; TEL Anruf m; IT, AVIAT Aufruf m; **make a ~** telefonieren; **give sb a ~** jdn anrufen; **be on ~** Bereitschaftsdienst haben **call back** VT, VI zurückrufen **call for** VT (*come to pick up*) abholen; (*demand, require*) verlangen **call off** VT absagen
call centre N̄ Callcenter nt
caller N̄ Besucher(in) m(f); TEL Anrufer(in) m(f)

calm **1** N̄ Stille f; (also of person) Ruhe f; (of sea) Flaute f **2** V̄T beruhigen **3** ADJ ruhig **calm down** V̄I sich beruhigen

calorie N̄ Kalorie f

calves pl → calf

Cambodia N̄ Kambodscha nt

camcorder N̄ Camcorder m

came pt → come

camel N̄ Kamel nt

camera N̄ Fotoapparat m, Kamera f **camera phone** N̄ Fotohandy nt

camomile N̄ Kamille f

camouflage N̄ Tarnung f

camp **1** N̄ Lager nt; (camping place) Zeltplatz m **2** V̄I zelten, campen **3** ADJ fam theatralisch, tuntig

campaign **1** N̄ Kampagne f; POL Wahlkampf m **2** V̄I sich einsetzen (for/against für/gegen)

campbed N̄ Campingliege f

camper N̄ (person) Camper(in) m(f); (van) Wohnmobil nt

camping N̄ Zelten nt, Camping nt **campsite** N̄ Zeltplatz m, Campingplatz m

campus N̄ (of university) Universitätsgelände nt, Campus m

can **1** V̄AUX (be able) können; (permission) dürfen; **I ~not** or **~'t see** ich kann nichts sehen; **~ I go now?** darf ich jetzt gehen? **2** N̄ (for food, beer) Dose f; (for water, milk) Kanne f

Canada N̄ Kanada nt **Canadian** **1** ADJ kanadisch **2** N̄ Kana-

dier(in) m(f)

canal N̄ Kanal m

canary N̄ Kanarienvogel m

cancel V̄T (plans) aufgeben; (meeting, event) absagen; COMM (order etc) stornieren; IT löschen; AVIAT streichen; **be ~led** (event, train, bus) ausfallen **cancellation** N̄ Absage f; COMM Stornierung f; AVIAT gestrichener Flug

cancer N̄ MED Krebs m **Cancer** N̄ ASTR Krebs m

candid ADJ (person, conversation) offen

candidate N̄ (for post) Bewerber(in) m(f); POL Kandidat(in) m(f)

candle N̄ Kerze f **candlelight** N̄ Kerzenlicht nt **candlestick** N̄ Kerzenhalter m

candy N̄ (US) Bonbon nt; (quantity) Süßigkeiten pl **candy-floss** N̄ (Br) Zuckerwatte f

canned ADJ Dosen-

cannot negative → can

canoe N̄ Kanu nt **canoeing** N̄ Kanufahren nt

can opener N̄ Dosenöffner m

canopy N̄ Baldachin m; (awning) Markise f; (over entrance) Vordach nt

can't contr → cannot

canteen N̄ (in factory) Kantine f; (in university) Mensa f

canvas N̄ (for sails, shoes) Segeltuch nt; (for tent) Zeltstoff m; (for painting) Leinwand f

canvass V̄I um Stimmen werben (for für)

canyon N̄ Felsenschlucht f

canyoning N̄ Canyoning nt

cap N̄ Mütze f; (lid) Verschluss m, Deckel m

capability N̄ Fähigkeit f **capable** ADJ fähig; **be ~ of sth** zu etw fähig (or imstande) sein

capacity N̄ (of building, container) Fassungsvermögen nt; (ability) Fähigkeit f; (function) **in his ~ as ...** in seiner Eigenschaft als ...

cape N̄ (garment) Cape nt, Umhang m; (piece of land) Kap f

caper N̄ (for cooking) Kaper f

capital N̄ FIN Kapital nt; (letter) Großbuchstabe m; ~ (**city**) Hauptstadt f **capitalism** N̄ Kapitalismus m **capital punishment** N̄ die Todesstrafe

Capricorn N̄ ASTR Steinbock m

capsule N̄ Kapsel f

captain N̄ Kapitän m; (army) Hauptmann m

captive N̄ Gefangene(r) mf **capture** 1 V̄T (person) fassen, gefangen nehmen; (town etc) einnehmen; IT (data) erfassen 2 N̄ Gefangennahme f; IT Erfassung f

car N̄ Auto nt; (US) RAIL Wagen m

caravan N̄ (Br) Wohnwagen m **caravan site** N̄ (Br) Campingplatz m für Wohnwagen

caraway (seed) N̄ Kümmel m

carbohydrate N̄ Kohle(n)-

hydrat nt

car bomb N̄ Autobombe f

carbon N̄ Kohlenstoff m **carbon dioxide** N̄ Kohlendioxid nt **carbon footprint** N̄ Kohlenstofffußabdruck m, CO_2-Bilanz f

carburettor, carburetor (US) N̄ Vergaser m

card N̄ Karte f; (material) Pappe f **cardboard** N̄ Pappe f; ~ (**box**) Karton m; (smaller) Pappschachtel f **card game** N̄ Kartenspiel nt **cardholder** N̄ Karteninhaber(in) m(f)

cardigan N̄ Strickjacke f

card key N̄ (in hotel etc) Schlüsselkarte f **card payment** N̄ Kartenzahlung f **cardphone** N̄ Kartentelefon nt **card reader** N̄ Kartenlesegerät nt

care 1 N̄ (worry) Sorge f; (carefulness) Sorgfalt f; (looking after things, people) Pflege f; **with ~** sorgfältig; (cautiously) vorsichtig; **take ~** (watch out) vorsichtig sein; (in address) ~ **of** bei; **take ~ of** sorgen für, sich kümmern um 2 V̄I **I don't ~** es ist mir egal; ~ **about sth** Wert auf etw acc legen; **he ~s about her** sie liegt ihm am Herzen **care for** V̄T (look after) sorgen für, sich kümmern um; (like) mögen

career N̄ Karriere f, Laufbahn f **careers adviser** N̄ Berufsberater(in) m(f)

carefree ADJ sorgenfrei **care-**

ful, **carefully** ADJ, ADV sorgfältig; (cautious, cautiously) vorsichtig **careless**, **carelessly** ADJ, ADV nachlässig; (driving etc) leichtsinnig; (remark) unvorsichtig **carer** N Betreuer(in) m(f), Pfleger(in) m(f) **caretaker** N Hausmeister(in) m(f) **careworker** N Pfleger(in) m(f)

car-ferry N Autofähre f

cargo N Ladung f

car hire, **car hire company** N Autovermietung f

Caribbean ◼ N Karibik f ◼ ADJ karibisch

caring ADJ mitfühlend; (parent, partner) liebevoll; (looking after sb) fürsorglich

car insurance N Kraftfahrzeugversicherung f

carnation N Nelke f

carnival N Volksfest nt; (before Lent) Karneval m

carol N Weihnachtslied nt

carp N (fish) Karpfen m

car park N (Br) Parkplatz m; (multi-storey car park) Parkhaus nt

carpenter N Zimmermann m, Zimmerfrau f

carpet N Teppich m

car phone N Autotelefon nt

carpool ◼ N Fahrgemeinschaft f; (vehicles) Fuhrpark m ◼ Vi eine Fahrgemeinschaft bilden **car rental** N Autovermietung f

carriage N (Br) RAIL (coach) Wagen m; (compartment) Abteil nt; (horse-drawn) Kutsche f; (transport) Beförderung f **carriageway** N (Br, on road) Fahrbahn f

carrier N COMM Spediteur(in) m(f) **carrier bag** N Tragetasche f

carrot N Karotte f

carry VT tragen; (in vehicle) befördern; (have on one) bei sich haben **carry on** ◼ Vi (continue) weitermachen ◼ VT (continue) fortführen; **~ on working** weiter arbeiten **carry out** VT (orders, plan) ausführen, durchführen

carrycot N Babytragetasche f **carry-on bag** N Handgepäck nt

car sharing N Carsharing nt **carsick** ADJ **he gets ~** ihm wird beim Autofahren übel

cart N Wagen m, Karren m; (US, shopping trolley) Einkaufswagen m

carton N (Papp)karton m; (of cigarettes) Stange f

cartoon N Cartoon m or nt; (one drawing) Karikatur f; (film) (Zeichen)trickfilm m

cartridge N (for film) Kassette f; (for gun, pen, printer) Patrone f; (for copier) Kartusche f

carve VT, VI (wood) schnitzen; (stone) meißeln; (meat) schneiden, tranchieren **carving** N (in wood) Schnitzerei f; (in stone) Skulptur f, Carving nt

car wash N̲ Autowaschanlage f

case N̲ (crate) Kiste f; (box) Schachtel f; (for spectacles) Etui nt; (matter) LAW Fall m; **in ~** falls; **in a bad ~** in dem Fall; **in ~ of fire** bei Brand; **it's a ~ of …** es handelt sich hier um …

cash 1 N̲ Bargeld nt; **in ~** bar; **~ on delivery** per Nachnahme 2 V̲T̲ (check/cheque) einlösen

cash desk N̲ Kasse f **cash dispenser** N̲ Geldautomat m **cashier** N̲ Kassierer(in) m(f) **cash machine** N̲ (Br) Geldautomat m

cashmere N̲ Kaschmirwolle f **cash payment** N̲ Barzahlung f **cashpoint** N̲ (Br) Geldautomat m

casing N̲ Gehäuse nt

casino N̲ Kasino nt

cask N̲ Fass nt

casserole N̲ Kasserole f; (food) Schmortopf m

cassette N̲ Kassette f **cassette recorder** N̲ Kassettenrekorder m

cast 1 V̲T̲ (throw) werfen; THEAT, FILM besetzen; (roles) verteilen 2 N̲ THEAT, FILM Besetzung f; MED Gipsverband m

caster N̲ **~ sugar** Streuzucker m

castle N̲ Burg f

casual ADJ (arrangement, remark) beiläufig; (attitude, manner) (nach)lässig, zwanglos; (dress) leger; (work, earnings)

Gelegenheits-; (look, glance) flüchtig; **~ wear** Freizeitkleidung f; **~ sex** Gelegenheitssex m **casually** ADV (remark, say) beiläufig; (meet) zwanglos; (dressed) leger

casualty N̲ Verletzte(r) mf; (dead) Tote(r) mf; (department in hospital) Notaufnahme f

cat N̲ Katze f; (male) Kater m

catalog (US), **catalogue** N̲ Katalog m

cataract N̲ Wasserfall m; MED grauer Star

catarrh N̲ Katarr(h) m

catastrophe N̲ Katastrophe f

catch 1 N̲ (fish etc) Fang m 2 V̲T̲ fangen; (thief) fassen; (train, bus etc) nehmen; (not miss) erreichen; **~ a cold** sich erkälten; **~ fire** Feuer fangen; **I didn't ~ that** das habe ich nicht verstanden **catch up** V̲T̲, V̲I̲ **~ with sb** jdn einholen; **~ on sth** etw nachholen **catching** ADJ ansteckend **catch-up service** N̲ IT, RADIO, TV Mediathek f

category N̲ Kategorie f

cater V̲I̲ die Speisen und Getränke liefern (for für) **cater for** V̲T̲ (have facilities for) eingestellt sein auf + acc **catering** N̲ Versorgung f mit Speisen und Getränken, Gastronomie f **catering service** N̲ Partyservice m

caterpillar N̲ Raupe f

cathedral N̲ Kathedrale f, Dom m

Catholic 1 ADJ katholisch 2

Katholik(in) m(f)

cat nap N (Br) kurzer Schlaf

cat's eyes NPL (in road) Katzenaugen pl, Reflektoren pl

catsup N (US) Ketchup nt or m

cattle NPL Vieh nt

caught pt, pp → catch

cauliflower N Blumenkohl m

cauliflower cheese N Blumenkohl m in Käsesoße

cause 1 N (origin) Ursache f (of für); (reason) Grund m (for zu); (purpose) Sache f; **for a good ~** für wohltätige Zwecke; **no ~ for alarm/complaint** kein Grund zur Aufregung/Klage 2 VT verursachen

causeway N Damm m

caution 1 N Vorsicht f; LAW, SPORT Verwarnung f 2 VT (ver)warnen **cautious** ADJ vorsichtig

cave N Höhle f

cavity N Hohlraum m; (in tooth) Loch nt

cayenne (pepper) N Cayennepfeffer m

CCTV abbr → closed circuit television Videoüberwachungsanlage f **CCTV camera** N Überwachungskamera f

CD abbr → compact disc CD f **CD player** N CD-Spieler m **CD-ROM** abbr = **Compact Disc Read Only Memory** CD-ROM f

cease 1 VI aufhören 2 VT beenden; **~ doing sth** aufhören, etw zu tun **cease fire** N Waffenstillstand m

ceiling N Decke f

celebrate VT, VI feiern **celebrated** ADJ gefeiert **celebration** N Feier f **celebrity** N Berühmtheit f, Star m

celeriac N (Knollen)sellerie m or f **celery** N (Stangen)sellerie m or f

cell N Zelle f; (US) → cellphone

cellar N Keller m

cello N Cello nt

cellphone N (US) Mobiltelefon nt, Handy nt **cellphone camera** N (US) Handykamera f **cellphone number** N (US) Handynummer f **cellphone reception** N (US) Handyempfang m; **we couldn't get ~** wir hatten kein Netz **cellular phone** N (US) → cellphone

cellulite N Cellulite f, Cellulitis f

Celt N Kelte m, Keltin f **Celtic** 1 ADJ keltisch 2 N (language) Keltisch nt

cement N Zement m

cemetery N Friedhof m

cent N (of dollar, euro etc) Cent m

center N (US) → centre

centiliter (US), **centilitre** N Zentiliter m **centimeter** N (US), **centimetre** N Zentimeter m

central ADJ zentral **Central America** N Mittelamerika nt **Central Europe** N Mitteleuropa nt **central heating** N Zentralheizung f **centralize**

VT zentralisieren **central locking** N AUTO Zentralverriegelung f **central processing unit** N IT Zentraleinheit f **central reservation** N (Br) Mittelstreifen m **central station** N Hauptbahnhof m

centre 1 N Mitte f; (building, of city) Zentrum nt **2** VT zentrieren **centre forward** N SPORT Mittelstürmer m

century N Jahrhundert nt

ceramic ADJ keramisch

cereal N (any grain) Getreide nt; (breakfast cereal) Frühstücksflocken pl

ceremony N Feier f, Zeremonie f

certain ADJ sicher (of + gen); (particular) bestimmt; **for ~** mit Sicherheit **certainly** ADV sicher; (without doubt) bestimmt; **~!** aber sicher!; **~ not** ganz bestimmt nicht

certificate N Bescheinigung f; (in school, of qualification) Zeugnis nt **certify** VT, VI bescheinigen

cervical smear N Abstrich m

Cesarean ADJ (US) → Caesarean

CFC abbr = **chlorofluorocarbon** FCKW nt

chain 1 N Kette f **2** VT **~ (up)** anketten

chair N Stuhl m; (university) Lehrstuhl m; (armchair) Sessel m; (chairperson) Vorsitzende(r) mf **chairlift** N Sessellift m

chairman N Vorsitzende(r) m; (of firm) Präsident m **chairperson** N Vorsitzende(r) mf; (of firm) Präsident(in) m(f) **chairwoman** N Vorsitzende f; (of firm) Präsidentin f

chalet N (in mountains) Berghütte f; (holiday dwelling) Ferienhäuschen nt

chalk N Kreide f

challenge 1 N Herausforderung f **2** VT (person) herausfordern; (statement) bestreiten

chambermaid N Zimmermädchen nt

champagne N Champagner m

champion N SPORT Meister(in) m(f) **championship** N Meisterschaft f

chance N (fate) Zufall m; (possibility) Möglichkeit f; (opportunity) Gelegenheit f; (risk) Risiko nt; **by ~** zufällig; **he doesn't stand a ~ (of winning)** er hat keinerlei Chance(, zu gewinnen)

chancellor N Kanzler(in) m(f)

chandelier N Kronleuchter m

change 1 VT verändern; (alter) ändern; (money, wheel, nappy) wechseln; (exchange) (um)tauschen; **~ one's clothes** sich umziehen; **~ trains** umsteigen; **~ gear** AUTO schalten **2** VI sich ändern; (esp outwardly) sich verändern; (get changed) sich umziehen **3** N Veränderung f; (alteration) Änderung f; (money) Wechselgeld nt; (coins) Kleingeld nt; **for a** ~ zur Abwechslung; **can you give me** ~ **for £10?** können Sie mir auf 10 Pfund herausgeben? **change down** vi (Br) AUTO herunterschalten **change over** vi sich umstellen (to auf + acc) **change up** vi (Br) AUTO hochschalten

changeable ADJ (weather) veränderlich, wechselhaft **change machine** N Geldwechsler m **changing room** N Umkleideraum m

channel N Kanal m; RADIO, TV Kanal m, Sender m; **the (English) Channel** der Ärmelkanal; **the Channel Islands** die Kanalinseln **channel-hopping** N Zappen m

chaos N Chaos nt **chaotic** ADJ chaotisch

chap N (Br) fam Bursche m, Kerl m

chapel N Kapelle f

chapped ADJ (lips) aufgesprungen

chapter N Kapitel nt

character N Charakter m, Wesen nt; (in a play, novel etc) Figur f; TYPO Zeichen nt; **he's a real** ~ er ist ein echtes Original **characteristic** ADJ typisches Merkmal

charcoal N Holzkohle f

charge ❶ N (cost) Gebühr f; LAW Anklage f; **free of** ~ gratis, kostenlos; **be in** ~ **of** ver-

antwortlich sein für ❷ vt (money) verlangen; LAW anklagen; (battery) aufladen charger N Ladegerät nt **charging point, charging station** N Ladestation f **charging time** N Ladezeit f

charity N (institution) wohltätige Organisation f; (collection for) ~ eine Sammlung für wohltätige Zwecke **charity shop** N Geschäft einer 'charity', in dem freiwillige Helfer gebrauchte Kleidung, Bücher etc verkaufen

charm ❶ N Charme m ❷ vt bezaubern **charming** ADJ reizend, charmant

chart N Diagramm nt; (map) Karte f; **the** ~s pl die Charts, die Hitliste

charter ❶ N Urkunde f ❷ vt NAUT, AVIAT chartern **charter flight** N Charterflug m

chase ❶ vt jagen, verfolgen ❷ N Verfolgungsjagd f; (hunt) Jagd f

chassis N AUTO Fahrgestell nt

chat ❶ vi plaudern; IT chatten ❷ N Plauderei f; **chat up** vt anmachen, anbaggern **chatbot** N IT Chatbot m **chatroom** N IT Chatroom m **chat show** N Talkshow f

chauffeur N Chauffeur(in) m(f), Fahrer(in) m(f)

cheap ADJ billig; (of poor quality) minderwertig

cheat vt, vi betrügen; (in school,

game) mogeln

Chechnya N̄ Tschetschenien nt

check 1 V̄T *(examine)* überprüfen *(for* auf + *acc)*; TECH *(adjustment etc)* kontrollieren; *(US, tick)* abhaken; AVIAT *(luggage)* einchecken; *(US, coat)* abgeben **2** N̄ *(examination, restraint)* Kontrolle *f*; *(US, restaurant bill)* Rechnung *f*; *(pattern)* Karo (-muster) *nt*; *(US)* → **cheque check in** V̄T, V̄I AVIAT einchecken; *(into hotel)* sich anmelden **check out** V̄I sich abmelden, auschecken **check up** V̄I nachprüfen; **~ on sb** Nachforschungen über jdn anstellen

checkers N̄S̄IN̄G *(US)* Damespiel nt

check-in N̄ *(airport)* Check-in m; *(hotel)* Anmeldung *f* **check-in desk** N̄ Abfertigungsschalter *m* **checking account** N̄ *(US)* Scheckkonto nt **check list** N̄ Kontrollliste *f* **checkout** N̄ *(supermarket)* Kasse *f* **checkout time** N̄ *(hotel)* Abreise(zeit) *f* **checkpoint** N̄ Kontrollpunkt *m* **checkroom** N̄ *(US)* Gepäckaufbewahrung *f* **checkup** N̄ MED (ärztliche) Untersuchung *f*

cheddar N̄ Cheddarkäse *m*

cheek N̄ Backe *f*, Wange *f*; *(insolence)* Frechheit *f*; **what a ~** so eine Frechheit! **cheekbone** N̄ Backenknochen *m* **cheeky** A̱DJ frech

cheer 1 N̄ Beifallsruf *m*; **~s** *(when drinking)* prost!; *(Br)* fam *(thanks)* danke; *(Br, goodbye)* tschüs **2** V̄T zujubeln + *dat* **3** V̄I jubeln **cheer up 1** V̄T aufmuntern **2** V̄I fröhlicher werden **cheerful** A̱DJ fröhlich

cheese N̄ Käse *m* **cheeseboard** N̄ Käsebrett *nt*; *(as course)* (gemischte) Käseplatte **cheesecake** N̄ Käsekuchen *m*

chef N̄ Koch *m*, Köchin *f*; *(in charge of kitchen)* Küchenchef(in) *m(f)*

chemical 1 A̱DJ chemisch **2** N̄ Chemikalie *f* **chemist** N̄ *(pharmacist)* Apotheker(in) *m(f)*; *(industrial chemist)* Chemiker(in) *m(f)*; **~'s (shop)** Apotheke *f* **chemistry** N̄ Chemie *f*

chemo *abbr* → **chemotherapy** Chemo *f* **chemotherapy** N̄ Chemotherapie *f*

cheque N̄ *(Br)* Scheck *m* **cheque account** N̄ *(Br)* Girokonto *nt* **cheque book** N̄ *(Br)* Scheckheft *nt* **cheque card** N̄ *(Br)* Scheckkarte *f*

chequered A̱DJ kariert

cherish V̄T *(look after)* liebevoll sorgen für; *(hope)* hegen; *(memory)* bewahren

cherry N̄ Kirsche *f* **cherry tomato** N̄ Kirschtomate *f*

chess N̄ Schach *m* **chessboard** N̄ Schachbrett *nt*

chest N̄ Brust *f*; *(box)* Kiste *f*; **~ of drawers** Kommode *f*

chestnut N̄ Kastanie f
chew V̄T̄, V̄Ī kauen **chewing gum** N̄ Kaugummi m
chick N̄ Küken nt; (food: roast) Hähnchen nt; (coward) Feigling m **chicken breast** N̄ Hühnerbrust f **chicken Kiev** N̄ paniertes Hähnchen, mit Knoblauchbutter gefüllt **chickenpox** N̄ Windpocken pl m **chicken wing** N̄ Hähnchenflügel m **chickpea** N̄ Kichererbse f
chicory N̄ Chicorée f
chief 1 N̄ (of department etc) Leiter(in) m(f); (boss) Chef(in) m(f); (of tribe) Häuptling m 2 ADJ Haupt- **chiefly** ADV hauptsächlich
child N̄ Kind nt **child allowance, child benefit** (Br) N̄ Kindergeld nt **childhood** N̄ Kindheit f **childish** ADJ kindisch **child lock** N̄ Kindersicherung f **childproof** ADJ kindersicher **children** pl → **child** **child seat** N̄ Kindersitz m
Chile N̄ Chile nt
chili N̄ (US) → **chilli**
chill 1 N̄ Kühle f; MED Erkältung f 2 V̄T̄ (wine) kühlen **chill out** V̄Ī fam chillen, relaxen **chilled** ADJ gekühlt
chilli N̄ (Br) Pepperoni pl; (spice) Chili m **chilli con carne** N̄ Chili con carne nt
chilly ADJ kühl, frostig
chimney N̄ Schornstein m **chimneysweep** N̄ Schorn-

steinfeger(in) m(f)
chimpanzee N̄ Schimpanse m
chin N̄ Kinn nt
china N̄ Porzellan nt
China N̄ China nt **Chinese** 1 ADJ chinesisch 2 N̄ (person) Chinese m, Chinesin f; (language) Chinesisch nt **Chinese leaves** N̄PL Chinakohl m
chip 1 N̄ (of wood etc) Splitter m; (damage) angeschlagene Stelle; IT Chip m; ~s (Br, potatoes) Pommes (frites) pl; (US, crisps) Kartoffelchips pl 2 V̄T̄ anschlagen, beschädigen **chippie** N̄, **chip shop** N̄ Frittenbude f
chiropodist N̄ Fußpfleger(in) m(f)
chirp V̄Ī zwitschern
chisel N̄ Meißel m
chives N̄PL Schnittlauch m
chlorine N̄ Chlor nt
chocaholic, chocoholic N̄ Schokoladenfreak m **choc-ice** N̄ Eis nt mit Schokoladenüberzug **chocolate** N̄ Schokolade f; (chocolate-coated sweet) Praline f; **a bar of ~** eine Tafel Schokolade; **a box of ~s** eine Schachtel Pralinen **chocolate cake** N̄ Schokoladenkuchen m
choice 1 N̄ Wahl f; (selection) Auswahl f 2 ADJ auserlesen; (product) Qualitäts-
choir N̄ Chor m
choke 1 V̄Ī sich verschlucken; SPORT die Nerven verlieren 2

$\underline{VT}$ erdrosseln **3** $\underline{N}$ AUTO Choke *m*

cholera $\underline{N}$ Cholera *f*

cholesterol $\underline{N}$ Cholesterin *nt*

choose $\underline{VT}$ wählen; *(pick out)* sich aussuchen; **there are three to ~ from** es stehen drei zur Auswahl

chop 1 $\underline{VT}$ (zer)hacken; *(meat etc)* klein schneiden **2** $\underline{N}$ *(meat)* Kotelett *nt*; **get the ~** gefeuert werden **chopsticks** $\underline{NPL}$ Essstäbchen *pl*

chorus $\underline{N}$ Chor *m*; *(in song)* Refrain *m*

chose, chosen *pt, pp →* **choose**

chowder $\underline{N}$ (US) dicke Suppe mit Meeresfrüchten

christen $\underline{VT}$ taufen **christening** $\underline{N}$ Taufe *f* **Christian 1** $\underline{ADJ}$ christlich **2** $\underline{N}$ Christ(in) *m(f)* **Christian name** $\underline{N}$ (Br) Vorname *m*

Christmas $\underline{N}$ Weihnachten *pl* **Christmas bonus** $\underline{N}$ Weihnachtsgeld *nt* **Christmas card** $\underline{N}$ Weihnachtskarte *f* **Christmas carol** $\underline{N}$ Weihnachtslied *nt* **Christmas Day** $\underline{N}$ der erste Weihnachtstag **Christmas Eve** $\underline{N}$ Heiligabend *m* **Christmas pudding** $\underline{N}$ Plumpudding *m* **Christmas tree** $\underline{N}$ Weihnachtsbaum *m*

chronic $\underline{ADJ}$ MED chronisch **chubby** $\underline{ADJ}$ *(child)* pummelig; *(adult)* rundlich

chuck $\underline{VT}$ *fam* schmeißen **chuck in** $\underline{VT}$ *fam (job)* hinschmeißen **chuck out** $\underline{VT}$ *fam* rausschmeißen **chuck up** $\underline{VI}$ *fam* kotzen

chunk $\underline{N}$ Klumpen *m*; *(of bread)* Brocken *m*; *(of meat)* Batzen *m* **chunky** $\underline{ADJ}$ *(person)* stämmig

Chunnel $\underline{N}$ *fam* Kanaltunnel *m*

church $\underline{N}$ Kirche *f* **churchyard** $\underline{N}$ Kirchhof *m*

chute $\underline{N}$ Rutsche *f*

chutney $\underline{N}$ Chutney *m*

CIA *abbr* = **Central Intelligence Agency** (US) CIA *f*

CID *abbr* = **Criminal Investigation Department** (Br) = Kripo *f*

cider $\underline{N}$ ≈ Apfelmost *m*

cigar $\underline{N}$ Zigarre *f* **cigarette** $\underline{N}$ Zigarette *f*

cinema $\underline{N}$ (Br) Kino *nt*

cinnamon $\underline{N}$ Zimt *m*

circa PREP zirka

circle 1 $\underline{N}$ Kreis *m* **2** $\underline{VI}$ kreisen **circuit** $\underline{N}$ Rundfahrt *f*; *(on foot)* Rundgang *m*; *(for racing)* Rennstrecke *f*; ELEC Stromkreis *m* **circular 1** $\underline{ADJ}$ (kreis)rund, kreisförmig **2** $\underline{N}$ Rundschreiben *nt* **circulation** $\underline{N}$ *(of blood)* Kreislauf *m*; *(of newspaper)* Auflage *f*

circumstances $\underline{NPL}$ *(facts)* Umstände *pl*; *(financial condition)* Verhältnisse *pl*; **in/under the ~** unter den Umständen; **under no ~** auf keinen Fall

circus $\underline{N}$ Zirkus *m*

cissy $\underline{N}$ *fam* Weichling *m*

cistern N̄ Zisterne f; (of WC) Spülkasten m

citizen N̄ Bürger(in) m(f); (of nation) Staatsangehörige(r) f(m) **citizen science** N̄ Bürgerwissenschaft f, Citizen Science f **citizenship** N̄ Staatsangehörigkeit f

city N̄ Stadt f; (large) Großstadt f; **the ~** (London's financial centre) die (Londoner) City **city break** N̄ Städtereise f **city centre** N̄ (Br) Innenstadt f, Zentrum nt

civil ADJ (of town) Bürger-; (of state) staatsbürgerlich; (not military) zivil **civil ceremony** N̄ standesamtliche Hochzeit **civil engineering** N̄ Hoch- und Tiefbau m, Bauingenieurwesen nt **civilian** N̄ Zivilist(in) m(f) **civilization** N̄ Zivilisation f, Kultur f **civilized** ADJ zivilisiert, kultiviert **civil partnership** N̄ (Br) eingetragene Partnerschaft f **civil rights** NPL Bürgerrechte pl **civil servant** N̄ (Staats)beamte(r) m, (Staats)beamtin f **civil service** N̄ Staatsdienst m **civil union** N̄ (US) → civil partnership **civil war** N̄ Bürgerkrieg m

CJD abbr = **Creutzfeld-Jakob disease** Creutzfeld-Jakob-Krankheit f

cl abbr = **centilitre(s)** cl

claim 1 VT beanspruchen; (apply for) beantragen; (demand) fordern; (assert) behaupten

(that dass) 2 N̄ (demand) Forderung f (for für); (right) Anspruch m (to auf + acc); **~ for damages** Schadensersatzforderung f; **make** or **put in a ~** (insurance) Ansprüche geltend machen **claimant** N̄ Antragsteller(in) m(f)

clam N̄ Venusmuschel f **clam chowder** N̄ (US) dicke Muschelsuppe (mit Sellerie, Zwiebeln etc)

clap VT (Beifall) klatschen

claret N̄ roter Bordeaux(wein)

clarify VT klären

clash 1 VI (physically) zusammenstoßen (with mit); (argue) sich auseinandersetzen (with mit); fig (colours) sich beißen 2 N̄ Zusammenstoß m; (argument) Auseinandersetzung f

class 1 N̄ Klasse f 2 VT einordnen, einstufen

classic 1 ADJ (mistake, example etc) klassisch 2 N̄ Klassiker m **classical** ADJ (music, ballet etc) klassisch

classification N̄ Klassifizierung f **classify** VT klassifizieren; **classified advertisement** Kleinanzeige f

classroom N̄ Klassenzimmer nt

classy ADJ fam nobel, exklusiv

clause N̄ LING Satz m; LAW Klausel f

claw N̄ Kralle f

clay N̄ Lehm m; (for pottery) Ton m

clean ❶ ADJ sauber; **~ driving licence** Führerschein ohne Strafpunkte ❷ VT sauber machen; (carpet etc) reinigen; (window, shoes, vegetables) putzen; (wound) säubern **clean up** ❶ VT sauber machen ❷ VI aufräumen **cleaner** N̄ (person) Putzmann m, Putzfrau f; (substance) Putzmittel nt; **~'s** (firm) Reinigung f

cleanse VT reinigen; (wound) säubern **cleanser** N̄ Reinigungsmittel nt

clear ❶ ADJ klar; (distinct) deutlich; (conscience) rein; (free, road etc) frei; **be ~ about sth** sich über etw im Klaren sein ❷ ADV stand **~** zurücktreten ❸ VT (road, room etc) räumen; (table) abräumen; LAW (find innocent) freisprechen (of von) ❹ VI (fog, mist) sich verziehen; (weather) aufklaren **clear away** VT wegräumen; (dishes) abräumen **clear off** VI fam abhauen **clear up** ❶ VI (tidy up) aufräumen; (weather) sich aufklären ❷ VT (room) aufräumen; (litter) wegräumen; (matter) klären

clearance sale N̄ Räumungsverkauf m **clearing** N̄ Lichtung f **clearly** ADV klar; (speak, remember) deutlich; (obviously) eindeutig **clearway** N̄ (Brit) Straße f mit Halteverbot m

clementine N̄ Klementine f

clench VT (fist) ballen; (teeth)

zusammenbeißen

clergyman N̄ Geistliche(r) m **clergywoman** N̄ Geistliche f

clerk (US) N̄ (in office) Büroangestellte(r) mf; (US, salesperson) Verkäufer(in) m(f)

clever ADJ schlau, klug

cliché N̄ Klischee nt

click ❶ N̄ Klicken nt; IT Mausklick m ❷ VI klicken; **~ on sth** IT etw anklicken; **it ~ed** fam ich hab's/er hat's etc geschnallt; **they ~ed** sie haben sich gleich verstanden **click on** VT IT anklicken

client N̄ Kunde m, Kundin f; LAW Mandant(in) m(f)

cliff N̄ Klippe f

climate N̄ Klima nt **climate change** N̄ Klimawandel m

climax N̄ Höhepunkt m

climb ❶ VI (person) klettern; (aircraft, sun) steigen; (road) ansteigen ❷ VT (mountain) besteigen; (tree etc) klettern auf + acc ❸ N̄ Aufstieg m **climbing** N̄ Klettern nt, Bergsteigen nt **climbing frame** N̄ Klettergerüst nt **climbing shoe** N̄ Kletterschuh m **climbing wall** N̄ Kletterwand f

cling VI sich klammern (to an + acc) **cling film** N̄ Frischhaltefolie f

clinic N̄ Klinik f

clip ❶ N̄ Klammer f ❷ VT (fix) anklemmen (to an + acc); (fingernails) schneiden **clippers** N̄PL Schere f; (for nails) Zwicker

m

cloak N̲ Umhang *m* **cloakroom** N̲ (for coats) Garderobe
f

clock N̲ Uhr *f*; AUTO *fam* Tacho
m; **round the ~** rund um die
Uhr **clockwise** ADV im Uhrzeigersinn

cloister N̲ Kreuzgang *m*

clone 1 N̲ Klon *m* **2** V̲T̲ klonen
close 1 N̲ nahe (*to* + *dat*);
(*friend, contact*) eng; (*resemblance*) groß; **~ to the beach**
in der Nähe des Strandes; **~
win** knapper Sieg; **on ~r examination** bei näherer or genaue-
rer Untersuchung **2** ADV dicht;
he lives ~ by er wohnt ganz in
der Nähe **3** V̲T̲ schließen; (*road*)
sperren; (*discussion, matter*) abschließen **4** V̲I̲ schließen **5** N̲
Ende *nt* **close down 1** V̲I̲
schließen; (*factory*) stillgelegt
werden **2** V̲T̲ (*shop*) schließen;
(*factory*) stilllegen **closed** ADJ
(*road*) gesperrt; (*shop etc*) geschlossen **closed circuit television** N̲ Videoüberwa-
chungsanlage *f* **closely** ADV
(*related*) eng, nah; (*packed, follow*) dicht; (*attentively*) genau

closet N̲ (*esp US*) Schrank *m*

close-up N̲ Nahaufnahme *f*

closing ADJ (*sky*) letzter Termin; (*for competition*) Einsende-
schluss *m*; **~ time** (*of shop*) La-
denschluss *m*; (*Br, of pub*) Poli-
zeistunde *f*

closure N̲ Schließung *f*; Ab-

schluss *m*; **look for ~** mit etw
abschließen wollen

clot 1 (*blood*) **~** Blutgerinnsel
nt; *fam* (*idiot*) Trottel *m* **2** V̲I̲
(*blood*) gerinnen

cloth N̲ (*material*) Tuch *nt*; (*for
cleaning*) Lappen *m*

clothe V̲T̲ kleiden **clothes** NPL
Kleider *pl*, Kleidung *f* **clothes
peg**, **clothespin** (*US*) N̲ Wäscheklammer *f* **clothing** N̲
Kleidung *f*

clotted ADJ **~ cream** dicke Sahne (aus erhitzter Milch)

cloud N̲ Wolke *f*; IT Cloud *f*
cloud computing N̲ IT
Cloud-Computing *nt* **cloudy**
ADJ (*sky*) bewölkt; (*liquid*) trüb

clove N̲ Gewürznelke *f*; **~ of
garlic** Knoblauchzehe *f*

clover N̲ Klee *m* **cloverleaf**
N̲ Kleeblatt *nt*

clown N̲ Clown *m*

club N̲ (*weapon*) Knüppel *m*;
(*society*) Klub *m*, Verein *m*;
(*nightclub*) Disko *f*; (*golf club*)
Golfschläger *m*; **~s**, Kreuz *nt*
clubbing N̲ **go ~** in die Disko
gehen **club class** N̲ AVIAT
Businessclass *f*

clue N̲ Anhaltspunkt *m*, Hinweis *m*; **he hasn't a ~** er hat
keine Ahnung

clumsy ADJ unbeholfen, ungeschickt

clung pp, pp → **cling**

clutch N̲ AUTO Kupplung *f*

cm abbr = **centimetre(s)** cm

c/o abbr → **care of** bei

Co *abbr* → **company**

coach **1** **N** (*Br*, *bus*) Reisebus *m*; RAIL (*Personen*)wagen *m*; SPORT (*trainer*) Trainer(in) *m(f)* **2** **VT** Nachhilfeunterricht geben + *dat*; SPORT trainieren **coach** (**class**) **N** AVIAT Economyclass *f* **coach driver** **N** Busfahrer(in) *m(f)* **coach party** **N** Reisegruppe *f* (*im Bus*) **coach station** **N** Busbahnhof *m* **coach trip** **N** Busfahrt *f*; (*tour*) Busreise *f*

coal **N** Kohle *f*

coalition **N** POL Koalition *f*

coast **N** Küste *f* **coastguard** **N** Küstenwache *f* **coastline** **N** Küste *f*

coat **N** Mantel *m*; (*jacket*) Jacke *f*; (*on animals*) Fell *nt*, Pelz *m*; (*of paint*) Schicht *f*; **~ of arms** Wappen *nt* **coathanger** **N** Kleiderbügel *m* **coating** **N** Überzug *m*; (*layer*) Schicht *f*

cobble(stone)s **NPL** Kopfsteine *pl*; (*surface*) Kopfsteinpflaster *nt*

cobweb **N** Spinnennetz *nt*

cocaine **N** Kokain *nt*

cock **N** Hahn *m*; *vulg* (*penis*) Schwanz *m*

cockle **N** Herzmuschel *f*

cockpit **N** (*in plane*, *racing car*) Cockpit *nt* **cockroach** **N** Kakerlake *f* **cocktail** **N** Cocktail *m* **cock-up** **N** (*Br*) *fam* **make a ~ of sth** bei etw Mist bauen **cock up** **VT** (*Br*) *fam* vermasseln, versauen **cocky** **ADJ**

großspurig, von sich selbst überzeugt

cocoa **N** Kakao *m*

coconut **N** Kokosnuss *f*

cod **N** Kabeljau *m*

COD *abbr* = **cash on delivery** per Nachnahme

code **N** Kode *m*

coffee **N** Kaffee *m* **coffee bar** **N** Café *nt* **coffee break** **N** Kaffeepause *f* **coffee capsule** **N** Kaffeekapsel *f* **coffee maker** **N** Kaffeemaschine *f* **coffee pad** **N** Kaffeepad *nt* **coffee pod** **N** (*made of paper*) Kaffeepad *nt*; (*made of plastic*) Kaffeekapsel *f* **coffee pot** **N** Kaffeekanne *f* **coffee shop** **N** Café *nt* **coffee table** **N** Couchtisch *m*

coffin **N** Sarg *m*

coil **N** Rolle *f*; ELEC Spule *f*; MED Spirale *f*

coin **N** Münze *f*

coincide **VI** (*happen together*) zusammenfallen (*with* mit) **coincidence** **N** Zufall *m*

coke **N** Koks *m*; **Coke** Cola *f*

cola **N** Cola *f*

cold **1** **ADJ** kalt; **I'm ~** mir ist kalt, ich friere **2** **N** Kälte *f*; (*illness*) Erkältung *f*, Schnupfen *m*; **catch a ~** sich erkälten **cold box** **N** Kühlbox *f* **cold remedy** **N** Erkältungsmittel *nt* **cold sore** **N** Herpes *m*

coleslaw **N** Krautsalat *m*

collaborate **VI** zusammenarbeiten (*with* mit) **collabora-**

tion N̄ Zusammenarbeit f; *(of one party)* Mitarbeit f

collapse ⬛ V̄i zusammenbrechen; *(building etc)* einstürzen ⬛ N̄ Zusammenbruch m; *(of building)* Einsturz m

collar N̄ Kragen m; *(for dog, cat)* Halsband nt **collarbone** N̄ Schlüsselbein nt

colleague N̄ Kollege m, Kollegin f

collect ⬛ V̄T sammeln; *(fetch)* abholen ⬛ V̄i sich sammeln **collect call** N̄ *(US)* R-Gespräch nt **collected** ADJ *(works)* gesammelt; **collection** N̄ Sammlung f; REL Kollekte f; *(from postbox)* Leerung f **collector** N̄ Sammler(in) m(f)

college N̄ *(residential)* College nt; *(specialist)* Fachhochschule f; *(vocational)* Berufsschule f; *(US, university)* Universität f; **go to ~** *(US)* studieren

collide V̄i zusammenstoßen **collision** N̄ Zusammenstoß m

colloquial ADJ umgangssprachlich

Cologne N̄ Köln nt

colon N̄ *(punctuation mark)* Doppelpunkt m

colonial ADJ Kolonial- **colony** N̄ Kolonie f

color N̄ *(US)*, **colour** ⬛ N̄ Farbe f; *(of skin)* Hautfarbe f ⬛ V̄T anmalen; *(bias)* färben **colour-blind** ADJ farbenblind **col-**

oured ADJ farbig; *(biased)* gefärbt **colour film** N̄ Farbfilm m **colourful** ADJ lit, fig bunt; *(life, past)* bewegt **colouring** N̄ *(in food etc)* Farbstoff m; *(complexion)* Gesichtsfarbe f **colourless** ADJ farblos **colour photo(graph)** N̄ Farbfoto nt **colour television** N̄ Farbfernsehen nt

column N̄ Säule f; *(of print)* Spalte f

comb ⬛ N̄ Kamm m ⬛ V̄T kämmen; **~ one's hair** sich kämmen

combination N̄ Kombination f; *(mixture)* Mischung f *(of aus)* **combine** V̄T verbinden *(with mit)*; *(two things)* kombinieren

come V̄i kommen; *(arrive)* ankommen; *(on list, in order)* stehen; *(with adjective: become)* werden; **~ and see us** besuchen Sie uns mal; **coming** ich komm ja schon!; **~ first/second** erster/zweiter werden; **~ true** wahr werden; **~ loose** sich lockern; **the years to ~** die kommenden Jahre; **there's one more to ~** es kommt noch eins/noch einer; **how ~ ...?** fam wie kommt es, dass ...?; **~ to think of it** fam wo es mir gerade einfällt **come across** V̄T *(find)* stoßen auf + acc **come back** V̄i zurückkommen; **I'll ~ to that** ich komme darauf zurück **come down** V̄i herunterkommen; *(rain, snow, price)* fal-

len **come from** V̱T̲ (result)
kommen von; **where do you
~?** wo kommst du/kommen
Sie her?; I **~ London** ich komme aus London **come in** V̱I̲ hereinkommen; (arrive) ankommen **come off** V̱I̲ (button, handle etc) abgehen; (succeed) gelingen; **~ well/badly** gut/
schlecht wegkommen **come
on** V̱I̲ (progress) vorankommen,
~! komm!; (hurry) beeil dich!;
(encouraging) los! **come out**
V̱I̲ herauskommen; (photo) werden; (homosexual) sich ou-
ten **come round** V̱I̲ (visit) vorbeikommen; (regain consciousness) wieder zu sich kommen
come to 1 V̱I̲ (regain consciousness) wieder zu sich kommen **2** V̱T̲ (sum) sich belaufen
auf + acc; **when it comes to
...** wenn es um ... geht **come
up** V̱I̲ hochkommen; (sun,
moon) aufgehen; **~ (for discussion)** zur Sprache kommen
come up to V̱T̲ (approach) zukommen auf + acc; (water) reichen bis zu; (expectations) entsprechen + dat **come up with**
V̱T̲ (idea) haben; (solution, answer) kommen auf + acc; **~ a
suggestion** einen Vorschlag
machen
comedian N̲ Komiker(in) m(f)
comedy N̲ Komödie f, Comedy f
comfort 1 N̲ Komfort m; (consolation) Trost m **2** V̱T̲ trösten

comfortable ADJ bequem;
(income) ausreichend; (temperature, life) angenehm **comfort
break** N̲ (US) Toilettenpause
f **comforting** ADJ tröstlich
comic 1 N̲ (magazine) Comic
(-heft) nt; (comedian) Komi-
ker(in) m(f) **2** ADJ komisch
coming ADJ kommend; (event)
bevorstehend
comma N̲ Komma nt
command 1 N̲ Befehl m; (control) Führung f; MIL Kommando
nt **2** V̱T̲ befehlen + dat
commemorate V̱T̲ gedenken
+ gen **commemoration** N̲
in ~ of im Gedenken an + acc
comment 1 N̲ (remark) Bemerkung f; (note) Anmerkung
f; (official) Kommentar m (on
zu); **no ~** kein Kommentar **2**
V̱I̲ sich äußern (on zu) **commentary** N̲ Kommentar m
(on zu); TV, SPORT Livereporta-
ge f **commentator** N̲ Kom-
mentator(in) m(f); TV, SPORT
Reporter(in) m(f)
commerce N̲ Handel m **commercial 1** ADJ kommerziell;
(training) kaufmännisch; **~
break** Werbepause **2** N̲ TV
Werbespot m
commission 1 N̲ Auftrag m;
(fee) Provision f; (reporting body)
Kommission f **2** V̱T̲ beauftragen
commit 1 V̱T̲ (crime) begehen
2 VR̲ **~ oneself** (undertake) sich
verpflichten (to zu) **commit-**

ment N̄ Verpflichtung f; POL Engagement nt

committee N̄ Ausschuss m, Komitee nt

common 1 ADJ (*experience*) allgemein, alltäglich; (*shared*) gemeinsam; (*widespread, frequent*) häufig; pej gewöhnlich, ordinär; **have sth in ~** etw gemein haben 2 N̄ (Br, *land*) Gemeindewiese f **commonly** ADV häufig, allgemein **commonplace** ADJ alltäglich; pej banal **commonroom** N̄ Gemeinschaftsraum m **Commons** N̄ (Br) POL **the (House of) ~** das Unterhaus **common sense** N̄ gesunder Menschenverstand

communal ADJ gemeinsam; (*of a community*) Gemeinschafts-, Gemeinde-

communicate V̄ī kommunizieren (*with* mit) **communication** N̄ Kommunikation f, Verständigung f **communicative** ADJ gesprächig

communion N̄ (Holy) Communion Heiliges Abendmahl; (*Catholic*) Kommunion f

communism N̄ Kommunismus m **communist** 1 ADJ kommunistisch 2 N̄ Kommunist(in) m(f)

community N̄ Gemeinschaft f **community centre** N̄ Gemeindezentrum nt **community service** nt LAW Sozialdienst m

commutation ticket N̄ (US)

Zeitkarte f **commute** V̄ī pendeln **commuter** N̄ Pendler(in) m(f)

compact 1 ADJ kompakt 2 N̄ (*for make-up*) Puderdose f; (US, *car*) = Mittelklassewagen m **compact camera** N̄ Kompaktkamera f **compact disc** N̄ Compact Disc f, CD f

companion N̄ Begleiter(in) m(f)

company N̄ Gesellschaft f; COMM Firma f; **keep sb ~** jdm Gesellschaft leisten **company car** N̄ Firmenauto nt

comparable ADJ vergleichbar (*with, to* mit) **comparatively** ADV verhältnismäßig **compare** V̄T vergleichen (*with, to* mit); **~d with** or **to** im Vergleich zu; **beyond ~** unvergleichlich **comparison** N̄ Vergleich m; **in ~ with** im Vergleich mit (or zu)

compartment N̄ RAIL Abteil nt; (*in desk etc*) Fach nt

compass N̄ Kompass m; **~es** pl Zirkel m

compassion N̄ Mitgefühl nt

compatible ADJ vereinbar (*with* mit); IT kompatibel; **we're not ~** wir passen nicht zueinander

compensate 1 V̄T (*person*) entschädigen (*for* für) 2 V̄ī **~ for sth** Ersatz für etw leisten; (*make up for*) etw ausgleichen **compensation** N̄ Entschädigung f; (*money*) Schadenersatz

m; LAW Abfindung f
compete V̄Ī konkurrieren *(for um)*; SPORT kämpfen *(for um)*; *(take part)* teilnehmen *(in an + dat)*
competence N̄ Fähigkeit f; LAW Zuständigkeit f **competent** ADJ fähig; LAW zuständig
competition N̄ *(contest)* Wettbewerb m; COMM Konkurrenz f *(for um)* **competitive** ADJ *(firm, price, product)* konkurrenzfähig **competitor** N̄ COMM Konkurrent(in) m(f); SPORT Teilnehmer(in) m(f)
complain V̄Ī klagen; *(formally)* sich beschweren *(about über + acc)* **complaint** N̄ Klage f, Beanstandung f; *(formal)* Beschwerde f; MED Leiden nt
complement V̄T ergänzen
complete 1 ADJ vollständig; *(finished)* fertig; *(failure, disaster)* total; *(happiness)* vollkommen; **are we ~?** sind wir vollzählig? 2 V̄Ī vervollständigen; *(form)* ausfüllen **completely** ADV völlig; **not ~ ...** nicht ganz ...
complex 1 ADJ *(task, theory etc)* kompliziert 2 N̄ Komplex m
complexion N̄ Gesichtsfarbe f, Teint m
complicated ADJ kompliziert **complication** N̄ Komplikation f
compliment N̄ Kompliment nt **complimentary** ADJ lo-

bend; *(free of charge)* Gratis-; **~ ticket** Freikarte f
component N̄ Bestandteil m
compose V̄T *(music)* komponieren; **~ oneself** sich zusammennehmen **composed** ADJ gefasst; **be ~ of** bestehen aus
composition N̄ *(of a group)* Zusammensetzung f; MUS Komposition f
comprehend V̄T verstehen **comprehension** N̄ Verständnis nt
comprehensive ADJ umfassend; **~ school** Gesamtschule f
compression sock N̄ Kompressionsstrumpf m
comprise V̄T umfassen, bestehen aus
compromise 1 N̄ Kompromiss m 2 V̄Ī einen Kompromiss schließen
compulsory ADJ obligatorisch
computer N̄ Computer m **computer-aided** ADJ computergestützt **computer-controlled** ADJ rechnergesteuert **computer game** nt Computerspiel nt **computer-literate** ADJ **be ~** mit dem Computer umgehen können **computer program** N̄ Computerprogramm nt **computer scientist** N̄ Informatiker(in) m(f) **computing** N̄ *(subject)* Informatik f
con fam 1 N̄ Schwindel m 2 V̄T betrügen *(out of um)*
conceal V̄T verbergen *(from vor*

confused ‖ 343

+ *dat*) **concealer stick** N̄ Abdeckstift *m*
conceive V̄T (*imagine*) sich vorstellen; (*child*) empfangen
concentrate V̄I sich konzentrieren (*on* auf + *acc*) **concentration** N̄ Konzentration *f*
concept N̄ Begriff *m*
concern 1 N̄ (*affair*) Angelegenheit *f*; (*worry*) Sorge *f*; **it's not my** ~ das geht mich nichts an; **there's no cause for** ~ kein Grund zur Beunruhigung 2 V̄T (*affect*) angehen; (*have connection with*) betreffen; (*be about*) handeln von; **these** ~**ed die** Betroffenen; **as far as I'm** ~**ed** was mich betrifft **concerned** ADJ (*anxious*) besorgt
concerning PREP bezüglich, hinsichtlich + *gen*
concert N̄ Konzert *nt*; ~ **hall** Konzertsaal *m*
concession N̄ Zugeständnis *nt*; (*reduction*) Ermäßigung *f*
conclude V̄T (*end*) beenden, (ab)schließen; (*infer*) folgern (*from* aus); ~ **that** ... zu dem Schluss kommen, dass ... **conclusion** N̄ Schluss *m*, Schlussfolgerung *f*
concrete 1 N̄ Beton *m* 2 ADJ konkret
concussion N̄ Gehirnerschütterung *f*
condition N̄ (*state*) Zustand *m*; (*requirement*) Bedingung *f*; **on** ~ **that** ... unter der Bedingung, dass ...; ~**s** *pl* (*circum-*

stances, weather) Verhältnisse *pl*
conditioner N̄ Weichspüler *m*; (*for hair*) Pflegespülung *f*
condo N̄ → condominium
condolences NPL Beileid *nt*
condom N̄ Kondom *nt*
condominium N̄ (*US, apartment*) Eigentumswohnung *f*
conduct 1 N̄ (*behaviour*) Verhalten *nt* 2 V̄T führen, leiten; (*orchestra*) dirigieren **conductor** N̄ MUS Dirigent(in) *m(f)*; (*Br*) Schaffner(in) *m(f)*; (*US*) Zugführer(in) *m(f)*
cone N̄ Kegel *m*; (*for ice cream*) Waffeltüte *f*; (*fir cone*) (Tannen)zapfen *m*
conference N̄ Konferenz *f*
confess V̄T, V̄I ~ **that** ... gestehen, dass ... **confession** N̄ Geständnis *nt*; REL Beichte *f*
confidence N̄ Vertrauen *nt* (*in* zu); (*assurance*) Selbstvertrauen *nt* **confident** ADJ (*sure*) zuversichtlich (*that* ... dass ...), überzeugt (*of* von); (*self-assured*) selbstsicher **confidential** ADJ vertraulich
confine V̄T beschränken (*to* auf + *acc*)
confirm V̄T bestätigen **confirmation** N̄ Bestätigung *f*; REL Konfirmation *f* **confirmed** ADJ überzeugt; (*bachelor*) eingefleischt
confuse V̄T verwirren; (*sth with sth*) verwechseln (*with* mit); (*several things*) durcheinanderbringen **confused** ADJ (*per-*

son) konfus, verwirrt; (account) verworren **confusing** ADJ verwirrend **confusion** N Verwirrung f; (of two things) Verwechslung f; (muddle) Chaos nt

congestion N Stau m

congratulate VT gratulieren (on zu) **congratulations** NPL Glückwünsche pl; ~! gratuliere!, herzlichen Glückwunsch!

congregation N REL Gemeinde f

congress N Kongress m; (US) **Congress** der Kongress **congressman**, **congresswoman** N (US) Mitglied nt des Repräsentantenhauses

conjunction N LING Konjunktion f; **in ~ with** in Verbindung mit

connect 1 VT verbinden (with, to mit); ELEC, TECH (appliance etc) anschließen (to an + acc) 2 VI (train, plane) Anschluss haben (with an + acc); **~ed device** IT angeschlossenes Gerät; **~ed TV** Smart-TV nt; **~ing flight** Anschlussflug m; **~ing train** Anschlusszug m **connection** N Verbindung f; (link) Zusammenhang m; (for train, plane, electrical appliance) Anschluss m (with, to an + acc); (business etc) Beziehung f; **in ~ with** in Zusammenhang mit; **bad ~** TEL schlechte Verbindung; ELEC Wackelkontakt m **connector** N IT (computer) Stecker m

conscience N Gewissen nt **conscientious** ADJ gewissenhaft

conscious ADJ (act) bewusst; MED bei Bewusstsein

consecutive ADJ aufeinanderfolgend

consent 1 N Zustimmung f 2 VI zustimmen (to dat)

consequence N Folge f, Konsequenz f **consequently** ADV folglich, deshalb

conservation N Erhaltung f; (nature conservation) Naturschutz m **conservation area** N Naturschutzgebiet nt

conservative, (POL) **Conservative** ADJ konservativ **conservatory** N (greenhouse) Gewächshaus nt; (room) Wintergarten m

consider VT (reflect on) nachdenken über, sich überlegen; (take into account) in Betracht ziehen; (regard) halten für; **he is ~ed (to be)** ... er gilt als ... **considerable** ADJ beträchtlich **considerate** ADJ aufmerksam, rücksichtsvoll **consideration** N (thoughtfulness) Rücksicht f; (thought) Überlegung f; **take sth into ~** etw in Betracht ziehen **considering** 1 PREP in Anbetracht + gen 2 CONJ da

consist VI **~ of** ... bestehen aus **consistent** ADJ (behaviour, process etc) konsequent; (statements) übereinstimmend; (ar-

gument) folgerichtig; (*performance, results*) beständig
consolation N̄ Trost *m* **console** V̄T trösten
consonant N̄ Konsonant *m*
conspicuous ADJ auffällig, auffallend
conspiracy N̄ Komplott *nt*
constable N̄ (*Br*) Polizist(in) *m(f)*
Constance N̄ Konstanz *nt*; **Lake ~** der Bodensee
constant ADJ (*continual*) ständig, dauernd; (*unchanging: temperature etc*) gleichbleibend
constantly ADV dauernd
consternation N̄ (*dismay*) Bestürzung *f*
constituency N̄ Wahlkreis *m*
constitution N̄ Verfassung *f*; (*of person*) Konstitution *f*
construct V̄T bauen **construction** N̄ (*process, result*) Bau *m*; (*method*) Bauweise *f*; **under ~** im Bau befindlich **construction site** N̄ Baustelle *f*
consulate N̄ Konsulat *nt*
consult V̄T um Rat fragen; (*doctor*) konsultieren; (*book*) nachschlagen in + *dat* **consultant** N̄ MED Facharzt *m*, Fachärztin *f* **consultation** N̄ Beratung *f*; MED Konsultation *f*; **~ room** Besprechungsraum *m*, Sprechzimmer *nt*
consume V̄T verbrauchen; (*food*) konsumieren **consumer** N̄ Verbraucher(in) *m(f)*

contact ❶ N̄ (*touch*) Berührung *f*; (*communication*) Kontakt *m*; (*person*) Kontaktperson *f*; **be/keep in ~ (with sb)** (mit jdm) in Kontakt sein/bleiben ❷ V̄T sich in Verbindung setzen mit **contact lenses** NPL Kontaktlinsen *pl* **contact lens solution** N̄ Kontaktlinsenmittel *nt* **contactless** ADJ (*payment, sensor*) berührungslos
contagious ADJ ansteckend
contain V̄T enthalten **container** N̄ Behälter *m*; (*for transport*) Container *m*
contaminate V̄T verunreinigen; (*chemically*) verseuchen; **~d by radiation** strahlenverseucht, verstrahlt **contamination** N̄ Verunreinigung *f*; (*by radiation*) Verseuchung *f*
contemporary ADJ zeitgenössisch
contempt N̄ Verachtung *f* **contemptuous** ADJ verächtlich
content ADJ zufrieden
content(s) N̄ *pl* Inhalt *m*
contest ❶ N̄ (*Wett)kampf *m* (*for* um); (*competition*) Wettbewerb *m* ❷ V̄T kämpfen um + *acc*; (*dispute*) bestreiten **contestant** N̄ Teilnehmer(in) *m(f)*
context N̄ Zusammenhang *m*; **out of ~** aus dem Zusammenhang gerissen
continent N̄ Kontinent *m*, Festland *nt*; **the Continent** (*Br*) das europäische Festland,

der Kontinent **continental** ADJ kontinental; **~ breakfast** kleines Frühstück mit Brötchen und Marmelade, Kaffee oder Tee

continual ADJ (endless) ununterbrochen; (constant) dauernd, ständig **continually** ADV dauernd; (again and again) immer wieder **continuation** N Fortsetzung f **continue 1** VI weitermachen (with mit); (esp talking) fortfahren (with mit); (travelling) weiterfahren; (state, conditions) fortdauern, anhalten **2** VT fortsetzen; **to be ~d** Fortsetzung folgt **continuous** ADJ (endless) ununterbrochen; (constant) ständig

contraceptive N Verhütungsmittel nt

contract N Vertrag m **contradict** VT widersprechen + dat **contradiction** N Widerspruch m

contrary 1 N Gegenteil nt; **on the ~** im Gegenteil **2** ADJ **~ to** entgegen + dat

contrast 1 N Kontrast m, Gegensatz m; **in ~ to** im Gegensatz zu **2** VT entgegensetzen **contribute** VT, VI beitragen (to zu); (money) spenden (to für) **contribution** N Beitrag m **control 1** VT (master) beherrschen; (temper etc) im Griff haben; (esp) TECH steuern; **~ oneself** sich beherrschen **2** N Kontrolle f; (mastery) Beherr-

schung f; (esp) TECH Steuerung f; **~s** pl (knobs, switches etc) Bedienungselemente pl; (collectively) Steuerung f; **to be out of ~** außer Kontrolle sein **control knob** N Bedienungsknopf m **control panel** N Schalttafel f

controversial ADJ umstritten **convalesce** VI gesund werden **convalescence** N Genesung f

convenience N (quality, thing) Annehmlichkeit f; **at your ~** wann es Ihnen passt; **with all modern ~s** mit allem Komfort **convenience food** N Fertiggericht nt **convenient** ADJ günstig, passend

convent N Kloster nt **convention** N (custom) Konvention f; (meeting) Konferenz f **conventional** ADJ herkömmlich, konventionell

conversation N Gespräch nt, Unterhaltung f

conversion N Umwandlung f (into in + acc); (of building) Umbau m (into zu); (calculation) Umrechnung f **conversion table** N Umrechnungstabelle f **convert** VT umwandeln; (person) bekehren; IT konvertieren; **~ into Euros** in Euro umrechnen **convertible** N AUTO Kabrio nt

convey VT (carry) befördern; (feelings) vermitteln **conveyor belt** N Förderband nt,

Fließband *nt*
convict 🔟 VT verurteilen *(of wegen)* 🔢 N Strafgefangene(r) *mf* **conviction** N LAW Verurteilung *f; (strong belief)* Überzeugung *f*
convince VT überzeugen *(of von)* **convincing** ADJ überzeugend
cook 🔟 VT, VI kochen 🔢 N Koch *m*, Köchin *f* **cookbook** N Kochbuch *nt* **cooker** N Herd *m* **cookie** N *(US)* Keks *m* **cooking** N Kochen *nt; (style of cooking)* Küche *f*
cool 🔟 ADJ kühl, gelassen; *fam (brilliant)* cool, stark 🔢 VT, VI (ab)kühlen; ~ **it** reg dich ab! 🔟 N **keep/lose one's ~** *fam* ruhig bleiben/durchdrehen **cool down** VI abkühlen; *(calm down)* sich beruhigen
cooperate VI zusammenarbeiten, kooperieren **cooperation** N Zusammenarbeit *f*, Kooperation *f* **cooperative** 🔟 ADJ hilfsbereit 🔢 N Genossenschaft *f*
cop N *fam (policeman)* Bulle *m*
cope VI zurechtkommen, fertig werden *(with mit)*
Copenhagen N Kopenhagen *nt*
copier N Kopierer *m*
copper N Kupfer *nt; (Br) fam (policeman)* Bulle *m; fam (coin)* Kupfermünze *f*; ~**s** Kleingeld *nt*
copy 🔟 N Kopie *f; (of book)* Exemplar *nt* 🔢 VT kopieren; *(imi-*

tate) nachahmen **copyright** N Urheberrecht *nt*
coral N Koralle *f*
cord N Schnur *f; (material)* Kordsamt *m* **cordless** ADJ *(phone)* schnurlos
core N Kern *m; (of apple, pear)* Kerngehäuse *nt* **core business** N Kerngeschäft *nt*
cork N *(material)* Kork *m; (stopper)* Korken *m* **corkscrew** N Korkenzieher *m*
corn N Getreide *nt*, Korn *nt; (US, maize)* Mais *m; (on foot)* Hühnerauge *nt*; ~ **on the cob** (gekocht) Maiskolben **corned beef** N Cornedbeef *nt*
corner 🔟 N Ecke *f; (on road)* Kurve *f*; SPORT Eckstoß *m* 🔢 VT in die Enge treiben **corner shop** N Laden *m* an der Ecke
cornflakes NPL Cornflakes *pl*
Cornish ADJ kornisch; ~ **pasty** mit Fleisch und Kartoffeln gefüllte Pastete **Cornwall** N Cornwall *nt*
corporation N *(US)* COMM Aktiengesellschaft *f*
corpse N Leiche *f*
correct 🔟 ADJ *(accurate)* richtig; *(proper)* korrekt 🔢 VT korrigieren, verbessern **correction** N *(esp written)* Korrektur *f*
correspond VI entsprechen *(to dat); (two things)* übereinstimmen **corresponding** ADJ entsprechend
corridor N *(in building)* Flur *m;*

(in train) Gang m
corrupt ADJ korrupt
cosmetic ADJ kosmetisch **cosmetics** NPL Kosmetika pl **cosmetic surgery** N̄ Schönheitschirurgie f
cosmopolitan ADJ international; (attitude) weltoffen
cost 1 V̄T kosten 2 N̄ Kosten pl; **at all ~s, at any ~** um jeden Preis; **~ of living** Lebenshaltungskosten pl **costly** ADJ kostspielig
costume N̄ THEAT Kostüm m
cosy ADJ gemütlich
cot N̄ (Brit) Kinderbett nt; (US) Campingliege f
cottage N̄ kleines Haus; (country cottage) Landhäuschen nt **cottage cheese** N̄ Hüttenkäse m **cottage pie** N̄ Hackfleisch mit Kartoffelbrei überbacken
cotton N̄ Baumwolle f **cotton candy** N̄ (US) Zuckerwatte f **cotton wool** N̄ (Brit) Watte f
couch N̄ Couch f; (sofa) Sofa nt **couchette** N̄ Liegewagen (-platz) m
cough 1 V̄ husten 2 N̄ Husten m **cough mixture** N̄ Hustensaft m **cough sweet** N̄ Hustenbonbon nt
could pt → can; konnte conditional könnte; **~ you come earlier?** könntest du/könnten Sie früher kommen? **couldn't** contr = could not
council N̄ POL Rat m; (local

council) Gemeinderat m; (town council) Stadtrat m **council estate** N̄ Siedlung f des sozialen Wohnungsbaus **council house** N̄ Sozialwohnung f **council tax** N̄ Gemeindesteuer f
count 1 V̄T, V̄ zählen; (include) mitrechnen 2 N̄ Zählung f; (noble) Graf m **count on** V̄T (rely on) sich verlassen auf + acc; (expect) rechnen mit
counter N̄ (in shop) Ladentisch m; (in café) Theke f; (in bank, post office) Schalter m **counter attack** 1 N̄ Gegenangriff m 2 V̄ zurückschlagen **counter-clockwise** ADV (US) entgegen dem Uhrzeigersinn
counterpart N̄ Gegenstück nt (of zu)
countess N̄ Gräfin f
countless ADJ zahllos, unzählig
country N̄ Land nt; **in the ~** auf dem Land(e); **in this ~** hierzulande **country cousin** N̄ fam Landei nt **country dancing** N̄ Volkstanz m **countryman** N̄ (compatriot) Landsmann m **country music** N̄ Countrymusic f **country road** N̄ Landstraße f **countryside** N̄ Landschaft f; (rural area) Land nt
county N̄ (Brit) Grafschaft f; (US) Verwaltungsbezirk m **county town** N̄ (Brit) ≈ Kreisstadt f
couple N̄ Paar nt; **a ~ of** ein

paar

coupon N̄ (voucher) Gutschein m

courage N̄ Mut m

courgette N̄ (Br) Zucchini f

courier N̄ (for tourists) Reiseleiter(in) m(f); (messenger) Kurier m

course N̄ (of study) Kurs m; (for race) Strecke f; NAUT, AVIAT Kurs m; (at university) Studiengang m; (in meal) Gang m; **of ~** natürlich; **in the ~ of** während

court N̄ SPORT Platz m; LAW Gericht nt

courtesy N̄ Höflichkeit f; **~ bus/coach** (gebührenfreier) Zubringerbus

courthouse N̄ (US) Gerichtsgebäude nt **court order** N̄ Gerichtsbeschluss m **courtroom** N̄ Gerichtssaal m

courtyard N̄ Hof m

cousin N̄ (male) Cousin m; (female) Cousine f

cover ■ V̄T bedecken (in, with mit); (distance) zurücklegen; (loan, costs) decken ◨ N̄ (of bed etc) Decke f; (of cushion) Bezug m; (lid) Deckel m; (of book) Umschlag m; **(insurance) ~** Versicherungsschutz m **cover up** V̄T zudecken; (error etc) vertuschen **coverage** N̄ Berichterstattung f (of über + acc) **cover charge** N̄ Kosten pl für ein Gedeck **covering letter** N̄ Begleitbrief m **cover story**

N̄ (newspaper) Titelgeschichte f

cow N̄ Kuh f

coward N̄ Feigling m **cowardly** ADJ feig(e)

cowboy N̄ Cowboy m

cozy ADJ (US) gemütlich

CPU abbr → **central processing unit** Zentraleinheit f

crab N̄ Krabbe f

crabby ADJ mürrisch, reizbar

crack ■ N̄ Riss m; (in pottery, glass) Sprung m; (drug) Crack nt; **have a ~ at sth** etw ausprobieren ◨ V̄I (pottery, glass) einen Sprung bekommen; (wood, ice etc) einen Riss bekommen; **get ~ing** fam loslegen ◉ V̄T (bone) anbrechen; (nut, code) knacken

cracker N̄ (biscuit) Kräcker m; (Christmas cracker) Knallbonbon nt **crackers** ADJ fam verrückt, bekloppt

crackle V̄I knistern; (telephone, radio) knacken **crackling** N̄ GASTR Kruste f (des Schweinebratens)

cradle N̄ Wiege f

craft N̄ Handwerk nt; (art) Kunsthandwerk nt **craftsman** N̄ Handwerker m

cram ■ V̄T stopfen (into in + acc); **be ~med with ...** mit ... vollgestopft sein ◨ V̄I (revise for exam) pauken (for für)

cramp N̄ Krampf m

cranberry N̄ Preiselbeere f

crane N̄ (machine) Kran m; (bird) Kranich m

crap **1** N _vulg_ Scheiße f; (_rubbish_) Mist m **2** ADJ beschissen, Scheiß-

crash **1** VI einen Unfall haben; (_two vehicles_) zusammenstoßen; (_plane, computer_) abstürzen; (_economy_) zusammenbrechen; **~ into sth** gegen etw knallen **2** VT einen Unfall haben mit **3** N (_car_) Unfall m; (_train_) Unglück nt; (_collision_) Zusammenstoß m; AVIAT, IT Absturz m; (_noise_) Krachen nt **crash barrier** N Leitplanke f **crash course** N Intensivkurs m **crash helmet** N Sturzhelm m

crate N Kiste f; (_of beer_) Kasten m

crater N Krater m

craving N starkes Verlangen, Bedürfnis nt

crawl **1** VI kriechen; (_baby_) krabbeln **2** N (_swimming_) Kraul nt **crawler lane** N Kriechspur f

crayfish N Languste f

crayon N Buntstift m

crazy ADJ verrückt (_about_ nach)

cream **1** N (_from milk_) Sahne f, Rahm m; (_polish, cosmetic_) Creme f **2** ADJ cremefarben **cream cake** N (_small_) Sahnetörtchen nt; (_big_) Sahnetorte f **cream cheese** N Frischkäse m **creamer** N Kaffeeweißer m **creamy** ADJ sahnig

crease **1** N Falte f **2** VT falten; (_untidy_) zerknittern

create VT schaffen; (_cause_) verursachen **creative** ADJ (_person_) kreativ **creature** N Geschöpf nt

crèche N Kinderkrippe f

credibility N Glaubwürdigkeit f **credible** ADJ (_person_) glaubwürdig

credit N FIN (_amount allowed_) Kredit m; (_amount possessed_) Guthaben nt; (_recognition_) Anerkennung f; **~s** (_of film_) Abspann m **credit card** N Kreditkarte f

creep VI kriechen **creeps** N **he gives me the ~** er ist mir nicht ganz geheuer **creepy** ADJ (_frightening_) gruselig, unheimlich

crept pt, pp → creep

cress N Kresse f

crest N Kamm m; (_coat of arms_) Wappen nt

crew N Besatzung f, Mannschaft f

crib N (US) Kinderbett nt

cricket N (_insect_) Grille f; (_game_) Kricket nt

crime N Verbrechen nt **criminal** **1** N Verbrecher(in) m(f) **2** ADJ kriminell, strafbar

crisis N Krise f

crisp ADJ knusprig **crispbread** N Knäckebrot nt **crisps** NPL (Brt) Chips pl

criterion N Kriterium nt **critic** N Kritiker(in) m(f) **critical** ADJ kritisch **critically** ADV kritisch; **~ ill/injured** schwer krank/verlett **criticism** N̄ Kritik f **criticize** V̄T kritisieren

Croat N̄ Kroate m, Kroatin f **Croatia** N̄ Kroatien nt **Croatian** ADJ kroatisch

crockery N̄ Geschirr nt

crocodile N̄ Krokodil nt

crocus N̄ Krokus m

crop N̄ (harvest) Ernte f **crops** NPL Getreide nt

croquette N̄ Krokette f

cross 1 N̄ Kreuz nt; **mark sth with a ~** etw ankreuzen 2 V̄T (road, river etc) überqueren; (legs) übereinanderschlagen; **it ~ed my mind** es fiel mir ein; **~ one's fingers** die Daumen drücken 3 ADJ ärgerlich, böse **cross out** V̄T durchstreichen

crossbar N̄ (of bicycle) Stange f; SPORT Querlatte f **cross-country** ADJ **~ running** Geländelauf m; **~ skiing** Langlauf m **cross-eyed** ADJ **be ~** schielen **crossing** N̄ (crossroads) Kreuzung f; (for pedestrians) Fußgängerübergang m; (on ship) Überfahrt f **crossroads** NSING OR PL Straßenkreuzung f **cross section** N̄ Querschnitt m **cross trainer** N̄ Crosstrainer m, Crossstepper m **crosswalk** N̄ (US) Fußgängerübergang m **crossword (puzzle)** N̄ Kreuzworträtsel m **crouch** V̄I hocken

crouton N̄ Croûton m

crow N̄ Krähe f

crowd 1 N̄ Menge f 2 V̄I sich drängen (into in + acc; round um) **crowded** ADJ überfüllt **crowdfunding** N̄ Crowdfunding nt

crown 1 N̄ Krone f 2 V̄T krönen

crucial ADJ entscheidend

crude 1 ADJ primitiv; (humour, behaviour) derb, ordinär 2 N̄ **~ (oil)** Rohöl nt

cruel ADJ grausam (to zu, gegen); (unfeeling) gefühllos **cruelty** N̄ Grausamkeit f; **~ to animals** Tierquälerei f

cruise 1 N̄ Kreuzfahrt f 2 V̄I (ship) kreuzen; (car) mit Reisegeschwindigkeit fahren **cruise liner** N̄ Kreuzfahrtschiff nt **cruise missile** N̄ Marschflugkörper m

crumb N̄ Krume f

crumble 1 V̄T, V̄I zerbröckeln 2 N̄ mit Streuseln überbackenes Kompott

crumpet N̄ weiches Hefegebäck zum Toasten (attractive woman) fam Schnecke f

crumple V̄T zerknittern

crunchy ADJ (Br) knusprig

crusade N̄ Kreuzzug m

crush 1 V̄T zerdrücken; (finger etc) quetschen; (spices, stone) zerstoßen 2 N̄ **have a ~ on sb** in jdn verknallt sein **crushing** ADJ (defeat, remark) vernichtend

crust N̄ Kruste f **crusty** ADJ knusprig

crutch N̄ Krücke f

cry ◼ `VI` *(call)* rufen; *(scream)* schreien; *(weep)* weinen ◼ `N` *(call)* Ruf *m*; *(louder)* Schrei *m*

crypt `N` Krypta *f*

CT scan *abbr* = **computer tomography scan** CT *f*

cu *abbr* = **see you** (SMS, E-Mail) ≈ bis bald

Cuba `N` Kuba *nt*

cube `N` Würfel *m*

cubic `ADJ` Kubik-

cubicle `N` Kabine *f*

cuckoo `N` Kuckuck *m*

cucumber `N` Salatgurke *f*

cuddle ◼ `VT` in den Arm nehmen; *(amorously)* schmusen mit ◼ `N` Liebkosung *f*, Umarmung *f*; **have a ~** schmusen **cuddly** `ADJ` verschmust **cuddly toy** `N` Plüschtier *nt*

cuff `N` Manschette *f*; *(US, trouser cuff)* Aufschlag *m* **cufflink** `N` Manschettenknopf *m*

cuisine `N` Kochkunst *f*, Küche *f*

cul-de-sac `N` *(Br)* Sackgasse *f*

culprit `N` Schuldige(r) *mf*, Übeltäter(in) *m(f)*

cult `N` Kult *m*

cultivate `VT` AGR *(land)* bebauen; *(crop)* anbauen **cultivated** `ADJ` *(person)* kultiviert, gebildet

cultural `ADJ` kulturell, Kultur- **culture** `N` Kultur *f* **cultured** `ADJ` gebildet, kultiviert **culture vulture** *fam* *(Br)* `N` Kulturfanatiker(in) *m(f)*

cumbersome `ADJ` *(object)* unhandlich

cumin `N` Kreuzkümmel *m*

cunning `ADJ` schlau; *(person a.)* gerissen

cup `N` Tasse *f*; *(prize)* Pokal *m*; **it's not his ~ of tea** das ist nicht sein Fall **cupboard** `N` Schrank *m* **cup final** `N` Pokalendspiel *nt*

curable `ADJ` heilbar

curb `N` *(US)* → **kerb**

curd `N` **~ cheese**, **~s** ≈ Quark *m*

cure ◼ `N` Heilmittel *nt* *(for gegen)*; *(process)* Heilung *f* ◼ `VT` heilen; GASTR *(salt)* pökeln; *(smoke)* räuchern

curious `ADJ` neugierig; *(strange)* seltsam

curl ◼ `N` Locke *f* ◼ `VI` sich kräuseln **curly** `ADJ` lockig

currant `N` *(dried)* Korinthe *f*; *(red, black)* Johannisbeere *f*

currency `N` Währung *f*; **foreign ~** Devisen *pl*

current ◼ `N` *(in water)* Strömung *f*; *(electric current)* Strom *m* ◼ `ADJ` *(issue, affairs)* aktuell, gegenwärtig; *(expression)* gängig **current account** `N` Girokonto *nt* **currently** `ADV` zur Zeit

curriculum `N` Lehrplan *m* **curriculum vitae** `N` *(Br)* Lebenslauf *m*

curry `N` Currygericht *nt* **curry powder** `N` Curry(pulver) *nt*

curse ◼ `VI` *(swear)* fluchen *(at* auf + *acc)* ◼ `N` Fluch *m*

cursor `N` IT Cursor *m*

curtain `N` Vorhang *m*; **it was ~s for Benny** für Benny war alles vorbei

curve N̄ Kurve f **curved** ADJ gebogen; **~ screen** gebogener Bildschirm, Curved Screen f

cushion N̄ Kissen nt

custard N̄ dicke Vanillesoße, die warm oder kalt zu vielen englischen Nachspeisen gegessen wird

custom N̄ Brauch m; (habit) Gewohnheit f **customary** ADJ üblich **custom-built** ADJ nach Kundenangaben gefertigt **customer** N̄ Kunde m, Kundin f **customer loyalty card** N̄ Kundenkarte f **customer service** N̄ Kundendienst m

customs NPL (organization, location) Zoll m; **pass through ~** durch den Zoll gehen **customs officer** N̄ Zollbeamte(r) m, Zollbeamtin f

cut 1 V̄T schneiden; (cake) anschneiden; (wages, benefits) kürzen; (prices) heruntersetzen; **I ~ my finger** ich habe mir in den Finger geschnitten 2 N̄ Schnitt m; (wound) Schnittwunde f; (reduction) Kürzung f (in gen); **price/tax ~** Preissenkung/Steuersenkung f **cut back** V̄T (workforce etc) reduzieren **cut down** V̄T (tree) fällen; **~ on sth** etwas einschränken **cut in** V̄I AUTO scharf einscheren **cut off** V̄T abschneiden; (gas, electricity) abdrehen, abstellen; TEL **I was ~** ich wurde unterbrochen

cute ADJ putzig, niedlich; (US, shrewd) clever

cutlery N̄ Besteck nt

cutlet N̄ (pork) Kotelett nt; (veal) Schnitzel nt

cut-price ADJ verbilligt

cutting 1 N̄ (from paper) Ausschnitt m; (of plant) Ableger m 2 ADJ (comment) verletzend

CV abbr → curriculum vitae

cwt abbr → hundredweight ≈ Zentner, Ztr.

cyber attack N̄ Cyberangriff m **cyberbullying** N̄ Cybermobbing nt **cybercafé** N̄ Internetcafé nt **cyber security** N̄ Cybersicherheit f **cyberspace** N̄ Cyberspace m

cycle 1 N̄ Fahrrad nt 2 V̄I Rad fahren **cycle helmet** N̄ Radhelm m **cycle lane, cycle path** N̄ (Br) Radweg m **cycling** N̄ Radfahren nt **cyclist** N̄ Radfahrer(in) m(f)

cylinder N̄ Zylinder m

cynical ADJ zynisch

cypress N̄ Zypresse f

Cypriot 1 ADJ zypriotisch 2 N̄ Zypriote m, Zypriotin f **Cyprus** N̄ Zypern nt

czar N̄ Zar m **czarina** N̄ Zarin f

Czech 1 ADJ tschechisch 2 N̄ (person) Tscheche m, Tschechin f; (language) Tschechisch nt **Czech Republic** N̄ Tschechische Republik, Tschechien nt

D

dab V̱Ṯ (wound, nose etc) betupfen (with mit)

dad(dy) Ṉ Papa m, Vati m **daddy-longlegs** N̲S̲I̲N̲G̲ (Br) Schnake f; (US) Weberknecht m

daffodil Ṉ Osterglocke f

daft A̱ḎJ̱ fam blöd, doof

daily ◻ A̱ḎJ̱, A̱ḎV̱ täglich ◻ Ṉ (paper) Tageszeitung f

dairy Ṉ (on farm) Molkerei f **dairy products** N̲P̲L̲ Milchprodukte pl

daisy Ṉ Gänseblümchen nt

dam ◻ Ṉ Staudamm m ◻ V̱Ṯ stauen

damage ◻ Ṉ Schaden m; ~s pl LAW Schadenersatz m ◻ V̱Ṯ beschädigen; (reputation, health) schädigen, schaden + dat

damn ◻ A̱ḎJ̱ fam verdammt ◻ V̱Ṯ (condemn) verurteilen; ~ (it)! verflucht! ◻ Ṉ he doesn't give a ~ es ist ihm völlig egal

damp ◻ A̱ḎJ̱ feucht ◻ Ṉ Feuchtigkeit f **dampen** V̱Ṯ befeuchten

dance ◻ Ṉ Tanz m; (event) Tanzveranstaltung f ◻ V̱I̱ tanzen **dance floor** Ṉ Tanzfläche f **dancer** Ṉ Tänzer(in) m(f) **dancing** Ṉ Tanzen nt

dandelion Ṉ Löwenzahn m

dandruff Ṉ Schuppen pl

Dane Ṉ Däne m, Dänin f

danger Ṉ Gefahr f; **be in ~ in** Gefahr sein **dangerous** A̱ḎJ̱ gefährlich

Danish ◻ A̱ḎJ̱ dänisch ◻ Ṉ (language) Dänisch nt; **the ~** pl die Dänen **Danish pastry** Ṉ Plundergebäck nt

Danube Ṉ Donau f

dare V̱I̱ ~ (to) do sth es wagen, etw zu tun; **I didn't ~ ask** ich traute mich nicht, zu fragen; **how ~ you** was fällt dir ein! **daring** A̱ḎJ̱ (person) mutig; (film, clothes etc) gewagt

dark ◻ A̱ḎJ̱ dunkel; (gloomy) düster, trübe; (sinister) finster; **~ chocolate** Bitterschokolade f; **~ green/blue** dunkelgrün/ dunkelblau ◻ Ṉ Dunkelheit f **dark glasses** N̲P̲L̲ Sonnenbrille f **darkness** Ṉ Dunkelheit f

darling Ṉ Schatz m; (also favourite) Liebling m

darts N̲S̲I̲N̲G̲ (game) Darts nt

dash ◻ V̱I̱ stürzen, rennen ◻ V̱Ṯ ~ **hopes** Hoffnungen zerstören ◻ Ṉ (in text) Gedankenstrich m; (of liquid) Schuss m **dashboard** Ṉ Armaturenbrett nt; **~ camera** Armaturenbrettkamera f **dashcam** abbr → dashboard camera Armaturenbrettkamera f, Dashcam f

data N̲P̲L̲ Daten pl **data bank** Ṉ Datenbank f **data base** Ṉ Datenbank f **data capture** Ṉ Datenerfassung f **data processing** Ṉ Datenverarbeitung f **data protec-**

tion N Datenschutz m

date 1 N Datum nt; (for meeting, delivery etc) Termin m; (with person) Verabredung f; (with girlfriend/boyfriend etc) Date nt; (fruit) Dattel f; **what's the ~ (today)?** der Wievielte ist heute?; **out of ~** adj veraltet; **up to ~** adj (news) aktuell; (fashion) zeitgemäß 2 VT (letter etc) datieren; (person) gehen mit **dated** ADJ altmodisch **date of birth** N Geburtsdatum nt **dating agency** N Partnervermittlung f

daughter N Tochter f **daughter-in-law** N Schwiegertochter f

dawn 1 N Morgendämmerung f 2 VI dämmern; **it ~ed on me** mir ging ein Licht auf

day N Tag m; **one ~** eines Tages; **by ~** bei Tage; **~ after ~**, **~ by ~** Tag für Tag; **the ~ after/before** am Tag danach/zuvor; **the ~ after yesterday** vorgestern; **the ~ after tomorrow** übermorgen; **these ~s** heutzutage; **in those ~s** damals; **let's call it a ~** Schluss für heute! **day-care center** N (US), **day-care centre** (Brit) Kita f (Kindertagesstätte) **daydream** 1 N Tagtraum m 2 VI (mit offenen Augen) träumen **daylight** N Tageslicht nt **day nursery** N Kita f (Kindertagesstätte) **day return** N (Brit) RAIL Tagesrückfahrkarte f

daytrip N Tagesausflug m

dazzle VT blenden

dead 1 ADJ tot; (limb) abgestorben 2 ADV fam total, völlig; **~ tired** adj todmüde; **~ slow** (sign) Schritt fahren **dead end** N Sackgasse f **deadline** N Termin m; (period) Frist f; **~ for applications** Anmeldeschluss m **deadly** 1 ADJ tödlich 2 ADV **~ dull** todlangweilig

deaf ADJ taub **deafen** VT taub machen **deafening** ADJ ohrenbetäubend

deal 1 VT, VI (cards) geben, austeilen 2 N (business deal) Geschäft nt; (agreement) Abmachung f; **it's a ~!** abgemacht!; **a good/great ~ of** ziemlich/sehr viel **deal in** VT handeln mit **deal with** VT (matter) sich beschäftigen mit; (book, film) behandeln; (successfully: person, problem) fertig werden mit; (matter) erledigen **dealer** N COMM Händler(in) m(f); (drugs) Dealer(in) m(f)

dealt pt, pp → **deal**

dear 1 ADJ lieb, teuer; **Dear Sir or Madam** Sehr geehrte Damen und Herren; **Dear David** Lieber David 2 N Schatz m; (as address) mein Schatz, Liebling **dearly** ADV (love) (heiß und) innig; (pay) teuer

death N Tod m; (of project, hopes) Ende nt; (in accident) Todesfall m, Todesopfer nt

death certificate N Totenschein m **death penalty** N Todesstrafe f **death toll** N Zahl f der Todesopfer

debatable ADJ fraglich; (question) strittig **debate** 1 N Debatte f 2 VT debattieren

debit 1 N Soll nt 2 VT (account) belasten **debit card** N Geldkarte f

debris N Trümmer pl

debt N Schuld f; **be in ~** verschuldet sein

decade N Jahrzehnt nt

decaff N fam koffeinfreier Kaffee **decaffeinated** ADJ koffeinfrei

decanter N Dekanter m, Karaffe f

decay 1 N Verfall m; (rotting) Verwesung f; (of tooth) Karies f 2 VI verfallen; (rot) verwesen; (wood) vermodern; (teeth) faulen; (leaves) verrotten

deceased N **the ~** der/die Verstorbene

deceive VT täuschen

December N Dezember m; → September

decent ADJ anständig

decide 1 VT (question) entscheiden; (body of people) entschließen; **I can't ~ what to do** ich kann mich nicht entscheiden, was ich tun soll 2 VI sich entscheiden; **~ on sth** (in favour of sth) sich für etw entscheiden, sich zu etw entschließen **decided** ADJ ent-

schieden; (clear) deutlich **decidedly** ADV entschieden

decimal ADJ Dezimal- **decimal system** N Dezimalsystem nt

decipher VT entziffern

decision N Entscheidung f (on über + acc); (of committee, jury etc) Beschluss m; **make a ~** eine Entscheidung treffen **decisive** ADJ entscheidend; (person) entscheidungsfreudig

deck N NAUT Deck nt; (of cards) Blatt nt **deckchair** N Liegestuhl m

declaration N Erklärung f **declare** VT erklären; (state) behaupten (that dass); (at customs) **have you anything to ~?** haben Sie etwas zu verzollen?

decline 1 N Rückgang m 2 VT (invitation, offer) ablehnen 3 VI (become less) sinken, abnehmen; (health) sich verschlechtern

decode VT entschlüsseln

decorate VT (aus)schmücken; (wallpaper) tapezieren; (paint) anstreichen **decoration** N Schmuck m; (process) Schmücken nt; (wallpapering) Tapezieren nt; (painting) Anstreichen nt; **Christmas ~s** Weihnachtsschmuck m **decorator** N Maler(in) m(f)

decrease 1 N Abnahme f 2 VI abnehmen

dedicate VT widmen (to sb jdm)

dedicated ADJ (*person*) engagiert **dedication** N Widmung f; (*commitment*) Hingabe f, Engagement nt

deduce VT folgern, schließen (*from aus, that* dass)

deduct VT abziehen (*from* von) **deduction** N (*of money*) Abzug m; (*conclusion*) (Schluss)folgerung f

deed N Tat f

deep ADJ tief **deepen** VT vertiefen **deep-freeze** N Tiefkühltruhe f; (*upright*) Gefrierschrank m **deep-fried** ADJ frittiert **deep-fry** VT frittieren **deep vein thrombosis** N MED tiefe Venenthrombose

deer N Reh nt; (*with stag*) Hirsch m

defeat 1 N Niederlage f; **admit ~** sich geschlagen geben 2 VT besiegen

defect N Defekt m, Fehler m **defective** ADJ fehlerhaft

defence N Verteidigung f **defend** VT verteidigen **defendant** N LAW Angeklagte(r) mf **defender** N SPORT Verteidiger(in) m(f) **defensive** ADJ defensiv

defibrillator N MED Defibrillator m

deficiency N Mangel m **deficit** N Defizit nt

define VT (*word*) definieren; (*duties, powers*) bestimmen **definite** ADJ (*clear*) klar, eindeutig; (*certain*) sicher; **it's ~**

es steht fest **definitely** ADV bestimmt **definition** N Definition f; PHOT Schärfe f

defrost VT (*fridge*) abtauen; (*food*) auftauen

degree N Grad m; (*at university*) akademischer Grad; **to a certain ~** einigermaßen; **I have a ~ in chemistry** = ich habe einen Abschluss in Chemie

dehydrated ADJ (*food*) getrocknet, Trocken-; (*person*) ausgetrocknet

de-ice VT enteisen

delay 1 VT (*postpone*) verschieben, aufschieben; **be ~ed** (*event*) sich verzögern; **the flight was ~ed** die Maschine hatte Verspätung 2 VI warten; (*hesitate*) zögern 3 N Verzögerung f; (*of train etc*) Verspätung f; **without ~** unverzüglich **delayed** ADJ (*train etc*) verspätet

delegation N Abordnung f; (*foreign*) Delegation f

delete VT (aus)streichen; IT löschen **deletion** N Streichung f; IT Löschung f

deli N fam Feinkostgeschäft nt **deliberate** ADJ (*intentional*) absichtlich **deliberately** ADV mit Absicht, extra

delicate ADJ (*fine*) fein; (*fragile*) zart; a. MED empfindlich; (*situation*) heikel

delicatessen NSING Feinkostgeschäft nt

delicious ADJ köstlich, lecker

delight N Freude f **delighted**

ADJ sehr erfreut (with über + acc) **delightful** ADJ entzückend; (weather, meal) herrlich
deliver VT (goods) liefern (to sb jdm); (letter, parcel) zustellen; (speech) halten; (baby) entbinden **delivery** N Lieferung f; (of letter, parcel) Zustellung f; (of baby) Entbindung f **delivery service** N Lieferservice m **delivery van** N Lieferwagen m
delude VT täuschen; **don't ~ yourself** mach dir nichts vor **delusion** N Irrglaube m
de luxe ADJ Luxus-
demand 1 VT verlangen (from von); (time, patience etc) erfordern 2 N (request) Forderung f, Verlangen nt (for nach); COMM (for goods) Nachfrage f; **on ~** auf Wunsch; **very much in ~** sehr gefragt **demanding** ADJ anspruchsvoll
demerara N ~ (sugar) brauner Zucker
demister N Defroster m
demo N fam Demo f
democracy N Demokratie f **democrat, Democrat** (US) POL Demokrat(in) m(f) **democratic** ADJ demokratisch; **the Democratic Party** (US) POL die Demokratische Partei
demolish VT abreißen; fig zerstören
demonstrate VT, VI demonstrieren, beweisen **demonstration** N Demonstration f

denial N Leugnung f; (official denial) Dementi nt
denim N Jeansstoff m **denim jacket** N Jeansjacke f **denims** NPL Bluejeans pl
Denmark N Dänemark nt
denomination N REL Konfession f; COMM Nennwert m
dense ADJ dicht; fam (stupid) schwer von Begriff **density** N Dichte f
dent 1 N Beule f, Delle f 2 VT einbeulen
dental ADJ Zahn-; ~ **care** Zahnpflege f; ~ **floss** Zahnseide f **dentist** N Zahnarzt m, Zahnärztin f **dentures** NPL Zahnprothese f; (full) Gebiss nt
deny VT leugnen, bestreiten; (refuse) ablehnen
deodorant N Deo(dorant) nt
depart VI abreisen; (bus, train) abfahren (for nach, from von); (plane) abfliegen (for nach, from von)
department N Abteilung f; (at university) Institut nt; POL (ministry) Ministerium nt **department store** N Kaufhaus nt
departure N (of person) Weggang m; (on journey) Abreise f (for nach); (of train etc) Abfahrt f (for nach); (of plane) Abflug m (for nach) **departure lounge** N Abflughalle f **departure time** N Abfahrtzeit f; AVIAT Abflugzeit f
depend VI **it ~s** es kommt dar-

auf an (whether, if ob) **depend on** $\overline{\text{VT}}$ (thing) abhängen von; (person: rely on) sich verlassen auf + acc; (person, area etc) angewiesen sein auf + acc; **it depends on the weather** es kommt auf das Wetter an **dependable** ADJ zuverlässig **dependent** ADJ abhängig (on von)

deport $\overline{\text{VT}}$ ausweisen, abschieben **deportation** $\overline{\text{N}}$ Abschiebung f

deposit ☐ $\overline{\text{N}}$ (down payment) Anzahlung f; (security) Kaution f; (for bottle) Pfand nt; (to bank account) Einzahlung f; (in river etc) Ablagerung f ☑ $\overline{\text{VT}}$ (put down) abstellen, absetzen; (to bank account) einzahlen; (sth valuable) deponieren **deposit account** $\overline{\text{N}}$ Sparkonto nt

depot $\overline{\text{N}}$ Depot nt

depress $\overline{\text{VT}}$ (in mood) deprimieren **depressed** ADJ (person) niedergeschlagen, deprimiert; **~ area** Notstandsgebiet nt **depressing** ADJ deprimierend **depression** $\overline{\text{N}}$ (mood) Depression f; METEO Tief nt

deprive $\overline{\text{VT}}$ **~ sb of sth** jdn einer Sache berauben **deprived** ADJ (child) (sozial) benachteiligt

dept abbr → department Abt.

depth $\overline{\text{N}}$ Tiefe f

deputy ☐ ADJ stellvertretend, Vize- ☑ $\overline{\text{N}}$ Stellvertreter(in) m(f); (US) POL Abgeordnete(r) mf

derail $\overline{\text{VT}}$ entgleisen lassen; **be ~ed** entgleisen

dermatitis $\overline{\text{N}}$ Hautentzündung f

derogatory ADJ abfällig

descend $\overline{\text{VT, VI}}$ hinabsteigen, hinuntergehen; (person) **~ or be ~ed from** abstammen von **descendant** $\overline{\text{N}}$ Nachkomme m **descent** $\overline{\text{N}}$ (coming down) Abstieg m; (origin) Abstammung f

describe $\overline{\text{VT}}$ beschreiben **description** $\overline{\text{N}}$ Beschreibung f

desert ☐ $\overline{\text{N}}$ Wüste f ☑ $\overline{\text{VT}}$ verlassen; (abandon) im Stich lassen **deserted** ADJ verlassen; (empty) menschenleer

deserve $\overline{\text{VT}}$ verdienen

design ☐ $\overline{\text{N}}$ (plan) Entwurf m; (of vehicle, machine) Konstruktion f; (of object) Design nt; (planning) Gestaltung f ☑ $\overline{\text{VT}}$ entwerfen; (machine etc) konstruieren; **~ed for sb/sth** (intended) für jdn/etw konzipiert **designer** $\overline{\text{N}}$ Designer(in) m(f); TECH Konstrukteur(in) m(f)

desirable ADJ wünschenswert; (person) begehrenswert **desire** ☐ $\overline{\text{N}}$ Wunsch m (for nach); (esp sexual) Begierde f (for nach) ☑ $\overline{\text{VT}}$ wünschen; (ask for) verlangen; **if ~d** auf Wunsch

desk $\overline{\text{N}}$ Schreibtisch m; (reception desk) Empfang m; (at airport etc) Schalter m **desktop publishing** $\overline{\text{N}}$ Desktoppublishing nt

despair ☐ $\overline{\text{N}}$ Verzweiflung f (at

über + acc) **2** VI verzweifeln (of an + dat)

despatch → dispatch

desperate ADJ verzweifelt; (situation) hoffnungslos; **be ~ for sth** etw dringend brauchen, unbedingt wollen **desperation** N Verzweiflung f

despicable ADJ verachtenswert **despise** VT verachten

despite PREP trotz + gen

dessert N Nachtisch m **dessert spoon** N Dessertlöffel m

destination N (of person) Reise)ziel nt; (of goods) Bestimmungsort m

destiny N Schicksal nt

destroy VT zerstören; (completely) vernichten **destruction** N Zerstörung f; (complete) Vernichtung f **destructive** ADJ zerstörisch, destruktiv

detach VT abnehmen; (from form etc) abtrennen; (free) lösen (from von) **detachable** ADJ abnehmbar; (from form etc) abtrennbar **detached** ADJ (attitude) distanziert, objektiv; **~ house** Einzelhaus nt

detail (US) N Einzelheit f, Detail nt; (further) **~s from ...** Näheres erfahren Sie bei ...; **go into ~** ins Detail gehen; **in ~** ausführlich **detailed** ADJ detailliert, ausführlich

detain VT aufhalten; (police) in Haft nehmen

detect VT entdecken; (notice) wahrnehmen **detective** N

Detektiv(in) m(f) **detective story** N Krimi m

detergent N Reinigungsmittel nt; (soap powder) Waschmittel nt

deteriorate VI sich verschlechtern

determination N Entschlossenheit f **determine** VT bestimmen **determined** ADJ (fest) entschlossen

detest VT verabscheuen **detestable** ADJ abscheulich

detour N Umweg m; (of traffic) Umleitung f

deuce N (tennis) Einstand m

devastate VT verwüsten **devastating** ADJ verheerend

develop **1** VI entwickeln; (illness) bekommen **2** VI sich entwickeln **developing country** N Entwicklungsland nt **development** N Entwicklung f; (of land) Erschließung f

device N Vorrichtung f, Gerät nt

devil N Teufel m

devoted ADJ liebend; (servant etc) treu ergeben **devotion** N Hingabe f

devour VT verschlingen

dew N Tau m

diabetes N Diabetes m, Zuckerkrankheit f **diabetic** **1** ADJ zuckerkrank, für Diabetiker **2** N Diabetiker(in) m(f)

diagnosis N Diagnose f

diagonal ADJ diagonal

diagram N Diagramm nt

dial ❶ N̄ Skala f; (of clock) Zifferblatt nt ❷ V̄T̄ TEL wählen **dial code** N̄ (US) Vorwahl f
dialect N̄ Dialekt m
dialling code N̄ (Br) Vorwahl f
dialling tone N̄ (Br) Amtszeichen nt
dialogue, dialog (US) N̄ Dialog m
dial tone N̄ (US) Amtszeichen nt
dialysis N̄ MED Dialyse f
diameter N̄ Durchmesser m
diamond N̄ Diamant m, Karo nt
diaper N̄ (US) Windel f
diarrhea (US), **diarrhoea** N̄ Durchfall m
diary N̄ (Taschen)kalender m; (account) Tagebuch n
dice N̄P̄L̄ Würfel pl
dictator N̄ Diktator(in) m(f)
dictatorship N̄ Diktatur f
dictionary N̄ Wörterbuch nt
did pt → do
didn't contr = did not
die V̄ī̄ sterben (of an + dat); (plant, animal) eingehen; (engine) absterben; **be dying to do sth** darauf brennen, etw zu tun; **I'm dying for a drink** ich brauche unbedingt was zu trinken **die away** V̄ī̄ schwächer werden; (wind) sich legen **die down** V̄ī̄ nachlassen **die out** V̄ī̄ aussterben
diesel N̄ (fuel, car) Diesel m
diet ❶ N̄ Kost f; (special food) Diät f ❷ V̄ī̄ eine Diät machen

differ V̄ī̄ (be different) sich unterscheiden; (disagree) anderer Meinung sein **difference** N̄ Unterschied m; **it makes no ~ (to me)** es ist (mir) egal; **it makes a big ~** es macht viel aus **different** ĀDJ̄ andere(r, s); (with pl) verschieden; **be quite ~** ganz anders sein (from als); (two people, things) völlig verschieden sein **differentiate** V̄T̄, V̄ī̄ unterscheiden **differently** ĀDV̄ anders (from als); (from one another) unterschiedlich
difficult ĀDJ̄ schwierig; **I find it ~** es fällt mir schwer **difficulty** N̄ Schwierigkeit f
dig V̄T̄, V̄ī̄ (hole) graben **dig in** V̄ī̄ fam (to food) reinhauen; **~!** greif(t) zu! **dig up** V̄T̄ ausgraben
digest V̄T̄ verdauen **digestion** N̄ Verdauung f **digestive ~ biscuit** (Br) Vollkornkeks m
digit N̄ Ziffer f **digital** ĀDJ̄ digital **digital camera** N̄ Digitalkamera f **digital media streamer** N̄ IT, TV Mediastreamer m **digital receiver** N̄ TV Digitalempfänger m, Digitalreceiver m **digital television** N̄, **digital TV** N̄ Digitalfernsehen nt **digital (video) recorder** N̄ Festplattenrecorder m, digitaler Videorekorder
dignified ĀDJ̄ würdevoll **dignity** N̄ Würde f
dilapidated ĀDJ̄ baufällig

dill N̄ Dill m

dilute V̄T verdünnen

dim ① ADJ (*light*) schwach; (*outline*) undeutlich; (*stupid*) schwer von Begriff ② V̄T verdunkeln; (*US*) AUTO abblenden; **~med headlights** N̄PL Abblendlicht nt

dime N̄ (*US*) Zehncentstück nt

dimension N̄ Dimension f; **~s** pl Maße pl

diminish ① V̄T verringern ② V̄I sich verringern

dimmer (switch) N̄ Dimmer m

dimple N̄ Grübchen nt

dine V̄I speisen **dine out** V̄I außer Haus essen **diner** N̄ Gast m; RAIL Speisewagen m; (*US*) Speiselokal nt

dinghy N̄ Ding(h)i nt; (*inflatable*) Schlauchboot nt

dining car N̄ Speisewagen m **dining room** N̄ Esszimmer nt; (*in hotel*) Speiseraum m

dinner N̄ Abendessen nt; (*lunch*) Mittagessen nt; (*public*) Diner nt; **be at ~** beim Essen sein; **have ~** zu Abend/Mittag essen **dinner jacket** N̄ Smoking m **dinnertime** N̄ Essenszeit f

dinosaur N̄ Dinosaurier m

dip ① V̄T tauchen (*in* in + acc); **~ (one's headlights)** AUTO abblenden; **~ped headlights** Abblendlicht nt ② N̄ (*in ground*) Bodensenke f; (*sauce*) Dip m

diploma N̄ Diplom nt

diplomatic ADJ diplomatisch

dipstick N̄ Ölmessstab m

direct ① ADJ direkt; (*cause, consequence*) unmittelbar; **~ debit** Einzugsermächtigung f; **~ train** durchgehender Zug ② V̄T (*aim, send*) richten (*to* an + acc); (*film*) die Regie führen bei; (*traffic*) regeln **direct current** N̄ ELEC Gleichstrom m

direction N̄ (*course*) Richtung f; FILM Regie f; **in the ~ of ...** in Richtung ...; **~s** pl (*to a place*) Wegbeschreibung f

directly ADV direkt; (*at once*) sofort

director N̄ Direktor(in) m(f), Leiter(in) m(f); (*of film*) Regisseur(in) m(f)

directory N̄ Adressbuch nt, Telefonbuch nt; **~ enquiries** or (*US*) **assistance** TEL Auskunft f

dirt N̄ Schmutz m, Dreck m **dirt cheap** ADJ spottbillig **dirty** ADJ schmutzig

disability N̄ Behinderung f

disabled ① ADJ behindert, Behinderten- ② N̄PL **the ~** die Behinderten

disadvantage N̄ Nachteil m; **at a ~** benachteiligt **disadvantageous** ADJ unvorteilhaft, ungünstig

disagree V̄I anderer Meinung sein; (*two people*) sich nicht einig sein; (*two reports etc*) nicht übereinstimmen **disagreeable** ADJ unangenehm; (*person*) unsympathisch **disagreement** N̄ Meinungsverschiedenheit f

disappear V̄ī verschwinden

disappoint V̄T enttäuschen **disappointing** ADJ enttäuschend **disappointment** N̄ Enttäuschung f

disapprove V̄ī missbilligen (of acc)

disarm 1 V̄T entwaffnen 2 V̄ī POL abrüsten **disarmament** N̄ Abrüstung f **disarming** ADJ (smile, look) gewinnend

disaster N̄ Katastrophe f **disastrous** ADJ katastrophal

disbelief N̄ Ungläubigkeit f

disc N̄ Scheibe f, CD f; → disk ANAT Bandscheibe f

discharge 1 N̄ MED Ausfluss m 2 V̄T (person) entlassen; (emit) ausstoßen; MED ausscheiden

discipline N̄ Disziplin f

disc jockey N̄ Diskjockey m

disclose V̄T bekannt geben; (secret) enthüllen

disco N̄ Disko f, Diskomusik f

discomfort N̄ (slight pain) leichte Schmerzen pl; (unease) Unbehagen nt

disconnect V̄T (electricity, gas, phone) abstellen; (unplug) ~ **the TV (from the mains)** den Stecker des Fernsehers herausziehen; TEL **I've been ~ed** das Gespräch ist unterbrochen worden

discontinue V̄T einstellen;

(product) auslaufen lassen

discount N̄ Rabatt m

discover V̄T entdecken **discovery** N̄ Entdeckung f

discredit 1 V̄T in Verruf bringen 2 N̄ Misskredit m

discreet ADJ diskret

discrepancy N̄ Unstimmigkeit f, Diskrepanz f

discriminate V̄ī unterscheiden; ~ **against sb** jdn diskriminieren **discrimination** N̄ Diskriminierung f

discus N̄ Diskus m

discuss V̄T diskutieren, besprechen **discussion** N̄ Diskussion f

disease N̄ Krankheit f

disembark V̄ī von Bord gehen

disgrace 1 N̄ Schande f 2 V̄T Schande machen + dat; (family etc) Schande bringen über + acc; (less strong) blamieren **disgraceful** ADJ skandalös

disguise 1 V̄T verkleiden; (voice) verstellen 2 N̄ Verkleidung f

disgust 1 N̄ Abscheu m; (physical) Ekel m 2 V̄T anekeln, anwidern **disgusting** ADJ widerlich; (physically) ekelhaft

dish N̄ Schüssel f; (food) Gericht nt; ~**es** pl (crockery) Geschirr nt; **do/wash the ~es** abwaschen **dishcloth** N̄ (for washing) Spültuch nt; (for drying) Geschirrtuch nt

dishearten V̄T entmutigen; **don't be ~ed** lass den Kopf nicht hängen!

dishonest ADJ unehrlich

dish towel N (US) Geschirrtuch nt **dish washer** N Geschirrspülmaschine f

dishy ADJ (Br) fam gut aussehend

disillusioned ADJ desillusioniert

disinfect VT desinfizieren **disinfectant** N Desinfektionsmittel nt

disk N IT (floppy) Diskette f **disk drive** N Diskettenlaufwerk nt **diskette** N Diskette f

dislike N Abneigung f 2 VT nicht mögen; ~ **doing sth** etw ungern tun

dislocate VT MED verrenken, ausrenken

dismal ADJ trostlos

dismantle VT auseinandernehmen; (machine) demontieren

dismay N Bestürzung f **dismayed** ADJ bestürzt

dismiss VT (employee) entlassen **dismissal** N Entlassung f

disobedience N Ungehorsam m **disobedient** ADJ ungehorsam **disobey** VT nicht gehorchen + dat

disorder N (mess) Unordnung f; (riot) Aufruhr m; MED Störung f, Leiden nt

disorganized ADJ chaotisch

disparaging ADJ geringschätzig

dispatch VT abschicken, abfertigen

dispensable ADJ entbehrlich

dispense VT verteilen **dispense with** VT verzichten auf + acc **dispenser** N Automat m

disperse VI sich zerstreuen

display 1 N (exhibition) Ausstellung f, Show f; (of goods) Auslage f; TECH Anzeige f, Display nt 2 VT zeigen; (goods) ausstellen

disposable ADJ (container, razor etc) Wegwerf-; ~ **nappy** Wegwerfwindel f **disposal** N Loswerden nt; (of waste) Beseitigung f; **be at sb's** ~ jdm zur Verfügung stehen; **have at one's** ~ verfügen über **dispose of** VT loswerden; (waste etc) beseitigen

dispute 1 N Streit m; (industrial) Auseinandersetzung f 2 VT bestreiten

disqualification N Disqualifikation f **disqualify** VT disqualifizieren

disregard VT nicht beachten

disreputable ADJ verrufen **disrespect** N Respektlosigkeit f

disrupt VT stören; (interrupt) unterbrechen **disruption** N Störung f; (interruption) Unterbrechung f

dissatisfied ADJ unzufrieden

dissent N Widerspruch m

dissolve 1 VT auflösen 2 VI sich auflösen

dissuade VT (davon abbringen)

~ sb from doing sth jdn davon abbringen, etw zu tun

distance N̲ Entfernung f; **in the/from a ~** in/aus der Ferne

distant A̲D̲J̲ (a. in time) fern; (relative etc) entfernt; (person) distanziert

distaste N̲ Abneigung f (for gegen)

distil V̲T̲ destillieren **distillery** N̲ Brennerei f

distinct A̲D̲J̲ verschieden; (clear) klar, deutlich **distinction** N̲ (difference) Unterschied m; (in exam etc) Auszeichnung f **distinctive** A̲D̲J̲ unverkennbar **distinctly** A̲D̲V̲ deutlich

distinguish V̲T̲ unterscheiden (sth from sth etw von etw) **distort** V̲T̲ verzerren; (truth) verdrehen

distract V̲T̲ ablenken **distraction** N̲ Ablenkung f; (diversion) Zerstreuung f

distress 1 N̲ (need, danger) Not f; (suffering) Leiden nt; (mental) Qual f; (worry) Kummer m 2 V̲T̲ mitnehmen, erschüttern

distribute V̲T̲ verteilen; COMM (goods) vertreiben **distribution** N̲ Verteilung f; COMM (of goods) Vertrieb m **distributor** N̲ AUTO Verteiler m; COMM Händler(in) m(f)

district N̲ Gegend f; (administrative) Bezirk m **district attorney** N̲ (US) Staatsanwalt m, Staatsanwältin f

distrust 1 V̲T̲ misstrauen + dat 2 N̲ Misstrauen nt

disturb V̲T̲ stören; (worry) beunruhigen **disturbance** N̲ Störung f **disturbing** A̲D̲J̲ beunruhigend

ditch 1 N̲ Graben m 2 V̲T̲ fam (person) den Laufpass geben + dat; (plan etc) verwerfen

ditto N̲ dito, ebenfalls

dive 1 N̲ (into water) Kopfsprung m; AVIAT Sturzflug m; fam zwielichtiges Lokal 2 V̲I̲ (under water) tauchen **diver** N̲ Taucher(in) m(f)

diverse A̲D̲J̲ verschieden **diversion** N̲ (of traffic) Umleitung f; (distraction) Ablenkung f **divert** V̲T̲ ablenken; (traffic) umleiten

divide 1 V̲T̲ teilen; (in several parts, between people) aufteilen 2 V̲I̲ sich teilen **dividend** N̲ Dividende f

divine A̲D̲J̲ göttlich

diving N̲ (Sport)tauchen nt; (jumping up) Springen nt; SPORT (from board) Kunstspringen nt **diving board** N̲ Sprungbrett nt **diving goggles** N̲P̲L̲ Taucherbrille f **diving mask** N̲ Tauchmaske f

division N̲ Teilung f; MATH Division f; (department) Abteilung f; SPORT Liga f

divorce 1 N̲ Scheidung f 2 V̲T̲ sich scheiden lassen von **divorced** A̲D̲J̲ geschieden; **get ~** sich scheiden lassen **divor-**

cee N̲ Geschiedene(r) mf
DIY abbr → do-it-yourself DIY
store N̲ Baumarkt m
dizzy ADJ schwindlig
DJ 1 abbr → disc jockey Diskjockey m, DJ m 2 abbr → dinner jacket Smoking m
do 1 V.AUX (in negatives) I don't know ich weiß es nicht; he didn't come er ist nicht gekommen; (in questions) does she swim? schwimmt sie?; (for emphasis) he does like talking er redet sehr gern; (replacing verb) they drink more than we do sie trinken mehr als wir; please don't! bitte tun Sie/tu das nicht!; (in question tags) you know him, don't you? du kennst/Sie kennen ihn doch, oder? 2 V̲T̲ tun, machen; (clean: room etc) sauber machen; (study) studieren; AUTO (speed) fahren; (distance) zurücklegen; she has nothing to ~ sie hat nichts zu tun; ~ the dishes abwaschen; you can't ~ Cambridge in a day Cambridge kann man nicht an einem Tag besichtigen 3 V̲I̲ (get on) vorankommen; (be enough) reichen; ~ well/badly gut/schlecht vorankommen; (in exam etc) gut/schlecht abschneiden; how are you doing? wie geht's denn so?; that (much) should ~ das dürfte reichen 4 N̲ (party) Party f do away with V̲T̲ abschaffen do up V̲T̲ (fasten)

zumachen; (parcel) verschnüren; (renovate) wiederherrichten do with V̲T̲ (need) brauchen; I could ~ a drink ich könnte einen Drink gebrauchen do without V̲T̲ auskommen ohne; I can ~ your comments auf deine/Ihre Kommentare kann ich verzichten
dock N̲ Dock nt; LAW Anklagebank f dockyard N̲ Werft f
doctor N̲ Arzt m, Ärztin f; (in title, also academic) Doktor m
document N̲ Dokument nt documentary N̲ Dokumentarfilm m documentation N̲ Dokumentation f
docusoap N̲ Reality-Serie f, Dokusoap f
dodgy ADJ nicht ganz in Ordnung; (dishonest, unreliable) zwielichtig; he has a ~ stomach er hat sich den Magen verdorben
dog N̲ Hund m doggie bag N̲ Tüte oder Box, in der Essensreste aus dem Restaurant mit nach Hause genommen werden können
do-it-yourself 1 N̲ Heimwerken nt, Do-it-yourself nt 2 ADJ Heimwerker- do-it-yourselfer N̲ Bastler(in) m(f), Heimwerker(in) m(f)
doll N̲ Puppe f
dollar N̲ Dollar m
dolphin N̲ Delphin m
domain N̲ Domäne f; IT Domain f

dome N Kuppel f

domestic ADJ häuslich; (within country) Innen-, Binnen- **domesticated** ADJ (person) häuslich; (animal) zahm **domestic flight** N Inlandsflug m

domicile N (ständiger) Wohnsitz

dominant ADJ dominierend, vorherrschend

dominoes NPL Domino(spiel) nt

donate VT spenden **donation** N Spende f

done 1 pp → do 2 ADJ (cooked) gar; **well ~** durchgebraten

doner (kebab) N Döner (Kebab) m

dongle N IT Surfstick m, Dongle m

donkey N Esel m

donor N Spender(in) m(f)

don't contr = **do not**

door N Tür f **doorbell** N Türklingel f **door handle** N Türklinke f **doorknob** N Türknauf m **doormat** N Fußabtreter m **doorstep** N Türstufe f; **right on our ~** direkt vor unserer Haustür

dope SPORT 1 N (for athlete) Aufputschmittel nt 2 VT dopen

dormitory N Schlafsaal m; (US) Studentenwohnheim nt

dosage N Dosierung f **dose** 1 N Dosis f 2 VT dosieren

dot N Punkt m; **on the ~** auf die Minute genau

double 1 ADJ, ADV doppelt; **~ the quantity** die zweifache Menge, doppelt so viel 2 VT verdoppeln 3 N (person) Doppelgänger(in) m(f); FILM Double nt **double bass** N Kontrabass m **double bed** N Doppelbett nt **double-click** VT IT doppelklicken **double cream** N Sahne mit hohem Fettgehalt **doubledecker** N Doppeldecker m **double glazing** N Doppelverglasung f **double-park** VI in zweiter Reihe parken **double room** N Doppelzimmer nt **doubles** NPL SPORT (also match) Doppel nt

doubt 1 N Zweifel m; **no ~** ohne Zweifel, zweifellos, wahrscheinlich; **have one's ~s** Bedenken haben 2 VT bezweifeln; (statement, word) anzweifeln; **I ~ it** das bezweifle ich **doubtful** ADJ zweifelhaft, zweifelnd; **it is ~ whether ...** es ist fraglich, ob ... **doubtless** ADV ohne Zweifel, sicherlich **dough** N Teig m **doughnut** N Donut m (rundes Hefegebäck)

dove N Taube f

down 1 N Daunen pl; (fluff) Flaum m 2 ADV unten; (motion) nach unten; (towards sb) herunter; (away from speaker) hinunter; **~ here/there** hier/ dort unten; (downstairs) **they came ~ for breakfast** sie kamen zum Frühstück herunter 3 PREP (towards speaker) herunter; (away from speaker) hinunter; **drive ~ the hill/road** den Berg/die Straße hinunter fahren; (along) **walk ~ the street** die Straße entlang gehen; **he's ~ the pub** fam er ist in der Kneipe **4** VT fam (drink) runterkippen **5** ADJ niedergeschlagen, deprimiert

downcast ADJ niedergeschlagen **downfall** N Sturz m **down-hearted** ADJ entmutigt **downhill** ADV bergab **download** VT IT downloaden, herunterladen **download store** N IT Downloadshop m **down payment** N Anzahlung f **downs** NPL Hügelland nt **downsize** **1** VI (business) verkleinern **2** VI sich verkleinern

Down's syndrome N MED Downsyndrom nt

downstairs ADV unten; (motion) nach unten **downstream** ADV flussabwärts **downtown** **1** ADV (be, work etc) in der Innenstadt; (go) in die Innenstadt **2** ADJ (US) in der Innenstadt; **~ Chicago** die Innenstadt von Chicago **down under** ADV fam (in/to Australia) in/nach Australien; (in/to New Zealand) in/nach Neuseeland **downwards** ADV, ADJ nach unten; (movement, trend) Abwärts-**doze** **1** VI dösen **2** N Nickerchen nt

dozen N Dutzend nt

DP abbr → data processing **DV** f

draft N (outline) Entwurf m; (US) MIL Einberufung f

drag **1** VT schleppen **2** N fam **be a ~** (boring) stinklangweilig sein; (laborious) ein ziemlicher Schlauch sein **drag on** VI sich in die Länge ziehen

dragon N Drache m **dragonfly** N Libelle f

drain **1** N Abfluss m **2** VT (water, oil) ablassen; (vegetables etc) abgießen; (land) entwässern, trockenlegen **3** VI (of water) abfließen **drainpipe** N Abflussrohr nt

drama N Drama nt **dramatic** ADJ dramatisch

drank pt → drink

drapes NPL (US) Vorhänge pl

drastic ADJ drastisch

draught N (Luft)zug m; **there's a ~** es zieht; **on ~** (beer) vom Fass **draughts** NSING Damespiel nt **draughty** ADJ zugig

draw **1** VT (pull) ziehen; (crowd) anlocken, anziehen; (picture) zeichnen **2** VI SPORT unentschieden spielen **3** N SPORT Unentschieden nt; (attraction) Attraktion f; (for lottery) Ziehung f **draw out** VT herausziehen; (money) abheben **draw up** **1** VT (formulate) entwerfen; (list) erstellen **2** VI (car) anhalten **drawback** N Nachteil m

drawer N Schublade f

drawing N Zeichnung f **drawing pin** N Reißzwecke f

drawn _pp_ → draw
dread 1 N̲ Furcht _f (of + dat)_ 2 V̲T̲ sich fürchten vor + _dat_ **dreadful** A̲D̲J̲ furchtbar
dreadlocks N̲P̲L̲ Rastalocken _pl_
dream 1 V̲T̲, V̲I̲ träumen _(about von)_ 2 N̲ Traum _m_ **dreamt** _pt, pp_ → dream
dreary A̲D̲J̲ _(weather, place)_ trostlos; _(book etc)_ langweilig
drench V̲T̲ durchnässen
dress 1 N̲ Kleidung _f; (garment)_ Kleid _nt_ 2 V̲T̲ anziehen; MED _(wound)_ verbinden; **get ~ed** sich anziehen **dress up** 1 V̲I̲ sich fein machen; _(in costume)_ sich verkleiden _(as als)_ **dress circle** N̲ THEAT erster Rang **dresser** N̲ Anrichte _f; (US, dressing table)_ (Frisier)kommode _f_ **dressing** N̲ GASTR Dressing _nt_, Soße _f;_ MED Verband _m_ **dressing gown** N̲ Bademantel _m_ **dressing room** N̲ THEAT Künstlergarderobe _f_ **dressing table** N̲ Frisierkommode _f_ **dress rehearsal** N̲ THEAT Generalprobe _f_
drew _pt_ → draw
dried A̲D̲J̲ getrocknet; _(milk, flowers)_ Trocken-; **~ fruit** Dörrobst _nt_ drier N̲ → dryer
drift 1 V̲I̲ treiben 2 N̲ _(of snow)_ Verwehung _f;_ fig Tendenz _f;_ **if you get my ~** wenn du mich richtig verstehst/Sie mich richtig verstehen
drill 1 N̲ Bohrer _m_ 2 V̲T̲, V̲I̲ boh-

ren
drink 1 V̲T̲, V̲I̲ trinken 2 N̲ Getränk _nt; (alcoholic)_ Drink _m_ **drink-driving** N̲ _(Br)_ Trunkenheit _f_ am Steuer **drinking water** N̲ Trinkwasser _nt_
drip 1 N̲ Tropfen _m_ 2 V̲I̲ tropfen **dripping** 1 N̲ Bratenfett _nt_ 2 A̲D̲J̲ **~ wet** tropfnass
drive 1 V̲T̲ _(car, person in car)_ fahren; _(force: person, animal)_ treiben; TECH antreiben; **~ sb mad** jdn verrückt machen 2 V̲I̲ fahren 3 N̲ Fahrt _f; (entrance)_ Einfahrt _f_, Auffahrt _f;_ IT Laufwerk _nt_ **drive away, drive off** 1 V̲I̲ wegfahren 2 V̲T̲ vertreiben **drive-in** A̲D̲J̲ Drive-in-; **~ cinema** _(US)_ Autokino _nt_ **driven** _pp_ → drive
driver N̲ Fahrer(in) _m(f);_ IT Treiber _m;_ **~'s license** _(US)_ Führerschein _m;_ **~'s seat** Fahrersitz _m_ **driverless** A̲D̲J̲ fahrerlos **driving** N̲ (Auto)fahren _nt_ **driving assistant** N̲ Fahrassistent _m_ **driving lesson** N̲ Fahrstunde _f_ **driving licence** N̲ _(Br)_ Führerschein _m_ **driving school** N̲ Fahrschule _f_ **driving seat** N̲ _(Br)_ Fahrersitz _m_ **driving test** N̲ Fahrprüfung _f_
drizzle 1 N̲ Nieselregen _m_ 2 V̲I̲ nieseln
drone N̲ _(of engine)_ Brummen _nt;_ AVIAT, MIL Drohne _f_
drop 1 N̲ _(of liquid)_ Tropfen _m; (fall in price etc)_ Rückgang _m_ 2 V̲T̲ _a._ fig _(give up)_ fallen lassen 3

VI (*fall*) herunterfallen; (*figures, temperature*) sinken, zurückgehen **drop by, drop in** VI vorbeikommen **drop off** VI (*to sleep*) einnicken **drop out** VI (*withdraw*) aussteigen; (*university*) das Studium abbrechen **dropout** N̲ Aussteiger(in) m(f)

drove pt → drive

drown 1 VI ertrinken 2 VT ertränken

drowsy ADJ schläfrig

drug 1 N̲ MED Medikament nt, Arznei f; (*addictive*) Droge f; (*narcotic*) Rauschgift nt; **be on ~s** drogensüchtig sein 2 VT (*mit Medikamenten*) betäuben **drug addict** N̲ Rauschgiftsüchtige(r) mf **drug dealer** N̲ Drogenhändler(in) m(f) **drug-driving** N̲ Fahren nt unter Drogeneinfluss **drugist** N̲ (US) Drogist(in) m(f) **drugstore** N̲ (US) Drogerie f

drum N̲ Trommel f; **~s** pl Schlagzeug nt

drunk 1 pp → drink 2 ADJ betrunken; **get ~** sich betrinken 3 N̲ Betrunkene(r) mf; (*alcoholic*) Trinker(in) m(f) **drunk-driving** N̲ (US) Trunkenheit f am Steuer **drunken** ADJ betrunken, besoffen

dry 1 ADJ trocken 2 VT trocknen; (*dishes, oneself, one's hands etc*) abtrocknen 3 VI trocknen, trocken werden **dry out** VI trocknen **dry-clean** VT chemisch reinigen **dry--cleaner's** N̲ chemische Reinigung **dry-cleaning** N̲ chemische Reinigung **dryer** N̲ Trockner m; (*for hair*) Föhn m; (*over head*) Trockenhaube f

DTP abbr = desktop publishing DTP nt

dual ADJ doppelt; **~ carriageway** (*Br*) zweispurige Schnellstraße f; **~ nationality** doppelte Staatsangehörigkeit

dubbed ADJ (*film*) synchronisiert

dubious ADJ zweifelhaft

duchess N̲ Herzogin f

duck N̲ Ente f

dude N̲ (US) fam Typ m; **a cool ~** ein cooler Typ

due 1 (*time*) fällig; (*fitting*) angemessen; **in ~ course** zu gegebener Zeit; **~ to** infolge + gen, wegen + gen 2 ADV **~ south/north etc** direkt nach Norden/Süden etc

dug pt, pp → dig

duke N̲ Herzog m

dull ADJ (*colour, light, weather*) trübe; (*boring*) langweilig

duly ADV ordnungsgemäß; (*as expected*) wie erwartet

dumb ADJ stumm; fam (*stupid*) doof, blöde

dumb-bell N̲ Hantel f

dummy 1 N̲ (*sham*) Attrappe f; (*in shop*) Schaufensterpuppe f; (*Br, teat*) Schnuller m; fam (*person*) Dummkopf m 2 ADJ unecht, Schein-; **~ run** Testlauf

m
dump **1** N̄ Abfallhaufen m;
fam (place) Kaff m **2** V̄T̄ *lit, fig*
abladen; *fam* **he ~ed her** er
hat mir ein Schluss gemacht
dumpling N̄ Kloß m, Knödel m
dune N̄ Düne f
dung N̄ Dung m; *(manure)* Mist
m
dungeon N̄ Kerker m
duplex N̄ zweistöckige Wohnung; *(US)* Doppelhaushälfte f
duplicate **1** N̄ Duplikat nt **2**
V̄T̄ *(make copies of)* kopieren; *(repeat)* wiederholen
durable A̅D̅J̅ haltbar **duration**
N̄ Dauer f
during P̅R̅E̅P̅ *(time)* während
+ *gen*
dusk N̄ Abenddämmerung f
dust **1** N̄ Staub m **2** V̄T̄ abstauben **dustbin** N̄ *(Br)* Mülleimer
m **dustbin lorry** N̄ *(Br)* Müllwagen m **dustbin man** N̄ *(Br)*
Müllmann m **duster** N̄ Staub-
tuch m **dustpan** N̄ Kehr-
schaufel f **dusty** A̅D̅J̅ staubig
Dutch **1** A̅D̅J̅ holländisch **2** N̄
(language) Holländisch nt;
speak/talk double ~ *fam*
Quatsch reden; **the ~** pl die
Holländer **Dutchman** N̄ Holländer m **Dutchwoman** N̄
Holländerin f
duty N̄ Pflicht f; *(task)* Aufgabe
f; *(tax)* Zoll m; **on/off ~** im
Dienst/nicht im Dienst; **be on
~** Dienst haben **duty-free**
A̅D̅J̅ zollfrei; **~ shop** Dutyfree-

shop m
duvet N̄ Federbett nt
DVD N̄ abbr **= digital versatile
disk** DVD f **DVD player** N̄
DVD-Player m **DVD recorder**
N̄ DVD-Rekorder m
DVT abbr → **deep vein thrombosis** TVT
dwelling N̄ Wohnung f
dye **1** N̄ Farbstoff m **2** V̄T̄ färben
dynamo N̄ Dynamo m
dyslexia N̄ Legasthenie f **dys-
lexic** A̅D̅J̅ legasthenisch; **be ~**
Legastheniker(in) sein

E

E abbr → **ecstasy** *(drug)* Ecstasy
nt
each **1** A̅D̅J̅ jeder/jede/jedes **2**
P̅R̅O̅N̅ jeder/jede/jedes; **I'll have
one of ~** ich nehme von jedem
eins; **they ~ have a car** jeder
von ihnen hat ein Auto; **~ other** einander, sich; **for/against
~ other** füreinander/gegenein-
ander **3** A̅D̅V̅ je; **they cost 10
dollars ~** sie kosten 10 Dollar
das Stück
eager A̅D̅J̅ eifrig; **be ~ to do sth**
darauf brennen, etw zu tun
eagle N̄ Adler m
ear N̄ Ohr nt **earache** N̄ Ohrenschmerzen pl **earbuds**

NPL Ohrhörer pl **eardrum** N
Trommelfell nt
earl N Graf m
earlobe N Ohrläppchen nt
early ADJ, ADV früh; **be 10 minutes ~** 10 Minuten zu früh kommen; **at the earliest** frühestens; **in ~** June/2008 Anfang
Juni/2008; **~ retirement** vorzei-
tiger Ruhestand; **~ warning
system** Frühwarnsystem nt
earn VT verdienen **earnings**
NPL Verdienst m, Einkommen nt
earplug N Ohrenstöpsel m
earring N Ohrring m
earth 1 N Erde f; **what on ~
...?** was in aller Welt ...? 2 VT
erden **earthquake** N Erdbeben nt
ease 1 VT (pain) lindern 2 N
(easiness) Leichtigkeit f; **feel
at ~** sich wohlfühlen; **feel ill
at ~** sich nicht wohlfühlen
easily ADV leicht; **he is ~ the
best** er ist mit Abstand der Beste
east 1 N Osten m; **to the ~ of**
östlich von 2 ADV (go, face)
nach Osten 3 ADJ Ost-; **~ wind**
Ostwind m **eastbound** ADJ
(in) Richtung Osten
Easter N Ostern nt; **at ~** zu Ostern **Easter egg** N Osterei nt
eastern ADJ Ost-, östlich; **Eastern Europe** Osteuropa nt
Easter Sunday N Ostersonntag m
East Germany N Ostdeutschland nt **eastwards** ADV nach

Osten
easy ADJ leicht; (task, solution)
einfach; (life) bequem; (manner)
ungezwungen **easy-going**
ADJ gelassen
eat VT essen; (animal) fressen
eat out VI zum Essen ausgehen **eat up** VT aufessen
eaten pp → eat
eavesdrop VI (heimlich) lauschen; **~ on sb** jdn belauschen
e-book N E-Book nt **e-book
reader** N E-Book-Reader m
eccentric ADJ exzentrisch
echo 1 N Echo nt 2 VI wider-
hallen
e-cigarette N E-Zigarette f,
elektrische Zigarette, elektronische Zigarette
ecological ADJ ökologisch; **~
disaster** Umweltkatastrophe f
ecology N Ökologie f
economic ADJ wirtschaftlich,
Wirtschafts- **economical** ADJ
wirtschaftlich; (person) sparsam
economics NSING OR PL Wirt-
schaftswissenschaft f **econo-
mist** N Wirtschaftswissen-
schaftler(in) m(f) **economize**
VI sparen (on an + dat) **economy** N (of state) Wirtschaft f;
(thrift) Sparsamkeit f **economy class** N AVIAT Economyclass f
ecstasy N Ekstase f; (drug) Ecstasy f
eczema N Ekzem nt
edge N Rand m; (of knife)
Schneide f; **on ~** nervös **edgy**

ADJ nervös

edible ADJ essbar

Edinburgh N Edinburg nt

edit VT (series, newspaper etc) herausgeben; (text) redigieren; (film) schneiden; IT Herausgeber(in) m(f) **edition** N Ausgabe f **editor** N Redakteur(in) m(f); (of series etc) Herausgeber(in) m(f)

educate VT (child) erziehen; (at school, university) ausbilden; (public) aufklären **educated** ADJ gebildet **education** N Erziehung f; (studies, training) Ausbildung f; (subject of study) Pädagogik f; (system) Schulwesen nt; (knowledge) Bildung f **educational** ADJ pädagogisch

eel N Aal m

eerie ADJ unheimlich

effect N Wirkung f (on auf + acc); **come into ~** in Kraft treten **effective** ADJ wirksam, effektiv

efficiency N Leistungsfähigkeit f; (of method) Wirksamkeit f **efficient** ADJ TECH leistungsfähig; (method) wirksam, effizient

effort N Anstrengung f; (attempt) Versuch m; **make an ~** sich anstrengen **effortless** ADJ mühelos

e.g. abbr = exempli gratia (for example) z. B.

egg N Ei nt **eggcup** N Eierbecher m **eggplant** N (US) Aubergine f **eggshell** N Eierschale f

ego N Ich nt; (self-esteem) Selbstbewusstsein nt

Egypt N Ägypten nt **Egyptian** 1 ADJ ägyptisch 2 N Ägypter(in) m(f)

eight 1 NUM acht; **at the age of ~** im Alter von acht Jahren; **it's ~ (o'clock)** es ist acht Uhr 2 N (a. bus etc) Acht f; (boat) Achter m **eighteen** 1 NUM achtzehn 2 N Achtzehn f; → **eight eighteenth** ADJ achtzehnte(r, s); → **eighth** **eighth** 1 ADJ achte(r, s); **the ~ of June** der achte Juni 2 N (fraction) Achtel nt; **an ~ of a litre** ein Achtelliter m **eightieth** ADJ achtzigste(r, s); → **eighth** **eighty** 1 NUM achtzig 2 N Achtzig f; → **eight**

Eire N die Republik Irland

either 1 CONJ **~ ... or** entweder ... oder 2 PRON **~ of the two** eine(r, s) von beiden 3 ADJ **on ~ side** auf beiden Seiten 4 ADV **I won't go ~** ich gehe auch nicht

elaborate 1 ADJ (complex) kompliziert; (plan) ausgeklügelt; (decoration) kunstvoll 2 VI **could you ~ on that?** könntest du/könnten Sie mehr darüber sagen?

elastic ADJ elastisch; **~ band** Gummiband nt

elbow N Ellbogen m; **give sb the ~** fam jdm den Laufpass geben

elder 1 ADJ (of two) älter 2 N
Ältere(r) mf; BOT Holunder m
elderly 1 ADJ ältere(r, s) 2
N **the ~** die älteren Leute **eld-
est** ADJ älteste(r, s)
elect VT wählen; **he was ~ed
chairman** er wurde zum Vorsitzenden gewählt **election** N
Wahl f **election campaign**
N Wahlkampf m
electric ADJ elektrisch; (car,
motor, razor etc) Elektro-; **~
blanket** Heizdecke f; **~ cooker**
Elektroherd m; **~ current** elek-
trischer Strom; **~ shock** Strom-
schlag m **electrical** ADJ elektrisch; **~ goods/appliances**
Elektrogeräte **electrician** N
Elektriker(in) m(f) **electricity**
N Elektrizität f **electronic**
ADJ elektronisch
elegant ADJ elegant
element N Element nt; **an ~ of
truth** ein Körnchen Wahrheit
elementary ADJ einfach;
(basic) grundlegend; **~ stage**
Anfangsstadium nt; **~ school**
(US) Grundschule f; **~ French**
Grundkenntnisse in Französisch
elephant N Elefant m
elevator N (US) Fahrstuhl m
eleven 1 NUM elf 2 N (team,
bus etc) Elf f **→ eight eleventh**
1 ADJ elfte(r, s) 2 N (fraction)
Elftel nt **→ eight**
eligible ADJ infrage kommend;
(for grant etc) berechtigt; **~
bachelor** begehrter Junggeselle
eliminate VT ausschließen
(from aus), ausschalten; (problem etc) beseitigen
e-liquid N (for e-cigarette) Liquid nt
elm N Ulme f
elope VI durchbrennen (with sb
mit jdm)
eloquent ADJ redegewandt
else ADV **anybody/anything ~**
(in addition) sonst (noch) je-
mand/etwas; (other) ein ande-
rer/etwas anderes; **somebody
~** jemand anders; **everyone
~** alle andere; **or ~** sonst **else-
where** ADV anderswo, woan-
ders; (direction) woandershin
ELT abbr = **English Language
Teaching**
e-mail, E-mail 1 VI, VT mailen
(sth to sb jdm etw) 2 N E-Mail f
e-mail address N E-Mail-Adresse f
embankment N Böschung f;
(for railway) Bahndamm m
embargo N Embargo nt
embark VI an Bord gehen
embarrass VT in Verlegenheit
bringen **embarrassed** ADJ
verlegen **embarrassing** ADJ
peinlich
embassy N Botschaft f
embrace 1 VT umarmen 2 N
Umarmung f
embroider VT besticken **embroidery** N Stickerei f
embryo N Embryo m
emerge VI auftauchen; **it ~d**

that ... es stellte sich heraus, dass ...

emergency ☐ N̄ Notfall *m* ☐ ADJ Not-; **~ exit** Notausgang *m*; **~ landing** Notlandung *f*; **~ room** (US) Notaufnahme *f*; **~ service** Notdienst *m*; **~ stop** Vollbremsung *f*

emigrate V̄I auswandern

emoji N̄ IT Emoji *m*

emotion N̄ Emotion *f*, Gefühl *nt* **emotional** ADJ (person) emotional; (experience, moment, scene) ergreifend

emperor N̄ Kaiser *m*

emphasis N̄ Betonung *f* **emphasize** V̄T betonen **emphatic, emphatically** ADJ, ADV nachdrücklich

empire N̄ Reich *nt*

employ V̄T beschäftigen; (hire) anstellen; (use) anwenden **employee** N̄ Angestellte(r) *mf* **employer** N̄ Arbeitgeber(in) *m(f)* **employment** N̄ Beschäftigung *f*; (position) Stellung *f*

empress N̄ Kaiserin *f*

empty ☐ ADJ leer ☐ V̄T (contents) leeren; (container) ausleeren

enable V̄T **~ sb to do sth** es jdm ermöglichen, etw zu tun

enamel N̄ Email *nt*; (of teeth) Zahnschmelz *m*

enchanting ADJ bezaubernd

enclose V̄T einschließen; (in letter) beilegen (in, with dat) **enclosure** N̄ (for animals) Gehe-

ge *nt*; (in letter) Anlage *f*

encore N̄ Zugabe *f*

encounter ☐ N̄ Begegnung *f* ☐ V̄T (person) begegnen + dat; (difficulties) stoßen auf + acc

encourage V̄T ermutigen **encouragement** N̄ Ermutigung *f*

encyclopaedia, encyclopedia (US) N̄ Lexikon *nt*, Enzyklopädie *f*

end ☐ N̄ Ende *nt*; (of film, play etc) Schluss *m*; (purpose) Zweck *m*; **at the ~ of May** Ende Mai; **in the ~** schließlich; **come to an ~** zu Ende gehen ☐ V̄T beenden ☐ V̄I enden **end up** V̄I enden

endanger V̄T gefährden; **~ed species** vom Aussterben bedrohte Art

ending N̄ (of book) Ausgang *m*; (last part) Schluss *m*; (of word) Endung *f* **endless** ADJ endlos; (possibilities) unendlich

endurance N̄ Ausdauer *f* **endure** V̄T ertragen

enemy ☐ N̄ Feind(in) *m(f)* ☐ ADJ feindlich

energetic ADJ energiegeladen; (active) aktiv **energy** N̄ Energie *f* **energy drink** N̄ Energydrink *m* **energy-saving light bulb** N̄ Energiesparlampe *f*

e-newsletter N̄ Newsletter *m*

enforce V̄T durchsetzen; (obedience) erzwingen

engage V̄T (employ) einstellen; (singer, performer) engagieren

engaged ADJ verlobt; (toilet, telephone line) besetzt; **get ~** sich verloben (to mit) **engaged tone** N (Brit) TEL Belegtzeichen nt **engagement** N (marry) Verlobung f

engine N AUTO Motor m; RAIL Lokomotive f; **~ failure** AUTO Motorschaden m; **~ trouble** AUTO Defekt m am Motor **engineer** N Ingenieur(in) m(f); (US) RAIL Lokomotivführer(in) m(f) **engineering** N Technik f; (mechanical engineering) Maschinenbau m; (subject) Ingenieurwesen nt

England N England nt **English** ❶ ADJ englisch; **he's ~** er ist Engländer; **the ~ Channel** der Ärmelkanal ❷ N (language) Englisch nt; **in ~** auf Englisch; **translate into ~** ins Englische übersetzen; (people) **the ~** pl die Engländer **Englishman** N Engländer m **English--speaking** ADJ englischsprachig **Englishwoman** N Engländerin f

engrave VT eingravieren **engraving** N Stich m

engrossed ADJ vertieft (in sth in etw acc)

enjoy VT genießen; **I ~ reading** ich lese gern; **he ~s teasing her** es macht ihm Spaß, sie aufzuziehen; **did you ~ the film?** hat dir der Film gefallen? **enjoyable** ADJ angenehm; (entertaining) unterhaltsam **enjoy-**

ment N Vergnügen nt; (stronger) Freude f (of an + dat)

enlarge VT vergrößern; (expand) erweitern **enlargement** N Vergrößerung f

enormous, enormously ADJ, ADV riesig, ungeheuer

enough ❶ ADJ genug; **that's ~** das reicht!; (stop it) Schluss damit!; **I've had ~** das hat mir gereicht; (eat) ich bin satt ❷ ADV genug, genügend

enquire VI sich erkundigen (about nach) **enquiry** N (question) Anfrage f; (for information) Erkundigung f (about über + acc); (investigation) Untersuchung f; **'Enquiries'** „Auskunft"

enrol VI sich einschreiben; (for course, school) sich anmelden **enrolment** N Einschreibung f, Anmeldung f

en suite ADJ, N **room with ~ (bathroom)** Zimmer nt mit eigenem Bad

ensure VT sicherstellen

enter ❶ VT eintreten in + acc, betreten; (drive into) einfahren in + acc; (country) einreisen in + acc; (in list) eintragen; IT eingeben; (race, contest) teilnehmen an + dat ❷ VI (towards speaker) hereinkommen; (away from speaker) hineingehen

enterprise N COMM Unternehmen nt

entertain VT (guest) bewirten; (amuse) unterhalten **enter-**

taining ADJ unterhaltsam **entertainment** N (amusement) Unterhaltung f

enthusiasm N Begeisterung f **enthusiastic** ADJ begeistert (about von)

entire, entirely ADJ, ADV ganz

entitle VT (qualify) berechtigen (to zu); (name) betiteln

entrance N (way in) Eingang m; (for vehicles) Einfahrt f; (entering) Eintritt m; THEAT Auftritt m **entrance exam** N Aufnahmeprüfung f **entrance fee** N Eintrittsgeld nt

entrust VT ~ **sb with sth** jdm etw anvertrauen

entry N (way in) Eingang m; (entering) Eintritt m; (in vehicle) Einfahrt f; (into country) Einreise f; (admission) Zutritt m; (in diary, accounts) Eintrag m; 'no ~' „Eintritt verboten"; (for vehicles) „Einfahrt verboten" **entry phone** N Türsprechanlage f

envelope N (Brief)umschlag m **enviable** ADJ beneidenswert **envious** ADJ neidisch

environment N Umgebung f; (ecology) Umwelt f **environmental** ADJ Umwelt- **environmentalist** N Umweltschützer(in) m(f) **environmentally-friendly** ADJ umweltfreundlich

envy 1 N Neid m (of auf + acc) 2 VT beneiden (sb sth jdn um etw)

epidemic N Epidemie f

epilepsy N Epilepsie f **epileptic** ADJ epileptisch

episode N Episode f; TV Folge f

epoch N Zeitalter nt, Epoche f

equal 1 ADJ gleich (to + dat) 2 N Gleichgestellte(r) mf 3 VT gleichen; (match) gleichkommen + dat; **two times two ~s four** zwei mal zwei ist gleich vier **equality** N Gleichheit f; (equal rights) Gleichberechtigung f **equalize** VI SPORT ausgleichen **equalizer** N SPORT Ausgleichstreffer m **equally** ADV gleich; (on the other hand) andererseits **equation** N MATH Gleichung f

equator N Äquator m

equilibrium N Gleichgewicht nt

equip VT ausrüsten; (kitchen) ausstatten **equipment** N Ausrüstung f; (for kitchen) Ausstattung f; **electrical ~** Elektrogeräte pl

equivalent 1 ADJ gleichwertig (to dat); (corresponding) entsprechend (to dat) 2 N Äquivalent nt; (amount) gleiche Menge; (in money) Gegenwert m

era N Ära f, Zeitalter nt

erase VT ausradieren; (tape, disk) löschen **eraser** N Radiergummi m

erect 1 ADJ aufrecht 2 VT (building, monument) errichten; (tent) aufstellen **erection** N

Errichtung f; ANAT Erektion f

erotic ADJ erotisch

err VI sich irren

erratic ADJ (behaviour) unberechenbar; (bus link etc) unregelmäßig; (performance) unbeständig

error N Fehler m **error message** N IT Fehlermeldung f

erupt VI ausbrechen

escalator N Rolltreppe f

escalope N Schnitzel nt

escape 1 N Flucht f; (from prison etc) Ausbruch m; **there's no ~** es gibt keinen Ausweg; **have a narrow ~** gerade noch davonkommen 2 VT (pursuers) entkommen + dat; (punishment etc) entgehen + dat 3 VI (from pursuers) entkommen (from dat); (from prison etc) ausbrechen (from dat); (leak: gas) ausströmen; (water) auslaufen

escort 1 N (companion) Begleiter(in) m(f); (guard) Eskorte f 2 VT (lady) begleiten

e-signature N elektronische Signatur

especially ADV besonders

espionage N Spionage f

essay N Aufsatz m; (literary) Essay m

essential 1 ADJ (necessary) unentbehrlich, unverzichtbar; (basic) wesentlich 2 N **the ~s** pl das Wesentliche **essentially** ADV im Wesentlichen

establish VT (set up) gründen; (introduce) einführen; (relations)

aufnehmen; (prove) nachweisen; **~ that** ... feststellen, dass ... **establishment** N Institution f; (business) Unternehmen nt

estate N Gut nt; (housing ~) Siedlung f; (country house) Landsitz m **estate agent** N (Brit) Grundstücksmakler(in) m(f), Immobilienmakler(in) m(f) **estate car** N (Brit) Kombiwagen m

estimate 1 N Schätzung f; COMM (of price) Kostenvoranschlag m 2 VT schätzen

Estonia N Estland nt **Estonian** 1 ADJ estnisch 2 N (person) Este m, Estin f; (language) Estnisch nt

estuary N Mündung f

eternal, eternally ADJ, ADV ewig **eternity** N Ewigkeit f

ethical ADJ ethisch **ethics** NPL Ethik f

Ethiopia N Äthiopien nt

ethnic ADJ ethnisch; (clothes etc) landesüblich; **~ minority** ethnische Minderheit

e-ticket N E-Ticket nt

EU abbr = **European Union** EU f

euro N FIN Euro m **Europe** N Europa nt **European** 1 ADJ europäisch; **~ Parliament** Europäisches Parlament; **~ Union** Europäische Union 2 N Europäer(in) m(f) **Eurosceptic** N Euroskeptiker(in) m(f) **Eurotunnel** N Eurotunnel m **eurozone** N Eurozone f

evacuate $\overline{VT}$ (*place*) räumen; (*people*) evakuieren

evaluate $\overline{VT}$ auswerten

evaporate $\overline{VI}$ verdampfen; *fig* verschwinden; **~d milk** Kondensmilch *f*

even **1** $\overline{ADJ}$ (*flat*) eben; (*regular*) gleichmäßig; (*equal*) gleich; (*number*) gerade; **the score is ~** es steht unentschieden **2** $\overline{ADV}$ sogar; **~ you** selbst *or* sogar du/Sie; **~ if** selbst wenn, wenn auch; **~ though** obwohl; **not ~** nicht einmal; **~ better** noch besser **even out** $\overline{VI}$ (*prices*) sich einpendeln

evening $\overline{N}$ Abend *m*; **in the ~** abends, am Abend; **this ~** heute Abend **evening class** $\overline{N}$ Abendkurs *m* **evening dress** $\overline{N}$ (*generally*) Abendkleidung *f*; (*woman's*) Abendkleid *nt*

evenly $\overline{ADV}$ gleichmäßig

event $\overline{N}$ Ereignis *nt*; (*organized*) Veranstaltung *f*; SPORT (*discipline*) Disziplin *f*; **in the ~ of** im Falle + *gen*

eventual $\overline{ADJ}$ (*final*) letztendlich **eventually** $\overline{ADV}$ (*at last*) am Ende; (*given time*) schließlich

ever $\overline{ADV}$ (*at any time*) je(mals); **don't ~ do that again** tu/tun Sie das ja nie wieder; **he's the best ~** er ist der Beste, den es je gegeben hat; **have you ~ been to the States?** bist du/sind Sie schon einmal in den Staaten gewesen?; **for ~**

(für) immer; **for ~ and ~** auf immer und ewig; **~ so ...** *fam* äußerst ...; **~ so drunk** ganz schön betrunken

every $\overline{ADJ}$ jeder/jede/jedes; **~ day** jeden Tag; **~ other day** jeden zweiten Tag; **~ five days** alle fünf Tage; **I have ~ reason to believe that ...** ich habe allen Grund anzunehmen, dass ... **everybody** $\overline{PRON}$ jeder, alle *pl* **everyday** $\overline{ADJ}$ (*commonplace*) alltäglich; (*clothes, language etc*) Alltags- **everyone** $\overline{PRON}$ jeder, alle *pl* **everything** $\overline{PRON}$ alles **everywhere** $\overline{ADV}$ überall; (*with direction*) überallhin

evidence $\overline{N}$ Beweise *pl*; (*single piece*) Beweis *m*; (*testimony*) Aussage *f* **evident**, **evidently** $\overline{ADJ}$, $\overline{ADV}$ offensichtlich

evil **1** $\overline{ADJ}$ böse **2** $\overline{N}$ Böse(s) *nt*

evolution $\overline{N}$ Entwicklung *f*; (*of life*) Evolution *f* **evolve** $\overline{VI}$ sich entwickeln

ex- $\overline{PREF}$ Ex-, ehemalig; **~boyfriend** Exfreund *m* **ex** $\overline{N}$ *fam* Verflossene(r) *mf*, Ex *mf*

exact $\overline{ADJ}$ genau **exactly** $\overline{ADV}$ genau; **not ~ fast** nicht gerade schnell

exaggerate $\overline{VT}$, $\overline{VI}$ übertreiben **exaggerated** $\overline{ADJ}$ übertrieben **exaggeration** $\overline{N}$ Übertreibung *f*

exam $\overline{N}$ Prüfung *f* **examination** $\overline{N}$ MED (*etc*) Untersuchung *f*, Prüfung *f*; (*at university*) Examen nt; (at customs etc) Kontrolle f **examine** V̄T untersuchen (for auf + acc); (check) kontrollieren, prüfen **examiner** N̄ Prüfer(in) m(f)

example N̄ Beispiel nt (of für + acc); **for ~** zum Beispiel

excavation N̄ Ausgrabung f

exceed V̄T überschreiten, übertreffen **exceedingly** ADV äußerst

excel 1 V̄T übertreffen 2 V̄i sich auszeichnen (in in + dat, at bei) **excellent, excellently** ADJ, ADV ausgezeichnet

except 1 PREP **~** außer + dat; **~ for** abgesehen von 2 V̄T ausnehmen **exception** N̄ Ausnahme f **exceptional, exceptionally** ADJ, ADV außergewöhnlich

excess N̄ Übermaß nt (of an + dat) **excess baggage** N̄ Übergepäck nt **excessive, excessively** ADJ, ADV übermäßig **excess weight** N̄ Übergewicht nt

exchange 1 N̄ Austausch m (for gegen); (of bought items) Umtausch m (for gegen); FIN Wechsel m; TEL Vermittlung f, Zentrale f 2 V̄T austauschen; (goods) tauschen; (bought items) umtauschen (for gegen); (money, blows) wechseln **exchange rate** N̄ Wechselkurs m

excited ADJ aufgeregt **exciting** ADJ aufregend; (book, film) spannend

exclamation N̄ Ausruf m **exclamation mark, exclamation point** (US) N̄ Ausrufezeichen nt

exclude V̄T ausschließen **exclusion** N̄ Ausschluss m **exclusive** ADJ (select) exklusiv; (sole) ausschließlich **exclusively** ADV ausschließlich

excruciating ADJ fürchterlich, entsetzlich

excursion N̄ Ausflug m

excuse 1 V̄T entschuldigen; **~ me** Entschuldigung! 2 N̄ Entschuldigung f, Ausrede f

ex-directory ADJ **be ~** (Brit) TEL nicht im Telefonbuch stehen

execution N̄ (killing) Hinrichtung f **executive** N̄ leitender Angestellter, leitende Angestellte

exemplary ADJ beispielhaft

exercise N̄ (in school, sports) Übung f; (movement) Bewegung f; **get more ~** mehr Sport treiben

exert V̄T (influence) ausüben

exhaust N̄ (fumes) Abgase pl; AUTO **~ (pipe)** Auspuff m **exhausted** ADJ erschöpft **exhausting** ADJ anstrengend

exhibit N̄ (in exhibition) Ausstellungsstück nt **exhibition** N̄ Ausstellung f

exhilarating ADJ belebend, erregend

exile 1 N̄ Exil nt; (person) Verbannte(r) mf 2 V̄T verbannen

exist V̄i existieren; (live) leben

(on von) **existence** N̄ Existenz f; **come into ~** entstehen **existing** ADJ bestehend

exit N̄ Ausgang m; (for vehicles) Ausfahrt f

exotic ADJ exotisch

expand 1 VT ausdehnen, erweitern **2** VI sich ausdehnen **expansion** N̄ Expansion f, Erweiterung f

expect 1 VT ausdehnen (suppose) annehmen; **he ~s me to do it** er erwartet, dass ich es mache; **I ~ it'll rain** es wird wohl regnen; **I ~ so** ich denke schon **2** VI she's **~ing** sie erwartet ein Kind

expenditure N̄ Ausgaben pl

expense N̄ Kosten pl; (single cost) Ausgabe f; (business) **~s** pl Spesen pl; **at sb's ~** auf jds Kosten **expensive** ADJ teuer

experience 1 N̄ Erfahrung f; (particular incident) Erlebnis nt; **by/from ~** aus Erfahrung **2** VT erfahren, erleben; (hardship) durchmachen **experienced** ADJ erfahren

experiment 1 N̄ Versuch m, Experiment nt **2** VI experimentieren

expert 1 N̄ Experte m, Expertin f; (professional) Fachmann m, Fachfrau f; LAW Sachverständige(r) mf **2** ADJ fachmännisch, Fach- **expertise** N̄ Sachkenntnis f

expiration date N̄ (US) Verfallsdatum nt **expire** VI (end)

ablaufen **expiry date** N̄ (Br) Verfallsdatum nt

explain VT erklären (sth to sb jdm etw) **explanation** N̄ Erklärung f

explicit ADJ ausdrücklich, eindeutig

explode VI explodieren

exploit VT ausbeuten

explore VT erforschen

explosion N̄ Explosion f **explosive 1** ADJ explosiv **2** N̄ Sprengstoff m

export 1 VT, VI exportieren **2** N̄ Export m **3** ADJ (trade) Export-

expose VT (to danger etc) aussetzen (to dat); (uncover) freilegen; (imposter) entlarven **exposed** ADJ (position) ungeschützt **exposure** N̄ MED Unterkühlung f; PHOT (time) Belichtung(szeit) f; **24 ~s** 24 Aufnahmen

express 1 ADJ (speedy) Express-, Schnell-; **~ delivery** Eilzustellung f **2** N̄ RAIL Schnellzug m **3** VT ausdrücken **4** VR **~ oneself** sich ausdrücken **expression** N̄ (phrase) Ausdruck m; (look) Gesichtsausdruck m **expressway** N̄ (US) Schnellstraße f

extend VT (arms) ausstrecken; (lengthen) verlängern; (building) vergrößern, ausbauen; (business, limits) erweitern **extension** N̄ (lengthening) Verlängerung f; (of building) Anbau m;

TEL Anschluss m **extension cable** N Verlängerungskabel nt **extensive** ADJ (knowledge) umfangreich; (use) häufig **extent** N (length) Länge f; (size) Ausdehnung f; (scope) Umfang m, Ausmaß nt; **to a certain/large ~** in gewissem/hohem Maße

exterior N Äußere(s) nt

external ADJ äußere(r, s), Außen- **externally** ADV äußerlich

extinct ADJ (species) ausgestorben

extinguish VT löschen **extinguisher** N Löschgerät nt

extra 1 ADJ zusätzlich; **~ charge** Zuschlag m; **~ time** SPORT Verlängerung f 2 ADV besonders; **~ large** (clothing) übergroß 3 NPL **~s** zusätzliche Kosten pl; (food) Beilagen pl; (accessories) Zubehör nt; (for car etc) Extras pl

extract 1 VT herausziehen (from aus); (tooth) ziehen 2 N (from book etc) Auszug m

extraordinary ADJ außerordentlich; (unusual) ungewöhnlich; (amazing) erstaunlich

extreme 1 ADJ äußerste(r, s); (drastic) extrem 2 N Extrem nt **extremely** ADV äußerst, höchst **extreme sports** NPL Extremsportarten pl **extremist** 1 ADJ extremistisch 2 N Extremist m

extrovert ADJ extrovertiert

exultation N Jubel m

eye 1 N Auge nt; **keep an ~ on sb/sth** auf jdn/etw aufpassen 2 VT mustern **eyebrow** N Augenbraue f **eyelash** N Wimper f **eyelid** N Augenlid nt **eyeliner** N Eyeliner m **eye mask** N Schlafmaske f **eyeopener** N that was an ~ das hat mir die Augen geöffnet **eyeshadow** N Lidschatten m **eyesight** N Sehkraft f **eyesore** N Schandfleck m **eye witness** N Augenzeuge m, Augenzeugin f

F

fabric N Stoff m

fabulous ADJ sagenhaft

façade N Fassade f

face 1 N Gesicht nt; (of clock) Zifferblatt nt; (of mountain) Wand f; **in the ~ of** trotz + gen; **be ~ to ~** (people) einander gegenüberstehen 2 VT, VI (person) gegenüberstehen + dat; (at table) gegenübersitzen + dat; **~ north** (room) nach Norden gehen; **~ (up to) the facts** den Tatsachen ins Auge sehen; **be ~d with sth** mit etw konfrontiert sein **Facebook®** N IT Facebook® nt; **be on ~®** bei or auf Facebook®

sein **face recognition** N̲ Gesichtserkennung f

facet N̲ fig Aspekt m

face value N̲ Nennwert m

facial 1 ADJ Gesichts- 2 N̲ fam (kosmetische) Gesichtsbehandlung

facilitate V̲T̲ erleichtern

facility N̲ (building etc to be used) Einrichtung f, Möglichkeit f

fact N̲ Tatsache f; **as a matter of ~, in ~** eigentlich, tatsächlich

factor N̲ Faktor m

factory N̲ Fabrik f **factory outlet** N̲ Fabrikverkauf m

factual ADJ sachlich

faculty N̲ Fähigkeit f; (at university) Fakultät f; (US, teaching staff) Lehrkörper m

fade V̲I̲ verblassen

fag N̲ (Br) fam (cigarette) Kippe f; (US) fam pej Schwule(r) m

Fahrenheit N̲ Fahrenheit

fail 1 V̲T̲ (exam) nicht bestehen 2 V̲I̲ versagen; (plan, marriage) scheitern; (student) durchfallen; (eyesight) nachlassen; **words ~ me** ich bin sprachlos **failure** N̲ (person) Versager(in m)f(n); (act) Versagen nt; (of engine etc) Ausfall m; (of plan, marriage) Scheitern nt

faint 1 ADJ schwach; (sound) leise; fam **I haven't the ~est** (idea) ich habe keinen blassen Schimmer 2 V̲I̲ ohnmächtig werden (with vor + dat) **faint-**

-ness N̲ MED Schwächegefühl nt

fair 1 ADJ (hair) (dunkel)blond; (skin) hell; (just) gerecht, fair; (reasonable) ganz ordentlich; (in school) befriedigend; (weather) schön; (wind) günstig; **a ~ number/amount of** ziemlich viele/viel 2 ADV fair; **to play ~** fair spielen; fig fair sein; **~ enough** in Ordnung! 3 N̲ (funfair) Jahrmarkt m; COMM Messe f **fair--haired** ADJ (dunkel)blond **fairly** ADV (honestly) fair; (rather) ziemlich

fairy N̲ Fee f **fairy tale** N̲ Märchen nt

faith N̲ (trust) Vertrauen nt (in sb zu jdm); REL Glaube m **faithful, faithfully** ADJ, ADV treu; **Yours ~ly** Hochachtungsvoll

fake 1 N̲ (thing) Fälschung f 2 ADJ vorgetäuscht 3 V̲T̲ fälschen **fake tan** N̲ Selbstbräuner m

fall 1 V̲I̲ fallen; (from a height, badly) stürzen; **~ ill** krank werden; **~ asleep** einschlafen; **~ in love** sich verlieben 2 N̲ Fall m; (accident) Sturz m; (decrease) Sinken nt (in + gen); (US, autumn) Herbst m **fall apart** V̲I̲ auseinanderfallen **fall behind** V̲I̲ zurückbleiben; (with work, rent) in Rückstand geraten **fall down** V̲I̲ (person) hinfallen **fall off** V̲I̲ herunterfallen; (decrease) zurückgehen **fall out** V̲I̲ herausfallen; (quar-

rel) sich streiten **fall over** vi
hinfallen fall through vi
(plan etc) ins Wasser fallen

fallen *pp* → **fall**

false ADJ falsch; *(artificial)*
künstlich **false alarm** N blinder Alarm **false start** N
SPORT Fehlstart *m* **false
teeth** NPL *(künstliches)* Gebiss

fame N Ruhm *m*

familiar ADJ vertraut, bekannt;
be ~ with vertraut sein mit, gut
kennen **familiarity** N Ver-
trautheit *f*

family N Familie *f*; *(including
relations)* Verwandtschaft *f*
family doctor N Allgemeinarzt *m*, Allgemeinärztin *f* **family man** N Familienvater *m*
family name N Familienname *m*, Nachname *m* **family
practitioner** N *(US)* Allgemeinarzt *m*, Allgemeinärztin *f*

famine N Hungersnot *f*

famous ADJ berühmt

fan N *(hand-held)* Fächer *m*;
ELEC Ventilator *m*; *(admirer)*
Fan *m*

fanatic N Fanatiker(in) *m(f)*

fancy 1 ADJ *(elaborate)* kunstvoll; *(unusual)* ausgefallen 2
VT *(like)* gernhaben; **he fancies
her** er steht auf sie; **~ that** stell
dir vor!, so was! **fancy dress**
N Kostüm *nt*, Verkleidung *f*

fan heater N Heizlüfter *m*

fantasise VI träumen *(about
von)* **fantastic** ADJ fantastisch; **that's ~** *fam* das ist ja

toll! **fantasy** N Fantasie *f*

far 1 ADJ weit; **the ~ end of the
room** das andere Ende des
Zimmers; **the Far East** der Ferne Osten 2 ADV weit; **~ better**
viel besser; **by ~ the best** bei
weitem der/die/das Beste; **as
~ as ...** bis zum or zur ...; *(with
place name)* bis nach ...; **as ~ as
I'm concerned** was mich betrifft, von mir aus; **so ~** soweit,
bisher **faraway** ADJ weit entfernt; *(look)* verträumt

fare N Fahrpreis *m*

farm N Bauernhof *m*, Farm *f*
farmer N Bauer *m*, Bäuerin
f, Landwirt(in) *m(f)* **farm-
house** N Bauernhaus *nt*
farming N Landwirtschaft *f*
farmland N Ackerland *nt*
farmyard N Hof *m*

far-reaching ADJ weit rei-
chend **far-sighted** ADJ weitsichtig

fart 1 N *fam* Furz *m*; **old ~** *fam*
(person) alter Sack 2 vi *fam* furzen

farther ADJ, ADV *comparative*
→ **far**; → **further farthest**
ADJ, ADV *superlative* → **far**; →
furthest

fascinating ADJ faszinierend
fascination N Faszination *f*

fashion N *(clothes)* Mode *f*;
(manner) Art *(und Weise)* *f*; **be
in ~** *(in)* Mode sein; **out of ~**
unmodisch **fashionable**,
fashionably ADJ, ADV
(clothes, person) modisch

fast 1 ADJ schnell; **be ~** (clock) vorgehen 2 ADV schnell; (firmly) fest; **be ~ asleep** fest schlafen 3 N Fasten nt 4 VI fasten

fasten VT (attach) befestigen (to an + dat); (do up) zumachen; **~ your seatbelts** bitte anschnallen **fastener, fastening** N Verschluss m

fast food N Fast Food nt **fast forward** N (for tape) Schnellvorlauf m **fast lane** N Überholspur f

fat 1 ADJ dick; (meat) fett 2 N Fett nt

fatal ADJ tödlich

fate N Schicksal nt

fat-free ADJ (food) fettfrei

father 1 N Vater m; (priest) Pfarrer m 2 VT (child) zeugen **Father Christmas** N der Weihnachtsmann **father-in-law** N Schwiegervater m

fatigue N Ermüdung f

fattening ADJ dick machen **fatty** ADJ (food) fettig

faucet N (US) Wasserhahn m

fault N Fehler m; TECH Defekt m; ELEC Störung f; (blame) Schuld f; **it's your ~** du bist daran schuld **faulty** ADJ fehlerhaft; TECH defekt

favor (US), **favour** 1 N (approval) Gunst f; (kindness) Gefallen m; **in ~ of** für; **I'm in ~ of (of** going) ich bin dafür(, dass wir gehen); **do sb a ~** jdm einen Gefallen tun 2 VT (prefer) vorziehen **favourite** 1 N Liebling m, Favorit(in) m(f) 2 ADJ Lieblings-

fax 1 VT faxen 2 N Fax nt **fax number** N Faxnummer f

FBI abbr = **Federal Bureau of Investigation** FBI nt

fear 1 N Angst f (of vor + dat) 2 VT befürchten **fearful** ADJ (timid) ängstlich, furchtsam; (terrible) fürchterlich

feasible ADJ machbar

feast N Festessen nt

feather N Feder f

feature 1 N (facial) (Gesichts-)zug m; (characteristic) Merkmal nt; (of car etc) Ausstattungsmerkmal nt; (in the press) Feature nt 2 VT bringen, (als Besonderheit) zeigen **feature film** N Spielfilm m

February N Februar m; → September

fed pt, pp → feed

federal ADJ Bundes-; **the Federal Republic of Germany** die Bundesrepublik Deutschland

fed-up ADJ **be ~ with sth** satthaben; **I'm ~** ich habe die Nase voll

fee N Gebühr f; (of doctor, lawyer) Honorar nt

feeble ADJ schwach

feed 1 VT (baby, animal) füttern; (support) ernähren 2 N (for baby) Mahlzeit f; (for animals) Futter nt; IT (paper feed) Zufuhr f **feed in** VT (information) eingeben **feedback** N

(information) Feed-back nt
feel ① VT *(sense)* fühlen; *(pain)* empfinden; *(think)* meinen ② VI *(person)* sich fühlen; **I ~ cold** mir ist kalt; **do you ~ like a walk?** hast du Lust, spazieren zu gehen? **feeling** N Gefühl nt

feet pl → foot
fell ① pt → fall ② VT *(tree)* fällen
fellow N Kerl m, Typ m; **~ citizen** Mitbürger(in) m(f)
felt ① pt, pp → feel ② N Filz m **felt tip, felt-tip pen** N Filzstift m
female ① N *(of animals)* Weibchen nt ② ADJ weiblich; **~ doctor** Ärztin f **feminine** ADJ weiblich
fence N Zaun m
fencing N SPORT Fechten nt
fender N *(US)* AUTO Kotflügel m
fennel N Fenchel m
fern N Farn m
ferocious ADJ wild
ferry ① N Fähre f ② VT übersetzen
festival N REL Fest nt; ART, MUS Festspiele pl; *(pop music)* Festival nt **festive** ADJ festlich **festivities** N Feierlichkeiten pl
fetch VT holen; *(collect)* abholen; *(in sale, money)* einbringen **fetching** ADJ reizend
fetish N Fetisch m
fetus N *(US)* Fötus m
fever N Fieber nt **feverish**

ADJ MED fiebrig; fig fieberhaft
few ADJ, PRON pl wenige pl; **a ~** pl ein paar **fewer** ADJ weniger **fewest** ADJ wenigste(r, s)
fiancé N Verlobte(r) m **fiancée** N Verlobte f
fiber *(US)*, **fibre** N Faser f; *(material)* Faserstoff m
fiction N *(novels)* Prosaliteratur f **fictional, fictitious** ADJ erfunden
fiddle ① N Geige f; *(trick)* Betrug m ② VT *(accounts, results)* frisieren **fiddle with** VT herumfummeln an + dat
fidelity N Treue f
fidget VI zappeln **fidgety** ADJ zappelig
field N Feld nt; *(grass-covered)* Wiese f; fig *(of work)* (Arbeits)gebiet nt
fierce ADJ heftig; *(animal, appearance)* wild; *(criticism, competition)* scharf
fifteen ① NUM fünfzehn ② N Fünfzehn f; → eight **fifteenth** ADJ fünfzehnte(r, s); → eight
fifth ① ADJ fünfte(r, s) ② N *(fraction)* Fünftel nt; → eight
fiftieth ADJ fünfzigste(r, s); → eight **fifty** ① NUM fünfzig ② N Fünfzig f; → eight
fig N Feige f
fight ① VI kämpfen *(with, against* gegen, *for, over* um) ② VT *(person)* kämpfen mit; fig *(disease, fire etc)* bekämpfen ③ N Kampf m; *(brawl)* Schlägerei f; *(argument)* Streit m **fight**

back VI zurückschlagen **fight off** VT abwehren

figurative ADJ übertragen

figure 1 N (*person*) Gestalt *f*; (*of person*) Figur *f*; (*number*) Zahl *f*, Ziffer *f*; (*amount*) Betrag *m*; **a four-figure sum** eine vierstellige Summe 2 VT (*US, think*) glauben 3 VI (*appear*) erscheinen **figure out** VT (*work out*) herausbekommen; **I can't figure him out** ich werde aus ihm nicht klug **figure skating** N Eiskunstlauf *m*

file 1 N (*tool*) Feile *f*; (*dossier*) Akte *f*; IT Datei *f*; (*folder*) Aktenordner *m*; **on** ~ in den Akten 2 VT (*metal, nails*) feilen; (*papers*) ablegen (*under* unter)

fill VT füllen; (*tooth*) plombieren; (*post*) besetzen fill in ~ (*hole*) auffüllen; (*form*) ausfüllen; (*tell*) informieren (*on* über) fill out VT (*form*) ausfüllen fill up VI AUTO volltanken

fillet N Filet *nt*

filling 1 N GASTR Füllung *f*; (*for tooth*) Plombe *f* **filling station** N Tankstelle *f*

film 1 N Film *m* 2 VT (*scene*) filmen **film star** N Filmstar *m* **film studio** N Filmstudio *nt*

filter 1 N Filter *m*; (*traffic lane*) Abbiegespur *f* 2 VT filtern

filth N Dreck *m* **filthy** ADJ dreckig

fin N Flosse *f*

final 1 ADJ letzte(r, s); (*stage, round*) End-; (*decision, version*) endgültig; ~ **score** Schlussstand *m* 2 N SPORT Endspiel *nt*; (*competition*) Finale *nt*; ~**s** *pl*, Abschlussexamen *nt* **finalize** VT die endgültige Form geben + *dat* **finally** ADV (*lastly*) zuletzt; (*eventually*) schließlich, endlich

finance 1 N Finanzwesen *nt*; ~**s** *pl* Finanzen *pl* 2 VT finanzieren **financial** ADJ finanziell; (*adviser, crisis, policy* etc) Finanz-

find VT finden; **he was found dead** er wurde tot aufgefunden; **I ~ myself in difficulties** ich befinde mich in Schwierigkeiten; **she ~s it difficult/easy** es fällt ihr schwer/leicht **find out** VT herausfinden **findings** NPL LAW Ermittlungsergebnis *nt*; MED Befund *m*

fine 1 ADJ (*thin*) dünn, fein; (*good*) gut; (*splendid*) herrlich; (*weather*) schön; **I'm ~ es** geht mir gut; **that's ~** das ist OK 2 ADV (*well*) gut 3 N LAW Geldstrafe *f* 4 VT LAW mit einer Geldstrafe belegen **fine arts** NPL **the ~** die schönen Künste *pl*

finger 1 N Finger *m* 2 VT herumfingern an + *dat* **fingernail** N Fingernagel *m* **fingerprint** N Fingerabdruck *m* **fingertip** N Fingerspitze *f*

finicky ADJ (*person*) pingelig; (*work*) knifflig

finish 1 N Ende *nt*; SPORT Finish *nt*; (*line*) Ziel *nt*; (*of product*)

Verarbeitung f **2** VT beenden; (book etc) zu Ende lesen; (food) aufessen; (drink) austrinken **3** VI zu Ende gehen; (song, story) enden; (person) fertig sein; (stop) aufhören; **have you ~ed?** bist du fertig?; **~ first/second** SPORT als erster/zweiter durchs Ziel gehen **finishing line** N Ziellinie f

Finland N Finnland nt **Finn** N Finne m, Finnin f **Finnish 1** ADJ finnisch **2** N (language) Finnisch nt

fir N Tanne f

fire 1 N Feuer nt; (house etc) Brand m; **set ~ to sth** etw in Brand stecken; **be on ~** brennen **2** VT (bullets, rockets) abfeuern; fam (dismiss) feuern **3** VI AUTO (engine) zünden; **~ at sb** auf jdn schießen **fire alarm** N Feuermelder m **fire brigade, fire department** (US) N Feuerwehr f **fire engine** N (Br) Feuerwehrauto nt **fire escape** N Feuerleiter f **fire extinguisher** N Feuerlöscher m **firefighter** N Feuerwehrmann m, Feuerwehrfrau f **fireman** m (Br) Feuerwehrmann m **fireplace** N (offener) Kamin **fireproof** ADJ feuerfest **fire station** N Feuerwache f **fire truck** N (US) Feuerwehrauto nt **fireworks** NPL Feuerwerk nt

firm 1 ADJ fest; (person) **be ~** entschlossen auftreten **2** N

Firma f

first 1 ADJ erste(r, s) **2** ADV (at first) zuerst; (firstly) erstens; (arrive, finish) als erste(r); (happen) zum ersten Mal; **~ of all** zuallererst **3** N (person) Erste(r) mf; AUTO (gear) erster Gang; **at ~** zuerst, anfangs **first aid** N erste Hilfe **first aid kit** N Verbandkasten m **first-class 1** ADJ erstklassig; (compartment, ticket) erster Klasse; **~ mail** (Br) bevorzugt beförderte Post **2** ADV (travel) erster Klasse **first floor** N (Br) erster Stock; (US) Erdgeschoss nt **first lady** N (US) Frau f des Präsidenten **firstly** ADV erstens **first name** N Vorname m **first night** N THEAT Premiere f **first-rate** ADJ erstklassig

fir tree N Tannenbaum m

fish 1 N Fisch m **2** VI fischen; (with rod) angeln; **go ~ing** fischen/angeln gehen

fishbone N Gräte f **fish farm** N Fischzucht f **fish finger** N (Br) Fischstäbchen nt **fishing** N Fischen nt; (with rod) Angeln nt **fishing boat** N Fischerboot nt **fishing line** N Angelschnur f **fishing rod** N Angelrute f **fishmonger** N Fischhändler(in) m(f) **fish stick** N (US) Fischstäbchen nt **fish tank** N Aquarium nt

fishy ADJ fam (suspicious) faul

fist N Faust f

fit 1 ADJ MED gesund; SPORT in

Form, fit; **keep ~** sich in Form halten **2** VT passen + dat; (attach) anbringen (**to** an + dat); (install) einbauen (**in** in + acc) **3** VI passen; (in space, gap) hineinpassen **4** N (of clothes) Sitz m; MED Anfall m; **it's a good ~** es passt gut **fit in 1** VT (accommodate) unterbringen; (find time for) einschieben **2** VI (in space) hineinpassen; (plans, ideas) passen; **he doesn't ~** (here) er passt nicht hierher; **~ with sb's plans** sich mit jds Plänen vereinbaren lassen **fitness** N MED Gesundheit f; SPORT Fitness f **fitness tracker** N Fitnessarmband nt **fitness trainer** N SPORT Fitnesstrainer(in) m(f) **fitted carpet** N Teppichboden m **fitted kitchen** N Einbauküche f **fitting 1** ADJ passend **2** N (of dress) Anprobe f; **~s** pl Ausstattung f

five 1 NUM fünf **2** N Fünf f; → **eight fiver** N (Br) fam Fünfpfundschein m

fix VT befestigen (**to** an + dat); (settle) festsetzen; (place, time) ausmachen; (repair) reparieren **fixer** N (drug addict) Fixer(in) m(f) **fixture** N ~**s** (and fittings) pl Ausstattung f

fizzy ADJ sprudelnd; **~ drink** Limo f

flabbergasted ADJ fam platt **flabby** ADJ (fat) wabbelig **flag** N Fahne f

flake 1 N Flocke f **2** VI ~ **(off)** abblättern

flamboyant ADJ extravagant **flame** N Flamme f; (person) **an old ~** eine alte Liebe

flan N (fruit flan) Obstkuchen m

flannel N Flanell m; (Br, face flannel) Waschlappen m **2** VI herumlabern

flap 1 N Klappe f; fam **be in a ~** rotieren **2** VT (wings) schlagen mit **3** VI flattern

flared ADJ (trousers) mit Schlag **flares** NPL Schlaghose f

flash 1 N Blitz m; (news flash) Kurzmeldung f; PHOT Blitzlicht nt; **in a ~** im Nu **2** VT ~ **one's (head)lights** die Lichthupe betätigen **3** VI aufblinken; (brightly) aufblitzen **flashback** N Rückblende f **flashlight** N PHOT Blitzlicht nt; (US, torch) Taschenlampe f **flashy** ADJ grell, schrill; pej protzig

flat 1 ADJ flach; (surface) eben; (drink) abgestanden; (tyre) platt; (battery) leer; (refusal) glatt **2** N (Br, rooms) Wohnung f; AUTO Reifenpanne f **flat screen** N nt Flachbildschirm m **flatten** VT platt machen, einebnen

flatter VT schmeicheln + dat **flattering** ADJ schmeichelhaft

flatware N (US) Besteck nt

flavor (US), **flavour 1** N Geschmack m **2** VT Geschmack geben + *dat*; (*with spices*) würzen **flavouring** N̄ Aroma *nt*

flaw N̄ Fehler *m* **flawless** ADJ fehlerlos; (*complexion*) makellos

flea N̄ Floh *m*

fled *pt*, *pp* → **flee**

flee V̄ī fliehen

fleece N̄ (*of sheep*) Vlies *nt*; (*soft material*) Fleece *m*; (*jacket*) Fleecejacke *f*

fleet N̄ Flotte *f*

flesh N̄ Fleisch *nt*

flew *pt* → **fly**

flex N̄ (*Br*) ELEC Schnur *f*

flexibility N̄ Biegsamkeit *f*; *fig* Flexibilität *f* **flexible** ADJ biegsam; (*plans*, *person*) flexibel

flexitime N̄ gleitende Arbeitszeit, Gleitzeit *f*

flicker V̄ī flackern; TV flimmern

flies *pl* → **fly 2**

flight N̄ Flug *m*; (*escape*) Flucht *f*; **~ of stairs** Treppe *f* **flight attendant** N̄ Flugbegleiter(in) *m(f)* **flight recorder** N̄ Flugschreiber *m* **flight-safe mode** N̄ IT, TEL Flugmodus *m* **flight sock** N̄ Flugsocke *f*

flimsy ADJ leicht gebaut, nicht stabil; (*thin*) hauchdünn; (*excuse*) fadenscheinig

fling 1 V̄T schleudern 2 N̄ **have a ~** eine (kurze) Affäre haben

flip V̄T schnippen; **~ a coin** eine Münze werfen **flip through** V̄T (*book*) durchblättern **flipchart** N̄ Flipchart *nt*

flipper N̄ Flosse *f*

flirt V̄ī flirten

float V̄ī schwimmen; (*in air*) schweben

flock N̄ (*of sheep*) Herde *f*; (*of birds*) Schwarm *m*; (*of people*) Schar *f*

flood 1 N̄ Hochwasser *nt*, Überschwemmung *f*; *fig* Flut *f* 2 V̄T überschwemmen **floodlight** N̄ Flutlicht *nt* **floodlit** ADJ (*building*) angestrahlt

floor N̄ Fußboden *m*; (*storey*) Stock *m*; **ground ~** (*Br*), **first ~** (*US*) Erdgeschoss *nt*; **first ~** (*Br*), **second ~** (*US*) erster Stock

flop 1 N̄ *fam* (*failure*) Reinfall *m*, Flop *m* 2 V̄ī misslingen, floppen

floppy disk N̄ Diskette *f*

Florence N̄ Florenz *nt*

florist's (shop) N̄ Blumengeschäft *nt*

flounder N̄ (*fish*) Flunder *f*

flour N̄ Mehl *nt*

flourish 1 V̄ī gedeihen; (*business*) gut laufen; (*boom*) florieren 2 V̄T (*wave about*) schwenken **flourishing** ADJ blühend

flow 1 N̄ Fluss *m*; **go with the ~** mit dem Strom schwimmen 2 V̄ī fließen

flower 1 N̄ Blume *f* 2 V̄ī blühen **flower bed** N̄ Blumenbeet *nt* **flowerpot** N̄ Blumentopf *m*

flown *pp* → **fly**

flu N̄ *fam* Grippe *f*

fluent ADJ (*Italian etc*) fließend;

be ~ in German fließend Deutsch sprechen
fluid 1 N̄ Flüssigkeit f 2 ADJ flüssig
flung pt, pp → **fling**
flush 1 N̄ (lavatory) Wasserspülung f; (blush) Röte f 2 V̄i (lavatory) spülen
flute N̄ Flöte f
fly 1 V̄T, V̄i fliegen; **how time flies** wie die Zeit vergeht! 2 N̄ (insect) Fliege f; **~/flies** pl (on trousers) Hosenschlitz m
fly-drive N̄ Urlaub m mit Flug und Mietwagen **flyover** N̄ (Br) Straßenüberführung f, Eisenbahnüberführung f **flysheet** N̄ Überzelt nt
foal N̄ Fohlen nt
foam 1 N̄ Schaum m 2 V̄i schäumen
focus 1 N̄ Brennpunkt m; **in/out of ~** (photo) scharf/unscharf 2 V̄T (camera) scharf stellen 3 V̄i sich konzentrieren (on auf + acc)
foetus N̄ Fötus m
fog N̄ Nebel m **foggy** ADJ neblig **fog light** N̄ AUTO (at rear) Nebelschlussleuchte f
foil N̄ Folie f
fold 1 V̄T falten 2 V̄i fam (business) eingehen 3 N̄ Falte f **fold up** 1 V̄T (map etc) zusammenfalten; (chair etc) zusammenklappen 2 V̄i (business) fam eingehen **folder** N̄ (portfolio) Aktenmappe f; (pamphlet) Broschüre f; IT Ordner m **fold-**

ing ADJ zusammenklappbar; (bicycle, chair) Klapp-
folk 1 N̄ Leute pl; MUS Folk m; **my ~s** pl fam meine Leute 2 ADJ Volks-
follow 1 V̄T folgen + dat; (pursue) verfolgen; (career, news etc) verfolgen; (on Twitter® etc) folgen + dat; **as ~s** wie folgt 2 V̄i folgen; (result) sich ergeben (from aus) **follow up** V̄T (request, rumour) nachgehen + dat, weiter verfolgen **follower** N̄ Anhänger(in) m(f); (on Twitter® etc) Follower(in) m(f) **following** 1 ADJ folgend; **the ~ day** am (darauf) folgenden Tag 2 PREP nach
fond ADJ **be ~ of** gernhaben **fondly** ADV (with love) liebevoll **fondness** N̄ Vorliebe f; (for people) Zuneigung f
fondue N̄ Fondue nt
font N̄ Taufbecken nt; TYPO Schriftart f
food N̄ Essen nt, Lebensmittel pl; (for animals) Futter nt **food bank** N̄ Tafelladen m **food miles** NPL Ökobilanz f von Lebensmitteln **food poisoning** N̄ Lebensmittelvergiftung f **food processor** N̄ Küchenmaschine f **foodstuff** N̄ Lebensmittel nt
fool 1 N̄ Idiot m, Narr m; **make a ~ of oneself** sich blamieren 2 V̄T (deceive) hereinlegen 3

v̄ī ~ **around** herumalbern; (*waste time*) herumtrödeln **foolish** ADJ dumm **foolproof** ADJ idiotensicher

foot 1 N Fuß m; (*measure*) Fuß m (30,48 cm); **on** ~ zu Fuß 2 VT (*bill*) bezahlen **foot-and--mouth disease** N Maul- und Klauenseuche f **football** N Fußball m; (*US*) Football m **footballer** N Fußballspieler(in) m(f) **footbridge** N Fußgängerbrücke f **footing** N (*hold*) Halt m **footnote** N Fußnote f **footpath** N Fußweg m **footprint** N Fußabdruck m **footwear** N Schuhwerk nt

for 1 PREP für; **I'm all** ~ **it** bin ganz dafür; (*purpose*) wozu ~? wozu?; ~ **pleasure** zum Vergnügen; **what's** ~ **lunch?** was gibt es zum Mittagessen?; (*destination*) **the train** ~ **London** der Zug nach London; (*because of*) ~ **this reason** aus diesem Grund; **famous** ~ bekannt für, berühmt wegen; (*with time*) **we talked** ~ **two hours** wir redeten zwei Stunden lang; (*up to now*) **we have been talking** ~ **two hours** wir reden seit zwei Stunden; (*with distance*) ~ **miles (and miles)** meilenweit; **bends** ~ **2 miles** kurvenreich auf 2 Meilen; **as** ~ **...** was ... betrifft 2 CONJ denn

forbade pt → forbid

forbid VT verbieten

force 1 N Kraft f, Gewalt f;

come into ~ in Kraft treten; **the Forces** pl die Streitkräfte 2 VT zwingen **forced** ADJ (*smile*) gezwungen

forceps NPL Zange f

forearm N Unterarm m

forecast 1 VT voraussagen; (*weather*) vorhersagen 2 N Vorhersage f

forefinger N Zeigefinger m **foreground** N Vordergrund m **forehand** N SPORT Vorhand f **forehead** N Stirn f

foreign ADJ ausländisch **foreigner** N Ausländer(in) m(f). **foreign exchange** N Devisen pl **foreign language** N Fremdsprache f **foreign minister** N Außenminister(in) m(f); **Foreign Office** n (Br) Außenministerium nt; **Foreign Secretary** N (Br) Außenminister(in) m(f)

foremost ADJ erste(r, s); (*leading*) führend

forerunner N Vorläufer(in) m(f)

foresee irr VT vorhersehen **foreseeable** ADJ absehbar **forest** N Wald m **forestry** N Forstwirtschaft f

forever ADV für immer

forgave pt → forgive

forge 1 N Schmiede f 2 VT schmieden; (*fake*) fälschen **forgery** N Fälschung f

forget VT, VI vergessen; ~ **about sth** etw vergessen **forgetful** ADJ vergesslich **forget-me-**

not N̄ Vergissmeinnicht nt

forgive irr V̄T̄ verzeihen; **~ sb for sth** jdm etw verzeihen

forgot pt → forget

forgotten pp → forget

fork 1̄ N̄ Gabel f; (in road) Gabelung f 2̄ V̄Ī (road) sich gabeln

form 1̄ N̄ (shape) Form f, Klasse f; (document) Formular nt; (person) **be in (good) ~** in Form sein 2̄ V̄T̄ bilden

formal ADJ förmlich, formell

formality N̄ Formalität f

format 1̄ N̄ Format nt 2̄ V̄T̄ IT formatieren

former ADJ frühere(r, s); (opposite of latter) erstere(r, s) **formerly** ADV früher

formula N̄ Formel f

forth ADV **and so ~** und so weiter **forthcoming** ADJ kommend, bevorstehend

fortieth ADJ vierzigste(r, s); → **eighth**

fortnight N̄ vierzehn Tage pl

fortress N̄ Festung f

fortunate ADJ glücklich; **I was ~** ich hatte Glück **fortunately** ADV zum Glück **fortune** N̄ (money) Vermögen nt; **good ~** Glück nt **fortune-teller** N̄ Wahrsager(in) m(f)

forty 1̄ NUM vierzig 2̄ N̄ Vierzig f; → **eight**

forward 1̄ ADV vorwärts 2̄ N̄ SPORT Stürmer(in) m(f) 3̄ V̄T̄ (send on) nachsenden; IT weiterleiten **forwards** ADV vorwärts

fossil fuel N̄ fossiler Brennstoff

foster child N̄ Pflegekind nt **foster parents** N̄PL̄ Pflegeeltern pl

fought pt, pp → fight

foul 1̄ ADJ (weather) schlecht; (smell) übel 2̄ N̄ SPORT Foul nt

found 1̄ pt, pp → find 2̄ V̄T̄ (establish) gründen **foundations** N̄PL̄ Fundament nt

fountain N̄ Springbrunnen m **fountain pen** N̄ Füller m

four 1̄ NUM vier 2̄ N̄ Vier f; → **eight fourteen** 1̄ NUM vierzehn 2̄ N̄ Vierzehn f; → **eight fourteenth** ADJ vierzehnte(r, s); → **eighth fourth** ADJ vierte(r, s); → **eighth**

four-wheel drive N̄ Allradantrieb m; (car) Geländewagen m

fowl N̄ Geflügel nt

fox N̄ Fuchs m

fracking N̄ (for gas or oil) Fracking nt

fraction N̄ MATH Bruch m; (part) Bruchteil m **fracture** 1̄ N̄ MED Bruch m 2̄ V̄T̄ brechen

fragile ADJ zerbrechlich

fragment N̄ Bruchstück nt

fragrance N̄ Duft m **fragrant** ADJ duftend

frail ADJ gebrechlich

frame 1̄ N̄ Rahmen m; (of spectacles) Gestell nt; **~ of mind** Verfassung f 2̄ V̄T̄ einrahmen **framework** N̄ Rahmen m, Struktur f

France N̄ Frankreich nt

frank ADJ offen
frankfurter N (Frankfurter) Würstchen nt
frankly ADV offen gesagt; quite ~ ganz ehrlich
frantic ADJ (activity) hektisch; (effort) verzweifelt; ~ with worry außer sich vor Sorge
fraud N (trickery) Betrug m; (person) Schwindler(in) m(f)
freak 1 N Anomalie f; (animal, person) Missgeburt f; fam (fan) Fan m, Freak m 2 ADJ (conditions) außergewöhnlich, seltsam freak out VI fam ausflippen
freckle N Sommersprosse f
free 1 ADJ, ADV frei; (without payment) gratis, kostenlos; for ~ umsonst 2 VT befreien freebie N fam Werbegeschenk nt
freedom N Freiheit f freefone a ~ number eine gebührenfreie Nummer free kick N SPORT Freistoß m
freelance 1 ADJ freiberuflich tätig; (artist) freischaffend 2 N Freiberufler(in) m(f)
free-range ADJ (hen) frei laufend; ~ eggs pl Freilandeier pl
freeway N (US) (gebührenfreie) Autobahn
freeze 1 VI (feel cold) frieren; (of lake etc) zufrieren; (water etc) gefrieren 2 VT einfrieren freezer N Tiefkühltruhe f; (in fridge) Gefrierfach nt freezing ADJ eiskalt; I'm ~ mir ist es eiskalt freezing point N Gefrier-

punkt m
freight N (goods) Fracht f; (money charged) Frachtgebühr f freight car N (US) Güterwagen m freight train N (US) Güterzug m
French 1 ADJ französisch 2 N (language) Französisch nt; the ~ pl die Franzosen French bean N grüne Bohne French bread N Baguette f French dressing N Vinaigrette f French fries (US) NPL Pommes frites pl French kiss N Zungenkuss m Frenchman N Franzose m French toast N (US) in Ei und Milch getunktes gebratenes Brot French window(s) N(PL) Balkontür f, Terrassentür f Frenchwoman N Französin f
frenemy N fam falscher Freund, falsche Freundin
frequency N Häufigkeit f; PHYS Frequenz f frequent ADJ häufig frequently ADV häufig
fresco N Fresko nt
fresh ADJ frisch; (new) neu freshen VI ~ (up) (person) sich frisch machen fresher, freshman N Erstsemester nt freshwater fish N Süßwasserfisch m
Fri abbr → Friday Fr
friction N Reibung f
Friday N Freitag m; → Tuesday
fridge N Kühlschrank m

fried ADJ gebraten; ~ **potatoes** Bratkartoffeln pl; ~ **egg** Spiegelei nt; ~ **rice** gebratener Reis

friend N Freund(in) m(f); (less close) Bekannte(r) mf; **make ~s with sb** sich mit jdm anfreunden; **we're good ~s** wir sind gut befreundet **friendly 1** ADJ freundlich **2** N SPORT Freundschaftsspiel nt **friendship** N Freundschaft f

fright N Schrecken m **frighten** VT erschrecken; **be ~ed** Angst haben **frightening** ADJ beängstigend

frill N Rüsche f; ~s fam Schnickschnack

fringe N (edge) Rand m; (on shawl etc) Fransen pl; (hair) Pony m

frizzy ADJ kraus

frog N Frosch m

from PREP von; (place, out of) aus; (with date, time) ab; **travel ~ A to B** von A nach B fahren; **the train ~ Bath** der Zug aus Bath; **where does she come ~?** woher kommt sie?; **it's ten miles ~ here** es ist zehn Meilen von hier (entfernt); ~ **May 5th (onwards)** ab dem 5. Mai

front **1** N Vorderseite f; (of house) Fassade f; (in war, of weather) Front f; (in seaside) Promenade f, am ~, **at the ~** vorne; **in ~ of** vor; **up ~** (in advance) vorher, im Voraus **2** ADJ vordere(r, s), Vorder-; (first) vorderste(r, s); ~ **door** Haustür

f; ~ **page** Titelseite f; ~ **seat** Vordersitz m; ~ **wheel** Vorderrad nt

frontier N Grenze f

front-wheel drive N AUTO Frontantrieb m

frost N Frost m; (white frost) Reif m **frosting** N (US) Zuckerguss m **frosty** ADJ frostig

froth N Schaum m

frown VI die Stirn runzeln

froze pt → freeze

frozen **1** pp → freeze **2** ADJ (food) tiefgekühlt, Tiefkühl-

fructose N Fruktose f

fruit N (as collective, a. type) Obst nt; (single fruit) Frucht f **fruit machine** N Spielautomat m **fruit salad** N Obstsalat m

frustrated ADJ frustriert **frustration** N Frustration f, Frust m

fry VT braten **frying pan** N Bratpfanne f

fuchsia N Fuchsie f

fuck VT vulg ficken; ~ **off** verpiss dich! **fucking** ADJ vulg Scheiß-

fudge N ≈ weiche Karamellsüßigkeit

fuel N Kraftstoff m; (for heating) Brennstoff m **fuel consumption** N Kraftstoffverbrauch m **fuel efficiency** N Kraftstoffeffizienz f **fuel gauge** N Benzinuhr f

fugitive N Flüchtling m

fulfil VT erfüllen

full ADJ voll; (person: satisfied) satt; (member, employment) Voll(zeit)-; (complete) vollständig; **~ of** ... voller ... gen **full beam** N AUTO Fernlicht nt **full-body scan** N Ganzkörperscan m **full moon** N Vollmond m **full stop** N Punkt m **full-time** ADJ **~ job** Ganztagsarbeit f **fully** ADV völlig; (recover) voll und ganz; (discuss) ausführlich

fumble VI herumfummeln (with, at an + dat)

fumes NPL Dämpfe pl; (of car) Abgase pl

fun N Spaß m; **for ~** zum Spaß; **it's ~** es macht Spaß; **make ~ of** sich lustig machen über + acc

function 1 N Funktion f; (event) Feier f; (reception) Empfang m 2 VI funktionieren

fund N Fonds m; **~s** pl Geldmittel pl

fundamental ADJ grundlegend **fundamentally** ADV im Grunde

funding N finanzielle Unterstützung

fundraise VI Spenden sammeln

funeral N Beerdigung f

funfair N Jahrmarkt m

fungus N Pilz m

funnel N Trichter m; (of steamer) Schornstein m

funny ADJ (amusing) komisch, lustig; (strange) seltsam

fur N Pelz m; (of animal) Fell nt

furious ADJ wütend (with sb auf jdn)

furnished ADJ möbliert **furniture** N Möbel pl; **piece of ~** Möbelstück nt

further comparative → far 1 ADJ weitere(r, s); **~ education** Weiterbildung f; **until ~ notice** bis auf weiteres 2 ADV weiter **furthest** superlative → far 1 ADJ am weitesten entfernt 2 ADV am weitesten

fury N Wut f

fuse 1 N ELEC Sicherung f 2 VI ELEC durchbrennen **fuse box** N Sicherungskasten m

fuss N Theater nt; **make a ~** (ein) Theater machen **fussy** ADJ (difficult) schwierig, kompliziert; (attentive to detail) pingelig

future 1 ADJ künftig 2 N Zukunft f

fuze (US) → fuse

fuzzy ADJ (indistinct) verschwommen; (hair) kraus

G

gable N Giebel m

gadget N Vorrichtung f, Gerät nt

Gaelic 1 ADJ gälisch 2 N (language) Gälisch nt

gain **1** V̲T̲ (obtain, win) gewinnen; (advantage, respect) sich verschaffen; (wealth) erwerben; (weight) zunehmen **2** V̲I̲ (improve) gewinnen (in an + dat); (clock) vorgehen **3** N̲ Gewinn m (in an + dat)

gale N̲ Sturm m

gall bladder N̲ Gallenblase f

gallery N̲ Galerie f, Museum nt

gallon N̲ Gallone f; (Br) 4,546 l (US) 3,79 l

gallop **1** N̲ Galopp m **2** V̲I̲ galoppieren

gallstone N̲ Gallenstein m

Gambia N̲ Gambia nt

gamble **1** V̲I̲ um Geld spielen, wetten **2** N̲ it's a ~ es ist riskant **gambling** N̲ Glücksspiel nt

game N̲ Spiel nt; (animals) Wild nt; ~s (in school) Sport m

gammon N̲ geräucherter Schinken

gang N̲ (of criminals, youths) Bande f, Gang f, Clique f

gangster N̲ Gangster m

gangway N̲ (Br, aisle) Gang m, Gangway f

gap N̲ (hole) Lücke f; (in time) Pause f; (in age) Unterschied m

gape V̲I̲ (mit offenem Mund) starren

gap year N̲ Jahr zwischen Schulabschluss und Studium, das oft zu Auslandsaufenthalten genutzt wird

garage N̲ Garage f; (for repair) (Auto)werkstatt f

garbage N̲ (US) Müll m; fam (nonsense) Quatsch m **garbage bag** N̲ (US) Mülleimerbeutel m **garbage can** N̲ (US) Mülleimer m; (outside) Mülltonne f **garbage truck** N̲ (US) Müllwagen m

garden N̲ Garten m; (public) ~s Park m **garden centre** N̲ Gartencenter nt **gardener** N̲ Gärtner(in) m(f) **gardening** N̲ Gartenarbeit f

gargle V̲I̲ gurgeln

gargoyle N̲ Wasserspeier m

garlic N̲ Knoblauch m **garlic bread** N̲ Knoblauchbrot nt **garlic butter** N̲ Knoblauchbutter f

gas N̲ Gas nt; (US, petrol) Benzin nt; **step on the ~** Gas geben **gas cooker** N̲ Gasherd m **gas cylinder** N̲ Gasflasche f **gas fire** N̲ Gasofen m

gasket N̲ Dichtung f

gas lighter N̲ (for cigarettes) Gasfeuerzeug nt **gas mask** N̲ Gasmaske f **gas meter** N̲ Gaszähler m

gasoline N̲ (US) Benzin nt

gasp V̲I̲ keuchen; (in surprise) nach Luft schnappen

gas pedal N̲ (US) Gaspedal nt **gas pump** N̲ (US) Zapfsäule f **gas station** N̲ (US) Tankstelle f **gas tank** N̲ (US) Benzintank m

gastric A̲D̲J̲ Magen-; ~ **flu** Magen-Darm-Grippe f; ~ **ulcer** Magengeschwür nt

gasworks N̄ Gaswerk nt
gate N̄ Tor nt; (barrier) Schranke f; AVIAT Gate nt, Flugsteig m
gateau N̄ Torte f
gateway N̄ Tor nt
gather 1 V̄T (collect) sammeln; ~ **speed** beschleunigen 2 V̄i (assemble) sammeln; (understand) schließen (from aus) **gathering** N̄ Versammlung f
gauge N̄ Meßgerät nt
gauze N̄ Gaze f; (for bandages) Mull m
gave pt → give
gay ADJ (homosexual) schwul; ~ **marriage** Homoehe f fam
gaze 1 N̄ Blick m 2 V̄i starren
GCSE abbr = **general certificate of secondary education** Abschlussprüfung f der Sekundarstufe, ≈ mittlere Reife
gear N̄ AUTO Gang m; (equipment) Ausrüstung f; (clothes) Klamotten pl fam; **change** ~ schalten **gearbox** N̄ Getriebe nt **gear change**, **gear shift** (US) N̄ Gangschaltung f **gear lever**, **gear stick** (US) N̄ Schalthebel m
geek N̄ fam Waschlappen m
geese pl → **goose**
gel 1 N̄ Gel nt 2 V̄i gelieren; **they really ~led** sie verstanden sich auf Anhieb
gem N̄ Edelstein m; fig Juwel nt
Gemini NSING ASTR Zwillinge pl
gender N̄ Geschlecht nt
gene N̄ Gen nt

general ADJ allgemein; ~ **knowledge** Allgemeinbildung f; ~ **election** Parlamentswahlen pl **generalize** V̄i verallgemeinern **generally** ADV im Allgemeinen
generation N̄ Generation f **generation gap** N̄ Generationsunterschied m
generosity N̄ Großzügigkeit f **generous** ADJ großzügig; (portion) reichlich
gene therapy N̄ MED Gentherapie f **genetic** ADJ genetisch; ~ **research** Genforschung; ~ **technology** Gentechnik **genetically modified** ADJ gentechnisch verändert, genmanipuliert; → **GM**
Geneva N̄ Genf nt; **Lake** ~ der Genfer See
genitals NPL Geschlechtsteile pl
genius N̄ Genie nt
gentle ADJ sanft; (touch) zart **gentleman** N̄ Herr m; (polite man) Gentleman m
gents N̄ '~' (lavatory) „Herren"; **the** ~ pl die Herrentoilette
genuine ADJ echt
geographical ADJ geografisch **geography** N̄ Geografie f; (at school) Erdkunde f
geometry N̄ Geometrie f
geranium N̄ Geranie f
gerbil N̄ ZOOL Wüstenrennmaus f
germ N̄ Keim m; MED Bazillus m

German 1 ADJ deutsch; **she's ~** sie ist Deutsche; **~ shepherd** Deutscher Schäferhund 2 N (person) Deutsche(r) mf; (language) Deutsch nt; **in ~** auf Deutsch **German measles** N SG Röteln pl **Germany** N Deutschland nt

gesture N Geste f **gesture control** N IT Gestensteuerung f

get 1 VT (receive) bekommen, kriegen; **~ a cold/flu** sich erkälten/eine Grippe bekommen; (buy) kaufen; (obtain) sich besorgen; (to keep) sich anschaffen; **~ sb sth** jdm etw besorgen; **~ a life!** fam (annoyed) mach dich mal locker!, reg dich bloß ab!; (fetch) jdm etw holen; **where did you ~ that (from)?** woher hast du/haben Sie das?; **~ a taxi** ein Taxi nehmen; (persuade) **~ sb to do sth** jdn dazu bringen, etw zu tun; (manage) **~ sth to work** etw zum Laufen bringen; **~ sth done** (oneself) etw machen; (by sb else) etw machen lassen; (bring) **this isn't ~ting us anywhere** so kommen wir nicht weiter; (understand) **don't ~ me wrong** versteh/verstehen Sie mich nicht falsch! 2 VI (become) werden; **~ old** alt werden; **it's ~ting dark** es wird dunkel; **~ dressed/washed** sich anziehen/waschen; **I'll ~ ready** ich mache mich fertig;

~ lost sich verirren; (arrive) **we got to Dover at 5** wir kamen um 5 in Dover an; **~ somewhere/nowhere** fig (in career) es zu etwas/nichts bringen; (with task, discussion) weiterkommen/nicht weiterkommen **get across** 1 VI **~ sth** über etw acc kommen 2 VT **get sth across** (communicate) etw klarmachen **get along** VI (manage) zurechtkommen; (people) gut auskommen (with mit) **get at** VT (reach) herankommen an + acc; **what are you getting at?** worauf willst du/wollen Sie hinaus?, was meinst du/meinen Sie damit? **get away** VI (leave) wegkommen; (escape) entkommen (from dat); **he got away with it** er kam ungeschoren davon **get back** 1 VI zurückkommen; TEL **to s.o.** jdn zurückrufen 2 VT **get sth back** etw zurückbekommen **get by** VI (manage) auskommen (on mit) **get down** 1 VI heruntersteigen; **~ to business** zur Sache kommen 2 VT **get sth down** (write) etw aufschreiben; **it gets me down** fam es macht mich fertig **get in** VI (arrive home) heimkommen; (into car etc) einsteigen **get into** VT (car, bus etc) einsteigen in + acc; (rage, panic etc) geraten in + acc; **~ trouble** in Schwierigkeiten kommen **get off** 1 VI (train etc) aussteigen (aus); (horse) absteigen (von); fam (be enthusiastic) ~ on sth auf etw abfahren @; (train etc) einsteigen (in + acc); (horse) aufsteigen (auf + acc); (progress) vorankommen; (be friends) auskommen (with mit); be getting on alt werden ② VT etw voranbringen, mit etw losgelen get out ① VI herauskommen; (of vehicle) aussteigen (of aus); ~! raus! ② VT (take out) herausholen; (stain, nail) herausbekommen get over VI (recover from) hinwegkommen über + acc; (illness) sich erholen von; (loss) sich abfinden mit get through VI durchkommen get up VI aufstehen get-together N Treffen nt

Ghana N̄ Ghana nt
gherkin N̄ Gewürzgurke f
ghetto N̄ Ghetto nt
ghost N̄ Gespenst nt; (of sb) Geist m
giant ① N̄ Riese m ② ADJ riesig
giblets NPL Geflügelinnereien pl
Gibraltar N̄ Gibraltar nt
giddy ADJ schwindlig
gift N̄ Geschenk nt; (talent) Begabung f **gift card** N̄ Geschenkkarte f **gifted** ADJ begabt **gift voucher** N̄ Geschenkgutschein m **giftwrap** VT als Geschenk verpacken

gigantic ADJ riesig
giggle ① VI kichern ② N̄ Gekicher nt
gill N̄ (of fish) Kieme f
gimmick N̄ (for sales, publicity) Gag m
gin N̄ Gin m
ginger ① N̄ Ingwer m ② ADJ (colour) kupferrot; (cat) rötlichgelb **ginger ale** N̄ Gingerale nt **ginger beer** N̄ Ingwerlimonade f **gingerbread** N̄ Lebkuchen m (mit Ingwergeschmack) **ginger-(haired)** ADJ rotblond **gingerly** ADV (move) vorsichtig
giraffe N̄ Giraffe f
girl N̄ Mädchen nt **girlfriend** N̄ (feste) Freundin f **girl guide** N̄ (Brit), **girl scout** (US) Pfadfinderin f
gist N̄ **get the ~ (of it)** das Wesentliche verstehen
give ① VT geben; (as present) schenken (to sb jdm); (state: name etc) angeben; (speech) halten; (blood) spenden; ~ sb sth jdm etw geben/schenken ② VI (yield) nachgeben **give away** VT (give free) verschenken; (secret) verraten **give back** VT zurückgeben **give in** VI aufgeben **give up** VI aufgeben **give way** VI (collapse, yield) nachgeben; (traffic) die Vorfahrt beachten
given ① pp → give ② ADJ (fixed) festgesetzt; (certain) bestimmt; ~ name (US) Vorname m ③

CONJ ~ **that** ... angesichts der Tatsache, dass ...

glacier N Gletscher m

glad ADJ froh (about über); **I was ~ (to hear) that** ... es hat mich gefreut, dass ...

gladly ADV gerne

glance 1 N Blick m 2 VI einen Blick werfen (at auf + acc)

gland N Drüse f **glandular fever** N Drüsenfieber nt

glare 1 N grelles Licht; (stare) stechender Blick 2 VI (angrily) **~ at sb** jdn böse anstarren

glass N Glas nt; **~es** pl Brille f

glen N (Scot) (enges) Bergtal nt

glide VI gleiten; (hover) schweben **glider** N Segelflugzeug nt **gliding** N Segelfliegen nt

glimpse N flüchtiger Blick

glitter VI glitzern; (eyes) funkeln

glitzy ADJ fam glanzvoll, Schickimicki-

global ADJ global, Welt-; **~ warming** die Erwärmung der Erdatmosphäre **globalization** N Globalisierung f **globe** N (sphere) Kugel f; (world) Erdball m; (map) Globus m

gloomily, **gloomy** ADV, ADJ düster

glorious ADJ (victory, past) ruhmreich; (weather, day) herrlich **glory** N Herrlichkeit f

gloss N (shine) Glanz m

glossary N Glossar m

glossy 1 ADJ (surface) glänzend 2 N (magazine) Hochglanzmagazin nt

---

go ‖ **go** 401

glove N Handschuh m **glove compartment** N Handschuhfach nt

glow VI glühen

glucose N Traubenzucker m

glue 1 N Klebstoff m 2 VT kleben

gluten N Gluten nt **gluten-free** ADJ glutenfrei **gluten-intolerance** N Glutenunverträglichkeit f

glutton N Vielfraß m; **a ~ for punishment** fam Masochist m

GM abbr → genetically modified Gen-; **~ foods** gentechnisch veränderte Lebensmittel

GMT abbr = Greenwich Mean Time WEZ f

go 1 VI gehen; (in vehicle, travel) fahren; (plane) fliegen; (road) führen (to nach); (depart: train, bus) (ab)fahren; (person) (fort)gehen; (disappear) verschwinden; (time) vergehen; (function) gehen, funktionieren; (machine, engine) laufen; (fit, suit) passen (with zu); (fail) nachlassen; **I have to ~ to the doctor/to London** ich muss zum Arzt/nach London; **~ shopping** einkaufen gehen; **~ for a walk/swim** spazieren/schwimmen gehen; **has he gone yet?** ist er schon weg?; **the wine ~es in the cupboard** der Wein kommt in den Schrank; **get sth ~ing** etw in Gang setzen; **keep ~ing** weitermachen; (machine etc) weiterlaufen; **how's**

the job ~ing? was macht der Job?; ~ **deaf/mad/grey** taub/verrückt/grau werden **2** VAUX **be ~ing to do sth** etw tun werden; **I was ~ing to do it** ich wollte es tun **3** N *(attempt)* Versuch *m*; **can I have another ~?** darf ich noch mal (probieren)?; **it's my ~** ich bin dran; **in one** ~ auf einen Schlag; *(drink)* in einem Zug **go after** VT nachlaufen + *dat*; *(in vehicle)* nachfahren + *dat* **go ahead** VI *(in front)* vorausgehen; *(start)* anfangen **go away** VI weggehen; *(on holiday, business)* verreisen **go back** VI *(return)* zurückgehen **go by** **1** VI vorbeigehen; *(vehicle)* vorbeifahren; *(years, time)* vergehen **2** VT *(judge by)* gehen nach **go down** VI *(sun, ship)* untergehen; *(flood, temperature)* zurückgehen; *(price)* sinken; ~ **well/badly** gut/schlecht ankommen **go in** VI hineingehen **go into** VT *(enter)* hineingehen in + *acc*; *(crash)* krachen gegen, hineinfahren in + *acc*; ~ **teaching/politics/the army** Lehrer werden/in die Politik gehen/zum Militär gehen **go off** **1** VI *(depart)* weggehen; *(in vehicle)* wegfahren; *(lights)* ausgehen; *(milk etc)* sauer werden; *(gun, bomb, alarm)* losgehen **2** VT *(dislike)* nicht mehr mögen **go on** VI *(continue)* weitergehen; *(lights)* angehen; ~ **with**

or **doing sth** etw weitermachen **go out** VI *(leave house)* hinausgehen; *(fire, light, person socially)* ausgehen; ~ **for a meal** essen gehen **go up** VI *(temperature, price)* steigen; *(lift)* hochfahren **go without** VT verzichten auf + *acc*; *(food, sleep)* auskommen ohne

go-ahead **1** ADJ *(progressive)* fortschrittlich **2** N grünes Licht

goal N *(aim)* Ziel *nt*; SPORT Tor *nt* **goalie**, **goalkeeper** N Torwart *m* **goalpost** N Torpfosten *m*

goat N Ziege *f*

gob **1** N *(Br) fam* Maul *nt*; **shut your** ~ halt's Maul! **2** VI spucken **gobsmacked** *fam (surprised)* platt

god N Gott *m*; **thank God** Gott sei Dank **godchild** N Patenkind *nt* **goddaughter** N Patentochter *f* **goddess** N Göttin *f* **godfather** N Pate *m* **godmother** N Patin *f* **godson** N Patensohn *m*

goggles NPL Schutzbrille *f*; *(for skiing)* Skibrille *f*; *(for diving)* Taucherbrille *f*

going ADJ *(rate)* üblich **goings-on** NPL Vorgänge *pl*

go-kart N Gokart *m*

gold N Gold *nt* **golden** ADJ golden **goldfish** N Goldfisch *m* **gold-plated** ADJ vergoldet **golf** N Golf *nt* **golf ball** N Golfball *m* **golf club** N Golfschlä-

ger m; (association) Golfklub m
golf course N̄ Golfplatz m
gone ⓵ pp → go; **he's ~** er ist weg ⓶ PREP **just ~ three** kurz nach drei
good ⓵ N̄ (benefit) Wohl nt; (morally good things) Gute(s) nt; **it's for your own ~** es ist zu deinem/Ihrem Besten or Vorteil; **it's no ~** (doing sth) es hat keinen Sinn or Zweck; (thing) es taugt nichts; **for ~** für immer ⓶ ADJ gut; (suitable) passend; (thorough) gründlich; (well-behaved) brav; (kind) nett, lieb; **be ~ at sport/maths** gut in Sport/Mathe sein; **be no ~ at sport/maths** schlecht in Sport/Mathe sein; **too ~ to be true** zu schön, um wahr zu sein; **this is just not ~ enough** so geht das nicht; **a ~ three hours** gute drei Stunden; **~ morning/evening** guten Morgen/Abend; **~ night** gute Nacht; **have a ~ time** sich gut amüsieren
goodbye INTERJ auf Wiedersehen
Good Friday N̄ Karfreitag m
good-looking ADJ gut aussehend
goods NPL Waren pl, Güter pl
goods train N̄ (Br) Güterzug m
google VT googeln®
goose N̄ Gans f **gooseberry** N̄ Stachelbeere f **goose bumps** N̄, **goose pimples** N̄,

NPL Gänsehaut f
gorge N̄ Schlucht f
gorgeous ADJ wunderschön; **he's ~** er sieht toll aus
gorilla N̄ Gorilla m
gossip ⓵ N̄ (talk) Klatsch m; (person) Klatschtante f ⓶ Vi klatschen, tratschen
got pt, pp → get
gotten (US) pp → get
govern VT regieren; (province etc) verwalten **government** N̄ Regierung f **governor** N̄ Gouverneur(in) m(f) **govt** abbr → government Regierung f
gown N̄ Abendkleid nt; (academic) Robe f
GP N̄ abbr = **General Practitioner** Allgemeinarzt m, Allgemeinärztin f
GPS N̄ abbr = **global positioning system** GPS nt **GPS device** N̄ GPS-Gerät nt **GPS tracker** N̄ GPS-Tracker m, Ortungsgerät nt
grab VT packen; (person) schnappen
graceful ADJ anmutig
grade N̄ (upward) Steigung f; (downward) Gefälle nt
grade N̄ Niveau nt; (of goods) Güteklasse f; (mark) Note f; (US, year) Klasse f; **make the ~** es schaffen **grade crossing** N̄ (US) Bahnübergang m **grade school** N̄ (US) Grundschule f
gradient N̄ (upward) Steigung f; (downward) Gefälle nt
gradual, gradually ADJ, ADV allmählich

graduate 1 N Uniabsolvent(in) m(f) 2 VI einen akademischen Grad erwerben

grain N (cereals) Getreide nt; (of corn, sand) Korn nt

gram N Gramm nt

grammar N Grammatik f

grammar school N (Br) ≈ Gymnasium nt

gran N fam Oma f

grand 1 ADJ pej hochnäsig; (posh) vornehm 2 N fam 1000 Pfund bzw. 1000 Dollar

grand(d)ad N fam Opa m

granddaughter N Enkelin f

grandfather N Großvater m

grandma N fam Oma f

grandmother N Großmutter f **grandpa** N fam Opa m

grandparents NPL Großeltern pl **grandson** N Enkel m

grandstand N SPORT Tribüne f

granny N fam Oma f

grant 1 VT gewähren (sb etw) jdm etw); **take sb/sth for ~ed** jdn/etw als selbstverständlich hinnehmen 2 N Subvention f, finanzielle Unterstützung f; (for university) Stipendium nt

grape N Weintraube f **grapefruit** N Grapefruit f **grape juice** N Traubensaft m

graph N Diagramm nt **graphic** ADJ grafisch; (description) anschaulich **graphics card** N IT Grafikkarte f

grasp VT ergreifen; (understand) begreifen

grass N Gras nt; (lawn) Rasen m **grasshopper** N Heuschrecke f

grate 1 N Feuerrost m 2 VI kratzen 3 VT (cheese) reiben

grateful, gratefully ADJ, ADV dankbar

grater N Reibe f

gratifying ADJ erfreulich

gratitude N Dankbarkeit f

grave 1 N Grab nt 2 ADJ ernst; (mistake) schwer

gravel N Kies m

graveyard N Friedhof m

gravity N Schwerkraft f; (seriousness) Ernst m

gravy N Bratensoße f

gray ADJ (US) grau

graze 1 VI (of animals) grasen 2 VT (touch) streifen; MED abschürfen 3 N MED Abschürfung f

grease 1 N (fat) Fett nt; (lubricant) Schmiere f 2 VT einfetten; TECH schmieren **greasy** ADJ fettig; (hands, tools) schmierig; fam (person) schleimig

great ADJ groß; fam (good) großartig, super; **a ~ deal of** viel **Great Britain** N Großbritannien nt **great-grandfather** N Urgroßvater m **great-grandmother** N Urgroßmutter f **greatly** ADV sehr; **~ disappointed** zutiefst enttäuscht

Greece N Griechenland nt

greed N Gier f (for nach); (for food) Gefräßigkeit f **greedy**

ADJ gierig; *(for food)* gefräßig
Greek 🔟 ADJ griechisch 🔟 N *(person)* Grieche m, Griechin f; *(language)* Griechisch nt; **it's all ~ to me** ich verstehe nur Bahnhof

green 🔟 ADJ grün; **~ with envy** grün/gelb vor Neid 🔟 N *(colour, for golf)* Grün nt; *(village green)* Dorfwiese f; **~s** *(vegetables)* grünes Gemüse; **the Greens, the Green Party** POL die Grünen **green card** N *(US, work permit)* Arbeitserlaubnis f; *(Br, for car)* grüne Versicherungskarte **greengage** N Reneklode f **greengrocer** N Obst- und Gemüsehändler(in) m(f) **greenhouse** N Gewächshaus nt; **~ effect** Treibhauseffekt m **Greenland** N Grönland nt **green pepper** N grüner Paprika **green salad** N grüner Salat

greet VT grüßen **greeting** N Gruß m

grew pt → grow

grey ADJ grau **grey-haired** ADJ grauhaarig **greyhound** N Windhund m

grid N Gitter nt **gridlock** N Verkehrsinfarkt m **gridlocked** ADJ *(roads)* völlig verstopft; *(talks)* festgefahren

grief N Kummer m; *(over loss)* Trauer f

grievance N Beschwerde f

grieve VI trauern *(for* um*)*

grill 🔟 N *(on cooker)* Grill m 🔟

VT grillen

grim ADJ *(face, humour)* grimmig; *(situation, prospects)* trostlos

grin 🔟 N Grinsen nt 🔟 VI grinsen

grind VT mahlen; *(sharpen)* schleifen; *(US, meat)* durchdrehen

grip 🔟 N Griff m; **get a ~** nimm dich zusammen!; **get to ~s with** sth etw in den Griff bekommen 🔟 VT packen

groan VI stöhnen *(with* vor + dat*)*

grocer N Lebensmittelhändler(in) m(f) **groceries** NPL Lebensmittel pl

groin N ANAT Leiste f **groin strain** N MED Leistenbruch m

groom 🔟 N Bräutigam m 🔟 VT **well ~ed** gepflegt

grope 🔟 VI tasten *(with* vor*)* 🔟 VT *(sexually harrass)* befummeln

gross ADJ *(coarse)* derb; *(extreme: negligence, error)* grob; *(disgusting)* ekelhaft; COMM brutto; **~ salary** Bruttogehalt nt

grotty ADJ fam mies, vergammelt

ground 🔟 pt, pp → grind 🔟 N Boden m, Erde f; SPORT Platz m; **~s** pl *(around house)* (Garten)anlagen pl; *(reasons)* Gründe pl; *(of coffee)* Satz m; **on (the) ~s of** aufgrund von **ground floor** N *(Br)* Erdgeschoss nt **ground meat** N

(US) Hackfleisch nt
group N Gruppe f
grouse N (bird) Schottisches Moorhuhn; (complaint) Nörgelei f
grow 1 VI wachsen; (increase) zunehmen (in an); (become) werden; **~ old** alt werden; **~ into** ... sich entwickeln zu ... 2 VT (crop, plant) ziehen; (commercially) anbauen; **I'm ~ing a beard** ich lasse mir einen Bart wachsen **grow up** VI aufwachsen; (mature) erwachsen werden **growing** ADJ wachsend; **a ~ number of people** immer mehr Leute
growl VI knurren
grown pp → grow
grown-up 1 ADJ erwachsen 2 N Erwachsene(r) mf **growth** N Wachstum nt; (increase) Zunahme f; MED Wucherung f
grubby ADJ schmuddelig
grudge 1 N Abneigung f (against gegen) 2 VT **~ sb sth** jdm etw nicht gönnen
gruelling ADJ aufreibend; (pace) mörderisch
gruesome ADJ grausig
grumble VI murren (about über + acc)
grumpy ADJ fam mürrisch, grantig
grunt VI grunzen
G-string N String m, Stringtanga m
guarantee 1 N Garantie f (of für) 2 VT garantieren

guard 1 N (sentry) Wache f; (in prison) Wärter(in) m(f); (Br) RAIL Schaffner(in) m(f) 2 VT bewachen
guardian N Vormund m; **~ angel** Schutzengel m
guess 1 N Vermutung f; (estimate) Schätzung f; **have a ~** rate mal! 2 VT, VI raten; (estimate) schätzen; **I ~ you're right** du hast wohl recht; **I ~ so** ich glaube schon
guest N Gast m; **be my ~** nur zu! **guest-house** N Pension f **guest room** N Gästezimmer nt
guidance N (direction) Leitung f; (advice) Rat m; (counselling) Beratung f; **for your ~** zu Ihrer Orientierung **guide** 1 N (person) Führer(in) m(f); (tour) Reiseleiter(in) m(f); (book) Führer m 2 VT führen **guidebook** N Reiseführer m **guide dog** N Blindenhund m **guided tour** N Führung f (of durch)
guidelines NPL Richtlinien pl
guilt N Schuld f **guilty** ADJ schuldig (of gen); (look) schuldbewusst; **have a ~ conscience** ein schlechtes Gewissen haben
guinea pig N Meerschweinchen nt; (person) Versuchskaninchen nt
guitar N Gitarre f
gulf N Golf m **Gulf States** NPL Golfstaaten pl
gull N Möwe f
gullible ADJ leichtgläubig

gulp 1 N (kräftiger) Schluck 2 VI schlucken

gum N (around teeth, usu pl) Zahnfleisch nt; (chewing gum) Kaugummi m

gun N Schusswaffe f; (rifle) Gewehr nt; (pistol) Pistole f **gunfire** N Schüsse pl **gunpowder** N Schießpulver nt

gush VI (heraus)strömen (from aus)

gut N Darm m; ~s pl (intestines) Eingeweide; (courage) Mumm m

gutter N (for roof) Dachrinne f; (in street) Rinnstein m, Gosse f

guy N (man) Typ m, Kerl m; ~s pl (US) Leute pl

gym N Turnhalle f; (for working out) Fitnesscenter nt **gymnasium** N Turnhalle f **gymnastics** NSING Turnen nt **gym-toned** ADJ durchtrainiert

gynaecologist, gynecologist (US) N Frauenarzt m, Frauenärztin f, Gynäkologe m, Gynäkologin f **gynaecology, gynecology** (US) N Gynäkologie f

H

habit N Gewohnheit f **habitual** ADJ gewohnt; (drinker, liar) gewohnheitsmäßig

hack VT hacken **hacker** N IT Hacker(in) m(f)

had pt, pp → have

haddock N Schellfisch m

hadn't contr of **had not**

haemophiliac, hemophiliac (US) N Bluter(in) m(f)

haemorrhage, hemorrhage (US) 1 N Blutung f 2 VI bluten **haemorrhoids, hemorrhoids** (US) NPL Hämorrhoiden pl

haggis N (Scot) mit gehackten Schafsinnereien und Haferschrot gefüllter Schafsmagen

hail 1 N Hagel m 2 VT hageln 3 VT ~ sb as sth jdn als etw feiern **hailstone** N Hagelkorn nt **hailstorm** N Hagelschauer m

hair N Haar nt, Haare pl; **get one's ~ cut** sich dat die Haare schneiden lassen **hairbrush** N Haarbürste f **haircare** N Haarpflege f **hair conditioner** N Haarspülung f **haircut** N Haarschnitt m **hairdo** N Frisur f **hairdresser** N Friseur m, Friseurin f **hairdryer** N Haartrockner m; (hand-held) Fön m; (over head) Trockenhaube f **hair dye** N Haarfärbemittel nt **hair gel** N Haargel nt **hair remover** N Enthaarungsmittel nt **hair spray** N Haarspray nt **hair straighteners** NPL Haarglätter m **hair style** N Frisur f **hairy** ADJ haarig, behaart; fam (dangerous) brenzlig hake N̄ Seehecht m

halal ADJ (acceptable to Muslims) halal

half 1 N̄ Hälfte f; SPORT (of game) Halbzeit f; **cut in ~** halbieren 2 ADJ halb; **three and a ~ pounds** dreieinhalb Pfund; **~ an hour, a ~ hour** eine halbe Stunde; **one and a ~** eineinhalb, anderthalb 3 ADV halb, zur Hälfte; **~ asleep** fast eingeschlafen; **~ as big (as)** halb so groß (wie) **half board** N̄ Halbpension f **half fare** N̄ halber Fahrpreis **half-hearted** ADJ halbherzig **half-hour** N̄ halbe Stunde **half moon** N̄ Halbmond m **half pint** N̄ ≈ Viertelliter m or nt **half price** N̄ (at) **~** zum halben Preis **half-term** N̄ (at school) Ferien pl in der Mitte des Trimesters **half--time** N̄ Halbzeit f **halfway** ADV auf halbem Wege **halfwit** N̄ fam Trottel m

halibut N̄ Heilbutt m

hall N̄ (building) Halle f; (for audience) Saal m; (entrance hall) Flur m; (large) Diele f; **~ of residence** (Br) Studentenwohnheim nt

hallo INTERJ hallo

halt 1 N̄ Pause f, Halt m; **come to a ~** zum Stillstand kommen 2 VT, VI anhalten

halve VT halbieren

ham N̄ Schinken m

hamburger N̄ GASTR Hamburger m

hammer 1 N̄ Hammer m 2 VT, VI hämmern

hammock N̄ Hängematte f

hamper 1 VT behindern 2 N̄ (as gift) Geschenkkorb m; (for picnic) Picknickkorb m

hamster N̄ Hamster m

hand 1 N̄ Hand f; (of clock, instrument) Zeiger m; (in card game) Blatt nt; **~s off!** Finger weg!; **on the one ~ ..., on the other ~...** einerseits ..., andererseits ...; **give sb a ~** jdm helfen (with bei); **it's in his ~s** er hat es in der Hand; **be in good ~s** gut aufgehoben sein; **get out of ~** außer Kontrolle geraten 2 VT (pass) reichen (to sb jdm) **hand down** VT (tradition) überliefern; (heirloom) vererben **hand in** VT einreichen; (at school, university etc) abgeben **hand out** VT verteilen **hand over** VT übergeben

handbag N̄ Handtasche f **handbook** N̄ Handbuch nt **handbrake** N̄ (Br) Handbremse f **handcuffs** NPL Handschellen pl **handheld PC** N̄ Handheld m

handicap 1 N̄ Behinderung f, Handikap nt 2 VT benachteiligen

handicraft N̄ Kunsthandwerk nt

handkerchief N̄ Taschentuch nt

handle 1 N̄ Griff m; (of door)

Klinke f; (of cup etc) Henkel m; (for winding) Kurbel f **2** VT (touch) anfassen; (deal with: matter) sich befassen mit; (people, machine etc) umgehen mit; (situation, problem) fertig werden mit **handlebars** NPL Lenkstange f

hand luggage N Handgepäck nt **handmade** ADJ handgefertigt; **be ~** Handarbeit sein **handout** N (sheet) Handout nt, Thesenpapier nt **hand sanitizer** N Händedesinfektionsmittel nt **handset** N Hörer m; **please replace the ~** bitte legen Sie auf **hands-free phone** N Freisprechanlage f **handshake** N Händedruck m **handsome** ADJ (man) gut aussehend

hands-on ADJ praxisorientiert; **~ experience** praktische Erfahrung

handwriting N Handschrift f **handy** ADJ (useful) praktisch **hang** **1** VT (auf)hängen; (execute: hanged, hanged) hängen **2** VI hängen **3** N **he's got the ~ of it** er hat den Dreh raus **hang about** VI sich herumtreiben, rumhängen **hang on** VI sich festhalten (to an + dat); fam (wait) warten; **~ to sth** etw behalten **hang up** **1** VTI TEL auflegen **2** VT aufhängen **hanger** N Kleiderbügel m **hang glider** N (Flug)drachen m; (person) Drachenflieger(in)

m(f) **hang-gliding** N Drachenfliegen nt

hangover N (bad head) Kater m; (relic) Überbleibsel nt **hankie** N fam Taschentuch nt **happen** VI geschehen; (sth strange, unpleasant) passieren; **if anything should ~ to me** wenn mir etwas passieren sollte; **it won't ~ again** es wird nicht wieder vorkommen; **I ~ed to be passing** ich kam zufällig vorbei **happening** N Ereignis nt

happily ADV fröhlich, glücklich; (luckily) glücklicherweise **happiness** N Glück nt **happy** ADJ glücklich; (satisfied) **~ with sth** mit etw zufrieden; (willing) **be ~ to do sth** etw gerne tun; **Happy Christmas!** fröhliche Weihnachten!; **Happy New Year** ein glückliches Neues Jahr!; **Happy Birthday!** herzlichen Glückwunsch zum Geburtstag! **happy hour** N Happy Hour f

harass VT (ständig) belästigen **harassment** N Belästigung f; (at work) Mobbing nt; **sexual ~** sexuelle Belästigung **harbor** (US), **harbour** N Hafen m

hard **1** ADJ hart; (difficult) schwer, schwierig; (harsh) hart (-herzig); **don't be ~ on him** sei nicht zu streng zu ihm; **it's ~ to believe** es ist kaum zu glauben **2** ADV (work) schwer; (run) schnell; (rain, snow) stark; **try ~/-er** sich dat große/mehr Mühe geben

hardback N̄ gebundene Ausgabe **hard-boiled** ADJ (egg) hart gekocht **hard copy** N̄ IT Ausdruck m **hard disk** N̄ IT Festplatte f **harden** 1 V̄T härten 2 V̄ī hart werden **hardly** ADV kaum; **~ ever** fast nie **hardship** N̄ Not f **hard shoulder** N̄ (Br) Standspur f **hardware** N̄ IT Hardware f, Haushalts- und Eisenwaren pl **hard-working** ADJ fleißig, tüchtig

hare N̄ Hase m

harm 1 N̄ Schaden m; (bodily) Verletzung f; **it wouldn't do any ~** es würde nicht schaden 2 V̄T schaden + dat; (person) verletzen **harmful** ADJ schädlich **harmless** ADJ harmlos

harp N̄ Harfe f

harsh ADJ (climate, voice) rau; (light, sound) grell; (severe) hart, streng

harvest 1 N̄ Ernte f; (time) Erntezeit f 2 V̄T ernten

has 3rd person sg present → **have**

hash N̄ GASTR Haschee nt; fam (hashish) Haschisch nt; **make a ~ of sth** etw vermasseln **hash browns** NPL (US) ≈ Kartoffelpuffer/Rösti mit Zwiebeln pl

hashtag N̄ IT Hashtag m

hasn't abbr of **has not**

hassle N̄ 1 Ärger m; (fuss) The-ater nt; **no ~** kein Problem 2 V̄T bedrängen

haste N̄ Eile f **hastily** ADV hastily, hasty ADV, ADJ hastig; (rash) vorschnell

hat N̄ Hut m

hatch N̄ NAUT Luke f; (in house) Durchreiche f **hatchback** N̄ (car) Wagen m mit Hecktür

hate 1 V̄T hassen; **I ~ doing this** ich mache das sehr ungern 2 N̄ Hass m (of auf + acc)

haul 1 V̄T ziehen, schleppen 2 N̄ (booty) Beute f **haulage** N̄ Transport m; (trade) Spedition f

haunted ADJ **a ~ house** ein Haus, in dem es spukt

have 1 V̄T haben; (possess) **~ you got** or **do you ~ a light?** hast du/haben Sie Feuer?; (receive) **I've just had a letter from ...** ich habe soeben einen Brief von ... erhalten; **~ a baby** ein Kind bekommen; (have to eat/drink) **what are you having?** was möchtest du/möchten Sie essen/trinken?; **I had too much wine** ich habe zu viel Wein getrunken; **~ lunch/dinner** zu Mittag/Abend essen; (hold) **~ a party** eine Party geben; (take) **~ a bath/shower** ein Bad nehmen/duschen; (causative) **~ sth done** etw machen lassen; **they had a good time** sie haben sich gut amüsiert; (phrases with 'it') **I won't ~ it** das lasse ich mir nicht bieten!; **we've had it** fam wir sind geliefert **2** VAUX (forming perfect tenses) haben/sein; **he has seen it** er hat es gesehen; **she has come** sie ist gekommen; (expressing compulsion) ~ **(got) to do sth** etw tun müssen; **you don't ~ to go** du musst/Sie müssen nicht gehen; (in tag questions) **you've been there, ~n't you?** du bist/Sie sind schon mal dort gewesen, nicht wahr? **have on** VT (be wearing) anhaben; (have arranged) vorhaben; (Br) **you're having me on** du verarschst/Sie verarschen mich doch

Hawaii N Hawaii nt

hawk N Habicht m

hay N Heu nt **hay fever** N Heuschnupfen m

hazard N Gefahr f; (risk) Risiko nt **hazardous** ADJ gefährlich; ~ **waste** Sondermüll m **hazard warning lights** NPL Warnblinkanlage f

haze N Dunst m

hazelnut N Haselnuss f

hazy ADJ (misty) dunstig; (vague) verschwommen

HD abbr → high definition

he PRON er

head **1** N Kopf m; (leader) Leiter(in) m(f); (at school) Schulleiter(in) m(f); ~ **of state** Staatsoberhaupt nt; (tossing coin) ~**s or tails?** Kopf oder Zahl? **2** ADJ (leading) Ober-; ~ **boy** Schulsprecher m; ~ **girl** Schulsprecherin **3** VT anführen; (or-

ganization) leiten **head for** VT zusteuern auf + acc; **he's heading for trouble** er wird Ärger bekommen

headache N Kopfschmerzen pl, Kopfweh nt **header** N (soccer) Kopfball m; (dive) Kopfsprung m **headfirst** ADJ kopfüber **headhunt** VT COMM abwerben **heading** N Überschrift f **headlamp, headlight** N Scheinwerfer m **headline** N Schlagzeile f **headmaster** N Schulleiter m **headmistress** N Schulleiterin f **headphones** NPL Kopfhörer m **headquarters** NPL (of firm) Zentrale f headrest, **head restraint** N Kopfstütze f **headscarf** N Kopftuch nt **head teacher** N Schulleiter(in) m(f)

heal VT, VI heilen

health N Gesundheit f; **good/bad for one's** ~ gesund/ungesund ~ **and beauty** Wellness f **health centre** N Ärztezentrum nt **health club** N Fitnesscenter nt **health food** N Reformkost f; ~ **store,** ~ **shop** Bioladen m **health insurance** N Krankenversicherung f **health service** N Gesundheitswesen nt **healthy** ADJ gesund

heap **1** N Haufen m; ~**s of** fam jede Menge **2** VT, VI häufen

hear VT, VI hören; ~ **about sth** von etw erfahren; **I've ~d of**

it/him ich habe schon davon/ von ihm gehört **hearing** N̄ Gehör nt; LAW Verhandlung f **hearing aid** N̄ Hörgerät nt **hearsay** N̄ from ~ vom Hörensagen

heart N̄ Herz nt; **lose/take** ~ den Mut verlieren/Mut fassen; **learn by** ~ auswendig lernen; (cards) ~s Herz nt; **queen of** ~s Herzdame f **heart attack** N̄ Herzanfall m **heartbeat** N̄ Herzschlag m **heartbreaking** ADJ herzzerreißend **heartbroken** ADJ todunglücklich, untröstlich **heartburn** N̄ Sodbrennen nt **heart failure** N̄ Herzversagen nt **heartfelt** ADJ tief empfunden **heart-throb** N̄ fam Schwarm m **heart-to-heart** ADJ offene Aussprache **hearty** ADJ (meal, appetite) herzhaft; (welcome) herzlich

heat 1 N̄ Hitze f; (pleasant) Wärme f; (temperature) Temperatur f; SPORT Vorlauf m 2 VT (house, room) heizen **heat up** 1 VI warm werden 2 VT aufwärmen **heated** ADJ beheizt; fig hitzig **heater** N̄ Heizofen m; AUTO Heizung f

heath N̄ (Br) Heide f **heather** N̄ Heidekraut nt

heating N̄ Heizung f

heaven N̄ Himmel m **heavenly** ADJ himmlisch

heavily ADV (rain, drink etc) stark **heavy** ADJ schwer; (rain,

traffic, smoker etc) stark

Hebrew 1 ADJ hebräisch 2 N̄ (language) Hebräisch nt

hectic ADJ hektisch

he'd contr of **he had; he would**

hedge N̄ Hecke f

hedgehog N̄ Igel m

heel N̄ ANAT Ferse f; (of shoe) Absatz m

hefty ADJ schwer; (person) stämmig; (fine, amount) saftig

height N̄ Höhe f; (of person) Größe f

heir N̄ Erbe m **heiress** N̄ Erbin f

held pt, pp → hold

helicopter N̄ Hubschrauber m **heliport** N̄ Hubschrauberlandeplatz m

hell 1 N̄ Hölle f; **go to** ~ scher dich zum Teufel; **that's a** ~ **of a lot of money** das ist verdammt viel Geld 2 INTERJ verdammt

he'll contr of **he will; he shall**

hello INTERJ hallo

helmet N̄ Helm m

help 1 N̄ Hilfe f 2 VT, VI helfen + dat (with bei); ~ **sb** (**to**) **do sth** jdm helfen, etw zu tun; **can I** ~? kann ich (Ihnen) behilflich sein?; **I couldn't** ~ **laughing** ich musste einfach lachen; **I can't** ~ **it** ich kann nichts dafür; ~ **yourself** bedienen Sie sich **helpful** ADJ (person) hilfsbereit; (useful) nützlich **helping** N̄ Portion f **helpless** ADJ hilflos

hem N̄ Saum m

hemophiliac N̄ (US) Bluter m
hemorrhage N̄ (US) Blutung
f **hemorrhoids** NPL (US) Hämorrhoiden pl
hen N̄ Henne f
hence ADV (reason) daher
hen night N̄ (Brit) Junggesellinnenabschied
hepatitis N̄ Hepatitis f
her 1 ADJ ihr; **she's hurt ~ leg**
sie hat sich das Bein ver-
letzt 2 PRON (direct object) sie;
(indirect object) ihr; **do you
know ~?** kennst du sie?; **can
you help ~?** kannst du ihr helfen?; **it's ~** sie ist's
herb N̄ Kraut nt
herd N̄ Herde f
here ADV hier; (to this place)
hierher; **come ~** komm her; **I
won't be ~ for lunch** ich bin
zum Mittagessen nicht da
hereditary ADJ erblich **hereditary disease** N̄ Erb-
krankheit f **heritage** N̄ Erbe
nt
hernia N̄ Leistenbruch m, Ein-
geweidebruch m
hero N̄ Held m
heroin N̄ Heroin nt
heroine N̄ Heldin f
herring N̄ Hering m
hers PRON ihre(r, s); **this is ~**
das gehört ihr; **a friend of ~**
ein Freund von ihr
herself PRON (reflexive) sich;
she's bought ~ a flat sie hat
sich eine Wohnung gekauft;
(emphatic) **she did it ~** sie hat

es selbst gemacht; (all) **by ~ allein
he's contr of **he is**; **he has**
hesitate Vī zögern; **don't ~ to
ask** fragen Sie ruhig **hesita-
tion** N̄ Zögern nt; **without ~**
ohne zu zögern
heterosexual ADJ heterosexuell
hi INTERJ hi, hallo
hiccup N̄ Schluckauf m
hid pt → hide
hidden pp → hide
hide 1 Vī verstecken (from vor
+ dat); (feelings, truth) verbergen; (cover) verdecken 2 Vī sich
verstecken (from vor + dat)
hideous ADJ scheußlich
hiding (beating) Tracht f Prü-
gel; (concealment) **be in ~** sich
versteckt halten **hiding
place** N̄ Versteck nt
hi-fi N̄ Hi-Fi nt; (system) Hi-Fi
-Anlage f
high 1 ADJ hoch; (wind) stark;
(on drugs) high 2 ADV hoch
3 N̄ METEO Hoch nt **high-
chair** N̄ Hochstuhl m **high
definition** ADJ hochauflösend
higher ADJ höher **higher education** N̄ Hochschulbildung
f **high heels** NPL Stöckelschu-
he pl **high jump** N̄ Hochsprung m **Highlands** NPL
(schottisches) Hochland nt
highlight 1 N̄ (in hair)
Strähnchen nt; fig Höhepunkt
m 2 Vī (with pen) hervorheben
highlighter N̄ Textmarker m

highly ADJ hoch, sehr; **~ paid** hoch bezahlt; **I think ~ of him** ich habe eine hohe Meinung von ihm **high school** N (US) Highschool f, ≈ Gymnasium nt **high-speed** ADJ Schnell-; **~ train** Hochgeschwindigkeitszug m **high street** N Hauptstraße f **high tech 1** ADJ Hightech- **2** N Hightech nt **high tide** N Flut f **highway** N (US) ≈ Autobahn f; (Br) Landstraße f

hijab N (headscarf) Hidschab m **hijack** VT entführen, hijacken **hijacker** N Entführer(in) m(f), Hijacker m **hike 1** VI wandern **2** N Wanderung f **hiker** N Wanderer m, Wanderin f **hiking** N Wandern nt

hilarious ADJ zum Schreien komisch

hill N Hügel m; (higher) Berg m **hilly** ADJ hügelig

him PRON (direct object) ihn; (indirect object) ihm; **do you know ~?** kennst du ihn?; **can you help ~?** kannst du ihm helfen?; **it's ~** er ist's; **~ too** er auch

himself PRON (reflexive) sich; **he's bought ~ a flat** er hat sich eine Wohnung gekauft; (emphatic) **he did it ~** er hat es selbst gemacht; **(all) by ~** allein

hinder VT behindern **hindrance** N Behinderung f

Hindu 1 ADJ hinduistisch **2** N Hindu m **Hinduism** N Hindu-

ismus m

hinge N Scharnier nt; (on door) Angel f

hint 1 N Wink m, Andeutung f **2** VI andeuten (at acc)

hip N Hüfte f

hippopotamus N Nilpferd nt

hire 1 VT (worker) anstellen; (car, bike etc) mieten **2** N Miete f; **for ~** (taxi) frei **hire car** N Mietwagen m **hire charge** N Benutzungsgebühr f **hire purchase** N Ratenkauf m

his 1 ADJ sein; **he's hurt ~ leg** er hat sich dat das Bein verletzt **2** PRON seine(r, s); **it's ~** es gehört ihm; **a friend of ~** ein Freund von ihm

historic ADJ (significant) historisch **historical** ADJ (monument etc) historisch; (studies etc) geschichtlich **history** N Geschichte f

hit 1 N (blow) Schlag m; (on target) Treffer m; (successful film, CD etc) Hit m **2** VT schlagen; (bullet, stone etc) treffen; **the car ~ the tree** das Auto fuhr gegen einen Baum; **~ one's head on sth** sich dat den Kopf an etw dat stoßen **hit (up)on** VT stoßen auf + acc **hit-and-run** ADJ **~ accident** Unfall m mit Fahrerflucht

hitch-hike VI trampen **hitch-hiker** N Tramper(in) m(f) **hitchhiking** N Trampen nt

HIV abbr = **human immunodeficiency virus** HIV nt; **~ posi-**

tive/negative HIV-positiv/negativ

hive N̲ Bienenstock m

HM abbr = **His/Her Majesty**

HMS abbr = **His/Her Majesty's Ship**

hoarse A̲D̲J̲ heiser

hoax N̲ Streich m, Jux m; (false alarm) blinder Alarm

hob N̲ (of cooker) Kochfeld nt

hobble V̲I̲ humpeln

hobby N̲ Hobby nt

hobo N̲ (US) Penner(in) m(f)

hockey N̲ Hockey nt; (US) Eishockey nt

hold ① V̲T̲ halten; (contain) enthalten; (be able to contain) fassen; (post, office) innehaben; (value) behalten; (meeting) abhalten; (person as prisoner) gefangen halten; **~ one's breath** den Atem anhalten; **~ hands** Händchen halten; **~ the line** T̲E̲L̲ bleiben Sie am Apparat m ② V̲I̲ halten; (weather) sich halten ③ N̲ (grasp) Halt m; (of ship, aircraft) Laderaum m **hold back** V̲T̲ zurückhalten; (keep secret) verheimlichen **hold on** V̲I̲ sich festhalten; T̲E̲L̲ dranbleiben; **~ to sth** festhalten **hold out** ① V̲T̲ ausstrecken; (offer) hinhalten; (offer) bieten ② V̲I̲ durchhalten **hold up** V̲T̲ hochhalten; (support) stützen; (delay) aufhalten **holdall** N̲ Reisetasche f **holder** N̲ (person) Inhaber(in) m(f) **holdup** N̲ (in traffic) Stau m; (robbery) Überfall m

hole N̲ Loch nt; (of fox, rabbit) Bau m; **~ in the wall** (cash dispenser) Geldautomat m

holiday N̲ (day off) freier Tag; (public holiday) Feiertag m; (Br, vacation) Urlaub m; (Br, at school) Ferien pl; **on ~** im Urlaub; **go on ~** Urlaub machen **holiday apartment** N̲ (Br) Ferienwohnung f **holiday camp** N̲ (Br) Ferienlager nt **holiday flat** N̲ (Br) Ferienwohnung f **holiday home** N̲ (Br) Ferienhaus nt; (flat) Ferienwohnung f **holidaymaker** N̲ (Br) Urlauber(in) m(f) **holiday resort** N̲ (Br) Ferienort m

Holland N̲ Holland nt

hollow ① A̲D̲J̲ hohl; (words) leer ② N̲ Vertiefung f

holly N̲ Stechpalme f

holy A̲D̲J̲ heilig **Holy Week** N̲ Karwoche f

home ① N̲ Zuhause nt; (area, country) Heimat f; (institution) Heim nt; **at ~** zu Hause; **make oneself at ~** es sich dat bequem machen; (person) verreist ② A̲D̲V̲ **go ~** nach Hause gehen/fahren **home address** N̲ Heimatadresse f **home country** N̲ Heimatland nt **home delivery service** N̲ Heimservice m **home game** N̲ S̲P̲O̲R̲T̲ Heimspiel nt **homeless** A̲D̲J̲ obdachlos **homely** A̲D̲J̲ häuslich; (US, ugly) unscheinbar **home-made** A̲D̲J̲ selbst gemacht **Home Of-**

fice N̄ (Br) Innenministerium nt

homeopathic ADJ (US) → **homoeopathic**

home page N̄ IT Homepage f **Home Secretary** N̄ (Br) Innenminister(in) m(f) **homesick** ADJ be ~ Heimweh haben **homework** N̄ Hausaufgaben pl

homicide N̄ (US) Totschlag m

homoeopathic ADJ homöopathisch

homosexual ADJ homosexuell **Honduras** N̄ Honduras nt **honest** ADJ ehrlich **honesty** N̄ Ehrlichkeit f

honey N̄ Honig m **honeydew melon** N̄ Honigmelone f **honeymoon** N̄ Flitterwochen pl

Hong Kong N̄ Hongkong nt

honor (US) → **honour honorary** ADJ (member, title etc) Ehren-, ehrenamtlich **honour** 1 V̄T ehren; (cheque) einlösen; (contract) einhalten 2 N̄ Ehre f; **in ~ of** zu Ehren von **honourable** ADJ ehrenhaft **honours degree** N̄ akademischer Grad mit Prüfung im Spezialfach

hood N̄ Kapuze f; AUTO Verdeck nt; (US) AUTO Kühlerhaube f **hoodie, hoody** N̄ fam (item of clothing) Kapuzenpulli m, Kapuzenshirt nt, Kapuzi nt; (hoodie wearer) Kapuzenpulliträger m, Kapuzenshirtträger

m, Kapuzentyp m

hoof N̄ Huf m

hook N̄ Haken m **hooked** ADJ (keen) besessen (on von); (drugs) abhängig (on von)

hooligan N̄ Hooligan m

hoot V̄I AUTO hupen

Hoover® N̄ Staubsauger m **hoover** V̄I, V̄T staubsaugen

hop 1 V̄I hüpfen 2 N̄ BOT Hopfen m

hope 1 V̄I, V̄T hoffen (for auf + acc); **I ~ so/~ not** hoffentlich/hoffentlich nicht; **I ~ (that) we'll meet** ich hoffe, dass wir uns sehen werden 2 N̄ Hoffnung f; **there's no ~** es ist aussichtslos **hopeful** ADJ hoffnungsvoll **hopefully** ADV (full of hope) hoffnungsvoll; (I hope so) hoffentlich **hopeless** ADJ hoffnungslos; (incompetent) miserabel

horizon N̄ Horizont m **horizontal** ADJ horizontal

hormone N̄ Hormon nt

horn N̄ Horn nt; AUTO Hupe f

hornet N̄ Hornisse f

horny ADJ fam geil

horoscope N̄ Horoskop nt

horrible, horribly ADJ, ADV schrecklich **horrid, horridly** ADJ, ADV abscheulich **horrify** V̄T entsetzen **horror** N̄ Entsetzen nt; **~s** (things) Schrecken pl

hors d'oeuvre N̄ Vorspeise f

horse N̄ Pferd nt **horse chestnut** N̄ Rosskastanie f **horsepower** N̄ Pferdestärke f, PS nt **horse racing** N̄ Pferderennen nt **horseradish** N̄ Meerrettich m **horse riding** N̄ Reiten nt **horseshoe** N̄ Hufeisen nt

hose, hosepipe N̄ Schlauch m

hospitable ADJ gastfreundlich **hospital** N̄ Krankenhaus nt **hospitality** N̄ Gastfreundschaft f

host 1 N̄ Gastgeber m; TV (of show) Moderator(in) m(f), Talkmaster(in) m(f) **2** V̄T (party) geben; TV (TV show) moderieren

hostage N̄ Geisel f

hostel N̄ Wohnheim nt; (youth hostel) Jugendherberge f

hostess N̄ (of a party) Gastgeberin f

hostile ADJ feindlich **hostility** N̄ Feindseligkeit f

hot ADJ warm; (drink, food, water) warm; (spiced) scharf; **I'm (feeling) ~** mir ist heiß **hot dog** N̄ Hotdog m

hotel N̄ Hotel nt **hotel room** N̄ Hotelzimmer nt

hothouse N̄ Treibhaus nt **hotline** N̄ Hotline f **hotplate** N̄ Kochplatte f **hotpot** N̄ Fleischeintopf mit Kartoffeleinlage **hot-water bottle** N̄ Wärmflasche f

hour N̄ Stunde f; **wait for ~s** stundenlang warten; **~s** pl (of shops etc) Geschäftszeiten pl **hourly** ADJ stündlich

house 1 N̄ Haus nt; **at my ~** bei mir (zu Hause); **to my ~** zu mir (nach Hause); **on the ~** auf Kosten des Hauses; **the House of Commons/Lords** das britische Unterhaus/Oberhaus; **the Houses of Parliament** das britische Parlamentsgebäude **2** V̄T unterbringen **houseboat** N̄ Hausboot nt **household** N̄ Haushalt m; **~ appliance** Haushaltsgerät nt **house-husband** N̄ Hausmann m **housekeeping** N̄ Haushaltung f; (money) Haushaltsgeld nt **house-trained** ADJ stubenrein **house-warming (party)** N̄ Einzugsfeier f **housewife** N̄ Hausfrau f **house wine** N̄ Hauswein m **housework** N̄ Hausarbeit f

housing N̄ (houses) Wohnungen pl; (house building) Wohnungsbau m **housing benefit** N̄ Wohngeld nt **housing development, housing estate** (Br) N̄ Wohnsiedlung f

hover V̄I schweben **hoverboard** N̄ E-Board nt **hovercraft** N̄ Luftkissenboot nt

how ADV wie; **~ many** wie viele; **~ much** wie viel; **~ are you?** wie geht es Ihnen?; **~ are things?** wie geht's?; **~'s work?** was macht die Arbeit?; **~ about ...?** wie wäre es mit ...? **however 1** CONJ (but) jedoch, aber **2** ADV (no matter how) wie ... auch; **~ much it costs** wie viel es auch kostet

howl $\overline{VI}$ heulen **howler** $\overline{N}$ *fam* grober Schnitzer

HQ *abbr* → headquarters

hubcap $\overline{N}$ Radkappe *f*

hug 1 $\overline{VT}$ umarmen **2** $\overline{N}$ Umarmung *f*

huge ADJ riesig

hum $\overline{VI, VT}$ summen

human 1 ADJ menschlich; **~ rights** Menschenrechte *pl* **2** $\overline{N}$ **~ (being)** Mensch *m* **humanitarian** ADJ humanitär **humanity** $\overline{N}$ Menschheit *f*; (kindliness) Menschlichkeit *f*; **humanities** Geisteswissenschaften *pl* **human trafficking** $\overline{N}$ Menschenhandel *m*

humble ADJ demütig; (modest) bescheiden

humid ADJ feucht **humidity** $\overline{N}$ (Luft)feuchtigkeit *f*

humiliate $\overline{VT}$ demütigen **humiliation** $\overline{N}$ Erniedrigung *f*, Demütigung *f*

humor (US) → humour **humorous** ADJ humorvoll; (story) lustig, witzig **humour** $\overline{N}$ Humor *m*; **sense of ~** Sinn *m* für Humor

hump $\overline{N}$ Buckel *m*

hundred NUM one ~, a ~ (ein)hundert; **a ~ and one** hundert(und)eins; **two ~** zweihundert **hundredth 1** ADJ hundertste(r, s) **2** $\overline{N}$ (fraction) Hundertstel *nt* **hundredweight** $\overline{N}$ Zentner *m* (50,8 kg)

hung *pt, pp* → hang

Hungarian 1 ADJ ungarisch **2** $\overline{N}$ (person) Ungar(in) *m(f)*; (language) Ungarisch *nt* **Hungary** $\overline{N}$ Ungarn *nt*

hunger $\overline{N}$ Hunger *m* **hungry** ADJ hungrig; **be ~** Hunger haben

hunk $\overline{N}$ *fam* gut gebauter Mann **hunky** ADJ *fam* (man) gut gebaut

hunt 1 $\overline{N}$ Jagd *f*; (search) Suche *f* (for nach) **2** $\overline{VT, VI}$ jagen; (search) suchen (for nach) **hunting** $\overline{N}$ Jagen *nt*, Jagd *f*

hurdle $\overline{N}$ *a. fig* Hürde *f*; **the 400m ~s** der 400m-Hürdenlauf

hurl $\overline{VT}$ schleudern

hurricane $\overline{N}$ Orkan *m*

hurried ADJ eilig **hurry 1** $\overline{N}$ Eile *f*; **be in a ~** es eilig haben; **there's no ~** es eilt nicht **2** $\overline{VI}$ sich beeilen; **~ (up)** mach schnell! **3** $\overline{VT}$ antreiben

hurt 1 $\overline{VT}$ wehtun + *dat*; (wound: person, feelings) verletzen; **I've ~ my arm** ich habe mir am Arm wehgetan **2** $\overline{VI}$ wehtun; **my arm ~s** mir tut der Arm weh

husband $\overline{N}$ Ehemann *m*

husky 1 ADJ rau **2** $\overline{N}$ Schlittenhund *m*

hut $\overline{N}$ Hütte *f*

hyacinth $\overline{N}$ Hyazinthe *f*

hybrid $\overline{N}$ Kreuzung *f*

hydroelectric ADJ **~ power station** Wasserkraftwerk *nt*

hydrofoil $\overline{N}$ Tragflächenboot *nt*

hydrogen $\overline{N}$ Wasserstoff *m*

hygiene N̄ Hygiene f **hygienic** ADJ hygienisch
hymn N̄ Kirchenlied nt
hypermarket N̄ Großmarkt m
hypersensitive ADJ überempfindlich
hyphen N̄ Bindestrich m
hypnosis N̄ Hypnose f **hypnotize** VT hypnotisieren
hypochondriac N̄ eingebildete(r) Kranke(r)
hypocrisy N̄ Heuchelei f **hypocrite** N̄ Heuchler(in) m(f)
hypodermic ADJ, N̄ **(needle)** Spritze f
hypothetical ADJ hypothetisch
hysteria N̄ Hysterie f **hysterical** ADJ hysterisch; (amusing) zum Totlachen

I PRON ich
IBAN abbr = **International Bank Account Number** IBAN f
ice ① N̄ Eis nt ② VT (cake) glasieren **iceberg** N̄ Eisberg m **icebox** N̄ (US) Kühlschrank m **icecold** ADJ eiskalt **ice cream** N̄ Eis nt **ice cube** N̄ Eiswürfel m **iced** ADJ eisgekühlt; (coffee, tea) Eis-; (cake) glasiert **ice hockey** N̄ Eishockey nt

Iceland N̄ Island nt **Icelander** N̄ Isländer(in) m(f) **Icelandic** ① ADJ isländisch ② N̄ (language) Isländisch nt
ice lolly N̄ (Br) Eis nt am Stiel **ice rink** N̄ Kunsteisbahn f **ice skating** N̄ Schlittschuhlaufen nt
icing N̄ (on cake) Zuckerguss m
icon N̄ Ikone f; IT Icon nt, Programmsymbol nt
icy ADJ (slippery) vereist; (cold) eisig
I'd contr = **I would; I had**
ID abbr = **identification** Ausweis m
idea N̄ Idee f; (I've) no ~ (ich habe) keine Ahnung; **that's my ~ of ...** so stelle ich mir ... vor
ideal ① N̄ Ideal nt ② ADJ ideal **ideally** ADV ideal; (before statement) idealerweise
identical ADJ identisch; ~ **twins** eineiige Zwillinge
identification N̄ (of criminal etc) Identifizierung f; (papers) Ausweispapiere pl **identify** VT identifizieren **identity** N̄ Identität f **identity card** N̄ Personalausweis m
idiom N̄ Redewendung f **idiomatic** ADJ idiomatisch
idiot N̄ Idiot(in) m(f)
idle ADJ (doing nothing) untätig; (lazy) faul; (promise, threat) leer
idol N̄ Idol nt **idolize** VT vergöttern
idyllic ADJ idyllisch

i.e. *abbr* = **id est** d. h.

if CONJ wenn, falls; (*whether*) ob; **~ so** wenn ja; **~ I were you** wenn ich du/Sie wäre; **I don't know ~ he's coming** ich weiß nicht, ob er kommt

ignition N̄ Zündung f **ignition key** N̄ AUTO Zündschlüssel m

ignorance N̄ Unwissenheit f

ignorant ADJ unwissend **ignore** VT ignorieren, nicht beachten

I'll *contr* = **I will; I shall**

ill ADJ krank; **~ at ease** unbehaglich

illegal ADJ illegal

illegitimate ADJ unzulässig; (*child*) unehelich

illiterate ADJ **be ~** Analphabet(in) sein

illness N̄ Krankheit f

illuminate VT beleuchten **illuminating** ADJ (*remark*) aufschlussreich

illusion N̄ Illusion f; **be under the ~ that** ... sich einbilden, dass ...

illustrate VT illustrieren **illustration** N̄ Abbildung f, Bild nt

I'm *contr* = **I am**

image N̄ Bild nt; (*public image*) Image nt **imagination** N̄ Fantasie f; (*mistaken*) Einbildung f

imaginative ADJ fantasievoll **imagine** VT sich vorstellen; (*wrongly*) sich einbilden; **~!** stell dir vor!

imitate VT nachahmen, nach-

machen **imitation** ❶ N̄ Nachahmung f ❷ ADJ imitiert, Kunst-

immaculate ADJ tadellos; (*spotless*) makellos

immature ADJ unreif

immediate ADJ unmittelbar; (*instant*) sofortig; (*reply*) umgehend **immediately** ADV sofort

immense, immensely ADJ, ADV riesig, enorm

immersion heater N̄ Boiler m

immigrant N̄ Einwanderer m, Einwanderin f **immigration** N̄ Einwanderung f; (*facility*) Einwanderungskontrolle f

immobilize VT lähmen **immobilizer** N̄ AUTO Wegfahrsperre f

immoral ADJ unmoralisch

immortal ADJ unsterblich

immune ADJ MED immun (*from, to* gegen) **immune system** N̄ Immunsystem nt

impact N̄ Aufprall m; (*effect*) Auswirkung f (*on* auf + acc)

impatience N̄ Ungeduld f **impatient, impatiently** ADJ, ADV ungeduldig

impede VT behindern

imperfect ADJ unvollkommen; (*goods*) fehlerhaft

imperial ADJ kaiserlich, Reichs- **imperialism** N̄ Imperialismus m

impertinence N̄ Unverschämtheit f, Zumutung f **im-**

pertinent ADJ unverschämt
implant N MED Implantat nt
implausible ADJ unglaubwürdig
implement 1 N Werkzeug nt, Gerät nt 2 VT durchführen
implication N Folge f, Auswirkung f; (logical) Schlussfolgerung f **implicit** ADJ implizit, unausgesprochen **imply** VT (indicate), (mean) bedeuten; **are you ~ing that ...** wollen Sie damit sagen, dass ...
impolite ADJ unhöflich
import 1 VT einführen, importieren 2 N Einfuhr f, Import m
importance N Bedeutung f; **of no ~** unwichtig important ADJ wichtig (to sb für jdn); (significant) bedeutend; (influential) einflussreich
import duty N Einfuhrzoll m **import licence** N Einfuhrgenehmigung f
impose VT (conditions) auferlegen (on dat); (penalty, sanctions) verhängen (on gegen) **imposing** ADJ eindrucksvoll, imposant
impossible ADJ unmöglich
impotence N Machtlosigkeit f; (sexual) Impotenz f **impotent** ADJ machtlos; (sexually) impotent
impractical ADJ unpraktisch; (plan) undurchführbar
impress VT beeindrucken **impression** N Eindruck m **impressive** ADJ eindrucksvoll

imprison VT inhaftieren **imprisonment** N Inhaftierung f
improper ADJ (indecent) unanständig; (use) unsachgemäß
improve 1 VT verbessern 2 VI sich verbessern, besser werden; (patient) Fortschritte machen **improvement** N Verbesserung f (in + gen; on gegenüber); (in appearance) Verschönerung f
improvise VT, VI improvisieren
impulse N Impuls m **impulsive** ADJ impulsiv
in 1 PREP in + dat; (expressing motion) in + acc; (in the case of) bei; **put it ~ the drawer** tu es in die Schublade; **~ the army** beim Militär; **~ itself** an sich; (time) **~ the morning/afternoon/evening** am Morgen/ Nachmittag/Abend; **at three ~ the afternoon** um drei Uhr nachmittags; **~ 2007** (im Jahre) 2007; **~ July** im Juli; **~ a week** in einer Woche; **~ writing** schriftlich; **~ German** auf Deutsch; **one ~ ten** einer von zehn, jeder zehnte; **~ all** insgesamt 2 ADV (go) hinein; (come) herein; **be ~** zu Hause sein; (in fashion) in sein, modisch sein; (arrived) angekommen sein; **sb is ~ for sth** jdm steht etw bevor; (sth unpleasant) jdn kann sich auf etw acc gefasst machen; **be ~ on sth** an etw dat beteiligt sein
inability N Unfähigkeit f

inaccessible ADJ a. fig unzugänglich
inaccurate ADJ ungenau
inadequate ADJ unzulänglich
inappropriate ADJ unpassend; (*clothing*) ungeeignet; (*remark*) unangebracht
inbound ADJ (*flight*) ankommend
incapable ADJ unfähig (of zu); **be ~ of doing sth** nicht imstande sein, etw zu tun
incense N Weihrauch m
incentive N Anreiz m
incessant, incessantly ADJ, ADV unaufhörlich
incest N Inzest m
inch N Zoll m (*2,54 cm*)
incident N Vorfall m; (*disturbance*) Zwischenfall m **incidentally** ADV nebenbei bemerkt, übrigens
inclination N Neigung f **inclined** ADJ **be ~ to do sth** dazu neigen, etw zu tun
include VT einschließen; (*on list, in group*) aufnehmen **including** PREP einschließlich (*+ gen*); **not ~ service** Bedienung nicht inbegriffen **inclusive** ADJ einschließlich (*of + gen*); (*price*) Pauschal-
incoherent ADJ zusammenhanglos
income N Einkommen nt; (*from business*) Einkünfte pl **income tax** N Einkommensteuer f; (*on wages, salary*) Lohnsteuer f **incoming** ADJ an-

kommend; (*mail*) eingehend
incompatible ADJ unvereinbar; (*people*) unverträglich; IT nicht kompatibel
incompetent ADJ unfähig
incomplete ADJ unvollständig
incomprehensible ADJ unverständlich
inconceivable ADJ unvorstellbar
inconsiderate ADJ rücksichtslos
inconsistency N Inkonsequenz f; (*contradictory*) Widersprüchlichkeit f **inconsistent** ADJ inkonsequent; (*contradictory*) widersprüchlich; (*work*) unbeständig
inconvenience N Unannehmlichkeit f; (*trouble*) Umstände pl **inconvenient** ADJ ungünstig, unbequem; (*time*) **it's ~ for me** es kommt mir ungelegen; **if it's not too ~ for you** wenn es dir/Ihnen gelegen ist
incorporate VT aufnehmen (*into* in + acc); (*include*) enthalten
incorrect ADJ falsch; (*improper*) inkorrekt
increase 1 N Zunahme f (*in an + dat*); (*in amount, speed*) Erhöhung f (*in + gen*) 2 VT (*price, taxes, salary, speed etc*) erhöhen; (*wealth*) vermehren; (*number*) vergrößern 3 VI zunehmen (*in an + dat*); (*prices*) steigen; (*in size*) größer werden; (*in number*) sich vermehren increas-

ingly ADV zunehmend

incredible, incredibly ADJ, ADV unglaublich; (very good) fantastisch

incredulous ADJ ungläubig, skeptisch

incriminate VT belasten

incubator N Brutkasten m

incurable ADJ unheilbar

indecent ADJ unanständig

indecisive ADJ (person) unentschlossen; (result) nicht entscheidend

indeed ADV tatsächlich; (as answer) allerdings; **very hot ~** wirklich sehr heiß

indefinite, indefinitely ADJ, ADV unbestimmt; endlos; (postpone) auf unbestimmte Zeit

independence N Unabhängigkeit f **independent** ADJ unabhängig (of von); (person) selbstständig

indescribable ADJ unbeschreiblich

index N Index m, Verzeichnis nt **index finger** N Zeigefinger m

India N Indien nt **Indian** 1 ADJ indisch; (Native American) neg! indianisch 2 N Inder(in) m(f); (Native American) neg! Indianer(in) m(f) **Indian Ocean** N Indischer Ozean **Indian summer** N Spätsommer m, Altweibersommer m

indicate 1 VT (show) zeigen; (instrument) anzeigen; (suggest) hinweisen auf + acc 2 VI AUTO

blinken **indication** N (sign) Anzeichen nt (of für) **indicator** N AUTO Blinker m

indifferent ADJ (not caring) gleichgültig (to, towards gegenüber); (mediocre) mittelmäßig

indigestible ADJ unverdaulich **indigestion** N Verdauungsstörung f

indignity N Demütigung f

indirect, indirectly ADJ, ADV indirekt

indiscreet ADJ indiskret

indispensable ADJ unentbehrlich

indisposed ADJ unwohl

indisputable ADJ unbestreitbar; (evidence) unanfechtbar

individual 1 N Einzelne(r) mf 2 ADJ einzeln; (distinctive) eigen, individuell; **~ case** Einzelfall m **individually** ADV (separately) einzeln

Indonesia N Indonesien nt

indoor ADJ (shoes) Haus-; (plant, games) Zimmer-; SPORT (soccer, championship, record etc) Hallen- **indoors** ADV drinnen, im Haus

indulge 1 VI **~ in sth** sich dat etw gönnen **indulgence** N Nachsicht f; (enjoyment) (übermäßiger) Genuss; (luxury) Luxus m **indulgent** ADJ nachsichtig (with gegenüber)

industrial ADJ Industrie-, industriell; **~ estate** Industriegebiet nt **industry** N Industrie f

inedible ADJ nicht essbar, ungenießbar

ineffective ADJ unwirksam, wirkungslos **inefficient** ADJ unwirksam; (use, machine) unwirtschaftlich; (method etc) unrationell

inequality N Ungleichheit f

inevitable ADJ unvermeidlich **inevitably** ADV zwangsläufig

inexcusable ADJ unverzeihlich

inexpensive ADJ preisgünstig **inexperience** N Unerfahrenheit f **inexperienced** ADJ unerfahren

inexplicable ADJ unerklärlich

infallible ADJ unfehlbar

infamous ADJ (person) berüchtigt (for wegen); (deed) niederträchtig

infancy N frühe Kindheit **infant** N Säugling m; (small child) Kleinkind nt **infant school** N Vorschule f

infatuated ADJ vernarrt or verknallt (with in + acc)

infect VT (person) anstecken; (wound) infizieren **infection** N Infektion f **infectious** ADJ ansteckend

inferior ADJ (in quality) minderwertig; (in rank) untergeordnet **inferiority** N Minderwertigkeit f

infertile ADJ unfruchtbar

inflame VT MED entzünden **inflammation** N MED Entzündung f

inflatable ADJ aufblasbar **inflate** VT aufpumpen; (by blowing) aufblasen; (prices) hochtreiben

inflation N Inflation f

inflexible ADJ unflexibel

in-flight ADJ (catering, magazine) Bord-

influence ■ N Einfluss m (on auf + acc) ■ VT beeinflussen **influential** ADJ einflussreich

influenza N Grippe f

inform VT informieren (of, about über + acc); **keep sb ~ed** jdn auf dem Laufenden halten

informal ADJ zwanglos, ungezwungen

information N Auskunft f, Informationen pl; **for your ~** zu deiner/Ihrer Information; **further ~** weitere Informationen, Weiteres **information desk** N Auskunftsschalter m **information technology** N Informationstechnik f, Informationstechnologie f **informative** ADJ aufschlussreich

infra-red ADJ infrarot

infrastructure N Infrastruktur f

infuriate VT wütend machen **infuriating** ADJ äußerst ärgerlich

infusion N (herbal tea) Aufguss m; MED Infusion f

ingenious ADJ (person) erfinderisch; (device) raffiniert; (idea) genial

ingredient N GASTR Zutat f

inhabit VT bewohnen **inhabitant** N Einwohner(in) m(f)

inhale VT einatmen; (cigarettes) MED inhalieren **inhaler** N Inhalationsgerät nt

inherit VT erben **inheritance** N Erbe nt

in-house ADJ intern

inhuman ADJ unmenschlich

initial 1 ADJ anfänglich; ~ **stage** Anfangsstadium nt **2** VT mit Initialen unterschreiben **initially** ADV anfangs **initials** NPL Initialen pl

initiative N Initiative f

inject VT (drug etc) einspritzen; ~ **sb with sth** jdm etw (ein)-spritzen **injection** N Spritze f, Injektion f

injure VT verletzen; ~ **one's leg** sich dat das Bein verletzen **injury** N Verletzung f

injustice N Ungerechtigkeit f

ink N Tinte f **ink-jet printer** N Tintenstrahldrucker m

inland 1 ADJ Binnen- **2** ADV landeinwärts **inland revenue** N (Br) Finanzamt nt

in-laws NPL fam Schwiegereltern pl

inline skates NPL Inlineskates pl, Inliner pl

inmate N Insasse m

inn N Gasthaus nt

inner ADJ innere(r, s); ~ **city** Innenstadt f

innocence N Unschuld f **innocent** ADJ unschuldig

innovation N Neuerung f

innumerable ADJ unzählig

inoculate VT impfen (against gegen) **inoculation** N Impfung f

in-patient N stationärer Patient, stationäre Patientin

input N (contribution) Beitrag m; IT Eingabe f

inquire → enquire **inquiry** → enquiry

insane ADJ wahnsinnig; MED geisteskrank **insanity** N Wahnsinn m

insatiable ADJ unersättlich

inscription N (on stone etc) Inschrift f

insect N Insekt nt **insect repellent** N Insektenschutzmittel nt, Insektenspray m or nt

insecure ADJ (person) unsicher; (shelves) instabil

insensitive ADJ unempfindlich (to gegen); (unfeeling) gefühllos

inseparable ADJ unzertrennlich

insert 1 VT einfügen; (coin) einwerfen; (key etc) hineinstecken **2** N (in magazine) Beilage f **insertion** N (in text) Einfügen nt

inside 1 N **the** ~ das Innere; (surface) die Innenseite; **from the** ~ von innen **2** ADJ innere(r, s), Innen-; ~ **lane** AUTO Innenspur f; SPORT Innenbahn f **3** ADV (place) innen; (direction) hinein; **go** ~ hineingehen **4** PREP (place) in + dat; (into) in + acc ... hinein; (time, within) innerhalb + gen **inside out** ADV verkehrt herum; (know) in- und auswendig **insider** N̄ Eingeweihte(r) mf, Insider(in) m(f)

insight N̄ Einblick m (into in + acc)

insincere ADJ unaufrichtig, falsch

insinuation N̄ Andeutung f

insist V̄ī darauf bestehen; ~ **on sth** auf etw dat bestehen **insistent** ADJ hartnäckig

insomnia N̄ Schlaflosigkeit f

inspect V̄ṬT prüfen, kontrollieren **inspection** N̄ Prüfung f; (check) Kontrolle f **inspector** N̄ (police) Inspektor(in) m(f); (senior) Kommissar(in) m(f); (on bus etc) Kontrolleur(in) m(f)

inspiration N̄ Inspiration f **inspire** V̄ṬT (respect) einflößen (in dat; person) inspirieren

Instagram® N̄ ɪT Instagram® nt; **be on ~®** bei Instagram® sein

install V̄ṬT (software) installieren

installment, instalment N̄ Rate f; (of story) Folge f; **pay in ~s** auf Raten zahlen **installment plan** N̄ (US) Ratenkauf m

instance N̄ (of discrimination) Fall m; (example) Beispiel nt (of für + acc); **for ~** zum Beispiel

instant ▪▪ N̄ Augenblick m ▪▪ ADJ sofortig **instant coffee** N̄ löslicher Kaffee m **instantly** ADV sofort

instead ADV stattdessen **instead of** PREP (an)statt + gen

instinct N̄ Instinkt m **instinctive, instinctively** ADJ, ADV instinktiv

institute N̄ Institut nt **institution** N̄ (organisation) Institution f, Einrichtung f; (home) Anstalt f

instruct V̄ṬT anweisen **instruction** N̄ (teaching) Unterricht m; (command) Anweisung f; **~s for use** Gebrauchsanweisung f **instructor** N̄ Lehrer(in) m(f); (US) Dozent(in) m(f)

instrument N̄ Instrument nt **instrument panel** N̄ Armaturenbrett nt

insufficient ADJ ungenügend

insulate V̄ṬT ELEC isolieren **insulating tape** N̄ Isolierband nt **insulation** N̄ Isolierung f

insulin N̄ Insulin nt

insult ▪▪ N̄ Beleidigung f ▪▪ V̄ṬT beleidigen **insulting** ADJ beleidigend

insurance N̄ Versicherung f; **~ company** N̄ Versicherungsgesellschaft f; **~ policy** Versicherungspolice f **insure** V̄ṬT versichern (against gegen)

intake N̄ Aufnahme f

integrate V̄ṬT integrieren (into in + acc)

integrity N̄ Integrität f, Ehrlichkeit f

intellect N̄ Intellekt m **intellectual** ADJ intellektuell; (interests etc) geistig

intelligence N̄ (understanding) Intelligenz f **intelligent**

ADJ intelligent

intend VT beabsichtigen; **~ to do sth** vorhaben, etw zu tun

intense ADJ intensiv; (*pressure*) enorm; (*competition*) heftig **intensity** N Intensität f **intensive** ADJ intensiv **intensive care unit** N Intensivstation f

intention N Absicht f **intentional, intentionally** ADJ, ADV absichtlich

interact VI aufeinander einwirken **interaction** N Interaktion f, Wechselwirkung f **interactive** ADJ interaktiv

interchange N (*of motorways*) Autobahnkreuz nt **interchangeable** ADJ austauschbar

intercity N Intercityzug m, IC m **intercity bus** N Fernbus m **intercom** N (Gegen)sprechanlage f

intercourse N (*sexual*) Geschlechtsverkehr m

interdental brush N Interdentalbürste f

interest 1 N Interesse nt; FIN (*on money*) Zinsen pl; COMM (*share*) Anteil m; **be of ~** von Interesse sein (to für) 2 VT interessieren **interested** ADJ interessiert (in an + dat); **be ~ in sth** sich interessieren für; **are you ~ in coming?** hast du Lust, mitzukommen? **interesting** ADJ interessant **interest rate** N Zinssatz m

interface N IT Schnittstelle f

interfere VI (*meddle*) sich einmischen (*with, in* in + acc) **interference** N Einmischung f; TV, RADIO Störung f

interior 1 ADJ Innen- 2 N Innere(s) nt; (*of car*) Innenraum m; (*of house*) Innenausstattung f

intermediate ADJ Zwischen-

intermission N Pause f

intern N Assistent(in) m(f)

internal ADJ innere(r, s); (*flight*) Inlands-; **~ revenue** (US) Finanzamt nt **internally** ADV innen; (*in body*) innerlich

international 1 ADJ international; **~ match** Länderspiel nt; **~ flight** Auslandsflug m 2 N SPORT (*player*) Nationalspieler(in) m(f)

Internet N IT Internet nt **Internet access** N Internetzugang m **Internet auction** N Internetauktion f **Internet banking** N Onlinebanking nt **Internet café** N Internetcafé nt **Internet connection** N Internetanschluss m **Internet dating** N Internetdating nt **Internet of Things** N Internet nt der Dinge **Internet provider** N Internetprovider m **Internet-ready** ADJ internetfähig

interpret VI, VT (*translate*) dolmetschen; (*explain*) interpretieren **interpretation** N Interpretation f **interpreter** N Dolmetscher(in) m(f)

interrogate V̄T̄ verhören **interrogation** N̄ Verhör nt

interrupt V̄T̄ unterbrechen **interruption** N̄ Unterbrechung f

intersection N̄ (of roads) Kreuzung f

interstate N̄ (US) zwischenstaatlich; ~ **highway** ≈ Bundesautobahn f

interval N̄ (space, time) Abstand m; (theatre etc) Pause f

intervene V̄Ī eingreifen (in in)

intervention N̄ Eingreifen nt; POL Intervention f

interview 1̄ N̄ Interview nt; (for job) Vorstellungsgespräch nt 2̄ V̄T̄ interviewen; (job applicant) ein Vorstellungsgespräch führen mit **interviewer** N̄ Interviewer(in) m(f)

intestine N̄ Darm m; ~s pl Eingeweide pl

intimate ADJ (friends) vertraut, eng; (atmosphere) gemütlich; (sexually) intim

intimidate V̄T̄ einschüchtern **intimidation** N̄ Einschüchterung f

into PREP in + acc; (crash) gegen; **translate ~ French** ins Französische übersetzen; **be ~ sth** fam auf etw acc stehen

intolerable ADJ unerträglich

intolerant ADJ intolerant

intoxicated ADJ betrunken; fig berauscht

intricate ADJ kompliziert

intrigue V̄T̄ faszinieren **intriguing** ADJ faszinierend, fesselnd

introduce V̄T̄ (person) vorstellen (to sb jdm); (sth new) einführen (to in + acc) **introduction** N̄ Einführung f (to in + acc); (to book) Einleitung f (to zu); (to person) Vorstellung f

introvert N̄ Introvertierte(r) mf

intuition N̄ Intuition f

invade V̄T̄ einfallen in + acc

invalid 1̄ N̄ Kranke(r) mf; (disabled) Invalide m 2̄ ADJ (not valid) ungültig

invaluable ADJ äußerst wertvoll, unschätzbar

invariably ADV ständig; (every time) jedes Mal, ohne Ausnahme

invasion N̄ Invasion f (of in + acc)

invent V̄T̄ erfinden **invention** N̄ Erfindung f **inventor** N̄ Erfinder(in) m(f)

inverted commas NPL Anführungszeichen pl

invest V̄T̄, V̄Ī investieren (in in + acc)

investigate V̄T̄ untersuchen **investigation** N̄ Untersuchung f (into + gen)

investment N̄ Investition f; **it's a good ~** es ist eine gute Anlage

invigorating ADJ erfrischend, belebend; (tonic) stärkend

invisible ADJ unsichtbar

invitation N̄ Einladung f in-

vite V̄T̄ einladen
invoice N̄ (bill) Rechnung f
involuntary ADJ unbeabsichtigt
involve V̄T̄ verwickeln (in sth in etw acc); (entail) zur Folge haben; **be ~d in sth** (participate in) an etw dat beteiligt sein; **I'm not ~d** (affected) ich bin nicht betroffen
inward ADJ innere(r, s) **inwardly** ADV innerlich **inwards** ADV nach innen
iodine N̄ Jod nt
IOU abbr = **I owe you** Schuldschein m
iPad® N̄ IT iPad® nt
iPhone® N̄ IT iPhone® nt
iPod® N̄ IT iPod® nt
IQ abbr = **intelligence quotient** IQ m
Iran N̄ der Iran
Iraq N̄ der Irak
Ireland N̄ Irland nt
iris N̄ (flower) Schwertlilie f; (of eye) Iris f
Irish 1 ADJ irisch; **~ coffee** Irish Coffee m; **~ Sea** die Irische See 2 N̄ (language) Irisch nt; **the ~** pl die Iren pl **Irishman** N̄ Ire m **Irishwoman** N̄ Irin f
iris scanner N̄ Iris-Scanner m
iron 1 N̄ Eisen nt; (for ironing) Bügeleisen nt 2 ADJ eisern 3 V̄T̄ bügeln
ironic(al) ADJ ironisch
ironing board N̄ Bügelbrett nt
irony N̄ Ironie f

irrational ADJ irrational
irregular ADJ unregelmäßig
irrelevant ADJ belanglos, irrelevant
irreplaceable ADJ unersetzlich
irresistible ADJ unwiderstehlich
irresponsible ADJ verantwortungslos
irretrievable ADV unwiederbringlich; (loss) unersetzlich
irritable ADJ reizbar **irritate** V̄T̄ (annoy) ärgern; (deliberately) reizen **irritation** N̄ (anger) Ärger; med Reizung f
is 3rd person sg present → **be**; ist
Islam N̄ Islam m **Islamic** ADJ islamisch
island N̄ Insel f **Isle** N̄ (in names) **the ~ of Man** die Insel Man; **the British ~s** die Britischen Inseln
isn't contr = **is not**
isolate V̄T̄ isolieren **isolated** ADJ (remote) abgelegen **isolation** N̄ Isolierung f
Israel N̄ Israel m **Israeli** 1 ADJ israelisch 2 N̄ Israeli m or f
issue 1 N̄ (matter) Frage f; (problem) Problem nt; (subject) Thema nt; (of newspaper etc) Ausgabe f; **that's not the ~** darum geht es nicht 2 V̄T̄ ausgeben; (document) ausstellen; (orders) erteilen; (book) herausgeben
it PRON (as subject) er/sie/es; (as direct object) ihn/sie/es; (as indi-

rect object) ihm/ihr/ihm; **the worst thing about ~** das Schlimmste daran; **who is ~?** ~**'s me**/~**'s him** wer ist da? ich bin's/er ist's; ~**'s your turn** du bist dran; **that's** ~ ja genau!; ~**'s raining** es regnet; ~**'s Charlie here,** hier spricht Charlie

IT *abbr →* information technology IT *f*

Italian 1 ADJ italienisch 2 N Italiener(in) *m(f)*; *(language)* Italienisch *nt*

italic 1 ADJ kursiv 2 NPL **in ~s** kursiv

Italy N Italien *nt*

itch 1 N Jucken *nt*; **I have an ~** mich juckt es 2 VI jucken; **he is ~ing to ...** es juckt ihn, zu ...

itchy ADJ juckend

it'd *contr* = **it would**; **it had**

item 1 N *(article)* Gegenstand *m*; *(in catalogue)* Artikel *m*; *(on list, in accounts)* Posten *m*; *(on agenda)* Punkt *m*; *(in news)* Bericht *m*; TV *(radio)* Meldung *f*

itinerary N Reiseroute *f*

it'll *contr* = **it will; it shall**

its PRON sein; *(feminine form)* ihr

it's *contr* = **it is; it has**

itself PRON *(reflexive)* sich; *(emphatic)* **the house ~** das Haus selbst *or* an sich; **by ~** allein; **the door closes (by) ~** die Tür schließt sich von selbst

I've *contr* = **I have**

ivory N Elfenbein *nt*

ivy N Efeu *m*

J

jab 1 VT *(needle, knife)* stechen *(into in* + *acc)* 2 N *fam* Spritze *f*

jack N AUTO Wagenheber *m*, Bube *m* **jack in** VT *fam* aufgeben, hinschmeißen **jack up** VT *(car etc)* aufbocken

jacket N Jacke *f*; *(of man's suit)* Jackett *nt*; *(of book)* Schutzumschlag *m* **jacket potato** N *(in der Schale)* gebackene Kartoffel

jack-knife 1 N Klappmesser *nt* 2 VI *(truck)* sich quer stellen

jacuzzi N *(bath)* Whirlpool *m*

jail 1 N Gefängnis *nt* 2 VT einsperren

jam 1 N Konfitüre *f*, Marmelade *f*; *(traffic jam)* Stau *m* 2 VT *(street)* verstopfen; **be ~med** *(stuck)* klemmen; ~ **on the brakes** eine Vollbremsung machen

Jamaica N Jamaika *nt*

jam-packed ADJ proppenvoll

janitor N *(US)* Hausmeister(in) *m(f)*

January N Januar *m*

Japan N Japan *nt* **Japanese** 1 ADJ japanisch 2 N *(person)* Japaner(in) *m(f)*; *(language)* Japanisch *nt*

jar N Glas *nt*

jaundice N Gelbsucht *f*

javelin N̲ Speer m; SPORT Speerwerfen nt

jaw N̲ Kiefer m

jazz N̲ Jazz m

jealous ADJ eifersüchtig (of auf + acc); **don't make me ~** mach mich nicht neidisch **jealousy** N̲ Eifersucht f

jeans NPL Jeans pl

jelly N̲ Gelee nt; (dessert) Götterspeise f; (US, jam) Marmelade f **jelly baby** N̲ (sweet) Gummibärchen nt **jellyfish** N̲ Qualle f

jeopardize VT̲ gefährden

jerk 1̲ N̲ Ruck m; (idiot) Trottel m 2̲ VT̲ ruckartig bewegen 3̲ VI̲ (rope) rucken; (muscles) zucken

Jerusalem N̲ Jerusalem nt

jet N̲ (of water etc) Strahl m; (nozzle) Düse f; (aircraft) Düsenflugzeug nt **jet foil** N̲ Tragflächenboot nt **jetlag** N̲ Jetlag m (Müdigkeit nach langem Flug)

Jew N̲ Jude m, Jüdin f

jewel N̲ Edelstein m; (esp fig) Juwel m or nt **jeweller**, **jeweler** (US) N̲ Juwelier(in) m(f) **jewellery**, **jewelery** (US) N̲ Schmuck m

Jewish ADJ jüdisch; **she's ~** sie ist Jüdin

jigsaw (puzzle) N̲ Puzzle nt

jilt VT̲ den Laufpass geben + dat

jitters NPL fam **have the ~** die Bammel haben **jittery** ADJ fam ganz nervös

job N̲ (piece of work) Arbeit f;

(task) Aufgabe f; (occupation) Stellung f, Job m; **what's your ~?** was machen Sie beruflich? **job centre** N̲ Arbeitsvermittlungsstelle f, Arbeitsamt nt **job-hunting** N̲ **go ~** auf Arbeitssuche gehen **jobless** ADJ arbeitslos **job seeker** N̲ Arbeitssuchende(r) m/f **job-seeker's allowance** N̲ Arbeitslosengeld nt **job-sharing** N̲ Arbeitsplatzteilung f

jockey N̲ Jockey m

jog 1̲ VT̲ (person) anstoßen 2̲ VI̲ (run) joggen **jogging** N̲ Jogging nt; **go ~** joggen gehen

john N̲ (US) fam Klo nt

join 1̲ VT̲ (put together) verbinden (to mit); (club etc) beitreten + dat; **~ sb** sich jdm anschließen; (sit with) sich zu jdm setzen 2̲ VI̲ (unite) sich vereinigen; (rivers) zusammenfließen **join in** VI̲, VT̲ mitmachen (sth bei etw)

joint 1̲ N̲ (of bones) Gelenk nt; (in pipe etc) Verbindungsstelle f; (of meat) Braten m; (of marijuana) Joint m 2̲ ADJ gemeinsam **joint account** N̲ Gemeinschaftskonto nt **jointly** ADV gemeinsam

joke 1̲ N̲ Witz m; (prank) Streich m; **for a ~** zum Spaß; **it's no ~** das ist nicht zum Lachen 2̲ VI̲ Witze machen; **you must be joking** das ist ja wohl nicht dein Ernst!

jolly ADJ lustig, vergnügt

Jordan N̄ (country) Jordanien nt; (river) Jordan m

jot down VT sich notieren **jotter** N̄ Notizbuch nt

journal N̄ (diary) Tagebuch nt; (magazine) Zeitschrift f **journalism** N̄ Journalismus m **journalist** N̄ Journalist(in) m(f)

journey N̄ Reise f; (esp on stage, by car, train) Fahrt f

joy N̄ Freude f (at über + acc)

joystick N̄ IT Joystick m; AVIAT Steuerknüppel m

judge 1 N̄ Richter(in) m(f); SPORT Punktrichter(in) m(f) 2 VT beurteilen (by nach) 3 VI urteilen (by nach) **judg(e)ment** N̄ LAW Urteil nt; (opinion) Ansicht f; **an error of ~** Fehleinschätzung f

judo N̄ Judo nt

jug N̄ Krug m

juggle VI jonglieren (with mit)

juice N̄ Saft m **juicy** ADJ saftig

July N̄ Juli m; → September

jumble 1 N̄ Durcheinander m 2 VT **~ (up)** durcheinanderwerfen; (facts) durcheinanderbringen **jumble sale** N̄ Flohmarkt m, (for charity) Wohltätigkeitsbasar m

jump 1 VI springen; (nervously) zusammenzucken; **~ to conclusions** voreilige Schlüsse ziehen 2 VT (omit) überspringen; **~ the lights** bei Rot über die Kreuzung fahren; **~ the queue** sich vordrängen 3 N̄ Sprung

m; (for horses) Hindernis nt

jumper N̄ Pullover m; (US, dress) Trägerkleid nt; (person, horse) Springer(in) m(f) **jumper cable** N̄ (US), **jump lead** N̄ (Br) AUTO Starthilfekabel nt

junction N̄ (of roads) Kreuzung f; RAIL Knotenpunkt m

June N̄ Juni m; → September

jungle N̄ Dschungel m

junior 1 ADJ (younger) jünger; (lower position) untergeordnet (to sb jdm) 2 N̄ jünger; **my ~ is two years** sie ist zwei Jahre jünger als ich **junior high (school)** N̄ (US) ≈ Mittelschule f **junior school** N̄ (Br) Grundschule f

junk N̄ (trash) Plunder m **junk food** N̄ Nahrungsmittel pl mit geringem Nährwert, Junkfood nt **junkie** N̄ fam Junkie m, Fixer(in) m(f); fig (fan) Freak m **junk mail** N̄ Reklame f; IT Junkmail f **junk shop** N̄ Trödelladen m

jury N̄ Geschworene pl; (in competition) Jury f

just 1 ADJ gerecht 2 ADV (recently) gerade; (exactly) genau; **~ as expected** genau wie erwartet; **~ as nice** genauso nett; (barely) **~ in time** gerade noch rechtzeitig; (immediately) **~ before/after** ... gleich vor/nach ...; (small distance) **~ round the corner** gleich um die Ecke; (a little) **~ over an hour** etwas mehr als eine Stunde; (only) **~ the two of us** nur wir beide;

~ **a moment** Moment mal; (*absolutely, simply*) **it was ~ fantastic** es war einfach klasse; ~ **about** so etwas; (*more or less*) mehr oder weniger; ~ **about ready** fast fertig

justice N Gerechtigkeit f **justifiable** ADJ berechtigt **justifiably** ADV zu Recht **justify** VT rechtfertigen

juvenile 1 N **1** ADJ Jugend-, jugendlich **2** N Jugendliche(r) mf

K

k abbr → thousand; **15k** 15 000
K abbr → kilobyte KB
kangaroo N Känguru nt
karaoke N Karaoke nt
karate N Karate nt
kart N Gokart m
kayak N Kajak m or nt **kayaking** N Kajakfahren nt
Kazakhstan N Kasachstan nt
kebab N (*shish kebab*) Schaschlik nt or m; (*doner kebab*) Kebab m

keel N NAUT Kiel m **keel over** VI (*boat*) kentern; (*person*) umkippen
keen ADJ begeistert (*on* von); (*hardworking*) eifrig; (*mind, wind*) scharf; (*interest, feeling etc*) stark; **be ~ on sb** von jdm

angetan sein; **she's ~ on riding** sie reitet gern; **be ~ to do sth** darauf erpicht sein, etw zu tun
keep 1 VT (*retain*) behalten; (*secret*) für sich behalten; (*observe*) einhalten; (*promise*) halten; (*run: shop, diary, accounts*) führen; (*animals*) halten; (*store*) aufbewahren; (*support, family etc*) unterhalten, versorgen; ~ **sb waiting** jdn warten lassen; ~ **sb from doing sth** jdn davon abhalten, etw zu tun; ~ **sth clean/secret** etw sauber/geheim halten; **'~ clear'** „(bitte) frei halten"; ~ **this to yourself** behalt das für dich/behalten Sie das für sich **2** VI (*food*) sich halten; (*remain, with adj*) bleiben; ~ **quiet** sei/seien Sie ruhig!; ~ **left** links fahren; ~ **doing sth** (*repeatedly*) etw immer wieder tun; ~ **at it** mach weiter so!; **it ~s happening** es passiert immer wieder **keep back 1** VT zurückbleiben **2** VT zurückhalten; (*information*) verschweigen (*from sb* jdm) **keep off** VT (*person, animal*) fernhalten; **'~ the grass'** „Betreten des Rasens verboten" **keep on 1** VI weitermachen; (*walking*) weitergehen; (*in car*) weiterfahren; ~ **doing sth** (*persistently*) etw immer wieder tun **2** VT (*coat etc*) anbehalten **keep out 1** VT nicht hereinlassen **2** VI draußen bleiben; ~ (*on sign*) Eintritt verboten

keep to V̄T (road, path) bleiben auf + dat; (plan etc) sich halten an + acc; **~ the point** bei der Sache bleiben **keep up** 1 V̄I Schritt halten (with mit) 2 V̄T (maintain) aufrechterhalten; (speed) halten; **~ appearances** den Schein wahren; **keep it up!** fam weiter so!

keeper N̄ (museum etc) Aufseher(in) m(f); (goalkeeper) Torwart m; (zoo keeper) Tierpfleger(in) m(f) **keep-fit** N̄ Fitnesstraining nt; **~ exercises** Gymnastik f

kennel N̄ Hundehütte f **kennels** N̄ Hundepension f

Kenya N̄ Kenia nt

kept pt, pp → keep

kerb N̄ Randstein m

kerosene N̄ (US) Petroleum nt

ketchup N̄ Ketchup m or nt

kettle N̄ Kessel m

key 1 N̄ (of door) Schlüssel m; (of piano, computer) Taste f; MUS Tonart f; (for map etc) Zeichenerklärung f 2 V̄T **~ (in)** IT eingeben 3 ADJ entscheidend **keyboard** N̄ (of piano, computer) Tastatur f **key card** N̄ (in hotel etc) Schlüsselkarte f **keyhole** N̄ Schlüsselloch nt **keypad** N̄ IT Nummernblock m **keyring** N̄ Schlüsselring m **keyword** N̄ Schlüsselwort nt

kick 1 N̄ Tritt m; SPORT Stoß m 2 V̄T, V̄I treten **kick out** V̄T fam rausschmeißen (of aus) **kick-off** N̄ SPORT Anstoß m

kid 1 N̄ (child) Kind nt 2 V̄T (tease) auf den Arm nehmen 3 V̄I Witze machen; **you're ~ding** das ist doch nicht dein Ernst!; **no ~ding** aber echt!

kidnap V̄T entführen **kidnapper** N̄ Entführer(in) m(f) **kidnapping** N̄ Entführung f

kidney N̄ Niere f **kidney machine** N̄ künstliche Niere

kill V̄T töten; (esp intentionally) umbringen; (weeds) vernichten **killer** N̄ Mörder(in) m(f)

kilo N̄ Kilo nt **kilobyte** N̄ Kilobyte nt **kilogramme** N̄ Kilogramm nt **kilometer** (US), **kilometre** N̄ Kilometer m; **~s per hour** Stundenkilometer pl **kilowatt** N̄ Kilowatt nt

kilt N̄ Schottenrock m

kind 1 ADJ nett, freundlich (to zu) 2 N̄ Art f; (of coffee, cheese etc) Sorte f; **what ~ of ...?** was für ein(e) ...?; **this ~ of ...** so eine(e) ...; **~ of** (+ adj) fam irgendwie

kindergarten N̄ Kindergarten m

kindly 1 ADJ nett, freundlich 2 ADV liebenswürdigerweise

king N̄ König m **kingdom** N̄ Königreich nt **king-size** ADJ im Großformat; (bed) extra groß

kipper N̄ Räucherhering m

kiss 1 N̄ Kuss m; **~ of life** Mund-zu-Mund-Beatmung f 2 V̄T küssen

kit N̄ (equipment) Ausrüstung f;

fam Sachen *pl*; *(sports kit)* Sportsachen *pl*; *(for building sth)* Bausatz *m*

kitchen N̄ Küche *f* **kitchen foil** N̄ Alufolie *f* **kitchen scales** N̄ Küchenwaage *f* **kitchenware** N̄ Küchengeschirr *nt*

kite N̄ Drachen *m*

kitten N̄ Kätzchen *nt*

kiwi N̄ *(fruit)* Kiwi *f*

km *abbr* = **kilometre(s)** km

knack N̄ Dreh *m*, Trick *m*; **get/ have got the ~** den Dreh herauskriegen/herausheben

knackered ADJ *(Br) fam* fix und fertig, kaputt

knee N̄ Knie *nt* **kneecap** N̄ Kniescheibe *f* **knee-jerk** ADJ *(reaction)* reflexartig **kneel** V̄ī knien; *(action, kneel down)* sich hinknien

knelt *pt, pp* = **kneel**

knew *pt* = **know**

knickers N̄PL *(Br fam)* Schlüpfer *m*

knife N̄ Messer *nt*

knight N̄ Ritter *m*; *(in chess)* Pferd *nt*, Springer *m*

knit V̄T, V̄ī stricken **knitting** N̄ *(piece of work)* Strickarbeit *f*; *(activity)* Stricken *nt* **knitwear** N̄ Strickwaren *pl*

knob N̄ *(on door)* Knauf *m*; *(on radio etc)* Knopf *m*

knock ❶ V̄T *(with hammer etc)* schlagen; *(accidentally)* stoßen; **~ one's head** sich *dat* den Kopf anschlagen ❷ V̄ī klopfen *(on, at*

an + *acc)* ❸ N̄ *(blow)* Schlag *m*; *(on door)* Klopfen *nt*; **there was a ~ (at the door)** es hat geklopft **knock down** V̄T *(object)* umstoßen; *(person)* niederschlagen; *(with car)* anfahren; *(building)* abreißen **knock out** V̄T *(stun)* bewusstlos schlagen; *(boxer)* k.o. schlagen

knot N̄ Knoten *m*

know V̄T, V̄ī wissen; *(be acquainted with: people, places)* kennen; *(recognize)* erkennen; *(language)* können; **I'll let you ~** ich sage dir/Ihnen Bescheid; **I ~ some French** ich kann etwas Französisch; **get to ~ sb** jdn kennenlernen; **be ~n as** bekannt sein als **know of** V̄T wissen von; **not that I ~** nicht dass ich wüsste **know-all** N̄ *fam* Klugscheißer *m* **know-how** N̄ Kenntnis *f*, Know-how *nt* **knowing** ADJ wissend; *(look, smile)* vielsagend **knowledge** N̄ Wissen *nt*; *(of a subject)* Kenntnisse *pl*; **to (the best of) my ~** meines Wissens

known *pp* = **know**

knuckle N̄ *(Finger)*knöchel *m*; GASTR Hachse *f* **knuckle down** V̄ī sich an die Arbeit machen

Koran N̄ Koran *m*

Korea N̄ Korea *nt*

kosher ADJ koscher; *fig* in Ordnung

Kosovo N̄ der Kosovo

kph *abbr* = **kilometres per hour**

km/h

Kremlin N̲ the ~ der Kreml
Kurd N̲ Kurde m, Kurdin f
Kurdish ADJ kurdisch
Kuwait N̲ Kuwait nt

L

L abbr (Br) AUTO → learner
LA abbr = **Los Angeles**
lab N̲ fam Labor nt
label 1 N̲ Etikett nt; (tied) Anhänger m; (adhesive) Aufkleber m; (record label) Label nt 2 V̲T̲ etikettieren; pej abstempeln
labor (US), **labour** 1 N̲ Arbeit f; MED Wehen pl; **be in** ~ in den Wehen haben 2 ADJ POL Labour-; **Labour Party** Labour Party f
laboratory N̲ Labor nt
laborious ADJ mühsam **labor union** N̲ (US) Gewerkschaft f **labourer** N̲ Arbeiter(in) m(f)
lace 1 N̲ (fabric) Spitze f; (of shoe) Schnürsenkel m 2 V̲T̲ ~ **(up)** zuschnüren
lack 1 V̲T̲, V̲I̲ fehlen; **we ~ the time** uns fehlt die Zeit 2 N̲ Mangel m (of an + dat)
lacquer N̲ Lack m; (Br, hair lacquer) Haarspray nt
lactose N̲ CHEM, BIO Laktose f **lactose-free** ADJ laktosefrei **lactose intolerance** N̲ MED Laktoseunverträglichkeit f

lad N̲ Junge m
ladder N̲ Leiter f; (in tight) Laufmasche f
laddish ADJ (Br) machohaft
laden ADJ beladen (with mit)
ladies, ladies' room N̲ Damentoilette f
lad mag N̲ Männerzeitschrift f
lady N̲ Dame f; (as title) Lady f **ladybird, ladybug** (US) N̲ Marienkäfer m **Ladyshave** N̲ Epiliergerät nt
lag 1 V̲I̲ ~ **(behind)** zurückliegen 2 V̲T̲ (pipes) isolieren
lager N̲ helles Bier; ~ **lout** betrunkener Rowdy
laid pt, pp → **lay laid-back** ADJ fam cool, gelassen
lain pp → **lie**
lake N̲ See m
lamb N̲ Lamm nt; (meat) Lammfleisch nt **lamb chop** N̲ Lammkotelett nt
lame ADJ lahm; (excuse) faul; (argument) schwach
lament 1 N̲ Klage f 2 V̲T̲ beklagen
laminated ADJ beschichtet
lamp N̲ Lampe f; (in street) Laterne f; (in car) Licht nt, Scheinwerfer m
land 1 N̲ Land nt 2 V̲I̲ (from ship) an Land gehen; AVIAT landen **landing** N̲ Landung f; (on stairs) Treppenabsatz m **landing stage** N̲ Landesteg m **landing strip** N̲ Landebahn f **landlady** N̲ Hauswirtin f, Vermieterin f **landline** N̲ TEL

Festnetz nt; **Festnetzanschluss** m **landline number** N̄ TEL Festnetznummer f **landlord** N̄ (of house) Hauswirt m, Vermieter m; (of pub) Gastwirt m **landowner** N̄ Grundbesitzer(in) m(f) **landscape** N̄ Landschaft f; (format) Querformat nt **landslide** N̄ Erdrutsch m

lane N̄ (in country) enge Landstraße, Weg m; (in town) Gasse f; (of motorway) Spur f; SPORT Bahn f; **get in ~** (in car) sich einordnen

language N̄ Sprache f

lantern N̄ Laterne f

lap N̄ ◾ Schoß m; (in race) Runde f ◾ VT (in race) überholen

lapse N̄ ◾ (mistake) Irrtum m; (moral) Fehltritt m ◾ VI ablaufen

laptop N̄ Laptop m **laptop bag** N̄ Laptoptasche f

large ADJ groß; **by and ~** im Großen und Ganzen **largely** ADV zum größten Teil **large-scale** ADJ groß angelegt, Groß-

lark N̄ (bird) Lerche f

larynx N̄ Kehlkopf m

laser N̄ Laser m **laser printer** N̄ Laserdrucker m

lash VT peitschen **lash out** VI (with fists) um sich schlagen; (spend money) sich in Unkosten stürzen (on mit)

lass N̄ Mädchen nt

last ◾ ADJ letzte(r, s); **the ~ but** **one** der/die/das vorletzte; **~ night** gestern Abend; **~ but not least** nicht zuletzt ◾ ADV zuletzt; (last time) das letzte Mal; **at ~** endlich ◾ N̄ (person) Letzte(r) mf; (thing) Letzte(s) nt; **he was the ~ to leave** er ging als Letzter ◾ VI (continue) dauern; (remain in good condition) durchhalten; (remain good) sich halten; (money) ausreichen **lasting** ADJ dauerhaft; (impression) nachhaltig **lastly** ADV schließlich **last-minute** ADJ in letzter Minute **last name** N̄ Nachname m

late ◾ ADJ spät; (after proper time) zu spät; (train etc) verspätet; (dead) verstorben; **be ~** zu spät kommen; (train etc) Verspätung haben ◾ ADV spät; (after proper time) zu spät **late availability flight** N̄ Last-Minute-Flug m **lately** ADV in letzter Zeit **late opening** N̄ verlängerte Öffnungszeiten pl **later** ADJ, ADV später; **see you ~** bis später **latest** ◾ ADJ spätester(e, s); (most recent) neueste(r, s) ◾ N̄ **the ~** (news) das Neueste; **at the ~** spätestens

Latin ◾ N̄ Latein nt ◾ ADJ lateinisch **Latin America** N̄ Lateinamerika nt **Latin-American** ◾ ADJ lateinamerikanisch ◾ N̄ Lateinamerikaner(in) m(f)

latter ADJ (second of two) letztere(r, s); (last: part, years) letzte(r, s), später

Latvia N̲ Lettland nt **Latvian**
1 A̲D̲J̲ lettisch **2** N̲ (person) Let-
te m, Lettin f; (language) Let-
tisch nt
laugh 1 N̲ Lachen nt; **for a ~**
aus Spaß **2** V̲I̲ lachen (at, about
über + acc); **~ at sb** sich über
jdn lustig machen; **it's no**
~ing matter es ist nicht zum
Lachen **laughter** N̲ Gelächter
nt
launch 1 N̲ (launching, of ship)
Stapellauf m; (of rocket) Ab-
schuss m; (of product) Marktein-
führung f; (event) Eröffnungs-
feier f **2** V̲T̲ (ship) vom Stapel
lassen; (rocket) abschießen;
(product) einführen; (project) in
Gang setzen
laundrette N̲ (Brit), **laundro-**
mat N̲ (US) Waschsalon m
laundry N̲ (place) Wäscherei
f; (clothes) Wäsche f
lavatory N̲ Toilette f
lavender N̲ Lavendel m
lavish A̲D̲J̲ verschwenderisch;
(furnishings etc) üppig; (gift)
großzügig
law N̲ Gesetz nt; (system) Recht
nt; (for study) Jura; (of sport) Regel f; **against the ~** gesetzwidrig **law-abiding** A̲D̲J̲ gesetzes-
treu **law court** N̲ Gerichtshof
m **lawful** A̲D̲J̲ rechtmäßig
lawn N̲ Rasen m **lawnmower**
N̲ Rasenmäher m
lawsuit N̲ Prozess m **lawyer**
N̲ Rechtsanwalt m, Rechtsanwältin f

laxative N̲ Abführmittel nt
lay 1 pt → **lie 2** V̲T̲ legen; (table)
decken; vulg poppen, bumsen;
(egg) legen **3** A̲D̲J̲ Laien- **lay**
down V̲T̲ hinlegen **lay on** V̲T̲
(provide) anbieten; (organize)
veranstalten; bereitstellen
layabout N̲ Faulenzer(in)
m(f)
layer N̲ Schicht f
layman N̲ Laie m
layout N̲ Gestaltung f; (of book
etc) Lay-out nt
laze V̲I̲ faulenzen **laziness** N̲
Faulheit f **lazy** A̲D̲J̲ faul; (day,
time) gemütlich
lb abbr → **pound** Pfd.
lead 1 N̲ Blei nt **2** V̲T̲, V̲I̲ führen;
(group etc) leiten; **the way** vorangehen **3** N̲ (race) Führung
f; (distance, time ahead) Vorsprung m (over vor + dat);
THEAT Hauptrolle f; (dog's) Leine f; ELEC (flex) Leitung f **lead**
astray V̲T̲ irreführen **lead**
away V̲T̲ wegführen **lead**
back V̲I̲ zurückführen **lead**
to V̲T̲ (street) hinführen nach;
(result in) führen zu **lead up**
to V̲T̲ (drive) führen zu
leaded A̲D̲J̲ (petrol) verbleit
leader N̲ Führer(in) m(f); (of
party) Vorsitzende(r) mf; (of project, expedition) Leiter(in) m(f);
SPORT (in race) der/die Erste;
(in league) Tabellenführer m
leadership N̲ Führung f
lead-free A̲D̲J̲ (petrol) bleifrei
leading A̲D̲J̲ führend, wichtig

leaf N̲ Blatt nt **leaflet** N̲ Prospekt m; *(pamphlet)* Flugblatt nt; *(with instructions)* Merkblatt nt

league N̲ Bund m; SPORT Liga f

leak 1 N̲ *(gap)* undichte Stelle; *(escape)* Leck nt 2 V̲I̲ *(pipe etc)* undicht sein; *(liquid etc)* auslaufen **leaky** A̲D̲J̲ undicht

lean 1 A̲D̲J̲ *(meat)* mager 2 V̲I̲ *(not vertical)* sich neigen; *(rest)* **~ against** sich an etw acc lehnen; *(support oneself)* **~ on sth** sich auf etw acc stützen 3 V̲T̲ lehnen *(on, against* an **+** acc) **lean back** V̲I̲ sich zurücklehnen **lean towards** V̲T̲ tendieren zu

leant pt, pp → **lean**

leap 1 N̲ Sprung m 2 V̲I̲ springen **leap year** N̲ Schaltjahr nt

learn V̲T̲, V̲I̲ lernen; *(find out)* erfahren; **~ (how) to swim** schwimmen lernen **learned** A̲D̲J̲ gelehrt **learner** N̲ Anfänger(in) m(f); *(Br, driver)* Fahrschüler(in) m(f)

learnt pt, pp → **learn**

lease 1 N̲ *(of land, premises etc)* Pacht f; *(contract)* Pachtvertrag m; *(of house, car etc)* Miete f; *(contract)* Mietvertrag m 2 V̲T̲ pachten; *(house, car etc)* mieten **lease out** V̲T̲ vermieten **leasing** N̲ Leasing nt

least 1 A̲D̲J̲ wenigste(r, s); *(slightest)* geringste(r, s) 2 A̲D̲V̲ am wenigsten; **~ expensive** billigste(r, s) 3 N̲ **the ~** das Mindeste; **not in the ~** nicht

im geringsten; **at ~** wenigstens; *(with number)* mindestens

leather 1 N̲ Leder nt 2 A̲D̲J̲ ledern, Leder-

leave 1 N̲ *(time off)* Urlaub m; **on ~** auf Urlaub; **take one's ~** Abschied nehmen *(of* von) 2 V̲T̲ *(place, person)* verlassen; *(leave behind: message, scar etc)* hinterlassen; *(after death)* hinterlassen *(to sb* jdm); *(entrust)* überlassen *(to sb* jdm); **be left** *(remain)* übrig bleiben; **~ me alone** lass mich in Ruhe!; **don't ~ it** to the last minute warte nicht bis zur letzten Minute 3 V̲I̲ *(weg)gehen, (weg)fahren; (on journey)* abreisen; *(bus, train)* abfahren *(for* nach) **leave behind** V̲T̲ zurücklassen; *(scar etc)* hinterlassen **leave out** V̲T̲ auslassen; *(person)* ausschließen *(of* von)

leaves pl → **leaf**

leaving do N̲ Abschiedsfeier f

Lebanon N̲ **the ~** der Libanon

lecture N̲ Vortrag m; *(at university)* Vorlesung f; **give a ~** einen Vortrag/eine Vorlesung halten **lecturer** N̲ Dozent(in) m(f) **lecture theatre** N̲ Hörsaal m

led pt, pp → **lead**

LED abbr = *light-emitting diode* Leuchtdiode f **LED light** N̲ LED-Leuchte f

leek N̲ Lauch m

left 1 pt, pp → **leave** 2 A̲D̲J̲ linke(r, s) 3 A̲D̲V̲ *(position)* links; *(movement)* nach links 4 N̲ (side) linke Seite; **the Left** POL die Linke; **on/to the ~** links (of von) **left-hand** ADJ linke(r, s); **~ bend** Linkskurve f; **~ drive** Linkssteuerung f **left-handed** ADJ linkshändig **left-hand side** N linke Seite

left-luggage locker N Gepäckschließfach nt **left-luggage office** N Gepäckaufbewahrung f

leftovers NPL Reste pl

left wing N linker Flügel **left-wing** POL linksgerichtet

leg N Bein nt; (of meat) Keule f

legacy N Erbe nt, Erbschaft f

legal ADJ Rechts-, rechtlich; (allowed) legal; (limit, age) gesetzlich; **~ aid** Rechtshilfe f **legalize** VT legalisieren **legally** ADV legal

legible, legibly ADJ, ADV leserlich

legislation N Gesetze pl

legitimate ADJ rechtmäßig, legitim

legroom N Beinfreiheit f

leisure N ¶ (time) Freizeit f ² ADJ Freizeit-; **~ centre** Freizeitzentrum nt **leisurely** ADJ gemächlich

lemon N Zitrone f **lemonade** N Limonade f **lemon curd** N Brotaufstrich aus Zitronen, Butter, Eiern und Zucker **lemon juice** N Zitronensaft m **lemon sole** N Seezunge f

lend VT leihen; **~ sb sth** jdm etw leihen

length N Länge f; **4 metres in ~** 4 Meter lang; **what ~ is it?** wie lange ist es? **lengthy** ADJ sehr lange; (dragging) langwierig

lenient ADJ nachsichtig

lens N Linse f; PHOT Objektiv nt

lent pt, pp → lend

Lent N Fastenzeit f

lentil N BOT Linse f

Leo N ASTR Löwe m

leopard N Leopard m

lept pt, pp → leap

lesbian ¶ ADJ lesbisch ² N Lesbe f

less ADJ, ADV weniger; **~ and ~** immer weniger; (less often) immer seltener **lessen** ¶ VI abnehmen, nachlassen ² VT verringern; (pain) lindern **lesser** ADJ geringer; (amount) kleiner

lesson N (at school) Stunde f; (unit of study) Lektion f; fig Lehre f; REL Lesung f; **~s start at 9** der Unterricht beginnt um 9

let VT lassen; (lease) vermieten; **~ sb have sth** jdm etw geben; **~'s go** gehen wir; **~ go (of sth)** (etw) loslassen **let down** VT herunterlassen; (fail to help) im Stich lassen; (disappoint) enttäuschen **let in** VT hereinlassen **let out** VT hinauslassen; (secret) verraten; (scream etc) ausstoßen

lethal ADJ tödlich

let's abbr = let us

letter N̄ (of alphabet) Buchstabe m; (message) Brief m; (official letter) Schreiben nt **letterbox** N̄ Briefkasten m

lettuce N̄ Kopfsalat m

leukaemia, leukemia (US) N̄ Leukämie f

level ❶ ADJ (horizontal) waagerecht; (ground) eben; (two things, two runners) auf selber Höhe; **~ on points** punktgleich ❷ ADV (run etc) auf gleicher Höhe, gleich auf; **draw ~** (in race) gleichziehen (with mit); (in game) ausgleichen ❸ N̄ (altitude) Höhe f; (standard) Niveau nt; **be on a ~ with** auf gleicher Höhe sein mit ❹ V̄T (ground) einebnen **level crossing** N̄ (Br) (schienengleicher) Bahnübergang m **level-headed** ADJ vernünftig

lever (US) N̄ Hebel m; fig Druckmittel nt **lever up** V̄T hochstemmen

liability N̄ Haftung f; (burden) Belastung f; (obligation) Verpflichtung f **liable** ADJ **be ~ for sth** (responsible) für etw haften

liar N̄ Lügner(in) m(f)

liberal ADJ (generous) großzügig; (broad-minded) liberal **Liberal Democrat** ❶ N̄ (Br) POL Liberaldemokrat(in) m(f) ❷ ADJ liberaldemokratisch

liberate V̄T befreien **liberation** N̄ Befreiung f

liberty N̄ Freiheit f

Libra N̄ ASTR Waage f

library N̄ Bibliothek f; (lending library) Bücherei f

Libya N̄ Libyen nt

lice pl → louse

licence N̄ (permit) Genehmigung f; COMM Lizenz f; (driving licence) Führerschein m **license** ❶ N̄ (US) → licence ❷ V̄T genehmigen **licensed** ADJ (restaurant etc) mit Schankerlaubnis **license plate** N̄ (US) AUTO Nummernschild nt **licensing hours** NPL Ausschankzeiten pl

lick ❶ V̄T lecken ❷ N̄ Lecken nt **licorice** N̄ Lakritze f

lid N̄ Deckel m; (eyelid) Lid nt

lie N̄ Lüge f; **~ detector** Lügendetektor m ❷ V̄I lügen; **~ to sb** jdn belügen ❸ V̄I (rest, be situated) liegen; (lie down) sich legen; (snow) liegen bleiben; **be lying third** an dritter Stelle liegen **lie about** V̄I herumliegen **lie down** V̄I sich hinlegen **lie in** V̄I **have a ~** ausschlafen

life N̄ Leben nt; **get ~** lebenslänglich bekommen **life assurance** N̄ Lebensversicherung f **lifebelt** N̄ Rettungsring m **lifeboat** N̄ Rettungsboot nt **lifeguard** N̄ Bademeister(in) m(f), Rettungsschwimmer(in) m(f) **life insurance** N̄ Lebensversicherung f **life jacket** N̄ Schwimmweste f **lifeless** ADJ (dead) leblos **lifelong** ADJ lebenslang **life preserver** N̄

(US) Rettungsring m **life-saving** ADJ lebensrettend **life-size(d)** ADJ in Lebensgröße **life span** N Lebensspanne f **life style** N Lebensstil m **lifetime** N Lebenszeit f

lift 1 VT (hoch)heben; (ban) aufheben 2 N (Br, elevator) Aufzug m, Lift m; **give sb a ~** jdn im Auto mitnehmen **lift up** VT hochheben

ligament N Band nt

light 1 VT beleuchten; (fire, cigarette) anzünden 2 N Licht nt; (lamp) Lampe f; **~s** pl AUTO Beleuchtung f; (traffic lights) Ampel f; **in the ~ of** angesichts + gen 3 ADJ (bright) hell; (not heavy, easy) leicht; (punishment) milde; (taxes) niedrig; **~ blue/green** hellblau/hellgrün **light up** 1 VT (illuminate) beleuchten; (cigarette) anzünden 2 VI (a. eyes) aufleuchten

light bulb N Glühbirne f

lighten 1 VI hell werden 2 VT (give light to) erhellen; (make less heavy) leichter machen; fig erleichtern

lighter N (cigarette lighter) Feuerzeug nt

light-hearted ADJ unbeschwert **lighthouse** N Leuchtturm m **lighting** N Beleuchtung f **lightly** ADV leicht **light meter** N PHOT Belichtungsmesser m

lightning N Blitz m

like 1 VT mögen, gernhaben;

(on Facebook®) liken; **he ~s swimming** er schwimmt gern; **would you ~ …?** hättest du/hätten Sie gern …?; **I'd ~ to go home** ich möchte nach Hause (gehen); **I don't ~ the film** der Film gefällt mir nicht 2 PREP wie; **what's it/he ~?** wie ist es/er?; **he looks ~ you** er sieht dir/Ihnen ähnlich; **~ that/this** so 3 N (on Facebook®) Like m or nt **likeable** ADJ sympathisch

likelihood N Wahrscheinlichkeit f **likely** ADJ wahrscheinlich; **the bus is ~ to be late** der Bus wird wahrscheinlich Verspätung haben

like-minded ADJ gleich gesinnt

likewise ADV ebenfalls; **do ~** das Gleiche tun

liking N (for person) Zuneigung f; (for type, things) Vorliebe f (for für)

lilac 1 N Flieder m 2 ADJ fliederfarben

lily N Lilie f; **~ of the valley** Maiglöckchen nt

limb N Glied nt

limbo N **in ~** (plans) auf Eis gelegt

lime N (tree) Linde f; (fruit) Limone f; (substance) Kalk m **lime juice** N Limonensaft m **limelight** N fig Rampenlicht nt **limestone** N Kalkstein m

limit 1 N Grenze f; (for pollution etc) Grenzwert m; **be over**

the ~ (speed) das Tempolimit überschreiten; (alcohol consumption) fahruntüchtig sein; that's the ~ jetzt reicht's!, das ist die Höhe! **2** V̄T beschränken (to auf + acc); (freedom, spending) einschränken **limitation** N̄ Beschränkung f; (of freedom, spending) Einschränkung f **limited** ADJ begrenzt; ~ **liability company** Gesellschaft f mit beschränkter Haftung, GmbH f; **public ~ company** Aktiengesellschaft f **limp 1** V̄i hinken **2** ADJ schlaff **line 1** N̄ Linie f; (written) Zeile f; (on face) Falte f; (row) Reihe f; (US, queue) Schlange f; RAIL Bahnlinie f; TEL Leitung f; (range of items) Kollektion f; **hold the ~** bleiben Sie am Apparat; **stand in ~** Schlange stehen; **something along these ~s** etwas in dieser Art; **drop me a ~** schreib mir ein paar Zeilen; **~s** THEAT Text m **2** V̄T (clothes) füttern; (streets) säumen **lined** ADJ (paper) liniert; (face) faltig **line up** V̄i sich aufstellen; (US, form queue) sich anstellen

linen N̄ Leinen nt; (sheets etc) Wäsche f

liner N̄ Überseedampfer m, Passagierschiff nt

lingerie N̄ Damenunterwäsche f

lining N̄ (of clothes) Futter nt; (brake lining) Bremsbelag m

link 1 N̄ (connection) Verbindung f; (of chain) Glied nt; (relationship) Beziehung f (with zu); (between events) Zusammenhang m; (Internet) Link m **2** V̄T verbinden

lion N̄ Löwe m

lip N̄ Lippe f **lip balm** N̄ Lippenbalsam m **lipstick** N̄ Lippenstift m

liqueur N̄ Likör m

liquid 1 N̄ Flüssigkeit f **2** ADJ flüssig

liquor N̄ Spirituosen pl

liquorice N̄ Lakritze f

Lisbon N̄ Lissabon nt

lisp V̄T, V̄i lispeln

list 1 N̄ Liste f **2** V̄T auflisten, aufzählen; **~ed building** unter Denkmalschutz stehendes Gebäude

listen V̄i zuhören **listen to** V̄T (person) zuhören + dat; (radio) hören; (advice) hören auf **listener** N̄ Zuhörer(in) m(f); (to radio) Hörer(in) m(f)

lit pt, pp → **light**

liter N̄ (US) Liter m

literacy N̄ Fähigkeit f zu lesen und zu schreiben **literal** ADJ (translation, meaning) wörtlich; (actual) buchstäblich **literally** ADV (translate, take sth) wörtlich **literary** ADJ literarisch; (critic, journal etc) Literatur- **literature** N̄ Literatur f; (brochures etc) Informationsmaterial nt

Lithuania N̄ Litauen nt **Lithuanian 1** ADJ litauisch **2** N̄ *(person)* Litauer(in) *m(f)*; *(language)* Litauisch *nt*

litre N Liter *m*

litter 1 N Abfälle *pl*; *(of animals)* Wurf *m* **2** VT **be ~ed with** übersät sein mit **litter bin** N Abfalleimer *m*

little 1 ADJ klein; *(in quantity)* wenig; **a ~ while ago** vor kurzer Zeit **2** ADV, N wenig; **a ~** ein bisschen, ein wenig; **as ~ as possible** so wenig wie möglich; **for as ~ as £5** schon für 5 Pfund; **I see very ~ of them** ich sehe sie sehr selten; **~ by ~** nach und nach **little finger** N kleiner Finger

live 1 ADJ lebendig; ELEC geladen, unter Strom; TV *(radio, event)* live; **~ broadcast** Direktübertragung *f* **2** VI leben; *(not die)* überleben; *(dwell)* wohnen; **you ~ and learn** man lernt nie aus **3** VT *(life)* führen **live on 1** VI weiterleben **2** VT **~ sth** von etw leben; *(feed)* sich von etw ernähren; **earn enough to ~** genug verdienen, um davon zu leben **live together** VI zusammenleben **live up to** VT *(reputation)* gerecht werden + *dat*; *(expectations)* entsprechen + *dat* **live with** VT *(parents etc)* wohnen bei; *(partner)* zusammenleben mit; *(difficulty)* **you'll just have to ~ it** du musst dich/Sie müssen sich eben damit abfinden

liveliness N Lebhaftigkeit *f*

lively ADJ lebhaft

liver N Leber *f*

lives *pl* → **life**

livestock N Vieh *nt*

livestream N IT Livestream *m*

living 1 N Lebensunterhalt *m*; **what do you do for a ~?** was machen Sie beruflich? **2** ADJ lebend **living room** N Wohnzimmer *nt*

lizard ZOOL N Eidechse *f*

llama ZOOL N Lama *nt*

load 1 N Last *f*; *(cargo)* Ladung *f*; TECH *fig* Belastung *f*; **~s of** *fam* massenhaft; **it was a ~ of rubbish** *fam* es war grottenschlecht **2** VT *(vehicle)* beladen; IT laden; *(film)* einlegen

loaf N **a ~ of bread** ein (Laib) Brot *(m)nt*

loan 1 N *(item leant)* Leihgabe *f*; FIN Darlehen *nt*; **on ~** geliehen **2** VT leihen *(to sb jdm)*

loathe VT verabscheuen

loaves *pl* → **loaf**

lobby N Vorhalle *f*; POL Lobby *f*

lobster N Hummer *m*

local 1 ADJ *(traffic, time etc)* Orts-; *(radio, news, paper)* Lokal-; *(government, authority)* Kommunal-; *(anaesthetic)* örtlich; **~ call** TEL Ortsgespräch *nt*; **~ elections** Kommunalwahlen *pl*; **~ time** Ortszeit *f*; **~ train** Nahverkehrszug *m*; **the ~ shops** die Geschäfte am Ort **2** N *(pub)* Stammlokal *nt*; **the ~s** *pl* die Ortsansässigen *m* lo-

cally ADV örtlich, am Ort
locate VT (find) ausfindig machen; (establish) errichten; **be ~d** sich befinden (in, at in + dat) **location** N (position) Lage f; FILM Drehort m
loch N (Scot) See m
lock 1 N Schloss nt; NAUT Schleuse f; (of hair) Locke f 2 VT (door etc) abschließen 3 VI (door etc) sich abschließen lassen; (wheels) blockieren **lock in** VT einschließen, einsperren **lock out** VT aussperren **lock up** VT (house) abschließen; (person) einsperren
locker N Schließfach nt **locker room** N (US) Umkleideraum m
locksmith N Schlosser(in) m(f)
locust N Heuschrecke f
lodge 1 N (small house) Pförtnerhaus nt; (porter's lodge) Pförtnerloge f 2 VI in Untermiete wohnen (with bei) **lodger** N Untermieter(in) m(f)
lodging N Unterkunft f
loft N Dachboden m
log N Klotz m; NAUT Log nt; **keep a ~ of sth** über etw Buch führen **log in** VI IT sich einloggen **log off** VI IT sich ausloggen **log on** VI IT sich einloggen **log out** VI IT sich ausloggen
logic N Logik f **logical** ADJ logisch
logo N Logo nt
loin N Lende f
loiter VI sich herumtreiben

lollipop N Lutscher m; **~ man/lady** (Br) Schülerlotse m, Schülerlotsin f
lolly N Lutscher m; fam (money) Knete f
London N London nt
loneliness N Einsamkeit f
lonely, lonesome (esp US) ADJ einsam
long 1 ADJ lang; (distance) weit; **it's a ~ way** es ist weit (to nach); **for a ~ time** lange; **how ~ is the film?** wie lange dauert der Film?; **in the ~ run** auf die Dauer 2 ADV lange; **not for ~** nicht lange; **~ ago** vor langer Zeit; **before ~** bald; **all day ~** den ganzen Tag; **no ~er** nicht mehr; **as ~ as** solange 3 VI sich sehnen (for nach); (be waiting) sehnsüchtig warten (for auf) **long-distance call** N Ferngespräch nt **long drink** N Longdrink m **long-haul flight** N Langstreckenflug m **longing** N Sehnsucht f (for nach) **longingly** ADV sehnsüchtig **longitude** N Länge f **long jump** N Weitsprung m **long-life milk** N H-Milch f **long-range** ADJ Langstrecken-, Fern-; **~ missile** Langstreckenrakete f **long-sighted** ADJ weitsichtig **long-standing** ADJ alt, langjährig **long-term** ADJ langfristig; (car park, effect etc) Langzeit-; **~ unemployment** Langzeitarbeitslosigkeit f

loo N̄ (Br) fam Klo nt
look ◼ N̄ Blick m; (appearance) ~(s) pl Aussehen nt; **I'll have a ~** ich schau mal nach; **have a ~ at sth** sich dat etw ansehen; **can I have a ~?** darf ich mal sehen? ◼ Vi schauen, gucken; (search) nachsehen; (appear) aussehen; (I'm) just ~ing ich schaue nur; **it ~s like rain** es sieht nach Regen aus ◼ Vt **what you've done** sieh dir mal an, was du da angestellt hast; (appear) **he ~s his age** man sieht ihm sein Alter an; **~ one's best** sehr vorteilhaft aussehen **look after** Vt (care for) sorgen für; (keep an eye on) aufpassen auf + acc **look at** Vt ansehen, anschauen **look back** Vi sich umsehen; fig zurückblicken **look down on** Vt fig herabsehen auf + acc **look for** Vt suchen nach **look forward to** Vt sich freuen auf + acc **look into** Vt (investigate) untersuchen **look out** Vi hinaussehen (of the window zum Fenster); (watch out) Ausschau halten (for nach); **~!** Vorsicht! **look up** ◼ Vi aufsehen ◼ Vt (word etc) nachschlagen **look up to** Vt aufsehen zu
loop N̄ Schleife f
loose ADJ locker; (knot, button) lose **loosen** Vt lockern; (knot) lösen
loot N̄ Beute f
lop-sided ADJ schief

lord N̄ (ruler) Herr m; (Br, title) Lord m; **the Lord (God)** Gott der Herr; **the (House of) Lords** (Br) das Oberhaus
lorry N̄ (Br) Lastwagen m
lose ◼ Vt verlieren; **~ weight** abnehmen; **~ one's life** umkommen ◼ Vi verlieren; (clock, watch) nachgehen **loser** N̄ Verlierer(in) m(f) **loss** N̄ Verlust m **lost** ◼ pt, pp → lose; **we're ~** wir haben uns verlaufen ◼ ADJ verloren **lost-and-found** (US), **lost property (office)** N̄ Fundbüro nt
lot N̄ (batch) fam Menge f, Haufen m; **a ~** viel(e); **a ~ of money** viel Geld; **~s of people** viele Leute; **the (whole) ~** alles; (people) alle; **(parking) ~** (US) Parkplatz m
lotion N̄ Lotion f
lottery N̄ Lotterie f
loud ADJ laut; (colour) schreiend **loudspeaker** N̄ Lautsprecher m; (of stereo) Box f
lounge ◼ N̄ Wohnzimmer nt; (in hotel) Aufenthaltsraum m; (at airport) Warteraum m ◼ Vi sich herumlümmeln
louse N̄ Laus f **lousy** ADJ fam lausig
lout N̄ Rüpel m
lovable ADJ liebenswert
love ◼ N̄ Liebe f (of zu); (person, address) Liebling m, Schatz m; SPORT null; **be in ~** verliebt sein (with sb in jdn); **fall in ~** sich verlieben (with sb in jdn);

make ~ (*sexually*) sich lieben; **make ~ to** (*or* **with**) **sb** mit jdm schlafen; **give her my ~** grüße sie von mir; **~, Tom** liebe Grüße, Tom **2** VT (*person*) lieben; (*activity*) gerne tun; **~ to do sth** etw für sein Leben gerne tun; **I'd ~ a cup of tea** ich hätte liebend gern eine Tasse Tee **love affair** N (*Liebes*)verhältnis *nt* **love letter** N Liebesbrief *m* **love life** N Liebesleben *nt* **lovely** ADJ schön, wunderschön; (*charming*) reizend; **we had a ~ time** es war sehr schön **lover** N Liebhaber(in) *m(f)* **loving** ADJ liebevoll

low 1 ADJ niedrig; (*level, note, neckline*) tief; (*quality, standard*) schlecht; (*not loud*) leise; (*depressed*) niedergeschlagen; **we're ~ on petrol** wir haben kaum noch Benzin **2** N METEO Tief *nt* **low-calorie** ADJ kalorienarm **low-emission** ADJ schadstoffarm **lower 1** ADJ niedriger; (*storey, class etc*) untere(r, s) **2** VT herunterlassen; (*eyes, price*) senken; (*pressure*) verringern **low-fat** ADJ fettarm **low tide** N Ebbe *f*

loyal ADJ treu **loyalty** N Treue *f*

lozenge N Pastille *f*

Ltd *abbr* = **limited** ≈ GmbH *f*

lubricant N Schmiermittel *nt*; MED Gleitcreme *f*, Gleitgel *nt*

luck N Glück *nt*; **bad ~** Pech *nt*

luckily ADV glücklicherweise, zum Glück **lucky** ADJ (*number, day etc*) Glücks-; **be ~** Glück haben

ludicrous ADJ grotesk

luggage N Gepäck *nt* **luggage allowance** N Freigepäck *nt* **luggage compartment** N Gepäckraum *m* **luggage drop-off** N Gepäckabgabe *f* **luggage label** N Gepäckanhänger *m* **luggage rack** N Gepäcknetz *nt* **luggage scales** NPL Gepäckwaage *f* **luggage space** N Gepäckraum *m* **luggage strap** N Gepäckgurt *m* **luggage tag** N Gepäckanhänger *m* **luggage trolley** N (*Br*) Kofferkuli *m*

lukewarm ADJ lauwarm

lullaby N Schlaflied *nt*

lumbago N Hexenschuss *m*

luminous ADJ leuchtend

lump N Klumpen *m*; MED Schwellung *f*; (*in breast*) Knoten *m*; (*of sugar*) Stück *nt* **lump sum** N Pauschalsumme *f*

lunacy N Wahnsinn *m* **lunatic 1** ADJ wahnsinnig **2** N Wahnsinnige(r) *mf*

lunch, luncheon N Mittagessen *nt*; **have ~** zu Mittag essen **lunch break, lunch hour** N Mittagspause *f* **lunchtime** N Mittagszeit *f*

lung N Lunge *f*

lurch N; **leave sb in the ~** jdn im Stich lassen

lurk <u>VI</u> lauern

lust <u>N</u> (sinnliche) Begierde (*for* nach)

Luxembourg <u>N</u> Luxemburg nt

luxurious <u>ADJ</u> luxuriös, Luxus- **luxury** <u>N</u> (a. *luxuries*) Luxus m; ~ **goods** Luxusgüter pl

lynx <u>N</u> Luchs m

lyrics <u>NPL</u> (*words for song*) Liedtext m

M

m *abbr* = **metre(s)** m

M *abbr* → **motorway** A; (*size*) → **medium** M

ma <u>N</u> *fam* Mutti f

mac <u>N</u> (Br) *fam* Regenmantel m

macaroon <u>N</u> Makrone f

Macedonia <u>N</u> Mazedonien nt

machine <u>N</u> Maschine f **machine gun** <u>N</u> Maschinengewehr nt **machinery** <u>N</u> Maschinen pl; *fig* Apparat m

mackerel <u>N</u> Makrele f

macro <u>N</u> IT Makro nt

mad <u>ADJ</u> wahnsinnig, verrückt; (*dog*) tollwütig; (*angry*) wütend, sauer (*at* auf + *acc*); *fam* ~ **about** (*fond of*) verrückt nach; **work like ~** wie verrückt arbeiten; **are you ~?** spinnst du/ spinnen Sie?

madam <u>N</u> gnädige Frau

mad cow disease <u>N</u> Rinder-

wahnsinn m **maddening** <u>ADJ</u> zum Verrücktwerden

made *pt, pp* → **make**

made-to-measure <u>ADJ</u> nach Maß; ~ **suit** Maßanzug m

madly <u>ADV</u> wie verrückt; (*with adj*) wahnsinnig **madman** <u>N</u> Verrückte(r) m **madness** <u>N</u> Wahnsinn m **madwoman** <u>N</u> Verrückte f

magazine <u>N</u> Zeitschrift f

maggot <u>N</u> Made f

magic <u>1</u> <u>N</u> Magie f; (*activity*) Zauberei f; (*effect*) Zauber m; **as if by ~** wie durch Zauberei <u>2</u> <u>ADJ</u> Zauber-; (*powers*) magisch **magician** <u>N</u> Zauberer m, Zaub(r)erin f

magnet <u>N</u> Magnet m **magnetic** <u>ADJ</u> magnetisch

magnificent, magnificently <u>ADJ</u>, <u>ADV</u> herrlich, großartig

magnify <u>VT</u> vergrößern **magnifying glass** <u>N</u> Vergrößerungsglas nt, Lupe f

magpie <u>N</u> Elster f

maid <u>N</u> Dienstmädchen nt **maiden name** <u>N</u> Mädchenname m **maiden voyage** <u>N</u> Jungfernfahrt f

mail <u>1</u> <u>N</u> Post f; (*e-mail*) Mail f <u>2</u> <u>VT</u> (*post*) aufgeben; (*send*) mit der Post schicken (*to* an + *acc*) **mailbox** <u>N</u> (US) Briefkasten m; IT Mailbox f **mailing list** <u>N</u> Adressenliste f **mailman** <u>N</u> (US) Briefträger m **mail order** <u>N</u> Bestellung f per Post **mail order firm** <u>N</u> Versand-

haus nt
main **1** ADJ Haupt-; **~ course** Hauptgericht nt; **die Hauptsache 2** N̄ (pipe) Hauptleitung f **mainframe** N̄ Großrechner m **mainland** N̄ Festland nt **mainly** ADV hauptsächlich **main road** N̄ Hauptverkehrsstraße f **main street** N̄ (US) Hauptstraße f
maintain VT (keep up) aufrechterhalten; (machine, roads) instand halten; (service) warten **maintenance** N̄ Instandhaltung f; TECH Wartung f
maize N̄ Mais m
majestic ADJ majestätisch **majesty** N̄ Majestät f; **Your/His/Her Majesty** Eure/Seine/Ihre Majestät
major **1** ADJ (bigger) größer; (important) bedeutend; **~ part** Großteil m; (role) wichtige Rolle; **~ road** Hauptverkehrsstraße f; MUS **A ~** A-Dur nt **2** V̄ī (US) **~ in sth** etw als Hauptfach studieren
Majorca N̄ Mallorca f
majority N̄ Mehrheit f; **be in the ~** in der Mehrzahl sein
make **1** N̄ Marke f **2** VT machen; (manufacture) herstellen; (clothes) anfertigen; (dress) nähen; (soup) zubereiten; (bread, cake) backen; (tea, coffee) kochen; (speech) halten; (earn) verdienen; (decision) treffen; **it's made of gold** es ist aus Gold; **~ sb do sth** jdn dazu

bringen, etw zu tun; (force) jdn zwingen, etw zu tun; **she made us wait** sie ließ uns warten; **what ~s you think that?** wie kommen Sie darauf?; **he never really made it** er hat es nie zu etwas gebracht; **she didn't ~ it through the night** sie hat die Nacht nicht überlebt; (calculate) **I ~ it £5/a quarter to six** nach meiner Rechnung kommt es auf 5 Pfund/ nach meiner Uhr ist es dreiviertel sechs; **he's just made for this job** er ist für diese Arbeit wie geschaffen **make for** VT zusteuern auf + acc **make of** VT (think of) halten von; **I couldn't make anything of it** ich wurde daraus nicht schlau **make off** V̄ī sich davonmachen (with mit) **make out** VT (cheque) ausstellen; (list) aufstellen; (understand) verstehen; (discern) ausmachen; **~ (that) ...** so hinstellen, als ob ... **make up** **1** VT (team etc) bilden; (face) schminken; (invent: story etc) erfinden; **~ one's mind** sich entscheiden; **make (it) up with sb** sich mit jdm aussöhnen **2** V̄ī sich versöhnen **make up for** VT ausgleichen; (time) aufholen
make-believe ADJ Fantasie- **makeover** N̄ gründliche Veränderung, Verschönerung f **maker** N̄ COMM Hersteller(in) m(f) **makeshift** ADJ behelfs-

mäßig **make-up** N̄ Make-up nt, Schminke f **making** N̄ Herstellung f

malaria N̄ Malaria f

Malaysia N̄ Malaysia nt

male **1** N̄ Mann m; (animal) Männchen nt **2** ADJ männlich; ~ **chauvinist** Chauvi m, Macho m; ~ **nurse** Krankenpfleger m

malfunction **1** Vi nicht richtig funktionieren **2** N̄ Defekt m

malice N̄ Bosheit f **malicious** ADJ boshaft; (damage) mutwillig

malignant ADJ bösartig

mall N̄ (US) Einkaufszentrum nt

malnutrition N̄ Unterernährung f

malt N̄ Malz nt

Malta N̄ Malta nt **Maltese** **1** ADJ maltesisch **2** N̄ (person) Malteser(in) m(f); (language) Maltesisch nt

maltreat Vt schlecht behandeln; (violently) misshandeln

mammal N̄ Säugetier nt

mammoth ADJ Mammut-, Riesen-

man **1** N̄ (male) Mann m; (human race) der Mensch, die Menschen pl; (in chess) Figur f **2** Vt besetzen

manage **1** Vi zurechtkommen; **can you** ~? schaffst du es?; ~ **without sth** ohne etw auskommen, auf etw verzichten können **2** Vt (control) leiten; (musician, sportsman) managen; (cope with) fertig werden mit; (task, portion, climb etc) schaf-

fen; ~ **to do sth** es schaffen, etw zu tun **manageable** ADJ (object) handlich; (task) zu bewältigen **management** N̄ Leitung f; (directors) Direktion f; (subject) Management nt, Betriebswirtschaft f **management consultant** N̄ Unternehmensberater(in) m(f) **manager** N̄ Geschäftsführer(in) m(f); (departmental manager) Abteilungsleiter(in) m(f); (of branch, bank) Filialleiter(in) m(f); (of musician, sportsman) Manager(in) m(f) **managing director** N̄ Geschäftsführer(in) m(f)

mane N̄ Mähne f

maneuver (US) → **manoeuvre**

mango N̄ Mango f

man-hour N̄ Arbeitsstunde f

manhunt N̄ Fahndung f

mania N̄ Manie f **maniac** N̄ Wahnsinnige(r) mf; (fan) Fanatiker(in) m(f)

manicure N̄ Maniküre f

manipulate Vt manipulieren

mankind N̄ Menschheit f

manly ADJ männlich

man-made ADJ (product) künstlich

manner N̄ Art f; **in this** ~ auf diese Art und Weise; ~**s** pl Manieren pl

manoeuvre **1** N̄ Manöver nt **2** Vt, Vi manövrieren

manor N̄ ~ (**house**) Herrenhaus nt

manpower N̄ Arbeitskräfte pl

mansion N̄ Villa f; (of old family) Herrenhaus nt

manslaughter N̄ Totschlag m

manual **1** ADJ manuell, Hand- **2** N̄ Handbuch nt

manufacture **1** V̄T herstellen **2** N̄ Herstellung f **manufacturer** N̄ Hersteller m

manure N̄ Dung m; (esp artificial) Dünger m

many ADJ, PRON viele; **~ times** oft; **not ~ people** nicht viele Leute; **too ~ problems** zu viele Probleme

map N̄ Landkarte f; (of town) Stadtplan m

maple N̄ Ahorn m

marathon N̄ Marathon m

marble N̄ Marmor m; (for playing) Murmel f

march **1** V̄I marschieren **2** N̄ Marsch m; (protest) Demonstration f

March N̄ März m; → September

mare N̄ Stute f

margarine N̄ Margarine f

margin N̄ Rand m; (extra amount) Spielraum m; COMM Gewinnspanne f **marginal** ADJ (difference etc) geringfügig

marijuana N̄ Marihuana nt

marinated ADJ mariniert

marine ADJ Meeres-

marital ADJ ehelich; **~ status** Familienstand m

maritime ADJ See-

marjoram N̄ Majoran m

mark **1** N̄ (spot) Fleck m; (at school) Note f; (sign) Zeichen nt **2** V̄T (indicate) markieren; (schoolwork) benoten, korrigieren, Flecken machen auf + acc **marker** N̄ (in book) Lesezeichen nt; (pen) Marker m

market **1** N̄ Markt m **2** V̄T COMM (new product) auf den Markt bringen; (goods) vertreiben **marketing** N̄ Marketing nt **market leader** N̄ Marktführer m **market place** N̄ Marktplatz m **market research** N̄ Marktforschung f

marmalade N̄ Orangenmarmelade f

maroon ADJ rötlich braun

marquee N̄ großes Zelt

marriage N̄ Ehe f; (wedding) Heirat f (to mit) **married** ADJ (person) verheiratet

marrow N̄ (bone marrow) Knochenmark nt; (vegetable) Kürbis m

marry **1** V̄T heiraten; (join) trauen **2** V̄I / **get married** heiraten

marsh N̄ Marsch f, Sumpf m

marshal N̄ (at rally etc) Ordner m; (US, police) Bezirkspolizeichef m

martial arts NPL Kampfsportarten pl

martyr N̄ Märtyrer(in) m(f)

marvel **1** N̄ Wunder nt **2** V̄I staunen (at über + acc) **marvellous**, **marvelous** (US) ADJ wunderbar

mascara N̄ Wimperntusche f

mascot N̲ Maskottchen nt
masculine A̲D̲J̲ männlich
mashed A̲D̲J̲ **~ potatoes** pl Kartoffelbrei m, Kartoffelpüree nt
mask 1 N̲ Maske f 2 V̲T̲ (feelings) verbergen
masochist N̲ Masochist(in) m(f)
mason N̲ (stonemason) Steinmetz(in) m(f) **masonry** N̲ Mauerwerk nt
mass N̲ Masse f; (of people) Menge f; REL Messe f; **~es of** massenhaft
massacre N̲ Blutbad nt
massage 1 N̲ Massage f 2 V̲T̲ massieren
massive A̲D̲J̲ (powerful) gewaltig; (very large) riesig
mass media N̲P̲L̲ Massenmedien pl **mass production** N̲ Massenproduktion f
master 1 N̲ Herr m; (of dog) Besitzer m, Herrchen nt; (artist) Meister m 2 V̲T̲ meistern; (language etc) beherrschen **masterly** A̲D̲J̲ meisterhaft **masterpiece** N̲ Meisterwerk nt
masturbate V̲I̲ masturbieren
mat N̲ Matte f; (for table) Untersetzer m
match 1 N̲ Streichholz nt; SPORT Wettkampf m; (ball games) Spiel nt; (tennis) Match nt 2 V̲T̲ (be like, suit) passen zu; (equal) gleichkommen + dat 3 V̲I̲ zusammenpassen **matchbox** N̲ Streichholzschachtel f **matching** A̲D̲J̲

(one item) passend; (two items) zusammenpassend
mate 1 N̲ (companion) Kumpel m; (of animal) Weibchen nt/Männchen nt 2 V̲I̲ sich paaren
material N̲ Material nt; (for book etc, cloth) Stoff m **materialistic** A̲D̲J̲ materialistisch **materialize** V̲I̲ zustande kommen; (hope) wahr werden
maternal A̲D̲J̲ mütterlich **maternity** A̲D̲J̲ **~ dress** Umstandskleid nt; **~ leave** Elternzeit f (der Mutter); **~ ward** Entbindungsstation f
math N̲ (US) fam Mathe f **mathematical** A̲D̲J̲ mathematisch **mathematics** N̲S̲I̲N̲G̲ Mathematik f **maths** N̲S̲I̲N̲G̲ (Br) fam Mathe f
matter 1 N̲ (substance) Materie f; (affair) Sache f; **a personal ~** eine persönliche Angelegenheit; **a ~ of taste** eine Frage des Geschmacks; **no ~ how/what** egal wie/was; **what's the ~?** was ist los?; **as a ~ of fact** eigentlich; **a ~ of time** eine Frage der Zeit 2 V̲I̲ darauf ankommen, wichtig sein; **it doesn't ~** es macht nichts **matter-of-fact** A̲D̲J̲ sachlich, nüchtern
mattress N̲ Matratze f
mature 1 A̲D̲J̲ reif 2 V̲I̲ reif werden **maturity** N̲ Reife f
maximum 1 A̲D̲J̲ Höchst-, höchste(r, s); **~ speed** Höchstgeschwindigkeit f 2 N̲ Maxi-

mum nt

may VAUX *(be possible)* können; *(have permission)* dürfen; **it ~ rain** es könnte regnen; **~ I smoke?** darf ich rauchen?; **we ~ as well go** wir können ruhig gehen

May N Mai m; → **September**

maybe ADV vielleicht

mayo *(US fam,* **mayonnaise** N Mayo f, Mayonnaise f, Majonäse f

mayor N Bürgermeister(in) m(f)

maze N Irrgarten m; *fig* Wirrwarr nt

MB abbr → **megabyte** MB nt

me PRON *(direct object)* mich; *(indirect object)* mir; **it's ~** ich bin's

meadow N Wiese f

meal N Essen nt, Mahlzeit f; **go out for a ~** essen gehen **meal pack** N *(US)* tiefgekühltes Fertiggericht **meal time** N Essenszeit f

mean 1 VT *(signify)* bedeuten; *(have in mind)* meinen; *(intend)* vorhaben; **I ~ it** ich meine das ernst; **what do you ~ (by that)?** was willst du damit sagen?; **~ to do sth** etw tun wollen; **it was ~t for you** es war für dich bestimmt *(or gedacht)*; **it was ~t as a joke** es sollte ein Witz sein 2 N **he ~s well** er meint es gut 3 ADJ *(stingy)* geizig; *(spiteful)* gemein *(to* zu) **meaning** N Bedeutung f; *(of life, poem)* Sinn m **meaning-

ful ADJ sinnvoll **meaningless** ADJ *(text)* ohne Sinn

means N Mittel nt; *(pl, funds)* Mittel pl; **by ~ of** durch, mittels; **by all ~** selbstverständlich; **by no ~** keineswegs; **~ of transport** Beförderungsmittel

meant pt, pp → **mean**

meantime ADV **in the ~** inzwischen **meanwhile** ADV inzwischen

measles NSING Masern pl; **German ~** Röteln pl

measure 1 VT, VI messen 2 N *(unit, device for measuring)* Maß nt; *(step)* Maßnahme f; **take ~s** Maßnahmen ergreifen **measurement** N *(amount measured)* Maß nt

meat N Fleisch nt **meatball** N Fleischbällchen nt

mechanic N Mechaniker(in) m(f) **mechanical** ADJ mechanisch **mechanics** NSING Mechanik f **mechanism** N Mechanismus m

medal N Medaille f; *(decoration)* Orden m **medalist** *(US),* **medallist** N Medaillengewinner(in) m(f)

media NSING OR PL Medien pl **median strip** N *(US)* Mittelstreifen m

media streamer N IT, TV Mediastreamer m

mediate VI vermitteln

medical 1 ADJ medizinisch; *(treatment etc)* ärztlich; **~ stu-

dent Medizinstudent(in) m(f) [2]
N̄ Untersuchung f **Medicare**
N̄ (US) Krankenkasse f für ältere
Leute **medication** N̄ Medika-
mente pl; **be on ~** Medika-
mente nehmen **medicinal**
ADJ Heil-; **~ herbs** Heilkräuter
pl **medicine** N̄ Arznei f; (science) Medizin f **medicine
cabinet** N̄ Hausapotheke f
medieval ADJ mittelalterlich
mediocre ADJ mittelmäßig
meditate V̄I meditieren; (fig)
nachdenken (on über + acc)
Mediterranean N̄ (sea) Mittelmeer nt; (region) Mittelmeer-
raum m
medium [1] ADJ (quality, size)
mittlere(r, s); (steak) halbdurch;
~ (dry) (wine) halbtrocken; **~
sized** mittelgroß; **~ wave** Mit-
telwelle f [2] N̄ Medium nt;
(means) Mittel nt
meet [1] V̄T treffen; (by arrangement) sich treffen mit; (difficulties) stoßen auf + acc; (get to
know) kennenlernen; (requirement, demand) gerecht werden
+ dat; (deadline) einhalten;
pleased to ~ you sehr angenehm!; **~ sb at the station**
jdn vom Bahnhof abholen [2]
V̄I sich treffen; (become acquainted) sich kennenlernen;
we've met (before) wir kennen
uns schon **meet up** V̄T sich
treffen (with mit) **meet with**
V̄T (group) zusammenkommen
mit; (difficulties, resistance etc)

stoßen auf + acc **meeting** N̄
Treffen nt; (business meeting)
Besprechung f; (of committee)
Sitzung f; (assembly) Versammlung f **meeting place,
meeting point** N̄ Treffpunkt
m
megabyte N̄ Megabyte nt
melody N̄ Melodie f
melon N̄ Melone f
melt V̄T, V̄I schmelzen
member N̄ Mitglied nt; (of
tribe, species) Angehörige(r)
mf; **Member of Parliament**
Parlamentsabgeordnete(r) mf
membership N̄ Mitglied-
schaft f **membership card**
N̄ Mitgliedskarte f
memo N̄ Mitteilung f, Memo nt
memo pad N̄ Notizblock m
memorable ADJ unvergesslich
memorial N̄ Denkmal nt (to
für) **memorize** V̄T sich einprägen, auswendig lernen **memory** N̄ Gedächtnis nt; IT (of
computer) Speicher m; (sth re-
called) Erinnerung f; **in ~ of**
zur Erinnerung an + acc **memory card** N̄ Speicherkarte f
memory stick N̄ Memory-
stick® m
men pl → man
menace N̄ Bedrohung f; (danger) Gefahr f
mend [1] V̄T reparieren; (clothes)
flicken [2] N̄ **be on the ~** auf
dem Wege der Besserung sein
meningitis N̄ Hirnhautentzündung f

menopause N̄ Wechseljahre pl

mental ADJ geistig **mentality** N̄ Mentalität f; (ADV) geistig; **~ ill** geisteskrank

mention 1 N̄ Erwähnung f 2 V̄T erwähnen (to sb jdm gegenüber); **don't ~ it** bitte sehr, gern geschehen

menu N̄ Speisekarte f; IT Menü nt

merchandise N̄ Handelsware f **merchant** ADJ Handels-

merciful ADJ gnädig **mercifully** ADV glücklicherweise

mercury N̄ Quecksilber nt

mercy N̄ Gnade f

mere ADJ bloß **merely** ADV bloß, lediglich

merge V̄I verschmelzen; AUTO sich einfädeln; (firm) fusionieren **merger** N̄ COMM Fusion f

meringue N̄ Baiser nt

merit N̄ (Verdienst nt; (advantage) Vorzug m

merry ADJ fröhlich; fam (tipsy) angeheitert; **Merry Christmas** Fröhliche Weihnachten! **merry-go-round** N̄ Karussell nt

mess N̄ Unordnung f; (muddle) Durcheinander nt; (dirty) Schweinerei f; (trouble) Schwierigkeiten pl; **in a ~** (muddled) durcheinander; (untidy) unordentlich; fig (person) in der Klemme; **make a ~ of sth** etw verpfuschen **mess about** V̄I (tinker with) herummurksen (with an + dat); (play the fool) he-

rumalbern; (do nothing in particular) herumgammeln **mess up** V̄T verpfuschen; (make untidy) in Unordnung bringen; (dirty) schmutzig machen

message N̄ Mitteilung f, Nachricht f; **can I give him a ~?** kann ich ihm etwas ausrichten?; **please leave a ~** (on answerphones) bitte hinterlassen Sie eine Nachricht; **I get the ~** ich hab's verstanden

messenger N̄ Bote m

messy ADJ (untidy) unordentlich; (situation etc) verfahren

met pt, pp → **meet**

metal N̄ Metall nt **metallic** ADJ metallisch

meteorology N̄ Meteorologie f

meter N̄ Zähler m; (parking meter) Parkuhr f; (US) → **metre**

method N̄ Methode f

meticulous ADJ (peinlich) genau

metre N̄ Meter m or nt **metric** ADJ metrisch; **~ system** Dezimalsystem nt

Mexico N̄ Mexiko nt

mice pl → **mouse**

mickey N̄ take the **~ (out of sb)** fam (jdn) auf den Arm nehmen

microchip N̄ IT Mikrochip m **microphone** N̄ Mikrofon nt **microscope** N̄ Mikroskop nt **microwave (oven)** N̄ Mikrowelle(nherd) f(m)

mid ADJ in **~ January** Mitte Januar; **he's in his ~ forties** er ist Mitte vierzig

midday N̄ Mittag m; **at ~** mittags

middle ▮ N̄ Mitte f; **in the ~ of** mitten in + dat; **be in the ~ of doing sth** gerade dabei sein, etw zu tun ▯ ADJ mittlere(r, s), Mittel- **middle-aged** ADJ mittleren Alters **Middle Ages** NPL **the ~** das Mittelalter **middle-class** ADJ mittelständisch; (bourgeois) bürgerlich **middle classes** NPL **the ~** der Mittelstand **Middle East** N̄ **the ~** der Nahe Osten **middle name** N̄ zweiter Vorname **Midlands** NPL **the ~** Mittelengland nt

midnight N̄ Mitternacht f

midst N̄ **in the ~ of** mitten in + dat

midsummer N̄ Hochsommer m; **Midsummer's Day** Sommersonnenwende f

midway ADV auf halbem Wege; **~ through the film** nach der Hälfte des Films **midweek** ADJ, ADV in der Mitte der Woche

midwife N̄ Hebamme f

midwinter N̄ tiefster Winter

might ▮ pt → may; (possibility) könnte; (permission) dürfte; (would) würde; **they ~ still come** sie könnten noch kommen; **I thought she ~ change her mind** ich dachte schon, sie würde sich anders entschei-

den ▯ N̄ Macht f, Kraft f

mighty ADJ gewaltig; (powerful) mächtig

migraine N̄ Migräne f

migrant N̄ (bird) Zugvogel m; **~ worker** Gastarbeiter(in) m(f)

migrate VI abwandern; (birds) nach Süden ziehen

mike N̄ fam Mikro nt

Milan N̄ Mailand nt

mild ADJ mild; (person) sanft **mildly** ADV **put it ~** gelinde gesagt **mildness** N̄ Milde f

mile N̄ Meile f (= 1,609 km); **for ~s (and ~s)** kilometerweit; **~s per hour** Meilen pro Stunde; **~s better** besser als hundertmal besser als **mileage** N̄ Meilen pl, Meilenzahl f **mileometer** N̄ ≈ Kilometerzähler m **milestone** N̄ a. fig Meilenstein m

militant ADJ militant **military** ADJ Militär-, militärisch

milk ▮ N̄ Milch f ▯ VT melken **milk chocolate** N̄ Vollmilchschokolade f **milkman** N̄ Milchmann m **milk shake** N̄ Milkshake m, Milchmixgetränk nt

mill N̄ Mühle f; (factory) Fabrik f

millennium N̄ Jahrtausend nt

milligramme N̄ Milligramm nt **millilitre** (US), **millilitre** N̄ Milliliter m **millimetre** (US), **millimetre** N̄ Millimeter m

million N̄ Million f; **five ~** fünf Millionen; **~s of people** Millionen von Menschen **million-**

aire N Millionär(in) m(f)
mime 1 N Pantomime f 2 VT,
VI mimen **mimic** 1 N Imitator(in) m(f) 2 VT, VI nachahmen
mimicry N Nachahmung f
mince 1 VT (zer)hacken 2 N
(meat) Hackfleisch nt **mincemeat** N süße Gebäckfüllung
aus Rosinen, Äpfeln, Zucker,
Gewürzen und Talg **mince
pie** N mit 'mincemeat' gefülltes süßes Weihnachtsgebäck
mind 1 N (intellect) Verstand
m; (also person) Geist m; **out
of sight, out of ~** aus den Augen, aus dem Sinn; **he is out of
his ~** er ist nicht bei Verstand;
keep sth in ~ etw im Auge behalten; **I have a lot on my ~**
mich beschäftigt so vieles im
Moment; **change one's ~** es
sich dat anders überlegen 2
VT (look after) aufpassen auf
+ acc; (object to) etwas haben
gegen; **~ you,** allerdings
...; **I wouldn't ~** ... ich hätte
nichts gegen ...; **'~ the step'**
„Vorsicht Stufe!" 3 VI etwas
dagegen haben; **do you ~ if
I** ... macht es Ihnen etwas aus,
wenn ich ...; **I don't ~** es ist
mir egal, meinetwegen; **never
~** macht nichts
mine 1 PRON meine(r, s); **this is
~** das gehört mir; **a friend of ~**
ein Freund von mir 2 N (coalmine) Bergwerk nt; MIL Mine f
miner N Bergarbeiter(in) m(f)
mineral N Mineral nt **mineral**

water N Mineralwasser nt
mingle VI sich mischen (with
unter + acc)
minibar N Minibar f **minibus**
N Kleinbus m **minicab** N
Kleintaxi nt
minimal ADJ minimal **minimize** VT auf ein Minimum reduzieren **minimum** 1 N Minimum nt 2 ADJ Mindest-
mining N Bergbau m
miniskirt N Minirock m
minister N POL Minister(in)
m(f); REL Pastor(in) m(f), Pfarrer(in) m(f) **ministry** N POL
Ministerium nt
minor 1 ADJ kleiner; (insignificant) unbedeutend; (operation,
offence) harmlos; **~ road** Nebenstraße f; MUS **A** ~ a-Moll f
2 N (Br, under 18) Minderjährige(r) mf **minority** N Minderheit f
mint N Minze f; (sweet)
Pfefferminz(bonbon) nt **mint
sauce** N Minzsoße f
minus PREP minus; (without) ohne
minute 1 ADJ winzig; **in ~ detail** genauestens 2 N Minute
f; **just a ~** Moment mal!; **any
~** jeden Augenblick; **~s** pl (of
meeting) Protokoll nt
miracle N Wunder nt **miraculous** ADJ unglaublich
mirage N Fata Morgana f, Luftspiegelung f
mirror N Spiegel m
misbehave VI sich schlecht be-

nehmen

miscalculation N̄ Fehlkalkulation f; (misjudgement) Fehleinschätzung f

miscarriage N̄ MED Fehlgeburt f

miscellaneous ADJ verschieden

mischief N̄ Unfug m **mischievous** ADJ (person) durchtrieben; (glance) verschmitzt

misconception N̄ falsche Vorstellung

misconduct N̄ Vergehen nt

miser N̄ Geizhals m

miserable ADJ (person) todunglücklich; (conditions, life) elend; (pay, weather) miserabel

miserly ADJ geizig

misery N̄ Elend nt; (suffering) Qualen pl

misfit N̄ Außenseiter(in) m(f)

misfortune N̄ Pech nt

misguided ADJ irrig; (optimism) unangebracht

misinform V̄T falsch informieren

misinterpret V̄T falsch auslegen

misjudge V̄T falsch beurteilen

mislay irr V̄T verlegen

mislead irr V̄T irreführen **misleading** ADJ irreführend

misprint N̄ Druckfehler m

mispronounce V̄T falsch aussprechen

miss ▮ V̄T (fail to hit, catch) verfehlen; (not notice, hear) nicht mitbekommen; (be too late for)

verpassen; (chance) versäumen; (regret the absence of) vermissen; **I ~ you** du fehlst mir ▮ V̄I nicht treffen; (shooting) danebenschießen; (ball, shot etc) danebengehen **miss out** ▮ V̄T auslassen ▮ V̄I **~ on sth** etw verpassen

Miss N̄ (unmarried woman) Fräulein nt

missile N̄ Geschoss nt; (rocket) Rakete f

missing ADJ (person) vermisst; (thing) fehlend; **be/go ~** vermisst werden, fehlen

mission N̄ POL, MIL, REL Auftrag m, Mission f **missionary** N̄ Missionar(in) m(f)

mist N̄ (feiner) Nebel m; (haze) Dunst m **mist over**, **mist up** V̄I sich beschlagen

mistake ▮ N̄ Fehler m; **by ~** aus Versehen ▮ irr V̄T (misunderstand) falsch verstehen; (mix up) verwechseln (for mit) **mistaken** ADJ (idea, identity) falsch; **be ~** sich irren, falschliegen

mistletoe N̄ Mistel f

mistreat V̄T schlecht behandeln

mistress N̄ (lover) Geliebte f

mistrust ▮ N̄ Misstrauen nt (of gegen) ▮ V̄T misstrauen + dat

misty ADJ neblig; (hazy) dunstig

misunderstand irr V̄T, V̄I falsch verstehen **misunderstanding** N̄ Missverständnis nt; (disagreement) Differenz f

mitten N Fausthandschuh m
mix 1 N (mixture) Mischung f
2 VT mischen; (blend) vermischen (with mit); (drinks, music) mixen; **~ business with pleasure** das Angenehme mit dem Nützlichen verbinden **3** VI (liquids) sich vermischen lassen
mix up VT (mix) zusammenmischen; (confuse) verwechseln (with mit) **mixed** ADJ gemischt; **a ~ bunch** eine bunt gemischte Truppe; **~ grill** Mixed Grill m; **~ vegetables** Mischgemüse nt
mixer N (for food) Mixer m
mixture N Mischung f; (Med Saft m **mix-up** N Durcheinander nt; Missverständnis nt
ml abbr = **millilitre(s)** ml
mm abbr = **millimetre(s)** mm
moan 1 N Stöhnen nt; (complaint) Gejammer nt **2** VI stöhnen; (complain) jammern, meckern (about über + acc)
mobile 1 ADJ beweglich; (on wheels) fahrbar **2** N (Br, phone) Handy nt **mobile banking** N Mobile-Banking nt, M-Banking nt **mobile device** N IT Mobilgerät nt **mobile network** N (Br) Handynetz nt, Mobilfunknetz nt **mobile number** N (Br) Handynummer f **mobile payment** N Bezahlen nt per Handy, Handyzahlung f **mobile phone** N Mobiltelefon nt, Handy nt **mobile phone camera** N (Br) Handykamera f **mobile**

phone case N (Br) Handytasche f, Handyhülle f **mobile reception** N (Br) Handyempfang m; **we couldn't get ~** wir hatten kein Netz **mobile ticket** N Handyticket nt **mobile wallet** N Mobile Wallet nt, Handy-Geldbörse f
mobility N Beweglichkeit f **mobility scooter** N Elektromobil nt, E-Mobil nt
mock 1 VT verspotten **2** ADJ Schein- **mockery** N Spott m
mod cons abbr = **modern conveniences** (moderner) Komfort
mode N Art f; IT Modus m
model 1 N Modell nt; (example) Vorbild nt; (fashion) Model nt **2** ADJ (miniature) Modell-; (perfect) Muster- **3** VT (make) formen **4** VI **she ~s for Versace** sie arbeitet als Model bei Versace
modem N Modem nt
moderate 1 ADJ mäßig; (views, politics) gemäßigt; (income, success) mittelmäßig **2** N POL Gemäßigte(r) mf **3** VT mäßigen
modern ADJ modern; **~ history** neuere Geschichte; **~ Greek** Neugriechisch nt **modernize** VT modernisieren
modest ADJ bescheiden **modesty** N Bescheidenheit f
modification N Abänderung f **modify** VT abändern
moist ADJ feucht **moisten** VT befeuchten **moisture** N Feuchtigkeit f **moisturize 1** VT Feuchtigkeit spenden + dat

2 VI eine Feuchtigkeitscreme benutzen **moisturizer** N̲ Feuchtigkeitscreme f

molar N̲ Backenzahn m

mold (US) → **mould**

mole N̲ (spot) Leberfleck m; (animal) Maulwurf m

molecule N̲ Molekül nt

molest VT belästigen

molt (US) → **moult**

molten ADJ geschmolzen

mom N̲ (US) Mutti f

moment N̲ Moment m, Augenblick m; **just a ~** Moment mal!; **at** (or **for**) **the ~** im Augenblick; **in a ~** gleich

momentous ADJ bedeutsam

Monaco N̲ Monaco nt

monarchy N̲ Monarchie f

monastery N̲ Kloster nt

Monday N̲ Montag m; → Tuesday

monetary ADJ (reform, policy, union) Währungs-; **~ unit** Geldeinheit f

money N̲ Geld nt **money belt** N̲ Geldgürtel m **money transfer** N̲ Geldtransfer m

monitor **1** N̲ (screen) Monitor m **2** VT (progress etc) überwachen

monk N̲ Mönch m

monkey N̲ Affe m; **~ business** Unfug m

monsoon N̲ Monsun m

monster **1** N̲ (animal, thing) Monstrum nt **2** ADJ Riesen- **monstrosity** N̲ Monstrosität f; (thing) Ungetüm nt

Montenegro N̲ Montenegro nt

month N̲ Monat m **monthly** **1** ADJ monatlich; (ticket, salary) Monats- **2** ADV monatlich **3** N̲ (magazine) Monats(zeit)-schrift f

monty N̲ **go the full ~** fam (strip) alle Hüllen fallen lassen; (go the whole hog) aufs Ganze gehen

monument N̲ Denkmal nt (to für) **monumental** ADJ (huge) gewaltig

mood N̲ (of person) Laune f; (a. general) Stimmung f; **be in a good/bad ~** gute/schlechte Laune haben, gut/schlecht drauf sein; **be in the ~ for sth** zu etw aufgelegt sein **moody** ADJ launisch

moon N̲ Mond m; **be over the ~** fam überglücklich sein **moonlight** **1** N̲ Mondlicht nt **2** VI schwarzarbeiten **moonlit** ADJ (night, landscape) mondhell

moor **1** N̲ Moor nt **2** VT, vi festmachen **moorings** NPL Liegeplatz m **moorland** N̲ Moorland nt, Heideland nt

moose N̲ Elch m

mop N̲ Mopp m **mop up** VT aufwischen

moped N̲ (Br) Moped nt

moral **1** ADJ moralisch; (values) sittlich **2** N̲ Moral f; **~s** pl Moral f **morale** N̲ Stimmung f, Moral f **morality** N̲ Moral f, Ethik f

more ADJ, PRON, ADV mehr; (*additional*) noch; **three ~** noch drei; **some ~ tea?** noch etwas Tee?; **are there any ~?** gibt es noch welche?; **I don't go there any ~** ich gehe nicht mehr hin; (*forming comparative*) **~ important** wichtiger; **~ slowly** langsamer; **~ and ~** immer mehr; **~ and ~ beautiful** immer schöner; **~ or less** mehr oder weniger
moreish ADJ (*food*) **these crisps are really ~** ich kann mit diesen Chips einfach nicht aufhören
moreover ADV außerdem
morgue N Leichenschauhaus nt
morning 1 N Morgen m; **in the ~** am Morgen, morgens; (*tomorrow morning*) **this ~** heute morgen 2 ADJ Morgen-; (*early*) Früh-; (*walk after*) morgendliche **morning-after pill** N die Pille danach **morning sickness** N Schwangerschaftsübelkeit f
Morocco N Marokko nt
moron N Idiot(in) m(f)
morphine N Morphium nt
morsel N Bissen m
mortal 1 ADJ sterblich; (*wound*) tödlich 2 N Sterbliche(r) mf
mortality N (*death rate*) Sterblichkeitsziffer f
mortgage 1 N Hypothek f 2 VT mit einer Hypothek belasten
mosaic N Mosaik nt
Moscow N Moskau nt

Moslem ADJ, N → **Muslim**
mosque N Moschee f
mosquito N (Stech)mücke f; (*tropical*) Moskito m; **~ net** Moskitonetz nt
moss N Moos nt
most 1 ADJ meiste pl, die meisten; **in ~ cases** in den meisten Fällen 2 ADV (*with verbs*) am meisten; (*with adj*) ...ste; (*with adv*) am ...sten; (*very*) äußerst, höchst; **he ate (the) ~** er hat am meisten gegessen; **the ~ beautiful/interesting** der/die/das schönste/interessanteste; **~ interesting** hochinteressant! 3 N das meiste, der größte Teil; (*people*) die meisten; **~ of the money/players** das meiste Geld/die meisten Spieler; **for the ~ part** zum größten Teil; **five at the ~** höchstens fünf; **make the ~ of sth** etw voll ausnützen **mostly** ADV (*most of the time*) meistens; (*mainly*) hauptsächlich; (*for the most part*) größtenteils
MOT abbr = Ministry of Transport; **~ (test)** ≈ TÜV m
motel N Motel nt
moth N Nachtfalter m; (*wool-eating*) Motte f **mothball** N Mottenkugel f
mother 1 N Mutter f 2 VT bemuttern **mother-in-law** N Schwiegermutter f **mother-to-be** N werdende Mutter
motion N Bewegung f; (*in meeting*) Antrag m

motivate V̲T̲ motivieren
motor 1 N̲ Motor m; fam (car)
Auto nt 2 A̲D̲J̲ Motor- **Motorail train** N̲ (Br) Autoreisezug
m **motorbike** N̲ Motorrad nt
motorboat N̲ Motorboot nt
motorcycle N̲ Motorrad m
motorist N̲ Autofahrer(in)
m(f) **motor oil** N̲ Motorenöl
nt **motor racing** N̲ Auto-
rennsport m **motor scooter**
N̲ Motorroller m **motor vehicle** N̲ Kraftfahrzeug nt **motorway** N̲ (Br) Autobahn f
mould 1 N̲ Form f; (mildew)
Schimmel m 2 V̲T̲ formen
mouldy A̲D̲J̲ schimmelig
mount 1 V̲T̲ (horse) steigen auf
+ acc; (exhibition etc) organisieren; (painting) mit einem Passepartout versehen 2 V̲I̲ ~ (up)
(an)steigen 3 N̲ Passepartout
nt
mountain N̲ Berg m **mountaineer** N̲ Bergsteiger(in)
m(f) **mountaineering** N̲
Bergsteigen nt **mountain-
side** N̲ Berghang m
mourn 1 V̲T̲ betrauern 2 V̲I̲
trauern (for um) **mourning**
N̲ Trauer f; **be in ~** trauern
(for um)
mouse N̲ a. IT Maus f **mouse
mat, mouse pad** (US) N̲
Mauspad nt **mouse trap** N̲
Mausefalle f
mousse N̲ GASTR Creme f;
(styling mousse) Schaumfestiger
m

moustache N̲ Schnurrbart m
mouth N̲ Mund m; (of animal)
Maul nt; (of cave) Eingang m;
(of bottle etc) Öffnung f; (of river)
Mündung f; **keep one's ~ shut**
fam den Mund halten **mouthful** N̲ (of drink) Schluck m; (of
food) Bissen m **mouth organ**
N̲ Mundharmonika f **mouthwash** N̲ Mundwasser nt
mouthwatering A̲D̲J̲ appetitlich, lecker
move 1 N̲ (movement) Bewegung f; (in game) Zug m; (step)
Schritt m; (moving house) Umzug m; **make a ~** (in game) ziehen; (leave) sich auf den Weg
machen; **get a ~ on** (with
sth) sich (mit etw) beeilen 2
V̲T̲ bewegen; (object) rücken;
(car) wegfahren; (transport:
goods) befördern; (people)
transportieren; (in job) versetzen; (emotionally) bewegen,
rühren; **I can't ~ it** (stuck, too
heavy) ich bringe es nicht von
der Stelle; **~ (house)** umziehen
3 V̲I̲ sich bewegen; (change
place) gehen; (vehicle, ship) fahren; (move house, town etc) umziehen; (in game) ziehen **move
about** V̲I̲ sich bewegen; (travel)
unterwegs sein **move away**
V̲I̲ weggehen; (move town) wegziehen **move in** V̲I̲ (to house)
einziehen **move on** V̲I̲ weitergehen; (vehicle) weiterfahren
move out V̲I̲ ausziehen
move up V̲I̲ (in queue etc) auf-

rücken **movement** N̄ Bewegung f

movie N̄ Film m; **the ~s** (the cinema) das Kino **movie theater** N̄ (US) Kino nt

moving ADJ (emotionally) ergreifend, berührend

mow V̄T mähen **mower** N̄ (lawnmower) Rasenmäher m

mown pp → **mow**

Mozambique N̄ Mosambik nt

MP abbr = **Member of Parliament** Parlamentsabgeordnete(r) mf

MP3 player N̄ MP3-Player m

mph abbr = **miles per hour** Meilen pro Stunde

Mr N̄ (written form of address) Herr

Mrs N̄ (written form of address) Frau

Ms N̄ (written form of address for any woman, married or unmarried) Frau

Mt abbr = **Mount** Berg m

m-ticket N̄ (written form) → **mobile ticket** Handyticket nt

much 1 ADJ viel; **we haven't got ~ time** wir haben nicht viel Zeit 2 ADV viel; (with verb) sehr; **~ better** viel besser; **I like it very ~** es gefällt mir sehr gut; **I don't like it ~** ich mag es nicht besonders; **thank you very ~** danke sehr; **as I like him** so sehr ich ihn mag; **we don't see them ~** wir sehen sie nicht sehr oft; **~ the same** fast gleich 3 N̄ viel; **as ~ as**

you want so viel du willst/Sie wollen; **he's not ~ of a cook** er ist kein großer Koch

muck N̄ fam Dreck m **muck about** V̄I fam herumalbern **muck up** V̄T fam dreckig machen; (spoil) vermasseln **mucky** ADJ dreckig

mucus N̄ Schleim m

mud N̄ Schlamm m

muddle 1 N̄ Durcheinander nt; **be in a ~** ganz durcheinander sein 2 V̄T **~ (up)** durcheinanderbringen **muddled** ADJ konfus

muddy ADJ schlammig; (shoes) schmutzig **mudguard** N̄ Schutzblech nt

muesli N̄ Müsli nt

muffin N̄ Muffin m; (Br) weiches, flaches Milchbrötchen aus Hefeteig, das meist getoastet und mit Butter gegessen wird

muffle V̄T (sound) dämpfen **muffler** N̄ (US) Schalldämpfer m

mug 1 N̄ (cup) Becher m; fam (fool) Trottel m 2 V̄T (attack and rob) überfallen **mugging** N̄ Raubüberfall m

mule N̄ Maulesel m

mulled ADJ **~ wine** Glühwein m

multicolored (US), **multicoloured** N̄ bunt **multicultural** ADJ multikulturell **multi-grade** ADJ **~ oil** Mehrbereichsöl nt **multilingual** ADJ mehrsprachig

multiple **1** N̄ Vielfache(s) nt **2** ADJ mehrfach; (several) mehrere **multiple-choice** (method) N̄ Multiple-Choice--Verfahren nt

multiplex ADJ, N̄ ~ (cinema) Multiplexkino nt

multiply **1** V̄T multiplizieren (by mit) **2** V̄I sich vermehren

multi-purpose ADJ Mehrzweck- **multistorey** (car park) N̄ Parkhaus nt

mum N̄ fam (mother) Mutti f, Mami f

mumble V̄T, V̄I murmeln

mummy N̄ (dead body) Mumie f; fam (mother) Mutti f, Mami f

mumps NSING Mumps m

munch V̄T, V̄I mampfen

Munich N̄ München nt

municipal ADJ städtisch

murder **1** N̄ Mord m; **the traffic was** ~ der Verkehr war die Hölle **2** V̄T ermorden **murderer** N̄ Mörder(in) m(f)

murky ADJ düster; (water) trüb

murmur V̄T, V̄I murmeln

muscle N̄ Muskel m **muscular** ADJ (strong) muskulös; (cramp, pain etc) Muskel-

museum N̄ Museum nt

mushroom N̄ (essbarer) Pilz; (button mushroom) Champignon m

mushy ADJ breiig

music N̄ Musik f **musical** **1** ADJ (sound) melodisch; (person) musikalisch; ~ **instrument** Musikinstrument nt **2** N̄ (show) Musical nt **musically** ADV musikalisch m **musician** N̄ Musiker(in) m(f)

Muslim **1** ADJ moslemisch **2** N̄ Moslem m, Muslime f

mussel N̄ Miesmuschel f

must **1** VAUX (need to) müssen; (in negation) müssen; **I** ~**n't forget that** ich darf das nicht vergessen; (certainty) **he** ~ **be there by now** er ist inzwischen bestimmt schon da; (assumption) **I** ~ **have lost it** ich habe es wohl verloren; ~ **you?** muss das sein? **2** N̄ Muss nt

mustache N̄ (US) Schnurrbart m

mustard N̄ Senf m

mustn't contr = **must not**

mute ADJ stumm

mutter V̄T, V̄I murmeln

mutton N̄ Hammelfleisch nt

mutual ADJ gegenseitig; **by** ~ **consent** in gegenseitigem Einvernehmen

my ADJ mein; **I've hurt** ~ **leg** ich habe mir das Bein verletzt

Myanmar N̄ Myanmar nt

myself PRON (reflexive) mich acc, mir dat; **I've hurt** ~ ich habe mich verletzt; **I've bought** ~ **a flat** ich habe mir eine Wohnung gekauft; (emphatic) **I did it** ~ ich habe es selbst gemacht; (all) **by** ~ allein

mysterious ADJ geheimnisvoll, mysteriös; (inexplicable) rätselhaft **mystery** N̄ Geheim-

nis *nt*; *(puzzle)* Rätsel *nt*
myth N̄ Mythos *m*; *fig (untrue story)* Märchen *nt* **mythology** N̄ Mythologie *f*

N

naan bread N̄ *(warm serviertes) indisches Fladenbrot*
nag V̄T, V̄I herumnörgeln *(sb an jdm)* **nagging** N̄ Nörgelei *f*
nail 1 N̄ Nagel *m* 2 V̄T nageln *(to an)* **nail down** V̄T festnageln **nail bar** N̄ Nagelstudio *nt* **nailbrush** N̄ Nagelbürste *f* **nail clippers** N̄PL Nagelknipser *m* **nail extension** N̄ Nagelverlängerung *f* **nailfile** N̄ Nagelfeile *f* **nail polish** N̄ Nagellack *m* **nail polish remover** N̄ Nagellackentferner *m* **nail scissors** N̄PL Nagelschere *f* **nail varnish** N̄ Nagellack *m* **nail wrap** N̄ Nagelfolie *f*
naive ADJ naiv
naked ADJ nackt
name 1 N̄ Name *m*; **his ~ is ...** er heißt ...; **what's your ~?** wie heißen Sie?; *(reputation)* **have a good/bad ~** einen guten/ schlechten Ruf haben 2 V̄T nennen *(after nach)*; *(sth new)* benennen; *(nominate)* ernennen *(as als/zu)*; **a boy ~d ...**

ein Junge namens ... **namely** ADV nämlich **name plate** N̄ Namensschild *nt*
nanny N̄ Kindermädchen *nt*
nap N̄ **have/take a ~** ein Nickerchen machen
napkin N̄ *(at table)* Serviette *f*
Naples N̄ Neapel *nt*
nappy N̄ *(Brit)* Windel *f*
narrow 1 ADJ eng, schmal; *(victory, majority)* knapp; **have a ~ escape** mit knapper Not davonkommen 2 V̄I sich verengen **narrow down** V̄T einschränken *(to sth auf etw acc)*
narrow-minded ADJ engstirnig
nasty ADJ ekelhaft; *(person)* fies; *(remark)* gehässig; *(accident, wound etc)* schlimm
nation N̄ Nation *f* **national** 1 ADJ national; **~ anthem** Nationalhymne *f*; **National Health Service** *(Brit)* staatlicher Gesundheitsdienst; **~ insurance** *(Brit)* Sozialversicherung *f*; **~ park** Nationalpark *m* 2 N̄ Staatsbürger(in) *m(f)* **nationality** N̄ Staatsangehörigkeit *f*, Nationalität *f* **nationwide** ADJ, ADV landesweit
native 1 ADJ einheimisch; *(inborn)* angeboren, natürlich; **Native American** Indianer(in) *m(f)*; **~ country** Heimatland *nt*; **a ~ German** ein gebürtiger Deutscher, eine gebürtige Deutsche; **~ language** Muttersprache *f*; **~ speaker** Mutter-

sprachler(in) m(f) **2** N̄ Einheimische(r) mf; (in colonial context) Eingeborene(r) mf
nativity play N̄ Krippenspiel nt
NATO acr = **North Atlantic Treaty Organization**; Nato f
natural ADJ natürlich; (law, science, forces etc) Natur-; (inborn) angeboren; **~ resources** Bodenschätze pl **naturally** ADV natürlich; (by nature) von Natur aus
nature N̄ Natur f; (type) Art f; **by ~** von Natur aus **nature reserve** N̄ Naturschutzgebiet nt
naughty ADJ (child) ungezogen; (cheeky) frech
nausea N̄ Übelkeit f
nautical ADJ nautisch; **~ mile** Seemeile f
nave N̄ Hauptschiff nt
navel N̄ Nabel m
navigate VI navigieren; (in car) lotsen, dirigieren **navigation** N̄ Navigation f; (in car) Lotsen nt
navy N̄ Marine f
near **1** ADJ nahe; **in the ~ future** in nächster Zukunft; **that was a ~ miss** (of car or thing) das war knapp; (with price) **...** or **~est offer** Verhandlungsbasis **... 2** ADV in der Nähe; **come ~er** näher kommen; (event) näher rücken **3** PREP **~ (to)** (space) nahe an + dat; (vicinity) in der Nähe + gen; **~ the station** in

der Nähe des Bahnhofs, in Bahnhofsnähe **nearby 1** ADJ nahe gelegen **2** ADV in der Nähe **nearly** ADV fast **near--sighted** ADJ kurzsichtig
neat ADJ ordentlich; (work, writing) sauber; (undiluted) pur
necessarily ADV notwendigerweise; **not ~** nicht unbedingt **necessary** ADJ notwendig, nötig; **it's ~ to ...** man muss **...**; **it's not ~ for him to come** er braucht nicht mitzukommen **necessity** N̄ Notwendigkeit f; **the bare necessities** das absolut Notwendigste
neck N̄ Hals m; (size) Halsweite f **necklace** N̄ Halskette f **neck pillow** N̄ Nackenkissen nt; (for travel) Nackenhörnchen nt **necktie** N̄ (US) Krawatte f **neck wallet** N̄ Brustbeutel m
nectarine N̄ Nektarine f
née ADJ geborene
need 1 N̄ (requirement) Bedürfnis nt (for für); (necessity) Notwendigkeit f; (poverty) Not f; **be in ~ of sth** etw brauchen; **if ~(s) be** wenn nötig **2** VT brauchen; **I ~ to speak to you** ich muss mit dir reden; **you ~n't go** du musst nicht gehen
needle N̄ Nadel f
needless, needlessly ADJ, ADV unnötig; **~ to say** selbstverständlich
negative 1 N̄ LING Verneinung f; PHOT Negativ nt **2**

$\overline{ADJ}$ negativ; (answer) verneinend

neglect **1** $\overline{N}$ Vernachlässigung f **2** $\overline{VT}$ vernachlässigen **negligence** $\overline{N}$ Nachlässigkeit f
negligent $\overline{ADJ}$ nachlässig
negotiate $\overline{VI}$ verhandeln **negotiation** $\overline{N}$ Verhandlung f
neigh $\overline{VI}$ (horse) wiehern
neighbor (US), **neighbour** $\overline{N}$ Nachbar(in) m(f) **neighbo(u)rhood** $\overline{N}$ Nachbarschaft f

neighbo(u)ring $\overline{ADJ}$ benachbart

neither **1** $\overline{ADJ}$, $\overline{PRON}$ keine(r, s) von beiden; **~ of you/us** keiner von euch/uns beiden **2** $\overline{ADV}$ ~ ... **nor** ... weder ... noch ... **3** $\overline{CONJ}$ **I'm not going - ~ am I** ich gehe nicht - ich auch nicht
nephew $\overline{N}$ Neffe m
nerd $\overline{N}$ fam Schwachkopf m; **he's a real computer ~** er ist ein totaler Computerfreak
nerve $\overline{N}$ Nerv m; **he gets on my ~s** er geht mir auf die Nerven; (courage) **keep/lose one's ~** die Nerven behalten/verlieren; (cheek) **have the ~ to do sth** die Frechheit besitzen, etw zu tun **nerve-racking** $\overline{ADJ}$ nervenaufreibend **nervous** $\overline{ADJ}$ (apprehensive) ängstlich; (on edge) nervös **nervous breakdown** $\overline{N}$ Nervenzusammenbruch m

nest **1** $\overline{N}$ Nest nt **2** $\overline{VI}$ nisten
net **1** $\overline{N}$ Netz nt; **the Net** (Inter

net) das Internet; **on the ~** im Netz **2** $\overline{ADJ}$ (price, weight) Netto-; **~ profit** Reingewinn m
Netherlands $\overline{NPL}$ **the ~** die Niederlande pl

network $\overline{N}$ Netz nt; TV, RADIO Sendenetz nt; IT Netzwerk nt
networking $\overline{N}$ Networking nt (das Knüpfen und Pflegen von Kontakten, die dem beruflichen Fortkommen dienen)
neurosis $\overline{N}$ Neurose f **neurotic** $\overline{ADJ}$ neurotisch
neuter $\overline{ADJ}$ BIO geschlechtslos; LING sächlich

neutral **1** $\overline{ADJ}$ neutral **2** $\overline{N}$ (gear in car) Leerlauf m
never $\overline{ADV}$ nie(mals); **~ before** noch nie; **~ mind** macht nichts!
never-ending $\overline{ADJ}$ endlos **nevertheless** $\overline{ADV}$ trotzdem
new $\overline{ADJ}$ neu; **this is all ~ to me** das ist für mich noch ungewohnt

New England $\overline{N}$ Neuengland nt

Newfoundland $\overline{N}$ Neufundland nt

newly $\overline{ADV}$ neu; **~ made** (cake) frisch gebacken **newly-weds** $\overline{NPL}$ Frischvermählte pl **new moon** $\overline{N}$ Neumond m
news $\overline{NSING}$ (item of news) Nachricht f; RADIO, TV Nachrichten pl; **good ~** eine erfreuliche Nachricht; **what's the ~?** was gibt's Neues?; **have you heard the ~?** hast du das Neueste gehört? **newsagent**, **news**

dealer (US) N̲ Zeitungshändler(in) m(f) **news bulletin** N̲ Nachrichtensendung f **news feed** N̲ IT News-Feed m, Web-Feed m **news flash** N̲ Kurzmeldung f **newsgroup** N̲ IT Diskussionsforum nt, Newsgroup f **newsletter** N̲ Mitteilungsblatt nt **newspaper** N̲ Zeitung f

New Year N̲ das neue Jahr; **Happy ~** (ein) frohes Neues Jahr!; (toast) Prosit Neujahr!; **~'s Day** Neujahr nt, Neujahrstag m; **~'s Eve** Silvesterabend m; **~'s resolution** guter Vorsatz fürs neue Jahr

New York N̲ New York nt

New Zealand 1 N̲ Neuseeland nt 2 ADJ neuseeländisch **New Zealander** N̲ Neuseeländer(in) m(f)

next 1 ADJ nächste(r, s); **the week after ~** übernächste Woche; **~ time I see him** wenn ich ihn das nächste Mal sehe; **you're ~** du bist/Sie sind jetzt dran 2 ADV als Nächstes; (then) dann, darauf; **~ to** neben + dat; **~ to last** vorletzte(r, s); **~ to impossible** nahezu unmöglich; **the ~ best thing** das Nächstbeste; **~ door** nebenan

NHS abbr = **National Health Service**

Niagara Falls NPL Niagarafälle pl

nibble V̲T̲ knabbern an + dat **nibbles** NPL Knabberzeug nt

Nicaragua N̲ Nicaragua nt

nice ADJ nett, sympathisch; (taste, food, drink) gut; (weather) schön; **have a ~ day** (US) schönen Tag noch! **nicely** ADV nett; (well) gut; **that'll do ~** das genügt vollauf

nick V̲T̲ fam (steal) klauen

nickel N̲ CHEM Nickel nt; (US, coin) Nickel m

nickname N̲ Spitzname m

nicotine N̲ Nikotin nt **nicotine patch** N̲ Nikotinpflaster nt

niece N̲ Nichte f

Nigeria N̲ Nigeria nt

night N̲ Nacht f; (before bed) Abend m; **good ~** gute Nacht!; **at** (or **by**) **~** nachts; **have an early ~** früh schlafen gehen **nightcap** N̲ Schlummertrunk m **nightclub** N̲ Nachtklub m **nightdress** N̲ Nachthemd nt **nightie** N̲ fam Nachthemd nt **nightingale** N̲ Nachtigall f **night life** N̲ Nachtleben nt **nightly** ADV (every evening) jeden Abend; (every night) jede Nacht **nightmare** N̲ Albtraum m **nighttime** N̲ Nacht f; **at ~** nachts

nil N̲ SPORT null

Nile N̲ Nil m

nine 1 NUM neun; **~ times out of ten** so gut wie immer 2 N̲ (a. bus etc) Neun f; → **eight nineteen** 1 NUM neunzehn 2 N̲ (a. bus etc) Neunzehn f; → **eight nineteenth** ADJ neunzehnte(r, s); → eighth **nineteenth** ADJ neunzigste(r, s); → eighth **ninety** 1 NUM neunzig 2 N Neunzig f; → eight **ninth** 1 ADJ neunte(r, s) 2 N (fraction) Neuntel nt; → eighth

nipple N Brustwarze f

nitrogen N Stickstoff m

no 1 ADV nein; (after comparative) nicht; **I can wait ~ longer** ich kann nicht länger warten; **I have ~ more money** ich habe kein Geld mehr 2 ADJ kein; in ~ time im Nu; ~ way fam keinesfalls; **it's ~ use** (or good) es hat keinen Zweck; ~ smoking Rauchen verboten 3 N Nein nt

nobody 1 PRON niemand; (emphatic) keiner; ~ knows keiner weiß es; ~ else sonst niemand, kein anderer 2 N Niemand m

no-claims bonus N Schadenfreiheitsrabatt m

nod VI, VT nicken **nod off** VI einnicken

noise N (loud) Lärm m; (sound) Geräusch nt **noisy** ADJ laut; (crowd) lärmend

nominate VT (in election) aufstellen; (appoint) ernennen

non- PREF Nicht-; (with adj) nicht-, un- **non-alcoholic** ADJ alkoholfrei

none PRON keine(r, s); ~ of them keiner von ihnen; ~ of it is any use nichts davon ist brauchbar; **there are ~ left**

es sind keine mehr da; (with comparative) **be ~ the wiser** auch nicht schlauer sein

nonetheless ADV nichtsdestoweniger

non-fiction N Sachbücher pl **non-resident** N "open to ~s" „auch für Nichthotelgäste" **non-returnable** ADJ ~ bottle Einwegflasche f

nonsense N Unsinn m

non-smoker N Nichtraucher(in) m(f) **non-smoking** ADJ Nichtraucher- **nonstop** 1 ADJ (train) durchgehend; (flight) Nonstop- 2 ADV (talk) ununterbrochen; (fly) ohne Zwischenlandung

noodles NPL Nudeln pl

noon N Mittag m; at ~ um 12 Uhr mittags

no one PRON niemand; (emphatic) keiner; ~ else sonst niemand, kein anderer

nor CONJ neither ... ~ ... weder ... noch ...; **I don't smoke, ~ does he** ich rauche nicht, er auch nicht

normal ADJ normal; **get back to ~** sich wieder normalisieren **normally** ADV (usually) normalerweise

north 1 N Norden m; **to the ~ of** nördlich von 2 ADV (go, face) nach Norden 3 ADJ Nord- **North America** N Nordamerika nt **northbound** ADJ (in) Richtung Norden **northeast** 1 N Nordosten m; **to the ~**

of nordöstlich von **2** ADV (go, face) nach Nordosten **3** ADJ Nordost- **northern** ADJ nördlich; **~ France** Nordfrankreich nt **Northern Ireland** N̄ Nordirland nt **North Pole** N̄ Nordpol m **North Sea** N̄ Nordsee f **northwards** ADV nach Norden **northwest 1** N̄ Nordwesten m; **to the ~ of** nordwestlich von **2** ADV (go, face) nach Nordwesten **3** ADJ Nordwest-

Norway N̄ Norwegen nt **Norwegian 1** ADJ norwegisch **2** N̄ (person) Norweger(in) m(f); (language) Norwegisch nt

nose N̄ Nase f **nosebleed** N̄ Nasenbluten nt **nose-dive** N̄ Sturzflug m

nosey → **nosy**

nostril N̄ Nasenloch nt

nosy ADJ neugierig

not ADV nicht; **~ one of them** kein einziger von ihnen; **I told him ~ to (do it)** ich sagte ihm, er solle es nicht tun; **~ at all** überhaupt nicht, keineswegs; (don't mention it) gern geschehen; **~ yet** noch nicht

notable ADJ bemerkenswert **note 1** N̄ (written) Notiz f; (short letter) paar Zeilen pl; (comment in book etc) Anmerkung f; (banknote) Schein m; MUS (sign) Note f; (sound) Ton m; **make a ~ of sth** etw notieren; **~s** (of lecture etc) Aufzeichnungen pl; **take**

~s sich dat Notizen machen (of über + acc) **2** V̄T (notice) bemerken (that dass); (write down) notieren **notebook** N̄ Notizbuch nt; IT Notebook nt **notepad** N̄ Notizblock m **notepaper** N̄ Briefpapier nt

nothing N̄ nichts; **~ but ...** lauter ...; **he thinks ~ of it** er macht sich nichts daraus

notice 1 N̄ (announcement) Bekanntmachung f; (on notice board) Anschlag m; (attention) Beachtung f; (advance warning) Ankündigung f; (to leave job, flat etc) Kündigung f; **at short ~** kurzfristig; **until further ~** bis auf weiteres; **give sb ~** jdm kündigen; **hand in one's ~** kündigen; **take (no) ~ of (sth)** etw (nicht) beachten **2** V̄T bemerken **noticeable** ADJ erkennbar; (visible) sichtbar; **be ~** auffallen **notice board** N̄ Anschlagtafel f

notification N̄ Benachrichtigung f (of von) **notify** V̄T benachrichtigen (of von)

notorious ADJ berüchtigt

nought N̄ Null f

noun N̄ Substantiv nt

novel 1 N̄ Roman m **2** ADJ neuartig **novelty** N̄ Neuheit f

November N̄ November m; → September

novice N̄ Neuling m

now ADV (at the moment) jetzt; (introductory phrase) also; **right**

~ jetzt gleich; **just** ~ gerade; **by** ~ inzwischen; **from** ~ ab jetzt; ~ **and again** (or **then**) ab und zu **nowadays** ADV heutzutage

nowhere ADV nirgends; **we're getting** ~ wir kommen nicht weiter; ~ **near** noch lange nicht

nozzle N̄ Düse f

nuclear ADJ (energy etc) Kern-; ~ **power station** Kernkraftwerk nt

nude 1 ADJ nackt 2 N̄ (person) Nackte(r) m(f); (painting etc) Akt m **nudist** N̄ Nudist(in) m(f), FKK-Anhänger(in) m(f) **nudist beach** N̄ FKK-Strand m

nuisance N̄ Ärgernis nt; (person) Plage f; **what a** ~ wie ärgerlich!

numb 1 ADJ taub, gefühllos 2 V̄T̄ betäuben

number 1 N̄ Nummer f; MATH Zahl f; (quantity) (An)zahl f; (in small/large ~s in kleinen/großen Mengen; **a** ~ **of times** mehrmals 2 V̄T̄ (give a number to) nummerieren; (count) zählen (among zu); **his days are** ~**ed** seine Tage sind gezählt **number plate** N̄ (Br) AUTO Nummernschild nt

numeral 1 N̄ Ziffer f **numerical** ADJ numerisch; (superiority) zahlenmäßig **numerous** ADJ zahlreich

nun N̄ Nonne f

Nuremberg N̄ Nürnberg nt

nurse 1 N̄ Krankenschwester f; (male nurse) Krankenpfleger m 2 V̄T̄ (patient) pflegen; (baby) stillen **nursery** N̄ Kinderzimmer nt; (for plants) Gärtnerei f; (tree) Baumschule f **nursery rhyme** N̄ Kinderreim m **nursery school** N̄ Kindergarten m; ~ **teacher** Kindergärtner(in) m(f), Erzieher(in) m(f) **nursing** N̄ (profession) Krankenpflege f; ~ **home** Privatklinik f

nut N̄ Nuss f; TECH (for bolt) Mutter f **nutcase** N̄ fam Spinner(in) m(f) **nutcracker** N̄, **nutcrackers** NPL Nussknacker m

nutmeg N̄ Muskat m, Muskatnuss f

nutrition N̄ Ernährung f **nutritious** ADJ nahrhaft

nuts fam 1 ADJ verrückt; **be** ~ **about sth** nach etw verrückt sein 2 NPL (testicles) Eier pl

nutshell N̄ Nussschale f; **in a** ~ kurz gesagt

nutter N̄ fam Spinner(in) m(f) **nutty** ADJ fam verrückt

nylon 1 N̄ Nylon nt 2 ADJ Nylon-

O

O N̄ TEL Null f

oak 1 N̄ Eiche f 2 ADJ Eichen-

OAP *abbr* = **old-age pensioner** Rentner(in) *m(f)*

oar N̄ Ruder *nt*

oasis N̄ (*pl* Oasen) Oase *f*

oath N̄ (*statement*) Eid *m*

oats NPL Hafer *m*; GASTR Haferflocken *pl*

obedience N̄ Gehorsam *m*

obedient ADJ gehorsam

obey VT, VI gehorchen + *dat*

object 1 N̄ Gegenstand *m*; (*abstract*) Objekt *nt*; (*purpose*) Ziel *nt* 2 VI dagegen sein; (*raise objection*) Einwände erheben (*to* gegen); (*morally*) Anstoß nehmen (*to an* + *dat*); **do you** ~ **to my smoking?** haben Sie etwas dagegen, wenn ich rauche? **objection** N̄ Einwand *m*

objective 1 N̄ Ziel *nt* 2 ADJ objektiv **objectivity** N̄ Objektivität *f*

obligation N̄ (*duty*) Pflicht *f*; (*commitment*) Verpflichtung *f*; **no** ~ unverbindlich **obligatory** ADJ obligatorisch **oblige** VT ~ **sb to do sth** jdn (dazu) zwingen, etw zu tun; **he felt** ~**d to accept the offer** er fühlte sich verpflichtet, das Angebot anzunehmen

oboe N̄ Oboe *f*

obscene ADJ obszön

observation N̄ (*watching*) Beobachtung *f*; (*remark*) Bemerkung *f* **observe** VT (*notice*) bemerken; (*watch*) beobachten; (*customs*) einhalten

obsessed ADJ besessen (*with*

an idea etc) von einem Gedanken *etc*) **obsession** N̄ Manie *f*

obsolete ADJ veraltet

obstacle N̄ Hindernis *nt* (*to* für)

obstinate ADJ hartnäckig

obstruct VT versperren; (*pipe*) verstopfen; (*hinder*) behindern, aufhalten **obstruction** N̄ Blockierung *f*; (*of pipe*) Verstopfung *f*; (*obstacle*) Hindernis *nt*

obtain VT erhalten **obtainable** ADJ erhältlich

obvious ADJ offensichtlich; **it was** ~ **to me that ...** es war mir klar, dass ... **obviously** ADJ offensichtlich

occasion N̄ Gelegenheit *f*; (*special event*) (großes) Ereignis; **on the** ~ anlässlich + *gen*; **special** ~ besonderer Anlass **occasional, occasionally** ADJ, ADV gelegentlich

occupant N̄ (*of house*) Bewohner(in) *m(f)*; (*of vehicle*) Insasse *m*, Insassin *f* **occupation** N̄ Beruf *m*; (*pastime*) Beschäftigung *f*; (*of country etc*) Besetzung *f* **occupied** ADJ (*country, seat, toilet*) besetzt; (*person*) beschäftigt; **keep sb/oneself** ~ jdn/sich beschäftigen **occupy** VT (*country*) besetzen; (*time*) beanspruchen; (*mind, person*) beschäftigen

occur VI vorkommen; ~ **to sb** jdm einfallen

ocean N̄ Ozean *m*; (*US, sea*) das Meer *nt*

o'clock ADV 5 ~ 5 Uhr; **at 10 ~** um 10 Uhr

octagon N Achteck nt

October N Oktober m; → September

octopus N Tintenfisch m

odd ADJ (strange) sonderbar; (not even) ungerade; (one missing) einzeln; **be the ~ one out** nicht dazugehören **odds** NPL Chancen pl; **against all ~** entgegen aller Erwartungen

odometer N (US) AUTO Meilenzähler m

odor (US), **odour** N Geruch m

of PREP von; (material, origin) aus; **the name ~ the hotel** der Name des Hotels; **the works ~ Shakespeare** Shakespeares Werke; **a friend ~ mine** ein Freund von mir; **the fourth ~ June** der vierte Juni; (quantity) **a glass ~ water** ein Glas Wasser; **a litre ~ wine** ein Liter Wein; **a girl ~ ten** ein zehnjähriges Mädchen; (US, in time) **it's five ~ three** ist fünf vor drei; (cause) **die ~ cancer** an Krebs sterben

off 1 ADV (away) weg, fort; (free) frei; (switch) ausgeschaltet; (milk) sauer; **a mile ~** eine Meile entfernt; **I'll be ~ now** ich gehe jetzt; **have the day/Monday ~** heute/Montag freihaben; **the lights are ~** die Lichter sind aus; **the concert is ~** das Konzert fällt aus; **I got 10 % ~** ich habe 10 % Nachlass bekommen 2 PREP (away from) von; **jump/fall ~ the roof** vom Dach springen/fallen; **get ~ the bus** aus dem Bus aussteigen; **he's work/school** er hat frei/schulfrei; **take £20 ~ the price** den Preis um 20 Pfund herabsetzen

offence N (crime) Straftat f; (minor) Vergehen nt; (to feelings) Kränkung f; **cause/take ~** Anstoß erregen/nehmen **offend** VT kränken; (eye, ear) beleidigen **offender** N Straffällige(r) mf **offense** (US) → offence **offensive** 1 ADJ anstößig; (insulting) beleidigend; (smell) übel, abstoßend 2 N MIL Offensive f

offer 1 N Angebot nt; **on ~** COMM im Angebot 2 VT anbieten (to sb jdm); (money, a chance etc) bieten

offhand 1 ADJ lässig 2 ADV (say) auf Anhieb

office N Büro nt; (position) Amt nt; **doctor's ~** (US) Arztpraxis f **office block** N Bürogebäude nt **office hours** NPL Dienstzeit f; (notice) Geschäftszeiten pl **officer** N MIL Offizier(in) m(f); (official) Polizeibeamte(r) m, Polizeibeamtin f **office worker** N Büroangestellte(r) mf **official** 1 ADJ offiziell; (report etc) amtlich; **~ language** Amtssprache f 2 N Beamte(r) m, Beamtin f, Repräsentant(in) m(f) **off-licence** N (Br) Wein- und

Spirituosenhandlung f **off--line** ADJ IT offline **off-peak** ADJ außerhalb der Stoßzeiten; (rate, ticket) verbilligt **off-putting** ADJ, abstoßend **off-season** ADJ außerhalb der Saison **offshore** ADJ küstennah, Küsten-; (oil rig) im Meer **offside** N̄ AUTO Fahrerseite f; SPORT Abseits nt

often ADV oft; **every so** ~ von Zeit zu Zeit

oil 1 N̄ Öl nt 2 V̄T ölen **oil level** N̄ Ölstand m **oil painting** N̄ Ölgemälde nt **oil-rig** N̄ (Öl-)bohrinsel f **oil slick** N̄ Ölteppich m **oil tanker** N̄ Öltanker m; (truck) Tankwagen m **oily** ADJ ölig; (skin, hair) fettig

ointment N̄ Salbe f

OK, okay ADJ fam okay, in Ordnung; **that's** ~ **by** (or **with**) **me** das ist mir recht

old ADJ alt **old age** N̄ Alter nt; ~ **pensioner** Rentner(in) m(f) **old-fashioned** ADJ altmodisch **old people's home** N̄ Altersheim nt

olive N̄ Olive f **olive oil** N̄ Olivenöl nt

Olympic ADJ olympisch; **the** ~ **Games, the** ~**s** pl die Olympischen Spiele pl, die Olympiade f

omelette N̄ Omelett nt

OMG abbr = **oh my God!** oh mein Gott!, OMG

omit V̄T auslassen

on 1 PREP (position) auf + dat; (with motion) auf + acc; (vertical surface, day) an + dat; (with motion) an + acc; **it's** ~ **the table** es ist auf dem Tisch; **hang it** ~ **the wall** häng es an die Wand; **I haven't got it** ~ **me** ich habe es nicht bei mir; ~ **TV** im Fernsehen; ~ **the left** links; ~ **the right** rechts; ~ **the train/bus** im Zug/Bus; ~ **the twelfth** am zwölften; ~ **Sunday** am Sonntag; ~ **Sundays** sonntags 2 ADJ, ADV (light etc) TV, ELEC an; **what's** ~ **at the cinema?** was läuft im Kino?; **I've nothing** ~ (nothing arranged) ich habe nichts vor; (no clothes) ich habe nichts an; **leave the light** ~ das Licht brennen lassen

once 1 ADV (one time, in the past) einmal; **at** ~ sofort; (at the same time) gleichzeitig; ~ **more** noch einmal; **for** ~ ausnahmsweise (einmal); ~ **in a while** ab und zu mal 2 CONJ wenn ... einmal; ~ **you've got used to it** sobald Sie sich daran gewöhnt haben

oncoming ADJ entgegenkommend; ~ **traffic** Gegenverkehr m

one 1 NUM eins 2 ADJ ein, eine, ein; (only) einzige(r, s); ~ **day** eines Tages; **the** ~ **and only** ... der/die unvergleichliche ... 3 PRON eine(r, s); (people, you) man; **the** ~ **who/that** ... der (-jenige), der/die(jenige), das(jenige), das ...; **this** ~, **that** ~ dieser/diese/dieses; **the blue**

~ der/die/das Blaue; which ~? welcher/welche/welches?; **~ another** einander **one-off 1** ADJ einmalig **2** N **a ~** etwas Einmaliges **one-parent family** N Einelternfamilie f **one--piece** ADJ einteilig **oneself** PRON (reflexive) sich **one-way** ADJ **~ street** Einbahnstraße f; **~ ticket** (US) einfache Fahrkarte

onion N Zwiebel f

online ADJ IT online; **~ banking** Homebanking nt **online booking** N Onlinereservierung f **online check-in** N Online-Check-in nt **online shopping** N Onlineshopping nt **online store** N Onlineshop m, Webshop m **online support** N Onlinehilfe f **online video** N Onlinevideo nt

only 1 ADV nur; (with time) erst; **~ yesterday** erst gestern; **he's ~ four** er ist erst vier; **~ just arrived** gerade erst angekommen **2** ADJ einzige(r, s); **~ child** Einzelkind nt

o.n.o. abbr = **or nearest offer** VHB f (Verhandlungsbasis)

onside ADV SPORT nicht im Abseits

onto PREP auf + acc; (vertical surface) an + acc

onwards ADV voran, vorwärts; **from today ~** von heute an, ab heute

open 1 ADJ offen; **in the ~ air**

im Freien; **~ to the public** für die Öffentlichkeit zugänglich; **the shop is ~ all day** das Geschäft ist den ganzen Tag offen **2** VT öffnen, aufmachen; (meeting, account, new building) eröffnen; (road) dem Verkehr übergeben **3** VI (door, window etc) aufgehen, sich öffnen; (shop, bank) öffnen, aufmachen; (begin) anfangen (with mit) **open day** N Tag m der offenen Tür **opening** N Öffnung f; (beginning) Anfang m; (official, of exhibition etc) Eröffnung f; **~ hours** or **times** pl Öffnungszeiten pl **openly** ADV offen **open-minded** ADJ aufgeschlossen **open-plan** ADJ **~ office** Großraumbüro nt

opera N Oper f **opera house** N Oper f, Opernhaus nt **operate 1** VT (machine) bedienen; (brakes, lights) betätigen **2** VI (machine) laufen; (bus etc) verkehren (between zwischen); **~ (on sb)** MED (jdn) operieren **operating theatre, operating room** (US) N Operationssaal m **operation** N (of machine) Bedienung f; MED Operation f (on an + dat); (undertaking) Unternehmen nt; **in ~** (machine) in Betrieb; **have an ~** operiert werden (for wegen)

opinion N Meinung f (on zu); **in my ~** meiner Meinung nach **opponent** N Gegner(in) m(f)

opportunity N̄ Gelegenheit f
oppose V̄T̄ sich widersetzen + dat; (idea) ablehnen **opposed** ADJ **be ~ to sth** gegen etw sein; **as ~ to** im Gegensatz zu **opposing** ADJ (team) gegnerisch; (points of view) entgegengesetzt
opposite 1 ADJ (house) gegenüberliegend; (direction) entgegengesetzt; **the ~ sex** das andere Geschlecht 2 ADV gegenüber 3 PREP gegenüber + dat; **~ me** mir gegenüber 4 N̄ Gegenteil nt
opposition N̄ Widerstand m (to gegen); POL Opposition f
oppress V̄T̄ unterdrücken
opt V̄ **~ for sth** sich für etw entscheiden
optician N̄ Optiker(in) m(f)
optimist N̄ Optimist(in) m(f)
optimistic ADJ optimistisch
option N̄ Möglichkeit f; COMM Option f; **have no ~** keine Wahl haben **optional** ADJ freiwillig; **~ extras** AUTO Extras pl
or CONJ oder; (otherwise) sonst; **hurry up, ~ (else) we'll be late** beeil dich, sonst kommen wir zu spät
oral 1 ADJ mündlich; **~ sex** Oralverkehr m 2 N̄ (exam) Mündliche(s) nt **oral surgeon** N̄ Kieferchirurg(in) m(f)
orange 1 N̄ Orange f 2 ADJ orangefarben **orange juice** N̄ Orangensaft m
orbit 1 N̄ Umlaufbahn f 2 V̄T̄

umkreisen
orchard N̄ Obstgarten m
orchestra N̄ Orchester nt; (US) THEAT Parkett nt
orchid N̄ Orchidee f
ordeal N̄ Tortur f; (emotional) Qual f
order 1 N̄ (sequence) Reihenfolge f; (good arrangement) Ordnung f; (command) Befehl m; LAW Anordnung f; (condition) Zustand m, Bestellung f; **out of ~** (not functioning) außer Betrieb; (unsuitable) nicht angebracht; **in ~** (items) richtig geordnet; (all right) in Ordnung; **in ~ to do sth** um etw zu tun 2 V̄T̄ (arrange) ordnen; (command) befehlen; **~ sb to do sth** jdm befehlen, etw zu tun; (shop, product) bestellen **order form** N̄ Bestellschein m
ordinary ADJ gewöhnlich, normal
ore N̄ Erz nt
organ N̄ MUS Orgel f; ANAT Organ nt
organic ADJ organisch; (farming, vegetables) Bio-, Öko-; **~ farmer** Biobauer m, Biobäuerin f; **~ food** Biokost f
organization N̄ Organisation f; (arrangement) Ordnung f **organize** V̄T̄ organisieren **organizer** N̄ (elektronisches) Notizbuch
orgasm N̄ Orgasmus m
oriental ADJ orientalisch

orientation N̄ Orientierung f

origin N̄ Ursprung m; (of person) Herkunft f **original 1** ADJ (first) ursprünglich; (painting) original; (idea) originell **2** N̄ Original nt **originally** ADV ursprünglich

Orkneys NPL, **Orkney Islands** NPL Orkneyinseln pl

ornamental ADJ dekorativ

orphan N̄ Waise f, Waisenkind nt **orphanage** N̄ Waisenhaus nt

orthodox ADJ orthodox

orthopaedic, **orthopedic** (US) ADJ orthopädisch

ostrich N̄ ZOOL Strauß m

other ADJ, PRON andere(r, s); **any ~ questions?** sonst noch Fragen?; **the ~ day** neulich; **every ~ day** jeden zweiten Tag; **someone/something or ~** irgendjemand/irgendetwas **otherwise** ADV sonst; (differently) anders

OTT abbr = **over the top** übertrieben

otter N̄ Otter m

ought VAUX (obligation) sollte; (probability) dürfte; (stronger) müsste; **you ~ to do that** du solltest/Sie sollten das tun; **that ~ to do** das müsste (or dürfte) reichen

ounce N̄ Unze f (28,35 g)

our ADJ unser **ours** PRON unsere(r, s); **this is ~** das gehört uns; **a friend of ~** ein Freund von uns **ourselves** PRON (reflexive)

uns; **we enjoyed ~** wir haben uns amüsiert; **we've got the house to ~** wir haben das Haus für uns; (emphatic) **we did it ~** wir haben es selbst gemacht; **(all) by ~** allein

out 1 ADV hinaus/heraus; (not indoors) draußen; (not at home) nicht zu Hause; (not alight) aus; (unconscious) bewusstlos; (published) herausgekommen; (results) bekannt gegeben; **have you been ~ yet?** warst du/waren Sie schon draußen?; **I was ~ when they called** ich war nicht da, als sie vorbeikamen; **be ~ and about** unterwegs sein; **the fire is ~** das Feuer ist ausgegangen **2** V̄T fam outen

outback N̄ (in Australia) **the ~** das Hinterland

outboard ADJ **~ motor** Außenbordmotor m

outbound flight N̄ Hinflug m

outbreak N̄ Ausbruch m

outcome N̄ Ergebnis nt

outcry N̄ (public protest) Protestwelle f (against gegen)

outdo irr V̄T übertreffen

outdoor ADJ Außen-; SPORT im Freien; **~ swimming pool** Freibad nt **outdoors** ADV draußen, im Freien

outer ADJ äußere(r, s) **outer space** N̄ Weltraum m

outfit N̄ Ausrüstung f; (clothes) Kleidung f

outgoing ADJ kontaktfreudig

outgrow *irr* V̄T (*clothes*) herauswachsen aus

outing N̄ Ausflug *m*

outlet N̄ Auslass *m*; Abfluss *m*; (*US*) Steckdose *f*; (*shop*) Verkaufsstelle *f*

outline N̄ Umriss *m*; (*summary*) Abriss *m*

outlive V̄T überleben

outlook N̄ Aussicht(en) *f*(*pl*); (*attitude*) Einstellung *f*

outnumber V̄T zahlenmäßig überlegen sein + *dat*; **~ed** zahlenmäßig unterlegen

out of PREP (*motion, motive, origin*) aus; (*position, away from*) außerhalb + *gen*; **~ danger/sight/breath** außer Gefahr/Sicht/Atem; **made ~ wood** aus Holz gemacht; **we are ~ bread** wir haben kein Brot mehr **out-of-date** A̅DJ veraltet **out-of-the-way** A̅DJ abgelegen

outpatient N̄ ambulanter Patient, ambulante Patientin

output N̄ Produktion *f*; (*of engine*) Leistung *f*; IT Ausgabe *f*

outrage N̄ (*great anger*) Empörung *f* (*at* über); (*wicked deed*) Schandtat *f*; (*crime*) Verbrechen *nt*; (*indecency*) Skandal *m* **outrageous** A̅DJ unerhört; (*clothes, behaviour etc*) unmöglich, schrill

outright 1 A̅DV (*killed*) sofort 2 A̅DJ total; (*denial*) völlig; (*winner*) unbestritten

outside 1 N̄ Außenseite *f*; on the **~** außen 2 A̅DJ äußere(r, s), Außen-; (*chance*) sehr gering 3 A̅DV außen; **go ~** nach draußen gehen 4 PREP außerhalb + *gen* **outsider** N̄ Außenseiter(in) *m*(*f*)

outskirts N̄PL (*of town*) Stadtrand *m*

outstanding A̅DJ hervorragend; (*debts etc*) ausstehend

outward A̅DJ äußere(r, s); **~ journey** Hinfahrt *f* **outwardly** A̅DV nach außen hin **outwards** A̅DV nach außen

oval A̅DJ oval

ovary N̄ Eierstock *m*

ovation N̄ Ovation *f*, Applaus *m*

oven N̄ Backofen *m* **ovenproof** A̅DJ feuerfest

over 1 PREP (*position*) über + *dat*; (*motion*) über + *acc*; **they spent a long time ~ it** sie haben lange dazu gebraucht; **from all ~ England** aus ganz England; **~ £20** mehr als 20 Pfund; **~ the phone/radio** am Telefon/im Radio; **talk ~ a glass of wine** sich bei einem Glas Wein unterhalten; **~ the summer** während des Sommers 2 A̅DV (*across*) hinüber/herüber; (*finished*) vorbei; (*match, play etc*) zu Ende; (*left*) übrig; **~ there/in America** da drüben/drüben in Amerika; **~ to you** du bist/Sie sind dran; **it's (all) ~ between us** es ist aus zwischen uns; **~ and ~**

again immer wieder; **start (all) ~ again** noch einmal von vorn anfangen; **children of 8 and ~** Kinder ab 8 Jahren

over- PREF über-

overall 1 N (Br) Kittel m **2** ADJ (situation) allgemein; (length) Gesamt-; **~ majority** absolute Mehrheit **3** ADV insgesamt **overalls** NPL Overall m

overboard ADV über Bord

overbooked ADJ überbucht

overcharge VT zu viel verlangen von

overcome irr VT überwinden; **~ by sleep/emotion** von Schlaf/Rührung übermannt

overcooked ADJ zu lange gekocht; (meat) zu lange gebraten

overcrowded ADJ überfüllt

overdo irr VT übertreiben; (food) zu lange gekocht; (meat) zu lange gebraten

overdone ADJ übertrieben; (food) zu lange gekocht; (meat) zu lange gebraten

overdose N Überdosis f

overdraft N Kontoüberziehung f **overdrawn** ADJ überzogen

overdue ADJ überfällig

overestimate VT überschätzen

overexpose VT PHOT überbelichten

overflow VI überlaufen

overhead 1 ADJ AVIAT **~ locker** Gepäckfach nt; **~ projector** Overheadprojektor m **2** ADV oben **overhead** N, (Br) over-

heads N COMM allgemeine Geschäftskosten pl

overhear irr VT zufällig mit anhören

overheat VI (engine) heiß laufen

overjoyed ADJ überglücklich (at über)

overland 1 ADJ Überland- **2** ADV (travel) über Land

overlap VI (dates etc) sich überschneiden; (objects) sich teilweise decken

overload VT überladen

overlook VT (view from above) überblicken; (not notice) übersehen; (pardon) hinwegsehen über + acc

overnight 1 ADJ (journey, train) Nacht-; **~ bag** Reisetasche f; **~ stay** Übernachtung f **2** ADV über Nacht

overpass N Überführung f

overpay VT überbezahlen

overrule VT verwerfen; (decision) aufheben

overseas 1 ADJ Übersee-; ausländisch; fam Auslands- **2** ADV (go) nach Übersee; (live, work) in Übersee

oversee irr VT beaufsichtigen

overshadow VT überschatten

oversimplify VT zu sehr vereinfachen

oversleep irr VI verschlafen

overtake irr VT, VI überholen

overtime N Überstunden pl

overturn VT, VI umkippen

overweight ADJ **be ~** Überge-

wicht haben
overwhelm VT überwältigen
  overwhelming ADJ überwältigend
overwork 1 N Überarbeitung f 2 VI sich überarbeiten **overworked** ADJ überarbeitet
owe VT schulden; **~ sth to sb** (money) jdm etw schulden; (favour etc) jdm etw verdanken; **how much do I ~ you?** was bin ich dir/Ihnen schuldig? **owing to** PREP wegen + gen
owl N Eule f
own 1 VT besitzen 2 ADJ eigen; **on one's ~** allein; **he has a flat of his ~** er hat eine eigene Wohnung **owner** N Besitzer(in) m(f); (of business) Inhaber(in) m(f) **ownership** N Besitz m; **under new ~** unter neuer Leitung
ox N Ochse m **oxtail** N Ochsenschwanz m; **~ soup** Ochsenschwanzsuppe f
oxygen N Sauerstoff m
oyster N Auster f
oz abbr = **ounces** Unzen pl
Oz N fam Australien nt
ozone N Ozon nt; **~ layer** Ozonschicht f

P

p 1 abbr → **page** S. 2 N abbr → **penny**; → **pence**
p&p abbr = **postage and packing**
p.a. abbr = **per annum**
pace N (speed) Tempo nt; (step) Schritt m **pacemaker** N MED Schrittmacher m
Pacific N **the ~ (Ocean)** der Pazifik
pacifier N (US) Schnuller m
pack 1 N (of cards) Spiel nt; (esp US, of cigarettes) Schachtel f; (gang) Bande f; (US, backpack) Rucksack m 2 VT (case) packen; (clothes) einpacken 3 VI (for holiday) packen **pack in** VT (Br) fam (job) hinschmeißen **package** N Paket nt **package deal** N Pauschalangebot nt **package holiday, package tour** N Pauschalreise f **packaging** N (material) Verpackung f **packed lunch** N (Br) Lunchpaket nt **packet** N Päckchen nt; (of cigarettes) Schachtel f
pad N (of paper) Schreibblock m; (padding) Polster nt **padded envelope** N wattierter Umschlag **padding** N (material) Polsterung f
paddle 1 N (for boat) Paddel

nt 2 Vi (in boat) paddeln **paddleboarding** N Stehpaddeln nt **paddling pool** N (Br) Planschbecken nt

padlock N Vorhängeschloss nt

paediatrician (Br) N Kinderarzt m, Kinderärztin f

page N (of book etc) Seite f

pager N Piepser m

paid 1 pt, pp → pay 2 ADJ bezahlt

pain N Schmerz m; **be in ~** Schmerzen haben; **she's a (real) ~** sie nervt **painful** ADJ (physically) schmerzhaft **painkiller** N schmerzstillendes Mittel

painstaking ADJ sorgfältig

paint 1 N Farbe f 2 Vt anstreichen; (picture) malen **paintbrush** N Pinsel m **painter** N Maler(in) m(f) **painting** N (picture) Bild nt, Gemälde nt

pair N Paar nt; **a ~ of shoes** ein Paar Schuhe; **a ~ of scissors** eine Schere; **a ~ of trousers** eine Hose

pajamas NPL (US) Schlafanzug m

Pakistan N Pakistan nt

pal N fam Kumpel m

palace N Palast m

pale ADJ (face) blass, bleich; (colour) hell

palm (of hand) Handfläche f; **~ (tree)** Palme f **palmtop (computer)** N Palmtop (-computer) m

pamper VT verhätscheln

pan N (saucepan) Topf m; (frying pan) Pfanne f **pancake** N Pfannkuchen m **Pancake Day** N (Br) Fastnachtsdienstag m

panda N Panda m

pandemic N Pandemie f

panel N (of wood) Tafel f; (in discussion) Diskussionsteilnehmer pl; (in jury) Jurymitglieder pl

panic 1 N Panik f 2 Vi in Panik geraten **panicky** ADJ panisch

pansy N (flower) Stiefmütterchen nt

panties NPL (Damen)slip m

pantomime N (Br) um die Weihnachtszeit aufgeführte Märchenkomödie f

pants NPL Unterhose f; (esp US, trousers) Hose f

pantyhose NPL (US) Strumpfhose f **panty-liner** N Slipeinlage f

paper 1 N Papier nt; (newspaper) Zeitung f; (exam) Klausur f; (for reading at conference) Referat nt; **~s** pl (identity papers) Papiere pl; **~ bag** Papiertüte f; **~ cup** Pappbecher m 2 VT (wall) tapezieren **paperback** N Taschenbuch nt **paper clip** N Büroklammer f **paper feed** N (of printer) Papiereinzug m **paperwork** N Schreibarbeit f **paracetamol** N (tablet) Paracetamoltablette f

parachute 1 N Fallschirm m 2 Vi abspringen

parade **1** N (*procession*) Umzug m; MIL Parade f **2** VI vorbeimarschieren
paradise N Paradies nt
paragliding N Gleitschirmfliegen nt
paragraph N Absatz m
parallel **1** ADJ parallel **2** N MATH Parallele f
paralyze VT lähmen; fig lahmlegen
paranoid ADJ paranoid
paraphrase VT umschreiben; (*sth spoken*) anders ausdrücken
parasailing N Parasailing nt
parasol N Sonnenschirm m
parcel N Paket nt
pardon N LAW Begnadigung f; ~ **me/I beg your** ~ verzeihen Sie bitte; (*objection*) aber ich bitte dich/Sie; **I beg your** ~?/~ **me?** wie bitte?
parent N Elternteil m; ~s pl Eltern pl; ~**s-in-law** pl Schwiegereltern pl **parental** ADJ elterlich, Eltern-
parish N Gemeinde f
park **1** N Park m **2** VT, VI parken **parking** N Parken nt; '**no** ~' „Parken verboten" **parking brake** N (US) Handbremse f **parking disc** N Parkscheibe f **parking fine** N Geldbuße f für falsches Parken **parking lights** NPL (US) Standlicht nt **parking lot** N (US) Parkplatz m **parking meter** N Parkuhr f **parking place** N Parkplatz m **parking sensor** N Parkhil-

fe f, Einparkhilfe f **parking space** N Parkplatz m **parking ticket** N Strafzettel m
parliament N Parlament nt
parrot N Papagei m
parsley N Petersilie f
parsnip N Pastinake f
part **1** N Teil m; (*of machine*) Teil nt; THEAT Rolle f; (*US, in hair*) Scheitel m; **take** ~ teilnehmen (*in an* + dat); **for the most** ~ zum größten Teil **2** ADJ Teil- **3** VT (*separate*) trennen; (*hair*) scheiteln **4** VI (*people*) sich trennen
partial ADJ (*incomplete*) teilweise, Teil-
participant N Teilnehmer(in) m(f) **participate** VI teilnehmen (*in an* + dat)
particular **1** ADJ (*specific*) bestimmt; (*exact*) genau; (*fussy*) eigen; **in** ~ insbesondere **2** N ~**s** pl (*details*) Einzelheiten pl; (*about person*) Personalien pl **particularly** ADV besonders
parting N (*farewell*) Abschied m; (*Br, in hair*) Scheitel m
partly ADV teilweise
partner N Partner(in) m(f) **partnership** N Partnerschaft f
partridge N Rebhuhn m
part-time **1** ADJ Teilzeit- **2** ADV **work** ~ Teilzeit arbeiten
party **1** N (*celebration*) Party f; POL, LAW Partei f; (*group*) Gruppe f **2** VI feiern
pass **1** VT (*on foot*) vorbeigehen

an + dat; (in car etc) vorbeifahren an + dat; (time) verbringen; (exam) bestehen; (law) verabschieden; **~ sth to sb, ~ sb sth** jdm etw reichen; **~ the ball to sb** jdm den Ball zuspielen ☑ vi (on foot) vorbeigehen; (in car etc) vorbeifahren; (years) vergehen; (in exam) bestehen ☒ N (document) Ausweis m; SPORT Pass m **pass away** vi (die) verscheiden **pass by** ☐ vi (on foot) vorbeigehen; (in car etc) vorbeifahren ☒ vt vorbeigehen an + dat; (in car etc) vorbeifahren an + dat **pass on** vt weitergeben (to an + acc); (disease) übertragen (to auf + acc) **pass out** vi (faint) ohnmächtig werden **pass round** vt herumreichen

passage N (corridor) Gang m; (in book, music) Passage f **passageway** N Durchgang m

passenger N Passagier(in) m(f); (on bus) Fahrgast m; (on train) Reisende(r) mf; (in car) Mitfahrer(in) m(f)

passer-by N Passant(in) m(f)

passion N Leidenschaft f **passionate** ADJ leidenschaftlich **passion fruit** N Passionsfrucht f

passive ☐ ADJ passiv; **~ smoking** Passivrauchen nt ☒ N **~ (voice)** LING Passiv nt

passport N (Reise)pass m **passport control** N Passkontrolle f

password N IT Passwort nt

past ☐ N Vergangenheit f ☒ ADV (by) vorbei; **it's five ~** es ist fünf nach ☒ ADJ (years) vergangen; (president etc) ehemalig; **in the ~ two months** in den letzten zwei Monaten ☒ PREP (telling time) nach; **half ~ 10** halb 11; **go ~ sth** an etw dat vorbeigehen/-fahren

pasta N Nudeln pl

paste ☐ vt (stick) kleben; IT einfügen ☒ N (glue) Kleister m

pastime N Zeitvertreib m

pastry N Teig m; (cake) Stückchen nt

pasty N (Br) Pastete f

patch ☐ N (area) Fleck m; (for mending) Flicken m ☒ vt flicken

pâté N Pastete f

paternal ADJ väterlich; **~ grandmother** Großmutter f väterlicherseits **paternity leave** N Elternzeit f (des Vaters)

path N a. IT Pfad m; a. fig Weg m

pathetic ADJ (bad) kläglich, erbärmlich; **it's ~** es ist zum Heulen

patience N Geduld f; (Br) Patience f **patient** ☐ ADJ geduldig ☒ N Patient(in) m(f)

patio N Terrasse f

patriotic ADJ patriotisch

patrol car N Streifenwagen m **patrolman** N (US) Streifenpolizist m

patron N̲ (*sponsor*) Förderer *m*, Förderin *f*; (*in shop*) Kunde *m*, Kundin *f*

patronize V̲T̲ (*treat condescendingly*) von oben herab behandeln **patronizing** A̲D̲J̲ (*attitude*) herablassend

pattern N̲ Muster *nt*

pause **1** N̲ Pause *f* **2** V̲I̲ (*speaker*) innehalten

pavement N̲ (*Br*) Bürgersteig *m*; (*US*) Pflaster *nt*

pay **1** V̲T̲ bezahlen; **he paid (me) £20 for it** er hat (mir) 20 Pfund dafür gezahlt; **~ attention** Acht geben (*to* auf + *acc*); **~ sb a visit** jdn besuchen **2** V̲I̲ zahlen; (*be profitable*) sich bezahlt machen; **~ for sth** etw bezahlen **3** N̲ Bezahlung *f*, Lohn *m* **pay back** V̲T̲ (*money*) zurückzahlen **pay in** V̲T̲ (*into account*) einzahlen **payable** A̲D̲J̲ zahlbar; (*due*) fällig **payday** N̲ Zahltag *m* **payee** N̲ Zahlungsempfänger(in) *m(f)* **payment** N̲ Bezahlung *f*; (*money*) Zahlung *f* **pay phone** N̲ Münzfernsprecher *m*

PC **1** *abbr* = **personal computer**
PC *m* **2** *abbr* = **politically correct** politisch korrekt

PDA *abbr* = **personal digital assistant** PDA *m*

PDF, pdf *abbr* = **portable document format** PDF *nt*

PE *abbr* → **physical education** Sport *m*

pea N̲ Erbse *f*

peace N̲ Frieden *m* **peaceful** A̲D̲J̲ friedlich

peach N̲ Pfirsich *m*

peacock N̲ Pfau *m*

peak N̲ (*of mountain*) Gipfel *m*; *fig* Höhepunkt *m* **peak period** N̲ Stoßzeit *f*; (*season*) Hochsaison *f*

peanut N̲ Erdnuss *f* **peanut butter** N̲ Erdnussbutter *f*

pear N̲ Birne *f*

pearl N̲ Perle *f*

pebble N̲ Kiesel *m*

pecan N̲ Pekannuss *f*

peck V̲T̲, V̲I̲ picken **peckish** A̲D̲J̲ (*Br*) *fam* ein bisschen hungrig

peculiar A̲D̲J̲ (*odd*) seltsam; **~ to** charakteristisch für **peculiarity** N̲ (*singular quality*) Besonderheit *f*; (*strangeness*) Eigenartigkeit *f*

pedal N̲ Pedal *nt*

pedestrian N̲ Fußgänger(in) *m(f)* **pedestrian airbag** N̲ Fußgängerairbag *m* **pedestrian crossing** N̲ Fußgängerüberweg *m*

pediatrician N̲ (*US*) → **paediatrician**

pee V̲I̲ *fam* pinkeln

peel **1** N̲ Schale *f* **2** V̲T̲ schälen **3** V̲I̲ (*paint etc*) abblättern; (*skin etc*) sich schälen

peer **1** N̲ Gleichaltrige(r) *mf* **2** V̲I̲ starren

peg N̲ (*for coat etc*) Haken *m*; (*for tent*) Hering *m*; (**clothes**) **~** (Wäsche)klammer *f*

pelvis N̲ Becken *nt*

pen N (*ball-point*) Kuli m, Kugelschreiber m; (*fountain pen*) Füller m

penalize VT (*punish*) bestrafen

penalty N (*punishment*) Strafe f; (*in soccer*) Elfmeter m

pence pl → **penny**

pencil N Bleistift m **pencil sharpener** N (Bleistift)spitzer m

pen drive N IT USB-Stick m

penetrate VT durchdringen; (*enter into*) eindringen in + acc

penfriend N Brieffreund(in) m(f)

penguin N Pinguin m

penicillin N Penizillin nt

peninsula N Halbinsel f

penis N Penis m

penknife N Taschenmesser nt

penny N (Br) Penny m; (US) Centstück nt

pension N Rente f; (*for civil servants, executives etc*) Pension f **pensioner** N Rentner(in) m(f) **pension plan, pension scheme** N Rentenversicherung f

penultimate ADJ vorletzte(r, s)

people NPL (*persons*) Leute pl; (*von Staat*) Volk nt; (*inhabitants*) Bevölkerung f **people carrier** N Minivan m **people trafficking** N Menschenhandel m

pepper N Pfeffer m; (*vegetable*) Paprika m **peppermint** N (*sweet*) Pfefferminz nt

per PREP pro; ~ **annum** pro Jahr;

~ **cent** Prozent nt

percentage N Prozentsatz m

percolator N Kaffeemaschine f

percussion N MUS Schlagzeug nt

perfect 1 ADJ perfekt; (*utter*) völlig 2 VT vervollkommnen **perfectly** ADV perfekt; (*utterly*) völlig

perform 1 VT (*task*) ausführen; (*play*) aufführen; MED (*operation*) durchführen 2 VI THEAT auftreten **performance** N (*show*) Vorstellung f; (*efficiency*) Leistung f

perfume N Duft m; (*substance*) Parfüm nt

perhaps ADV vielleicht

period N (*length of time*) Zeit f; (*in history*) Zeitalter nt, Stunde f; MED Periode f; (US, *full stop*) Punkt m; **for a ~ of three years** für einen Zeitraum von drei Jahren **periodical** N Zeitschrift f

peripheral N IT Peripheriegerät nt

perjury N Meineid m

perm N Dauerwelle f

permanent, permanently ADJ, ADV ständig

permission N Erlaubnis f **permit** 1 N Genehmigung f 2 VT erlauben, zulassen; ~ **sb to do sth** jdm erlauben, etw zu tun

persecute VT verfolgen

perseverance N Ausdauer f

persist VI (*in belief etc*) bleiben

(in bei); (rain, smell) andauern **persistent** ADJ beharrlich **person** N̄ Mensch m; (in official context) Person f; **in ~** persönlich **personal** ADJ persönlich; (private) privat **personal computer** N̄ Personal Computer m, PC m **personality** N̄ Persönlichkeit f **personal organizer** N̄ Organizer m **personnel** N̄ Personal nt **perspective** N̄ Perspektive f **persuade** V̄T überreden; (convince) überzeugen **persuasive** ADJ überzeugend **perverse** ADJ eigensinnig; abwegig **pervert** **1** N̄ Perverse(r) mf **2** V̄T (morally) verderben **perverted** ADJ pervers **pessimist** N̄ Pessimist(in) m(f) **pessimistic** ADJ pessimistisch **pest** N̄ (insect) Schädling m; fig (person) Nervensäge f; (thing) Plage f **pester** V̄T plagen **pesticide** N̄ Schädlingsbekämpfungsmittel nt **pet** N̄ (animal) Haustier nt; (person) Liebling m **petition** N̄ Petition f **petrol** N̄ (Br) Benzin nt **petrol pump** N̄ Zapfsäule f **petrol station** N̄ Tankstelle f **petrol tank** N̄ Benzintank m **pharmacy** N̄ (shop) Apotheke f; (science) Pharmazie f **phase** N̄ Phase f **PhD** abbr = **Doctor of Philosophy** Dr. phil.; (dissertation) Doktorarbeit f; **do one's ~** promo-

vieren **pheasant** N̄ Fasan m **phenomenon** N̄ Phänomen nt **Philippines** N̄PL Philippinen pl **philosophical** ADJ philosophisch; fig gelassen **philosophy** N̄ Philosophie f **phishing** N̄ IT Phishing nt **phone** **1** N̄ Telefon nt **2** V̄T, VI anrufen **phone bill** N̄ Telefonrechnung f **phone book** N̄ Telefonbuch nt **phone booth, phone box** (Br) N̄ Telefonzelle f **phone call** N̄ Telefonanruf m **phonecard** N̄ Telefonkarte f **phone number** N̄ Telefonnummer f **photo** N̄ Foto nt **photobomb** **1** N̄ Fotobombe f **2** V̄T, VI fotobomben **photobook** N̄ Fotobuch nt **photo booth** N̄ Fotoautomat m **photocopier** N̄ Kopiergerät nt **photocopy** **1** N̄ Fotokopie f **2** V̄T fotokopieren **photograph** **1** N̄ Fotografie f, Aufnahme f **2** V̄T fotografieren **photographer** N̄ Fotograf(in) m(f) **photography** N̄ Fotografie f **phrase** N̄ (expression) Redewendung f, Ausdruck m **phrase book** N̄ Sprachführer m

physical **1** ADJ (bodily) körperlich, physisch **2** N̄ ärztliche Untersuchung **physical education** N̄ Sport m **physically** ADV (bodily) körperlich, physisch; **~ disabled** körperbehindert

physics NSING Physik f

physiotherapy N Physiotherapie f

physique N Körperbau m

piano N Klavier nt

pick VT (flowers, fruit) pflücken; (choose) auswählen; (team) aufstellen **pick out** VT auswählen **pick up** VT (lift up) aufheben; (collect) abholen; (learn) lernen

pickle 1 N (food) (Mixed) Pickles pl 2 VT einlegen

pickpocket N Taschendieb(in) m(f)

picnic N Picknick nt

picture 1 N Bild nt; **go to the ~s** (Brit) ins Kino gehen 2 VT (visualize) sich vorstellen **picture book** N Bilderbuch nt **picturesque** ADJ malerisch

pie N (meat) Pastete f; (fruit) Kuchen m

piece N Stück nt; (part) Teil m; (in chess) Figur f; (in draughts) Stein m; **a ~ of cake** ein Stück Kuchen; **fall to ~s** auseinanderfallen

pier N Pier m

pierce VT durchstechen, durchbohren; (cold, sound) durchdringen **pierced** ADJ (part of body) gepierct **piercing** 1 ADJ durchdringend 2 N (body art)Piercing nt

pig N Schwein nt

pigeon N Taube f

piggy ADJ fam verfressen **pig-**

headed ADJ dickköpfig **piglet** N Ferkel nt **pigsty** N Schweinestall m **pigtail** N Zopf m

pile N (heap) Haufen m; (one on top of another) Stapel m **pile up** VI (accumulate) sich anhäufen

pile-up N AUTO Massenkarambolage f

pill N Tablette f; **the ~** die (Antibaby)pille; **be on the ~** die Pille nehmen

pillar N Pfeiler m

pillow N (Kopf)kissen nt **pillowcase** N (Kopf)kissenbezug m

pilot N AVIAT Pilot(in) m(f)

pimple N Pickel m

pin 1 N (for fixing) Nadel f; (in sewing) Stecknadel f; TECH Stift m; **I've got ~s and needles in my leg** mein Bein ist mir eingeschlafen 2 VT (fix with pin) heften (to an + acc)

PIN acr = **personal identification number; ~ (number)** PIN f, Geheimzahl f

pinch 1 N (of salt) Prise f 2 VT zwicken; fam (steal) klauen 3 VI (shoe) drücken

pine N Kiefer f

pineapple N Ananas f

pink ADJ rosa

pint N Pint nt (Brit: 0,57 l, US: 0,473l); (Br, glass of beer) Bier nt

pious ADJ fromm

pip N (of fruit) Kern m

pipe N (for smoking) Pfeife f;

(for water, gas) Rohrleitung f

pirate 1 N Pirat(in) m(f) **pirated copy** N Raubkopie f

Pisces NSING ASTR Fische pl; **she's a ~** sie ist Fisch

piss 1 VI vulg pissen 2 N vulg Pisse f; **take the ~ out of sb** jdn verarschen **piss off** VI vulg sich verpissen **pissed** ADJ vulg (*drunk*) sturzbesoffen; (*US, fam: annoyed*) stocksauer

pistachio N Pistazie f

piste N, Piste f

pistol N Pistole f

pit N (*hole*) Grube f; (*coalmine*) Zeche f; **the ~s** (*motor racing*) die Box; **be the ~s** fam grottenschlecht sein

pitch 1 N SPORT Spielfeld nt; MUS (*of instrument*) Tonlage f; (*of voice*) Stimmlage f 2 VT (*tent*) aufschlagen; (*throw*) werfen **pitch-black** ADJ pechschwarz

pitcher N (*US, jug*) Krug m

pitiful ADJ (*contemptible*) jämmerlich

pitta bread N Pittabrot nt

pity 1 N Mitleid nt; **what a ~** wie schade; **it's a ~** es ist schade 2 VT Mitleid haben mit

pizza N Pizza f

place 1 N (*spot, in text*) Stelle f; (*town etc*) Ort; (*house*) Haus nt; (*position, seat, on course*) Platz m; **~ of birth** Geburtsort m; **at my ~** bei mir; **in third ~** auf dem dritten Platz; **out of ~** nicht an der richtigen Stelle;

(*remark*) unangebracht; **in ~ of** anstelle von; **in the first ~** (*firstly*) erstens; (*immediately*) gleich; (*in any case*) überhaupt 2 VT (*put*) stellen, setzen; (*lay flat*) legen; (*advertisement*) setzen (**in** in + acc); COMM (*order*) aufgeben **place mat** N Set nt

plague N Pest f

plaice N Scholle f

plain 1 ADJ (*clear*) klar, deutlich; (*simple*) einfach; (*not beautiful*) unattraktiv; (*yoghurt*) Natur-; (*Br, chocolate*) (Zart)bitter- 2 N Ebene f **plainly** ADV (*frankly*) offen; (*simply*) einfach; (*obviously*) eindeutig

plait 1 N Zopf m 2 VT flechten

plan 1 N Plan m; (*for essay etc*) Konzept nt 2 VT planen; **~ to do sth, ~ on doing sth** vorhaben, etw zu tun 3 VI planen

plane N (*aircraft*) Flugzeug nt; (*tool*) Hobel m

planet N Planet m

plank N Brett nt

plant 1 N Pflanze f; (*factory*) Werk nt 2 VT (*tree etc*) pflanzen **plantation** N Plantage f

plaque N Gedenktafel f; (*on teeth*) Zahnbelag m

plaster N (*Br*) MED (*sticking plaster*) Pflaster nt; (*on wall*) Verputz m; **to have one's arm in ~** den Arm in Gips haben **plastered** ADJ fam besoffen; **get (absolutely) ~** sich besaufen

plastic 1 N Kunststoff m; **pay**

with ~ mit Kreditkarte bezahlen ② ADJ Plastik- plastic bag N Plastiktüte f **plastic surgery** N plastische Chirurgie f **plastic wrap** N (US) Frischhaltefolie f

plate N (for food) Teller m; (flat sheet) Platte f; (plaque) Schild nt

platform N RAIL Bahnsteig m

platinum N Platin nt

play ① N Spiel nt; THEAT (Theater)stück nt ② VT spielen; (another player or team) spielen gegen; **~ the piano** Klavier spielen ③ VI spielen **play at** VT **what are you playing at?** was soll das? **play back** VT abspielen **play down** VT herunterspielen

playacting N Schauspielerei f **playback** N Wiedergabe f **player** N Spieler(in) m(f) **playful** ADJ (person) verspielt; (remark) scherzhaft **playground** N Spielplatz m; (in school) Schulhof m **playgroup** N Spielgruppe f **playing card** N Spielkarte f **playing field** N Sportplatz m **playmate** N Spielkamerad(in) m(f) **playwright** N Dramatiker(in) m(f)

plc abbr = **public limited company** AG f

plea N Bitte f (for um)

plead ① VI dringend bitten (with sb jdn); LAW **~ guilty** sich schuldig bekennen

pleasant, pleasantly ADJ,

ADV angenehm

please ① ADV bitte; **more tea? - yes,** ~ noch Tee? - ja, bitte ② VT (be agreeable to) gefallen + dat; **~ yourself** wie du willst/Sie wollen **pleased** ADJ zufrieden; (glad) erfreut; **~ to meet you** freut mich, angenehm **pleasing** ADJ erfreulich

pleasure N Vergnügen nt, Freude f; **it's a** ~ gern geschehen

pledge ① N (promise) Versprechen nt ② VT (promise) versprechen

plenty ① N **~ of** eine Menge, viel(e); **be** ~ genug sein, reichen; **I've got** ~ ich habe mehr als genug ② ADV (US) fam ganz schön

plimsoll N (Brit) Turnschuh m **plonk** ① N (Brit) fam (wine) billiger Wein ② VT **~ sth (down)** etw hinknallen

plot ① N (of story) Handlung f; (conspiracy) Komplott nt; (of land) Stück n Land, Grundstück nt ② VI ein Komplott schmieden

plough, plow (US) ① N Pflug m ② VT, VI AGR pflügen **ploughman's lunch** N (Brit) in einer Kneipe serviertes Gericht aus Käse, Brot, Mixed Pickles etc

pluck VT (eyebrows, guitar) zupfen; (chicken) rupfen **pluck up** VT **~ (one's) courage** Mut aufbringen

plug **1** N (for sink, bath) Stöpsel m; ELEC Stecker m; AUTO (Zünd)kerze f; fam (publicity) Schleichwerbung f **2** VT fam (advertise) Reklame machen für **plug in** VT anschließen **plug-in** N fig Plug-in nt **plug-in hybrid** N AUTO Steckdosenhybrid m
plum **1** N Pflaume f **2** ADJ fam (job etc) Super-
plumber N Klempner(in) m(f)
plump ADJ rundlich
plunge **1** VT (knife) stoßen; (in-to water) tauchen **2** VI stürzen; (into water) tauchen
plural N Plural m
plus **1** PREP plus; (as well as) und **2** ADJ Plus-; **20 ~** mehr als 20 **3** N fig Plus nt
plywood N Sperrholz nt
pm abbr = post meridiem; **at 3 ~** um 3 Uhr nachmittags; **at 8 ~** um 8 Uhr abends
pneumonia N Lungenentzündung f
poached ADJ (egg) pochiert, verloren
PO Box abbr → post office box Postfach nt
pocket **1** N Tasche f **2** VT (put in pocket) einstecken **pocketbook** N (US, wallet) Brieftasche f **pocket calculator** N Taschenrechner m **pocket money** N Taschengeld nt
podcast N fit Podcast m
poem N Gedicht nt **poet** N Dichter(in) m(f) **poetic** ADJ

poetisch **poetry** N (art) Dichtung f; (poems) Gedichte pl
point **1** N Punkt m; (spot) Stelle f; (sharp tip) Spitze f; (moment) Zeitpunkt m; (purpose) Zweck m; (idea) Argument nt; (decimal) Dezimalstelle f; RAIL Weiche f; **~ of view** Standpunkt m; **three ~ two** drei Komma zwei; **at some ~** irgendwann (mal); **get to the ~** zur Sache kommen; **there's no ~** es hat keinen Sinn; **I was on the ~ of leaving** ich wollte gerade gehen **2** VT (gun etc) richten (at auf + acc); **~ one's finger at** mit dem Finger zeigen auf + acc **3** VI (with finger etc) zeigen (at, to auf + acc) **point out** VT (indicate) aufzeigen; (mention) hinweisen auf + acc **pointed** ADJ spitz; (question) gezielt **pointer** N (on dial) Zeiger m; (tip) Hinweis m **pointless** ADJ sinnlos
poison **1** N Gift nt **2** VT vergiften **poisonous** ADJ giftig
poke VT (with stick, finger) stoßen, stupsen; (put) stecken
Poland N Polen nt
polar ADJ Polar-, polar; **~ bear** Eisbär m
pole N Stange f; Pol m
Pole N Pole m, Polin f
pole vault N Stabhochsprung m
police N Polizei f **police car** N Polizeiwagen m **policeman** N Polizist m **police of-**

ficer N̲ Polizist(in) m(f) **police station** N̲ (Polizei)wache f **policewoman** N̲ Polizistin f

policy N̲ (plan) Politik f; (principle) Grundsatz m; (insurance policy) (Versicherungs)police f

polio N̲ Kinderlähmung f

polish N̲ (for furniture) Politur f; (for floor) Wachs nt; (for shoes) Creme f; (shine) Glanz m; fig Schliff m 2̲ V̲T̲ polieren; (shoes) putzen; fig den letzten Schliff geben +dat

Polish 1̲ A̲D̲J̲ polnisch 2̲ N̲ Polnisch nt

polite A̲D̲J̲ höflich **politeness** N̲ Höflichkeit f

political, politically A̲D̲J̲, A̲D̲V̲ politisch; **~ly correct** politisch korrekt **politician** N̲ Politiker(in) m(f) **politics** N̲S̲I̲N̲G̲ O̲R̲ P̲L̲ Politik f

poll N̲ (election) Wahl f; (opinion poll) Umfrage f

pollen N̲ Pollen m, Blütenstaub m **pollen count** N̲ Pollenflug m

polling station N̲ Wahllokal nt

pollute V̲T̲ verschmutzen **pollution** N̲ Verschmutzung f

pompous A̲D̲J̲ aufgeblasen; (language) geschwollen

pond N̲ Teich m

pony N̲ Pony nt **ponytail** N̲ Pferdeschwanz m

pool 1̲ N̲ (swimming pool) Schwimmbad nt; (private)

Swimmingpool m; (game) Poolbillard nt 2̲ V̲T̲ (money etc) zusammenlegen

poor 1̲ A̲D̲J̲ arm; (not good) schlecht 2̲ N̲P̲L̲ **the ~** die Armen pl **poorly** 1̲ A̲D̲V̲ (badly) schlecht 2̲ A̲D̲J̲ (Br) krank

pop 1̲ N̲ (music) Pop m; (noise) Knall m 2̲ V̲T̲ (put) stecken; (balloon) platzen lassen 3̲ V̲I̲ (balloon) platzen; (cork) knallen; **~ in** (person) vorbeischauen

popcorn N̲ Popcorn nt

Pope N̲ Papst m

poppy N̲ Mohn m

Popsicle N̲ (US) Eis nt am Stiel

popular A̲D̲J̲ (well-liked) beliebt (with bei); (widespread) weit verbreitet

population N̲ Bevölkerung f; (of town) Einwohner pl

porcelain N̲ Porzellan nt

porch N̲ Vorbau m; (US, verandah) Veranda f

porcupine N̲ Stachelschwein nt

pork N̲ Schweinefleisch nt **pork chop** N̲ Schweinekotelett nt **pork pie** N̲ Schweinefleischpastete f

porn N̲ Porno m **pornographic** A̲D̲J̲ pornografisch **pornography** N̲ Pornografie f

porridge N̲ Haferbrei m

port N̲ (harbour) Hafen m; N̲A̲U̲T̲ (left side) Backbord nt; (wine) Portwein m; I̲T̲ Anschluss m

portable ADJ tragbar; (radio) Koffer-

portal N IT Portal nt

porter N Pförtner(in) m(f); (for luggage) Gepäckträger m

porthole N Bullauge nt

portion N Teil m; (of food) Portion f

portrait N Porträt nt

Portugal N Portugal nt **Portuguese** ❶ ADJ portugiesisch ❷ N Portugiese m, Portugiesin f; (language) Portugiesisch nt

pose ❶ N Haltung f ❷ VI posieren ❸ VT (threat, problem) darstellen

posh ADJ fam piekfein

position ❶ N Stellung f; (place) Position f, Lage f; (job) Stelle f; (opinion) Standpunkt m; **be in a ~ to do sth** in der Lage sein, etw zu tun ❷ VT aufstellen; IT (cursor) positionieren

positive ADJ positiv; (convinced) sicher

possess VT besitzen **possession** N ~s pl) Besitz m

possibility N Möglichkeit f

possible ADJ möglich; **if ~** wenn möglich; **as soon as ~** so bald wie möglich **possibly** ADV (perhaps) vielleicht; **I've done all I ~ can** ich habe mein Möglichstes getan

post ❶ N (mail) Post f; (pole) Pfosten m; (job) Stelle f ❷ VT (letters) aufgeben; **keep sb ~ed** jdn auf dem Laufenden halten **postage** N Porto nt

postal ADJ Post- **postbox** N Briefkasten m **postcard** N Postkarte f **postcode** N (Brit) Postleitzahl f

poster N Plakat nt, Poster nt

postgraduate N jmd, der seine Studien nach dem ersten akademischen Grad weiterführt

postman N Briefträger m **postmark** N Poststempel m **postmortem** N Autopsie f

post office N Post f

postpone VT verschieben (till auf + acc)

posture N Haltung f

pot ❶ N Topf m; (teapot, coffee pot) Kanne f ❷ VT (plant) eintopfen

potato N Kartoffel f

potential ❶ ADJ potenziell ❷ N Potenzial nt **potentially** ADV potenziell

pottery N (objects) Töpferwaren pl

potty ❶ ADJ (Brit) fam verrückt ❷ N Töpfchen nt

poultry N Geflügel nt

pound ❶ N (money) Pfund nt; (weight) Pfund nt (0,454 kg); **a ~ of cherries** ein Pfund Kirschen; **ten-~ note** Zehnpfundschein m

pour VT (liquid) gießen; (rice, sugar etc) schütten; **~ sb sth** (drink) jdm etw eingießen **pouring** ADJ (rain) strömend

poverty N Armut f

powder N Pulver nt; (cosmetic)

Puder *m* **powder room** N͟ Damentoilette *f*

power **1** N͟ Macht *f*; (ability) Fähigkeit *f*; (strength) Stärke *f*; ELEC Strom *m*; **be in ~** an der Macht sein **2** V͟T betreiben, antreiben **power-assisted steering** N͟ Servolenkung *f*

power cut N͟ Stromausfall *m*

powerful A͟D͟J (politician etc) mächtig; (engine, government) stark; (argument) durchschlagend **powerless** A͟D͟J machtlos **power station** N͟ Kraftwerk *nt* **power walking** N͟ SPORT Walking *nt*

PR **1** *abbr* = **public relations 2** *abbr* = **proportional representation**

practical, practically A͟D͟J, A͟D͟V praktisch **practice** **1** N͟ (training) Übung *f*; (custom) Gewohnheit *f*; (doctor's, lawyer's) Praxis *f*; **in ~** (in reality) in der Praxis; **out of ~** außer Übung; **put sth into ~** etw in die Praxis umsetzen **2** V͟T, V͟I (US) → **practise practise** **1** V͟T (instrument, movement) üben; (profession) ausüben **2** V͟I üben; (doctor, lawyer) praktizieren

Prague N͟ Prag *nt*

praise **1** N͟ Lob *nt* **2** V͟T loben

pram N͟ (Br) Kinderwagen *m*

prawn N͟ Garnele *f*, Krabbe *f*

pray V͟I beten **prayer** N͟ Gebet *nt*

pre- P͟R͟E͟F vor-, prä-

preach V͟I predigen

Puder *m* **powder room** N͟ Damentoilette *f*

precaution N͟ Vorsichtsmaßnahme *f*

precede V͟T vorausgehen + *dat* **preceding** A͟D͟J vorhergehend

precinct N͟ (Br, pedestrian precinct) Fußgängerzone *f*; (Br, shopping precinct) Einkaufsviertel *nt*; (US, district) Bezirk *m*

precious A͟D͟J kostbar; **~ stone** Edelstein *m*

precise, precisely A͟D͟J, A͟D͟V genau

precondition N͟ Vorbedingung *f*

predecessor N͟ Vorgänger(in) *m(f)*

predict V͟T voraussagen **predictable** A͟D͟J vorhersehbar; (person) berechenbar

predominant A͟D͟J vorherrschend **predominantly** A͟D͟V überwiegend

preface N͟ Vorwort *nt*

prefer V͟T vorziehen (to dat), lieber mögen (to als); **~ to do sth** etw lieber tun **preferably** A͟D͟V vorzugsweise, am liebsten **preference** N͟ (liking) Vorliebe *f* **preferential** A͟D͟J **get ~ treatment** bevorzugt behandelt werden

prefix N͟ (US) TEL Vorwahl *f*

pregnancy N͟ Schwangerschaft *f* **pregnant** A͟D͟J schwanger; **two months ~** im dritten Monat schwanger

pre-installed A͟D͟J vorinstalliert

prejudice N͟ Vorurteil *nt* **prej-**

udiced ADJ (person) voreingenommen

preliminary ADJ (measures) vorbereitend; (results) vorläufig; (remarks) einleitend

premature ADJ vorzeitig; (hasty) voreilig

premiere N Premiere f

premises NPL (offices) Räumlichkeiten pl; (of factory, school) Gelände nt

premium-rate ADJ TEL zum Höchsttarif

preoccupied ADJ be ~ with sth mit etw sehr beschäftigt sein

prepaid ADJ vorausbezahlt; (envelope) frankiert prepaid card N Prepaidkarte f

preparation N Vorbereitung f prepare 1 VT vorbereiten (for auf + acc); (food) zubereiten; be ~d to do sth bereit sein, etw zu tun 2 VI sich vorbereiten (for auf + acc)

prerequisite N Voraussetzung f

prescribe VT vorschreiben; MED verschreiben prescription N Rezept nt

presence N Gegenwart f present 1 ADJ (in attendance) anwesend (at bei); (current) gegenwärtig; ~ tense Gegenwart f, Präsens nt 2 N Gegenwart f; (gift) Geschenk nt; at ~ zurzeit 3 VT TV, RADIO präsentieren; (problem) darstellen; (report etc) vorlegen presentation

N (talk) Vortrag m, Präsentation f; (of prize) Verleihung f presentation tool N IT Präsentationsprogramm nt present-day ADJ heutig presently ADV bald; (at present) zurzeit

preservative N Konservierungsmittel nt preserve VT erhalten; (food) einmachen

president N Präsident(in) m(f) presidential ADJ Präsidenten-; (election) Präsidentschafts-

press 1 N (newspapers, machine) Presse f 2 VT (push) drücken; ~ a button auf einen Knopf drücken 3 VI (push) drücken pressing ADJ dringend press-stud N Druckknopf m press-up N (Br) Liegestütz m pressure N Druck m; be under ~ unter Druck stehen; put ~ on sb jdn unter Druck setzen pressure cooker N Schnellkochtopf m pressurize VT (person) unter Druck setzen

presumably ADV vermutlich presume VT, VI annehmen presumptuous ADJ anmaßend

presuppose VT voraussetzen pretend 1 VT ~ that so tun als ob; ~ to do sth vorgeben, etw zu tun 2 VI she's ~ing sie tut nur so

pretentious ADJ anmaßend; (person) wichtigtuerisch

pretty 1 ADJ hübsch 2 ADV

ziemlich

prevent V̄T̄ verhindern; **~ sb from doing sth** jdn daran hindern, etw zu tun

preview N̄ FILM Voraufführung f; (*trailer*) Vorschau f

previous, previously ADJ, ADV früher

prey N̄ Beute f

price 1 N̄ Preis m **2** V̄T̄ **it's ~d at £10** es ist mit 10 Pfund ausgezeichnet **priceless** ADJ unbezahlbar **price list** N̄ Preisliste f **price tag** N̄ Preisschild nt

prick 1 N̄ Stich m; vulg (*penis*) Schwanz m; vulg (*person*) Arsch m **2** V̄T̄ stechen in + acc; **~ one's finger** sich dat in den Finger stechen **prickly** ADJ stachelig

pride N̄ Stolz m; (*arrogance*) Hochmut m **2** V̄T̄ **~ oneself on sth** auf etw acc stolz sein

priest N̄ Priester m

primarily ADV vorwiegend **primary** ADJ Haupt-; **~ school** Grundschule f

prime 1 ADJ Haupt-; (*excellent*) erstklassig **2** N̄ **in one's ~** in den besten Jahren **prime minister** N̄ Premierminister(in) m(f) **prime time** N̄ TV Hauptsendezeit f

primitive ADJ primitiv

prince N̄ Prinz m; (*ruler*) Fürst m **princess** N̄ Prinzessin f; Fürstin f

principal 1 ADJ Haupt-, wich-

tigste(r, s) **2** N̄, Rektor(in) m(f)

principle N̄ Prinzip nt; **in ~** im Prinzip; **on ~** aus Prinzip

print 1 N̄ (*picture*) Druck m; PHOT Abzug m; (*made by feet, fingers*) Abdruck m; **out of ~** vergriffen **2** V̄T̄ drucken; (*photo*) abziehen **print out** V̄T̄ IT ausdrucken **printed matter** N̄ Drucksache f **printer** N̄ Drucker m **printout** N̄ IT Ausdruck m

prior ADJ früher; **a ~ engagement** eine vorher getroffene Verabredung

priority N̄ Priorität f

prison N̄ Gefängnis nt **prisoner** N̄ Gefangene(r) mf

privacy N̄ Privatleben nt **private 1** ADJ privat; (*confidential*) vertraulich **2** N̄ einfacher Soldat; **in ~** privat **privately** ADV privat; (*confidentially*) vertraulich **privatize** V̄T̄ privatisieren

privilege N̄ Privileg nt **privileged** ADJ privilegiert

prize N̄ Preis m **prize money** N̄ Preisgeld nt **prizewinner** N̄ Gewinner(in) m(f) **prizewinning** ADJ preisgekrönt

pro N̄ (*professional*) Profi m; **the ~s and cons** pl das Für und Wider

pro- PREF pro-

probability N̄ Wahrscheinlichkeit f **probable, probably** ADJ, ADV wahrscheinlich

probation N̄ Probezeit f; LAW

Bewährung f

probe 1 N (*investigation*) Untersuchung f 2 VT untersuchen

problem N Problem nt; **no ~** kein Problem!

procedure N Verfahren nt

proceed 1 VI (*continue*) fortfahren; (*set about sth*) vorgehen 2 VT **~ to do sth** anfangen, etw zu tun **proceedings** NPL LAW Verfahren nt **proceeds** NPL Erlös m

process 1 N Prozess m, Vorgang m; (*method*) Verfahren nt 2 VT (*application etc*) bearbeiten; (*food, data*) verarbeiten; (*film*) entwickeln

procession N Umzug m

processor N IT Prozessor m; GASTR Küchenmaschine f

produce 1 N AGR Produkte pl, Erzeugnisse pl 2 VT (*manufacture*) herstellen, produzieren; (*on farm*) erzeugen; (*film, play, record*) produzieren; (*cause*) hervorrufen **producer** N (*manufacturer*) Hersteller(in) m(f); (*of film, play, record*) Produzent(in) m(f) **product** N Produkt nt, Erzeugnis nt **production** N Produktion f; THEAT Inszenierung f **productive** ADJ produktiv; (*land*) ertragreich

prof N fam Prof m

profession N Beruf m **professional** 1 N Profi m 2 ADJ beruflich; (*expert*) fachlich; (*sportsman, actor etc*) Berufs-

professor N Professor(in) m(f); (*US, lecturer*) Dozent(in) m(f)

proficient ADJ kompetent (*in* in + dat)

profile N Profil nt; **keep a low ~** sich rarmachen **profile photo, profile picture** N Profilfoto nt

profit 1 N Gewinn m 2 VI profitieren (*by, from* von) **profitable** ADJ rentabel

profound ADJ tief; (*idea, thinker*) tiefgründig; (*knowledge*) profund

program 1 N IT Programm nt; (*US*) → **programme** 2 VT IT programmieren; (*US*) → **programme**

programme 1 N Programm nt; TV, RADIO Sendung f 2 VT programmieren **programmer** N Programmierer(in) m(f) **programming** N IT Programmieren nt; **~ language** Programmiersprache f

progress 1 N Fortschritt m; **make ~** Fortschritte machen 2 VI (*work, illness etc*) fortschreiten; (*improve*) Fortschritte machen **progressive** ADJ (*person, policy*) fortschrittlich **progressively** ADV zunehmend

prohibit VT verbieten

project N Projekt nt

prolong VT verlängern

prom N (*at seaside*) Promenade f; (*Br, concert*) Konzert nt (*bei dem ein Großteil des Publikums* *im Parkett Stehplätze hat); (US, dance) Ball für die Schüler und Studenten von Highschools oder Colleges*

prominent ADJ *(politician, actor etc)* prominent; *(easily seen)* auffallend

promiscuous ADJ promisk

promise 1 N Versprechen *nt* 2 VT versprechen; **~ sb sth** jdm etw versprechen; **~ to do sth** versprechen, etw zu tun 3 VI versprechen **promising** ADJ vielversprechend

promote VT *(in rank)* befördern; *(help on)* fördern; COMM werben für **promotion** N *(in rank)* Beförderung *f*; COMM Werbung *f (for für)*

prompt 1 ADJ prompt; *(punctual)* pünktlich 2 ADV **at two o'clock ~** Punkt zwei Uhr 3 VT THEAT *(actor)* soufflieren + *dat*

prone ADJ **be ~ to sth** zu etw neigen

pronounce VT *(word)* aussprechen **pronunciation** N Aussprache *f*

proof N Beweis *m*; *(of alcohol)* Alkoholgehalt *m*

prop 1 N Stütze *f*; THEAT Requisit *nt* 2 VT **~ sth against sth** etw gegen etw lehnen **prop up** VT stützen; *fig* unterstützen

proper ADJ richtig; *(morally correct)* anständig

property N *(possession)* Eigen-

tum *nt*; *(characteristic)* Eigenschaft *f*

proportion N Verhältnis *nt*; *(share)* Teil *m*; **~s** *pl (size)* Proportionen *pl*; **in ~ to** im Verhältnis zu **proportional** ADJ proportional; **~ representation** Verhältniswahlrecht *nt*

proposal N Vorschlag *m*; **~ (of marriage)** (Heirats)antrag *m*

propose 1 VT vorschlagen 2 VI *(offer marriage)* einen Heiratsantrag machen *(to sb jdm)*

proprietor N Besitzer(in) *m(f)*; *(of pub, hotel)* Inhaber(in) *m(f)*

prose N Prosa *f*

prosecute VT verfolgen *(for wegen)*

prospect N Aussicht *f*

prosperity N Wohlstand *m* **prosperous** ADJ wohlhabend; *(business)* gut gehend

prostitute N Prostituierte(r) *mf*

protect VT schützen *(from, against vor* + *dat, gegen)* **protection** N Schutz *m (from, against vor* + *dat, gegen)* **protective** ADJ beschützend; *(clothing etc)* Schutz-

protein N Protein *nt*, Eiweiß *nt*

protest 1 N Protest *m*; *(demonstration)* Protestkundgebung *f* 2 VI protestieren *(against gegen)*; *(demonstrate)* demonstrieren

Protestant 1 ADJ protestantisch 2 N Protestant(in) *m(f)*

proud, proudly ADJ, ADV stolz

(of auf + acc)

prove V̄T̄ beweisen; (turn out to be) sich erweisen als

proverb N̄ Sprichwort nt

provide V̄T̄ zur Verfügung stellen; (drinks, music etc) sorgen für; (person) versorgen (with mit) **provide for** V̄T̄ (family etc) sorgen für **provided** C̄ŌNJ ~ (that) vorausgesetzt, dass **provider** N̄ IT Provider m

provision N̄ (condition) Bestimmung f; **~s** pl (food) Proviant m

provoke V̄T̄ provozieren; (cause) hervorrufen

proximity N̄ Nähe f

prudent Ā̄DJ klug; (person) umsichtig

prudish Ā̄DJ prüde

prune 1 N̄ Backpflaume f 2 V̄T̄ (tree etc) zurechtstutzen

PS abbr = postscript PS nt

pseudo Ā̄DJ pseudo-, Pseudo-**pseudonym** N̄ Pseudonym nt

psychiatric Ā̄DJ psychiatrisch; (illness) Geistes- **psychiatrist** N̄ Psychiater(in) m(f) **psychiatry** N̄ Psychiatrie f **psychic** Ā̄DJ übersinnlich; **I'm not ~** ich kann keine Gedanken lesen **psychoanalysis** N̄ Psychoanalyse f **psychoanalyst** N̄ Psychoanalytiker(in) m(f) **psychological** Ā̄DJ psychologisch **psychology** N̄ Psychologie f **psychopath** N̄ Psy-

chopath(in) m(f)

pto abbr = **please turn over** b. w.

pub N̄ (Br) Kneipe f

puberty N̄ Pubertät f

public 1 N̄ **the (general) ~** die (breite) Öffentlichkeit f; **in ~** in der Öffentlichkeit 2 Ā̄DJ öffentlich; (relating to the state) Staats-f; **~ convenience** (Br) öffentliche Toilette; **~ holiday** gesetzlicher Feiertag; **~ opinion** die öffentliche Meinung; **~ relations** pl Öffentlichkeitsarbeit f, Public Relations pl; **~ school** (Br) Privatschule f **publication** N̄ Veröffentlichung f **publicity** N̄ Publicity f; (advertisements) Werbung f **publish** V̄T̄ veröffentlichen **publisher** N̄ Verleger(in) m(f); (company) Verlag m **publishing** N̄ Verlagswesen nt

pudding N̄ (course) Nachtisch m

puddle N̄ Pfütze f

puff V̄Ī (pant) schnaufen

puffin N̄ Papageientaucher m

puff paste (US), **puff pastry** N̄ Blätterteig m

pull 1 N̄ Ziehen nt; **give sth a ~** an etw dat ziehen 2 V̄T̄ (cart, tooth) ziehen; (rope, handle) ziehen an + dat; (fam date) abschleppen; **~ a muscle** sich dat einen Muskel zerren; **~ sb's leg** jdn auf den Arm nehmen 3 V̄Ī ziehen **pull apart** V̄T̄ (separate) auseinanderziehen **pull down** V̄T (blind) herunterziehen; (house) abreißen **pull in** V̄I hineinfahren; (stop) anhalten **pull off** V̄T (deal etc) zuwege bringen; (clothes) ausziehen **pull on** V̄I (clothes) anziehen **pull out** 1 V̄I (car from lane) ausscheren; (train) abfahren; (withdraw) aussteigen (of aus) 2 V̄T herausziehen; (tooth) ziehen; (troops) abziehen **pull up** 1 V̄T (raise) hochziehen; (chair) heranziehen 2 V̄I anhalten

pullover N̄ Pullover m
pulp N̄ Brei m; (of fruit) Fruchtfleisch nt
pulpit N̄ Kanzel f
pulse N̄ Puls m
pump N̄ Pumpe f; (in petrol station) Zapfsäule f ▸ **pump up** V̄T (tyre etc) aufpumpen
pumpkin N̄ Kürbis m
pun N̄ Wortspiel nt
punch 1 N̄ (blow) (Faust)schlag m; (tool) Locher m; (hot drink) Punsch m; (cold drink) Bowle f 2 V̄T (strike) schlagen; (ticket, paper) lochen
punctual, punctually ADJ, ADV pünktlich
punctuation N̄ Interpunktion f **punctuation mark** N̄ Satzzeichen nt
puncture N̄ (flat tyre) Reifenpanne f
punish V̄T bestrafen **punishment** N̄ Strafe f; (action) Bestrafung f

pupil N̄, Schüler(in) m(f)
puppet N̄ Marionette f
puppy N̄ junger Hund
purchase 1 N̄ Kauf m 2 V̄T kaufen
pure ADJ rein; (clean) sauber; (utter) pur **purely** ADV rein **purify** V̄T reinigen **purity** N̄ Reinheit f
purple ADJ violett
purpose N̄ Zweck m; (of person) Absicht f; **on ~** absichtlich
purr V̄I (cat) schnurren
purse N̄ Geldbeutel m; (in queue) Handtasche f (US, handbag) Handtasche f
pursue V̄T (person, car) verfolgen; (hobby, studies) nachgehen + dat
pus N̄ Eiter m
push 1 N̄ Stoß m 2 V̄T (person) stoßen; (car, chair etc) schieben; (button) drücken; (drugs) dealen 3 V̄I (in crowd) drängeln ▸ **push in** V̄I (in queue) sich vordrängeln ▸ **push off** V̄I fam (leave) abhauen ▸ **push on** V̄I (with job) weitermachen ▸ **push up** V̄T (prices) hochtreiben **pushchair** N̄ (Br) Sport(kinder)wagen m **pusher** N̄ (of drugs) Dealer(in) m(f) **push-up** N̄ (US) Liegestütz m **pushy** ADJ fam aufdringlich, penetrant
put V̄T tun; (upright) stellen; (flat) legen; (express) ausdrücken; (write) schreiben; **he ~ his hand in his pocket** er steckte die Hand in die Tasche;

he ~ his hand on her shoulder er legte ihr die Hand auf die Schulter; ~ money into one's account Geld auf sein Konto einzahlen put aside $\overline{\text{VT}}$ (money) zurücklegen put away $\overline{\text{VT}}$ (tidy away) wegräumen put back $\overline{\text{VT}}$ zurücklegen; (clock) zurückstellen put down $\overline{\text{VT}}$ (in writing) aufschreiben; (Br, animal) einschläfern; (rebellion) niederschlagen; put the phone down (den Hörer) auflegen; put one's name down for sth sich für etw eintragen put forward $\overline{\text{VT}}$ (idea) vorbringen; (name) vorschlagen; (clock) vorstellen put off $\overline{\text{VT}}$ (switch off) ausschalten; (postpone) verschieben; put sb off doing sth jdn davon abbringen, etw zu tun put on $\overline{\text{VT}}$ (switch on) anmachen; (clothes) anziehen; (hat, glasses) aufsetzen; (make-up, CD) auflegen; put the kettle on Wasser aufsetzen; put weight on zunehmen put out $\overline{\text{VT}}$ (hand, foot) ausstrecken; (light, cigarette) ausmachen put up $\overline{\text{VT}}$ (hand) hochheben; (picture) aufhängen; (tent) aufstellen; (building) errichten; (price) erhöhen; (person) unterbringen; ~ with sth sich abfinden mit; I won't ~ with it das lasse ich mir nicht gefallen

putt $\overline{\text{VT, VI}}$ SPORT putten
puzzle $\boxed{1}$ $\overline{\text{N}}$ Rätsel nt; (toy) Ge-

duldsspiel nt; (jigsaw) ~ Puzzle nt $\boxed{2}$ $\overline{\text{VT}}$ vor ein Rätsel stellen; it ~s me es ist mir ein Rätsel puzzling $\overline{\text{ADJ}}$ rätselhaft
pyjamas $\overline{\text{NPL}}$ Schlafanzug m
pylon $\overline{\text{N}}$ Mast m
pyramid $\overline{\text{N}}$ Pyramide f

Q

QR code® abbr = Quick Response code QR-Code® m
quack $\overline{\text{VI}}$ quaken
quad bike $\overline{\text{N}}$ Quad nt
quaint $\overline{\text{ADJ}}$ (idea, tradition) kurios; (picturesque) malerisch
qualification $\overline{\text{N}}$ (for job) Qualifikation f; (from school, university) Abschluss m qualified $\overline{\text{ADJ}}$ (for job) qualifiziert qualify $\boxed{1}$ $\overline{\text{VT}}$ (limit) einschränken; be qualified to do sth berechtigt sein, etw zu tun $\boxed{2}$ $\overline{\text{VI}}$ (finish training) seine Ausbildung abschließen; (contest etc) sich qualifizieren
quality $\overline{\text{N}}$ Qualität f; (characteristic) Eigenschaft f
quantity $\overline{\text{N}}$ Menge f, Quantität f
quarantine $\overline{\text{N}}$ Quarantäne f
quarrel $\boxed{1}$ $\overline{\text{N}}$ Streit m $\boxed{2}$ $\overline{\text{VI}}$ sich streiten
quarter $\boxed{1}$ $\overline{\text{N}}$ Viertel nt; (of year) Vierteljahr nt; (US, coin) Viertel-

dollar m; **a ~ of an hour** eine Viertelstunde **2** VT vierteln
quarter final N Viertelfinale nt
quartet N Quartett nt
quay N Kai m
queen N Königin f; (in cards, chess) Dame f
queer 1 ADJ (strange) seltsam, sonderbar; pej (homosexual) schwul m **2** pej Schwule(r) m
quench VT (thirst) löschen
query 1 N Frage f **2** VT infrage stellen; (bill) reklamieren
question 1 N Frage f; **that's out of the ~** das kommt nicht infrage **2** VT (person) befragen; (suspect) verhören; (express doubt about) bezweifeln **questionable** ADJ zweifelhaft; (improper) fragwürdig **question mark** N Fragezeichen nt **questionnaire** N Fragebogen m
queue 1 N (Br) Schlange f; **jump the ~** sich vordrängeln **2** VI **~ (up)** Schlange stehen
quibble VI kleinlich sein; (argue) streiten
quiche N Quiche f
quick ADJ schnell; (short) kurz; **be ~** mach schnell! **quickly** ADV schnell
quid N (Br) fam Pfund nt
quiet 1 ADJ (not noisy) leise; (peaceful, calm) still, ruhig; **be ~** sei still!; **keep ~ about sth** über etw acc nichts sagen **2** N Stille f, Ruhe f **quietly** ADV

leise; (calmly) ruhig
quilt N (Stepp)decke f
quinoa N (type of grain) Quinoa f
quit 1 VT (leave) verlassen; (job) aufgeben; **~ doing sth** aufhören, etw zu tun **2** VI aufhören; (resign) kündigen
quite ADV (fairly) ziemlich; (completely) ganz, völlig; **I don't ~ understand** ich verstehe das nicht ganz; **~ a few** ziemlich viele; **~ so** richtig!
quits ADJ **be ~ with sb** mit jdm quitt sein
quiver VI zittern
quiz N (competition) Quiz nt
quota N Anteil m; COMM, POL Quote f
quotation N Zitat nt; (price) Kostenvoranschlag m **quotation marks** NPL Anführungszeichen pl **quote 1** VT (text, author) zitieren; (price) **2** N Zitat nt; (price) Kostenvoranschlag m; **in ~s** in Anführungszeichen

R

rabbi N Rabbiner(in) m(f)
rabbit N Kaninchen nt
rabies NSING Tollwut f
raccoon N Waschbär m
race 1 N (competition) Rennen

nt; *(people)* Rasse *f* **2** V̲T̲ um die Wette laufen/fahren **3** V̲I̲ *(rush)* rennen **racecourse** N̲ Rennbahn *f* **racetrack** N̲ Rennbahn *f*

racial A̲D̲J̲ Rassen-; ~ **discrimination** Rassendiskriminierung *f*

racing N̲ *(horse)* ~ Pferderennen *nt*; *(motor)* ~ Autorennen *nt* **racing car** N̲ Rennwagen *m*

racism N̲ Rassismus *m* **racist** **1** N̲ Rassist(in) *m(f)* **2** A̲D̲J̲ rassistisch

rack **1** N̲ Ständer *m*, Gestell *nt* **2** V̲T̲ ~ **one's brains** sich *dat* den Kopf zerbrechen

racket N̲ SPORT Schläger *m*; *(noise)* Krach *m*

radar N̲ Radar *nt* or *m*

radiation N̲ *(radioactive)* Strahlung *f*

radiator N̲ Heizkörper *m*; AUTO Kühler *m*

radical A̲D̲J̲ radikal

radio N̲ Rundfunk *m*, Radio *nt* **radioactivity** N̲ Radioaktivität *f*

radio alarm N̲ Radiowecker *m* **radio station** N̲ Rundfunkstation *f*

radiotherapy N̲ Strahlenbehandlung *f*

radish N̲ Radieschen *nt*

radius N̲ Radius *m*; **within a five-mile** ~ im Umkreis von fünf Meilen *(of* um)

raffle N̲ Tombola *f* **raffle ticket** N̲ Los *nt*

raft N̲ Floß *nt*

rag N̲ Lumpen *m*; *(for cleaning)* Lappen *m*

rage **1** N̲ Wut *f*; **be all the** ~ der letzte Schrei sein **2** V̲I̲ toben; *(disease)* wüten

raid **1** N̲ Überfall *m* *(on* auf + *acc)*; *(by police)* Razzia *f* *(on* gegen) **2** V̲T̲ überfallen; *(by police)* eine Razzia machen in + *dat*

rail N̲ *(on stairs, balcony etc)* Geländer *nt*; *(of ship)* Reling *f*; RAIL Schiene *f* **railcard** N̲ *(Brit)* ≈ Bahncard *f* **railing** N̲ Geländer *nt*; ~**s** *pl* *(fence)* Zaun *m* **railroad** N̲ *(US)* Eisenbahn *f* **railroad station** N̲ *(US)* Bahnhof *m* **railway** N̲ *(Brit)* Eisenbahn *f* **railway station** N̲ Bahnhof *m*

rain **1** N̲ Regen *m* **2** V̲I̲ regnen; **it's** ~**ing** es regnet **rainbow** N̲ Regenbogen *m* **raincoat** N̲ Regenmantel *m* **rainforest** N̲ Regenwald *m* **rainy** A̲D̲J̲ regnerisch

raise **1** N̲ *(US, of wages/salary)* Gehalts-/Lohnerhöhung *f* **2** V̲T̲ *(lift)* hochheben; *(increase)* erhöhen; *(family)* großziehen; *(livestock)* züchten; *(money)* aufbringen; *(objection)* erheben; ~ **one's voice** *(in anger)* laut werden

raisin N̲ Rosine *f*

rally N̲ POL Kundgebung *f*; AUTO Rallye *f*

RAM *acr* = **random access**

memory; RAM m
ramble **1** N Wanderung f **2** Vi (walk) wandern; (talk) schwafeln
ramp N Rampe f
ran pt = run
ranch N Ranch f
rancid ADJ ranzig
random **1** ADJ willkürlich **2** N at ~ (choose) willkürlich; (fire) ziellos
rang pt = ring
range **1** N (selection) Auswahl f (of an + dat); COMM Sortiment nt (of an + dat); (of missile, telescope) Reichweite f; (of mountains) Kette f; in this price ~ in dieser Preisklasse **2** Vi ~ from ... to ... (temperature, sizes, prices) liegen zwischen ... und ...
rank **1** N Rang m; (social position) Stand m **2** VT einstufen
ransom N Lösegeld nt
rap N MUS Rap m
rape **1** N Vergewaltigung f **2** VT vergewaltigen
rapid, rapidly ADJ, ADV schnell
rapist N Vergewaltiger m
rare ADJ selten, rar; (especially good) vortrefflich; (steak) blutig
rarely ADV selten rarity N Seltenheit f
rash **1** ADJ unbesonnen **2** N MED (Haut)ausschlag m
rasher N ~ (of bacon) (Speck)-scheibe f
raspberry N Himbeere f
rat N Ratte f

rate **1** N (proportion, frequency) Rate f; (speed) Tempo nt; ~ (of exchange) (Wechsel)kurs m; ~ of interest Zinssatz m; at any ~ auf jeden Fall **2** VT (evaluate) einschätzen (as als)
rather ADV (in preference) lieber; (fairly) ziemlich; I'd ~ stay here ich würde lieber hierbleiben; I'd ~ not lieber nicht; or ~ (more accurately) vielmehr
ratio N Verhältnis nt
rational ADJ rational rationalize VT rationalisieren
rattle **1** N (toy) Rassel f **2** VT (keys, coins) klimpern mit; (person) durcheinanderbringen **3** Vi (window) klappern; (bottles) klirren rattle off VT herunterrasseln rattlesnake N Klapperschlange f
rave **1** Vi (talk wildly) fantasieren; (rage) toben; (enthuse) schwärmen (about von) **2** N (Br, event) Raveparty f
raven N Rabe m
raving ADV ~ mad total verrückt
ravishing ADJ hinreißend
raw ADJ (food) roh; (skin) wund; (climate) rau
ray N (of light) Strahl m; ~ of hope Hoffnungsschimmer m
razor N Rasierapparat m razor blade N Rasierklinge f
Rd N abbr = road Str.
re PREP betreffs + gen
reach **1** N within/out of (sb's) ~ in/außer (jds) Reichweite;

within easy ~ of the shops nicht weit von den Geschäften **2** V̄T (arrive at, contact) erreichen; (come down/up as far as) reichen bis zu; (contact) **can you ~ it?** kommen Sie dran? **reach for** V̄T greifen nach **reach out** V̄I die Hand ausstrecken; ~ **for** greifen nach

react V̄I reagieren (to auf + acc) **reaction** N̄ Reaktion f (to auf + acc) **reactor** N̄ Reaktor m

read **1** V̄T lesen; (meter) ablesen; ~ **sth to sb** jdm etw vorlesen **2** V̄I lesen; ~ **to sb** jdm vorlesen; **it ~s well** es liest sich gut; **it ~s as follows** es lautet folgendermaßen **read out** V̄T vorlesen **read through** V̄T durchlesen **read up on** V̄T nachlesen über + acc **readable** ADJ (book) lesenswert; (handwriting) lesbar **reader** N̄ Leser(in) m(f) **readership** N̄ Leserschaft f

readily ADV (willingly) bereitwillig; ~ **available** leicht erhältlich

reading N̄ (action) Lesen nt; (from meter) Zählerstand m **reading glasses** NPL Lesebrille f **reading lamp** N̄ Leselampe f **reading matter** N̄ Lektüre f

readjust **1** V̄T (mechanism etc) neu einstellen **2** V̄I sich wieder anpassen (to an + acc)

ready ADJ fertig, bereit; **be ~ to do sth** (willing) bereit sein, etw

zu tun; **are you ~ to go?** bist du so weit?; **get sth ~** etw fertig machen; **get (oneself) ~** sich fertig machen **ready cash** N̄ Bargeld nt **ready-made** ADJ (product) Fertig-; (clothes) Konfektions-; ~ **meal** Fertiggericht nt

real **1** ADJ wirklich; (actual) eigentlich; (genuine) echt; (idiot etc) richtig; **for ~** echt; **this time it's for ~** diesmal ist es ernst; **get ~** sei realistisch! **2** ADV fam (esp US) echt

real estate N̄ Immobilien pl

realistic, realistically ADJ, ADV realistisch **reality** N̄ Wirklichkeit f; **in ~** in Wirklichkeit **reality show** N̄ TV Reality--Show f **realization** N̄ (awareness) Erkenntnis f **realize** V̄T (understand) begreifen; (plan, idea) realisieren; **I ~d (that)** ... mir wurde klar, dass ...

really ADV wirklich

real time N̄ IT in ~ in Echtzeit

realtor N̄ (US) Grundstücksmakler(in) m(f)

reappear V̄I wieder erscheinen

rear **1** ADJ hintere(r, s), Hinter- **2** N̄ (of building, vehicle) hinterer Teil; **at the ~ of** hinter + dat; (inside) hinten in + dat **rear light** N̄ AUTO Rücklicht nt

rearm V̄I wieder aufrüsten

rearrange V̄T (furniture, system) umstellen; (meeting) verlegen (for auf + acc)

rear-view mirror N̄ Rückspiegel m **rear window** N̄ AUTO Heckscheibe f

reason 1 N̄ (cause) Grund m (for für); (ability to think) Verstand m; (common sense) Vernunft f; **for some ~** aus irgendeinem Grund 2 V̄I **~ with sb** mit jdm vernünftig reden

reasonable ADJ (person, price) vernünftig; (offer) akzeptabel; (chance) reell; (food, weather) ganz gut **reasonably** ADV vernünftig; (fairly) ziemlich

reassure V̄T beruhigen; **she ~d me that ...** sie versicherte mir, dass ...

rebel 1 N̄ Rebell(in) m(f) 2 V̄I rebellieren **rebellion** N̄ Aufstand m

reboot V̄T, V̄I IT rebooten

rebuild irr V̄T wieder aufbauen

recall V̄T (remember) sich erinnern an + acc; (call back) zurückrufen

recap V̄T, V̄I rekapitulieren

receipt N̄ (document) Quittung f; (receiving) Empfang m; **~s** pl (money) Einnahmen pl

receive V̄T (news etc) erhalten, bekommen; (visitor) empfangen **receiver** N̄ TEL Hörer m; RADIO Empfänger m

recent ADJ (event) vor Kurzem stattgefunden; (photo) neueste(r,s); (invention) neu; **in ~ years** in den letzten Jahren **recently** ADV vor Kurzem; (in the last few days or weeks) in letzter Zeit

reception N̄ Empfang m **receptionist** N̄ (in hotel) Empfangschef m, Empfangsdame f; (woman in firm) Empfangsdame f; MED Sprechstundenhilfe f

recess N̄ (in wall) Nische f; (US, in school) Pause f

recession N̄ Rezession f

recharge V̄T (battery) aufladen **rechargeable** ADJ wiederaufladbar

recipe N̄ Rezept nt (for für)

recipient N̄ Empfänger(in) m(f)

reciprocal ADJ gegenseitig

recite V̄T vortragen

reckless ADJ leichtsinnig; (driving) gefährlich

reckon 1 V̄T (calculate) schätzen; (think) glauben 2 V̄I **~ with/on** rechnen mit

reclaim V̄T (baggage) abholen; (expenses, tax) zurückverlangen

recline V̄I (person) sich zurücklehnen **reclining seat** N̄ Liegesitz m

recognition N̄ (acknowledgement) Anerkennung f; **in ~ of** in Anerkennung + gen **recognize** V̄T erkennen; (approve officially) anerkennen

recommend V̄T empfehlen **recommendation** N̄ Empfehlung f

reconfirm V̄T (flight etc) rückbestätigen

reconsider V̄T noch einmal überdenken

reconstruct V̄T wieder aufbauen; (crime) rekonstruieren

record **1** N MUS (Schall)platte f; (best performance) Rekord m; **keep a ~ of** Buch führen über + acc **2** ADJ (time etc) Rekord- **3** VT (write down) aufzeichnen; (on tape etc) aufnehmen; **~ed message** Ansage f **recorded delivery** N (Brit) **by ~** per Einschreiben

recorder N MUS Blockflöte f; **(cassette) ~** (Kassetten)rekorder m **recording** N (on tape etc) Aufnahme f

recover **1** VT (money, item) zurückbekommen; (appetite, strength) wiedergewinnen **2** VI sich erholen

recreation N Erholung f **recreational** ADJ Freizeit-; **~ vehicle** (US) Wohnmobil nt **recreation center** N (US) Freizeitzentrum nt

recruit **1** N MIL Rekrut(in) m(f); (in firm, organization) neues Mitglied **2** VT MIL rekrutieren; (members) anwerben; (staff) einstellen **recruitment agency** N Personalagentur f

rectangle N Rechteck nt **rectangular** ADJ rechteckig

recuperate VI sich erholen

recyclable ADJ recycelbar, wiederverwertbar **recycle** VT recyceln, wiederverwerten; **~d paper** Recyclingpapier nt **recycling** N Recycling nt, Wiederverwertung f

red **1** ADJ rot **2** N **in the ~ in** den roten Zahlen **red cabbage** N Rotkohl m **redcurrant** N (rote) Johannisbeere f

redeem VT COMM einlösen

red-handed ADJ **catch sb ~** jdn auf frischer Tat ertappen **redhead** N Rothaarige(r) mf **redial** VT, VI nochmals wählen **redirect** VT (traffic) umleiten; (forward) nachsenden

red light N (traffic signal) rotes Licht; **go through the ~** bei Rot über die Ampel fahren

red meat N Rind-, Lamm-, Rehfleisch

redo irr VT nochmals machen **reduce** VT reduzieren (to auf + acc, by um) **reduction** N Reduzierung f; (in price) Ermäßigung f

redundant ADJ überflüssig; **be made ~** entlassen werden

red wine N Rotwein m

reef N Riff nt

reel N Spule f; (on fishing rod) Rolle f **reel off** VT herunterrasseln

ref N fam (referee) Schiri m

refectory N (at college) Mensa f

refer **1** VT **~ sb to sb/sth** jdn an jdn/etw verweisen; **~ sth to sb** (query, problem) etw an jdn weiterleiten **2** VI **~ to** (mention, allude to) sich beziehen auf + acc; (book) nachschlagen in + dat

referee N Schiedsrichter(in) m(f); (in boxing) Ringrichter(in) m(f); (Brit, for job) Referenz f

reference N̄ (allusion) Anspielung f (to auf + acc); (for job) Referenz f; (in book) Verweis m; ~ **(number)** verfeinern (in document) Aktenzeichen nt; **with** ~ **to** mit Bezug auf + acc **reference book** N̄ Nachschlagewerk nt

referendum N̄ Referendum nt

refill 1 V̄T nachfüllen 2 N̄ (for ballpoint pen) Ersatzmine f **refill pack** N̄ Nachfüllpack m

refine V̄T (purify) raffinieren; (improve) verfeinern **refined** ADJ (genteel) fein

reflect 1 V̄T reflektieren; fig widerspiegeln 2 V̄I nachdenken (on über + acc) **reflection** N̄ (image) Spiegelbild nt; (thought) Überlegung f; **on** ~ nach reiflicher Überlegung

reflex N̄ Reflex m

reform 1 N̄ Reform f 2 V̄T reformieren; (person) bessern

refrain V̄I ~ **from doing sth** es unterlassen, etw zu tun

refresh V̄T erfrischen **refreshing** ADJ erfrischend **refreshments** NPL Erfrischungen pl

refrigerator N̄ Kühlschrank m

refuel V̄T, V̄I auftanken

refugee N̄ Flüchtling m

refund 1 N̄ (of money) Rückerstattung f; **get a** ~ (on sth) sein Geld (für etw) zurückbekommen 2 V̄T zurückerstatten

refurbish V̄T renovieren

refusal N̄ (to do sth) Weigerung f **refuse** 1 N̄ Müll m, Abfall m 2 V̄T ablehnen; ~ **sb sth** jdm etw verweigern; ~ **to do sth** sich weigern, etw zu tun 3 V̄I sich weigern

regain V̄T wiedergewinnen, wiedererlangen

regard 1 N̄ **with** ~ **to** in Bezug auf + acc; **in this** ~ in dieser Hinsicht; (at end of letter) mit freundlichen Grüßen; **give my** ~**s to** ... viele Grüße an ... + acc 2 V̄T ~ **sb/sth as sth** jdn/etw als etw betrachten; **as** ~**s** ... was ... betrifft **regarding** PREP bezüglich + gen **regardless** 1 ADJ ~ **of** ohne Rücksicht auf + acc 2 ADV trotzdem; **carry on** ~ einfach weitermachen

regime N̄ POL Regime nt

region N̄ (of country) Region f, Gebiet nt **regional** ADJ regional

register 1 N̄ Register nt, Namensliste f 2 V̄T (with an authority) registrieren lassen; (birth, death, vehicle) anmelden 3 V̄I (at hotel, for course) sich anmelden; (at university) sich einschreiben **registered** ADJ eingetragen; (letter) eingeschrieben; **by** ~ **post** per Einschreiben **registration** N̄ (for course) Anmeldung f; (at university) Einschreibung f; AUTO (number) (polizeiliches) Kennzeichen **registration form** N̄ Anmeldeformular nt **registration number** N̄

AUTO (polizeiliches) Kennzeichen registry office N̲ Standesamt nt

regret 1 N̲ Bedauern nt **2** V̲T̲ bedauern **regrettable** A̲D̲J̲ bedauerlich

regular 1 A̲D̲J̲ regelmäßig; (size) normal **2** N̲ (client) Stammkunde m, Stammkundin f; (in bar) Stammgast m; (petrol) Normalbenzin nt **regularly** A̲D̲V̲ regelmäßig

regulate V̲T̲ regulieren; (using rules) regeln **regulation** N̲ (rule) Vorschrift f

rehab N̲ Reha f; **be in ~** auf Reha sein **rehabilitation** N̲ Rehabilitation f

rehearsal N̲ Probe f **rehearse** V̲T̲, V̲I̲ proben

reign 1 N̲ Herrschaft f **2** V̲I̲ herrschen (over über + acc)

reimburse V̲T̲ (person) entschädigen; (expenses) zurückerstatten

reindeer N̲ Rentier nt

reinforce V̲T̲ verstärken

reinstate V̲T̲ (employee) wieder einstellen

reinvent V̲T̲ neu erfinden

reject 1 N̲ COMM Ausschussartikel m **2** V̲T̲ ablehnen **rejection** N̲ Ablehnung f

relapse N̲ Rückfall m

relate 1 V̲T̲ (story) erzählen; (connect) in Verbindung bringen (to mit) **2** V̲I̲ **~ to** (refer) sich beziehen auf + acc **related** A̲D̲J̲ verwandt (to mit) **relation**

N̲ (relative) Verwandte(r) mf; (connection) Beziehung f **relationship** N̲ (connection) Beziehung f; (between people) Verhältnis nt

relative 1 N̲ Verwandte(r) mf **2** A̲D̲J̲ relativ **relatively** A̲D̲V̲ relativ, verhältnismäßig

relax 1 V̲I̲ sich entspannen; **~!** reg dich nicht auf! **2** V̲T̲ (grip, conditions) lockern **relaxation** N̲ (rest) Entspannung f **relaxed** A̲D̲J̲ entspannt

release 1 N̲ (from prison) Entlassung f; **new/recent ~** (film, CD) Neuerscheinung f **2** V̲T̲ (animal, hostage) freilassen; (prisoner) entlassen; (handbrake) lösen; (news) veröffentlichen; (film, CD) herausbringen

relent V̲I̲ nachgeben **relentless, relentlessly** A̲D̲J̲, A̲D̲V̲ (merciless) erbarmungslos; (neverending) unaufhörlich

relevance N̲ Relevanz f (to für) **relevant** A̲D̲J̲ relevant (to für)

reliable, reliably A̲D̲J̲, A̲D̲V̲ zuverlässig **reliant** A̲D̲J̲ **~ on** abhängig von

relic N̲ (from past) Relikt nt

relief N̲ (from anxiety, pain) Erleichterung f; (assistance) Hilfe f **relieve** V̲T̲ (pain) lindern; (boredom) überwinden; (take over from) ablösen; **I'm ~d** ich bin erleichtert

religion N̲ Religion f **religious** A̲D̲J̲ religiös

relish 1 N̲ (for food) würzige

Soße [2] V̄T (*enjoy*) genießen; **I don't ~ the thought of it** der Gedanke behagt mir gar nicht
reluctant ADJ widerwillig; **be ~ to do sth** etw nur ungern tun **reluctantly** ADV widerwillig
rely on V̄T sich verlassen auf + *acc*; (*depend on*) abhängig sein von
remain V̄I bleiben; (*be left over*) übrig bleiben **remainder** N̄ *a*. MATH Rest *m* **remaining** ADJ übrig **remains** NPL Überreste *pl*
remark [1] N̄ Bemerkung *f* [2] V̄T **~ that** bemerken, dass **remarkable**, **remarkably** ADJ, ADV bemerkenswert
remedy N̄ Mittel *nt* (*for gegen*)
remember [1] V̄T sich erinnern an + *acc*; **~ to do sth** etw daran denken, etw zu tun; **I must ~ that** das muss ich mir merken [2] V̄I sich erinnern
remind V̄T **~ sb of/about sth** jdn an jdn/etw erinnern; **~ sb to do sth** jdn daran erinnern, etw zu tun; **that ~s me** dabei fällt mir ein … **reminder** N̄ (*to pay*) Mahnung *f*
remnant N̄ Rest *m*
remote [1] ADJ (*place*) abgelegen; (*slight*) gering [2] N̄ TV Fernbedienung *f* **remote control** N̄ Fernsteuerung *f*; (*device*) Fernbedienung *f*
removal N̄ Entfernung *f*; (*Br, move from house*) Umzug *m* re-

moval firm N̄ (*Br*) Spedition *f*
remove V̄T entfernen; (*lid*) abnehmen; (*doubt*) zerstreuen
rename V̄T umbenennen
renew V̄T erneuern; (*licence, passport, library book*) verlängern lassen
renovate V̄T renovieren
renowned ADJ berühmt (*for* für)
rent [1] N̄ Miete *f*; **for ~** (*US*) zu vermieten [2] V̄T (*as hirer, tenant*) mieten; (*as owner*) vermieten; **~ed car** Mietwagen *m* **rent out** V̄T vermieten **rental** [1] N̄ Miete *f*; (*for car, TV etc*) Leihgebühr *f* [2] ADJ Miet-
reorganize V̄T umorganisieren
rep N̄ COMM Vertreter(in) *m(f)*
repair [1] N̄ Reparatur *f* [2] V̄T reparieren; (*damage*) wiedergutmachen
repay *irr* V̄T (*money*) zurückzahlen; **~ sb for sth** sich bei jdm für etw revanchieren
repeat [1] N̄ RADIO, TV Wiederholung *f* [2] V̄T wiederholen
repetition N̄ Wiederholung *f*
replace V̄T ersetzen (*with* durch); (*put back*) zurückstellen, zurücklegen **replacement** N̄ (*thing, person*) Ersatz *m*; (*temporarily in job*) Vertretung *f*
replay [1] N̄ (**action**) ~ Wiederholung *f* [2] V̄T (*game*) wiederholen
replica N̄ Kopie *f*
reply [1] N̄ Antwort *f* [2] V̄I ant-

worten; **~ to sb/sth** jdm/auf etw acc antworten **3** VT **~ that** antworten, dass

report **1** N Bericht m, Zeugnis nt **2** VT (tell) berichten; (give information against) melden; (to police) anzeigen **3** VI (present oneself) sich melden; **~ sick** sich krankmelden **report card** N (US, in school) Zeugnis nt **reporter** N Reporter(in) m(f)

represent VT darstellen; (speak for) vertreten **representation** N (picture etc) Darstellung f **representative** **1** N Vertreter(in) m(f); (US) POL Abgeordnete(r) mf **2** ADJ repräsentativ (of für)

reproduce **1** VT (copy) reproduzieren **2** VI BIO sich fortpflanzen **reproduction** N (copy) Reproduktion f; BIO Fortpflanzung f

reptile N Reptil nt

republic N Republik f **republican** **1** ADJ republikanisch **2** N Republikaner(in) m(f)

repulsive ADJ abstoßend

reputation N Ruf m

request **1** N Bitte f (for um); **on ~** auf Wunsch **2** VT bitten um

require VT (need) brauchen; (desire) verlangen **required** ADJ erforderlich **requirement** N (condition) Anforderung f; (need) Bedingung f

rerun N Wiederholung f

rescue **1** N Rettung f; **come to sb's ~** jdm zu Hilfe kommen **2** VT retten

research **1** N Forschung f **2** VI forschen (into über + acc) **3** VT erforschen **researcher** N Forscher(in) m(f)

resemblance N Ähnlichkeit f (to mit) **resemble** VT ähneln + dat

resent VT übel nehmen

reservation N (booking) Reservierung f; (doubt) Vorbehalt m; **I have a ~** (in hotel, restaurant) ich habe reserviert **reserve** **1** N (store) Vorrat m (of an + dat); (manner) Zurückhaltung f; SPORT Reservespieler(in) m(f); (game reserve) Naturschutzgebiet nt **2** VT (book) reservieren **reserved** ADJ reserviert

residence N Wohnsitz m; (living) Aufenthalt m; **~ permit** Aufenthaltsgenehmigung f; **hall of ~** Studentenwohnheim nt **resident** N (in house) Bewohner(in) m(f); (in town, area) Einwohner(in) m(f)

residual waste N Restmüll m

resign VT (post) zurücktreten von; (job) kündigen **2** VI (from post) zurücktreten; (from job) kündigen **resignation** N (from post) Rücktritt m; (from job) Kündigung f

resist VT widerstehen + dat **resistance** N Widerstand m (to gegen)

resit (*Br*) **1** *irr* V̄T̄ wiederholen **2** N̄ Wiederholungsprüfung *f*

resolution N̄ (*intention*) Vorsatz *m*; (*decision*) Beschluss *m*

resolve V̄T̄ (*problem*) lösen

resort **1** N̄ (*holiday resort*) Urlaubsort *m*; **as a last ~** als letzter Ausweg **2** V̄Ī **~ to** greifen zu; (*violence*) anwenden

resources NPL (*money*) (Geld)mittel *pl*; (*mineral resources*) Bodenschätze *pl*

respect **1** N̄ Respekt *m* (*for* +*dat*); (*consideration*) Rücksicht *f* (*for auf* +*acc*); **with ~ to** in Bezug auf +*acc*; **in this ~** in dieser Hinsicht; **with all due ~** bei allem Respekt **2** V̄T̄ respektieren

respectable ADJ (*person, family*) angesehen; (*district*) anständig; (*achievement, result*) beachtlich **respected** ADJ angesehen

respective ADJ jeweilig **respectively** ADV **5 % and 10 % ~** 5 % beziehungsweise 10 %

respond V̄Ī antworten (*to auf* +*acc*); (*react*) reagieren (*to auf* +*acc*); (*to treatment*) ansprechen (*to auf* +*acc*) **response** N̄ Antwort *f*; (*reaction*) Reaktion *f*; **in ~ to** als Antwort auf +*acc*

responsibility N̄ Verantwortung *f*; **that's her ~** dafür ist sie verantwortlich **responsible** ADJ verantwortlich (*for* für); (*trustworthy*) verantwortungsbewusst; (*job*) verantwortungsvoll

rest **1** N̄ (*relaxation*) Ruhe *f*; (*break*) Pause *f*; (*remainder*) Rest *m*; **have** (*or* **take**) **a ~** sich ausruhen; (*break*) Pause machen **2** V̄Ī (*relax*) sich ausruhen; (*lean*) lehnen (*on, against* an +*dat*, gegen)

restaurant N̄ Restaurant *nt* **restaurant car** N̄ (*Br*) Speisewagen *m*

restful ADJ (*holiday etc*) erholsam, ruhig **restless** ADJ unruhig

restore V̄T̄ (*painting, building*) restaurieren; (*order*) wiederherstellen; (*give back*) zurückgeben

restrain V̄T̄ (*person, feelings*) zurückhalten; **~ oneself** sich beherrschen

restrict V̄T̄ beschränken (*to auf* +*acc*) **restricted** ADJ beschränkt **restriction** N̄ Einschränkung *f* (*on* +*acc*)

rest room N̄ (*US*) Toilette *f*

result **1** N̄ Ergebnis *nt*; (*consequence*) Folge *f*; **as a ~ of** infolge +*gen* **2** V̄Ī **~ in** führen zu; **~ from** sich ergeben aus

resume V̄T̄ (*work, negotiations*) wieder aufnehmen; (*journey*) fortsetzen

résumé N̄ Zusammenfassung *f*; (*US, curriculum vitae*) Lebenslauf *m*

resuscitate V̄T̄ wiederbeleben

retail ADV im Einzelhandel **retailer** N̄ Einzelhändler(in) *m(f)*

retain V̄T̄ behalten; (*heat*) halten

rethink irr V̄T̄ noch einmal überdenken

retire V̄Ī (from work) in den Ruhestand treten; (withdraw) sich zurückziehen **retired** A̅D̅J̅ (person) pensioniert **retirement** N̄ (time of life) Ruhestand m **retirement age** N̄ Rentenalter nt

retrain V̄Ī sich umschulen lassen

retreat **1** N̄ Rückzug m (from aus); (refuge) Zufluchtsort m **2** V̄Ī sich zurückziehen

retrieve V̄T̄ (recover) wiederbekommen; (rescue) retten; (data) abrufen

retrospect N̄ in ~ rückblickend

return **1** N̄ (going back) Rückkehr f; (giving back) Rückgabe f; (profit) Gewinn m; (Br, return ticket) Rückfahrkarte f; (plane ticket) Rückflugticket nt, Return m; in ~ als Gegenleistung (for für); **many happy ~s (of the day)** herzlichen Glückwunsch zum Geburtstag! **2** V̄Ī (person) zurückkehren; (doubts, symptoms) wieder auftreten **3** V̄T̄ (give back) zurückgeben; **I ~ed his call** ich habe ihn zurückgerufen **returnable** A̅D̅J̅ (bottle) Pfand- **return flight** N̄ Rückflug m; (both ways) Hin- und Rückflug m **return key** N̄ IT Eingabetaste f **return ticket** N̄ (Br) Rückfahrkarte f;

(for plane) Rückflugticket nt

reunification N̄ Wiedervereinigung f **reunion** N̄ (party) Treffen nt **reunite** V̄T̄ wieder vereinigen

reveal V̄T̄ (make known) enthüllen; (secret) verraten **revealing** A̅D̅J̅ aufschlussreich; (dress) freizügig

revenge N̄ Rache f; (in game) Revanche f; **take ~ on sb (for sth)** sich an jdm (für etw) rächen

revenue N̄ Einnahmen pl

reverse **1** N̄ (back) Rückseite f; (opposite) Gegenteil nt; AUTO (gear) Rückwärtsgang m **2** A̅D̅J̅ **in ~ order** in umgekehrter Reihenfolge **3** V̄T̄ (order) umkehren; (decision) umstoßen; (car) zurücksetzen **4** V̄Ī rückwärtsfahren **reversing camera** N̄ AUTO Rückfahrkamera f

review **1** N̄ (of book, film etc) Rezension f, Kritik f; (im Internet) Bewertung f; **be under ~** überprüft werden **2** V̄T̄ (book, film etc) rezensieren; (re-examine) überprüfen

revise **1** V̄T̄ revidieren; (text) überarbeiten; (Br, in school) wiederholen **2** V̄Ī (Br) (für eine Prüfung) lernen **revision** N̄ (of text) Überarbeitung f; (Br) Wiederholung f

revitalize V̄T̄ neu beleben

revive V̄T̄ (person) wiederbeleben; (tradition, interest) wieder aufleben lassen

revolt N̄ Aufstand m **revolting** ADJ widerlich

revolution N̄ POL fig Revolution f **revolutionary** 1️⃣ ADJ revolutionär 2️⃣ N̄ Revolutionär(in) m(f)

revolve VI sich drehen (around um) **revolver** N̄ Revolver m **revolving door** N̄ Drehtür f

reward 1️⃣ N̄ Belohnung f 2️⃣ VT belohnen **rewarding** ADJ lohnend

rewind irr VT zurückspulen

rheumatism N̄ Rheuma nt

rhinoceros N̄ Nashorn nt

Rhodes N̄ Rhodos nt

rhubarb N̄ Rhabarber m

rhyme 1️⃣ N̄ Reim m 2️⃣ VI sich reimen (with auf + acc)

rhythm N̄ Rhythmus m

rib N̄ Rippe f

ribbon N̄ Band nt

rice N̄ Reis m **rice pudding** N̄ Milchreis m

rich 1️⃣ ADJ reich; (food) schwer 2️⃣ NPL **the ~** die Reichen pl

rickety ADJ wackelig

rid VT **get ~ of** sb/sth jdn/etw loswerden

ridden pp → ride

riddle N̄ Rätsel nt

ride 1️⃣ VT (horse) reiten; (bicycle) fahren 2️⃣ VI (on horse) reiten; (on bike) fahren 3️⃣ N̄ (in vehicle, on bike) Fahrt f; (on horse) (Aus)ritt m; **go for a ~** (in car, on bike) spazieren fahren; (on horse) reiten gehen; **take** sb **for a ~** fam jdn verarschen **rider** N̄ (on

horse) Reiter(in) m(f)

ridiculous ADJ lächerlich; **don't be ~** red keinen Unsinn!

riding N̄ 1️⃣ N̄ Reiten nt 2️⃣ ADJ Reit-

rifle N̄ Gewehr nt

right 1️⃣ ADJ (correct, just) richtig; (opposite of left) rechte(r, s); (clothes, job etc) passend; **be ~** (person) recht haben; (clock) richtig gehen; **that's ~** das stimmt! 2️⃣ N̄ Recht nt (to auf + acc); (side) rechte Seite; **the Right** POL die Rechte; **take a ~** AUTO rechts abbiegen; **on the ~** rechts (of von); **to the ~** nach rechts, rechts (of von) 3️⃣ ADV (towards the right) nach rechts; (directly) direkt; (exactly) genau; **turn ~** AUTO rechts abbiegen; **~ away** sofort; **~ now** im Moment; (immediately) sofort **right angle** N̄ rechter Winkel m **right-hand drive** 1️⃣ N̄ Rechtssteuerung f 2️⃣ ADJ rechtsgesteuert **right-handed** ADJ **he is ~** er ist Rechtshänder **right-hand side** N̄ rechte Seite; **on the ~** auf der rechten Seite **rightly** ADV zu Recht **right of way** N̄ **have ~** AUTO Vorfahrt haben **right wing** N̄ POL, SPORT rechter Flügel **right-wing** ADJ Rechts-; **~ extremist** Rechtsradikale(r) mf

rigid ADJ (stiff) starr; (strict) streng

rim N̄ (of cup etc) Rand m; (of wheel) Felge f

rind N (of cheese) Rinde f; (of bacon) Schwarte f; (of fruit) Schale f

ring 1 VT (bell) läuten; TEL anrufen 2 N (on finger, in boxing) Ring m; (circle) Kreis m; (at circus) Manege f; **give sb a ~** TEL jdn anrufen **ring back** VT, VI zurückrufen **ring up** VT, VI anrufen

ring road N (Br) Umgehungsstraße f

ringtone N Klingelton m

rink N (ice rink) Eisbahn f; (for roller-skating) Rollschuhbahn f

rinse VT spülen

riot N Aufruhr m

rip 1 N Riss m 2 VT zerreißen; **~ sth open** etw aufreißen 3 VI reißen **rip off** VT fam (person) übers Ohr hauen **rip up** VT zerreißen

ripe ADJ (fruit) reif **ripen** VI reifen

rip-off N **that's a ~** fam (too expensive) das ist Wucher

rise 1 VI (from sitting, lying) aufstehen; (sun) aufgehen; (prices, temperature) steigen; (ground) ansteigen 2 N (increase) Anstieg m (in + gen); (pay rise) Gehaltserhöhung f; (to power, fame) Aufstieg m (to zu); (slope) Steigung f **risen** pp → **rise**

risk 1 N Risiko nt 2 VT riskieren **risky** ADJ riskant

ritual N Ritual nt

rival N Rivale m, Rivalin f (for um); COMM Konkurrent(in)

m(f) **rivalry** N Rivalität f; COMM, SPORT Konkurrenz f

river N Fluss m; **the River Thames** (Br), **the Thames River** (US) die Themse **riverside** 1 N Flussufer nt 2 ADJ am Flussufer

road N Straße f; fig Weg m; **on the ~** (travelling) unterwegs **roadblock** N Straßensperre f **roadmap** N Straßenkarte f **road rage** N aggressives Verhalten im Straßenverkehr **roadside** N at (or by) the **~** am Straßenrand **roadsign** N Verkehrsschild nt **road tax** N Kraftfahrzeugsteuer f **roadwork** N (US), **roadworks** NPL Bauarbeiten pl **roadworthy** ADJ fahrtüchtig

roaming N TEL Roaming nt **roaming charges** NPL TEL Roaminggebühren pl

roar 1 N (of person, lion) Brüllen nt; (von Verkehr) Donnern nt 2 VI (person, lion) brüllen (with vor + dat)

roast 1 N Braten m 2 ADJ **~ beef** Rinderbraten m; **~ chicken** Brathähnchen nt; **~ pork** Schweinebraten m; **~ potatoes** pl im Backofen gebratene Kartoffeln pl 3 VT (meat) braten

rob VT bestehlen; (bank, shop) ausrauben **robbery** N Raub m

robe N (US, dressing gown) Morgenrock m; (of judge, priest etc) Robe f, Talar m

robin N̄ Rotkehlchen nt

robot N̄ Roboter m

rock ❶ N̄ (substance) Stein m; (boulder) Felsbrocken m; MUS Rock m; **on the ~s** (drink) mit Eis; (marriage) gescheitert ❷ VT, VI (swing) schaukeln; (dance) **rocken rock climbing** N̄ Klettern nt

rocket N̄ Rakete f; (in salad) Rucola m

rocking chair N̄ Schaukelstuhl m

rocky ADJ (landscape) felsig; (path) steinig

rod N̄ (bar) Stange f; (fishing rod) Rute f

rode pt → ride

rogue N̄ Schurke m

role N̄ Rolle f **role model** N̄ Vorbild nt

roll ❶ N̄ (of film, paper etc) Rolle f; (bread roll) Brötchen nt ❷ VT (move by rolling) rollen; (cigarette) drehen ❸ VI (move by rolling) rollen **roll out** VT (pastry) ausrollen **roll over** VI (person) sich umdrehen **roll up** ❶ VI fam (arrive) antanzen ❷ VT (carpet) aufrollen; **roll one's sleeves up** die Ärmel hochkrempeln

roller N̄ (hair roller) (Locken)wickler m **roller coaster** N̄ Achterbahn f **roller skates** NPL Rollschuhe pl **roller-skating** N̄ Rollschuhlaufen nt **rolling pin** N̄ Nudelholz nt **rolling suitcase** N̄ (US) Rollkof-

fer m **roll-on (deodorant)** N̄ Deoroller m

ROM acr = read only memory; ROM m

Roman ❶ ADJ römisch ❷ N̄ Römer(in) m(f) **Roman Catholic** ❶ ADJ römisch-katholisch ❷ N̄ Katholik(in) m(f)

romance N̄ Romantik f; (love affair) Romanze f

Romania N̄ Rumänien nt **Romanian** ❶ ADJ rumänisch ❷ N̄ Rumäne m, Rumänin f; (language) Rumänisch nt

romantic ADJ romantisch

roof N̄ Dach nt **roof rack** N̄ Dachgepäckträger m

rook N̄ (in chess) Turm m

room N̄ Zimmer nt, Raum m; (large, for gatherings etc) Saal m; (space) Platz m; fig Spielraum m; **make ~ for** Platz machen für **roommate** N̄ Zimmergenosse m, Zimmergenossin f **room service** N̄ Zimmerservice m

root N̄ Wurzel f **root out** VT ausrotten **root vegetable** N̄ Wurzelgemüse nt

rope N̄ Seil nt; **know the ~s** fam sich auskennen

rose ❶ pt → rise ❷ N̄ Rose f

rosé N̄ Rosé(wein) m

rot VI verfaulen

rotate ❶ VT (turn) rotieren lassen ❷ VI rotieren **rotation** N̄ (turning) Rotation f; **in ~** abwechselnd

rotten ADJ (decayed) faul;

(mean) gemein; (unpleasant) scheußlich; (ill) elend

rough **1** ADJ (not smooth) rau; (path) uneben; (coarse, violent) grob; (crossing) stürmisch; (without comforts) hart; (unfinished, makeshift) grob; (approximate) ungefähr; **~ draft** Rohentwurf m; **I have a ~ idea** ich habe eine ungefähre Vorstellung **2** ADV **sleep ~** im Freien schlafen **3** VT **~ it** primitiv leben **roughly** ADV grob; (approximately) ungefähr

round **1** ADJ rund **2** ADV **all ~** (on all sides) rundherum; **I'll be ~ at 8** ich werde um acht Uhr da sein; **the other way ~** umgekehrt **3** PREP (surrounding) um (... herum); **~ (about)** (approximately) ungefähr; **~ the corner** um die Ecke; **go ~ the world** um die Welt reisen; **she lives ~ here** sie wohnt hier in der Gegend **4** N Runde f; (of bread, toast) Scheibe f; **it's my ~** (of drinks) die Runde geht auf mich **5** VT (corner) biegen um **round off** VT abrunden **round up** VT (number, price) aufrunden

roundabout **1** N (Br) AUTO Kreisverkehr m; (Br, merry-go-round) Karussell nt **2** ADJ umständlich **round-the-clock** ADJ rund um die Uhr **round trip** N Rundreise f **round-trip ticket** N (US) Rückfahrkarte f; (for plane) Rückflugti-

cket nt

route N Route f; (bus, plane etc service) Linie f; fig Weg m

router N IT Router m

routine **1** N Routine f **2** ADJ Routine-

row **1** N (line) Reihe f; **three times in a ~** dreimal hintereinander **2** VT, VI (boat) rudern **3** N (noise) Krach m; (dispute) Streit m

rowboat N (US) Ruderboot nt

row house N (US) Reihenhaus nt

rowing N Rudern nt **rowing boat** N (Br) Ruderboot nt **rowing machine** N Rudergerät nt

royal ADJ königlich **royalty** N (family) Mitglieder pl der königlichen Familie; **royalties** pl (from book, music) Tantiemen pl

RSPCA abbr = **Royal Society for the Prevention of Cruelty to Animals** britischer Tierschutzverein

RSVP abbr = **répondez s'il vous plaît** u. A. w. g.

rub VT reiben **rub in** VT einmassieren **rub out** VT (with eraser) ausradieren

rubber N Gummi m; (Br, eraser) Radiergummi m; (US) fam (contraceptive) Gummi m **rubber stamp** N Stempel m

rubbish N Abfall m; (nonsense) Quatsch m; (poor-quality thing) Mist m; **don't talk ~** red keinen Unsinn! **rubbish bin** N Müll-

eimer m **rubbish dump** N̄
Müllabladeplatz m

rubble N̄ Schutt m

ruby N̄ (stone) Rubin m

rucksack N̄ Rucksack m

rude ADJ (impolite) unhöflich; (indecent) unanständig

rug N̄ Teppich m; (next to bed) Bettvorleger m; (for knees) Wolldecke f

rugby N̄ Rugby nt

rugged ADJ (coastline) zerklüftet; (features) markant

ruin 1 N̄ Ruine f; (financial, social) Ruin m 2 V̄T̄ ruinieren

rule 1 N̄ Regel f; (governing) Herrschaft f; **as a ~** in der Regel 2 V̄T̄, V̄ī (govern) regieren; (decide) entscheiden **ruler** N̄ (person) Herrscher(in) m(f)

rum N̄ Rum m

rumble V̄ī (stomach) knurren; (train, truck) rumpeln

rummage V̄ī **~ (around)** herumstöbern

rumor (US), **rumour** N̄ Gerücht nt

run 1 V̄T̄ (race, distance) laufen; (machine, engine, computer program, water) laufen lassen; (manage) leiten, führen; (car) unterhalten; **I ran her home** ich habe sie nach Hause gefahren 2 V̄ī laufen; (move quickly) rennen; (bus, train) fahren; (path etc) verlaufen; (machine, engine, computer program) laufen; (flow) fließen; (colours,

make-up) verlaufen; **for ~ for President** für die Präsidentschaft kandidieren; **be ~ning low** knapp werden; **my nose is ~ning** mir läuft die Nase; **it ~s in the family** es liegt in der Familie 3 N̄ (on foot) Lauf m; (in car) Spazierfahrt f; (series) Reihe f; (sudden demand) Ansturm m (on auf + acc); (in tights) Laufmasche f; (in cricket, baseball) Lauf m; **go for a ~** laufen gehen; (in car) eine Spazierfahrt machen; **in the long ~** auf die Dauer; **on the ~** auf der Flucht (from vor + dat) **run about** V̄ī herumlaufen **run away** V̄ī weglaufen **run down** V̄T̄ (with car) umfahren; (criticize) heruntermachen; **be ~** (tired) abgespannt sein **run into** V̄ī (meet) zufällig treffen; (problem) stoßen auf + acc **run off** V̄ī weglaufen **run out** V̄ī (person) hinausrennen; (liquid) auslaufen; (lease,time) ablaufen; (money, supplies) ausgehen; **he ran out of money** ihm ging das Geld aus **run over** V̄T̄ (with car) überfahren **run up** V̄T̄ (debt, bill) machen

rung pp → ring

runner N̄ (athlete) Läufer(in) m(f); **do a ~** fam wegrennen **runner bean** N̄ (Br) Stangenbohne f

running 1 N̄ SPORT Laufen nt; (management) Leitung f, Führung f 2 ADJ (water) fließend;

~ costs Betriebskosten pl; (for car) Unterhaltskosten pl; **3 days ~** 3 Tage hintereinander

runny ADJ (food) flüssig; (nose) laufend

runway N Start- und Landebahn f

rural ADJ ländlich

rush 1 N Eile f; (for tickets etc) Ansturm m (for auf + acc); **be in a ~** es muss schnell gehen; **there's no ~** es eilt nicht 2 VT (do too quickly) hastig machen; (meal) hastig essen; **~ sb to hospital** jdn auf dem schnellsten Weg ins Krankenhaus bringen; **don't ~ me** dräng mich nicht 3 VI (hurry) eilen **rush hour** N Hauptverkehrszeit f

rusk N Zwieback m

Russia N Russland nt **Russian** 1 ADJ russisch 2 N Russe m, Russin f; (language) Russisch nt

rust 1 N Rost m 2 VI rosten **rustproof** ADJ rostfrei **rusty** ADJ rostig

ruthless ADJ rücksichtslos; (treatment, criticism) schonungslos

rye N Roggen m

S

sabotage VT sabotieren
sachet N Päckchen nt

sack 1 N (bag) Sack m; **get the ~** fam rausgeschmissen werden 2 VT fam rausschmeißen

sacred ADJ heilig

sacrifice 1 N Opfer nt 2 VT opfern

sad ADJ traurig

saddle N Sattel m

sadistic ADJ sadistisch

sadly ADV (unfortunately) leider

safe 1 ADJ (free from danger) sicher; (out of danger) in Sicherheit; (careful) vorsichtig; **have a ~ journey** gute Fahrt! 2 N Safe m **safeguard** 1 N Schutz m 2 VT schützen (against gegen + dat) **safely** ADV sicher; (arrive) wohlbehalten; (drive) vorsichtig **safety** N Sicherheit f **safety belt** N Sicherheitsgurt m **safety pin** N Sicherheitsnadel f

Sagittarius N ASTR Schütze m **Sahara** N **the ~ (Desert)** die (Wüste) Sahara

said pt, pp → say

sail 1 N Segel nt; **set ~** losfahren (for nach) 2 VI (in yacht) segeln; (on ship) mit dem Schiff fahren; (ship) auslaufen (for nach) 3 VT (yacht) segeln mit; (ship) steuern **sailboat** N (US) Segelboot nt **sailing** N **go ~** segeln gehen **sailing boat** N (Br) Segelboot nt **sailor** N Seemann m; (in navy) Matrose m

saint N Heilige(r) mf

sake N **for the ~ of** um + gen ...

willen; **for your ~** deinetwegen, dir zuliebe

salad N̄ Salat m **salad cream** N̄ (Br) majonäseartige Salatsoße **salad dressing** N̄ Salatsoße f **salad leaves** NPL Salatblätter pl

salary N̄ Gehalt nt

sale N̄ Verkauf m; (at reduced prices) Ausverkauf m; **for ~** zu verkaufen **sales clerk** N̄ (US) Verkäufer(in) m(f) **salesman** N̄ Verkäufer m; (rep) Vertreter m **sales rep** N̄ Vertreter(in) m(f) **saleswoman** N̄ Verkäuferin f; (rep) Vertreterin f

salmon N̄ Lachs m

saloon N̄ (ship's lounge) Salon m; (US, bar) Kneipe f

salt ■ N̄ Salz nt ■ V̄T (flavour) salzen; (roads) mit Salz streuen **salt cellar, salt shaker** (US) N̄ Salzstreuer m **salty** ADJ salzig

same ■ ADJ **the ~** (similar) der/die/das gleiche, die gleichen pl; (identical) der-/die-/dasselbe, dieselben pl; **they live in the ~ house** sie wohnen im selben Haus ■ PRON **the ~** (similar) der/die/das Gleiche, die Gleichen pl; (identical) der-/die-/dasselbe, dieselben pl; **all the ~** trotzdem; **the ~ to you** gleichfalls; **it's all the ~ to me** es ist mir egal ■ ADV **the ~** gleich **same-sex marriage** N̄ gleichgeschlechtliche Ehe

sample ■ N̄ Probe f; (of fabric) Muster nt ■ V̄T probieren

sanctions NPL POL Sanktionen pl

sanctuary N̄ (refuge) Zuflucht f; (for animals) Schutzgebiet nt

sand N̄ Sand m

sandal N̄ Sandale f

sandwich N̄ Sandwich nt

sandy ADJ (full of sand) sandig; **~ beach** Sandstrand m

sane ADJ geistig gesund, normal; (sensible) vernünftig

sang pt → sing

sanitary ADJ hygienisch **sanitary napkin** (US), **sanitary towel** N̄ Damenbinde f

sank pt → sink

Santa (Claus) N̄ der Weihnachtsmann

sarcastic ADJ sarkastisch

sardine N̄ Sardine f

sari N̄ Sari m (von indischen Frauen getragenes Gewand)

sat pt, pp → sit

Sat abbr → Saturday Sa.

satellite N̄ Satellit m **satellite dish** N̄ Satellitenschüssel f **satellite navigation system** N̄ Navigationsgerät nt, Navigationssystem nt

satin N̄ Satin m

satisfaction N̄ (contentment) Zufriedenheit f; **is that to your ~?** bist du/sind Sie damit zufrieden? **satisfactory** ADJ zufriedenstellend **satisfied** ADJ zufrieden (with mit) **satisfy** V̄T zufriedenstellen; (conditions) erfüllen; (need, demand) befriedigen **satisfying** ADJ befriedigend

sat nav N (Br) fam Navi nt

Saturday N Samstag m, Sonnabend m; → Tuesday

sauce N Soße f **saucepan** N Kochtopf m **saucer** N Untertasse f

Saudi Arabia N Saudi-Arabien nt

sauna N Sauna f

sausage N Wurst f **sausage roll** N mit Wurst gefülltes Blätterteigröllchen

savage ADJ (person, attack) brutal; (animal) wild

save 1 VT (rescue) retten (from vor + dat); (money, time, electricity etc) sparen; (strength) schonen; IT speichern; ~ **sb's life** jdm das Leben retten 2 VI sparen 3 N (in soccer) Parade f **save up** VI sparen (for auf + acc) **saving** N (of money) Sparen nt; **~s** pl Ersparnisse pl; **~s account** Sparkonto nt

savory (US), **savoury** ADJ (not sweet) pikant

saw 1 VT, VI sägen 2 N (tool) Säge f 3 pt → see **sawdust** N Sägemehl nt

saxophone N Saxophon nt

say 1 VT sagen (to sb jdm); (prayer) sprechen; **what does the letter ~?** was steht im Brief?; **the rules ~ that ...** in den Regeln heißt es, dass ...; **he's said to be rich** er soll

reich sein 2 N **have a ~ in sth** bei etw ein Mitspracherecht haben 3 ADV zum Beispiel **saying** N Sprichwort nt

scab N (on cut) Schorf m

scaffolding N Baugerüst nt

scale N (of map etc) Maßstab m; (on thermometer etc) Skala f; (of pay) Tarifsystem nt; MUS Tonleiter f; (of fish, snake) Schuppe f; **to ~** maßstabsgerecht; **on a large/small ~** in großem/kleinem Umfang **scales** NPL (for weighing) Waage f

scalp N Kopfhaut f

scan 1 VT (examine) genau prüfen; (read quickly) überfliegen; IT scannen 2 N MED Ultraschall m **scan in** VT IT einscannen

scandal N Skandal m

Scandinavia N Skandinavien nt **Scandinavian** 1 ADJ skandinavisch 2 N Skandinavier(in) m(f)

scanner N Scanner m

scapegoat N Sündenbock m

scar N Narbe f

scarce ADJ selten; (in short supply) knapp **scarcely** ADV kaum

scare 1 N (general alarm) Panik f 2 VT erschrecken; **be ~d** Angst haben (of vor + dat)

scarf N Schal m; (on head) Kopftuch nt

scarlet ADJ scharlachrot **scarlet fever** N Scharlach m

scary ADJ (film, story) gruselig

scatter VT verstreuen; *(seed, gravel)* streuen; *(disperse)* auseinandertreiben

scene N *(location)* Ort m; *(division of play)* THEAT Szene f; *(view)* Anblick m; **make a ~** eine Szene machen **scenery** N *(landscape)* Landschaft f; THEAT Kulissen pl **scenic** ADJ *(landscape)* malerisch; **~ route** landschaftlich schöne Strecke

scent N *(perfume)* Parfüm nt; *(smell)* Duft m

sceptical ADJ *(Br)* skeptisch

schedule 1 N *(plan)* Programm nt; *(of work)* Zeitplan m; *(list)* Liste f; *(US, of trains, buses, air traffic)* Fahr-, Flugplan m; **on ~** planmäßig; **be behind ~ with sth** mit etw in Verzug sein 2 VT **the meeting is ~d for next Monday** die Besprechung ist für nächsten Montag angesetzt **scheduled** ADJ *(departure, arrival)* planmäßig; **~ flight** Linienflug m

scheme 1 N *(plan)* Plan m; *(project)* Projekt nt; *(dishonest)* Intrige f 2 VI intrigieren

scholar N Gelehrte(r) mf **scholarship** N *(grant)* Stipendium nt

school N Schule f; *(university department)* Fachbereich m; *(US, university)* Universität f **school bag** N Schultasche f **schoolbook** N Schulbuch nt **schoolboy** N Schüler m **schoolgirl** N Schülerin f

school holiday N *(Br)* Schulferien pl **schoolteacher** N Lehrer(in) m(f) **school vacation** N *(US)* Schulferien pl **schoolwork** N Schularbeiten pl

sciatica N Ischias m

science N Wissenschaft f; *(natural science)* Naturwissenschaft f **science fiction** N Science-Fiction f **scientific** ADJ wissenschaftlich **scientist** N Wissenschaftler(in) m(f); *(natural sciences)* Naturwissenschaftler(in) m(f)

scissors NPL Schere f

scone N kleines süßes Hefebrötchen mit oder ohne Rosinen, das mit Butter oder Dickrahm und Marmelade gegessen wird

scoop 1 N *(exclusive story)* Exklusivbericht m; **a ~ of ice-cream** eine Kugel Eis 2 VT **~ (up)** schaufeln

scooter N *(Motor)roller m; *(toy)* Tretroller m

scope N Umfang m; *(opportunity)* Möglichkeit f

score 1 N SPORT Spielstand m; *(final result)* Spielergebnis nt; *(in quiz etc)* Punktestand m; MUS Partitur f; **keep (the) ~** mitzählen 2 VT *(goal)* schießen; *(points)* punkten 3 VI *(keep score)* mitzählen **scoreboard** N Anzeigetafel f

scorn N Verachtung f **scornful** ADJ verächtlich

Scorpio N̄ ASTR Skorpion m
scorpion N̄ Skorpion m
Scot N̄ Schotte m, Schottin f
Scotch N̄ (whisky) schottischer Whisky, Scotch m
Scotch tape N̄ (US) Tesafilm m
Scotland N̄ Schottland nt
Scotsman N̄ Schotte m
Scotswoman N̄ Schottin f
Scottish ADJ schottisch
scout N̄ (boy scout) Pfadfinder m
scrambled eggs NPL Rührei nt
scrap 1 N̄ (bit) Stückchen nt, Fetzen m; (metal) Schrott m 2 VT (car) verschrotten; (plan) verwerfen
scrape 1 N̄ (scratch) Kratzer m 2 VT (car) schrammen; (wall) streifen; **~ one's knee** sich das Knie schürfen **scrape through** VI (exam) mit knapper Not bestehen
scrap heap N̄ Schrotthaufen m **scrap metal** N̄ Schrott m **scrap paper** N̄ Schmierpapier nt
scratch 1 N̄ (mark) Kratzer m; **start from ~** von vorne anfangen 2 VT kratzen; (boss) zerkratzen; **~ one's arm** sich am Arm kratzen
scream 1 N̄ Schrei m 2 VI schreien (with vor + dat); **~ at sb** jdn anschreien
screen 1 N̄ TV, IT Bildschirm m; FILM Leinwand f 2 VT (film) zeigen; (applicants, luggage)

überprüfen **screenplay** N̄ Drehbuch nt **screensaver** N̄ IT Bildschirmschoner m
screw 1 N̄ Schraube f 2 VT vulg (have sex with) ficken; **~ sth to sth** etw an etw acc schrauben; **~ off/on** (lid) ab-/aufschrauben **screw up** VT (paper) zusammenknüllen; (make a mess of) vermasseln **screwdriver** N̄ Schraubenzieher m
scribble VT, VI kritzeln
script N̄ (of play) Text m; (of film) Drehbuch nt; (style of writing) Schrift f
scroll N̄ Drehbuch nt IT scrollen **scroll down** VI IT runterscrollen **scroll up** VI IT raufscrollen **scroll bar** N̄ IT Scrollbar f
scrub VT schrubben
scruffy ADJ vergammelt
scuba-diving N̄ Sporttauchen nt
sculptor N̄ Bildhauer(in) m(f)
sculpture N̄ ART Bildhauerei f; (statue) Skulptur f
sea N̄ Meer nt, See f **seafood** N̄ Meeresfrüchte pl **sea front** N̄ Strandpromenade f **seagull** N̄ Möwe f
seal 1 N̄ (animal) Robbe f; (stamp, impression) Siegel nt; TECH Verschluss m; (ring etc) Dichtung f 2 VT versiegeln; (envelope) zukleben
seam N̄ Naht f
search 1 N̄ Suche f (for nach); **do a ~ for** IT suchen nach; **in ~ of** auf der Suche nach 2 VI su-

chen (for nach) **3** VT durchsuchen **search engine** N IT Suchmaschine f

seashell N Muschel f **seashore** N Strand m **seasick** ADJ seekrank **seaside** N: **at the ~** am Meer **seaside resort** N Seebad nt

season N Jahreszeit f; Saison f; **high/low** ~ Hoch-/Nebensaison f **2** VT (flavour) würzen

seasoning N Gewürz nt

season ticket N RAIL Zeitkarte f; THEAT Abonnement nt; SPORT Dauerkarte f

seat 1 N (place) Platz m; (chair) Sitz m; **take a ~** setzen Sie sich; **the hall ~s 300** der Saal hat 300 Sitzplätze; **please be ~ed** bitte setzen Sie sich; **remain ~ed** sitzen bleiben **seat belt** N Sicherheitsgurt m

sea view N Seeblick m **seaweed** N Seetang m

secluded ADJ abgelegen

second **1** ADJ zweite(r, s); **the ~ of June** der zweite Juni **2** ADV (in second position) an zweiter Stelle; (secondly) zweitens; **he came ~** er ist Zweiter geworden **3** N (of time) Sekunde f; (moment) Augenblick m; ~ **(gear)** der zweite Gang; (second helping) zweite Portion; **just a ~** (einen) Augenblick! **secondary** ADJ (less important) zweitrangig; ~ **education** höhere Schulbildung f; ~ **school** weiterführende Schule **second-**

-class **1** ADJ (ticket) zweiter Klasse; ~ **stamp** Briefmarke f für nicht bevorzugt beförderte Sendungen **2** ADV (travel) zweiter Klasse **second-hand** ADJ, ADV gebraucht; (information) aus zweiter Hand **secondly** ADV zweitens **second-rate** ADJ pej zweitklassig

secret **1** N Geheimnis nt **2** ADJ geheim; (admirer) heimlich

secretary N Sekretär(in) m(f); (minister) Minister(in) m(f) **Secretary of State** N (US) Außenminister(in) m(f) **secretary's office** N Sekretariat nt

secretive ADJ geheimnistuerisch **secretly** ADV heimlich

sect N Sekte f

section N (part) Teil m; (of document) Abschnitt m; (department) Abteilung f

secure 1 ADJ (safe) sicher (from vor + dat); (firmly fixed) fest **2** VT (make firm) befestigen; (window, door) fest schließen **securely** ADV fest; (safely) sicher **security** N Sicherheit f **security camera** N Überwachungskamera f **security guard** N Wache f

sedative N Beruhigungsmittel nt

seduce VT verführen **seductive** ADJ verführerisch

see **1** VT (understand) verstehen; (check) nachsehen; (accompany) bringen; (visit) besuchen; (talk to) sprechen; ~

the doctor zum Arzt gehen; ~ **sb home** jdn nach Hause begleiten; ~ **you** tschüs!; ~ **you on Friday** bis Freitag! 2 $\overline{VI}$ sehen; *(understand)* verstehen; *(check)* nachsehen; **(you)** ~ siehst du/sehen Sie!; **we'll** ~ mal sehen **see about** $\overline{VT}$ *(attend to)* sich kümmern um **see off** $\overline{VT}$ *(say goodbye to)* verabschieden **see out** $\overline{VT}$ *(show out)* zur Tür bringen **see through** $\overline{VT}$ **see sth through** etw zu Ende bringen; ~ **sb/sth** jdn/etw durchschauen **see to** $\overline{VT}$ sich kümmern um; ~ **it that ...** sieh zu/sehen Sie zu, dass ...

seed $\overline{N}$ *(of plant)* Samen m; *(in fruit)* Kern m **seedless** $\overline{ADJ}$ kernlos **seedy** $\overline{ADJ}$ zwielichtig

seek $\overline{VT}$ suchen; *(fame)* streben nach; ~ **sb's advice** jdn um Rat fragen

seem $\overline{VI}$ scheinen; **he ~s (to be) honest** er scheint ehrlich zu sein

seen *pp* → **see**

seesaw $\overline{N}$ Wippe f

see-through $\overline{ADJ}$ durchsichtig

segment $\overline{N}$ Teil m

seize $\overline{VT}$ packen; *(confiscate)* beschlagnahmen; *(opportunity, power)* ergreifen

seldom $\overline{ADV}$ selten

select 1 $\overline{ADJ}$ *(exclusive)* exklusiv 2 $\overline{VT}$ auswählen **selection** $\overline{N}$ Auswahl f *(of an + dat)*

self $\overline{N}$ Selbst nt, Ich nt; **he's his old ~ again** er ist wieder ganz

der Alte **self-adhesive** $\overline{ADJ}$ selbstklebend **self-assured** $\overline{N}$ selbstsicher **self-catering** $\overline{ADJ}$ für Selbstversorger **self-centred** $\overline{ADJ}$ egozentrisch **self checkout** $\overline{N}$ Selbstbedienungskasse f, SB-Kasse f **self-confidence** $\overline{N}$ Selbstbewusstsein nt **self-confident** $\overline{ADJ}$ selbstbewusst **self-conscious** $\overline{ADJ}$ befangen, verklemmt **self-contained** $\overline{ADJ}$ *(flat)* separat **self-control** $\overline{N}$ Selbstbeherrschung f **self-defence** $\overline{N}$ Selbstverteidigung f **self-employed** $\overline{ADJ}$ selbstständig

selfie $\overline{N}$ Selfie nt **selfie stick** $\overline{N}$ Selfiestange f, Selfiestick m

selfish, selfishly $\overline{ADJ}$, $\overline{ADV}$ egoistisch, selbstsüchtig

self-pity $\overline{N}$ Selbstmitleid nt **self-respect** $\overline{N}$ Selbstachtung f **self-service** 1 $\overline{N}$ Selbstbedienung f 2 $\overline{ADJ}$ Selbstbedienungs-

sell 1 $\overline{VT}$ verkaufen; ~ **sb sth,** ~ **sth to sb** jdm etw verkaufen; **do you** ~ **postcards?** haben Sie Postkarten? 2 $\overline{VI}$ *(product)* sich verkaufen **sell out** $\overline{VT}$ **be sold out** ausverkauft sein **sell-by date** $\overline{N}$ Haltbarkeitsdatum nt

Sellotape $\overline{N}$ *(Br)* Tesafilm m

semi $\overline{N}$ *(Br, house)* Doppelhaushälfte f **semicircle** $\overline{N}$ Halbkreis m **semicolon** $\overline{N}$ Semikolon nt **semidetached**

(house) N̄ (Br) Doppelhaushälfte f **semifinal** N̄ Halbfinale nt

seminar N̄ Seminar nt

senate N̄ Senat m **senator** N̄ Senator(in) m(f)

send V̄T̄ schicken; **~ sb sth, ~ sth to sb** jdm etw schicken; **~ her my best wishes** grüße sie von mir **send away 1** V̄T̄ wegschicken **2** V̄Ī **~ for** anfordern **send back** V̄T̄ zurückschicken **send for** V̄T̄ (person) holen lassen; (by post) anfordern **send off** V̄T̄ (by post) abschicken

sender N̄ Absender(in) m(f)

senior 1 ADJ (older) älter; (high-ranking) höher; (pupils) älter; **he's ~** to me ist mir übergeordnet **2** N̄ **he's eight years my ~** er ist acht Jahre älter als ich **senior citizen** N̄ Senior(in) m(f)

sensation N̄ Gefühl nt; (excitement, person, thing) Sensation f **sensational** ADJ sensationell

sense 1 N̄ (faculty, meaning) Sinn m; (feeling) Gefühl m; (understanding) Verstand m; **~ of smell/taste** Geruchs-/Geschmackssinn m; **have a ~ of humour** Humor haben; **make ~** (sentence etc) einen Sinn ergeben; (be sensible) Sinn machen; **in a ~** gewissermaßen **2** V̄T̄ spüren **senseless** ADJ (stupid) sinnlos

sensible, sensibly ADJ, ADV vernünftig

sensitive ADJ empfindlich (to gegen); (easily hurt) sensibel; (subject) heikel

sent pt, pp **→ send**

sentence 1 N̄ LING Satz m; LAW Strafe f **2** V̄T̄ verurteilen (to zu)

sentiment N̄ (sentimentality) Sentimentalität f; (opinion) Ansicht f **sentimental** ADJ sentimental

separate 1 ADJ getrennt, separat; (individual) einzeln **2** V̄T̄ trennen (from von); **they are ~d (couple)** sie leben getrennt **3** V̄Ī sich trennen **separately** ADV getrennt; (singly) einzeln

September N̄ September m; **in ~** im September; **on the 2nd of ~** am 2. September; **at the beginning/in the middle/at the end of ~** Anfang/Mitte/Ende September; **last/next ~** letzten/nächsten September

septic ADJ vereitert

sequel N̄ (to film, book) Fortsetzung f (to von)

sequence N̄ (order) Reihenfolge f

Serbia N̄ Serbien nt

sergeant N̄ Polizeimeister(in) m(f); MIL Feldwebel(in) m(f)

serial 1 N̄ TV Serie f; (in newspaper etc) Fortsetzungsroman m **2** ADJ it seriell; **~ number** Seriennummer f

series NSING Reihe f; TV, RADIO Serie f

serious ADJ ernst; (injury, ill-

ness, mistake) schwer; *(discussion)* ernsthaft; **are you ~?** ist das dein Ernst? **seriously** ADV ernsthaft; *(hurt)* schwer; **~?** im Ernst?; **take sb ~** jdn ernst nehmen

sermon N REL Predigt f

servant N Diener(in) m(f)

serve 1 VT *(customer)* bedienen; *(food)* servieren; *(one's country etc)* dienen + dat; *(sentence)* verbüßen; **I'm being ~d** ich werde schon bedient; **it ~s him right** es geschieht ihm recht 2 VI dienen *(as als)*, aufschlagen 3 N, Aufschlag m

server N IT Server m

service 1 N *(in shop, hotel)* Bedienung f; *(activity, amenity)* Dienstleistung f; *(set of dishes)* Service nt; AUTO Inspektion f; TECH Wartung f; REL Gottesdienst m, Aufschlag m; **train/ bus ~** Zug-/Busverbindung f; **'~ not included'** „Bedienung nicht inbegriffen" 2 VT AUTO, TECH warten **service area** N *(on motorway)* Raststätte f *(mit Tankstelle)* **service charge** N Bedienung f **service provider** N IT Provider m **service station** N Tankstelle f

session N *(of court, assembly)* Sitzung f

set 1 VT *(place)* stellen; *(lay flat)* legen; *(arrange)* anordnen; *(table)* decken; *(trap, record)* aufstellen; *(time, price)* festsetzen;

(watch, alarm) stellen *(for auf + acc)*; **~ sb a task** jdm eine Aufgabe stellen; **~ free** freilassen; **~ a good example** ein gutes Beispiel geben; **the novel is ~ in London** der Roman spielt in London 2 VI *(sun)* untergehen; *(become hard)* fest werden; *(bone)* zusammenwachsen 3 N *(collection of things)* Satz m; *(of cutlery, furniture)* Garnitur f; *(group of people)* Kreis m; RADIO, TV Apparat m, Satz m; THEAT Bühnenbild nt; FILM (Film)kulisse f 4 ADJ *(agreed, prescribed)* festgelegt; *(ready)* bereit; **~ meal** Menü nt **set aside** VT *(money)* beiseitelegen; *(time)* einplanen **set off** 1 VI aufbrechen *(for nach)* 2 VT *(alarm)* auslösen; *(enhance)* hervorheben **set out** 1 VI aufbrechen *(for nach)* 2 VT *(chairs, chesspieces etc)* aufstellen; *(state)* darlegen; **~ to do sth** *(intend)* beabsichtigen, etw zu tun **set up** 1 VT *(firm, organization)* gründen; *(stall, tent, camera)* aufbauen; *(meeting)* vereinbaren 2 VI **~ as a doctor** sich als Arzt niederlassen

setback N Rückschlag m

settee N Sofa nt, Couch f

setting N *(of novel, film)* Schauplatz m; *(surroundings)* Umgebung f

settle 1 VT *(bill, debt)* begleichen; *(dispute)* beilegen; *(question)* klären; *(stomach)* beruhigen **2** VI ~ (**down**) (*feel at home*) sich einleben; (*calm down*) sich beruhigen **settle in** VI (*in place*) sich einleben; (*in job*) sich eingewöhnen **settlement** N (*of bill, debt*) Begleichung f; (*colony*) Siedlung f; **reach a ~** sich einigen

setup N (*organization*) Organisation f; (*situation*) Situation f

seven N NUM sieben **2** Sieben f; → **eight seventeen** **1** NUM siebzehn **2** Siebzehn f; → **eight seventeenth** ADJ siebzehnte(r, s); → **eighth seventh** **1** ADJ siebte(r, s) **2** N (*fraction*) Siebtel nt; → **eighth seventieth** ADJ siebzigste(r, s); → **eighth seventy** **1** NUM siebzig; ~**one** einundsiebzig **2** N Siebzig f; **be in one's seventies** in den Siebzigern sein; → **eight**

several ADJ, PRON mehrere

severe ADJ (*strict*) streng; (*serious*) schwer; (*pain*) stark; (*winter*) hart **severely** ADV (*harshly*) hart; (*seriously*) schwer

sew VT, VI nähen

sewage N Abwasser nt **sewer** N Abwasserkanal m

sewing N Nähen nt **sewing machine** N Nähmaschine f

sewn pp → **sew**

sex N (*gender*) Geschlecht nt; (*love*) Sex m; **have ~** Sex haben (**with** mit) **sexism** N Sexismus m **sexist** **1** ADJ sexistisch **2** N Sexist(in) m(f) **sex life** N

Sex(ual)leben nt

sexual ADJ sexuell; ~ **discrimination/harassment** sexuelle Diskriminierung/Belästigung; ~ **intercourse** Geschlechtsverkehr m **sexuality** N Sexualität f **sexually transmitted disease** N sexuell übertragbare Krankheit

sexy ADJ sexy; geil

shack N Hütte f

shade **1** N (*shadow*) Schatten m; (*for lamp*) (Lampen)schirm m; (*colour*) Sonnenbrille f **2** VT (*from sun*) abschirmen; (*in drawing*) schattieren

shadow N Schatten m

shady ADJ schattig; *fig* zwielichtig

shake **1** VT schütteln; (*shock*) erschüttern; ~ **hands with sb** jdm die Hand geben; ~ **one's head** den Kopf schütteln **2** VI (*tremble*) zittern; (*building, ground*) schwanken **shake off** VT abschütteln **shaken** pp → **shake shaky** ADJ (*trembling*) zittrig; (*table, chair, position*) wackelig

shall VAUX werden; (*in questions*) sollen; **I ~ do my best** ich werde mein Bestes tun; ~ **I come too?** soll ich mitkommen?; **where ~ we go?** wo gehen wir hin?

shallow ADJ seicht; (*person*) oberflächlich

shame N (*feeling*) Scham f;

(disgrace) Schande f; **what a ~!** wie schade!; **~ on you** schäm dich/schämen Sie sich!; **it's a ~ that ...** schade, dass ...

shampoo 1 N Shampoo nt; **have a ~** and sich die Haare waschen und legen lassen 2 VT (hair) waschen; (carpet) schamponieren

shandy N Radler m, Alsterwasser nt

shan't contr = **shall not**

shape 1 N Form f; (unidentified figure) Gestalt f; **in the ~ of** in Form + gen; **be in good ~** (healthwise) in guter Verfassung sein; **take ~** (plan, idea) Gestalt annehmen 2 VT (clay, person) formen **-shaped** SUF -förmig

share 1 N Anteil + dat (in, of an m); FIN Aktie f 2 VT, VI teilen **shareholder** N Aktionär(in) m(f)

shark N Haifisch m

sharp 1 ADJ scharf; (pin) spitz; (person) scharfsinnig; (pain) heftig; (increase, fall) abrupt; **C/F =** MUS Cis/Dis nt 2 ADV **at 2 o'clock ~** Punkt 2 Uhr **sharpen** VT (knife) schärfen; (pencil) spitzen **sharpener** N (pencil sharpener) Spitzer m

shatter 1 VT zerschmettern; fig zerstören 2 VI zerspringen **shattered** ADJ (exhausted) kaputt

shave 1 VT rasieren 2 VI sich rasieren 3 N Rasur f; **that was a close ~** fig das war

knapp **shave off** VT shave one's beard off sich den Bart abrasieren **shaven** 1 pp → shave 2 ADJ (head) kahl geschoren **shaver** N ELEC Rasierapparat m **shaving brush** N Rasierpinsel m **shaving foam** N Rasierschaum m **shaving tackle** N Rasierzeug nt

shawl N Tuch nt

she PRON sie

shed 1 N Schuppen m 2 VT (tears, blood) vergießen; (hair, leaves) verlieren

she'd contr = **she had; she would**

sheep N Schaf nt **sheepdog** N Schäferhund m **sheepskin** N Schaffell nt

sheer ADJ (madness) rein; (steep) steil; **by ~ chance** rein zufällig

sheet N (on bed) Betttuch nt; (of paper) Blatt nt; (of metal) Platte f; (of glass) Scheibe f

shelf N Bücherbord nt, Regal nt; **shelves** pl (item of furniture) Regal nt **shelf-stable milk** N (US) H-Milch f

she'll contr = **she will; she shall**

shell 1 N (of egg, nut) Schale f; (seashell) Muschel f; (peas, nuts) schälen **shellfish** N (as food) Meeresfrüchte pl

shelter 1 N (protection) Schutz m; (accommodation) Unterkunft f; (bus shelter) Wartehäuschen nt 2 VT schützen (from vor + dat) 3 VI sich unterstellen

sheltered ADJ (spot) geschützt; (life) behütet
shelve VT fig aufschieben
shelves pl → shelf
shepherd N Schäfer m **shepherd's pie** N Hackfleischauflauf mit Decke aus Kartoffelpüree
sherry N Sherry m
she's contr = she is; she has
shield 1 N Schild m; fig Schutz m 2 VT schützen (from vor + dat)
shift 1 N (change) Veränderung f; (period at work, workers) Schicht f; (on keyboard) Umschalttaste f 2 VT (furniture etc) verrücken; ~ **gear(s)** (US) AUTO schalten 3 VI (move) sich bewegen; (move up) rutschen
shift key N Umschalttaste f
shin N Schienbein n
shine 1 VI (be shiny) glänzen; (sun) scheinen 2 VT (polish) polieren 3 N Glanz m
shingles NSING MED Gürtelrose f
shiny ADJ glänzend
ship 1 N Schiff nt 2 VT (send) versenden; (by ship) verschiffen
shipment N (goods) Sendung f; (sent by ship) Ladung f **shipwreck** N Schiffbruch m **shipyard** N Werft f
shirt N Hemd nt
shit N vulg Scheiße f; ~! Scheiße! **shitty** ADJ fam beschissen
shiver VI zittern (with vor + dat)

shock 1 N (mental, emotional) Schock m; **be in ~** unter Schock stehen; **get a ~** ELEC einen Schlag bekommen 2 VT schockieren **shock absorber** N Stoßdämpfer m **shocked** ADJ schockiert (by über + acc) **shocking** ADJ schockierend
shoe N Schuh m **shoelace** N Schnürsenkel m **shoe polish** N Schuhcreme f
shone pt, pp → shine
shook pt → shake
shoot 1 VT (wound) anschießen; (kill) erschießen; FILM drehen; (heroin) drücken 2 VI (with gun, move quickly) schießen; ~ **at sb** auf jdn schießen 3 N (of plant) Trieb m **shooting** N (exchange of gunfire) Schießerei f; (killing) Erschießung f
shop 1 N Geschäft nt, Laden m 2 VI einkaufen **shop assistant** N Verkäufer(in) m(f) **shopkeeper** N Geschäftsinhaber(in) m(f) **shoplifting** N Ladendiebstahl m **shopping** N (activity) Einkaufen nt; (goods) Einkäufe pl; **do the ~** einkaufen; **go ~** einkaufen gehen **shopping bag** N Einkaufstasche f **shopping cart** N (US) Einkaufswagen m **shopping center** (US), **shopping centre** N Einkaufszentrum nt **shopping list** N Einkaufszettel m **shopping mall** N (US) Einkaufszen-

trum *nt* **shopping trolley** N̄ (*Br*) Einkaufswagen *m* **shop window** N̄ Schaufenster *nt* **shore** N̄ Ufer *nt*; **on ~** an Land **short** ADJ kurz; (*person*) klein; **be ~ of money** knapp bei Kasse sein; **be ~ of time** wenig Zeit haben; **~ of breath** kurzatmig; **cut ~** (*holiday*) abbrechen; **we are two ~** wir haben zwei zu wenig; **it's ~ for ...** das ist die Kurzform von ... **shortage** N̄ Knappheit *f* (**of** *an* + *dat*) **shortbread** N̄ Buttergebäck *nt* **short circuit** N̄ Kurzschluss *m* **shortcoming** N̄ Unzulänglichkeit *f*; (*of person*) Fehler *m* **shortcut** *f*; IT Abkürzung *f*; (*quicker route*) Abkürzung *f* **shorten** VT̄ kürzen; (*in time*) verkürzen **shortlist** to be on the **~** in der engeren Wahl sein **short-lived** ADJ kurzlebig **shortly** ADV bald **shorts** NPL Shorts *pl* **short-sighted** ADJ kurzsichtig **short-sleeved** ADJ kurzärmelig **short-stay car park** N̄ Kurzzeitparkplatz *m* **short story** N̄ Kurzgeschichte *f* **short-term** ADJ kurzfristig

shot **1** *pt, pp* → **shoot** **2** N̄ (*from gun, in soccer*) Schuss *m*; PHOT, FILM Aufnahme *f*; (*injection*) Spritze *f*; (*of alcohol*) Schuss *m*

should **1** *pt* → **shall** **2** VAUX **I ~ go now** ich sollte jetzt gehen; **you ~n't have said that**

das hättest du/hätten Sie nicht sagen sollen; **that ~ be enough** das müsste reichen **shoulder** N̄ Schulter *f* **shouldn't** *contr* = **should not** **should've** *contr* = **should have** **shout** **1** N̄ Schrei *m*; (*call*) Ruf *m* **2** VT̄ rufen; (*order*) brüllen **3** VĪ schreien; **~ at** anschreien **shove** **1** VT̄ (*person*) schubsen; (*car, table etc*) schieben **2** VĪ (*in crowd*) drängeln **shovel** **1** N̄ Schaufel *f* **2** VT̄ schaufeln **show** **1** VT̄ zeigen; **~ sb sth, ~ sth to sb** jdm etw zeigen; **~ sb in** jdn hereinführen; **~ sb out** jdn zur Tür bringen **2** N̄ FILM, THEAT Vorstellung *f*; TV Show *f*; (*exhibition*) Ausstellung *f* **show off** VĪ *pej* angeben **show round** VT̄ herumführen; **show sb round the house/the town** jdm das Haus/die Stadt zeigen **show up** VĪ (*arrive*) auftauchen **shower** **1** N̄ Dusche *f*; (*rain*) Schauer *m*; **have** (*or* **take**) **a ~** duschen **2** VĪ (*wash*) duschen **showing** N̄ FILM Vorstellung *f* **shown** *pp* → **show** **showroom** N̄ Ausstellungsraum *m* **shrank** *pt* → **shrink** **shred** **1** N̄ (*of paper, fabric*) Fetzen *m* **2** VT̄ (*in shredder*) (*im Reißwolf*) zerkleinern **shredder** N̄ (*for paper*) Reißwolf *m* **shrimp** N̄ Garnele *f*

shrink V̅I̅ schrumpfen; *(clothes)* eingehen

shrivel V̅I̅ ~ **(up)** schrumpfen; *(skin)* runzlig werden

Shrove Tuesday N̅ Fastnachtsdienstag m

shrub N̅ Busch m, Strauch m

shrug V̅T̅,V̅I̅ ~ **(one's shoulders)** die Achseln zucken

shrunk pp → shrink

shudder V̅I̅ schaudern; *(ground, building)* beben

shuffle V̅T̅,V̅I̅ mischen

shut 1 V̅T̅ zumachen, schließen; ~ **your face!** *fam* halt den Mund! **2** V̅I̅ schließen **3** A̅D̅J̅ geschlossen; **we're ~ shut down 1** V̅T̅ schließen **2** *(computer)* ausschalten **2** V̅T̅ schließen **3** *(computer)* sich ausschalten **shut in** V̅T̅ sich einschließen **shut off** V̅T̅ *(lock out)* aussperren; **shut oneself out** sich aussperren **shut up 1** V̅T̅ *(lock up)* abschließen; *(silence)* zum Schweigen bringen **2** V̅I̅ *(keep quiet)* den Mund halten; ~! halt den Mund!

shutter N̅ *(on window)* (Fenster)laden m **shutter release** N̅ Auslöser m

shuttle bus N̅ Shuttlebus m **shuttlecock** N̅ Federball m **shuttle service** N̅ Pendelverkehr m

shy A̅D̅J̅ schüchtern; *(animal)* scheu

Sicily N̅ Sizilien nt

sick A̅D̅J̅ krank; *(joke)* makaber;

be ~ *(Br, vomit)* sich übergeben; **be off** ~ wegen Krankheit fehlen; **I feel** ~ mir ist schlecht; **be** ~ **of sb/sth** jdn/etw satthaben; **it makes me** ~ *fig* es ekelt mich an **sickbag** N̅ Spucktüte f **sick leave** N̅ **be** ~ krankgeschrieben sein **sickness** N̅ Krankheit f; *(Br, nausea)* Übelkeit f

side 1 N̅ Seite f; *(of road)* Rand m; *(of mountain)* Hang m; SPORT Mannschaft f; **by my** ~ neben mir; **by** ~ **by** ~ nebeneinander **2** A̅D̅J̅ *(door, entrance)* Seiten- **sideboard** N̅ Anrichte f **sideburns** N̅P̅L̅ Koteletten pl **side dish** N̅ Beilage f **side effect** N̅ Nebenwirkung f **side order** N̅ Beilage f **side road** N̅ Nebenstraße f **side salad** N̅ Beilagensalat m **side street** N̅ Seitenstraße f **sidewalk** N̅ (US) Bürgersteig m **sideways** A̅D̅V̅ seitwärts

sieve N̅ Sieb nt

sift V̅T̅ *(flour etc)* sieben

sigh V̅I̅ seufzen

sight N̅ *(power of seeing)* Sehvermögen nt; *(view, thing seen)* Anblick m; ~**s** pl *(of city etc)* Sehenswürdigkeiten pl; **have bad** ~ schlecht sehen; **lose** ~ **of** aus den Augen verlieren; **out of** ~ außer Sicht **sightseeing** N̅ **go** ~ Sehenswürdigkeiten besichtigen; ~ **tour** Rundfahrt f

sign 1 N̅ Zeichen nt; *(notice, road sign)* Schild nt **2** V̅T̅ unter-

schreiben **3** $\overline{VI}$ unterschreiben; **~ for sth** den Empfang einer Sache *gen* bestätigen; **~ in/ out** sich ein-/austragen **sign up** $\overline{VI}$ (*for course*) sich einschreiben; MIL sich verpflichten
signal 1 $\overline{N}$ Signal *nt* **2** $\overline{VI}$ (*car driver*) blinken
signature $\overline{N}$ Unterschrift *f*
significant $\overline{ADJ}$ (*important*) bedeutend, wichtig; (*meaning sth*) bedeutsam
sign language $\overline{N}$ Zeichensprache *f* **signpost** $\overline{N}$ Wegweiser *m*
silence 1 $\overline{N}$ Stille *f*; (*of person*) Schweigen *nt*; **~!** Ruhe! **2** $\overline{VT}$ zum Schweigen bringen **silent** $\overline{ADJ}$ still; (*taciturn*) schweigsam; **she remained ~** sie schwieg
silk 1 $\overline{N}$ Seide *f* **2** $\overline{ADJ}$ Seiden-
silly $\overline{ADJ}$ dumm, albern; **don't do anything ~** mach keine Dummheiten; **the ~ season** das Sommerloch
silver 1 $\overline{N}$ Silber *nt*; (*coins*) Silbermünzen *pl* **2** $\overline{ADJ}$ Silber-, silbern **silver wedding** $\overline{N}$ silberne Hochzeit
SIM card $\overline{N}$ TEL SIM-Karte *f*
similar $\overline{ADJ}$ ähnlich (*to dat*) **similarity** $\overline{N}$ Ähnlichkeit *f* (*to* mit) **similarly** $\overline{ADV}$ (*equally*) ebenso
simple $\overline{ADJ}$ einfach; (*unsophisticated*) schlicht **simplify** $\overline{VT}$ vereinfachen **simply** $\overline{ADV}$ einfach; (*merely*) bloß; (*dress*) schlicht
simulate $\overline{VT}$ simulieren

simultaneous, simultaneously $\overline{ADJ}$, $\overline{ADV}$ gleichzeitig
sin 1 $\overline{N}$ Sünde *f* **2** $\overline{VI}$ sündigen
since 1 $\overline{ADV}$ seitdem; (*in the meantime*) inzwischen **2** $\overline{PREP}$ seit + *dat*; **ever ~ 1995** schon seit 1995 **3** $\overline{CONJ}$ (*time*) seit, seitdem; (*because*) da, weil; **ever ~ I've known her** seit ich sie kenne; **it's ages ~ I've seen him** ich habe ihn seit Langem nicht mehr gesehen
sincere $\overline{ADJ}$ aufrichtig **sincerely** $\overline{ADV}$ aufrichtig; **Yours ~** mit freundlichen Grüßen
sing $\overline{VT, VI}$ singen
Singapore $\overline{N}$ Singapur *nt*
singer $\overline{N}$ Sänger(in) *m(f)*
single 1 $\overline{ADJ}$ (*one only*) einzig; (*not double*) einfach; (*bed, room*) Einzel-; (*unmarried*) ledig; (*Br, ticket*) einfach **2** $\overline{N}$ MUS Single *f* **single out** $\overline{VT}$ (*choose*) auswählen **single-handed, single-handedly** $\overline{ADV}$ im Alleingang **single parent** $\overline{N}$ Alleinerziehende(r) *mf*
singular $\overline{N}$ Singular *m*
sinister $\overline{ADJ}$ unheimlich
sink 1 $\overline{VT}$ (*ship*) versenken **2** $\overline{VI}$ sinken **3** $\overline{N}$ Spülbecken *nt*; (*in bathroom*) Waschbecken *nt*
sip $\overline{VT}$ nippen an + *dat*
sir $\overline{N}$ yes, **~** ja(, mein Herr); **can I help you, ~?** kann ich Ihnen helfen?; **Sir James** (*title*) Sir James
sister $\overline{N}$ Schwester *f*; (*Br, nurse*)

Oberschwester f **sister-in-law** N Schwägerin f
sit 1 Vi *(be sitting)* sitzen; *(sit down)* sich setzen; *(committee, court)* tagen 2 VT *(Br, exam)* machen sit **down** Vi sich hinsetzen sit **up** Vi *(from lying position)* sich aufsetzen
site N Platz m; *(building site)* Baustelle f; *(website)* Site f
sitting N *(meeting, for portrait)* Sitzung f **sitting room** N Wohnzimmer nt
situated ADJ be ~ liegen
situation N *(circumstances)* Situation f, Lage f; *(job)* Stelle f; '~s **vacant/wanted**' *(Br)* "Stellenangebote/Stellengesuche"
six 1 NUM sechs 2 N Sechs f; → **eight** **sixpack** N *(of beer etc)* Sechserpack m **sixteen** 1 NUM sechzehn 2 N Sechzehn f; → **eight** **sixteenth** ADJ sechzehnte(r, s); → **eight** **sixth** 1 ADJ sechste(r, s); ~ **form** *(Br)* → Oberstufe f 2 N *(fraction)* Sechstel nt; → **eight** **sixtieth** ADJ sechzigste(r, s); → **eight** **sixty** 1 NUM sechzig; ~**one** einundsechzig 2 N Sechzig f; **be in one's sixties** in den Sechzigern sein; → **eight**
size N Größe f; **what ~ are you?** welche Größe hast du/haben Sie?; a ~ **too big** eine Nummer zu groß
sizzle Vi brutzeln
skate 1 N Schlittschuh m; *(roller skate)* Rollschuh m 2 Vi Schlittschuh laufen; *(roller-skate)* Rollschuh laufen **skateboard** N Skateboard nt **skating** N Eislauf m; *(roller-skate)* Rollschuhlauf m **skating rink** N Eisbahn f; *(for roller-skating)* Rollschuhbahn f
skeleton N Skelett nt
skeptical N *(US)* → sceptical
sketch 1 N Skizze f; THEAT Sketch m 2 VT skizzieren
ski 1 N Ski m 2 Vi Ski laufen **ski boot** N Skistiefel m
skid Vi AUTO schleudern
skier N Skiläufer(in) m(f) **skiing** N Skilaufen nt; **go ~** Ski laufen gehen; ~ **holiday** Skiurlaub m **skiing instructor** N Skilehrer(in) m(f)
skilful, skilfully ADJ, ADV geschickt
ski-lift N Skilift m
skill N Geschick nt; *(acquired technique)* Fertigkeit f **skilled** ADJ geschickt *(at, in in + dat)*; *(worker)* Fach-; *(work)* fachmännisch
skim VT ~ **(off)** *(fat etc)* abschöpfen; ~ **(through)** *(read)* überfliegen **skimmed milk** N Magermilch f
skin N Haut f; *(fur)* Fell nt; *(peel)* Schale f **skin care** N Hautpflege f **skinny** ADJ dünn
skip 1 Vi hüpfen; *(with rope)* seilspringen 2 VT *(miss out)* überspringen; *(meal)* ausfallen lassen; *(school, lesson)* schwän-

zen

ski pants $\overline{\text{NPL}}$ Skihose f **ski pass** $\overline{\text{N}}$ Skipass m **ski pole** $\overline{\text{N}}$ Skistock m **ski resort** $\overline{\text{N}}$ Skiort m

skirt $\overline{\text{N}}$ Rock m

ski run $\overline{\text{N}}$ (Ski)abfahrt f **ski stick** $\overline{\text{N}}$ Skistock m **ski tow** $\overline{\text{N}}$ Schlepplift m

skittle $\overline{\text{N}}$ Kegel m; **~s** (game) Kegeln nt

skive $\overline{\text{VI}}$ **~ (off)** (from school) schwänzen; (from work) blaumachen

skull $\overline{\text{N}}$ Schädel m

sky $\overline{\text{N}}$ Himmel m **skydiving** $\overline{\text{N}}$ Fallschirmspringen nt **skylight** $\overline{\text{N}}$ Dachfenster nt **Skype®** $\overline{\text{N}}$ Skype® nt; **call sb on ~®** mit jdm skypen®

skype $\overline{\text{VT, VI}}$ skypen®

skyscraper $\overline{\text{N}}$ Wolkenkratzer m

slam $\overline{\text{VT}}$ (door) zuschlagen **slam on** $\overline{\text{VT}}$ **slam the brakes on** voll auf die Bremse treten

slander $\boxed{\text{1}}$ $\overline{\text{N}}$ Verleumdung f $\boxed{\text{2}}$ $\overline{\text{VT}}$ verleumden

slang $\overline{\text{N}}$ Slang m

slap $\boxed{\text{1}}$ $\overline{\text{N}}$ Klaps m; (across face) Ohrfeige f $\boxed{\text{2}}$ $\overline{\text{VT}}$ schlagen; **~ sb's face** jdn ohrfeigen

slash $\boxed{\text{1}}$ $\overline{\text{N}}$ (punctuation mark) Schrägstrich m $\boxed{\text{2}}$ $\overline{\text{VT}}$ (face, tyre) aufschlitzen; (prices) stark herabsetzen

slate $\overline{\text{N}}$ (rock) Schiefer m; (roof slate) Schieferplatte f

slaughter $\overline{\text{VT}}$ (animals) schlach-

ten; (people) abschlachten

Slav $\boxed{\text{1}}$ $\overline{\text{ADJ}}$ slawisch $\boxed{\text{2}}$ $\overline{\text{N}}$ Slawe m, Slawin f

slave $\overline{\text{N}}$ Sklave m, Sklavin f **slave away** $\overline{\text{VI}}$ schuften **slave-driver** $\overline{\text{N}}$ fam Sklaventreiber(in) m(f) **slavery** $\overline{\text{N}}$ Sklaverei f

sleaze $\overline{\text{N}}$ (corruption) Korruption f **sleazy** $\overline{\text{ADJ}}$ (bar, district) zwielichtig

sledge $\overline{\text{N}}$ Schlitten m

sleep $\boxed{\text{1}}$ $\overline{\text{VI}}$ schlafen $\boxed{\text{2}}$ $\overline{\text{N}}$ Schlaf m; **put to ~** (animal) einschläfern **sleep in** $\overline{\text{VI}}$ (lie in) ausschlafen **sleeper** $\overline{\text{N}}$ RAIL (train) Schlafwagenzug m; (carriage) Schlafwagen m **sleeping bag** $\overline{\text{N}}$ Schlafsack m **sleeping car** $\overline{\text{N}}$ Schlafwagen m **sleeping pill** $\overline{\text{N}}$ Schlaftablette f **sleepless** $\overline{\text{ADJ}}$ schlaflos **sleepy** $\overline{\text{ADJ}}$ schläfrig; (place) verschlafen

sleet $\overline{\text{N}}$ Schneeregen m

sleeve $\overline{\text{N}}$ Ärmel m **sleeveless** $\overline{\text{ADJ}}$ ärmellos

sleigh $\overline{\text{N}}$ (Pferde)schlitten m

slender $\overline{\text{ADJ}}$ schlank; fig gering

slept pt, pp → **sleep**

slice $\boxed{\text{1}}$ $\overline{\text{N}}$ Scheibe f; (of cake, tart, pizza) Stück nt $\boxed{\text{2}}$ $\overline{\text{VT}}$ **~ (up)** in Scheiben schneiden

slid pt, pp → **slide**

slide $\boxed{\text{1}}$ $\overline{\text{VT}}$ gleiten lassen; (push) schieben $\boxed{\text{2}}$ $\overline{\text{VI}}$ gleiten; (slip) rutschen $\boxed{\text{3}}$ $\overline{\text{N}}$ PHOT Dia nt; (in playground) Rutschbahn f; (Br, for hair) Spange f

slight ADJ leicht; (*problem, difference*) klein; **not in the ~est** nicht im Geringsten **slightly** ADV etwas; (*injured*) leicht

slim 1 ADJ (*person*) schlank; (*book*) dünn; (*chance, hope*) gering 2 VI abnehmen

slime N Schleim m **slimy** ADJ schleimig

sling 1 VT werfen 2 N (*for arm*) Schlinge f

slip 1 N (*mistake*) Flüchtigkeitsfehler m; **~ of paper** Zettel m 2 VT (*put*) stecken; **~ on/off** (*garment*) an-/ausziehen; **it ~ped my mind** ich habe es vergessen 3 VI (*lose balance*) (aus)rutschen **slipper** N Hausschuh m **slippery** ADJ (*path, road*) glatt; (*soap, fish*) glitschig **slip-road** N (*Br, onto motorway*) Auffahrt f; (*off motorway*) Ausfahrt f

slit 1 VT aufschlitzen 2 N Schlitz m

slope 1 N Neigung f; (*side of hill*) Hang m 2 VI (*be sloping*) schräg sein **sloping** ADJ (*floor, roof*) schräg

sloppy ADJ (*careless*) schlampig

slot 1 N (*opening*) Schlitz m; IT Steckplatz m; **we have a ~ free at 2** (*free time*) um 2 ist noch ein Termin frei **slot machine** N Automat m; (*for gambling*) Spielautomat m

Slovak 1 ADJ slowakisch 2 N (*person*) Slowake m, Slowakin f; (*language*) Slowakisch nt **Slovakia** N Slowakei f

Slovene, Slovenian 1 ADJ slowenisch 2 N (*person*) Slowene m, Slowenin f; (*language*) Slowenisch nt **Slovenia** N Slowenien nt

slow ADJ langsam; (*business*) flau; **be ~** (*clock*) nachgehen; (*stupid*) begriffsstutzig sein **slow down** VI langsamer werden; (*when driving/walking*) langsamer gehen/fahren **slowly** ADV langsam **slow motion** N **in ~** in Zeitlupe

slug N ZOOL Nacktschnecke f

slum N Slum m

slump 1 N Rückgang m (*in an + dat*) 2 VI (*onto chair etc*) sich fallen lassen; (*prices*) stürzen

slung pt, pp → **sling**

slur N (*insult*) Verleumdung f **slurred** ADJ undeutlich

slush N (*snow*) Schneematsch m **slushy** ADJ matschig; *fig* schmalzig

slut N *pej* Schlampe f

smack 1 N Klaps m 2 VT **~ sb** jdm einen Klaps geben

small ADJ klein **small ads** NPL (*Br*) Kleinanzeigen pl **small change** N Kleingeld nt **small letters** NPL **in ~** in Kleinbuchstaben **smallpox** N Pocken pl **small print** N **the ~** das Kleingedruckte **small-scale** ADJ in kleinem Maßstab **small talk** N Konversation f, Smalltalk m

smart ADJ (*elegant*) schick; (*cle-*

ver) clever **smartarse**; **smartass** *(US)* N̄ Klugscheißer(in) *m(f)* **smart card** N̄ Chipkarte *f* **smart device** *nt* IT Mobilgerät *nt* **smartly** ADV *(dressed)* schick **smartphone** N̄ Smartphone *nt* **smart TV** N̄ Smart-TV *nt* **smart wallet** N̄ Mobile Wallet *nt*, Handy-Geldbörse *f* **smartwatch** N̄ Smartwatch *f*

smash 1 N̄ *(car crash)* Zusammenstoß *m*, Schmetterball *m* 2 VT *(break)* zerschlagen; *fig (record)* brechen, deutlich übertreffen 3 VI *(break)* zerbrechen; **~ into** *(car)* krachen gegen

smear 1 N̄ *(mark)* Fleck *m*; MED Abstrich *m*; *fig* Verleumdung *f* 2 VT *(spread)* schmieren; *(make dirty)* beschmieren; *fig* verleumden

smell 1 VT riechen 2 VI riechen *(of* nach*)*; *(unpleasantly)* stinken 3 N̄ Geruch *m*; *(unpleasant)* Gestank *m* **smelly** ADJ übel riechend **smelt** *pt, pp* → smell

smile 1 N̄ Lächeln *nt* 2 VI lächeln; **~ at sb** jdn anlächeln

smog N̄ Smog *m*

smoke 1 N̄ Rauch *m* 2 VT rauchen; *(food)* räuchern 3 VI rauchen **smoke alarm** N̄ Rauchmelder *m* **smoked** ADJ *(food)* geräuchert **smoke-free** ADJ *(zone, building)* rauchfrei **smoker** N̄ Raucher(in) *m(f)* **smoking** N̄ Rauchen *nt*; **'no**

~' „Rauchen verboten"

smooth 1 ADJ glatt; *(flight, crossing)* ruhig; *(movement)* geschmeidig; *(without problems)* reibungslos; *pej (person)* aalglatt 2 VT *(hair, dress)* glatt streichen; *(surface)* glätten **smoothly** ADV, reibungslos; **run ~** *(engine)* rund laufen

smudge VT *(writing, lipstick)* verschmieren

smug ADJ selbstgefällig

smuggle VT schmuggeln; **~ in/out** herein-/herausschmuggeln

smutty ADJ *(obscene)* schmutzig

snack N̄ Imbiss *m*; **have a ~** eine Kleinigkeit essen

snail N̄ Schnecke *f* **snail mail** N̄ *fam* Schneckenpost *f*

snake N̄ Schlange *f*

snap 1 N̄ *(photo)* Schnappschuss *m* 2 ADJ *(decision)* spontan 3 VT *(rope)* zerreißen 4 VI *(break)* brechen; *(rope)* reißen; *(bite)* schnappen *(at* nach*)* **snap fastener** N̄ *(US)* Druckknopf *m*

snapshot N̄ Schnappschuss *m*

snatch VT *(grab)* schnappen

sneak VI *(move)* schleichen

sneakers NPL *(US)* Turnschuhe *pl*

sneeze VI niesen

sniff 1 VI schniefen; *(smell)* schnüffeln *(at* an + *dat)* 2 VT schnuppern an + *dat*; *(glue)* schnüffeln

snob N Snob m **snobbish** ADJ versnobt

snog VI, VT knutschen

snooker N Snooker nt

snoop VI ~ (around) (herum)schnüffeln

snooze N, VI (have a) ~ ein Nickerchen machen

snore VI schnarchen

snorkel N Schnorchel m **snorkelling** N Schnorcheln nt

snout N Schnauze f

snow 1 N Schnee m 2 VI schneien **snowball** N Schneeball m **snowboard** N Snowboard nt **snowboarding** N Snowboarding nt **snowdrift** N Schneewehe f **snowflake** N Schneeflocke f **snowman** N Schneemann m **snowplough, snowplow** (US) N Schneepflug m **snowstorm** N Schneesturm m **snowy** ADJ (region) schneereich; (landscape) verschneit

snug ADJ (person, place) gemütlich

snuggle up VI ~ to sb sich an jdn ankuscheln

so 1 ADV so; ~ many/much so viele/viel; ~ do I ich auch; I hope ~ hoffentlich; 30 or ~ etwa 30; ~ what? na und?; and ~ on und so weiter 2 CONJ (therefore) also, deshalb

soak VT durchnässen; (leave in liquid) einweichen; I'm ~ed ich bin klatschnass **soaking**

ADJ ~ (wet) klatschnass

soap N Seife f **soap (opera)** N Seifenoper f

sob VI schluchzen

sober ADJ nüchtern **sober up** VI nüchtern werden

so-called ADJ sogenannt

soccer N Fußball m

sociable ADJ gesellig

social ADJ sozial; (sociable) gesellig **socialist** 1 ADJ sozialistisch 2 N Sozialist(in) m(f) **socialize** VI unter die Leute gehen **social media** N SING OR PL IT Social Media pl, soziale Medien pl **social networking site** N IT soziales Netzwerk **social security** N (Br) Sozialhilfe f; (US) Sozialversicherung f

society N Gesellschaft f; (club) Verein m

sock N Socke f

socket N ELEC Steckdose f

soda N (soda water) Soda f; (US, pop) Limo f

sofa N Sofa nt **sofa bed** N Schlafcouch f

soft ADJ weich; (quiet) leise; (lighting) gedämpft; (kind) gutmütig; (weak) nachgiebig; ~ drink alkoholfreies Getränk **softly** ADV sanft; (quietly) leise **software** N IT Software f

soil N Erde f; (ground) Boden m

solar ADJ Sonnen-, Solar-

solarium N Solarium nt

solar panel N Sonnenkollektor m **solar roof** N Solardach *nt*

sold pt, pp → sell

soldier N Soldat(in) m(f)

sole 1 N Sohle f; (fish) Seezunge f 2 VT besohlen 3 ADJ einzig; (owner, responsibility) alleinig **solely** ADV nur

solemn ADJ feierlich; (person) ernst

solicitor N (Br) Rechtsanwalt m, Rechtsanwältin f

solid ADJ (hard) fest; (gold, oak etc) massiv; (solidly built) solide; (meal) kräftig; **three hours ~** drei volle Stunden

solitary ADJ einsam; (single) einzeln **solitude** N Einsamkeit f

soluble ADJ löslich **solution** N Lösung f (to + gen) **solve** VT lösen

somber (US), **sombre** ADJ düster

some 1 ADJ etwas; (with plural nouns) einige; ~ **woman (or other)** irgendeine Frau; **would you like ~ more (wine)?** möchten Sie noch etwas (Wein)? 2 PRON etwas; (plural) einige; ~ **of the team** einige (aus) der Mannschaft 3 ADV ~ **50 people (or so)** etwa 50 Leute

somebody PRON jemand; ~ **(or other)** irgendjemand; ~ **else** jemand anders **someday** ADV irgendwann **somehow** ADV irgendwie **someone** PRON → somebody **someplace** ADV (US) → somewhere

something 1 PRON etwas; ~ **(or other)** irgendetwas; ~ **else** etwas anderes; ~ **nice** etwas Nettes; **would you like ~ to drink?** möchtest du/möchten Sie etwas trinken? 2 ADV ~ **like 20** ungefähr 20 **sometime** ADV irgendwann **sometimes** ADV manchmal **somewhat** ADV ein wenig **somewhere** ADV irgendwo; (to a place) irgendwohin; ~ **else** irgendwo anders; (to another place) irgendwo anders hin

son N Sohn m

song N Lied nt; Song m

son-in-law N Schwiegersohn m

soon ADV bald; (early) früh; **too ~** zu früh; **as ~ as I ...** sobald ich ...; **as ~ as possible** so bald wie möglich **sooner** ADV (time) früher; (for preference) lieber

soot N Ruß m

soothe VT beruhigen; (pain) lindern

sophisticated ADJ (person) kultiviert; (machine) hoch entwickelt; (plan) ausgeklügelt

soppy ADJ fam rührselig

soprano N Sopran m

sore 1 ADJ **be ~** wehtun; **have a ~ throat** Halsschmerzen haben 2 N wunde Stelle

sorrow N Kummer m

sorry ADJ (sight, figure) traurig; **(I'm) ~** (excusing) Entschuldigung!; **I'm ~** (regretful) es tut mir leid; **~?** wie bitte?; **I feel ~ for him** er tut mir leid

sort 1 N̄ Art f; **what ~ of film is it?** was für ein Film ist es?; **a ~ of** eine Art + gen; **all ~s of things** alles Mögliche **2** ADV **~ of** fam irgendwie **3** VT sortieren; **everything's ~ed** (dealt with) alles ist geregelt **sort out** VT (classify sort) sortieren; (problems) lösen

sought pt, pp → **seek**

soul N̄ Seele f; MUS Soul m

sound 1 ADJ (healthy) gesund; (safe) sicher; (sensible) vernünftig; (theory) stichhaltig; (thrashing) tüchtig **2** N̄ (noise) Geräusch nt; MUS Klang m; TV Ton m **3** VT **~ one's horn** hupen **4** VI (seem) klingen (like wie) **soundcard** N̄ IT Soundkarte f **soundproof** ADJ schalldicht

soup N̄ Suppe f

sour ADJ sauer; fig mürrisch

source N̄ Quelle f; fig Ursprung m

sour cream N̄ saure Sahne

south 1 N̄ Süden m; **to the ~ of** südlich von **2** ADV (go, face) nach Süden **3** ADJ Süd- **South Africa** N̄ Südafrika nt **South African 1** ADJ südafrikanisch **2** N̄ Südafrikaner(in) m(f) **South America** N̄ Südamerika nt **South American 1** ADJ südamerikanisch **2** N̄ Südamerikaner(in) m(f) **southbound** ADJ (in) Richtung Süden

southern ADJ Süd-, südlich **southwards** ADV nach Süden

souvenir N̄ Andenken nt (of an + acc)

sow 1 VT säen; (field) besäen **2** N̄ (pig) Sau f

soya bean N̄ Sojabohne f **soja milk** N̄ (Br) Sojamilch f

soybean N̄ (US) Sojabohne f **soymilk** N̄ (US) Sojamilch f **soy sauce** N̄ Sojasoße f

spa N̄ (place) Kurort m

space N̄ (room) Platz m, Raum m; (outer space) Weltraum m; (gap) Zwischenraum m; (for parking) Lücke f **space bar** N̄ Leertaste f **spacecraft** N̄ Raumschiff nt **space shuttle** N̄ Raumfähre f

spacing N̄ (in text) Zeilenabstand m; **double ~** zweizeiliger Abstand

spacious ADJ geräumig

spade N̄ Spaten m; **~s** Pik nt

spaghetti NSING Spaghetti pl

Spain N̄ Spanien nt

spam N̄ IT Spam m **spam filter** N̄ IT Spamfilter m

Spaniard N̄ Spanier(in) m(f)

Spanish 1 ADJ spanisch **2** N̄ (language) Spanisch nt

spanner N̄ (Br) Schraubenschlüssel m

spare 1 ADJ (as replacement) Ersatz-; **~ part** Ersatzteil nt; **~ room** Gästezimmer nt; **~ time** Freizeit f; **~ tyre** Ersatzreifen m **2** N̄ (spare part) Ersatzteil m **3** VT (lives, feelings) verschonen;

can you ~ (me) a moment? hättest du/hätten Sie einen Moment Zeit?

spark N̄ Funke m **sparkle** V̄I funkeln **sparkling wine** N̄ Schaumwein m, Sekt m **spark plug** N̄ Zündkerze f

sparrow N̄ Spatz m

sparse ADJ spärlich **sparsely** ADV ~ **populated** dünn besiedelt

spasm MED Krampf m

spat pt, pp → **spit**

speak 1 V̄T sprechen; **can you ~ French?** sprechen Sie Französisch?; ~ **one's mind** seine Meinung sagen 2 V̄I sprechen (to mit, zu); (make speech) reden; ~**ing** TEL am Apparat; **so to ~** sozusagen **speak up** (louder) lauter sprechen **speaker** N̄ Sprecher(in) m(f); (public speaker) Redner(in) m(f); (loudspeaker) Lautsprecher m, Box f

special 1 ADJ besondere(r, s), speziell 2 N̄ (on menu) Tagesgericht nt; TV, RADIO Sondersendung f **special delivery** N̄ Eilzustellung f **specialist** N̄ Spezialist(in) m(f); TECH Fachmann m, Fachfrau f; MED Facharzt m, Fachärztin f **speciality** N̄ Spezialität f **specialize** V̄I sich spezialisieren (in auf + acc) **specially** ADV besonders; (specifically) extra **special offer** N̄ Sonderangebot m **specialty** N̄ (US) →

speciality

species N̄SING Art f

specific ADJ spezifisch; (precise) genau **specify** V̄T genau angeben

specimen N̄ (sample) Probe f; (example) Exemplar nt

spectacle N̄ Schauspiel nt **spectacles** N̄PL Brille f

spectacular ADJ spektakulär

spectator N̄ Zuschauer(in) m(f)

sped pt, pp → **speed**

speech N̄ (address) Rede f; (faculty) Sprache f; **make a ~** eine Rede halten **speechless** ADJ sprachlos (with vor + dat)

speed 1 V̄I rasen; **exceed ~ limit** zu schnell fahren 2 N̄ Geschwindigkeit f; (of film) Lichtempfindlichkeit f **speed up** 1 V̄T beschleunigen 2 V̄I schneller werden/fahren **speedboat** N̄ Rennboot nt **speed bump** N̄ Bodenschwelle f **speed limit** N̄ Geschwindigkeitsbegrenzung f **speedometer** N̄ Tachometer m **speed trap** N̄ Radarfalle f **speedy** ADJ schnell

spell 1 V̄T buchstabieren; **how do you ~ ...?** wie schreibt man ...? 2 N̄ (period) Weile f; **a cold/hot ~** (weather) ein Kälteinbruch/eine Hitzewelle f; (enchantment) Zauber m **spellchecker** N̄ IT Rechtschreibprüfung f **spelling** N̄ Rechtschreibung f; ~ **mistake**

Schreibfehler m

spelt pt, pp → spell

spend V̱Ṯ (money) ausgeben (on für); (time) verbringen

spent pt, pp → spend

sperm Ṉ Sperma nt

sphere Ṉ (globe) Kugel f; fig Sphäre f

spice Ṉ Gewürz nt; fig Würze f ⏎ V̱Ṯ würzen **spicy** A̱ḎJ̱ würzig

spider Ṉ Spinne f

spike Ṉ (on railing etc) Spitze f; (on shoe, tyre) Spike m

spill V̱Ṯ verschütten

spin 1 V̱I̱ (turn) sich drehen; (washing) schleudern; **my head is ~ning** mir dreht sich alles 2 V̱Ṯ (turn) drehen; (spin) hochwerfen 3 Ṉ (turn) Drehung f

spinach Ṉ Spinat m

spin doctor Ṉ Spindoktor m (Verantwortlicher für die schönrednerische Öffentlichkeitsarbeit besonders von Politikern)

spin-drier Ṉ Wäscheschleuder f

spine Ṉ Rückgrat nt; (of animal, plant) Stachel m; (of book) Rücken m

spiral 1 Ṉ Spirale f 2 A̱ḎJ̱ spiralförmig **spiral staircase** Ṉ Wendeltreppe f

spire Ṉ Turmspitze f

spirit Ṉ (essence, soul) Geist m; (humour, mood) Stimmung f; (courage) Mut m; (verve) Elan m; **~s** pl (drinks) Spirituosen pl

spiritual A̱ḎJ̱ geistig; ṞE̱Ḻ geistlich

spit 1 V̱I̱ spucken 2 Ṉ (for roasting) (Brat)spieß m; (saliva) Spucke f **spit out** V̱Ṯ ausspucken

spite Ṉ Boshaftigkeit f; **in ~ of** trotz + gen **spiteful** A̱ḎJ̱ boshaft

spitting image Ṉ **he's the ~ of you** er ist dir/Ihnen wie aus dem Gesicht geschnitten

splash 1 V̱Ṯ (person, object) bespritzen 2 V̱I̱ (liquid) spritzen; (play in water) planschen

splendid A̱ḎJ̱ herrlich

splinter Ṉ Splitter m

split 1 V̱Ṯ (stone, wood) spalten; (share) teilen 2 V̱I̱ (stone, wood) sich spalten 3 Ṉ (in stone, wood) Spalt m; (in clothing) Riss m; fig Spaltung f **split up** 1 V̱I̱ (couple) sich trennen 2 V̱Ṯ (divide up) aufteilen **split ends** ṈP̱Ḻ (Haar)spliss m **splitting** A̱ḎJ̱ (headache) rasend

spoil 1 V̱Ṯ verderben; (child) verwöhnen 2 V̱I̱ (food) verderben

spoilt pt, pp → spoil

spoke 1 pt → speak 2 Ṉ Speiche f

spoken pp → speak

spokesperson Ṉ Sprecher(in) m(f)

sponge Ṉ (for washing) Schwamm m **sponge cake** Ṉ Biskuitkuchen m

sponsor 1 Ṉ (of event, programme) Sponsor(in) m(f) 2 V̱Ṯ unterstützen; (event, programme) sponsern

spontaneous, **spontaneously** ADJ, ADV spontan

spool N Spule f

spoon N Löffel m

sport N Sport m **sports car** N Sportwagen m **sports centre** N Sportzentrum nt **sportsman** N Sportler m **sportswear** N Sportkleidung f **sportswoman** N Sportlerin f **sport-utility vehicle** N Sport-Utility-Fahrzeug nt, geländegängige Limousine **sporty** ADJ sportlich

spot **1** N (dot) Punkt m; (of paint, blood etc) Fleck m; (place) Stelle f; (pimple) Pickel m; **on the ~** vor Ort; (at once) auf der Stelle **2** VT (notice) entdecken; (difference) erkennen **spotless** ADJ (clean) blitzsauber **spotlight** N (lamp) Scheinwerfer m **spotty** ADJ (pimply) pickelig

spouse N Gatte m, Gattin f

spout N Schnabel m

sprain VT **one's ankle** sich den Knöchel verstauchen

sprang pt → spring

spray **1** N (liquid in can) Spray nt m in a can); (spray (can)) Spraydose f **2** VT (plant, insects) besprühen; (car) spritzen

spread **1** VT (open out) ausbreiten; (news, disease) verbreiten; (butter, jam) streichen **2** VI (news, disease, fire) sich verbrei-

ten **3** N (of disease, religion etc) Verbreitung f; (for bread) Aufstrich m **spreadsheet** N IT Tabellenkalkulation f

spring **1** VI (leap) springen **2** N (season) Frühling m; (coil) Feder f; (water) Quelle f **springboard** N Sprungbrett nt **spring onion** N (Brit) Frühlingszwiebel f **spring roll** N (Brit) Frühlingsrolle f

sprinkle VT streuen; (liquid) beträufeln; **~ sth with sth** etw mit etw bestreuen/beträufeln **sprinkler** N (for lawn) Rasensprenger m; (for fire) Sprinkler m

sprint VI rennen; SPORT sprinten

sprout **1** N (of plant) Trieb m; (from seed) Keim m; **(Brussels) ~s** pl Rosenkohl m **2** VI sprießen

sprung pp → spring

spun pt, pp → spin

spy **1** N Spion(in) m(f) **2** VI spionieren; **~ on sb** jdm nachspionieren

squad N SPORT Kader m

square **1** N (shape) Quadrat nt; (open space) Platz m; (on chessboard) Feld nt **2** ADJ (in shape) quadratisch; **2 ~ metres** 2 Quadratmeter; **2 metres ~** 2 Meter im Quadrat **3** VT **3 ~d 3** hoch 2

squash **1** N (drink) Fruchtsaftgetränk nt; SPORT Squash nt; (US, vegetable) Kürbis m **2** VT zerquetschen

squeak V̄ī (door, shoes etc) quietschen; (animal) quieken

squeal V̄ī (person) kreischen (with vor + dat)

squeeze 1 V̄T drücken; (orange) auspressen **2** V̄ī ~ **into the car** sich in den Wagen hineinzwängen

squid N̄ Tintenfisch m

squirrel N̄ Eichhörnchen nt

St 1 abbr → **saint** St. **2** abbr → **street** Str.

stab V̄T (to death) erstechen; (person) nachstellen + dat

stabbing ADJ (pain) stechend

stabilize 1 V̄T stabilisieren **2** V̄ī sich stabilisieren

stable 1 N̄ Stall m **2** ADJ stabil

stack 1 N̄ (pile) Stapel m **2** V̄T ~ **(up)** (auf)stapeln

stadium N̄ Stadion nt

staff N̄ (personnel) Personal nt, Lehrkräfte pl

stag N̄ Hirsch m

stage 1 N̄ THEAT Bühne f; (of project, life etc) Stadium nt; (of journey) Etappe f; **at this ~** zu diesem Zeitpunkt **2** V̄T THEAT aufführen, inszenieren; (demonstration) veranstalten

stagger 1 V̄ī wanken **2** V̄T (amaze) verblüffen **staggering** ADJ (amazing) unglaublich; (amount, price) schwindelerregend

stagnate V̄ī stagnieren

stag night N̄ (Br) Junggesellenabschied m

stain N̄ Fleck m **stained--glass window** N̄ Buntglasfenster nt **stainless steel** N̄ rostfreier Stahl **stain remover** N̄ Fleck(en)entferner m

stair N̄ (Treppen)stufe f; **~s** pl Treppe f **staircase** N̄ Treppe f

stake N̄ (post) Pfahl m; (in betting) Einsatz m; **be at ~** auf dem Spiel stehen

stale ADJ (bread) alt; (beer) schal

stalk 1 N̄ Stiel m **2** V̄T (wild animal) sich anpirschen an + acc; (person) nachstellen + dat

stall 1 N̄ (in market) (Verkaufs)stand m; (in stable) Box f; **~s** pl THEAT Parkett nt **2** V̄T (engine) abwürgen **3** V̄ī (driver) den Motor abwürgen; (car) stehen bleiben

stamina N̄ Durchhaltevermögen nt

stammer V̄ī, V̄T stottern

stamp 1 N̄ (postage stamp) Briefmarke f; (for document) Stempel m **2** V̄T (passport etc) stempeln; (mail) frankieren

stand 1 V̄ī stehen; (as candidate) kandidieren **2** V̄T (place) stellen; (endure) aushalten; **I can't ~ her** ich kann sie nicht ausstehen **3** N̄ (stall) Stand m; (seats in stadium) Ständer m; (for coats, bicycles) Ständer m; (for small objects) Gestell nt **stand around** V̄ī herumstehen **stand by 1** V̄ī (be ready) sich bereithalten; (be inactive) danebenstehen 4 VT (person) halten zu; (decision, promise) stehen zu **stand for** VT (represent) stehen für; (tolerate) hinnehmen **stand in** VT einspringen für **stand out** VI (be noticeable) auffallen **stand up** 1 VI (get up) aufstehen 2 VT (girlfriend, boyfriend) versetzen **stand up for** VT sich einsetzen für

standard 1 N (norm) Norm f; **~ of living** Lebensstandard m 2 ADJ Standard-

standardize VT vereinheitlichen

stand-by 1 N (thing in reserve) Reserve f; **on ~** in Bereitschaft 2 ADJ (flight, ticket) Standby- **standing order** N (at bank) Dauerauftrag m **standpoint** N Standpunkt m **standstill** N Stillstand m; **come to a ~** stehen bleiben; fig zum Erliegen kommen

stank pt → **stink**

staple 1 N (for paper) Heftklammer f 2 VT heften (to an + acc) **stapler** N Hefter m

star 1 N Stern m; (person) Star m 2 VT **the film ~s Hugh Grant** der Film zeigt Hugh Grant in der Hauptrolle 3 VI die Hauptrolle spielen

starch N Stärke f

stare VI starren; **~ at** anstarren

starfish N Seestern m

star sign N Sternzeichen nt

start 1 N (beginning) Anfang m, Beginn m; SPORT Start m; (lead) Vorsprung m; **from the ~** von Anfang an 2 VT anfangen; (car, engine) starten; (business, family) gründen; **~ to do sth, ~ doing sth** anfangen, etw zu tun 3 VI (begin) anfangen; (car) anspringen; (on journey) aufbrechen; SPORT starten; (jump) zusammenfahren; **~ing from Monday** ab Montag **start off** VI (discussion, process etc) anfangen, beginnen 2 VI (begin) anfangen, beginnen; (on journey) aufbrechen **start up** 1 VI (in business) anfangen 2 VT (car, engine) starten; (business) gründen **starter** N (Br, first course) Vorspeise f; AUTO Anlasser m **starting point** N Ausgangspunkt m

startle VT erschrecken **startling** ADJ überraschend

starve VI hungern; (to death) verhungern; **I'm starving** ich habe einen Riesenhunger

state 1 N (condition) Zustand m; POL Staat m; **the (United) States** die (Vereinigten) Staaten 2 ADJ Staats-; (control, education) staatlich 3 VT erklären; (facts, name etc) angeben **stated** ADJ (fixed) festgesetzt **statement** N (official declaration) Erklärung f; (to police) Aussage f; (from bank) Kontoauszug m **state-of-the-art** ADJ hochmodern, auf dem neuesten Stand der Technik

static ADJ (unchanging) konstant

station ❶ N (for trains, buses) Bahnhof m; (underground station) Station f; (police station, fire station) Wache f; TV, RADIO Sender m ❷ VT MIL stationieren

stationer's N ~ **(shop)** Schreibwarengeschäft nt **stationery** N Schreibwaren pl

station wagon N (US) Kombiwagen m

statistics NSING (science) Statistik f; (figures) Statistiken pl

statue N Statue f

status N Status m; (prestige) Ansehen nt

stay ❶ N Aufenthalt m ❷ VI bleiben; (with friends, in hotel) wohnen (with bei); ~ **the night** übernachten **stay away** VI wegbleiben; ~ **from sb** sich von jdm fernhalten **stay behind** VI zurückbleiben; (at work) länger bleiben **stay in** VI (at home) zu Hause bleiben **stay out** VI (not come home) wegbleiben **stay up** VI (at night) aufbleiben

steady ❶ ADJ (speed) gleichmäßig; (progress, increase) stetig; (job, income, girlfriend) fest; (worker) zuverlässig; (hand) ruhig; **they've been going ~ for two years** sie sind seit zwei Jahren fest zusammen ❷ VT (nerves) beruhigen

steak N Steak nt; (of fish) Filet nt

steal VT stehlen

steam ❶ N Dampf m ❷ VT GASTR dämpfen **steam up** VI (window) beschlagen **steamer** N GASTR Dampfkochtopf m; (ship) Dampfer m

steel N Stahl m ❷ ADJ Stahl-

steep ADJ steil

steeple N Kirchturm m

steer VT, VI steuern; (car, bike etc) lenken **steering** N AUTO Lenkung f **steering wheel** N Steuer nt, Lenkrad nt

stem N (of plant, glass) Stiel m

step ❶ N Schritt m; (stair) Stufe f; (measure) Schritt m; **by ~** Schritt für Schritt ❷ VI treten; ~ **this way, please** hier entlang, bitte **step down** VI (resign) zurücktreten

stepbrother N Stiefbruder m **stepchild** N Stiefkind nt **stepdaughter** N Stieftochter f **stepfather** N Stiefvater m **stepmother** N Stiefmutter f **stepsister** N Stiefschwester f **stepson** N Stiefsohn m

stereo N ~ **(system)** Stereoanlage f

sterile ADJ steril **sterilize** VT sterilisieren

sterling N FIN das Pfund Sterling

stew N Eintopf m

steward N (on plane, ship) Steward m **stewardess** N Stewardess f

stick ❶ VT (with glue etc) kleben; (pin etc) stecken; fam (put) tun

2 V̅I̅ (get jammed) klemmen; (hold fast) haften **3** N̅ Stock m; (hockey stick) Schläger m; (of chalk) Stück nt; (of celery, rhubarb) Stange f **stick out 1** V̅T̅ **stick one's tongue out (at sb)** (jdm) die Zunge herausstrecken **2** V̅I̅ (protrude) vorstehen; (ears) abstehen; (be noticeable) auffallen **stick to** V̅T̅ (rules, plan etc) sich halten an + acc **sticker** N̅ Aufkleber m **sticky** A̅D̅J̅ klebrig; (weather) schwül; ~ **label** Aufkleber m; ~ **tape** Klebeband nt

stiff A̅D̅J̅ steif

stifle V̅T̅ (yawn etc, opposition) unterdrücken **stifling** A̅D̅J̅ drückend

still 1 A̅D̅J̅ still; (drink) ohne Kohlensäure **2** A̅D̅V̅ (yet, even now) (immer) noch; (all the same) immerhin; (sit, stand) still; **he ~ doesn't believe me** er glaubt mir immer noch nicht; **keep ~** halt still!; **bigger/better** ~ noch größer/besser

stimulate V̅T̅ anregen, stimulieren **stimulating** A̅D̅J̅ anregend

sting 1 V̅T̅ (wound with sting) stechen **2** V̅I̅ (eyes, ointment etc) brennen **3** N̅ (insect wound) Stich m

stingy A̅D̅J̅ fam geizig

stink 1 V̅I̅ stinken (of nach) **2** N̅ Gestank m

stir V̅T̅ (mix) (um)rühren **stir up**

V̅T̅ (mob) aufhetzen; (memories) wachrufen; ~ **trouble** Unruhe stiften **stir-fry** V̅T̅ (unter Rühren) kurz anbraten

stitch 1 N̅ (in sewing) Stich m; (in knitting) Masche f; **have a** ~ (pain) Seitenstechen haben; **he had to have** ~**es** er musste genäht werden; **she had her** ~**es out** ihr wurden die Fäden gezogen; **be in** ~**es** fam sich kaputtlachen **2** V̅T̅ nähen **stitch up** V̅T̅ (hole, wound) nähen

stock 1 N̅ (supply) Vorrat m (of an + dat); (of shop) Bestand m; (for soup etc) Brühe f; ~**s and shares** pl Aktien und Wertpapiere pl; **be in/out of** ~ vorrätig/nicht vorrätig sein; **take** ~ Inventur machen; fig Bilanz ziehen **2** V̅T̅ (keep in shop) führen **stock up** V̅I̅ sich eindecken (on, with mit)

stockbroker N̅ Börsenmakler(in) m(f)

stock cube N̅ Brühwurfel m

stock exchange N̅ Börse f

stocking N̅ Strumpf m

stock market N̅ Börse f

stole pt → **steal stolen** pp → steal

stomach 1 N̅ Magen m; (belly) Bauch m; **on an empty** ~ auf leeren Magen **stomach-ache** N̅ Magenschmerzen pl **stomach upset** N̅ Magenverstimmung f

stone 1 N̅ Stein m; (seed) Kern m, Stein m; (weight) britische

Gewichtseinheit (6,35 kg) **2**
ADJ Stein-, aus Stein

stony ADJ *(ground)* steinig

stood *pt, pp* → **stand**

stool N Hocker *m*

stop **1** N Halt *m; (for bus, tram, train)* Haltestelle *f;* **come to a ~** anhalten **2** VT *(vehicle, passer- -by)* aufhalten; *(put an end to)* ein Ende machen + dat; *(cease)* aufhören mit; *(prevent from happening)* verhindern; *(bleed- ing)* stillen; *(engine, machine)* abstellen; *(payments)* einstel- len; *(cheque)* sperren; **~ doing sth** aufhören, etw zu tun; **~ sb (from) doing sth** jdn daran hindern, etw zu tun; **~ it!** hör/hören Sie auf (damit)! **3** VI *(vehicle)* anhalten; *(during journey)* Halt machen; *(pedes- trian, clock, heart)* stehen blei- ben; *(rain, noise)* aufhören; *(stay)* bleiben **stop by** VI vor- beischauen **stop over** VI Halt machen; *(overnight)* übernach- ten **stopgap** N Provisorium *nt;* Zwischenlösung *f* **stopo- ver** N *(on journey)* Zwischen- station *f* **stopper** N Stöpsel *m* **stop sign** N Stoppschild *nt* **stopwatch** N Stoppuhr *f*

storage N Lagerung *f* **store** **1** N *(supply)* Vorrat *m (of an + dat); (place for storage)* Lager *nt; (large shop)* Kaufhaus *nt; (US, shop)* Geschäft *nt* **2** VT lagern; IT speichern **storeroom** N La- gerraum *m*

storey N *(Br)* Stock *m,* Stock- werk *nt*

storm **1** N Sturm *m; (thunder- storm)* Gewitter *nt* **2** VT, VI *(with movement)* stürmen **stormy** ADJ stürmisch

story N Geschichte *f; (plot)* Handlung *f; (US, of building)* Stock *m,* Stockwerk *nt*

stout ADJ *(fat)* korpulent

stove N Herd *m; (for heating)* Ofen *m*

stow VT verstauen **stowaway** N blinder Passagier

straight **1** ADJ *(not curved)* ge- rade; *(hair)* glatt; *(honest)* ehr- lich *(with zu); fam (heterosexual)* hetero **2** ADV *(directly)* direkt; *(immediately)* sofort; *(drink)* pur; *(think)* klar; **~ ahead** gera- deaus; **go ~ on** geradeaus wei- tergehen/weiterfahren

straightaway ADV sofort **straightforward** ADJ ein- fach; *(person)* aufrichtig, un- kompliziert

strain **1** N Belastung *f* **2** VT *(eyes)* überanstrengen; *(rope, re- lationship)* belasten; *(vegetables)* abgießen; **~ a muscle** sich ei- nen Muskel zerren **strained** ADJ *(relations)* gespannt; **~ muscle** Muskelzerrung *f* **strainer** N Sieb *nt*

strand **1** N *(of wool)* Faden *m; (of hair)* Strähne *f* **2** VT **be (left) ~ed** *(person)* festsitzen

strange ADJ seltsam; *(unfami- liar)* fremd **strangely** ADV seltsam; ~ **enough** seltsamerweise **stranger** N Fremde(r) mf

strangle VT (kill) erdrosseln

strap 1 N Riemen m; (on dress etc) Träger m; (on watch) Band nt 2 VT (fasten) festschnallen (to an + dat) **strapless** ADJ trägerlos

strategy N Strategie f

straw N Stroh nt; (drinking straw) Strohhalm m

strawberry N Erdbeere f

stray 1 N streunendes Tier 2 ADJ (cat, dog) streunend 3 VI streunen

streak N (of colour, dirt) Streifen m; (in hair) Strähne f; (in character) Zug m

stream 1 N (flow of liquid) Strom m; (brook) Bach m 2 VI strömen 3 VT (data) streamen **streaming device** N IT, TV Streaminggerät nt **streaming stick** N IT, TV Streaming-Stick m

street N Straße f **streetcar** N (US) Straßenbahn f **street index** N Straßenverzeichnis nt **street lamp, street light** N Straßenlaterne f **street map** N Stadtplan m

strength N Kraft f, Stärke f **strengthen** VT verstärken; fig stärken

strenuous ADJ anstrengend

stress 1 N Stress m; (on word) Betonung f 2 VT betonen; (put under stress) stressen **stressed** ADJ ~ (out) gestresst

stretch 1 N (of land) Stück nt; (of road) Strecke f 2 VT (material, shoes) dehnen; (rope, canvas) spannen; (person in job etc) fordern; ~ **one's legs** (walk) sich die Beine vertreten m 3 VI (person) sich strecken; (area) sich erstrecken (to bis zu) **stretch out** 1 VT ausstrecken 2 VI (reach) sich strecken; (lie down) sich ausstrecken **stretcher** N Tragbahre f

strict, strictly ADJ, ADV (severe (-ly)) streng; (exact(ly)) genau; **strictly speaking** genauer gesagt

strike 1 VT (match) anzünden; (hit) schlagen; (find) finden; **it struck me as strange** es kam mir seltsam vor 2 VI (stop work) streiken; (attack) zuschlagen; (clock) schlagen 3 N (by workers) Streik m; **be on** ~ streiken **strike up** VT (conversation) anfangen; (friendship) schließen **striking** ADJ auffallend

string N (for tying) Schnur f; MUS Saite f; **the** ~**s** pl (section of orchestra) die Streicher pl

strip 1 N Streifen m; (Br, of soccer player) Trikot nt 2 VI (undress) sich ausziehen, strippen **stripe** N Streifen m **striped** ADJ gestreift

stripper N Stripper(in) m(f); (paint stripper) Farbentferner m

stroke 1 N MED, SPORT etc Schlag m; (of pen, brush) Strich m 2 VT streicheln

stroll 1 N̄ Spaziergang m 2 V̄I spazieren **stroller** N̄ (US, for baby) Buggy m

strong ADJ stark; (healthy) robust; (wall, table) stabil; (shoes) fest; (influence, chance) groß **strongly** ADV stark; (believe) fest; (constructed) stabil

struck pt, pp → strike

structural, structurally ADJ strukturell **structure** N̄ Struktur f; (building, bridge) Konstruktion f, Bau m

struggle 1 pt, pp → strike 2 V̄I (fight) kämpfen (for um); (do sth with difficulty) sich abmühen; **~ to do sth** sich abmühen, etw zu tun

stub 1 N̄ (of cigarette) Kippe f; (of ticket, cheque) Abschnitt m

stubble N̄ Stoppelbart m; (field) Stoppeln pl

stubborn ADJ (person) stur

stuck 1 pt, pp → stick 2 ADJ **be ~** (jammed) klemmen; (at a loss) nicht mehr weiterwissen; **get ~** (car in snow etc) stecken bleiben

stud (earring) N̄ Ohrstecker m

student N̄ Student(in) m(f), Schüler(in) m(f)

studio N̄ Studio nt

study 1 N̄ (investigation) Untersuchung f; (room) Arbeitszimmer nt 2 V̄T, V̄I studieren

stuff 1 N̄ Zeug nt, Sachen pl 2 V̄T (push) stopfen; GASTR füllen; **~ oneself** fam sich vollstopfen

stuffing N̄ GASTR Füllung f

stuffy ADJ (room) stickig; (person) spießig

stumble V̄I stolpern; (when speaking) stocken

stun V̄T (shock) fassungslos machen; **I was ~ned** ich war fassungslos (or völlig überrascht)

stung pt, pp → sting

stunk pp → stink

stunning ADJ (marvellous) fantastisch; (beautiful) atemberaubend; (very surprising, shocking) überwältigend; unfassbar

stupid ADJ dumm **stupidity** N̄ Dummheit f

sturdy ADJ robust; (building, car) stabil

stutter V̄I, V̄T stottern

stye N̄ MED Gerstenkorn nt

style 1 N̄ Stil m 2 V̄T (hair) stylen **styling mousse** N̄ Schaumfestiger m **stylish** ADJ elegant, schick

subconscious 1 ADJ unterbewusst 2 N̄ **the ~** das Unterbewusstsein

subject 1 N̄ (topic) Thema nt; (in school) Fach nt; (citizen) Staatsangehörige(r) mf; (of kingdom) Untertan(in) m(f); LING Subjekt nt; **change the ~** das Thema wechseln 2 ADJ **be ~ to** (dependent on) abhängen von; (under control of) unterworfen sein + dat

subjective ADJ subjektiv

sublet irr V̄T untervermieten (to an + acc)

submarine N̄ U-Boot nt

submerge 1 VT *(put in water)*
eintauchen 2 VI tauchen
submit 1 VT *(application, claim)*
einreichen 2 VI *(surrender)* sich
ergeben
subordinate 1 ADJ untergeordnet *(to + dat)* 2 N Untege-
bene(r) mf
subscribe VI ~ **to** *(magazine
etc)* abonnieren **subscription**
N *(to magazine etc)* Abonnement nt; *(to club etc)* (Mit-
glieds)beitrag m
subsequent ADJ nach(folgend)
subsequently ADV später,
anschließend
subside VI *(floods)* zurückgehen; *(storm)* sich legen; *(building)* sich senken
substance N Substanz f
substantial ADJ beträchtlich;
(improvement) wesentlich;
(meal) reichhaltig
substitute 1 N Ersatz m;
SPORT Ersatzspieler(in) m(f) 2
VT ~ **A for B** B durch A ersetzen
subtitle N Untertitel m
subtle ADJ *(difference, taste)*
fein; *(plan)* raffiniert
subtract VT abziehen *(from
von)*
suburb N Vorort m **suburban**
ADJ vorstädtisch, Vorstadt-
subway N *(Br)* Unterführung f;
(US) RAIL U-Bahn f
succeed 1 VI erfolgreich sein;
he ~ed (in doing it) es gelang
ihm(, es zu tun) 2 VI nachfol-
gen + dat **succeeding** ADJ

nachfolgend **success** N Erfolg
m **successful, successfully**
ADJ, ADV erfolgreich
successive ADJ aufeinanderfolgend **successor** N Nach-
folger(in) m(f)
such 1 ADJ solche(r, s); ~ **a
book** so ein Buch, ein solches
Buch; **it was ~ a success that**
... es war solch ein Erfolg, dass
...; ~ **as wie** 2 ADV so; ~ **a hot
day** so ein heißer Tag 3 PRON
as ~ als solche(-s)
suck VT *(toffee etc)* lutschen; *(liquid)* saugen; **it ~s** fam das ist
beschissen
Sudan N **(the)** ~ der Sudan
sudden ADJ plötzlich; **all of a ~**
ganz plötzlich **suddenly** ADV
plötzlich
sue VT verklagen
suede N Wildleder nt
suffer 1 VT erleiden 2 VI leiden; ~ **from** MED leiden an
+ dat
sufficient, sufficiently ADJ,
ADV ausreichend
suffocate VT, VI ersticken
sugar 1 N Zucker m 2 VT zu-
ckern **sugary** ADJ *(sweet)* süß
suggest VT vorschlagen; *(imply)*
andeuten; **I ~ saying nothing**
ich schlage vor, nichts zu sagen **suggestion** N *(proposal)*
Vorschlag m **suggestive** ADJ
vielsagend; *(sexually)* anzüglich
suicide N *(act)* Selbstmord m
suicide bomber N Selbst-
mordattentäter(in) m(f) **sui-**

cide bombing N̄ Selbstmordattentat nt

suit 1 N̄ (man's clothes) Anzug m; (lady's clothes) Kostüm nt; (cards) Farbe f 2 V̄T̄ (be convenient for) passen + dat; (clothes, colour) stehen + dat; (climate, food) bekommen + dat **suitable** ADJ geeignet nt

suit bag N̄ Kleidersack m **suitcase** N̄ Koffer m

suite N̄ (of rooms) Suite f; (sofa and chairs) Sitzgarnitur f

sulk V̄Ī schmollen **sulky** ADJ eingeschnappt

sultana N̄ (raisin) Sultanine f

sum N̄ Summe f; (money a.) Betrag m; (calculation) Rechenaufgabe f

summarize V̄T̄, V̄Ī zusammenfassen **summary** N̄ Zusammenfassung f

summer N̄ Sommer m **summer camp** N̄ (US) Ferienlager nt **summertime** N̄ in (the) ~ im Sommer

summit N̄ a. POL Gipfel m

summon V̄T̄ (doctor, fire brigade etc) rufen; (to one's office) zitieren **summon up** V̄T̄ (courage, strength) zusammennehmen

summons N̄SĪN̄Ḡ LAW Vorladung f

sumptuous ADJ luxuriös; (meal) üppig

sun 1 N̄ Sonne f 2 V̄T̄ ~ **oneself** sich sonnen

Sun abbr → Sunday So.

sunbathe V̄Ī sich sonnen

sunbed N̄ Sonnenbank f **sunblock** N̄ Sunblocker m **sunburn** N̄ Sonnenbrand m **sunburnt** ADJ **be/get** ~ einen Sonnenbrand haben/bekommen

sundae N̄ Eisbecher m

Sunday N̄ Sonntag m; → Tuesday

sung pp → sing

sunglasses NPL Sonnenbrille f

sunhat N̄ Sonnenhut m

sunk pp → sink

sunlamp N̄ Höhensonne f **sunlight** N̄ Sonnenlicht nt **sunny** ADJ sonnig **sun protection factor** N̄ Lichtschutzfaktor m **sunrise** N̄ Sonnenaufgang m **sunroof** N̄ AUTO Schiebedach nt **sunscreen** N̄ Sonnenschutzmittel nt **sunset** N̄ Sonnenuntergang m **sunshade** N̄ Sonnenschirm m **sunshine** N̄ Sonnenschein m **sun spray** N̄ Sonnenspray m or nt **sunstroke** N̄ Sonnenstich m **suntan** N̄ (Sonnen)bräune f; ~ **lotion** (or **oil**) Sonnenöl nt

super ADJ fam toll

superb, superbly ADJ, ADV ausgezeichnet

superficial, superficially ADJ, ADV oberflächlich

superfluous ADJ überflüssig

superior 1 ADJ (better) besser (to als); (higher in rank) höhergestellt (to als), höher 2 N̄ (in rank) Vorgesetzte(r) mf

supermarket N̄ Supermarkt

m

supersonic ADJ Überschall-
superstition N Aberglaube *m*
superstitious ADJ abergläubisch
supervise VT beaufsichtigen
supervisor N Aufsicht *f*; (at university) Doktorvater *m*
supper N Abendessen nt; (late-night snack) Imbiss *m*
supplement 1 N (extra payment) Zuschlag *m*; (of newspaper) Beilage *f* 2 VT ergänzen
supplementary ADJ zusätzlich
supplier N Lieferant(in) *m(f)*
supply 1 VT (deliver) liefern; (drinks, music etc) sorgen für; ~ **sb with sth** (provide) jdn mit etw versorgen 2 N (stock) Vorrat *m* (of an + dat)
support 1 N Unterstützung *f*; TECH Stütze *f* 2 VT (hold up) tragen, stützen; (financially) ernähren, unterhalten; (speak in favour of) unterstützen; **he ~s Manchester United** er ist Manchester-United-Fan **supporter** N Anhänger(in) *m(f)*; SPORT Fan *m*
suppose VT (assume) annehmen; **I ~ so** ich denke schon; **I ~ not** wahrscheinlich nicht; **you're not ~d to smoke here** du darfst/Sie dürfen hier nicht rauchen **supposedly** ADV angeblich
suppress VT unterdrücken
surcharge N Zuschlag *m*

sure 1 ADJ sicher; **I'm (not)** ~ ich bin mir (nicht) sicher; **make ~ you lock up** vergiss/vergessen Sie nicht abzuschließen 2 ADV ~! klar! **surely** ADV 2 **you don't mean it?** das ist nicht dein/Ihr Ernst, oder?
surf 1 N Brandung *f* 2 VI SPORT surfen 3 VT ~ **the Net** im Internet surfen
surface 1 N Oberfläche *f* 2 VI auftauchen
surfboard N Surfbrett nt **surfer** N Surfer(in) *m(f)* **surfing** N Surfen nt
surgeon N Chirurg(in) *m(f)*
surgery N (operation) Operation *f*; (room) Praxis *f*, Sprechzimmer nt; (consulting time) Sprechstunde *f*; **have** ~ operiert werden
surname N Nachname *m*
surpass VT übertreffen
surprise 1 N Überraschung *f* 2 VT überraschen **surprising** ADJ überraschend **surprisingly** ADV überraschenderweise, erstaunlicherweise
surrender 1 VI sich ergeben (to + dat) 2 VT (weapon, passport) abgeben
surround VT umgeben; (stand all round) umringen **surrounding** 1 ADJ (countryside) umliegend 2 N ~s pl Umgebung *f*
survey 1 N (opinion poll) Umfrage *f*; (of literature etc) Überblick *m* (of über + acc); (of land)

Vermessung f 🔢 V͟T (look out over) überblicken; (land) vermessen

survive V͟T, V͟I überleben

sushi N͟ Sushi nt

suspect 🔢 N͟ Verdächtige(r) mf 🔢 A͟D͟J verdächtig 🔢 V͟T verdächtigen (of + gen); (think likely) vermuten

suspend V͟T (from work) suspendieren; (payment) vorübergehend einstellen; (player) sperren; (hang up) aufhängen **suspender** f (Br) Strumpfhalter m; ~s pl (US, for trousers) Hosenträger pl

suspense N͟ Spannung f

suspicious A͟D͟J misstrauisch (of sb/sth jdm/etw gegenüber); (causing suspicion) verdächtig

sustainable A͟D͟J nachhaltig

SUV abbr → sport-utility vehicle Sport-Utility-Fahrzeug nt, geländegängige Limousine

swallow 🔢 N͟ (bird) Schwalbe f 🔢 V͟T, V͟I schlucken

swam pt → swim

swamp N͟ Sumpf m

swan N͟ Schwan m

swap V͟T, V͟I tauschen; ~ sth for sth etw gegen etw eintauschen

sway V͟I schwanken

swear V͟I (promise) schwören; (curse) fluchen; ~ at sb jdn beschimpfen **swear by** V͟T (have faith in) schwören auf + acc

sweat 🔢 N͟ Schweiß m 🔢 V͟I schwitzen **sweater** N͟ Pullover m **sweaty** A͟D͟J verschwitzt

swede N͟ Steckrübe f

Swede N͟ Schwede m, Schwedin f **Sweden** N͟ Schweden nt **Swedish** 🔢 A͟D͟J schwedisch 🔢 N͟ (language) Schwedisch nt

sweep V͟T, V͟I (with brush) kehren, fegen

sweet 🔢 N͟ (Br, candy) Bonbon nt; (dessert) Nachtisch m 🔢 A͟D͟J süß; (kind) lieb **sweet-and-sour** A͟D͟J süßsauer **sweetcorn** N͟ Mais m **sweeten** V͟T (tea etc) süßen **sweetener** N͟ (substance) Süßstoff m **sweet potato** N͟ Süßkartoffel f

swell 🔢 V͟I ~ (up) (an)schwellen 🔢 A͟D͟J (US) fam toll **swelling** 🔢 N͟ MED Schwellung f

sweltering A͟D͟J (heat) drückend

swept pt, pp → sweep

swift, swiftly A͟D͟J, A͟D͟V schnell

swim 🔢 V͟I schwimmen 🔢 N͟ go for a ~ schwimmen gehen **swimmer** N͟ Schwimmer(in) m(f) **swimming** N͟ Schwimmen nt; go ~ schwimmen gehen **swimming cap** N͟ (Br) Badekappe f **swimming costume** N͟ (Br) Badeanzug m **swimming pool** N͟ Schwimmbad nt; (private, in hotel) Swimmingpool m **swimming trunks** N͟P͟L (Br) Badehose f **swimsuit** N͟ Badeanzug m

swindle V͟T betrügen (out of um)

swine N͟ Schwein nt

swing **1** VT, VI *(object)* schwingen **2** N *(for child)* Schaukel f

swipe VT *(credit card etc)* durchziehen; *fam (steal)* klauen **swipe card** N Magnetkarte f

Swiss **1** ADJ schweizerisch **2** N Schweizer(in) m(f)

switch **1** N ELEC Schalter m **2** VI *(change)* wechseln *(to* zu) **switch off** VT abschalten, ausschalten **switch on** VT anschalten, einschalten **switchboard** N TEL Vermittlung f

Switzerland N die Schweiz

swivel **1** VI sich drehen **2** VT drehen

swollen **1** pp → swell **2** ADJ MED geschwollen; *(stomach)* aufgebläht

swop → swap

sword N Schwert nt

swore pt → swear

sworn pp → swear

swum pp → swim

swung pt, pp → swing

syllable N Silbe f

symbol N Symbol nt **symbolic** ADJ symbolisch **symbolize** VT symbolisieren

symmetrical ADJ symmetrisch

sympathetic ADJ mitfühlend; *(understanding)* verständnisvoll **sympathize** VI mitfühlen *(with sb* mit jdm) **sympathy** N Mitleid nt; *(after death)* Beileid nt; *(understanding)* Verständnis nt

symphony N Sinfonie f

symptom N Symptom nt

synagogue N Synagoge f

synthetic ADJ *(material)* synthetisch

Syria N Syrien nt

syringe N Spritze f

system N System nt **systematic** ADJ systematisch

T

tab N *(for hanging up coat etc)* Aufhänger m; IT Tabulator m; **pick up the ~** *fam* die Rechnung übernehmen

table N Tisch m; *(list)* Tabelle f; **~ of contents** Inhaltsverzeichnis nt **tablecloth** N Tischdecke f **tablespoon** N Servierlöffel m; *(in recipes)* Esslöffel m

tablet N Tablette f; IT Tablet nt **tablet computer** N Tablet-Computer m

table tennis N Tischtennis nt **tablet stand** IT Tabletständer m

table wine N Tafelwein m

tabloid N Boulevardzeitung f

taboo **1** N Tabu nt **2** ADJ tabu

tack **1** N *(small nail)* Stift m; *(US, thumbtack)* Reißzwecke f

tackle **1** N SPORT Angriff m; *(equipment)* Ausrüstung f **2** VT *(deal with)* in Angriff nehmen; SPORT angreifen; *(verbally)* zur Rede stellen *(about* wegen)

tacky ADJ trashig, heruntergekommen

tact N Takt m **tactful, tactfully** ADJ, ADV taktvoll **tactic(s)** NPL Taktik f **tactless, tactlessly** ADJ, ADV taktlos

tag N (label) Schild nt; (with maker's name) Etikett nt

tail N Schwanz m; **heads or ~s?** Kopf oder Zahl? **tailback** N (Brit) Rückstau m **taillight** N AUTO Rücklicht nt

tailor N Schneider(in) m(f)

tailpipe N (US) AUTO Auspuffrohr nt

Taiwan N Taiwan nt

take VT nehmen; (take along with one) mitnehmen; (take to a place) bringen; (subtract) abziehen (from von); (capture: person) fassen; (gain, obtain) bekommen; FIN, COMM einnehmen; (train, taxi) nehmen, fahren mit; (trip, walk, holiday, exam, course, photo) machen; (bath) nehmen; (phone call) entgegennehmen; (decision, precautions) treffen; (risk) eingehen; (advice, job) annehmen; (tablets) nehmen; (heat, pain) ertragen; (react to) aufnehmen; (have room for) Platz haben für; **I'll ~ it** (item in shop) ich nehme es; **how long does it ~?** wie lange dauert es? **it ~s 4 hours** man braucht 4 Stunden; **I ~ it that ...** ich nehme an, dass ...; **~ place** stattfinden; **~ part in** teilnehmen an **take after** VT nachschlagen + dat **take along** VT mitnehmen **take apart** VT auseinandernehmen **take away** VT (remove) wegnehmen (from sb jdm); (subtract) abziehen (from von) **take back** VT (return) zurückbringen; (retract) zurücknehmen **take down** VT (picture, curtains) abnehmen; (write down) aufschreiben **take in** VT (understand) begreifen; (give accommodation to) aufnehmen; (deceive) hereinlegen; (include) einschließen; (show, film etc) mitnehmen **take off** VT **1** VI (plane) starten **2** VT (clothing) ausziehen; (hat, lid) abnehmen; (deduct) abziehen; **take a day off** sich einen Tag freinehmen **take on** VT (undertake) übernehmen; (employ) einstellen; SPORT antreten gegen **take out** VT (wallet etc) herausnehmen; (person, dog) ausführen; (insurance) abschließen; (money from bank) abheben; (book from library) ausleihen **take over 1** VT übernehmen **2** VI **he took over (from me)** er hat mich abgelöst **take to** VT **I've taken to her/it** ich mag sie/es; **~ doing sth** (begin) anfangen, etw zu tun **take up** VT (carpet) hochnehmen; (space) einnehmen; (time) in Anspruch nehmen; (hobby) anfangen mit; (new job) antreten; (offer) annehmen

taken 1 pp → **take 2** ADJ (seat)

besetzt; **be ~ with** angetan sein von

takeoff N̲ AVIAT Start *m* **takeout** (*US*) → takeaway **takeover** N̲ COMM Übernahme *f*

tale N̲ Geschichte *f*

talent N̲ Talent *nt* **talented** ADJ begabt

talk 1 N̲ (*conversation*) Gespräch *nt*; (*rumour*) Gerede *nt*; (*to audience*) Vortrag *m* **2** V̲I̲ sprechen, reden; (*have conversation*) sich unterhalten; **~ to** (*or* **with**) **sb** (*about sth*) mit jdm (über etw *acc*) sprechen **3** V̲T̲ (*language*) sprechen; (*nonsense*) reden; (*politics, business*) reden über + *acc*; **~ sb into doing/out of doing sth** jdn überreden/jdm ausreden, etw zu tun **talk over** V̲T̲ besprechen

talkative ADJ gesprächig

tall ADJ groß; (*building, tree*) hoch

tame 1 ADJ zahm **2** V̲T̲ (*animal*) zähmen

tampon N̲ Tampon *m*

tan 1 N̲ (*on skin*) (Sonnen)bräune *f*; **get/have a ~** braun werden/sein **2** V̲I̲ braun werden

tangerine N̲ Mandarine *f*

tango N̲ Tango *m*

tank N̲ Tank *m*; (*for fish*) Aquarium *nt*; MIL Panzer *m*

tanker N̲ (*ship*) Tanker *m*; (*vehicle*) Tankwagen *m*

tankini N̲ (*swimwear*) Tankini *m*

tanned ADJ (*by sun*) braun

Tanzania N̲ Tansania *nt*

tap 1 N̲ (*for water*) Hahn *m* **2** V̲T̲, V̲I̲ (*strike*) klopfen; **~ sb on the shoulder** jdm auf die Schulter klopfen **tap-dance** V̲I̲ steppen

tape 1 N̲ (*adhesive tape*) Klebeband *nt*; (*for tape recorder*) Tonband *nt*; (*cassette*) Kassette *f*; (*video*) Video *m* **2** V̲T̲ (*record*) aufnehmen **tape up** V̲T̲ (*parcel*) zukleben **tape measure** N̲ Maßband *nt* **tape recorder** N̲ Tonbandgerät *nt*

tapestry N̲ Wandteppich *m*

tap water N̲ Leitungswasser *nt*

target N̲ Ziel *nt*; (*board*) Zielscheibe *f* **target group** N̲ Zielgruppe *f*

tariff N̲ (*price list*) Preisliste *f*; (*tax*) Zoll *m*

tart N̲ (*fruit tart*) (Obst)kuchen *m*; (*small*) (Obst)törtchen *nt*; *fam, pej* (*prostitute*) Nutte *f*, Schlampe *f*

tartan N̲ Schottenkaro *nt*

tartar(e) sauce N̲ Remouladensoße *f*

task N̲ Aufgabe *f*; (*duty*) Pflicht *f*

Tasmania N̲ Tasmanien *nt*

taste 1 N̲ Geschmack *m*; (*sense of taste*) Geschmackssinn *m*; (*small quantity*) Kostprobe *f*; **it has a strange ~** es schmeckt komisch **2** V̲T̲ schmecken; (*try*) probieren **3** V̲I̲ (*food*) schmecken (*of* nach) **tasteful.**

tastefully ADJ, ADV geschmackvoll **tasteless**, **tastelessly** ADJ, ADV geschmacklos **tasty** ADJ lecker

tattoo N Tattoo m or nt

taught pt, pp → **teach**

Taurus N ASTR Stier m

tax 1 N Steuer f (on auf + acc) 2 VT besteuern **taxation** N Besteuerung f **tax bracket** N Steuerklasse f **tax-free** ADJ steuerfrei

taxi N 1 nt 2 VI (plane) rollen **taxi rank** (Brit), **taxi stand** N Taxistand m

tax return N Steuererklärung f

tea N Tee m; (afternoon tea) Kaffee und Kuchen; (meal) frühes Abendessen **teabag** N Teebeutel m **tea break** N (Tee)pause f

teach 1 VT (person, subject) unterrichten; **~ sb (how) to dance** jdm das Tanzen beibringen 2 VI unterrichten **teacher** N Lehrer(in) m(f)

team N SPORT Mannschaft f, Team nt **teamwork** N Teamarbeit f

teapot N Teekanne f

tear N (in eye) Träne f

tear 1 VT zerreißen; **~ a muscle** sich einen Muskel zerren 2 N (in material etc) Riss m **tear down** VT (building) abreißen **tear up** VT (paper) zerreißen

tearoom N Café, in dem in erster Linie Tee serviert wird

tease VT (person) necken (about wegen)

teaspoon N Teelöffel m **tea towel** N Geschirrtuch nt

technical ADJ technisch; (knowledge, term, dictionary) Fach- **technically** ADV technisch **technique** N Technik f

techno N Techno m

technology N Technologie f; Technik f

tedious ADJ langweilig

teen(age) ADJ (fashions etc) Teenager- **teenager** N Teenager m **teens** NPL **in one's ~** im Teenageralter

teeth pl → **tooth**

teetotal ADJ abstinent

telecommute VI Telearbeit machen

telephone 1 N Telefon nt 2 VI telefonieren 3 VT anrufen **telephone book** N Telefonbuch nt **telephone booth**, **telephone box** (Brit) N Telefonzelle f **telephone call** N Telefonanruf m **telephone directory** N Telefonbuch nt **telephone number** N Telefonnummer f

telephoto lens N Teleobjektiv nt

telescope N Teleskop nt

television N Fernsehen nt **television (set)** N Fernseher m

tell 1 VT (say, inform) sagen (sb sth jdm etw); (story) erzählen; (truth) sagen; (difference) erkennen; (reveal secret) verraten; **~**

sb about sth jdm von etw erzählen; ~ sth from sth etw von etw unterscheiden 2 VI (be sure) wissen **tell apart** VT unterscheiden **tell off** VT schimpfen

telling ADJ aufschlussreich

telly N (Br) fam Glotze f; **on (the) ~** in der Glotze

temp 1 N Aushilfskraft f 2 VI als Aushilfskraft arbeiten

temper N (anger) Wut f; (mood) Laune f; **lose one's ~** die Beherrschung verlieren

temperamental ADJ (moody) launisch

temperature N Temperatur f; MED (high temperature) Fieber nt; **have a ~** Fieber haben

temple N (in head) Tempel m; ANAT Schläfe f

temporarily ADV vorübergehend **temporary** ADJ vorübergehend; (road, building) provisorisch

tempt VT in Versuchung führen **temptation** N Versuchung f **tempting** ADJ verlockend

ten 1 NUM zehn 2 N Zehn f; → **eight**

tenant N Mieter(in) m(f); (of land) Pächter(in) m(f)

tend VI **~ to do sth** (person) dazu neigen, etw zu tun; **~ towards** neigen zu **tendency** N Tendenz f

tender ADJ (loving) zärtlich; (sore) empfindlich; (meat) zart **tendon** N Sehne f

Tenerife N Teneriffa nt

tenner N (Br) fam (note) Zehnpfundschein m

tennis N Tennis nt **tennis court** N Tennisplatz m **tennis racket** N Tennisschläger m

tenor N Tenor m

tense ADJ angespannt; (stretched tight) gespannt **tension** N Spannung f; (strain) Anspannung f

tent N Zelt nt

tenth 1 ADJ zehnte(r, s) 2 N (fraction) Zehntel nt; → **eighth**

tent peg N Hering m **tent pole** N Zeltstange f

terabyte N IT Terabyte nt

term N (in school, at university) Trimester nt; (expression) Ausdruck m; **~s** pl (conditions) Bedingungen pl; **be on good ~s with sb** mit jdm gut auskommen; **come to ~s with sth** sich mit etw abfinden; **in the long/short ~** langfristig/kurzfristig; **in ~s of ...** was ... betrifft

terminal 1 N (bus terminal etc) Endstation f; AVIAT Terminal m; IT Terminal nt; ELEC Pol m 2 ADJ MED angespannt **terminally** ADV (ill) unheilbar

terminate 1 VT (contract) lösen; (pregnancy) abbrechen 2 VI (train, bus) enden

terrace N (of houses) Häuserreihe f; (in garden etc) Terrasse f **terraced** ADJ (garden) terrassenförmig angelegt **terraced house** N (Br) Reihenhaus nt

terrible ADJ schrecklich

terrific ADJ (very good) fantastisch

terrify VT erschrecken; **be terrified** schreckliche Angst haben (of vor + dat)

territory N Gebiet nt

terror N Schrecken m; POL Terror m **terrorism** N Terrorismus m **terrorist** N Terrorist(in) m(f)

test 1 N Test m, Klassenarbeit f; (driving test) Prüfung f; **put to the ~** auf die Probe stellen 2 VT testen, prüfen

Testament N the Old/New ~ das Alte/Neue Testament

test-drive VT Probe fahren

testicle N Hoden m

testify VI LAW aussagen **testimony** N LAW Aussage f

test tube N Reagenzglas nt

tetanus N Tetanus m

text 1 N Text m; (of document) Wortlaut m; (sent by mobile phone) SMS f; **send sb a ~** jdm eine SMS schicken 2 VT (message) simsen, SMSen; **~ sb** jdm simsen, jdm eine SMS schicken; **I'll ~ it to you** ich schicke es dir per SMS

textbook N Lehrbuch nt

texting N SMS-Messaging nt

text message N SMS f

texture N Beschaffenheit f

Thailand N Thailand nt

Thames N Themse f

than PREP, CONJ als; **bigger/faster ~ me** größer/schneller als ich

thank VT danken + dat; **~ you** danke; **~ you very much** vielen Dank **thankful** ADJ dankbar **thankfully** ADV (luckily) zum Glück **thankless** ADJ undankbar **thanks** NPL Dank m; **~ danke!; ~ to** danke + gen

that 1 ADJ der/die/das; (opposed to this) jene(r, s); **who's ~ woman?** wer ist die Frau?; **I like ~ one** ich mag das da 2 PRON das; (in relative clauses) der/die/das, die pl; **~ is very good** das ist sehr gut; **the wine ~ I drank** der Wein, den ich getrunken habe; **~ is (to say)** das heißt 3 CONJ dass; **I think ~ ...** ich denke, dass ... 4 ADV so; **~ good** so gut

that's contr = that is; that has

thaw 1 VI tauen; (frozen food) auftauen 2 VT auftauen lassen

the ART der/die/das, die pl; **by ~ hour** pro Stunde; **~ ... ~ better** je ..., desto besser

theater (US), theatre N Theater nt; (for lectures etc) Saal m

theft N Diebstahl m

their ADJ ihr; **they cleaned ~ teeth** sie putzten sich die Zähne; **someone has left ~ umbrella here** jemand hat seinen Schirm hier vergessen **theirs** PRON ihre(r, s); **it's ~** es gehört ihnen; **a friend of ~** ein Freund von ihnen; **someone has left ~ here** jemand hat seins hier liegen lassen

them PRON (*direct object*) sie; (*indirect object*) ihnen; **do you know ~?** kennst du/kennen Sie sie?; **can you help ~?** kannst du/können Sie ihnen helfen?; **it's ~** sie sind's; **if anyone has a problem you should help ~** wenn jemand ein Problem hat, solltest du/sollten Sie ihm helfen

theme N̄ Thema *nt*; MUS Motiv *nt*; **~ song** Titelmusik *f*

themselves PRON sich; **they hurt ~** sie haben sich verletzt; **they ~ were not there** sie selbst waren nicht da; **they did it ~** sie haben es selbst gemacht; **(all) by ~** allein

then 1 ADV (*at that time*) damals; (*next*) dann; (*therefore*) also; (*furthermore*) ferner; **from ~ on** von da an; **by ~** bis dahin 2 ADJ damalig

theoretical, theoretically ADJ, ADV theoretisch

theory N̄ Theorie *f*; **in ~** theoretisch

therapy N̄ Therapie *f*

there ADV dort; (*to a place*) dorthin; **~ is/are** (*exists/exist*) es gibt; **it's over ~** es ist da drüben; **~ you are** (*when giving*) bitte schön

thereabouts ADV (*approximately*) so ungefähr

therefore ADV daher, deshalb

thermometer N̄ Thermometer *nt*

Thermos N̄ **~ (flask)** Thermos-

flasche *f*

these PRON, ADJ diese; **~ are not my books** das sind nicht meine Bücher

thesis N̄ (*for PhD*) Doktorarbeit *f*

they PRON *pl* sie; (*people in general*) man; (*unidentified person*) er/sie; **~ are rich** sie sind reich; **~ say that ...** man sagt, dass ...; **if anyone looks at this, ~ will see that ...** wenn sich jemand dies ansieht, wird er/sie erkennen, dass ...

they'd *contr* = **they had; they would**

they'll *contr* = **they will; they shall**

they've *contr* = **they have**

thick ADJ dick; (*fog*) dicht; (*liquid*) dickflüssig; *fam* (*stupid*) dumm **thicken** V̄I (*fog*) dichter werden; (*sauce*) dick werden

thief N̄ Dieb(in) *m(f)*

thigh N̄ Oberschenkel *m*

thimble N̄ Fingerhut *m*

thin ADJ dünn

thing N̄ Ding *nt*; (*affair*) Sache *f*; **how are ~s?** wie geht's?; **I can't see a ~** ich kann nichts sehen

think V̄T, V̄I denken; (*believe*) meinen; **I ~ so** ich denke schon; **I don't ~ so** ich glaube nicht **think about** V̄T denken an + *acc*; (*reflect on*) nachdenken über + *acc*; (*have opinion of*) halten von **think of** V̄T denken an + *acc*; (*devise*) sich ausdenken; (*have opinion of*) halten von; (*remember*) sich erinnern an + acc **think over** V̄T̄ überdenken **think up** V̄T̄ sich ausdenken

third ▮ ADJ dritte(r, s) ▮ N̄ (*fraction*) Drittel nt; **in ~** (*gear*) im dritten Gang; → **eighth**

thirdly ADV drittens **third-party insurance** N̄ Haftpflichtversicherung f

thirst N̄ Durst m (**for** nach)

thirsty ADJ **be ~** Durst haben

thirteen ▮ NUM dreizehn ▮ N̄ Dreizehn f; → **eight thirteenth** ADJ dreizehnte(r, s); → **eighth thirtieth** ADJ dreißigste(r, s); → **eighth thirty** ▮ NUM dreißig; **~-one** einunddreißig ▮ N̄ Dreißig f; **be in one's thirties** in den Dreißigern sein; → **eight**

this ▮ ADJ diese(r, s); **~ morning** heute Morgen ▮ PRON das, dies; **~ is Mark** (*on the phone*) hier spricht Mark

thistle N̄ Distel f

thong N̄ String m

thorn N̄ Dorn m, Stachel m

thorough ADJ gründlich **thoroughly** ADV gründlich; (*agree etc*) völlig

those ▮ PRON die da, jene; **~ who** diejenigen, die ▮ ADJ die, jene

though ▮ CONJ obwohl; **as ~** als ob ▮ ADV aber

thought ▮ pt, pp → **think** ▮ N̄ Gedanke m; (*thinking*) Überle-

gung f **thoughtful** ADJ (*kind*) rücksichtsvoll; (*attentive*) aufmerksam; (*in Gedanken versunken*) nachdenklich **thoughtless** ADJ (*unkind*) rücksichtslos, gedankenlos

thousand NUM (**one**) **~, a ~** tausend; **five ~** fünftausend; **~s of** Tausende von

thrash V̄T̄ (*hit*) verprügeln; (*defeat*) vernichtend schlagen

thread ▮ N̄ Faden m ▮ V̄T̄ (*needle*) einfädeln; (*beads*) auffädeln

threat N̄ Drohung f; (*danger*) Bedrohung f (**to** für) **threaten** V̄T̄ bedrohen **threatening** ADJ bedrohlich

three ▮ NUM drei ▮ N̄ Drei f; → **eight three-dimensional** ADJ dreidimensional **three-D printer** ADJ 3-D-Drucker m **three-quarters** NPL drei Viertel pl

threshold N̄ Schwelle f

threw pt → **throw**

thrifty ADJ sparsam

thrilled ADJ **be ~ (with sth)** sich (über etw acc) riesig freuen **thrilling** ADJ aufregend

thrive V̄Ī gedeihen (**on** bei); (*business*) fig florieren

throat N̄ Hals m, Kehle f

throbbing ADJ (*pain, headache*) pochend

thrombosis N̄ Thrombose f

throne N̄ Thron m

through ▮ PREP durch; (*time*) während + gen; (*because of*) aus, durch; *(US, up to and including)* bis **2** ADV durch; **put sb ~** bei jdm verbinden *(on phone)* **3** ADJ *(ticket, train)* durchgehend; **~ flight** Direktflug *m*; **be ~ with sb/sth** mit jdm/etw fertig sein **throughout 1** PREP *(place)* überall in + *dat; (time)* während + *gen;* **~ the night** die ganze Nacht hindurch **2** ADV überall; *(time)* die ganze Zeit

throw 1 VT werfen; *(rider)* abwerfen; *(party)* geben **2** N Wurf *m* **throw away** VT wegwerfen **throw in** VT *(include)* dazugeben **throw out** VT *(unwanted object)* wegwerfen; *(person)* hinauswerfen *(of* aus*)* **throw up** VT, VI *fam (vomit)* sich übergeben

thrown pp → throw

thru *(US)* → through

thrush N Drossel *f*

thrust VT, VI *(push)* stoßen

thruway N *(US)* Schnellstraße *f*

thumb 1 N Daumen *m* **2** VT **~ a lift** per Anhalter fahren **thumbtack** N *(US)* Reißzwecke *f*

thunder 1 N Donner *m* **2** VI donnern **thunderstorm** N Gewitter *nt*

Thur(s) *abbr* → Thursday Do.

Thursday N Donnerstag *m*; → Tuesday

thus ADV *(in this way)* so; *(therefore)* somit, also

thyme N Thymian *m*

Tibet N Tibet *nt*

tick 1 N *(Br, mark)* Häkchen *nt* **2** VT *(name)* abhaken; *(box, answer)* ankreuzen **3** VI *(clock)* ticken

ticket N *(for train, bus)* (Fahr)karte *f; (plane ticket)* Flugschein *m*, Ticket *nt; (for theatre, match, museum etc)* (Eintritts)karte *f; (price ticket)* (Preis)schild *nt; (raffle ticket)* Los *nt; (for car park)* Parkschein *m; (for traffic offence)* Strafzettel *m* **ticket collector, ticket inspector** *(Br)* N Fahrkartenkontrolleur(in) *m(f)* **ticket machine** N *(for public transport)* Fahrscheinautomat *m; (in car park)* Parkscheinautomat *m* **ticket office** N RAIL Fahrkartenschalter *m;* THEAT Kasse *f*

tickle VT kitzeln **ticklish** ADJ kitzlig

tide N Gezeiten *pl;* **the ~ is in/out** es ist Flut/Ebbe

tidy 1 ADJ ordentlich **2** VT aufräumen **tidy up** VT, VI aufräumen

tie 1 N *(necktie)* Krawatte *f;* SPORT Unentschieden *nt; (bond)* Bindung *f* **2** VT *(attach, do up)* binden *(to* an + acc*); (tie together)* zusammenbinden; *(knot)* machen **tie down** VT festbinden *(to* an + dat*); (fig)* binden **tie up** VT *(dog)* anbinden; *(parcel)* verschnüren; *(shoelace)* binden; *(boat)* festmachen

tiger N Tiger *m*

tight 1 ADJ *(clothes)* eng; *(knot)* fest; *(screw, lid)* fest sitzend; *(control, security measures)* streng; *(timewise)* knapp; *(schedule)* eng **2** ADV *(shut)* fest; *(pull)* stramm; **hold ~** festhalten! **tighten** VT *(knot, rope, screw)* anziehen; *(belt)* enger machen; *(restrictions, control)* verschärfen **tights** NPL *(Br)* Strumpfhose f

tile N *(on roof)* Dachziegel m; *(on wall, floor)* Fliese f

till 1 N Kasse f **2** PREP, CONJ → until

tilt 1 VT kippen; *(head)* neigen **2** VI sich neigen

time 1 N Zeit f; *(occasion)* Mal nt; MUS Takt m; **local ~** Ortszeit; **what ~ is it?, what's the ~?** wie spät ist es?, wie viel Uhr ist es?; **take one's ~ (over sth)** sich (bei etw) Zeit lassen; **have a good ~** Spaß haben; **in two weeks' ~** in zwei Wochen; **at ~s** manchmal; **at the same ~** gleichzeitig; **all the ~** die ganze Zeit; **by the ~ he ... ~** bis er ...; *(in past)* als er ...; **for the ~ being** vorläufig; **in ~** rechtzeitig; *(not late)* rechtzeitig; **on ~** pünktlich; **the first ~** das erste Mal; **this ~** diesmal; **five ~s** fünfmal; **five ~s six** fünf mal sechs; **four ~s a year** viermal im Jahr; **three at a ~** drei auf einmal **2** VT *(with stopwatch)* stoppen; **you ~d that well** das hast du/haben Sie gut ge-

timt **time difference** N Zeitunterschied m **timer** N Timer m; *(switch)* Schaltuhr f **time-saving** ADJ zeitsparend **time switch** N Schaltuhr f **timetable** N *(for public transport)* Fahrplan m; *(school)* Stundenplan m **time zone** N Zeitzone f

timid ADJ ängstlich

timing N *(coordination)* Timing nt

tin N *(metal)* Blech nt; *(Br, can)* Dose f **tinfoil** N Alufolie f **tinned** ADJ *(Br)* aus der Dose **tin opener** N *(Br)* Dosenöffner m

tinsel ≈ Lametta nt

tint N *(Farb)*ton m; *(in hair)* Tönung f **tinted** ADJ getönt

tiny ADJ winzig

tip 1 N *(money)* Trinkgeld nt; *(hint)* Tipp m; *(end)* Spitze f; *(of cigarette)* Filter m; *(Br, rubbish tip)* Müllkippe f **2** VT *(waiter)* Trinkgeld geben + *dat* **tip over** VT, VI *(overturn)* umkippen

tipsy ADJ beschwipst

tiptoe N **on ~** auf Zehenspitzen

tire 1 N *(US)* →tyre **2** VT müde machen **3** VI müde werden **tired** ADJ müde; **be ~ of doing sth** es satthaben, etw zu tun **tireless, tirelessly** ADV unermüdlich **tiresome** ADJ lästig **tiring** ADJ ermüdend

tissue N ANAT Gewebe nt; *(pa-*

per handkerchief Papier(taschen)tuch nt **tissue paper** N̄ Seidenpapier nt

tit N̄ (*bird*) Meise f; *fam* (*breast*) Titte f

title N̄ Titel m

titter V̄ı kichern

to PREP (*towards*) zu; (*with countries, towns*) nach; (*as far as*) bis; (*with infinitive of verb*) zu; ~ **Rome/Switzerland** nach Rom/ in die Schweiz; **I've been ~ London** ich war schon mal in London; **go ~ town/~ the theatre** in die Stadt/ins Theater gehen; **from Monday ~ Thursday** von Montag bis Donnerstag; **he came ~ say sorry** er kam, um sich zu entschuldigen; **20 minutes ~ 4** 20 Minuten vor 4; **they won by 4 goals ~ 3** sie haben mit 4 zu 3 Toren gewonnen

toad N̄ Kröte f **toadstool** N̄ Giftpilz m

toast 1 N̄ (*bread, drink*) Toast m; **a piece** (*or* **slice**) **of ~** eine Scheibe Toast; **propose a ~ to sb** einen Toast auf jdn ausbringen 2 V̄ɪ (*bread*) toasten; (*person*) trinken auf + *acc* **toaster** N̄ Toaster m

tobacco N̄ Tabak m **tobacconist's** N̄ **~ (shop)** Tabakladen m

toboggan N̄ Schlitten m

today ADV heute; **a week ~** heute in einer Woche; **~'s newspaper** die Zeitung von

heute

toddler N̄ Kleinkind nt

toe N̄ Zehe f, Zeh m **toenail** N̄ Zehennagel m

toffee N̄ (*sweet*) Karamellbonbon nt **toffee-nosed** ADJ hochnäsig

tofu N̄ Tofu m

together ADV zusammen; **I tied them ~** ich habe sie zusammengebunden

toilet N̄ Toilette f; **go to the ~** auf die Toilette gehen **toilet bag** N̄ Kulturbeutel m **toilet paper** N̄ Toilettenpapier nt **toiletries** NPL Toilettenartikel pl **toilet roll** f Rolle f Toilettenpapier **toiletry bag** N̄ Kulturbeutel m

token N̄ Marke f; (*in casino*) Spielmarke f; (*voucher, gift token*) Gutschein m; (*sign*) Zeichen nt

Tokyo N̄ Tokio nt

told pt, pp → tell

tolerant ADJ tolerant (*of* gegenüber) **tolerate** V̄ɪ tolerieren; (*noise, pace, food*) ertragen

toll N̄ (*charge*) Gebühr f **toll-free** ADJ, ADV (*US*) TEL gebührenfrei **toll road** N̄ gebührenpflichtige Straße

tomato N̄ Tomate f **tomato juice** N̄ Tomatensaft m **tomato sauce** N̄ Tomatensoße f; (*Br, ketchup*) Tomatenketchup m or nt

tomb N̄ Grabmal nt **tombstone** N̄ Grabstein m

tomorrow ADV morgen; **~ morning** morgen früh; **~ evening** morgen Abend; **the day after ~** übermorgen; **a week (from) ~/~ week** morgen in einer Woche

ton N (Br) Tonne f (1016 kg); (US) Tonne f (907 kg); **~s of books** fam eine Menge Bücher

tone N Ton m **toner** N (for printer) Toner m **toner cartridge** N Tonerpatrone f

tongs NPL Zange f; (curling tongs) Lockenstab m

tongue N Zunge f

tonic N MED Stärkungsmittel nt; **~ (water)** Tonic nt

tonight ADV heute Abend; (during night) heute Nacht

tonsillitis N Mandelentzündung f **tonsils** N Mandeln pl

too ADV zu; (also) auch; **~ fast** zu schnell; **~ much/many** zu viel/viele; **me ~** ich auch; **she liked it ~** ihr gefiel es auch

took pt → take

tool N Werkzeug nt **toolbar** N IT Symbolleiste f **toolbox** N Werkzeugkasten m

tooth N Zahn m **toothache** N Zahnschmerzen pl **toothbrush** N Zahnbürste f **toothpaste** N Zahnpasta f **toothpick** N Zahnstocher m

top **1** N (of tower, class, company etc) Spitze f; (of mountain) Gipfel m; (of tree) Krone f; (of street) oberes Ende; (of tube, pen) Kappe f; (of box) Deckel

m; (of bikini) Oberteil nt; (sleeveless) Top nt; **at the ~ of the page** oben auf der Seite; **at the ~ of the league** an der Spitze der Liga; **on ~** oben; **on ~ of** auf + dat; (in addition to) zusätzlich zu; **over the ~** übertrieben **2** ADJ (floor, shelf) oberste(r, s); (price, note) höchste(r, s); (best) Spitzen-; (pupil, school) beste(r, s) **3** VT (exceed) übersteigen; (be better than) übertreffen; (league) an erster Stelle liegen in + dat; **~ped with cream** mit Sahne obendrauf top up VT auffüllen; **can I top you up?** darf ich dir nachschenken?

topic N Thema nt **topical** ADJ aktuell

topless ADJ, ADV oben ohne

topping N (on top of pizza, ice-cream etc) Belag m, Garnierung f **top-up card** N (for mobile phone) (wieder aufladbare) Prepaidkarte f

torch N (Br) Taschenlampe f

tore pt → tear

torment VT quälen

torn pp → tear

tornado N Tornado m

torrential ADJ (rain) sintflutartig

tortoise N Schildkröte f

torture **1** N Folter f; fig Qual f **2** VT foltern

Tory (Br) N Tory m, Konservative(r) mf

toss **1** VT (throw) werfen; (salad)

anmachen; **~ a coin** eine Münze werfen **2** N **I don't give a ~** *fam* es ist mir scheißegal

total 1 N *(of figures, money)* Gesamtsumme f; **a ~ of 30** insgesamt 30; **in ~** insgesamt **2** ADJ total; *(sum etc)* Gesamt- **3** VT *(amount to)* sich belaufen auf + acc **totally** ADV total

touch 1 N *(act of touching)* Berührung f; *(sense of touch)* Tastsinn m; *(trace)* Spur f; **be/keep in ~ with sb** mit jdm in Verbindung stehen/bleiben; **get in ~ with sb** sich mit jdm in Verbindung setzen **2** VT *(feel)* berühren; *(emotionally)* bewegen **touch on** VT *(topic)* berühren **touchdown** N AVIAT Landung f **touching** ADJ *(moving)* rührend **touchless** ADJ *(sensor etc)* berührungslos **touchscreen** N Touchscreen m **touchy** ADJ empfindlich, zickig

tough ADJ hart; *(material)* robust; *(meat)* zäh

tour 1 N Tour f *(of durch)*; *(of town, building)* Rundgang m *(of durch)*; *(of pop group etc)* Tournee f **2** VT eine Tour/einen Rundgang/eine Tournee machen durch **3** VI *(on holiday)* umherreisen **tour guide** N Reiseleiter(in) m(f)

tourism N Tourismus m, Fremdenverkehr m **tourist** N Tourist(in) m(f) **tourist guide** N *(book)* Reiseführer m; *(person)*

Fremdenführer(in) m(f) **tourist office** N Fremdenverkehrsamt nt

tournament N Tournier nt

tour operator N Reiseveranstalter m

tow VT abschleppen; *(caravan, trailer)* ziehen

towards PREP **~ me** mir entgegen, auf mich zu; **we walked ~ the station** wir gingen in Richtung Bahnhof; **my feelings ~ him** meine Gefühle ihm gegenüber

towel N Handtuch nt

tower N Turm m **tower block** N *(Brit)* Hochhaus nt

town N Stadt f **town center** *(US)*, **town centre** N Stadtmitte f, Stadtzentrum nt **town hall** N Rathaus nt

towrope N Abschleppseil nt **tow truck** N *(US)* Abschleppwagen m

toxic ADJ giftig, Gift-

toy N Spielzeug nt **toy with** VT spielen mit **toyshop** N Spielwarengeschäft nt

trace 1 N *(mark)* Spur f; **without ~** spurlos **2** VT *(find)* ausfindig machen **tracing paper** N Pauspapier nt

track N *(mark)* Spur f; *(path)* Weg m; RAIL Gleis nt; *(on CD, record)* Stück nt; **keep/lose ~ of sb/sth** jdn/etw im Auge behalten/aus den Augen verlieren **track down** VT ausfindig machen **tracksuit** N Trainingsanzug m

tractor N̄ Traktor m

trade **1** N̄ (*commerce*) Handel m; (*business*) Geschäft nt; (*skilled job*) Handwerk nt **2** V̄I handeln (*in* in mit) **3** V̄T (*exchange*) tauschen (*for* gegen) **trademark** N̄ Warenzeichen nt **tradesman** N̄ (*shopkeeper*) Geschäftsmann m; (*workman*) Handwerker m **trade(s) union** N̄ (*Br*) Gewerkschaft f **tradeswoman** N̄ (*shopkeeper*) Geschäftsfrau f; (*workwoman*) Handwerkerin f

tradition N̄ Tradition f **traditional, traditionally** ADJ, ADV traditionell

traffic N̄ Verkehr m; pej (*trading*) Handel m (*in* in mit) **traffic circle** N̄ (*US*) Kreisverkehr m **traffic jam** N̄ Stau m **traffic lights** NPL Verkehrsampel f **traffic warden** N̄ (*Br*) ≈ Politesse f

tragedy N̄ Tragödie f **tragic** ADJ tragisch

trail **1** N̄ Spur f; (*path*) Weg m **2** V̄T (*follow*) verfolgen; (*drag*) schleppen; (*drag behind*) hinter sich herziehen; (*drag loosely*) schleifen; SPORT weit zurückliegen **trailer** N̄ Anhänger m; (*US, caravan*) Wohnwagen m; FILM Trailer m

train **1** N̄ RAIL Zug m **2** V̄T (*teach*) ausbilden; SPORT trainieren **3** V̄I SPORT trainieren;

~ **as** (*or* **to be**) **a teacher** eine Ausbildung als Lehrer machen **trained** ADJ (*person, voice*) ausgebildet **trainee** N̄ Auszubildende(r) mf; (*academic, practical*) Praktikant(in) m(f) **traineeship** N̄ Praktikum nt **trainer** N̄ SPORT Trainer(in) m(f); ~**s** (*Br, shoes*) Turnschuhe pl **training** N̄ Ausbildung f; SPORT Training nt **train station** N̄ Bahnhof m

tram N̄ (*Br*) Straßenbahn f **tramp** N̄ Landstreicher(in) m(f) **tranquillizer** N̄ Beruhigungsmittel nt

transaction N̄ (*piece of business*) Geschäft nt

transatlantic ADJ transatlantisch; ~ **flight** Transatlantikflug m

transfer **1** N̄ (*of money*) Überweisung f; (*US, ticket*) Umsteigekarte f **2** V̄T (*money*) überweisen (*to sb* an jdn); (*patient*) verlegen; (*employee*) versetzen; SPORT transferieren **3** V̄I (*on journey*) umsteigen **transferable** ADJ übertragbar

transform V̄T umwandeln **transformation** N̄ Umwandlung f

transfusion N̄ Transfusion f

transgender ADJ Transgender-

transistor N̄ Transistor m

transition N̄ Übergang m (*from … to* von … zu)

translate V̄T, V̄I übersetzen

translation N Übersetzung f
translator N Übersetzer(in) m(f)

transmission N AUTO Getriebe nt

transparent ADJ durchsichtig

transplant MED **1** VT transplantieren **2** N (operation) Transplantation f

transport 1 N (of goods, people) Beförderung f; **public ~** öffentliche Verkehrsmittel pl **2** VT befördern, transportieren
transportation N → transport

transsexual 1 N Transsexuelle(r) mf **2** ADJ transsexuell

trap 1 N Falle f **2** VT **be ~ped** (in snow, job etc) festsitzen

trash N (book, film etc) Schund m; (US, refuse) Abfall m **trash can** N (US) Abfalleimer m
trashy ADJ (novel) Schund-

traumatic ADJ traumatisch

travel 1 N Reisen nt **2** VI (journey) reisen **3** VT (distance) zurücklegen; (country) bereisen
travel agency, **travel agent** N (company) Reisebüro nt **travel documents** NPL Reiseunterlagen pl **traveler** (US) → **traveller** **traveler's check** (US) → **traveller's cheque** **travel insurance** N Reiseversicherung f **traveller** N Reisende(r) mf **traveller's cheque** N (Br) Reisescheck m **travel pillow** N Reisekissen nt

tray N Tablett nt; (for mail etc) Ablage f; (of printer, photocopier) Fach nt

tread N (on tyre) Profil nt
tread on VT treten auf + acc

treasure 1 N Schatz m **2** VT schätzen

treat 1 N besondere Freude; **it's my ~** das geht auf meine Kosten **2** VT behandeln; **~ sb (to sth)** jdn (zu etw) einladen; **~ oneself to sth** sich etw leisten **treatment** N Behandlung f

treaty N Vertrag m

tree N Baum m

tremble VI zittern

tremendous ADJ gewaltig; fam (very good) toll

trench N Graben m

trend N Tendenz f; (fashion) Mode f, Trend m **trending** ADJ **be ~ on Twitter®** Topbegriff auf Twitter® sein **trending topic** N (on Twitter®) Trendthema nt, Topthema nt **trendy** ADJ trendy

trespass VI 'no ~ing' „Betreten verboten"

trial N LAW Prozess m; (test) Versuch m **trial period** N (for employee) Probezeit f

triangle N Dreieck nt; MUS Triangel m **triangular** ADJ dreieckig

tribe N Stamm m

trick 1 N Trick m; (mischief) Streich m **2** VT hereinlegen
tricky ADJ (difficult) schwierig,

heikel; *(situation)* verzwickt

trifle N̄ Kleinigkeit *f;* *(Br)* GASTR Trifle *nt (Nachspeise aus Biskuit, Wackelpudding, Obst, Vanillesoße und Sahne)*

trigger **1** N̄ *(of gun)* Abzug *m* **2** V̄T̄ ~ **(off)** auslösen

trim **1** V̄T̄ *(hair, beard)* nachschneiden; *(nails)* schneiden; *(hedge)* stutzen **2** N̄ **just a ~, please** nur etwas nachschneiden, bitte **trimmings** NPL *(decorations)* Verzierungen *pl; (extras)* Zubehör *nt;* GASTR Beilagen *pl*

trip **1** N̄ Reise *f; (outing)* Ausflug *m* **2** V̄Ī stolpern *(over über + acc)*

triple **1** ADJ dreifach **2** ADV ~ **the price** dreimal so teuer **3** V̄Ī sich verdreifachen **triplet** N̄ Drilling *m*

tripod N̄ Stativ *nt*

trite ADJ banal

triumph N̄ Triumph *m*

trivial ADJ trivial

trod pt → tread

trodden pp → tread

troll N̄ *(also on Internet)* Troll *m*

trolley N̄ *(Br, in shop)* Einkaufswagen *m; (for luggage)* Kofferkuli *m; (serving trolley)* Teewagen *m* **trolley case** N̄ *(Br)* Rollkoffer *m*

trombone N̄ Posaune *f*

troops NPL MIL Truppen *pl*

trophy N̄ Trophäe *f*

tropical ADJ tropisch

trouble **1** N̄ *(problems)*

Schwierigkeiten *pl; (worry)* Sorgen *pl; (effort)* Mühe *f; (unrest)* Unruhen *pl;* MED Beschwerden *pl;* **be in** ~ in Schwierigkeiten sein; **get into** ~ *(with authority)* Ärger bekommen; **make** ~ Schwierigkeiten machen **2** V̄T̄ *(worry)* beunruhigen; *(disturb)* stören; **sorry to** ~ **you** ich muss dich/Sie leider kurz stören **troubled** ADJ *(worried)* beunruhigt **trouble-free** ADJ problemlos **troublemaker** N̄ Unruhestifter(in) *m(f)* **troublesome** ADJ lästig

trousers NPL Hose *f* **trouser suit** N̄ *(Br)* Hosenanzug *m*

trout N̄ Forelle *f*

truck N̄ Lastwagen *m; (Br)* RAIL Güterwagen *m* **trucker** N̄ *(US, driver)* Lastwagenfahrer(in) *m(f)*

true ADJ *(factually correct)* wahr; *(genuine)* echt; **come** ~ wahr werden

truly ADV wirklich; **Yours** ~ *(in letter)* mit freundlichen Grüßen

trumpet N̄ Trompete *f*

trunk N̄ *(of tree)* Stamm *m;* ANAT Rumpf *m; (of elephant)* Rüssel *m; (piece of luggage)* Überseekoffer *m; (US)* AUTO Kofferraum *m* **trunks** NPL *(swimming)* ~ Badehose *f*

trust **1** N̄ *(confidence)* Vertrauen *nt (in* zu*)* **2** V̄T̄ vertrauen + *dat* **trusting** ADJ vertrauensvoll **trustworthy** ADJ vertrauenswürdig

truth N̄ Wahrheit *f* **truthful**

ADJ ehrlich; (*statement*) wahrheitsgemäß

try **1** N Versuch *m* **2** VT (*attempt*) versuchen; (*try out*) ausprobieren; (*sample*) probieren; LAW (*person*) vor Gericht stellen; (*courage, patience*) auf die Probe stellen **3** VI versuchen; (*make effort*) sich bemühen **try on** VT (*clothes*) anprobieren **try out** VT ausprobieren

T-shirt N T-Shirt *nt*

tub N (*for ice-cream, margarine*) Becher *m*

tube N (*pipe*) Rohr *nt*; (*of rubber, plastic*) Schlauch *m*; (*for toothpaste, glue etc*) Tube *f*; **the Tube** (*in London*) die U-Bahn **tube station** N U-Bahn-Station *f*

tuck VT (*put*) stecken **tuck in** **1** VT (*shirt*) in die Hose stecken; (*person*) zudecken **2** VI (*eat*) zulangen

Tue(s) *abbr* → Tuesday Di.

Tuesday N Dienstag *m*; **on** ~ (am) Dienstag; **on** ~s dienstags; **this/last/next** ~ diesen/letzten/nächsten Dienstag; **(on)** ~ **morning/afternoon/ evening** (am) Dienstagmorgen/-nachmittag/-abend; **every** ~ jeden Dienstag; **a week on** ~/~ **week** Dienstag in einer Woche

tug **1** VT ziehen **2** VI ziehen (*at* an + *dat*)

tuition N Unterricht *m*; (*US,*

fees) Studiengebühren *pl*; ~ **fees** *pl* Studiengebühren *pl*

tulip N Tulpe *f*

tumble VI (*person, prices*) fallen **tumble dryer** N Wäschetrockner *m*

tummy N *fam* Bauch *m*

tumor (*US*), **tumour** N Tumor *m*

tuna N Thunfisch *m*

tune **1** N Melodie *f*; **be in/out of** ~ (*instrument*) gestimmt/verstimmt sein; (*singer*) richtig/falsch singen **2** VT (*instrument*) stimmen; (*radio*) einstellen (*to* auf + *acc*)

tunic N Tunika *f*

Tunisia N Tunesien *nt*

tunnel N Tunnel *m*; (*under road, railway*) Unterführung *f*

turbulence N AVIAT Turbulenzen *pl* **turbulent** ADJ stürmisch

Turk N Türke *m*, Türkin *f*

turkey N Truthahn *m*

Turkey N die Türkei **Turkish** **1** ADJ türkisch **2** N (*language*) Türkisch *nt*

turmoil N Aufruhr *m*

turn **1** N (*rotation*) Drehung *f*; (*performance*) Nummer *f*; **make a left** ~ nach links abbiegen; **at the** ~ **of the century** um die Jahrhundertwende; **it's your** ~ du bist/Sie sind dran; **in** ~, **by** ~s abwechselnd; **take** ~s sich abwechseln **2** VT (*wheel, key, screw*) drehen; (*to face other way*) umdrehen; (*corner*) biegen um; (page) umblättern; (transform) verwandeln (into in + acc) **3** VI (rotate) sich drehen; (to face other way) sich umdrehen; (change direction: driver, car) abbiegen; (become) werden; (weather) umschlagen; **~ into sth** (become) sich in etw acc verwandeln; **~ cold/green** kalt/ grün werden; **~ left/right** links/rechts abbiegen **turn away** VT (person) abweisen **turn back 1** VT (person) zurückweisen **2** VI (go back) umkehren **turn down** VT (refuse) ablehnen; (radio, TV set) leiser stellen; (heating) kleiner stellen **turn off 1** VI abbiegen **2** VT (switch off) ausschalten; (tap) zudrehen; (engine, electricity) abstellen **turn on** VT (switch on) einschalten; (tap) aufdrehen; (engine, electricity) anstellen; fam (person) anmachen, antörnen **turn out 1** VT (light) ausmachen; (pockets) leeren **2** VI (develop) sich entwickeln; **as it turned out** wie sich herausstellte **turn over 1** VT umdrehen; (page) umblättern **2** VI (person) sich umdrehen; (car) sich überschlagen; TV umschalten (to auf + acc) **turn round 1** VT (to face other way) umdrehen **2** VI (person) sich umdrehen; (go back) umkehren **turn to** VT sich zuwenden + dat **turn up 1** VI (person, lost object) auftauchen **2** VT (radio, TV) lauter

stellen; (heating) höher stellen **turning** N (in road) Abzweigung f **turning point** N Wendepunkt m
turnip N Rübe f
turnover N FIN Umsatz m
turnpike N (US) gebührenpflichtige Autobahn
turquoise ADJ türkis
turtle N (Br) Wasserschildkröte f; (US) Schildkröte f
tutor N (private) Privatlehrer(in) m(f); (Br, at university) Tutor(in) m(f)
tux, tuxedo N (US) Smoking m
TV N N Fernsehen nt; (TV set) Fernseher m; **watch ~** fernsehen; **on ~** im Fernsehen **2** ADJ Fernseh-; **~ programme** Fernsehsendung f
tweed N Tweed m
tweet 1 N (of bird) Piepsen nt; (on Twitter®) Tweet m or nt **2** VI (of bird) piepsen; (on Twitter®) twittern **3** VT (on Twitter®) twittern
tweezers NPL Pinzette f
twelfth ADJ zwölfte(r, s); → **eighth twelve** NUM zwölf **2** N Zwölf f; → **eight**
twentieth ADJ zwanzigste(r, s); → **eighth twenty 1** NUM zwanzig; **~one** einundzwanzig **2** N Zwanzig f; **be in one's twenties** in den Zwanzigern sein; → **eight**
twice ADV zweimal; **~ as much/ many** doppelt so viel/viele
twig N Zweig m

twilight N (in evening) Dämmerung f

twin 1 N Zwilling m 2 ADJ (brother etc) Zwillings-; **~ beds** zwei Einzelbetten 3 VT **York is ~ned with Münster** York ist eine Partnerstadt von Münster

twinkle VI funkeln

twin room N Zweibettzimmer nt **twin town** N Partnerstadt f

twist VT (turn) drehen, winden; (distort) verdrehen; **I've ~ed my ankle** ich bin mir den Fuß umgeknickt

twitter VI (of birds) zwitschern

Twitter® N IT Twitter® m

two 1 NUM zwei; **break sth in ~** etw in zwei Teile brechen 2 N Zwei f; **the ~ of them** die beiden; → **eight two-dimensional** ADJ zweidimensional; fig oberflächlich **two-piece** ADJ zweiteilig **two-way** ADJ **~ traffic** Gegenverkehr

type 1 N (sort) Art f; (typeface) Schrift(art) f; **he's not my ~** er ist nicht mein Typ 2 VT **typeface** N Schrift(art) f **typewriter** N Schreibmaschine f

typhoid N Typhus m

typhoon N Taifun m

typical ADJ typisch (of für)

typing error N Tippfehler m

tyre N (Brit) Reifen m **tyre pressure** N Reifendruck m

Tyrol N **the ~** Tirol nt

U

UFO acr = **unidentified flying object**; Ufo nt

Uganda N Uganda nt

ugly ADJ hässlich

UHT ADJ abbr = **ultra-heat treated**; **~ milk** H-Milch f

UK abbr = **United Kingdom** Vereinigtes Königreich nt

Ukraine N **the ~** die Ukraine

ulcer N Geschwür nt

ultimate ADJ (final) letzte(r, s); (authority) höchste(r, s) **ultimately** ADV letzten Endes; (eventually) schließlich **ultimatum** N Ultimatum nt

ultra- PREF ultra-

ultrasound N MED Ultraschall m **ultraviolet** ADJ ultraviolett

umbrella N Schirm m

umpire N Schiedsrichter(in) m(f)

umpteen NUM fam zig; **~ times** zigmal

un- PREF un-

UN NSING abbr = **United Nations** VN, Vereinte Nationen pl

unable ADJ **be ~ to do sth** etw nicht tun können

unacceptable ADJ unannehmbar

unaccustomed ADJ **be ~ to sth** etw nicht gewohnt sein

unanimous, unanimously

ADJ, ADV einmütig

unattached ADJ (without partner) ungebunden

unattended ADJ (luggage, car) unbeaufsichtigt

unauthorized ADJ unbefugt

unavailable ADJ nicht erhältlich; (person) nicht erreichbar

unavoidable ADJ unvermeidlich

unaware ADJ **be ~ of sth** sich einer Sache gen nicht bewusst sein; **I was ~ that ...** ich wusste nicht, dass ...

unbalanced ADJ unausgewogen

unbearable ADJ unerträglich

unbeatable ADJ unschlagbar

unbelievable ADJ unglaublich

uncertain ADJ unsicher

uncle N Onkel m

uncomfortable ADJ unbequem

unconditional ADJ bedingungslos

unconscious ADJ MED bewusstlos; **be ~ of sth** sich einer Sache gen nicht bewusst sein

unconsciously ADV unbewusst

uncover VT aufdecken

undecided ADJ unschlüssig

undeniable ADJ unbestreitbar

under ▌1 PREP (beneath) unter + dat; (with motion) unter + acc; **~ an hour** weniger als eine Stunde ▌2 ADV (beneath) unten; (with motion) darunter; **children aged eight and ~** Kin-

der bis zu acht Jahren **underage** ADJ minderjährig

undercarriage N Fahrgestell nt

underdog N (outsider) Außenseiter(in) m(f)

underdone ADJ GASTR nicht gar, durch

underestimate VT unterschätzen

underexposed ADJ PHOT unterbelichtet

undergo irr VT (experience) durchmachen; (operation, test) sich unterziehen + dat

undergraduate N Student(in) m(f)

underground ▌1 ADJ unterirdisch ▌2 N (Brit) U-Bahn f und **underground station** N U-Bahn-Station f

underlie irr VT zugrunde liegen + dat

underline VT unterstreichen

underlying ADJ zugrunde liegend

underneath ▌1 PREP unter + dat; (with motion) unter + acc ▌2 ADV darunter

underpants NPL Unterhose f

undershirt N (US) Unterhemd nt **undershorts** NPL (US) Unterhose f

understand irr VT, VI verstehen; **I ~ that ...** (been told) ich habe gehört, dass ...; (sympathize) ich habe Verständnis dafür, dass ...; **make oneself understood** sich verständlich machen **understanding** ADJ verständnisvoll

undertake irr VT (task) übernehmen; **~ to do sth** sich verpflichten, etw zu tun **undertaker** N Leichenbestatter(in) m(f); **~'s** (firm) Bestattungsinstitut nt

underwater **1** ADV unter Wasser **2** ADJ Unterwasser-

underwear N Unterwäsche f

underwired bra N Bügel-BH m

undo irr VT (unfasten) aufmachen; (work) zunichtemachen; IT rückgängig machen

undoubtedly ADV zweifellos

undress **1** VT ausziehen **2** VI sich ausziehen

unearth VT (dig up) ausgraben; (find) aufstöbern

unease N Unbehagen nt **uneasy** ADJ (person) unbehaglich; **I'm ~ about it** mir ist nicht wohl dabei

unemployed **1** ADJ arbeitslos **2** NPL **the ~** die Arbeitslosen pl **unemployment** N Arbeitslosigkeit f **unemployment benefit** N Arbeitslosengeld nt

unequal ADJ ungleich

uneven ADJ (surface, road) uneben; (contest) ungleich

unexpected ADJ unerwartet

unfamiliar ADJ **be ~ with sb/ sth** jdn/etw nicht kennen

unfasten VT aufmachen

unfit ADJ ungeeignet (for für);

(in bad health) nicht fit

unforeseen ADJ unvorhergesehen

unforgettable ADJ unvergesslich

unforgivable ADJ unverzeihlich

unfortunate ADJ (unlucky) unglücklich; **it is ~ that ...** es ist bedauerlich, dass ... **unfortunately** ADV leider

unfounded ADJ unbegründet

unhappy ADJ (sad) unglücklich, unzufrieden

unhealthy ADJ ungesund

unheard-of ADJ (unknown) gänzlich unbekannt; (outrageous) unerhört

unhitch VT (caravan, trailer) abkoppeln

unhurt ADJ unverletzt

uniform **1** N Uniform f **2** ADJ einheitlich

unify VT vereinigen

unimportant ADJ unwichtig

uninhabited ADJ unbewohnt

uninstall VT IT deinstallieren

unintentional ADJ unabsichtlich

union N (uniting) Vereinigung f; (alliance) Union f

unique ADJ einzigartig

unit N Einheit f; (of system, machine) Teil nt; (in school) Lektion f

unite **1** VT vereinigen; **the United Kingdom** das Vereinigte Königreich; **the United Nations** pl die Vereinten Nationen *pl*; **the United States (of America)** *pl* die Vereinigten Staaten (von Amerika) *pl* **2** Vi̅ sich vereinigen

universe N̅ Universum *nt*
university N̅ Universität *f*
unkind ADJ unfreundlich (*to* zu)
unknown ADJ unbekannt (*to* + *dat*)
unleaded ADJ bleifrei
unless CONJ es sei denn, wenn … nicht; **don't do it ~ I tell you** es sei denn, ich sage es dir; **~ I'm mistaken …** wenn ich mich nicht irre …
unlicensed ADJ (*to sell alcohol*) ohne Lizenz
unlike PREP (*in contrast to*) im Gegensatz zu; **it's ~ her to be late** es sieht ihr gar nicht ähnlich, zu spät zu kommen
unlikely ADJ unwahrscheinlich
unload Vt̅ ausladen
unlock Vt̅ aufschließen
unlucky ADJ unglücklich; **be ~** Pech haben
unmistakable ADJ unverkennbar
unnecessary ADJ unnötig
unoccupied ADJ (*seat*) frei; (*building, room*) leer stehend
unpack Vt̅, Vi̅ auspacken
unpleasant ADJ unangenehm
unplug Vt̅ **~ sth** den Stecker von etw herausziehen
unprecedented ADJ beispiellos
unpredictable ADJ (*person,*

weather) unberechenbar
unreasonable ADJ unvernünftig; (*demand*) übertrieben
unreliable ADJ unzuverlässig
unsafe ADJ nicht sicher; (*dangerous*) gefährlich
unscrew Vt̅ abschrauben
unskilled ADJ (*worker*) ungelernt
unsuccessful ADJ erfolglos
unsuitable ADJ ungeeignet (*for* für)
until **1** PREP bis; **not ~** erst; **from Monday ~ Friday** von Montag bis Freitag; **he didn't come home ~ midnight** er kam erst um Mitternacht nach Hause; **~ then** bis dahin **2** CONJ bis; **she won't come ~ you invite her** sie kommt erst, wenn du sie einlädst/Sie sie einladen
unusual, unusually ADJ, ADV ungewöhnlich
unwanted ADJ unerwünscht, ungewollt
unwell ADJ krank; **feel ~** sich nicht wohlfühlen
unwilling ADJ **be ~ to do sth** nicht bereit sein, etw zu tun
unwind *irr* **1** Vt̅ abwickeln **2** Vi̅ (*relax*) sich entspannen
unwrap Vt̅ auspacken
unzip Vt̅ den Reißverschluss aufmachen an + *dat*; IT entzippen
up **1** PREP **climb ~ a tree** einen Baum hinaufklettern; **go ~ the street/the stairs** die Straße

entlanggehen/die Treppe hinaufgehen; **further ~ the hill** weiter oben auf dem Berg **2** ADV *(in higher position)* nach oben; *(to higher position)* nach oben; *(out of bed)* auf; **~ there** dort oben; **~ and down** *(walk, jump)* auf und ab; **what's ~?** *fam* was ist los?; **~ to £100** bis zu 100 Pfund; **what's she ~ to?** was macht sie da?; *(planning)* was hat sie vor?; **it's ~ to you** das liegt bei dir/Ihnen; **I don't feel ~ to it** ich fühle mich dem nicht gewachsen

upbringing N Erziehung f

upcycle VT beim Recycling veredeln

update 1 N *(list etc)* Aktualisierung f; *(software)* Update nt **2** VT *(list etc, person)* aktualisieren

upgrade VT *(computer)* aufrüsten; **we were ~d** das Hotel hat uns ein besseres Zimmer gegeben

upheaval N Aufruhr m; POL Umbruch m

uphill ADV bergauf

upon PREP = on

upper ADJ obere(r, s); *(arm, deck)* Ober-

upright ADJ, ADV aufrecht

uprising N Aufstand m

uproar N Aufruhr m

upset 1 *irr* VT *(overturn)* umkippen; *(disturb)* aufregen; *(sadden)* bestürzen; *(offend)* kränken; *(plans)* durcheinanderbringen **2** ADJ *(disturbed)* aufge-

regt; *(sad)* bestürzt; *(offended)* gekränkt; **~ stomach** Magenverstimmung f

upside down ADV verkehrt herum; *fig* drunter und drüber; **turn sth ~** *(box etc)* etw umdrehen/durchwühlen

upstairs ADV oben; *(go, take)* nach oben

up-to-date ADJ modern; *(fashion, information)* aktuell; **keep sb ~** jdn auf dem Laufenden halten

upwards ADV nach oben

urban ADJ städtisch, Stadt-

urge 1 N Drang m **2** VT **~ sb to do sth** jdn drängen, etw zu tun **urgent, urgently** ADJ, ADV dringend

urine N Urin m

us PRON uns; **can he help ~?** kann er uns helfen?; **it's ~** wir sind's; **both of ~** wir beide

US, USA NSING *abbr* = **United States (of America)** USA pl

USB *abbr* = **universal serial bus** IT USB m **USB cable** N IT USB-Kabel nt **USB connection** N IT USB-Anschluss m **USB stick** N IT USB-Stick m

use 1 N *(using)* Gebrauch m; *(for specific purpose)* Benutzung f; **in/out of ~** in/außer Gebrauch; **it's no ~ (doing that)** es hat keinen Zweck(, das zu tun); **it's (of) no ~ to me** das kann ich nicht brauchen **2** VT benutzen, gebrauchen; *(for specific purpose)* verwenden;

(*method*) anwenden **use up** VT aufbrauchen

used 1 ADJ (*secondhand*) gebraucht 2 VAUX be ~ to sb/ sth an jdn/etw gewöhnt sein; **get ~ to sb/sth** sich an jdn/ etw gewöhnen; **she ~ to live here** sie hat früher mal hier gewohnt **useful** ADJ nützlich **useless** ADJ nutzlos; (*unusable*) unbrauchbar; (*pointless*) zwecklos **user** N Benutzer(in) m(f) **user account** N Benutzerkonto nt **user-friendly** ADJ benutzerfreundlich **user ID** N Benutzerkennung f **user interface** N Benutzeroberfläche f **user name** N Benutzername m

usual ADJ üblich, gewöhnlich; **as ~** wie üblich **usually** ADV normalerweise

utensil N Gerät nt **uterus** N Gebärmutter f **utilize** VT verwenden **utmost** ADJ äußerst **utter** 1 ADJ völlig 2 VT von sich geben **utterly** ADV völlig **U-turn** N AUTO Wende f; **do a ~** wenden

UV abbr → **ultraviolet ultraviolett UV rays** NPL UV-Strahlen pl

V

vacancy N (*job*) offene Stelle; (*room*) freies Zimmer **vacant** ADJ (*room, toilet*) frei; (*post*) offen; (*building*) leer stehend **vacate** VT (*room, building*) räumen; (*seat*) frei machen

vacation N (US) Ferien pl, Urlaub m; (*at university*) (Semester)ferien pl; **go on ~** in Urlaub fahren

vaccinate VT impfen **vaccination** N Impfung f; **~ card** Impfpass m

vacuum 1 N Vakuum nt 2 VT, VI (staub)saugen **vacuum (cleaner)** N Staubsauger m

vagina N Scheide f

vague ADJ (*imprecise*) vage; (*resemblance*) entfernt **vaguely** ADV in etwa, irgendwie

vain ADJ (*attempt*) vergeblich; (*conceited*) eitel; **in ~** vergeblich, umsonst

valid ADJ (*ticket, passport etc*) gültig; (*argument*) stichhaltig

valley N Tal nt

valuable ADJ wertvoll; (*time*) kostbar **valuables** NPL Wertsachen pl

value 1 N Wert m 2 VT (*appreciate*) schätzen **value added tax** N Mehrwertsteuer f

valve N̄ Ventil nt
van N̄ AUTO Lieferwagen m
vanilla N̄ Vanille f
vanish V̄Ī verschwinden
vanity N̄ Eitelkeit f **vanity case** N̄ Schminkkoffer m
vape V̄T, V̄Ī (smoke e-cigarette) dampfen **vaping** N̄ (with e--cigarettes) Dampfen nt
vapor (US), **vapour** N̄ (mist) Dunst m; (steam) Dampf m
variable ADJ (weather, mood) unbeständig; (quality) unterschiedlich; (speed, height) regulierbar **varied** ADJ (interests, selection) vielseitig; (career) bewegt; (work, diet) abwechslungsreich **variety** N̄ (diversity) Abwechslung f; (assortment) Vielfalt f (of an + dat); (type) Art f
various ADJ verschieden
varnish 1️⃣ N̄ Lack m 2️⃣ V̄T lackieren
vary 1️⃣ V̄T (alter) verändern 2️⃣ V̄Ī (be different) unterschiedlich sein; (fluctuate) sich verändern; (prices) schwanken
vase (US) N̄ Vase f
vast ADJ riesig; (area) weit
VAT abbr → value added tax Mehrwertsteuer f, MwSt.
Vatican N̄ **the ~** der Vatikan
VCR abbr = **video cassette recorder** Videorekorder m
VD abbr = **venereal disease** Geschlechtskrankheit f
veal N̄ Kalbfleisch nt
vegan N̄ Veganer(in) m(f)
vegetable N̄ Gemüse nt

vegetarian 1️⃣ N̄ Vegetarier(in) m(f) 2️⃣ ADJ vegetarisch
veggie fam 1️⃣ N̄ Vegetarier(in) m(f); Gemüse nt 2️⃣ ADJ vegetarisch **veggieburger** fam N̄ Veggieburger m, Gemüseburger m
vehicle N̄ Fahrzeug nt
veil N̄ Schleier m
vein N̄ Ader f
Velcro N̄ Klettband nt
velvet N̄ Samt m
vending machine N̄ Automat m
venetian blind N̄ Jalousie f
Venezuela N̄ Venezuela nt
Venice N̄ Venedig nt
venison N̄ Rehfleisch nt
vent N̄ Öffnung f
ventilate V̄T lüften **ventilation** N̄ Belüftung f **ventilator** N̄ (in room) Ventilator m; **be on a ~** MED künstlich beatmet werden
venture 1️⃣ N̄ (project) Unternehmung f; COMM Unternehmen nt 2️⃣ V̄Ī (go) (sich) wagen
venue N̄ (for concert etc) Veranstaltungsort m
verb N̄ Verb nt
verdict N̄ Urteil nt
verge 1️⃣ N̄ (of road) (Straßen)rand m; **be on the ~ of** doing sth im Begriff sein, etw zu tun 2️⃣ V̄Ī **~ on** grenzen an + acc
verification N̄ (confirmation) Bestätigung f; (check) Überprüfung f **verify** V̄T (confirm) bestätigen; (check) überprüfen

vermin NPL Schädlinge pl; (insects) Ungeziefer nt
verruca N Warze f
versatile ADJ vielseitig
verse N (poetry) Poesie f; (stanza) Strophe f
version N Version f
versus PREP gegen
vertical ADJ senkrecht, vertikal
very 1 ADV sehr; ~ **much** sehr 2 ADJ **the ~ book I need** genau das Buch, das ich brauche; **at that ~ moment** gerade in dem Augenblick; **at the ~ top** ganz oben; **the ~ best** der/die/das Allerbeste
vest N (Brit) Unterhemd nt; (US, waistcoat) Weste f
vet N Tierarzt m, Tierärztin f
veto 1 N Veto nt 2 VT sein Veto einlegen gegen
via PREP über + acc
vibrate VI vibrieren **vibration** N Vibration f
vicar N Pfarrer(in) m(f)
vice 1 N (evil) Laster nt 2 PREF Vize-; **~-chairman** stellvertretender Vorsitzender; **~-president** Vizepräsident(in) m(f)
vice versa ADV umgekehrt
vicinity N **in the ~** in der Nähe (of + gen)
vicious ADJ (violent) brutal; (malicious) gemein **vicious circle** N Teufelskreis m
victim N Opfer nt
victory N Sieg m
video 1 ADJ Video- 2 N Video nt; (recorder) Videorekorder m

3 VT (auf Video) aufnehmen
video blog N IT Videoblog m **video camera** N Videokamera f **video clip** N Videoclip m **video conferencing** N IT Video Conferencing nt, Videokonferenzschaltung f **video recorder** N Videorekorder m
videotape 1 N Videoband nt 2 VT (auf Video) aufnehmen
Vienna N Wien nt
Vietnam N Vietnam nt
view 1 N (sight) Blick m (of auf + acc); (vista) Aussicht f; (opinion) Meinung f; **in ~ of** angesichts + gen 2 VT (situation, event) betrachten; (house) besichtigen **viewer** N (for slides) Diabetrachter m; TV Zuschauer(in) m(f) **viewpoint** N fig Standpunkt m
village N Dorf nt
villain N Schurke m; (in film, story) Bösewicht m
vinegar N Essig m
vineyard N Weinberg m
vintage N (of wine) Jahrgang m
violate VT (treaty) brechen; (rights, rule) verletzen
violence N (brutality) Gewalt f; (of person) Gewalttätigkeit f **violent** ADJ (brutal) brutal; (death) gewaltsam
violet N Veilchen nt; (colour) Violett nt
violin N Geige f, Violine f
virgin N Jungfrau f
Virgo N ASTR Jungfrau f

virtual ADJ IT virtuell **virtually** ADV praktisch **virtual reality** N IT virtuelle Realität f **virtual-reality game** N IT Virtual-Reality-Spiel nt

virtue N Tugend f; **by ~ of** aufgrund + gen **virtuous** ADJ tugendhaft

virus N MED, IT Virus nt

visa N Visum nt

visibility N METEO Sichtweite f; **good/poor ~** gute/schlechte Sicht **visible** ADJ sichtbar; (evident) sichtlich **visibly** ADV sichtlich

vision N (power of sight) Sehvermögen nt; (foresight) Weitblick m; (dream, image) Vision f

visit ① N Besuch m; (stay) Aufenthalt m ② VT besuchen **visiting hours** NPL Besuchszeiten pl **visitor** N Besucher(in) m(f); **~s' book** Gästebuch nt

visual ADJ Seh-; (image, joke) visuell **visualize** VT sich vorstelle **visually** ADV visuell; **~ impaired** sehbehindert

vital ADJ (essential) unerlässlich, wesentlich; (argument, moment) entscheidend **vitality** N Vitalität f **vitally** ADV äußerst

vitamin N Vitamin nt

vivid ADJ (description) anschaulich; (memory) lebhaft

vlog N IT (video blog) Vlog m **vlogger** N IT (video blogger) Vlogger(in) m(f)

V-neck N V-Ausschnitt m

vocabulary N Wortschatz m, Vokabular nt

vocal ADJ (of the voice) Stimm-; (group) Gesangs-; (protest, person) lautstark

vocation N Berufung f **vocational** ADJ Berufs-

vodka N Wodka m

voice ① N Stimme f ② VT äußern **voice-activated** ADJ IT sprachgesteuert, sprachaktiviert **voicemail** N TEL Voicemail f; **leave sb a ~ message** jdm auf die Mailbox sprechen

void ① N Leere f ② ADJ LAW ungültig

volcano N Vulkan m

volleyball N Volleyball m

volt N Volt nt **voltage** N Spannung f

volume N (of sound) Lautstärke f; (space occupied by sth) Volumen nt; (size, amount) Umfang m; (book) Band m **volume control** N Lautstärkeregler m

voluntary, **voluntarily** ADJ, ADV freiwillig; (unpaid) ehrenamtlich **volunteer** ① N Freiwillige(r) mf ② VI sich freiwillig melden

voluptuous ADJ sinnlich

vomit VI sich übergeben

vote ① N Stimme f; (ballot) Wahl f; (result) Abstimmungsergebnis nt; (right to vote) Wahlrecht m ② VT (elect) wählen; **they ~d him chairman** sie wählten ihn zum Vorsitzenden

3 VI wählen; **~ for/against sth** für/gegen etw stimmen **voter** N Wähler(in) m(f)

voucher N Gutschein m

vow N Gelöbnis nt

vowel N Vokal m

voyage N Reise f

vulgar ADJ vulgär, ordinär

vulnerable ADJ verwundbar; (sensitive) verletzlich

vulture N Geier m

W

wade VI (in water) waten

wafer N Waffel f; REL Hostie f

wafer-thin ADJ hauchdünn

waffle N Waffel f; (Br) fam (empty talk) Geschwafel nt

wag VT (tail) wedeln mit

wage N Lohn m

waggon (Br), **wagon** N (horse-drawn) Fuhrwerk nt; (Br) RAIL Waggon m; (US) AUTO Wagen m

waist N Taille f **waistcoat** N (Br) Weste f **waistline** N Taille f

wait **1** N Wartezeit f **2** VI warten (for auf + acc); **~ and see** abwarten; **~ a minute** Moment mal! **wait up** VI aufbleiben

waiter N Kellner m

waiting N (no ~) "Halteverbot" **waiting list** N Wartelis-

te f **waiting room** N MED Wartezimmer nt; RAIL Wartesaal m

waitress N Kellnerin f

wake **1** VT wecken **2** VI aufwachen **wake up** **1** VT aufwecken **2** VI aufwachen **wake-up call** N TEL Weckruf m

Wales N Wales nt

walk **1** N Spaziergang m; (ramble) Wanderung f; (route) Weg m; **go for a ~** spazieren gehen; **it's only a five-minute ~** es sind nur fünf Minuten zu Fuß **2** VI gehen; (stroll) spazieren gehen; (ramble) wandern **3** VT (dog) ausführen **walking** N **go ~** wandern **walking shoes** NPL Wanderschuhe pl

wall N (inside) Wand f; (outside) Mauer f

wallet N Brieftasche f

wallpaper **1** N Tapete f; IT Bildschirmhintergrund m **2** VT tapezieren

walnut N (nut) Walnuss f

waltz N Walzer m

wander VI (person) herumwandern

want **1** N (lack) Mangel m (of an + dat); (need) Bedürfnis nt; **for ~ of** aus Mangel an + dat **2** VT (desire) wollen; (need) brauchen; **he doesn't ~ to** er will nicht

war N Krieg m

ward N (in hospital) Station f; (child) Mündel nt

warden N Aufseher(in) m(f);

(in youth hostel) Herbergsvater m, Herbergsmutter f
wardrobe N Kleiderschrank m
warehouse N Lagerhaus nt
warfare N Krieg m; (techniques) Kriegsführung f
warm 1 ADJ warm; (welcome) herzlich; **I'm ~** mir ist warm 2 VT wärmen; (food) aufwärmen **warm over** VT (US, food) aufwärmen **warm up** 1 VT (food) aufwärmen; (room) erwärmen 2 VI (food, room) warm werden; SPORT sich aufwärmen
warmly ADV warm; (welcome) herzlich **warmth** N Wärme f; (of welcome) Herzlichkeit f
warn VT warnen (of, against vor + dat); **~ sb not to do sth** jdn davor warnen, etw zu tun **warning** N Warnung f **warning light** N Warnlicht nt **warning triangle** N AUTO Warndreieck nt
warranty N Garantie f
wart N Warze f
wary ADJ vorsichtig; (suspicious) misstrauisch
was pt → **be**
wash 1 N (clean) sich waschen; **it's in the ~** es ist in der Wäsche 2 VT waschen; (plates, glasses etc) abwaschen 3 VI (clean oneself) sich waschen **wash off** VT abwaschen **wash up** VI (Brit, wash dishes) abwaschen; (US, clean oneself) sich waschen **washa-**

-ble ADJ waschbar **washbag** N (US) Kulturbeutel m **washbasin** N Waschbecken nt **washcloth** N (US) Waschlappen m **washer** N TECH Dichtungsring m; (washing machine) Waschmaschine f **washing** N (laundry) Wäsche f **washing machine** N Waschmaschine f **washing powder** N Waschpulver nt **washing-up** N (Brit) Abwasch m; **do the ~** abwaschen **washing-up liquid** N (Brit) Spülmittel nt **washroom** N (US) Toilette f
wasn't contr = **was not**
wasp N Wespe f
waste 1 N (materials) Abfall m; (wasting) Verschwendung f; **it's a ~ of time** das ist Zeitverschwendung 2 ADJ (superfluous) überschüssig 3 VT verschwenden (on an + acc); (opportunity) vertun **waste bin** N Abfalleimer m **wastepaper basket** N Papierkorb m
watch 1 N (timepiece) (Armband)uhr f 2 VT (observe) beobachten; (guard) aufpassen auf + acc; (film, play, programme) sich dat ansehen; **~ TV** fernsehen 3 VI zusehen; **~ (guard)** Wache halten; **~ for sb/sth** nach jdm/etw Ausschau halten; **~ out** pass auf! **watchdog** N Wachhund m **watchful** ADJ wachsam
water 1 N Wasser nt 2 VT (plant) gießen 3 VI (eye) tränen;

my mouth is ~ing mir läuft das Wasser im Mund zusammen **water down** VT verdünnen **water bottle** N Trinkflasche f **watercolor** (US), **watercolour** N (painting) Aquarell nt; (paint) Wasserfarbe f **watercress** N (Brunnen)kresse f **waterfall** N Wasserfall m **watering can** N Gießkanne f **water level** N Wasserstand m **watermelon** N Wassermelone f **water pistol** N Wasserpistole f **waterproof** ADJ wasserdicht **water-skiing** N Wasserskilaufen nt **water slide** N Wasserrutschbahn f **water sports** NPL Wassersport m **watertight** ADJ wasserdicht **water wings** NPL Schwimmflügel pl **watery** ADJ wässerig

wave 1 N Welle f 2 VT (move to and fro) schwenken; (hand, flag) winken mit 3 VI (person) winken; (flag) wehen **wavelength** N Wellenlänge f **wavy** ADJ wellig

wax N Wachs nt; (in ear) Ohrenschmalz nt

way N Weg m; (direction) Richtung f; (manner) Art f; **can you tell me the ~ to … ?** wie komme ich (am besten) zu … ?; **we went the wrong ~** wir sind in die falsche Richtung gefahren/gegangen; **lose one's ~** sich verirren; **make ~ for sb/ sth** jdm/etw Platz machen;

get one's own ~ seinen Willen durchsetzen; **'give ~'** AUTO "Vorfahrt achten"; **the other ~ round** andersherum; **one ~ or another** irgendwie; **in a ~** in gewisser Weise; **in the ~** im Weg; **by the ~** übrigens; **'~ in'** "Eingang"; **'~ out'** "Ausgang"; **no ~!** fam kommt nicht infrage!

we PRON wir

weak ADJ schwach **weaken** 1 VT schwächen 2 VI schwächer werden

wealth N Reichtum m **wealthy** ADJ reich

weapon N Waffe f

wear 1 VT (have on) tragen 2 VI (become worn) sich abnutzen 3 N - **(and tear)** Abnutzung f **wear off** VI (diminish) nachlassen **wear out** 1 VT abnutzen; (person) erschöpfen 2 VI sich abnutzen

weather N Wetter nt **weather forecast** N Wettervorhersage f

weave VT (cloth) weben; (basket etc) flechten

web N a. fig Netz nt; **the Web** das Web, das Internet **webcam** N Webcam f **web designer** N Webdesigner(in) m(f) **web page** N Webseite f **website** N Website f **website address** N Web-Site-Adresse f

we'd contr = **we had; we would**

Wed abbr → Wednesday Mi.

wedding N̄ Hochzeit f **wedding anniversary** N̄ Hochzeitstag m **wedding dress** N̄ Hochzeitskleid nt **wedding ring** N̄ Ehering m **wedding shower** N̄ (US) Party für die zukünftige Braut

wedge N̄ (under door etc) Keil m; (of cheese etc) Stück nt, Ecke f

Wednesday N̄ Mittwoch m; → Tuesday

wee 1 ADJ klein 2 VI fam pinkeln, Pipi machen

weed 1 N̄ Unkraut nt 2 VT jäten

week N̄ Woche f; **twice a ~** zweimal in der Woche; **a ~ on Friday/Friday ~** Freitag in einer Woche; **in two ~s' time**, **in two ~s** in zwei Wochen **weekday** N̄ Wochentag m **weekend** N̄ Wochenende nt **weekend break** N̄ Wochenendurlaub m **weekly** ADJ, ADV wöchentlich; (magazine) Wochen-

weep VI weinen

weigh VT, VI wiegen **weigh up** VT abwägen; (person) einschätzen **weight** N̄ Gewicht nt; **lose/put on ~** abnehmen/zunehmen **weightlifting** N̄ Gewichtheben nt **weight training** N̄ Krafttraining nt

weird ADJ seltsam **weirdo** N̄ Spinner(in) m(f)

welcome 1 N̄ Empfang m 2 ADJ willkommen; (news) ange-

nehm; **~ to London** willkommen in London! 3 VT begrüßen **welcoming** ADJ freundlich

welfare N̄ Wohl nt; (US, social security) Sozialhilfe f **welfare state** N̄ Wohlfahrtsstaat m

well 1 N̄ Brunnen m 2 ADJ (in good health) gesund; **are you ~?** geht es dir/Ihnen gut?; **feel ~** sich wohlfühlen 3 INTERJ nun; **~, I don't know** nun, ich weiß nicht 4 ADV gut; **~ done** gut gemacht!; **it may ~ be** das kann wohl sein; **as ~** (in addition) auch; **~ over 60** weit über 60

we'll contr = **we will**; **we shall**

well-behaved ADJ brav **well-done** ADJ (steak) durchgebraten

wellingtons NPL Gummistiefel pl

well-known ADJ bekannt **well-off** ADJ (wealthy) wohlhabend **well-paid** ADJ gut bezahlt

Welsh 1 ADJ walisisch 2 N̄ (language) Walisisch nt; **the ~** pl die Waliser pl **Welshman** N̄ Waliser m **Welshwoman** N̄ Waliserin f

went pt → **go**

wept pt, pp → **weep**

were pt → **be**

we're contr = **we are**

weren't contr = **were not**

west 1 N̄ Westen m 2 ADV (go, face) nach Westen 3 ADJ West- **westbound** ADJ (in) Richtung

Westen **western 1** ADJ West-,
westlich; **Western Europe**
Westeuropa nt **2** N FILM Western m **West Germany** N
Westdeutschland n **westwards** ADV nach Westen

wet 1 VT **~ oneself** in die Hose
machen **2** ADJ nass, feucht; '**~
paint**' „frisch gestrichen" **~
suit** N Taucheranzug m

we've contr = **we have**

whale N Wal m

wharf N Kai m

what 1 PRON, INTERJ was; **~'s
your name?** wie heißt du/heißen Sie?; **~ is the letter about?**
worum geht es in dem Brief?;
~ for? wozu? **~ are they
talking about?** worüber reden sie?; **~ colour
is it?** welche Farbe hat es?
whatever PRON **I'll do ~ you
want** ich tue alles, was du
willst/Sie wollen; **~ he says**
egal, was er sagt

what's contr = **what is; what
has**

wheat N Weizen m

wheel 1 N Rad nt; (steering
wheel) Lenkrad nt **2** VT (bicycle,
trolley) schieben **wheelchair**
N Rollstuhl m **wheel clamp**
N Parkkralle f

when 1 ADV (in questions)
wann; **on the day ~** an dem
Tag, als **2** CONJ when; (in past)
als; **~ I was younger** als ich
jünger war **whenever** ADV
(every time) immer wenn; **come**

~ you like kommen wann immer
du willst/kommen Sie wann immer Sie wollen

where 1 ADV wo; **~ are you
going?** wohin gehst du/gehen
Sie?; **~ are you from?** woher
kommst du/kommen Sie? **2**
CONJ wo; **that's ~ I used to live**
da habe ich früher gewohnt
whereabouts 1 ADV wo **2**
NPL Aufenthaltsort m **whereas** CONJ während, wohingegen **wherever** CONJ wo immer; **~
that may be** wo immer das sein
mag

whether CONJ ob

which 1 ADJ welche(r, s); **~ car
is yours?** welches Auto gehört
dir/Ihnen?; **~ one?** welche(r,
s)? **2** PRON (in questions) welche(r, s); (in relative clauses)
der/die/das, die pl; **it rained,
~ upset his plans** es regnete,
was seine Pläne durcheinanderbrachte **whichever** ADJ,
PRON welche(r, s) auch immer

while 1 N **a ~** eine Weile; **for a
~** eine Zeit lang; **a short ~ ago**
vor Kurzem **2** CONJ während;
(although) obwohl

whine VI (person) jammern

whip 1 N Peitsche f **2** VT
(beat) peitschen; **~ped cream**
Schlagsahne f

whirl VT, VI herumwirbeln
whirlpool N (in river, sea)
Strudel m; (pool) Whirlpool m

whisk 1 N Schneebesen m **2**
VT (cream etc) schlagen

whisker N (of animal) Schnurrhaar nt; ~s pl (of man) Backenbart m

whisk(e)y N Whisky m

whisper VI, VT flüstern

whistle 1 N Pfiff m, Pfeife f **2** VT, VI pfeifen

white 1 N (of egg) Eiweiß nt; (of eye) Weiße nt **2** ADJ weiß; (with fear) blass; (coffee) mit Milch/Sahne

white lie N Notlüge f **white meat** N helles Fleisch **white water rafting** N Rafting m **white wine** N Weißwein m **Whitsun** N Pfingsten nt

who PRON (in questions) wer; (in relative clauses) der/die/das, die pl; ~ **did you see** wen hast du/haben Sie gesehen?; ~ **does that belong to?** wem gehört das?; **the people ~ live next door** die Leute, die nebenan wohnen **whoever** PRON wer auch immer; ~ **you choose** wen auch immer du wählst/Sie wählen

whole 1 ADJ ganz **2** N Ganze(s) nt; **the ~ of my family** meine ganze Familie; **on the ~** im Großen und Ganzen **wholefood** N (Br) Vollwertkost f; ~ **store**, ~ **shop** Bioladen m **wholeheartedly** ADV voll und ganz **wholemeal** ADJ (Br) Vollkorn- **wholesale** ADV (buy, sell) im Großhandel **wholesaler** N Großhändler(in) m(f) **wholesome** ADJ

gesund **whole wheat** ADJ Vollkorn- **wholly** ADV völlig

whom PRON (in questions) wen; (in relative clauses) den/die/das, die pl; **with ~ did you speak?** mit wem hast du/haben Sie gesprochen?

whooping cough N Keuchhusten m

whose 1 ADJ (in questions) wessen; (in relative clauses) dessen/deren/dessen, deren pl **2** PRON (in questions) wessen; ~ **is this?** wem gehört das?

why ADV, CONJ warum; **that's ~** deshalb

wicked ADJ böse; fam (great) geil

wide 1 ADJ breit; (skirt, trousers) weit; (selection) groß **2** ADV weit **wide-angle lens** N Weitwinkelobjektiv nt **wide-awake** ADJ hellwach **widely** ADV weit; ~ **known** allgemein bekannt **widen** VT verbreitern; fig erweitern **wide-open** ADJ weit offen **widescreen TV** N Breitbildfernseher m **widespread** ADJ weit verbreitet

widow N Witwe f **widowed** ADJ verwitwet **widower** N Witwer m

width N Breite f

wife N (Ehe)frau f

WiFi, wi-fi N IT WLAN nt, Wi-Fi nt **WiFi connection** N IT WLAN-Verbindung f **WiFi hotspot** N IT (WLAN-)Hotspot m, (Wi-Fi-)Hotspot m

wig N̄ Perücke f

wild 1 ADJ wild; (violent) heftig; (plan, idea) verrückt 2 N̄ **in the ~** in freier Wildbahn **wildlife** N̄ Tier- und Pflanzenwelt f **wildly** ADV wild; (enthusiastic, exaggerated) maßlos

will 1 VAUX **he/they ~ come** er wird/sie werden kommen; **I won't be back until late** ich komme erst spät zurück; **the car won't start** das Auto will nicht anspringen; **~ you have some coffee?** möchtest du/möchten Sie eine Tasse Kaffee? 2 N̄ Wille m; (wish) Wunsch m; (document) Testament nt **willing** ADJ bereitwillig; **be ~ to do sth** bereit sein, etw zu tun **willingly** ADV gern(e)

willow N̄ Weide f

wimp N̄ Weichei nt

win 1 VT, VI gewinnen 2 N̄ Sieg m **win over, win round** VT für sich gewinnen

wind VT (rope, bandage) wickeln **wind down** VT (car window) herunterkurbeln **wind up** VT (clock) aufziehen; (car window) hochkurbeln; (meeting, speech) abschließen; (person) aufziehen, ärgern

wind N̄ Wind m; MED Blähungen pl **wind energy** N̄ Windenergie f **wind farm** N̄ Windfarm f, Windpark m **wind instrument** N̄ Blasinstrument nt **windmill** N̄ Windmühle f

window N̄ Fenster nt; (counter) Schalter m; **~ of opportunity** Chance f, Gelegenheit f **windowpane** N̄ Fensterscheibe f **window-shopping** N̄ **go ~** einen Schaufensterbummel machen **windowsill** N̄ Fensterbrett nt

windpipe N̄ Luftröhre f **windscreen** N̄ (Br) Windschutzscheibe f **windscreen wiper** N̄ (Br) Scheibenwischer m **windshield** N̄ (US) Windschutzscheibe f **windshield wiper** N̄ (US) Scheibenwischer m **windsurfer** N̄ Windsurfer(in) m(f); (board) Surfbrett nt **windsurfing** N̄ Windsurfen nt **wind turbine** N̄ Windturbine f

windy ADJ windig

wine N̄ Wein m **wine list** N̄ Weinkarte f **wine tasting** N̄ (event) Weinprobe f

wing N̄ Flügel m; (Br) AUTO Kotflügel m

wink VI zwinkern; **~ at sb** jdm zuzwinkern

winner N̄ Gewinner(in) m(f), Sieger(in) m(f) **winning** 1 ADJ (shot, goal etc) siegreich 2 N̄ **~s** pl Gewinn m

winter N̄ Winter m **winter sports** NPL Wintersport m **wint(e)ry** ADJ winterlich

wipe VT abwischen; **~ one's nose** sich dat die Nase putzen **wipe off** VT abwischen **wipe out** VT (destroy) vernichten *(data, debt)* löschen

wire 1 N Draht *m*; ELEC Leitung *f*; *(US, telegram)* Telegramm *nt* 2 VT *(plug in)* anschließen; *(US)* TEL telegrafieren *(sb sth* jdm etw*)* **wireless** ADJ drahtlos **wireless internet** N IT WLAN *nt* **wireless router** N IT WLAN-Router *m*

wisdom N Weisheit *f* **wisdom tooth** N Weisheitszahn *m*

wise, wisely ADJ, ADV weise

wish 1 N Wunsch *m* (*for* nach); **with best ~es** *(in letter)* herzliche Grüße 2 VT wünschen, wollen; **~ sb good luck/Merry Christmas** jdm viel Glück/frohe Weihnachten wünschen; **I ~ I'd never seen him** ich wünschte, ich hätte ihn nie gesehen

witch N Hexe *f*

with PREP mit; *(cause)* vor + *dat*; **I'm pleased ~ it** ich bin damit zufrieden **he lives ~ his aunt** er wohnt bei seiner Tante

withdraw *irr* 1 VT zurückziehen; *(money)* abheben; *(comment)* zurücknehmen 2 VI sich zurückziehen

wither VI *(plant)* verwelken

withhold *irr* VT vorenthalten *(from sb* jdm*)*

within PREP innerhalb + *gen*; **~ walking distance** zu Fuß erreichbar

without PREP ohne; **~ asking** ohne zu fragen

withstand *irr* VT standhalten + *dat*

witness 1 N Zeuge *m*, Zeugin *f* 2 VT Zeuge sein

witty ADJ geistreich

wives *pl* → **wife**

wobble VI wackeln **wobbly** ADJ wackelig

wok N Wok *m*

woke *pt* → **wake**

woken *pp* → **wake**

wolf N Wolf *m*

woman N Frau *f*

womb N Gebärmutter *f*

women *pl* → **woman**

won *pt, pp* → **win**

wonder 1 N *(marvel)* Wunder *nt*; *(surprise)* Staunen *nt* 2 VT, VI *(speculate)* sich fragen; **I ~ what/if ...** ich frage mich, was/ob ... **wonderful, wonderfully** ADJ, ADV wunderbar

won't *contr* = **will not**

wood N Holz *nt*; **~s** Wald *m* **wooden** ADJ Holz-; *fig* hölzern **woodpecker** N Specht *m*

wool N Wolle *f* **woollen, woolen** *(US)* ADJ Woll-

word N Wort *nt*; *(promise)* Ehrenwort *nt*; **~s** *pl (of song)* Text *m*; **have a ~ with sb** mit jdm sprechen; **in other ~s** mit anderen Worten 2 VT formulieren **word processor** N *(program)* Textverarbeitungsprogramm *nt*

wore *pt* → **wear**

work 1 N Arbeit *f*; *(of art, literature)* Werk *nt*; **~ of art** Kunstwerk *nt*; **he's at ~** er ist in/auf der Arbeit; **out of ~** arbeitslos 2 VI arbeiten *(at, on* an + *dat*);

(*machine, plan*) funktionieren; (*medicine*) wirken; (*succeed*) klappen ❸ $\overline{VT}$ (*machine*) bedienen **work out** ❶ $\overline{VI}$ (*plan*) klappen; (*sum*) aufgehen; (*person*) trainieren ❷ $\overline{VT}$ (*price, speed etc*) ausrechnen; (*plan*) ausarbeiten **work up** $\overline{VT}$ **get worked up** sich aufregen **workaholic** $\overline{N}$ Arbeitstier nt **worker** $\overline{N}$ Arbeiter(in) m(f) **work experience** $\overline{N}$ Praktikum nt **workman** $\overline{N}$ Handwerker m **workout** $\overline{N}$ SPORT Fitnesstraining nt, Konditionstraining nt **work permit** $\overline{N}$ Arbeitserlaubnis f **workplace** $\overline{N}$ Arbeitsplatz m **workshop** $\overline{N}$ Werkstatt f; (*meeting*) Workshop m **workwoman** $\overline{N}$ Handwerkerin f

world $\overline{N}$ Welt f **world championship** $\overline{N}$ Weltmeisterschaft f **World War** ❶ = I/II, **the First/Second ~** der Erste/Zweite Weltkrieg **world-wide** $\overline{ADJ}$, $\overline{ADV}$ weltweit **World Wide Web** $\overline{N}$ World Wide Web nt

worm $\overline{N}$ Wurm m

worn ❶ pp → **wear** ❷ $\overline{ADJ}$ (*clothes*) abgetragen; (*tyre*) abgefahren **worn-out** $\overline{ADJ}$ abgenutzt; (*person*) erschöpft

worried $\overline{ADJ}$ besorgt **worry** ❶ $\overline{N}$ Sorge f ❷ $\overline{VT}$ Sorgen machen + dat ❸ $\overline{VI}$ sich Sorgen machen (*about* um); **don't ~** keine Sorge! **worrying** $\overline{ADJ}$ beunruhigend

worse ❶ $\overline{ADJ}$ comparative → **bad**; schlechter; (*pain, mistake etc*) schlimmer ❷ $\overline{ADV}$ comparative → **badly**; schlechter **worsen** ❶ $\overline{VT}$ verschlechtern ❷ $\overline{VI}$ sich verschlechtern

worship $\overline{VT}$ anbeten, anhimmeln

worst ❶ $\overline{ADJ}$ superlative → **bad**; schlechteste(r, s); (*pain, mistake etc*) schlimmste(r, s) ❷ $\overline{ADV}$ superlative → **badly**; am schlechtesten ❸ $\overline{N}$ **the ~ is over** das Schlimmste ist vorbei; **at (the) ~** schlimmstenfalls

worth ❶ $\overline{N}$ Wert m ❷ $\overline{ADJ}$ **it is ~ £50** es ist 50 Pfund wert; **~ seeing** sehenswert; **it's ~ it** (*rewarding*) es lohnt sich **worthless** $\overline{ADJ}$ wertlos **worthwhile** $\overline{ADJ}$ lohnend, lohnenswert **worthy** $\overline{ADJ}$ (*deserving respect*) würdig; **be ~ of sth** etw verdienen

would $\overline{VAUX}$ **if you asked he ~ come** wenn du ihn fragtest/Sie ihn fragten, würde er kommen; **I ~ have told you, but ...** ich hätte es dir/Ihnen gesagt, aber ...; **~ you like a drink?** möchtest du/möchten Sie etwas trinken?; **he ~n't help me** er wollte mir nicht helfen

wouldn't contr = **would not**

would've contr = **would have**

wound ❶ $\overline{N}$ Wunde f ❷ $\overline{VT}$ verwunden, verletzen ❸ pt, pp → **wind**

wove pt → weave

woven pp → weave

wrap <u>VT</u> *(parcel, present)* einwickeln **wrap up** **1** <u>VT</u> *(parcel, present)* einwickeln **2** <u>VI</u> *(dress warmly)* sich warm anziehen **wrapping paper** <u>N</u> Packpapier nt; *(giftwrap)* Geschenkpapier nt

wreath <u>N</u> Kranz m

wreck **1** <u>N</u> *(ship, plane, car)* Wrack nt; **a nervous ~** ein Nervenbündel m **2** <u>VT</u> *(car)* zu Schrott fahren; *fig* zerstören **wreckage** <u>N</u> Trümmer pl

wrench <u>N</u> *(tool)* Schraubenschlüssel m

wrestling <u>N</u> Ringen nt

wring <u>VT</u> auswringen

wrinkle <u>N</u> Falte f

wrist <u>N</u> Handgelenk nt **wristwatch** <u>N</u> Armbanduhr f

write **1** <u>VT</u> schreiben; *(cheque)* ausstellen **2** <u>VI</u> schreiben; **~ to sb** jdm schreiben **write down** <u>VT</u> aufschreiben **write off** <u>VT</u> *(debt, person)* abschreiben; *(car)* zu Schrott fahren **write out** <u>VT</u> *(name etc)* ausschreiben; *(cheque)* ausstellen **write-protected** <u>ADJ</u> IT schreibgeschützt **writer** <u>N</u> Verfasser(in) m(f); *(author)* Schriftsteller(in) m(f) **writing** <u>N</u> Schrift f; *(profession)* Schreiben nt; **in ~** schriftlich **writing paper** <u>N</u> Schreibpapier nt

written pp → write

wrong <u>ADJ</u> *(incorrect)* falsch; *(morally)* unrecht; **you're ~** du hast/Sie haben unrecht; **what's ~ with your leg?** was ist mit deinem/Ihrem Bein los?; **I dialled the ~ number** ich habe mich verwählt; **don't get me ~** versteh/verstehen Sie mich nicht falsch; **go ~** *(plan)* schiefgehen **wrongly** <u>ADV</u> falsch; *(unjustly)* zu Unrecht

wrote pt → write

WWW abbr → World Wide Web WWW

xenophobia <u>N</u> Ausländerfeindlichkeit f

XL abbr = **extra large** XL, übergroß

Xmas <u>N</u> Weihnachten nt

X-ray **1** <u>N</u> *(picture)* Röntgenaufnahme f **2** <u>VT</u> röntgen

xylophone <u>N</u> Xylophon nt

yacht <u>N</u> Jacht f **yachting** <u>N</u> Segeln nt

yam <u>N</u> *(US)* Süßkartoffel f

yard <u>N</u> Hof m; *(US, garden)* Gar-

ten m; (measure) Yard nt (0,91 m)
yawn VI gähnen
yd abbr = **yard(s)**
year N Jahr nt; **~s ago** vor Jahren; **a five-year-old** ein(e) Fünfjährige(r) **yearly** ADJ, ADV jährlich
yearn VI sich sehnen (for nach + dat)
yeast N Hefe f
yell VI, VT schreien; **~ at sb** jdn anschreien
yellow ADJ gelb; **~ fever** Gelbfieber nt; **the Yellow Pages** pl die Gelben Seiten pl
yes 1 ADV ja; (answering negative question) doch; **say ~ to sth** ja zu etw sagen 2 N Ja nt
yesterday ADV gestern; **the day before ~** vorgestern; **~'s newspaper** die Zeitung von gestern
yet 1 ADV (still) noch; (up to now) bis jetzt; (in a question: already) schon; **he hasn't arrived ~** er ist noch nicht gekommen; **have you finished ~?** bist du/ sind Sie schon fertig?; **~ again** schon wieder; **as ~** bis jetzt 2 CONJ doch
yield 1 N Ertrag m 2 VT (result, crop) hervorbringen; (profit, interest) bringen 3 VI nachgeben (to + dat); MIL sich ergeben (to + dat); **'~'** (US) AUTO „Vorfahrt beachten"
yoga N Yoga nt
yog(h)urt N Jog(h)urt m
yolk N Eigelb nt

Yorkshire pudding N gebackener Eierteig, der meist zum Roastbeef gegessen wird
you PRON (as subject) du/Sie/ihr; man; (as direct object) dich/Sie/ euch; einen; (as indirect object) dir/Ihnen/ihnen; einem; **~ never can tell** man weiß nie
you'd contr = **you had; you would; ~ better leave** du solltest/Sie sollten gehen
you'll contr = **you will; you shall**
young ADJ jung **youngster** N Jugendliche(r) mf
your ADJ dein; (polite form) Ihr; (pl) euer; (polite form) Ihr; **have you hurt ~ leg?** hast du dir/haben Sie sich das Bein verletzt?
you're contr = **you are**
yours PRON (sg) deine(r, s); (polite form) Ihre(r, s); (pl) eure(r, s); (polite form) Ihre(r, s); **is this ~?** gehört das dir/Ihnen?; **a friend of ~** ein Freund von dir/Ihnen; (in letter) **~ ...** dein/deine ..., Ihr/Ihre ...
yourself PRON sg dich; (polite form) sich; **have you hurt ~?** hast du dich/haben Sie sich verletzt?; **did you do it ~?** hast du/haben Sie es selbst gemacht?; **(all) by ~** allein **yourselves** PRON pl euch; (polite form) sich; **have you hurt ~?** habt ihr euch/haben Sie sich verletzt?
youth N (period) Jugend f

youth group N̄ Jugendgruppe f **youth hostel** N̄ Jugendherberge f

you've contr = **you have**

yucky ADJ fam eklig

yummy ADJ lecker

Z

zap 1 V̄T̄ löschen; (in computer game) abknallen 2 V̄Ī TV zappen **zapper** N̄ TV Fernbedienung f

zebra (US) N̄ Zebra nt **zebra crossing** N̄ (Br) Zebrastreifen m

zero N̄ Null f

zest N̄ (enthusiasm) Begeisterung f

zigzag 1 N̄ Zickzack m 2 V̄Ī (person, vehicle) im Zickzack gehen/fahren

Zika virus N̄ MED Zikavirus nt

zinc N̄ Zink nt

zip 1 N̄ (Br) Reißverschluss m 2 V̄T̄ **~ (up)** den Reißverschluss zumachen; IT zippen **zip code** N̄ (US) Postleitzahl f **Zip disk** N̄ IT ZIP-Diskette f **Zip drive** N̄ IT ZIP-Laufwerk nt **Zip file** N̄ IT ZIP-Datei f **ziplining** N̄ Ziplining nt **zipper** N̄ (US) Reißverschluss m

zodiac N̄ Tierkreis m; **sign of the ~** Tierkreiszeichen nt

zone N̄ Zone f; (area) Gebiet nt; (in town) Bezirk m

zoo N̄ Zoo m

zoom 1 V̄Ī (move fast) brausen, sausen 2 N̄ **~ (lens)** Zoomobjektiv nt **zoom in** V̄Ī PHOT heranzoomen (on an + acc)

zucchini N̄ (US) Zucchini f

Appendices

German irregular verbs

backen – backt/bäckt – backte –
hat gebacken

befehlen – befiehlt – befahl –
hat befohlen

beginnen – beginnt – begann –
hat begonnen

beißen – beißt – biss –
hat gebissen

bergen – birgt – barg –
hat geborgen

betrügen – betrügt – betrog –
hat betrogen

biegen – biegt – bog –
hat/ist gebogen

bieten – bietet – bot –
hat geboten

binden – bindet – band –
hat gebunden

bitten – bittet – bat –
hat gebeten

blasen – bläst – blies –
hat geblasen

bleiben – bleibt – blieb –
ist geblieben

braten – brät – briet –
hat gebraten

brechen – bricht – brach –
hat/ist gebrochen

brennen – brennt – brannte –
hat gebrannt

bringen – bringt – brachte –
hat gebracht

denken – denkt – dachte –
hat gedacht

dringen – dringt – drang –
ist gedrungen

dürfen – darf – durfte –
hat gedurft

empfangen – empfängt –
empfing – hat empfangen

empfehlen – empfiehlt –
empfahl – hat empfohlen

empfinden – empfindet –
empfand – hat empfunden

erschrecken – erschrickt –
erschrak – ist erschrocken

essen – isst – aß –
hat gegessen

fahren – fährt – fuhr –
hat/ist gefahren

fallen – fällt – fiel –
ist gefallen

fangen – fängt – fing –
hat gefangen

finden – findet – fand –
hat gefunden

flechten – flicht – flocht –
hat geflochten

fliegen – fliegt – flog –
hat/ist geflogen

fließen – fließt – floss –
ist geflossen

fressen – frisst – fraß –
hat gefressen

frieren – friert – fror –
hat gefroren

geben – gibt – gab –
hat gegeben

gehen – geht – ging –
ist gegangen

gelingen – gelingt – gelang –
ist gelungen

gelten – gilt – galt –
hat gegolten

genießen – genießt – genoss –
hat genossen

geschehen – geschieht –
geschah – ist geschehen

gewinnen – gewinnt – gewann
– hat gewonnen

gießen – gießt – goss –
hat gegossen

gleichen – gleicht – glich –
hat geglichen

gleiten – gleitet – glitt –
ist geglitten

graben – gräbt – grub –
hat gegraben

greifen – greift – griff –
hat gegriffen

haben – hat – hatte –
hat gehabt

halten – hält – hielt –
hat gehalten

hängen – hängt – hing –
hat gehangen

hauen – haut – haute –
hat gehauen

heißen – heißt – hieß –
hat geheißen

helfen – hilft – half –
hat geholfen

kennen – kennt – kannte –
hat gekannt

klingen – klingt – klang –
hat geklungen

kneifen – kneift – kniff –
hat gekniffen

kommen – kommt – kam –
ist gekommen

können – kann – konnte –
hat gekonnt

kriechen – kriecht – kroch –
ist gekrochen

laden – lädt – lud –
hat geladen

lassen – lässt – ließ – hat gelassen
laufen – läuft – lief – ist gelaufen
leiden – leidet – litt – hat gelitten
leihen – leiht – lieh – hat geliehen
lesen – liest – las – hat gelesen
liegen – liegt – lag – hat gelegen
lügen – lügt – log – hat gelogen
mahlen – mahlt – mahlte – hat gemahlen
meiden – meidet – mied – hat gemieden
messen – misst – maß – hat gemessen
misslingen – misslingt – misslang – ist misslungen
mögen – mag – mochte – hat gemocht
müssen – muss – musste – hat gemusst
nehmen – nimmt – nahm – hat genommen
nennen – nennt – nannte – hat genannt
pfeifen – pfeift – pfiff – hat gepfiffen
raten – rät – riet – hat geraten

reiben – reibt – rieb – hat gerieben
reißen – reißt – riss – hat/ist gerissen
reiten – reitet – ritt – hat/ist geritten
rennen – rennt – rannte – ist gerannt
riechen – riecht – roch – hat gerochen
ringen – ringt – rang – hat gerungen
rufen – ruft – rief – hat gerufen
salzen – salzt – salzte – hat gesalzen
saufen – säuft – soff – hat gesoffen
saugen – saugt – sog/saugte – hat gesogen/gesaugt
schaffen – schafft – schuf – hat geschaffen
scheiden – scheidet – schied – hat/ist geschieden
scheinen – scheint – schien – hat geschienen
scheißen – scheißt – schiss – hat geschissen
schieben – schiebt – schob – hat geschoben

schießen – schießt – schoss – hat/ist geschossen

schlafen – schläft – schlief – hat geschlafen

schlagen – schlägt – schlug – hat geschlagen

schleichen – schleicht – schlich – ist geschlichen

schleifen – schleift – schliff – hat geschliffen

schließen – schließt – schloss – hat geschlossen

schmeißen – schmeißt – schmiss – hat geschmissen

schmelzen – schmilzt – schmolz – ist geschmolzen

schneiden – schneidet – schnitt – hat geschnitten

schreiben – schreibt – schrieb – hat geschrieben

schreien – schreit – schrie – hat geschrie(e)n

schweigen – schweigt – schwieg – hat geschwiegen

schwimmen – schwimmt – schwamm – hat/ist geschwommen

schwören – schwört – schwor – hat geschworen

sehen – sieht – sah – hat gesehen

sein – ist – war – ist gewesen

senden – sendet – sandte – hat gesandt

singen – singt – sang – hat gesungen

sinken – sinkt – sank – ist gesunken

sitzen – sitzt – saß – hat gesessen

spinnen – spinnt – spann – hat gesponnen

sprechen – spricht – sprach – hat gesprochen

springen – springt – sprang – ist gesprungen

stechen – sticht – stach – hat gestochen

stehen – steht – stand – hat gestanden

stehlen – stiehlt – stahl – hat gestohlen

steigen – steigt – stieg – ist gestiegen

sterben – stirbt – starb – ist gestorben

stinken – stinkt – stank – hat gestunken

stoßen – stößt – stieß –
hat/ist gestoßen

streichen – streicht – strich –
hat gestrichen

streiten – streitet – stritt –
hat gestritten

tragen – trägt – trug –
hat getragen

treffen – trifft – traf –
hat getroffen

treiben – treibt – trieb –
hat getrieben

treten – tritt – trat –
hat/ist getreten

trinken – trinkt – trank –
hat getrunken

tun – tut – tat – hat getan

überwinden – überwindet –
überwand – hat überwunden

verderben – verdirbt – verdarb
– hat/ist verdorben

vergessen – vergisst – vergaß –
hat vergessen

verlieren – verliert – verlor –
hat verloren

verschwinden – verschwindet
– verschwand – ist verschwunden

verzeihen – verzeiht – verzieh –
hat verziehen

wachsen – wächst – wuchs –
ist gewachsen

waschen – wäscht – wusch –
hat gewaschen

weisen – weist – wies –
hat gewiesen

wenden – wendet –
wendete/wandte –
hat gewandt/gewendet

werben – wirbt – warb –
hat geworben

werden – wird – wurde –
ist geworden

werfen – wirft – warf –
hat geworfen

wiegen – wiegt – wog –
hat gewogen

wissen – weiß – wusste –
hat gewusst

ziehen – zieht – zog –
hat/ist gezogen

zwingen – zwingt – zwang –
hat gezwungen

Regular German noun endings

nominative	genitive	plural
-ade f	-ade	-aden
-ant m	-anten	-anten
-anz f	-anz	-anzen
-ar m	-ars	-are
-är m	-ärs	-äre
-at nt	-at(e)s	-ate
-atte f	-atte	-atten
-chen nt	-chens	-chen
-ei f	-ei	-eien
-elle f	-elle	-ellen
-ent m	-enten	-enten
-enz f	-enz	-enzen
-ette f	-ette	-etten
-eur m	-eurs	-eure
-euse f	-euse	-eusen
-heit f	-heit	-heiten
-ie f	-ie	-ien
-ik f	-ik	-iken
-in f	-in	-innen
-ine f	-ine	-inen
-ion f	-ion	-ionen
-ist m	-isten	-isten
-ium nt	-iums	-ien
-ius m	-ius	-iusse
-ive f	-ive	-iven
-keit f	-keit	-keiten
-lein nt	-leins	-lein

-ling *m*	-lings	-linge
-ment *nt*	-ments	-mente
-mus *m*	-mus	-men
-nis *f*	-nis	-nisse
-nis *nt*	-nisses	-nisse
-nom *m*	-nomen	-nomen
-rich *m*	-richs	-riche
-schaft *f*	-schaft	-schaften
-sel *nt*	-sels	-sel
-tät *f*	-tät	-täten
-tiv *nt, m*	-tivs	-tive
-tor *m*	-tors	-toren
-tum *nt, m*	-tums	-tümer
-ung *f*	-ung	-ungen
-ur *f*	-ur	-uren

Numbers

Cardinal numbers

zero, nought	0	null
one	1	eins
two	2	zwei
three	3	drei
four	4	vier
five	5	fünf
six	6	sechs
seven	7	sieben
eight	8	acht
nine	9	neun
ten	10	zehn
eleven	11	elf
twelve	12	zwölf
thirteen	13	dreizehn
fourteen	14	vierzehn
fifteen	15	fünfzehn
sixteen	16	sechzehn
seventeen	17	siebzehn
eighteen	18	achtzehn
nineteen	19	neunzehn
twenty	20	zwanzig
twenty-one	21	einundzwanzig
twenty-two	22	zweiundzwanzig
twenty-three	23	dreiundzwanzig
twenty-four	24	vierundzwanzig
twenty-five	25	fünfundzwanzig
twenty-six	26	sechsundzwanzig
twenty-seven	27	siebenundzwanzig
twenty-eight	28	achtundzwanzig
twenty-nine	29	neunundzwanzig
thirty	30	dreißig
forty	40	vierzig
fifty	50	fünfzig

sixty	60	sechzig
seventy	70	siebzig
eighty	80	achtzig
ninety	90	neunzig
a/one hundred	100	(ein)hundert
a/one hundred and one	101	(ein)hundert(und)eins
two hundred	200	zweihundert
four hundred (and) seventy-one	471	vierhundert(und)-einundsiebzig
a/one thousand	1,000	(ein)tausend
as year:		
nineteen (hundred and) ninety-eight	1998	neunzehnhundert-achtundneunzig
two thousand	2,000	zweitausend
as year:		
two thousand (and) eighteen	2018	zweitausendachtzehn
as phone number:		
six one four eight two five	61 48 25	einundsechzig achtund-vierzig fünfundzwanzig
a/one million	1,000,000	eine Million
two million	2,000,000	zwei Millionen
a/one billion	1,000,000,000	eine Milliarde

Ordinal numbers

first	1st	erste (1.)
second	2nd	zweite (2.)
third	3rd	dritte (3.)
fourth	4th	vierte (4.)
fifth	5th	fünfte (5.)
sixth	6th	sechste (6.)
seventh	7th	siebte (7.)
eighth	8th	achte (8.)
ninth	9th	neunte (9.)
tenth	10th	zehnte (10.)
eleventh	11th	elfte (11.)

twelfth	12th	zwölfte (12.)
thirteenth	13th	dreizehnte (13.)
fourteenth	14th	vierzehnte (14.)
fifteenth	15th	fünfzehnte (15.)
sixteenth	16th	sechzehnte (16.)
seventeenth	17th	siebzehnte (17.)
eighteenth	18th	achtzehnte (18.)
nineteenth	19th	neunzehnte (19.)
twentieth	20th	zwanzigste (20.)
twenty-first	21st	einundzwanzigste (21.)
twenty-second	22nd	zweiundzwanzigste (22.)
twenty-third	23rd	dreiundzwanzigste (23.)
twenty-fourth	24th	vierundzwanzigste (24.)
twenty-fifth	25th	fünfundzwanzigste (25.)
twenty-sixth	26th	sechsundzwanzigste (26.)
twenty-seventh	27th	siebenundzwanzigste (27.)
twenty-eighth	28th	achtundzwanzigste (28.)
twenty-ninth	29th	neunundzwanzigste (29.)
thirtieth	30th	dreißigste (30.)
fortieth	40th	vierzigste (40.)
fiftieth	50th	fünfzigste (50.)
sixtieth	60th	sechzigste (60.)
seventieth	70th	siebzigste (70.)
eightieth	80th	achtzigste (80.)
ninetieth	90th	neunzigste (90.)
(one) hundredth	100th	(ein)hundertste (100.)
(one) hundred and first	101st	hundert(und)erste (101.)
two hundredth	200th	zweihundertste (200.)
four hundred and seventy-first	471st	vierhundert(und)-einundsiebzigste (471.)
(one) thousandth	1,000th	tausendste (1000.)
one thousand nine hundred and ninety-eighth	1,998th	eintausendneunhundert-(und)achtundneunzigste (1998.)
two thousandth	2,000th	zweitausendste (2000.)
five hundred thousandth	500,000th	fünfhunderttausendste (500000.)
(one) millionth	1,000,000th	millionste (1000000.)
two millionth	2,000,000th	zweimillionste (2000000.)

Fractions, decimals and mathematical calculation methods

one/a half	1/2	ein halb
half a mile	1/2 m	eine halbe Meile
one and a half	1 1/2	anderthalb/eineinhalb
two and a half	2 1/2	zweieinhalb
one/a third	1/3	ein Drittel
two thirds	2/3	zwei Drittel
one fourth, one/a quarter	1/4	ein Viertel
three fourths, three quarters	3/4	drei Viertel
one/a fifth	1/5	ein Fünftel
three and four fifths	3 4/5	drei vier Fünftel
point four	.4	null Komma vier
two point five	2.5	zwei Komma fünf
once	1 ×	ein mal
twice	2 ×	zwei mal
three times	3 ×	drei mal
four times	4 ×	vier mal
seven plus eight is fifteen	7 + 8 = 15	sieben plus acht ist fünfzehn
ten minus three is seven	10 − 3 = 7	zehn minus drei ist sieben
two times three is six / two multiplied by three is six	2 × 3 = 6	zwei mal drei ist sechs / zwei multipliziert mit drei ist sechs
twenty divided by five is four	20 : 5 = 4	zwanzig (dividiert) durch fünf ist vier

European currency

Germany and Austria

1 euro (€) = 100 cents (ct)

coins	banknotes
1 ct	€ 5
2 ct	€ 10
5 ct	€ 20
10 ct	€ 50
20 ct	€ 100
50 ct	€ 200
€ 1	€ 500
€ 2	

Switzerland

1 Swiss franc (Sfr) = 100 Rappen (Rp) / centimes (c)

coins	banknotes
5 Rp	10 Sfr
10 Rp	20 Sfr
20 Rp	50 Sfr
1/2 Sfr (50 Rp)	100 Sfr
1 Sfr	200 Sfr
2 Sfr	1,000 Sfr
5 Sfr	

Temperatures

°F (Fahrenheit) | °C (Celsius)

400°	204°	
350°	177°	
300°	149°	
212°	100°	boiling point
100°	38°	
80°	27°	
60°	16°	
40°	4°	
32°	0°	freezing point
20°	−7°	
0°	−18°	

How to convert Celsius into Fahrenheit and vice versa:

To convert Celsius into Fahrenheit
  multiply by 9, divide by 5 and add 32.
To convert Fahrenheit into Celsius
  subtract 32, multiply by 5 and divide by 9.

Weights and measures

Length

1 mm	(*Millimeter* millimeter/millimetre)	= 0.039 inches	
1 cm	(*Zentimeter* centimeter/centimetre)	= 10 mm	= 0.39 inches
1 m	(*Meter* meter/metre)	= 100 cm	= 1.094 yards
		= 3.28 feet	= 39.37 inches
1 km	(*Kilometer* kilometer/kilometre)	= 1000 m	
		= 1094 yards	= 0.62 miles
1 in (inch)		= 2.54 cm	
1 ft (foot)		= 12 inches	= 30.48 cm
1 yd (yard)		= 3 feet	= 91.4 cm
1 m (mile)		= 1760 yards	= 1.61 km

Volume capacity

1 l (*Liter* liter/litre)	= 2.11 pints *US*	= 1.06 quarts *US*	= 0.26 gallons *US*
	= 1.76 pints *Br*	= 0.88 quarts *Br*	= 0.22 gallons *Br*

1 pint *US*	= 0.472 l
1 pint *Br*	= 0.567 l
1 quart *US*	= 0.945 l
1 quart *Br*	= 1.136 l
1 gallon *US*	= 3.785 l
1 gallon *Br*	= 4.54 l

Weight

1 g	(*Gramm* gram/gramme)	= 15.432 grains
1 Pfd	(*Pfund* (German) pound)	= 500g
		= 1.102 pounds avoirdupois
		= 1.34 pounds troy
1 kg	(*Kilogramm/Kilo* kilogram/kilogramme)	= 1000 g
		= 2.204 pounds avoirdupois
1 Ztr	(*Zentner* centner)	= 100 Pfd
		= 50 kg
		= 110.23 pounds avoirdupois
		= 1.102 US hundredweight
		= 0.98 British hundredweight
1 t	(*Tonne* ton)	= 1000 kg
		= 1.102 US tons
		= 0.984 British tons
1 ton (of 2240 pounds)		= 1.01605 metric tonnes
		= 1016.05 kilograms/kilogrammes
1 pound		= 0.4536 kilograms/kilogrammes
		= 453.6 grams/grammes
1 ounce avoirdupois		= 28.3495 grams/grammes
1 ounce troy		= 31.1035 grams/grammes
1 grain		= 0.0648 grams/grammes